SPANISH 135.47 S113c
La cabala :la psicologia
del misticismo judiÌo
Saban, Mario Javier.

Mario Javier Saban

La cábala
La psicología del misticismo judío

Esta obra ha recibido una ayuda a la edición del Ministerio de Educación, Cultura y Deporte.

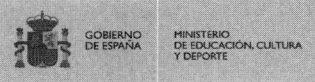

© 2015 by Mario Saban

© Fotografía de cubierta: Oleg Ivanov IL / Shutterstock.com

© de la edición en castellano:
2016 by Editorial Kairós, S.A.
Numancia 117-121, 08029 Barcelona, España
www.editorialkairos.com

Fotocomposición y diseño cubierta: Grafime. Mallorca, 1. 08014 Barcelona
Impresión y encuadernación: Romanyà-Valls. Verdaguer, 1. 08786 Capellades

Primera edición: Febrero 2016
Segunda edición: Febrero 2017
Tercera edición: Septiembre 2017
ISBN: 978-84-9988-487-5
Depósito legal: B 1.455-2016

Todos los derechos reservados.
Cualquier forma de reproducción, distribución, comunicación pública o transformación de esta obra solo puede ser realizada con la autorización de sus titulares, salvo excepción prevista por la ley. Diríjase a CEDRO (Centro Español de Derechos Reprográficos, www.cedro.org) si necesita algún fragmento de esta obra.

Este libro ha sido impreso con papel certificado FSC, proviene de fuentes respetuosas con la sociedad y el medio ambiente y cuenta con los requisitos necesarios para ser considerado un "libro amigo de los bosques".

Esta tercera tesis doctoral está dedicada a la memoria de mi madre, Violeta Cuño (1943-2008), con todo el amor de mi alma

Índice

Agradecimientos 13
Introducción a la psicología del misticismo judío:
   marco teórico-metodológico 19

PARTE 1
Las Sefirot del Árbol de la Vida 33

  1. ¿Qué son las Sefirot? (Dimensiones) 35
  2. Las verdades y su relación con cada dimensión 40
  3. Lo junguiano y su relación con el misticismo judío 44
  4. La tendencia al dogmatismo 46
  5. Las Sefirot cosmogónicas y las Sefirot psicológicas 49
  6. El Inconsciente/La Conciencia 52
  7. El mapa del Árbol de la Vida (*Etz Ha Jaim*) 55
  8. Tipos de Daat (el Conocimiento) 64
  9. La relación entre la cosmogonía y la psicología
     en el judaísmo 65
10. El problema de la entropía en la Psicología 68
11. El Tetragrama como símbolo de la concatenación
    de los universos 71
12. Las Sefirot psicológicas dentro del Universo de Yetzirá 77

PARTE 2
El Yo 105

13. ¿Qué es el Yo? 107
14. Clases o niveles del «Yo» (Bruner, Wundt, Kantor, Watson,
    Skinner, Castila del Pino) 108
15. La relación entre la Biná (Freud) y la Jojmá (Jung)
    en el Universo de Yetzirá 119

16. Las Sefirot como los diez «arquetipos» objetivos
    de toda la realidad   129
17. Los Palacios en el Universo de Yetzirá   132
18. Las amenazas al Yo interior. El rol maestro-alumno   133
19. El Yo interior.   139
20. La Biná y la Jojmá en el Universo de Yetzirá   149
21. Las posibilidades del Yo interior.   155
22. El mal dentro de la percepción del Yo   156
23. La soledad del Yo y la ilusión de seguridad de la Biná
    psicológica.   159
24. La conciencia «ketérica» y los conflictos derivados de la Biná
    psicológica.   162
25. Los conflictos potenciales en defensa de mi subjetividad
    estática.   165
26. La operatividad del Yo en los diferentes niveles
    dimensionales   174
27. La función de la Biná psicológica   177
28. El Kli de Keter   180
29. El vacío del Ein Sof como Kli fundamental   183
30. Las posibilidades infinitas de ampliar mi vacío interior.   185
31. El desgaste de las energías psíquicas en defensa de la identidad
    inferior del Yo   189
32. Las potencialidades ocultas y las potencialidades futuras   191
33. Los dos tipos de felicidad   194
34. La coordinación entre el mundo superior de Alef y el mundo
    inferior de Bet   201
35. El problema del mal como resultado del tiempo y el espacio . . .   215
36. El Mesías interior   222
37. La inexistencia del mal en el Universo de Atzilut   224
38. La diferencia del Sod real y el Inconsciente   228
39. La Merkabá real y la Merkabá psicológica   231
40. El sistema de oscilación entre la Alef (Jojmá cosmogónica)
    y la Bet (Biná cosmogónica).   232
41. Los siete sistemas de percepción dentro de la Biná psicológica
    (Los Palacios)   237
42. El funcionamiento del Yo en las dimensiones superiores   240
43. La Devekut: ¿unificación o aproximación al Ein Sof?   244

44. El estado de oscilación entre el Yo y el No-Yo y la consciencia
Yo/No-Yo 247
45. El Alma 252
46. Las protecciones del Yo y mi autoconstrucción 257
47. La Consciencia. 260
48. La Vanidad 264
49. El sentido de la existencia 266
50. ¿Jojmá o Biná?. 268
51. La teoría del descubrimiento de las resquebrajaduras
de la Biná 272
52. Una psicología para la "Eternidad" 277
53. La búsqueda de mi personalidad en el Keter psicológico 281
54. Alcanzando el estado de consciencia Alef 284
55. Las ilusiones de seguridad de la Biná psicológica. 286
56. La felicidad en los niveles trascendentes 293
57. El Ein Sof, ¿una necesidad psicológica o una realidad
física? 297
58. La superación de la reafirmación constante de
la subjetividad 301
59. Los equilibrios y desequilibrios dimensionales dentro
del Yo 304
60. El Universo de Atzilut 308
61. ¿Hasta dónde ampliar nuestro Kli? 312
62. Diferencias entre la verdad y el conocimiento. 315
63. El trabajo posterior a la autonomía del sujeto 318
64. El abandono transitorio de mi centro subjetivo 321
65. Diferencias entre la posición de Spinoza y el misticismo
judío 323
66. La expansión de nuestro vacío interior y el peligro de
la dogmatización. 325
67. ¿Qué percibe el alma? 339
68. El orden subjetivo de exteriorización 342
69. El desarrollo de una Klipá como elemento extremo
de una Midá 346
70. El problema de la conceptualización 348
71. La soledad radical del Yo 351
72. La conciencia de Eternidad 353

73. ¿Libre albedrío o predestinación? 358
74. El camino de la autorrealización del Yo 363
75. El problema de la ortodoxización 368
76. La destrucción de todas las seguridades cognitivas 373
77. La búsqueda del perfeccionamiento permanente. 382
78. La idea judía de la Devekut 385
79. El problema/virtud de las contradicciones 387
80. Los niveles del Alma 390
81. Las conceptualizaciones de la Biná y las simbolizaciones
    de la Jojmá 394
83. ¿Cómo ingresar en el Universo de Atzilut? 399
83. El Conocimiento dentro de las diferentes magnitudes
    dimensionales 412
84. El concepto de «coherencia» 424
85. Los conflictos provocados por la perspectiva
    de la conciencia Bet 428
86. Las dependencias objetales como causa del mal 435
87. La identidad fragmentaria como vehículo hacia el Ein Sof . . . 440
88. La conducta como reflejo del sistema cognitivo 453
89. Las Kelipot ocultas detrás de algunas interpretaciones 457
90. La función espiritual de Israel 459
91. Expansión y restricción. 463

**PARTE 3
El vacío interior** 469

92. El Yo y el vacío interior 471
93. La liberación de la psique de su percepción entrópica 474
94. La trascendencia del Yo 477
95. El problema del ocio y las energías excedentes 479
96. El vacío existencial y el sentido existencial 482
97. El Ego y el control del Yo 484
98. El nihilismo del vacío existencial 488
99. El momento de cruzar el Abismo (Tejom) 491
100. El sentido en la interioridad del Yo 493
101. Los aumentos constantes de los niveles de conciencia. 495

102. La percepción de la Eternidad 498
103. El Yo frente al Yo: la disociación. 500
104. El dogmatismo de las instituciones. 504
105. La destrucción del último miedo del Yo: la muerte física 508
106. La libertad del Yo o la dogmatización 510
107. Diferencia entre el vacío existencial y los deseos inferiores
　　　insatisfechos. 517
108. La opción de llenar el vacío interior con los objetos
　　　inferiores. 520
109. El sentido existencial es transpersonal 524
110. La soledad radical del Yo y su finitud 526
111. El Yo en el camino hacia lo no-conceptualizable. 530
112. La trascendencia: Maslow-Frankl 533
113. La imposibilidad de explicar la sensación de trascendencia . . . 536
114. El vacío existencial 540
115. La feliz oportunidad del vacío existencial 543
116. El círculo vicioso o el círculo virtuoso 548
117. La materia como necesidad del Universo de Asiá 552
118. La represión de los niveles superiores 557
119. La felicidad superior y la felicidad inferior 564
120. El sentido de las dimensiones inferiores 569
121. El avance del Yo 572
122. La anulación de las dualidades. 578
123. La oscilación entre el espacio-tiempo, la Eternidad 580
124. Funcionamiento del vacío existencial/análisis de Wilber 588
125. El funcionamiento de la Jojmá y el problema de
　　　las divisiones científicas modernas 594
126. La existencia simultánea de todos los universos 598
127. El Imún (el Entrenamiento) 601
128. ¿Dónde se encuentra la Merkabá psicológica?. 606
129. La conciencia subjetiva (Biná) y las pulsiones biológicas
　　　(Yesod/Maljut) 609
130. Freud/Jung/Einstein/Maslow: diferentes percepciones
　　　del Árbol de la Vida 612
131. El Yo esencial y la Nada 621
132. Israel: la superación constante de las limitaciones 625

PARTE 4
La «felicidad trascendente» 635

133. Tiferet frente a Keter: Cuando el Yo asciende hacia su máxima
potencialidad. 637
134. Los deseos finitos y la felicidad infinita 646
135. Las potencialidades del Yo 649
136. Las etapas del desarrollo de las potencialidades del Yo 652
137. La felicidad trascendente. 666
138. Una subjetividad inflexible como problema 669
139. Las dos vías para la felicidad: la trascendencia
y la inmanencia 671

PARTE 5
Conclusiones. 675

140. Conclusiones prácticas 677

Glosario 691
Bibliografía 695

Agradecimientos

No tengo espacio suficiente en el que poder agradecer a tantos familiares y amigos la ayuda que me han brindado en estos últimos años para terminar este trabajo doctoral.

Una tesis representa un esfuerzo muy grande para quien lo lleva a buen puerto, pero es también el resultado de muchos factores adicionales.

Quiero dar las gracias en primer lugar a mis padres, a mi madre Violeta Cuño (1943-2008), fallecida hace ya siete años y que sigue guiando mis pasos desde el más allá, y a mi padre, David Saban (1942), quien desde la lejanía geográfica de la Argentina siempre está allí acompañándome en el camino de la vida. Un recuerdo muy afectuoso a mis dos queridas hermanas, Roxana Rebeca y Lis Judith, a quienes siempre recuerdo con todo mi corazón.

A mi esposa, Jacqueline Claudia Freund Arditti, y a mis dos hermosos hijos, Max David Saban Freund y Lucas Elí Saban Freund, quienes siempre han estado ahí dándome el amor que todo ser humano necesita para sostenerse en esta existencia; espero que cuando crezcan estén orgullosos del esfuerzo de su padre. Max y Lucas representan para mí la continuidad histórica del judaísmo.

A mi querida Nelly Díaz, que hace de abuela de mis dos niños, a quien le agradezco el amor que nos entrega todos los días.

A quien debo dar las gracias, con letras bien grandes, es a mi amigo, a mi tutor de tesis doctoral, a mi querido doctor Francesc Xavier Marín Torné, por las horas que hemos compartido en estos últimos años, por sus consejos intelectuales, por su calidez humana, y por ayudarme con sus permanentes consejos. Siempre recordaré nuestros encuentros debatiendo y analizando el pensamiento judío moderno. Querido Xavier te agradezco muchísimo todo lo que has hecho por mí…

En segundo lugar tengo que recordar al doctor Jordi Segura Bernal, quien fue el hombre que me abrió las puertas dentro del área de la Psicología de la Universitat Ramon Llull (URL). En realidad, esta tesis doctoral fue una buena excusa para vernos y compartir nuestros intereses comunes. Siempre lo recordaré con mucho afecto. Gracias doctor Segura Bernal por su amabilidad, su gentileza y su comprensión.

En tercer lugar, no puedo dejar de nombrar a mi amigo el doctor Josep Gallifa i Roca, porque siempre tendré en mi memoria nuestro primer encuentro donde no podíamos abandonar nuestras conversaciones sobre la herencia mística de Catalunya, personalmente desde la vertiente hebrea, y el doctor Gallifa desde la vertiente cristiana. Cuando finalizamos nuestra primera reunión, que tenía que extenderse a solo una hora, advertimos que habíamos pasado más de dos horas compartiendo un grato y feliz momento. Fue allí donde pensamos la posibilidad de que el doctor Josep Gallifa i Roca pudiera participar en el honorable tribunal de tesis doctoral que ha asumido la evaluación de este trabajo. Gracias querido amigo Josep por las inolvidables citas que hemos tenido, y por la apertura intelectual que siempre me has demostrado. Sin duda, el doctor Josep Gallifa i Roca representa lo mejor de la más antigua tradición cristiana de Catalunya.

No puedo dejar de nombrar a los otros dos miembros titulares del tribunal de tesis, al doctor Manuel Almendro, quien me abrió con la lectura de sus obras el gran campo de la Psicología transpersonal, y quien desde Madrid trabaja de modo incansable en la difusión de estas nuevas perspectivas en el área de la Psicología, y a mi amigo el doctor Joan Prat i Carós, a quien conocí hace muchos años en uno de mis viajes a Israel, y quien a su vez me abrió las puertas para impartir mis seminarios de misticismo judío en la Universitat Rovira i Virgili (URV), y con quien compartí en su momento un largo camino de estudio entre los años 2011 y 2012 para concluir mi segunda tesis doctoral en Antropología. Gracias, querido Joan, por los momentos que hemos compartido juntos debatiendo sobre el sentido de la vida del ser humano.

Quiero nombrar también a mis cuñados, a Daniela Freund y a Jorg Klumbis, quienes me ayudaron a instalarme en el año 2002 en Barcelona, a ellos les debo el comienzo de mi nueva etapa en Catalunya después de abandonar la Argentina. Gracias Daniela, gracias Jorg...

Tengo que recordar a mis dos grandes amigas, a Matilde Rufach y Lina Camí, quienes construyeron desde el año 2006 la organización Tarbut Sefarad, la primera red cultural judía de España; ellas han sido en todos estos años mis dos grandes amigas. La historia del judaísmo en Europa hablará de ellas.

A Lina Camí le debo su ayuda en el formato de la tesis doctoral y una amistad que se ha construido a lo largo de los años. Gracias amiga por estar siempre ahí.

Quiero dar las gracias a mi querida suegra Ester Arditti de Freund, quien dedicando una gran cantidad de horas y un enorme esfuerzo personal me ayudó en la última corrección final de todo el trabajo.

Quiero especialmente destacar también la ayuda que he recibido de mi alumna y amiga Ramona Pous Riu, la creadora de los cuadros simbólicos que he agregado dentro de la tesis doctoral.

Deseo dar las gracias a mis más de trescientos alumnos de mis cursos privados de cábala en Barcelona, a todos los integrantes del grupo de Sod 22/Madrid y del grupo Sod 22/Buenos Aires, porque he aprendido muchísimo con todos ellos durante estos últimos años, y una bendición especial a sus coordinadores, a mi amigo Jorge Barros y a mi amiga Patricia Wanda Frachia Zaidel.

La tesis doctoral que presento representa indudablemente un enorme trabajo de sistematización de gran parte del pensamiento místico del judaísmo aplicado a la Psicología, y entiendo que a partir de esta investigación se abrirán en el futuro muchas líneas de estudio sobre la psique humana.

Quiero dar las gracias especialmente a mi amiga Magda Amorós Perdigó quien me abrió las puertas de su corazón y las puertas de Barcelona, a ella le debo gran parte de la difusión de mis enseñanzas en Catalunya. Gracias Magda, de todo corazón.

Mario Javier Saban
En Sefarad, año 5775
Barcelona, mayo de 2015

«El hombre está constituido por todas las entidades espirituales, conteniendo todos los atributos, fue creado con una gran sabiduría, pues comprende todos los secretos de la Merkabá».

Sefer Ha Neelam (anónimo)

«Hay una Torá entera en una letra adicional que ahora falta».

Sefer Ha Temuná del siglo xiv (anónimo)

«Toda la creación es una severa limitación».

Frase anónima de los cabalistas medievales

«Cuando comencé a estudiar Ética me enojé con todo el mundo pero no conmigo, posteriormente, me enojé también conmigo, y finalmente solo me enojé conmigo».

Rabí Israel Salanter

«Lo más importante nunca está escrito».

Rabí David Ibn Zimra

«Para evadirse del problema real de la Merkabá, los cabalistas trabajaron la interioridad del ser humano de modo que provocaron simbólicamente la psicoanalización de la cábala muchos siglos antes del nacimiento de la Psicología moderna».

Mario Saban

Introducción a la psicología del misticismo judío: marco teórico-metodológico

«Nunca desesperarse, nunca caerse».
Najmán de Bratslav

Uno de los más importantes temas del misticismo judío es la explicación del funcionamiento del ser humano y su sentido cosmogónico. El judaísmo a lo largo de la historia ha intentado comprender la realidad divina de todo lo creado (el Maasé Bereshit), y profundizó sobre el misterio de la psique del ser humano. En ese sentido, podríamos decir que una parte de los grandes cabalistas judíos advirtieron de la importancia de comprender al ser humano, y de comprender el sentido de su existencia, no solamente dentro de un plano individual, sino en el plan general de la creación.

El trabajo que presento ante el Honorable Tribunal de la Universidad Ramón Llull es el diseño de las aplicaciones psicológicas de la cábala hebrea y, en particular, sobre el símbolo del Árbol de la Vida.

Lamentablemente, como el trabajo requiere de una traducción del lenguaje místico antiguo y medieval a los nuevos términos de la modernidad, he intentado buscar detenidamente las equivalencias conceptuales para que el análisis científico sea lo más riguroso posible. Tampoco tengo dudas de que mis propias experiencias personales, tanto de mi vida privada como de la relación con mis alumnos en los cursos sobre la cábala, son las que realmente me ayudaron a comprender mejor la psique humana y a establecer las conexiones adecuadas entre los antiguos conceptos del misticismo judío tradicional con las nuevas formas de comprensión de las escuelas psicológicas modernas. A pesar de la extensión del marco teórico de mi trabajo doctoral, quiero dejar constancia de que todos los conceptos vertidos son el fruto de la interacción entre el análisis teórico y la realidad práctica de un buen número de mis alumnos.

La búsqueda del sentido de la existencia en el ser humano no debe ser considerada como una patología, lo que sí se puede convertir en patológico es justamente el hecho de la aparente imposibilidad del ser humano de encontrar dicho sentido. Trabajar el sentido de la existencia del ser humano desde la infancia para extraer, como decimos dentro de la cábala la «raíz del alma» de la persona, es fundamental para realmente alcanzar la felicidad interior; una felicidad interior no dependiente de nuestro exterior, sino de nuestra autopercepción. Elevar los niveles de autopercepción a través de las estrategias que nos legaron los antiguos sabios del judaísmo es la clave para alcanzar los mayores niveles de felicidad y de intensidad existencial. Por ese motivo, hemos trabajado la unificación científica entre los elementos derivados del misticismo judío y los elementos de la Psicología clásica. Es más, podemos decir, sin equivocarnos, que muchos cabalistas fueron pre-psicólogos porque trabajaron su propia psique y estudiaron la psique para comprender mejor el diseño divino. Lo que estudiaremos representa la contribución psicológica que ha realizado durante siglos el misticismo judío.

Debemos ser conscientes de que dentro del judaísmo se trabajó exegéticamente para elevar poco a poco el nivel de conciencia del sujeto. Y dentro del trabajo de elevación de dicho nivel de conciencia, el estudio directo o indirecto de la psique fue esencial.

Ha quedado en suspenso la labor de comprender la Psicología desde la cábala hebrea, y este trabajo creemos que recién comienza. Un estudio serio y profundo del misticismo judío (la cábala) nos puede llevar a una comprensión psicológica transpersonal de la psique. El aporte del misticismo judío al campo de la Psicología es fundamental y debe ser expuesto, estudiado y analizado minuciosamente. Por lo tanto, debemos considerarlo como un aporte más al crecimiento general del ser humano.

Ya muchos autores, como Moshé Idel, advirtieron de que la relación entre la Psicología y la cábala aún no ha sido estudiada en profundidad. Idel dice sobre este asunto:[1]

> «Pero no hay razón para prohibirse un uso prudente de otras ramas de las ciencias humanas, por ejemplo, la Psicología. Este campo ha proporcionado una gran variedad de teorías respecto de la psique humana y sus procedimientos. Como algunos cabalistas se refieren abierta o alusivamente a experiencias espirituales, no podemos descuidar la contribución de una u otra teoría psicológica para describir ciertos fenómenos cabalísticos. Una vez más, Scholem evitó utilizar conceptos o

---

1. *Cábala: nuevas perspectivas*, página 58, por Moshe Idel, editorial Siruela, Barcelona, 2005.

teorías psicológicas. Es cierto, por otra parte, que las citas de la literatura cabalística y su análisis por parte de uno de los grandes contemporáneos de Scholem, Carl Gustav Jung, son problemáticos».

«Jung alimentaba un gran interés por la cábala, incluso tuvo un sueño cabalístico. Pero este interés e incluso esa identificación con concepciones cabalísticas no pueden hacer olvidar su verdadera incomprensión de las fuentes y su enfoque reduccionista a los textos. Aunque se pueda hacer la misma crítica al análisis realizado por Jung a obras de otro tipo, como los escritos sobre alquimia, gnosticismo o textos hindúes, dudo, en lo que a la cábala se refiere, que se pueda sacar algo sustancial del examen que hizo de los pasajes particulares que menciona en sus libros».

El Árbol de la Vida entonces sirve (y debemos utilizarlo de este modo) para resolver algunos problemas psicológicos de difícil resolución, o que no pudieron ser satisfactoriamente analizados por falta de elementos simbólicos suficientes. También el símbolo del Árbol de la Vida es muy útil para comprender el funcionamiento del sistema universal y cómo las diversas escuelas de pensamiento se han acercado a la realidad del Yo.

Puedo afirmar sin temor a equivocarme que el Árbol de la Vida es una de las representaciones más profundas del ser humano y su dinámica existencial. Como dicho símbolo opera tanto en lo físico como en lo metafísico, y como el mismo símbolo opera tanto en lo macro como en lo micro, cuando estamos trabajando con el Árbol de la Vida, nos encontramos operando tanto dentro de términos psicológicos como de aspectos cosmogónicos de forma simultánea.

El transpersonalismo de la mística judía produce así elementos simbólicos claves para una nueva interpretación existencial del ser humano, y he trabajado con estos elementos, llevándolos hasta las máximas consecuencias subjetivas, teóricas y prácticas, de acuerdo con mi propia capacidad.

Mi objetivo es comparar algunas teorías modernas con las más antiguas tradiciones del misticismo judío, con la idea de obtener como resultado una comprensión más elevada del «Yo». Pero no un «Yo» reducido a la psique, sino un Yo que abarca la psique y la trasciende.[2] Reitero que el concepto del «alma» en el campo del misticismo judío no se reduce al nivel intelectual (Neshamá) o psique.[3] A dicho nivel intelectual o psique lo denominaré como

---

2. Vamos a explicar el concepto de trascendencia del Yo con relación a la psique a lo largo de esta investigación.
3. La «Neshamá» es el nivel intelectual del alma. Para el misticismo judío, el alma se puede dividir en cinco niveles: el nivel denso de la materia, el alma animal (o el cuerpo), se denomina con el

el Yo mental. Dicho Yo mental se encuentra dentro de la dimensión de la Biná cosmológica como ya explicaremos más adelante.

Expondré no solamente en esta tesis doctoral el funcionamiento simbólico del Árbol de la Vida y la Merkabá a nivel psicológico, sino que plantearé desde esta simbología los problemas que se presentan dentro de las diversas escuelas de la Psicología tradicional del siglo XX y las de principios del siglo XXI. ¿Cuáles son las fortalezas de los diversos sistemas modernos y cuáles son las debilidades de estos sistemas a la luz de la sabiduría antigua y medieval del judaísmo?

Intentaré enfocar dentro de la simbología del Árbol de la Vida en qué dimensiones trabajaron las diferentes escuelas del Psicoanálisis tradicional, demostrando que las escuelas parcializaron el estudio sobre algunas dimensiones del Árbol de la Vida, haciendo que unas prevalezcan sobre las otras; por ese motivo realizaron formulaciones parciales de la misma problemática humana, y por lo tanto no pudieron ver más allá de sus fronteras conceptuales. Idolatraron los conceptos, de modo que no pudieron comprender la flexibilidad y la complejidad del sistema general. Entiendo que este factor de especialización científica del siglo XIX dio como resultado una escisión del ser humano y del conjunto de la sociedad que lamentablemente hizo mucho daño. Al retornar a la sabiduría judía antigua y medieval del misticismo hebreo, encontramos una conexión profunda con una visión holística del Yo. Este tipo de pensamiento plantea que el misticismo judío abarca todas las perspectivas dimensionales para una comprensión superior del Yo.

Las escuelas de Psicología tradicional crearon «modelos racionales de comprensión», o «modelos simbólicos de comprensión», cerrando estos modelos dentro de ciertos límites dimensionales. Sin embargo, dentro de cada nivel dimensional existen verdades propias. Es decir, que si trabajamos dentro de un nivel determinado no podemos invalidar a quienes se encuentran trabajando desde otra dimensión. Debemos percibir la validez de cada visión de acuerdo con la dimensión energética del Árbol de la Vida que dicha escuela esté trabajando.

Toda crítica a cada escuela de pensamiento se fundamenta en que no se puede percibir la realidad desde dicha perspectiva. Al comprender mejor el sistema general de conexión (Daat, la comprensión, el conocimiento) podemos percibir que existe «conocimiento» dentro de cada nivel dimensional.

---

nombre de «Nefesh»; el segundo nivel, el alma emocional, se denomina con el nombre de «Ruaj»; el tercer nivel, es el alma intelectual o Neshamá, y los dos niveles superiores, la Jaiá y la Iejidá que se encuentran más allá de lo corporal.

El misticismo judío puso en duda estos límites conceptuales que reducen el Yo dentro de unos límites anticipatorios a los límites estructurales, porque en realidad la «persona» no está limitada por sus propios límites, sino que existe una conexión de la persona con el universo. Esta conexión perdida por la modernidad redujo por la vía de la supuesta justificación racional toda la comprensión general.

Al detectar dentro del Árbol de la Vida estos límites, podremos ver con mayor claridad el problema real de estas escuelas, que fue el de parcializar o seccionar al ser humano encerrándolo dentro de ciertas dimensiones del Árbol de la Vida, no pudiendo admitir que el ser humano es un sistema complejo integrado de estas diez dimensiones básicas. Esta falta de integración entre deseos subjetivos y trascendencia, entre el «Yo» y los «otros», entre la materialidad y las energías que operan subyacentes dentro de la materia, hace que los análisis tradicionales sean insuficientes para una comprensión general del sujeto dentro del contexto general del universo.

El contexto universal se puede comprender a través del Maasé Bereshit, y el contexto subjetivo a través del análisis del Árbol de la Vida en el Universo de Yetzirá,[4] y este será el modo de comprender la conexión entre el sujeto y el universo, porque debemos percibir la unicidad subyacente del mundo de la Alef (eterno) y el de la Bet (espacio-temporal).

La desesperada aspiración de la Psicología por ser considerada una «ciencia» produjo que se perdiera en muchos casos la flexibilidad del objeto de

---

4. Existen dentro del misticismo judío cinco universos diferentes. Hay dos universos conceptuales de información que se encuentran dentro de la infinitud eterna del Ein Sof (Infinito), y estos se denominan el universo del Adam Kadmón (El hombre primordial) y el Universo de Atzilut (o la Emanación). Estos dos universos se encuentran dentro del mismo infinito, y su diferencia es que en el primer universo (Adam Kadmón) se encuentra toda la información unificada sin la posibilidad de distinguir las diferencias interiores, en cambio, dentro de Atzilut (la Emanación) encontramos las diez dimensiones (Sefirot) donde esa información única ya se puede comprender dentro de diez conjuntos trans-finitos. Estos dos universos se encuentran fuera de nuestro vacío. A partir de la autocontracción divina (el Tzimtzum) aparecieron los tres universos inferiores que nosotros podemos percibir, dado que se encuentran en la secuencia espacio-temporal. El primer universo producto de la primera contracción se denomina como Briá (El universo de la Creación), y es allí donde se dice que nacieron las almas, como fragmentos energéticos del Ein Sof; y cada alma tiene una estructura exactamente igual al Universo de Atzilut donde ya se encontraban diseñadas las diez dimensiones, así que todo lo que se manifieste dentro de esta realidad estará compuesto por estas diez dimensiones. Cada alma (Neshamá) tendrá dentro de sí misma la estructura de estas diez dimensiones (Sefirot). Tras crearse el espacio y el tiempo dentro del vacío (Universo de Briá), entonces comienzan a descender las energías más sutiles (Universo de Yetzirá o de la Formación); en este universo es donde encontramos la aparición de la psique, y estas diez dimensiones (Sefirot) son las que denominaremos como dimensiones psicológicas. El último universo se denomina como Asiá (el de la Acción), y en este universo final de la más pura materialidad es donde se encuentran «las necesidades» biológicas.

estudio, y que, por lo tanto, en ese intento científico de conceptualizar, en esa búsqueda del afán de rigurosidad, se terminaran de destruir potenciales campos de estudio. ¿Cómo comprender el Yo fuera del sistema? Ciertos grupos de la Psicología tradicional han ingresado dentro de la psique como si fuera un objeto de estudio completamente aislado de la realidad general, y lo que la psicología del misticismo judío propone es comprender la psique como una estructura completamente unida al sistema general. De modo que el sentido de la existencia no se puede encontrar dentro de la psique, aunque tiene que ser la psique la que debe modificar sus estados de consciencia para captar mejor la realidad general, porque el sentido de la existencia de cada psique tiene una relación directa con la comprensión cosmogónica general.

Si la consciencia del Yo es lo que determina la realidad exterior, esa misma consciencia del Yo escindida de la realidad determina también la realidad del mismo Yo. Si el Yo se percibe «escindido» de la realidad general, entonces no existe ningún tipo de conocimiento real de la psique, ya que el supuesto conocimiento de la psique en su forma subjetiva no alcanza para percibir el estado de trascendencia que se oculta detrás de todo Yo. Por lo tanto, antes de avanzar, mi pretensión será la de conceptualizar el Yo tal como lo comprendemos dentro del misticismo judío para que no existan confusiones posteriores en el análisis que vamos a emprender. El Yo se encuentra definido por las diez dimensiones del Árbol de la Vida psicológico, y aunque la psique corresponde a una dimensión especial del Yo general (la dimensión del Entendimiento o la Biná), el Yo se define dentro de la psicología del misticismo judío como un sistema que posee diez dimensiones básicas denominadas con el nombre hebreo de «Sefirot».[5]

---

5. ¿Qué es una Sefirá? Vamos a traer la explicación que trae del término el sabio cabalista y rabino Aryeh Kaplan (1934-1983) quien dice en una de sus obras: «El Sefer Yetzirá empieza ahora a definir la palabra Sefirá, el término hebreo para designar las emanaciones divinas que forman la base de la creación. La palabra hebrea para libro, Sefer, tiene la misma raíz que la palabra Sefirá, salvo que la primera es masculina y la última femenina. Los tres libros se dice que son texto, número y comunicación. El término hebreo para texto es aquí Sefer que literalmente significa libro. Número es Sefar, de donde deriva la palabra cifra. Comunicación es Sippur, que más literalmente significa narración. Estas tres divisiones representan respectivamente cualidad, cantidad y comunicación. Tales son las letras, los números y la manera en que son usados. Los tres libros corresponden a las tres divisiones de la creación definidas por el Sefer Yetzirá, a saber, el universo, el año y el alma. En términos más modernos serían llamados espacio, tiempo y espíritu. Universo se refiere a las dimensiones del espacio, año al tiempo y alma a la dimensión espiritual». «Los tres aspectos aparecen de la forma más clara en las letras del alfabeto. Hay tres modos principales de interpretar las letras. En primer lugar se tiene su forma física tal como son escritas en un libro. Este es el aspecto de texto (Sefer), que significa literalmente libro. En segundo lugar, está el valor numérico o guematria de la letra, lo que representa al número. Por último, se tiene el sentido de la letra y

Debemos explicar cada una de las dimensiones (Sefirot) para que se pueda comprender de modo organizado el sistema general de la realidad según la cábala, y luego comprender la psicoanalización de las diferentes dimensiones.

Volviendo al término «Sefirá» (dimensión), este se compone de dos elementos básicos para su comprensión. Toda dimensión tiene que tener necesariamente un recipiente de contención (a este concepto lo llamamos en hebreo Kli). El Kli es una vasija o recipiente de contención de energías. El Kli es también un tipo de energía más densa que la energía sutil que debe recibir. Cuando una persona recibe, decimos que es un receptor (es un Kli de recepción). Toda Sefirá o dimensión (de estas diez dimensiones que explicaremos) tiene un sistema de recepción o Kli. Cada dimensión de estas diez tiene en consecuencia diez recipientes. A su vez, cada Kli recibe un nivel de Or (de Luz). Por lo tanto, ya podemos comprender en líneas generales lo que denominamos como «Sefirá», y es un tipo de energía que es recibida por un tipo de vasija o receptor. Cuando existe un receptor (Kli) que recibe un nivel de luz (Or) de acuerdo con la capacidad de dicho receptor, decimos que existe una «dimensión» (Sefirá). Toda la realidad creada ha recibido un tipo de energía que se ha transformado en un gran Kli de recepción de energías más sutiles. Todo el vacío donde se ha creado esta realidad[6] es un gran recipiente de las energías provenientes del Infinito.

En definitiva, si el Yo puede percibirse vinculado al entorno y ser parte de la realidad, su consciencia se transforma en un nivel de consciencia superior para comprender el estado del Yo en su aspecto trascendente. El Yo, si se separa de la realidad, provoca un nivel de comprensión inferior entre el Yo mental (Biná) y el Yo interior (Tiferet). Pero si el Yo puede integrar dentro de sí la percepción de su subjetividad interior (Tiferet) y de su no-subjetividad (Jojmá), alcanza una comprensión del Yo en un grado superior. Este es uno de los puntos que estudiaremos en este trabajo.

Las escuelas de pensamiento impusieron límites formales a los modelos de trabajo creando un problema grave, y fue (y es) el de conceptualizar como «anomalías» todo aquello que no se ajustaba (ajusta) al campo limitado de análisis. Esto provocó un control excesivo de cada sistema, y la aparición

---

también el modo en que se pronuncia su nombre, lo cual constituye la comunicación o narrativa». (Interpretación al *Sefer Yetzirá: el libro de la Creación, teoría y práctica* páginas 45, 46 y 47, del rabino Aryeh Kaplan, editorial Mirach SL. Villaviciosa de Odón, Madrid, 1994).

6. Véase mi obra *El Misterio de la Creación o Maasé Bereshit*, Buenos Aires, enero de 2013, donde allí explico con detalles el proceso de creación del vacío universal a partir de la contracción del Ein Sof.

de una ortodoxia interior que produjo una parcialización de la visión integral del ser humano. Por ese motivo podemos decir que la cábala hebrea fue un intento anticipado, desde la época antigua y medieval, para lograr una comprensión integral y transpersonal del ser humano. Frente a esta posición se alzan dentro de la Psicología algunos autores que sostienen que la «autonomía de la Psicología» como ciencia se ve afectada por las relaciones interdisciplinarias, y establecen dentro de sus análisis (con la excusa de la rigurosidad conceptual) importantes confusiones epistemológicas, como, por ejemplo, pretender que toda conexión de la Psicología con otras disciplinas distorsiona el conocimiento de la psique (como si la psique fuera un ente desconectado de la realidad). Es más, el mismo Freud advertía la fuerte conexión entre la Psicología y la Biología. No estamos diciendo que la Psicología no posea autonomía, sino que no se pierde la autonomía científica por sus interrelaciones dinámicas con otras disciplinas. (¿Y si eventualmente se pierden todas las autonomías científicas para comprender el Todo en su Totalidad? ¿Por qué no comprender la psique en función del Todo?).

Sin embargo, aquellos que entienden que las conexiones interdisciplinarias afectan a la autonomía de la Psicología, en realidad, lo que demuestran es su temor interior a una serie de interrogantes que no se pueden responder dentro de un sistema cerrado (dogmático). Es interesante que estos autores no tengan conciencia de que, en su búsqueda de autonomía científica para la Psicología, lo que han terminado de construir es una dogmática propia de la misma naturaleza que las antiguas teologías. Confundir el misticismo espiritual con la dogmática teológica es un grave problema de muchos de estos autores.[7]

---

7. Dice Wolfgang Giegerich: «Habéis mostrado que la posición de Goodheart es irritante porque viola un *credo* psicológico básico; insostenible, porque su ontología conduce a un regreso infinito; no crítica, porque se exime de ser vista como un texto; terapéuticamente problemática, porque implica una psicología de la culpa; atávica, porque revive una visión anticuada que ya ha sido superada hace tiempo en la teoría filosófica, psicológica y científica. Me gustaría sugerir una pregunta ulterior: "La psicología, en tanto campo de estudio, ¿es realmente libre de adoptar o rechazar la idea de una psique autónoma, o acaso esta idea no es un prerrequisito indispensable para hacer psicología?". El ejemplo clásico para el origen de una ciencia es la física matemática. Lo que hizo de la física una ciencia "exacta" y el modelo para todas las demás ciencias, no fue ni el método empírico ni la aplicación de la matemática a la naturaleza, sino algo más fundamental, que solo hizo posible el método empírico-matemático en primer lugar: la entrega incondicional de la física a su preconcepción subyacente del mundo, a su propia "naturaleza" *a priori*. Con compromiso absoluto, la física siguió el principio de que la "naturaleza" tenía que explicarse exclusivamente a partir de causas "naturales". En ningún momento de la investigación se permitía que la ciencia recurriera a cualquier factor fuera de su propia visión. Tenía que apelar a sus propios recursos. Por esta razón, la física tuvo que liberarse implacablemente, una a una, de tales ideas foráneas a su fantasía, tales como destino, Espíritu, Dios, éter, no porque estas fueran ideas "teológicas" o "míticas" mientras la "naturaleza" en la física no lo es, sino simplemente por ser fiel a su propio mito ("la naturaleza" tal

En realidad, estos autores se encuentran situados en el paradigma racionalista de la Ilustración y no comprenden el cambio de paradigma actual. Nos encontramos en un periodo donde las herramientas de una ciencia se ven afectadas por los avances de otras disciplinas. Simplemente podemos observar el efecto de la evolución informática en todas las disciplinas científicas.

Ya no podemos seguir construyendo «autonomías científicas» al servicio de la construcción de nuevas dogmáticas conceptuales, donde en el interior de dichos sistemas cerrados perdemos toda conexión con la «Totalidad». El misticismo judío propone percibir la psique desde la «Totalidad», como un producto más del sistema general cosmogónico (sin la pretensión de destruir ninguna autonomía científica), pero con la pretensión de comprender mejor la naturaleza de la psique. (¿Acaso la Neurología no afecta la Psicología? Y, ¿acaso la Psicología no afecta y se conecta con la Antropología?). La propuesta del misticismo judío, a través de uno de sus símbolos más potentes (El

---

como la pre-concibió la ciencia moderna). Es como si la física, respetando a *su propia* fantasía de raíz, obedeciera estrictamente al consejo de Jung respecto a las imágenes de la fantasía en general: "Ante todo, no permitir que se entrometa nada de fuera que no corresponda, pues la imagen de la fantasía tiene "todo lo que necesita" en sí misma" (*CW* 14 §749, trad. modificada por el autor)

No se deja entrar nada de fuera que no pertenezca a la naturaleza de la física; esto significa que la naturaleza se concibe aquí como auto-contenida, en su propio origen, una realidad espontánea y autónoma. Nunca debe tomarse como el resultado, por ejemplo, de la acción de un Dios externo; lleva su causa última, su "Dios" en sí misma. Así la física puede actuar *(acts-out)* de acuerdo con su inconsciente axioma subyacente, la idea "deus *sive* natura" claramente articulada por Spinoza. Al rechazar sin compromiso refugiarse en una "coartada" (un factor explicativo "en cualquier parte": fuera de sí misma), la física se vio constantemente remitida a sí misma (a su fantasía). Esto tuvo dos consecuencias. Primero, esto garantizó que "la naturaleza" fue "abierta" *a priori* como algo fundamentalmente desconocido, un laberinto infinito a ser penetrado, y que está visión básica se haría cumplir perpetuamente. Tanto la Madre Tierra mítica como la "creación de Dios" teológica eran ontológicamente presentes y completadas porque su esencia final (divina) estaba dada, en un caso manifiestamente como una epifanía, en el otro solo a la fe en la revelación de Dios respecto al mundo. Así, el único modo significativo de relacionarse con ellas, en tanto ya dadas, era la reverencia pero no la ciencia. La naturaleza en la física, por contraste, está ausente ontológicamente y es incompleta: su esencia última ha de buscarse, siendo el *"deus sive natura"* un Dios irrevocablemente ausente, tanto que la ciencia incluso ha sido tomada como ateísmo. Esta es la condición *a priori* que hizo posible y absolutamente necesaria la ciencia, la *investigación* científica. La fantasía de "la naturaleza" empujó al hombre a una búsqueda ineludible, una verdadera *petitio principii*: el descubrimiento sistemático y el despliegue de su fantasía del mundo en busca de su primer principio desconocido en niveles siempre nuevos de sofisticación. Si, como Jung dijo, el *anima* es la mediadora hacia lo desconocido, la física es una única gigantesca aventura del anima, y altamente psicológica. Segundo, al remitirse enteramente a sí misma, la física no tenía escape. Estaba arrinconada, entregada a la Necesidad, forzada a un curso inevitable, el curso de una investigación analítica de causas siempre más profundas, más ocultas, contenidas en "la naturaleza", esto es, en la visión fundamental que la física tiene del mundo. La obediencia estricta a su propio mito proporcionó la base ontológica para la aplicación del método científico matemático, y por lo tanto para la física como ciencia verdaderamente exacta y "cierta". La física no *evitó* la tautología, como Goodheart quiere para la psicología; se *estableció* en una tautología (explicar la naturaleza

Árbol de la Vida), conecta las diferentes disciplinas autónomas con un «Todo integrado». La nueva visión de la psique a partir del campo cosmogónico (no confundir con las fantasías teológicas que también son dogmáticas) nos otorga una visión de «trascendencia» que propone un paradigma de interconexión completa de los fragmentos existentes dentro de nuestra realidad conceptual.

---

por la naturaleza), dejándose encerrar irrevocablemente por ella, y haciendo de lo desconocido de su fantasía raíz su fundamento mismo. Si otros campos de estudio pueden aprender algo de la física, no es el *método* matemático que es propiedad exclusiva del mito de la física. Más bien es la dedicación total con la que cada campo debe ligarse religiosamente a *su* fantasía respectiva, como su única y exclusiva *prima materia*, es decir, como aquello que tiene "todo lo que necesita dentro de sí" y que por tanto tiene que mantenerse libre de cualquier idea foránea; es la fe en su propia tautología, su propia *petitio principii*; y el coraje de dejarse ir sin reservas hacia lo desconocido de su fantasía raíz. La imitación del método científico de la física haría exactamente lo opuesto de lo que la misma física hace y nos enseña: que el estilo de un campo debe derivarse exclusivamente de su propia visión *a priori*.

Volviendo de aquí a la psicología, el concepto de una psique autónoma me parece no solo una cuestión de preferencia personal, de la propia ontología, de lógica epistemológica, de valor teorético o terapéutico, o de pruebas empíricas. Ante todo, me parece una pura necesidad. Para que la psicología sea, *debe* postular una psique autónoma, porque sólo entonces es posible la investigación psicológica en primer lugar. Pues la psicología se vincula implacablemente con lo desconocido de su propia fantasía raíz, sólo si se le otorga autonomía y espontaneidad a la psique, teniendo que explicar todo lo psíquico "tautológicamente" a partir de la psique misma, y sólo cuando la psicología rehusé estrictamente basarse en cualquier cosa fuera de la *idea* de "psique" (*sin importar* lo que "psique" pueda ser) se verá inescapablemente obligada a entrar en la profundidad de su tema y podrá establecer su propia versión (psicológica) de exactitud y certidumbre. Negar la realidad autónoma de la psique sería abortivo. Significaría cortar la rama en la que uno se sienta. Implicaría una psicología dividida contra sí misma; un estudio del alma desprovisto de su desconocido y escindida del anima; un compromiso roto, puesto que el nombre de nuestro campo, "psicología", ya *nos ha comprometido* con la psique como a nuestro *a priori* desconocido y nuestra *prima materia* auto-contenida, lo admitamos o no. Cualquier psicología que toma por fundamento algo "conocido" ("ontológicamente presente y completo" en el sentido de tener que darse por supuesto y no sometido a cuestionamiento psicológico, es decir, a reflexión), ya sea la roca viva subyacente de Freud en lo biológico o el campo bi-personal de Goodheart o lo que fuera, será fundamentalista y habría caído inadvertidamente en un estado de ciencia "medieval" (teniendo que explicar la naturaleza en términos de un factor, por ejemplo Dios, que por definición yace fuera de la responsabilidad de la ciencia en cuestión). De este modo, se abre *sistemáticamente* la puerta a las proyecciones descontroladas. La fe reprimida en la psique autónoma no desaparece simplemente; ahora se la experimenta afuera, en el poder de convicción con que por ejemplo el campo bi-personal exige que se le tome como causa efectiva de todo lo psicológico. Precisamente porque la psicología se ha basado en algo "concreto", se ha vuelto arbitraria y dogmática en el sentido de Kant; ahora tiene que escoger entre múltiples causas primarias; el cerebro, el trauma del nacimiento, la reencarnación, el pecho materno, el campo bi-personal, etc. Si se niega y se elude la *petitio principii* o tautología como la roca viva subyacente sobre la cual ha de basarse cualquier campo de estudio, parece regresar dentro de ese campo de estudio como una falacia lógica y como el problema no reconocido de la regresión al infinito.

En este sentido, la psicología no tiene elección respecto a reconocer o rechazar la psique autónoma. Una psicología que la negara es "imposible". Y sin embargo tal psicología *es* posible en tanto que existe. En física cualquier intento de establecer una ciencia de la naturaleza negando la autonomía de la naturaleza simplemente provocaría risas. Pero en psicología es posible proponer con toda honestidad un estudio de la psique declarando que la idea de la psique autónoma es una

La modernidad con todos sus avances ha creado una super-especialización negativa, porque ha perdido la visión global cosmogónica. El nuevo paradigma que está surgiendo regresará indudablemente a la sabiduría antigua y medieval donde la psique operaba dentro de un marco conceptual cosmogónico. Si la «Modernidad» producto de la Ilustración nos hizo

---

formación reactiva derivada del campo bi-personal, y habrá muchos psicólogos que se tomarán en serio tal intento. Creo que este hecho no puede despacharse sencillamente, sino que ha de entenderse. Parece indicar una diferencia fundamental entre física y psicología, "naturaleza" y "psique". Lo que originó la psicología del campo bi-personal no puede haber sido una necesidad *intelectual*, puesto que intelectualmente es insostenible y obsoleta, como habéis mostrado muy convincentemente. Por consiguiente ha de surgir de una necesidad *psicológica*, de modo que la autonomía de la psique, a la que no se le deja aparecer *ante* la visión teorética, tiene que empeñarse ahora en cambio, y desde atrás, *en* o *como* este mismo acto de teoría psicológica. Esto, sin embargo, sugiere que debe ser inherente en la naturaleza de la psique que pueda o incluso quiera ir en contra de sí misma y producir neurosis no sólo en la gente, sino en la psicología, con teorías sobre ella que le niegan su propia realidad autónoma. Debe ser compatible con la psique producir lo incompatible, una visión que podría originar más reflexiones". (¡Sin coartada! Comentario a "La Psique Autónoma. Una Comunicación a Goodheart desde el Campo Bi-Personal de Paul Kugler y James Hillman". Por Wolfgang Giegerich, 1985 (1). Incluído en *Collected English Papers, vol. 1: The Neurosis of Psychology. Primary Papers towards a Critical Psychology*, Spring Journal Books, 2005.Traducción al castellano por Enrique Eskenazi). No creo que la psique quiera ir en contra de sí misma por pretender la conexión interdisciplinaria entre la psicología y otras ciencias. En este trabajo no negamos la autonomía científica de la psicología (como quizás algún autor lo puede hacer), sino que entendemos que las conexiones de la psicología con otras ciencias mucho más antiguas, como la cosmogonía y el misticismo pueden percibir niveles categoriales diferentes a los que sostiene la modernidad. Debemos dejar en claro a mi modo de ver, que en el mundo de la fragmentación (que estudiaremos en este trabajo) los conceptos son aparentemente independientes unos de otros, como así mismo las ciencias aparentemente son independientes y autónomas unas de otras, en rigor de verdad, no podemos decir que la realidad opere de acuerdo con nuestra conceptualización fragmentaria. La realidad opera como un "Todo integrado", y la "psique" tiene que operar en relación dentro del Todo integrado de la realidad. Por supuesto, que podemos (y debemos) estudiar la psique y operar en dicho nivel de modo autónomo, pero esto que es válido para un nivel, no necesariamente es válido en un nivel superior, simplemente, porque en dicho nivel superior debemos operar en el marco de las conexiones generales de las partes en función de la Totalidad. Y este funcionamiento de la psique en relación con la Totalidad no es para distorsionar el análisis de la psique, sino por el contrario, porque comprendemos que en un punto una psique desvinculada de lo cosmogónico puede realmente traer una distorsión al conocimiento de sí misma. La psicología en tanto ciencia autónoma ya ha logrado su independencia, ahora no debe crear mecanismos de defensa para que todos aceptemos o no dudemos de su autonomía, pero debemos "madurar" y elevarnos a otro nivel, es decir, lograda la autonomía epistemológica de la psicología, ahora podemos interrelacionarla con otras disciplinas sin temor a una pérdida de su autonomía científica. Porque el interrogante real es ¿Defendemos la autonomía de cualquier ciencia o buscamos la verdad? Partimos de la base de que no existe "verdad" dentro de un sistema de "verdades fragmentadas" que al volverse autorreferenciales se convierten en nuevos dogmas. Giegerich lo dice claramente "hay que respetar su propia fantasía de raíz". Este es justamente el problema del dogmatismo (sea religioso, ideológico o científico) fijarse a su propia fantasía de raíz. El misticismo judío destruye todo dogma, y por lo tanto, si en aras de la búsqueda de la realidad de la psique debe destruir no solo la autonomía de la psicología como ciencia, sino las "autonomías" de todas las ciencias, entonces lo mejor será abandonar nuestra arrogancia conceptual para establecer un contacto directo con la realidad general que opera indudablemente como un "Todo integrado".

avanzar conceptualmente hacia la especialización en cada una de nuestras disciplinas, ha llegado el momento de aplicar un marco conceptual integrador de todas las fragmentaciones científicas. La psicología transpersonal se enmarca en la necesidad de conexión general de la Psicología con el resto de las disciplinas científicas. No existe, por lo tanto, una pérdida de autonomía científica, sino una muestra de madurez conceptual, donde ya ha quedado desterrado el temor de muchos a la pérdida de la independencia científica. Si desde el siglo XIX hasta ahora (XXI) hemos operado dentro de la psique, es hora de relacionar la psique con el sistema general para una mayor comprensión de ella.

El Árbol de la Vida fue utilizado por los místicos hebreos antiguos y medievales para proponer un análisis transpersonal del ser humano con las herramientas simbólicas de la cultura judía.

Las características de la mentalidad judía están ancladas en un cierto tipo de psicología específica desarrollada a partir de las premisas de comprensión del simbolismo del Árbol de la Vida. La flexibilidad de dicho sistema simbólico ha permitido crear uno de los sistemas más potentes de comprensión del ser humano.

Ahora, lo que he desarrollado en esta tesis doctoral que presento en el campo de la Psicología es una revisión general de los conceptos tradicionales a través del misticismo judío, especialmente tomando como clave simbólica central el Etz Ha Jaim (El Árbol de la Vida).

Quiero establecer claramente la intención anticipada de mi trabajo doctoral. Es mi deseo encontrar los «puntos débiles» de los sistemas de análisis de la Psicología moderna, no con un objetivo nihilista, sino, por el contrario, con el objetivo de «armonizar» las diferentes dimensiones de la estructura del ser humano, y comprender mejor la dinámica del «Yo». También es mi deseo que tras la exposición del marco teórico pueda presentar pruebas empíricas de la transformación personal que han tenido muchos de mis alumnos a lo largo de los últimos años de trabajo en Barcelona.

Es mi intención intentar percibir la eficacia del estudio de la cábala en términos psicológicos, la aplicación del misticismo judío y sus símbolos para determinar con la más alta precisión las energías operativas dentro del ser humano. Por ese motivo, al final de este trabajo expondré los resultados empíricos de los cambios cognitivos y conductuales que se produjeron entre mis alumnos al reflexionar sobre sí mismos dentro de una simbología tan potente como es la del Árbol de la Vida.

Es mi deseo exponer desde el misticismo judío el sentido existencial y las diversas fórmulas que se han elaborado para la construcción del sujeto.

El judaísmo ha elaborado a través de los siglos un sistema abierto que permite encontrar el sentido de la vida a cada ser humano y lograr el objetivo de comprender la felicidad a pesar de la existencia del mal.

Esta es la potencia psicológica de la cábala.

En la Ciudad Condal de Barcelona, diciembre de 2014
Fiesta de Januká del año 5775

Meir ben David ben Meir Saban

Parte 1

Las Sefirot del Árbol de la Vida
Aspectos cosmogónicos y psicológicos

> «Que Dios me perdone por el nivel de revelación de la Merkabá».
>
> Mario Saban

> «Llegará el día en que los tres universos espacio-temporales de Asiá, Yetzirá y Briá serán unificados en Atzilut».
>
> Mario Saban

1. ¿Qué son las Sefirot? (Dimensiones)

«Las Sefirot son los puntos en los que se debe descansar».
Aryeh Kaplan

En realidad, para comprender el Misterio de la Creación (Maasé Bereshit) desde donde se produjo la manifestación general de las energías del Ein Sof dentro del vacío me remito a mi obra anterior.[8] Allí explico detalladamente la secuencia de la Creación hasta llegar a las Sefirot.

En este trabajo que presento intento explicar el orden psicológico de acuerdo con la cartografía del símbolo del Árbol de la Vida y sus dimensiones.[9]

Vamos a reproducir una de las mejores definiciones del concepto de Sefirá según el sabio cabalista judío Aryeh Kaplan:

«El texto (Sefer), la forma física de la letra, pertenece al continuo del espacio, puesto que la forma sólo se puede definir en el espacio. Esto es el Universo. El número (Sefar) implica secuencia, y tal es la secuencia del tiempo, que es el continuo del "Año". Finalmente, comunicación (Sippur) se aplica a la mente, y ésta se halla en el continuo espiritual que es el Alma.

»Estas tres palabras definen el término Sefirá. En primer lugar, la palabra Sefirá comparte la raíz con Sefer, que significa libro. Como un libro, cada Sefirá puede registrar información. Las Sefirot sirven entonces como un banco de memoria en el dominio de lo Divino. En las Sefirot queda así construido un registro permanente de todo lo que alguna vez ha tenido lugar en toda la creación.

»En segundo lugar, la palabra Sefirá comparte la raíz con Sefar, que significa número. Son las Sefirot las que introducen un elemento de número y pluralidad en la existencia. El Creador, el Ser Infinito, constituye la más absoluta unidad y

---

[8]. *El Misterio de la Creación, El Maasé Bereshit*, Mario Javier Saban, Buenos Aires, enero de 2013. Esta obra fue presentada en octubre de 2012 como tesis doctoral en Antropología en la Universidad Rovira i Virgili (URV) de Tarragona. El tutor de mi segunda tesis doctoral en Antropología fue el doctor Joan Prat i Carós (1947).

[9]. En una obra anterior *Sod 22: El Secreto*, Buenos Aires, diciembre de 2011, ya realicé una primera aproximación a los mecanismos psicológicos que operan dentro de cada una de las dimensiones del Árbol de la Vida.

el concepto de número no se le aplica en modo alguno. Por eso, hablando del Ser Infinito, el Sefer Yetzirá se pregunta: "Antes del uno ¿Qué has de contar? (1:7). El concepto de número sólo viene al ser con la creación de las Sefirot.

»De este modo, todo suceso y acción es medido y sopesado con las Sefirot y con ellas se concibe y calcula la respuesta apropiada. Así, usando la analogía de un computador, las Sefirot funcionarían como la unidad procesadora en el Dominio Divino.

»Por última, la palabra Sefirá comparte raíz con Sippur, que significa "comunicación" y "narrativa". Las Sefirot son los medios con los que Dios se comunica con su creación. Son también los medios a través de los que el hombre se comunica con Dios. Si no fuera por las Sefirot, Dios, el Ser Infinito, sería absolutamente incognoscible e inalcanzable. Sólo a través de las Sefirot puede Él ser aproximado.

»Por supuesto, y tal como todos los cabalistas advierten, no se debe en modo alguno adorar u orar a las Sefirot. Se puede, sin embargo, usarlas como un canal. Nadie pensaría en dirigir una petición al cartero, por ejemplo. Pero sí se le puede usar para que lleve un mensaje al rey. En sentido místico, las Sefirot constituyen una escalera o árbol que se puede "subir" y aproximarse así al Infinito».[10]

Luego agrega Aryeh Kaplan:[11]

«La palabra Sefirá significa literalmente "cuenta". Se distingue así de Mispar, que significa número. Aunque se dice que las Sefirot representan los diez dígitos básicos, de hecho no son números. Más bien, son las fuentes en las que los números se originan. El Sefer Yetzirá no da sus nombres, pero estos son bien conocidos en la Cábala clásica.

»Los nombres de las diez Sefirot derivan todos de la Escritura. Al enumerar las capacidades de Betzalel, Dios dice: "Le he llenado con el espíritu de Dios, con Sabiduría,[12] con Entendimiento[13] y con Conocimiento[14]" (Éxodo 31:3). Como el Sefer Yetzirá establece posteriormente (1:9), "el espíritu de Dios" se refiere a Keter (la Corona), la primera de las Sefirot. Sabiduría y Entendimiento se refieren entonces a las dos Sefirot siguientes.

---

10. *Sefer Yetzirá o el Libro de la Creación*, página 47, editorial Mirach, Madrid, 1994. Traducción al castellano por Eduardo Madirolas.
11. *Sefer Yetzirá o el Libro de la Creación*, páginas 49 y 51, editorial Mirach, Madrid, 1994.
12. Jojmá es la palabra hebrea para designar la Sabiduría.
13. Biná es la palabra hebrea para designar el Entendimiento (representa la Conciencia individual, y también es llamada la Inteligencia).
14. Daat es la palabra hebrea para designar el Conocimiento y representa la unión entre la Jojmá y la Biná.

»También se alude a estas Sefirot en el versículo "Con Sabiduría Dios estableció la tierra, con Entendimiento afirmó los cielos y con su Conocimiento las profundidades fueron hendidas" (Proverbios 3:19-20). Igualmente está escrito: "Con Sabiduría se construye una casa, con Entendimiento se afirma y con Conocimiento sus cámaras se llenan" (Proverbios 24:3-4)

»Todas estas fuentes enumeran tres cualidades: Sabiduría, Entendimiento y Conocimiento. Sin embargo, el Conocimiento no es una Sefirá sino meramente el punto de confluencia entre la Sabiduría y el Entendimiento. No obstante, de muchos modos se comporta como una Sefirá y así a menudo aparece incluido entre ellas"

»Las siguientes siete Sefirot se nombran en el versículo. "Tuyos, ¡Oh Dios!, son la Grandeza,[15] la Fuerza,[16] la Belleza,[17] la Victoria,[18] y el Esplendor,[19] por Todo[20] en el cielo y en la tierra; tuyo ¡Oh Dios! Es el Reino…[21] (1 Crónicas 29:11). Es aquí donde son definidos los nombres de todas las Sefirot inferiores"

Ahora bien, como el Árbol de la Vida se compone de diez dimensiones cuyas energías son válidas en dicho nivel de acuerdo con el tipo de energía que se desarrolla en su interioridad, podemos decir que cada dimensión constituye un «dominio de la realidad diferente», y por ese motivo quiero citar al doctor Humberto Maturana en su trabajo:[22]

«… En consecuencia, en este camino explicativo, las explicaciones son constitutivamente no reduccionistas y no trascendentales, ya que en este camino no hay una búsqueda de una única explicación fundamental para todo. Del mismo modo, cuando un observador acepta este camino explicativo, se da cuenta de que dos observadores que traen a la mano dos explicaciones mutuamente excluyentes, frente a lo que para un tercer observador parece ser la misma situación, no están

---

15. Jesed es la palabra hebrea para designar la Misericordia también llamada Grandeza o Gadlut en hebreo.
16. Guevurá es la palabra hebrea para designar la Fortaleza o la fuerza limitativa.
17. Tiferet es la palabra hebrea para designar la Belleza, el punto de equilibrio del mundo inferior. Esta dimensión es la del Amor.
18. Netzaj es la palabra hebrea para designar la Victoria, y representa el lenguaje emocional.
19. Hod es la palabra que significa Gloria pero también Esplendor. Representa el lenguaje conceptual.
20. Yesod es la palabra que significa fundamento, y en este versículo se denomina como «Todo».
21. Maljut es la palabra hebrea para denominar el Reino material.
22. Este trabajo se encuentra en el volumen I de la obra *Construcciones de la experiencia humana*, Marcelo Pakman, compilador, Barcelona, primera reimpresión, septiembre del 2005. En las páginas 60 y 61 de su trabajo «Realidad: la búsqueda de la objetividad o la persecución del argumento que obliga».

dando diferentes explicaciones de una misma situación, sino que los tres observadores están operando en diferentes, aunque igualmente legítimos, dominios de la realidad y están explicando diferentes aspectos de sus respectivas praxis del vivir. El observador que sigue este camino explicativo se da cuenta de que él vive en un multiverso, es decir, en muchas realidades explicativas diferentes, igualmente legítimas, pero no igualmente deseables, y que en el multiverso un desacuerdo explicativo constituye una invitación a una reflexión responsable acerca de la coexistencia y no a una negación irresponsable del otro. Como resultado, en este camino explicativo una ilusión es el enunciado de una distinción escuchada desde un dominio de realidad diferente de aquel en el que tiene lugar y donde es válida, y la experiencia de una ilusión es una expresión en el observador de su confusión de dominios explicativos».

Podemos decir que cada Sefirá es un «dominio explicativo diferente»; sin embargo, a pesar de que dichos dominios explicativos sean diferentes, son objetivos en sí mismos, es decir, intrínsecamente constitutivos del universo y de la psique. Por lo tanto, siendo la realidad existente un «multiverso», es decir, una realidad multidimensional donde cada dimensión es válida en su propio nivel, existen verdades en cada realidad dimensional, pero cuando obligamos a una verdad válida de una dimensión en particular a trabajar fuera de su marco constitutivo, entonces estamos operando de modo negativo, ya que intentamos aplicar a un sistema objetivo una energía diferente, porque dicha energía es válida únicamente en la dimensión de la cual es sustancialmente compatible. Si bien existen interconexiones dimensionales a través del sistema de los 22 senderos de las letras hebreas, estas conexiones no implican la mezcla de las energías válidas en cada nivel dimensional, sino las influencias que se generan de una dimensión sobre otra.

De este modo, podemos decir que las Sefirot (dimensiones energéticas específicas) poseen energías válidas dentro de dicho universo, y energías que influencian sobre las otras dimensiones. Estas influencias dimensionales simbólicamente están representadas en los 22 canales. Cada energía (de cada letra hebrea) simboliza en realidad no simplemente un tipo de energía de conexión, sino una energía específica en sí misma. Por este motivo, en el misticismo judío decimos que existen 32 caminos de la Sabiduría, ya que englobamos, en esos 32 caminos, las 10 dimensiones y las energías de los 22 canales del Árbol de la Vida. Por eso los canales son considerados como energías en sí mismos.

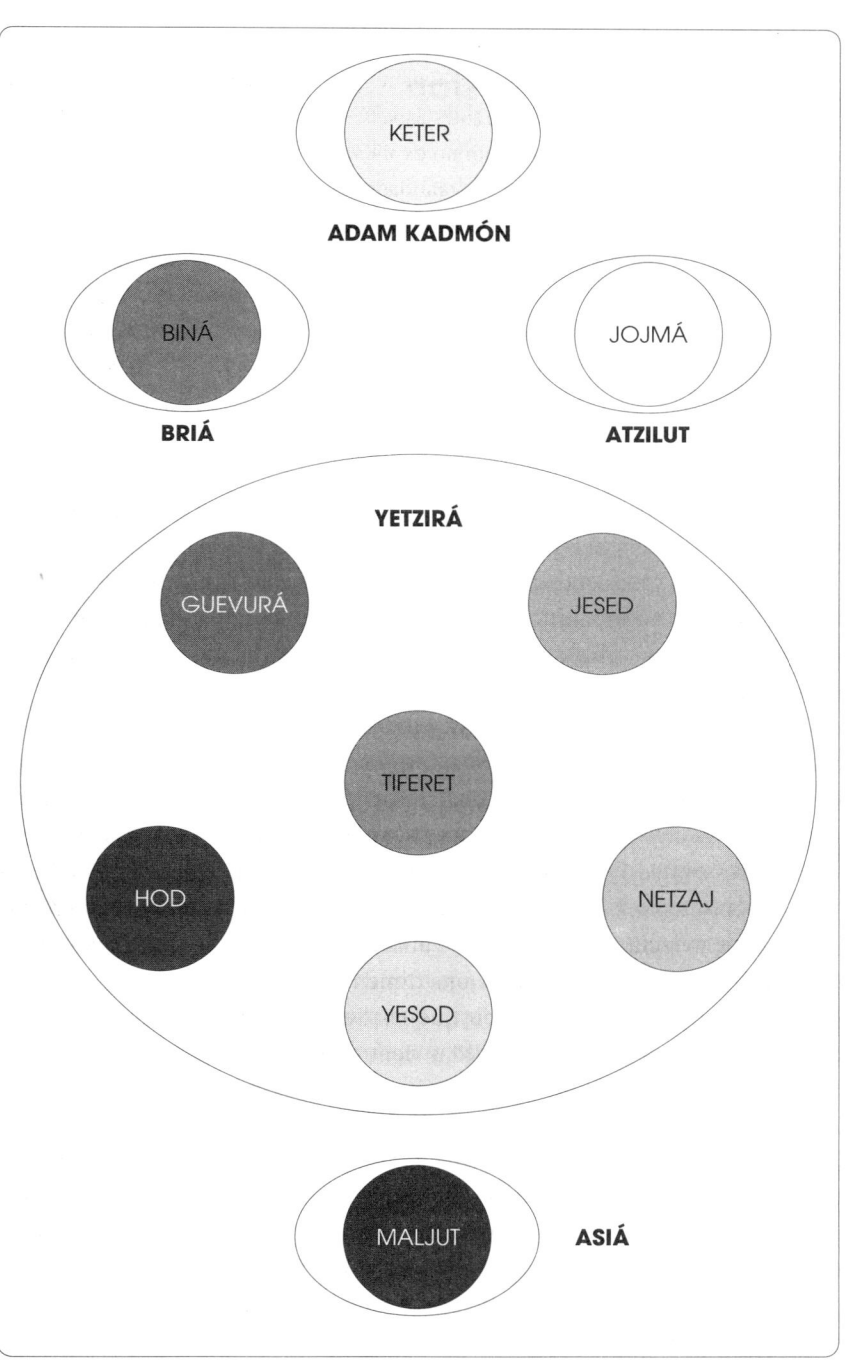

2. Las verdades y su relación con cada dimensión

«El alma divina de la persona tiene acceso a cierta información, que no le es transmitida por el pensamiento».

MOSHE JAIM LUZZATTO

En un debate debemos ser conscientes en qué dimensión están operando las explicaciones que se argumentan, de lo contrario, si nuestra posición dimensional es otra, entonces todo el sistema argumental no es correctamente interpretado. Para poder comprender un sistema de interpretación debemos buscar su correspondencia dimensional específica, para encontrar, de ese modo, cómo se autojustifican los argumentos esgrimidos. Aunque cada dimensión tenga sus propios axiomas, lo que entendemos como altamente positivo de la cábala hebrea aplicada a la Psicología es la toma de consciencia del nivel dimensional en que estamos operativos para comprender la realidad dimensional específica y sus argumentaciones en dicho nivel. A esta característica le podemos agregar la simultaneidad de verdades válidas en cada nivel dimensional, ya que esta coexistencia de dominios explicativos diferentes (según Maturana) provoca una comprensión mayor de la realidad y no una reducción de la realidad de acuerdo con el dominio explicativo de mi subjetividad. Ser conscientes de esta flexibilidad de la psicología del misticismo judío es fundamental a la hora de comprender de manera integral el sostén de las aparentes paradojas que propone el campo del misticismo judío. La paradoja surge entonces cuando lo que es una verdad válida en una dimensión carece de validez en otra, y cuando somos conscientes de que la psique debe trabajar en las diez dimensiones diferentes otorgando validez e invalidez simultáneamente a diferentes marcos argumentales. Por este motivo, la comprensión del Daat (el Conocimiento) como la energía sustancial de los 22 canales y como la energía que alimenta toda la estructura del Árbol de la Vida es fundamental porque permite una flexibilidad mental para subir o bajar de cada universo dimensional. Un dominio explicativo (Sefirá) no puede ser dogmatizado porque provocamos la consiguiente invalidez del resto de las dimensiones. Todo dominio explicativo es válido en su nivel dimensional específico, y esa validez es objetiva. Por lo tanto, tenemos dos estructuras de objetivación de la realidad anteriores a nuestra perspectiva subjetiva. La realidad eterna del Ein Sof es la primera realidad objetiva, y la clasificación de las Sefirot representa un segundo estadio de realidad objetiva.

Así que podemos comprender cada Sefirá y la relación de cada acto subjetivo de la realidad dentro de dicha dimensión, y podemos integrar dentro del Árbol de la Vida todas las teorías explicativas del ser humano porque cada Sefirá representa un símbolo arquetípico de cada energía dentro de la realidad general. Las diez dimensiones representan diez realidades objetivas diferentes, y la diferencia de la magnitud energética que opera dentro de cada dimensión se fundamenta sobre la diversa correlación de las dos variables fundamentales del Universo contraído de la Briá (el tiempo y el espacio). En cada dimensión en particular, al modificarse la correlación entre tiempo y espacio, se produce una magnitud energética diferencial, y esta diferencia no pertenece al grado de subjetividad de la psique, sino que son diferencias objetivas. Por lo tanto, si pudiéramos modificar las variables de tiempo y de espacio, entonces podríamos físicamente operar en cualquiera de las realidades objetivas al cambiar la magnitud de las energías en cada nivel dimensional.

Así pues, aunque existe la «objetividad» dentro de la Eternidad, desde nuestra perspectiva operamos sobre diez diferentes grados de objetividad diferencial, por lo que no es simplemente la subjetividad del sujeto la que altera el grado de percepción de la realidad, sino la posición objetiva dentro de un marco conceptual específico (Sefirá). Aunque hipotéticamente dos personas piensen exactamente igual, si se encuentran posicionadas en marcos objetivos diferentes, por el grado de magnitud energética los argumentos serán diferentes. Si traducimos lo que estamos explicando dentro del misticismo judío en términos de la psicología junguiana podemos decir que la realidad eterna del Ein Sof, es decir, el grado de máxima realidad objetiva, se denominaría con el nombre del «Self», que representa el arquetipo de la «Totalidad» y la trascendencia, y aunque Jung declaró la existencia de un «arquetipo», para la mística judía aplicada a la psicología, en realidad el Self no es «arquetipable». Si el Self es arquetipable, entonces no hace referencia a la realidad objetiva del Ein Sof, sino a una dimensión en particular. Como para Jung el Self es arquetipable, entonces no estamos trabajando dentro del marco de la realidad

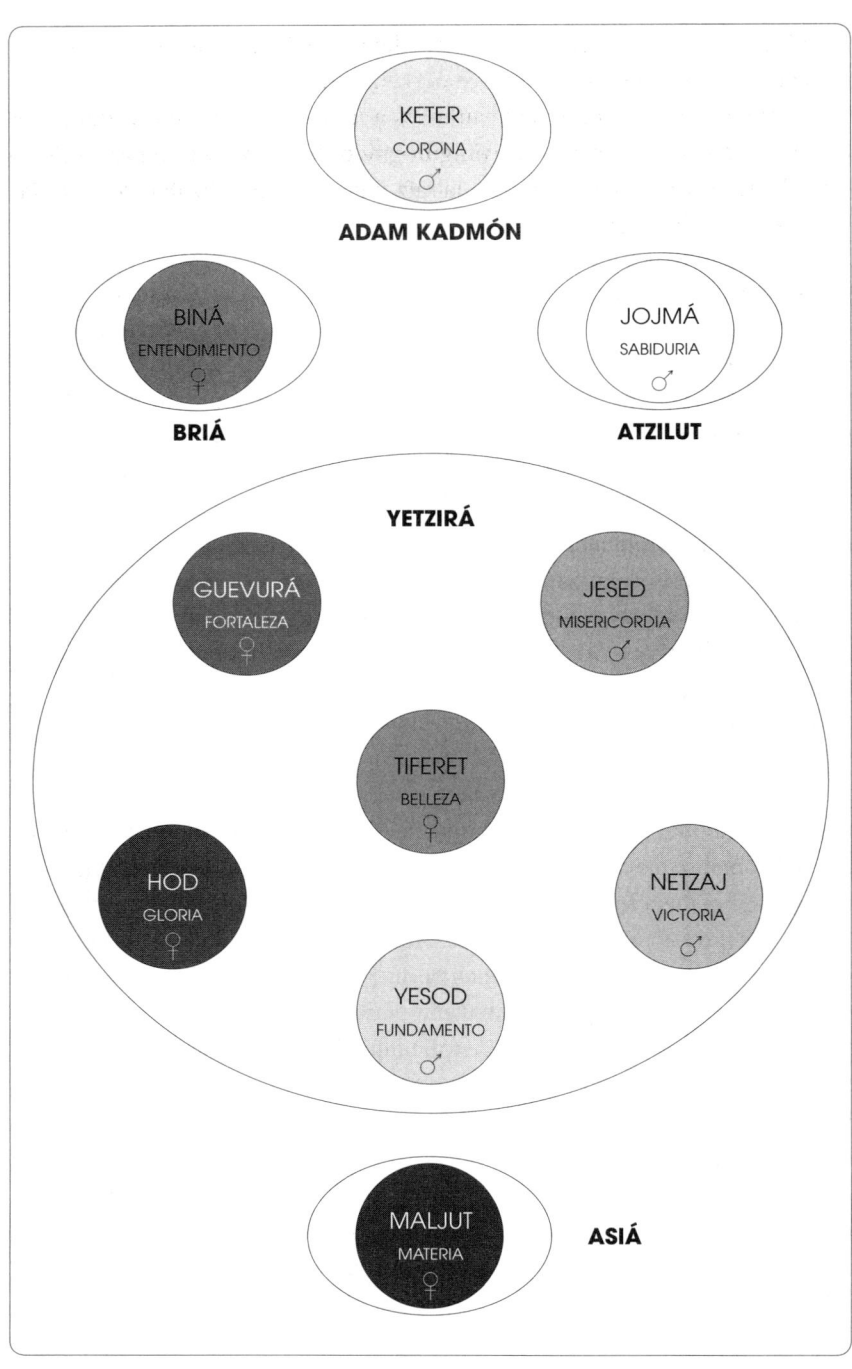

objetiva fundamental del Ein Sof, sino dentro de la dimensión de Keter (la más alta de las dimensiones del Árbol de la Vida).

Cuando hacemos referencia entonces a la realidad objetiva y eterna del Ein Sof, no podemos pensar en ningún grado de simbolización arquetípica posible. El Ein Sof es, en realidad, la raíz única no-simbolizable de todas las realidades simbolizables.

3. Lo junguiano y su relación con el misticismo judío

«Habría que hacer una zambullida profunda en la historia de la mente judía, esto nos llevaría más allá de la ortodoxia judía en los funcionamientos subterráneos del Jasidismo, y luego en las complejidades de la cábala que aún permanece sin explorar psicológicamente».

JUNG

¿Por qué motivo lo junguiano se aproxima tanto al estilo de la aplicación del misticismo judío a la Psicología? Porque Jung ha reconocido (a diferencia de otras escuelas) la pluralidad de dimensiones del ser humano. Y mientras no aceptemos esta pluralidad, todo análisis será válido exclusivamente en un marco conceptual cerrado dentro de una dimensión. Ahora bien, la tendencia a validar dentro de un sistema cerrado hace que se creen inevitablemente dogmatismos antagónicos. Como dice Robin Robertson en su obra:[23]

«Después de ser excomulgado de la pequeña comunidad psicoanalítica, Jung intentó comprender por qué él y Freud habían discrepado tanto. ¿Cómo podía ser que tanto Freud como Adler insistieran sobre una única fuerza motivadora? Jung, al contrario, creía que tenemos múltiples instintos que nos van impulsando por la vida. La sexualidad y el deseo de poder son impulsos innatos, pero ninguno de ellos necesariamente excluye a los otros. Ni tampoco se trataba únicamente de impulsos. Siempre creyó que existía una llamada del espíritu que determinaba el curso de nuestra vida, y no pensaba que el espíritu fuera necesariamente más débil que los impulsos instintivos. Si lo fuera, nunca hubiéramos construido ninguna catedral».

La mística judía aplicada a la Psicología entiende, siguiendo la posición junguiana, que existen muchas dimensiones en el ser humano, porque en realidad

---

[23]. *Introducción a la psicología junguiana*, de Robin Robertson, página 74, Barcelona, octubre de 2011.

dentro del Cosmos participan diversas fuerzas objetivas que se interrelacionan y nuestro ser subjetivo y finito es un pequeño Cosmos. Posicionarse exclusivamente desde una idea/dogma es validar una serie de verdades dentro de un sistema específico. Por lo tanto, si la mente del sujeto adquiere mayor flexibilidad, no puede situar en un punto único (dogma) el fundamento de toda la realidad. Y no podemos decir que el Ein Sof es un dogma, porque el Ein Sof es la raíz de todas las diferentes energías que operan dentro de la realidad, y todas se encuentran en potencia dentro de Él.

Cuando cualquier posición subjetiva finita quiere reducir la realidad manifestada de acuerdo a un impulso único, entonces otorga validez a sus verdades dentro de su sistema cerrado; lo que lamentablemente sucede entonces es que, cuando se quiere percibir la totalidad de las manifestaciones en un solo nivel superior, todo se vuelve incomprensible. Además, debemos agregar el gran problema del lenguaje, que en cierto modo complica la situación, ya que operamos dentro de las fuertes restricciones de cada concepto; y como todos operamos con sentidos subjetivos diferentes, dentro de cada concepto pueden surgir contradicciones que no se corresponden necesariamente con los diferentes niveles operativos, sino con los diversos grados interpretativos que el sujeto introduce en cada concepto.

4. La tendencia al dogmatismo

«Las respuestas ocultan la esencia de las cosas».

NAJMÁN DE BRATSLAV

Es preferible declarar nuestra ignorancia de las interconexiones reales de las diferentes energías, que explicar la totalidad a través de una variable exclusiva, como si dicha variable fuera el fundamento total y único de todo el sistema. El problema es que todo sujeto empatiza automáticamente con su situación espacio-temporal; y esto provoca que sin una intención deliberada toda situación fija subjetiva se convierte en un dogma.

Hemos pasado del dogmatismo pagano al dogmatismo monoteísta, y del dogmatismo medieval al dogmatismo ilustrado, y del dogmatismo teológico al dogmatismo psicológico. En realidad, vamos cambiando los nombres, pero en el fondo se mantiene la misma actitud dogmática, porque toda concepción dogmática aparece cuando la psique del sujeto se sitúa fijamente en un punto determinado de la realidad espacio-temporal.

¿En qué cambia un psicólogo encerrado en su escuela de pensamiento de un religioso ortodoxo encerrado dentro de su sistema? Los dos parecen que piensan (y en verdad piensan, y mucho), pero el problema es que otorgan validez a sus ideas dentro de un sistema cerrado autorreferencial. El misticismo judío aplicado a la Psicología debe destruir todo dogmatismo,[24] porque el dogmatismo es la visión cerrada, consecuencia inevitable de posicionarse de modo estático desde algunas de las dimensiones como si fuera la dimensión elegida el único fundamento de toda la realidad.[25]

---

24. Un tipo de dogmatismo encubierto es el que podemos encontrar dentro del dogmatismo axiológico que pretende la inflexibilidad de los valores socioculturales. Cerrar un esquema sociocultural provoca un aumento automático del dogmatismo. Poner en cuestión la validez de los valores sustentados por la sociedad no implica en modo alguno carecer de valores, sino, por el contrario, elevarnos hacia valores más refinados. Defender un cierto tipo de dogmatismo axiológico puede provocar una inflexibilidad social incompatible con el crecimiento del nivel de conciencia general.
25. Marx se situó en Maljut (la Materia), Freud se situó en Yesod (la pulsión sexual), Adler se ubicó en Guevurá (el Poder), Jesús en Jesed (la Misericordia), Jung en Jojmá (la raíz de los arquetipos), Aristóteles y sus seguidores, y dentro del campo del pensamiento judío Maimónides, se situaron en la Biná (el Entendimiento), todos los artistas (los músicos, los pintores, etc.) se sitúan dentro

La diferencia objetiva de estos diez dominios explicativos diferentes (Sefirot) es la que produjo la primera fragmentación dentro de la realidad antes de la aparición de las fragmentaciones subjetivas de la psique. Esta fragmentación se produjo según los grandes cabalistas dentro del propio Ein Sof, creando el Universo de Atzilut (la Emanación). En la información interior del Ein Sof existía en potencia la posterior realización material de las diez manifestaciones. En realidad, las diez dimensiones no se manifiestan en Atzilut, sino en el Universo de Briá porque, para que puedan ser manifestadas, se necesita de las variables del tiempo y el espacio, es decir, se necesita de la aparición del vacío. El vacío es la causa de la aparición del tiempo y el espacio; o dicho de modo inverso, al reducir de modo finito los niveles de energía aparecen el tiempo y el espacio. En realidad, para crear el vacío, el espacio aparece primero, ya que el vacío es «espacio vacío»; y de acuerdo con la velocidad del movimiento dentro de dicho vacío se crea la variable del tiempo. Por ese motivo, la relación primigenia es Keter-Maljut, porque es la relación que causa la aparición del espacio, y tras la tensión entre Jojmá-Biná, se produce el nacimiento del factor tiempo. Y como las velocidades dentro del espacio vacío son diferentes, entonces se crean las diferentes realidades objetivas dimensionales que denominamos como Sefirot. En realidad, existen millones de grados dentro de estas realidades objetivas de acuerdo con las diferentes relaciones existentes dentro del vacío del espacio-tiempo.

Si el Daat (el Conocimiento) es la interconexión de las dimensiones, debemos entonces percibir la realidad tomando en consideración tres puntos fundamentales:

---

de la dimensión de Netzaj. En la Biná y en la Jojmá cosmogónica se pueden situar los físicos y los matemáticos. Si estudiamos toda la creación humana, tanto la material como la conceptual, podríamos ir situando a cada pensador y a cada creador en alguna de las dimensiones del Árbol de la Vida. He ahí el problema central de la humanidad, porque hasta que no reconozcamos los condicionamientos básicos desde las dimensiones donde operamos, no vamos a comprender la realidad en sus interconexiones reales, y seguiremos creando «dogmas». En realidad, los dogmas siempre tienen seguidores que buscan una seguridad ilusoria, y es muy difícil crear un movimiento sin un dogma central. El destino del librepensamiento que propone el misticismo judío a través del Daat (el Conocimiento) no crea un movimiento de masas, sino que crea «seres libres» dentro de una relación directa con el Ein Sof. Y cuando el ser humano profundiza sobre su relación personal con el Ein Sof logra la mayor libertad posible, y extrae toda su potencialidad interior. Quien avanza realmente hacia el Ein Sof, aumentando sus niveles de conciencia, necesariamente destruye toda posición fija y no puede sostener ningún dogma cerrado autorreferencial dentro de este mundo de la fragmentación.

1. Existen diez realidades objetivas diferentes producto de la primera gran fragmentación de la manifestación del Ein Sof dentro del vacío. Esto produjo la aparición de verdades válidas en cada nivel e inválidas si son aplicadas en niveles diferentes.
2. Existe una psique subjetiva, que siempre opera (por su propia tendencia de acuerdo con la raíz de su alma) desde una Sefirá en particular, lo que hace que tengamos dos variables que distorsionan la comprensión de la realidad en el campo de la fragmentación: por una parte, la división objetiva del primer punto y, por la otra, la fragmentación subjetiva del fragmento finito de nuestra posición.
3. Y existe un estado objetivo real de unidad detrás de toda la realidad fragmentaria (Alef) que es lo que realmente se oculta, y que puede ser extraído a pesar del problema que provocan las dos fragmentaciones anteriores.

Si toda fragmentación subjetiva eleva exponencialmente el estado paradojal de nuestra existencia, entonces la coordinación de los argumentos en el marco de una dimensión en particular puede lograr como resultado conclusiones válidas en dicho nivel. Y si somos conscientes de estas «vestimentas» que ocultan la verdadera realidad del Ein Sof, entonces podemos comprender mejor nuestra situación. Nuestra situación subjetiva finita provoca una aguda distorsión de la realidad objetiva.

Si en una segunda etapa conciliamos la fragmentación objetiva de las Sefirot comprendiendo el estado de simultaneidad dimensional, donde operan todas las dimensiones y donde cada una de las Sefirot requiere un tipo de energía en particular, entonces logramos la armonía interior necesaria para alcanzar el tercer estadio al que debemos intentar acceder, que es el de la paz interior al adquirir la consciencia de nuestra sustancia divina eterna. En este último nivel (que no es un nivel estático) es donde logramos la experiencia de la trascendencia.

5. Las Sefirot cosmogónicas y las Sefirot psicológicas

> «Existían secretos de tan alto nivel en la cábala medieval que es posible que solo conozcamos la punta del iceberg; los cabalistas controlaban un material de un nivel de Sod muy elevado, más alto del que podemos imaginar».
>
> MOSHE IDEL

Antes de comenzar a definir la energía que se encuentra dentro de cada dimensión o Sefirá debemos dividir el asunto en dos partes:

1) Las Sefirot que se corresponden al sistema cosmogónico
2) Las Sefirot que se corresponden al sistema psicológico

1) El sistema cosmogónico. Cuando hacemos referencia al plan general de la creación (Adam Kadmón), decimos que el Ein Sof (el Infinito) estructuró esta realidad en un orden de cinco universos. Cada uno de estos universos tiene características propias. Aunque todos los universos derivan su sustancia energética del Ein Sof, son diferentes de acuerdo con la magnitud energética que cada uno de ellos posee producto de las autocontracciones del infinito. De los dos primeros universos (Adam Kadmón y Atzilut) decimos que son universos «de información» dentro del Ein Sof (Infinito); a estos dos universos muchos cabalistas los designan como el pensamiento divino.[26] Los tres últimos universos (Briá, Yetzirá y Asiá) pertenecen al orden espacio-temporal, mientras que los dos primeros universos se encuentran dentro de la Eternidad del Ein Sof. El sistema cosmogónico de la cábala explica la concatenación de estos cinco universos. Existe un salto cualitativo fundamental entre los dos universos interiores del Ein Sof y los tres universos que se desarrollan dentro del vacío. De las diez dimensiones

---

26. En realidad constituyen contracciones divinas dentro del pensamiento del Ein Sof, pero no son contracciones reales en el espacio, porque se desarrollan dentro del Infinito, pero aún no se desarrollan dentro de un espacio-tiempo.

cosmogónicas del Árbol de la Vida general, las tres superiores pertenecen a tres universos diferentes: la dimensión del Keter cosmogónico pertenece al universo del Adam Kadmón, la dimensión de la Jojmá cosmogónica al Universo de Atzilut (la Emanación), y la dimensión de la Biná cosmogónica al Universo de Briá (la Creación). Los otros dos universos: el de Yetzirá (la Formación) engloba dentro de sí mismo las seis dimensiones cosmogónicas inferiores del Árbol de la Vida general, y el Universo de Asiá (Acción) se corresponde con la dimensión de Maljut en el orden cosmogónico. El primer Árbol de la Vida es indudablemente el mapa cosmogónico, y, por lo tanto, cada dimensión debe ser estudiada en el orden de los universos.

2) El sistema psicológico. Cuando hacemos referencia al orden psicológico, que es lo que vamos a tratar en este estudio, nos situamos en el universo de la Formación (Yetzirá) que se corresponde con las seis dimensiones inferiores cosmogónicas del Árbol de la Vida general (Tiferet, Jesed, Guevurá, Netzaj, Hod y Yesod). Sin embargo, como dentro de cada universo existen a su vez diez dimensiones que reflejan las diez dimensiones cosmogónicas, cuando hacemos referencia a las energías psicológicas de nuestra interioridad decimos que operamos dentro del Árbol de la Vida subjetivo, es decir, dentro del universo cosmogónico de Yetzirá. Nuestras almas (como energías con consciencia subjetiva) nacen dentro del Universo de la Briá[27] porque ya pertenecen al orden espacio-temporal.

Como se puede percibir es importante la división que hemos realizado entre las Sefirot cuando actúan como energías universales en el orden cosmogónico, y cuando actúan como energías subjetivas en el orden psicológico, debido a que no es lo mismo cuando hacemos referencia a la Biná cosmogónica (que se corresponde con el Universo de Briá o la Creación) que cuando hablamos

---

27. A partir del Universo de Briá (la Creación) se produce una concatenación de energías cada vez más reducidas en su magnitud, y esto provoca que la magnitud espacio-temporal cambie al modificarse el espacio-tiempo en donde estas energías se mueven. En realidad, no existimos dentro de un orden fijo espacio-tiempo, sino que cada nivel de energía en cada dimensión provoca un tipo diferente de orden espacio-temporal. Por lo que, intelectualmente, es posible existir en el orden de la Eternidad (fuera del marco espacio-tiempo) y, al mismo tiempo, en el orden de la materia existir en diferentes niveles de espacio-tiempo. Como cada dimensión dentro del Árbol de la Vida posee una magnitud diferente, entonces las energías se mueven a un tipo de velocidad diferente que refleja una concepción diferente del tiempo. En definitiva, podemos bajar en las dimensiones inferiores a un tiempo más acelerado, y podemos subir a un tiempo más extenso, hasta alcanzar la Eternidad. La física de Einstein ya ha demostrado que es posible la Eternidad, y dentro

de la Biná psicológica (que se corresponde con el Universo de Yetzirá o de la Formación). Si el estudioso de la psicología del misticismo judío no comprende este punto, todo el análisis posterior será realmente muy dificultoso. Aunque las energías psíquicas del sujeto actúan dentro del Universo de Yetzirá, debemos dejar claro que cuando tenemos el conocimiento de los tres universos superiores, sobre todo cuando podemos percibir el Universo de Briá, entonces aparece el sentido de trascendencia dentro de la psique que se deriva automáticamente de comprender la correspondencia de la psique subjetiva que se encuentra operativa en el Universo de Yetzirá y el conocimiento cosmogónico que nos eleva más allá de nuestra realidad psicológica.

---

del Tetragrama el misticismo judío ya tiene consciencia de la Eternidad en el grado de Atzilut (la Emanación). Llegará un día en que un tipo de consciencia podrá materialmente elevarse desde la Eternidad al orden espacio-temporal de acuerdo con su necesidad. Este es el verdadero secreto de la Merkabá. La Merkabá es el vehículo por el cual el ser humano puede existir intelectualmente dentro del nivel de la Eternidad, a pesar de que su ser corporal (Nefesh-Ruaj) no pueda desatarse de los lazos que lo condicionan al espacio-tiempo. Sin embargo, en el nivel intelectual (Neshamá) se puede percibir intelectualmente la Eternidad del Universo de Atzilut (la Emanación). Todo lo que hacemos, cuando nos elevamos al mundo superior, es tener consciencia de la Eternidad, y entonces sentimos realmente en nuestra interioridad que el espacio-tiempo no es un verdadero obstáculo, sino que el espacio-tiempo es un nivel que hemos alcanzado de consciencia que será superado. Toda la historia humana o la historia de la consciencia culminará en la Eternidad. Sin embargo, no solamente debemos esforzarnos en alcanzar la Eternidad, sino que en realidad debemos saber qué hacer cuando alcancemos este nivel. La guerra y la destrucción material se producen por la falta de consciencia superior en la Eternidad. Por ese motivo, toda creencia o ideología que lleven a la guerra va directamente contra la Eternidad. Todos los intereses del mundo inferior nos llevan a la destrucción y a la mentira. Solamente cuando desplazamos nuestra mente hacia el mundo superior y nos desatamos de los nudos de la materia (como dice Abraham Abulafia) es entonces cuando logramos percibir la Eternidad real. Mientras desarrollemos nuestra existencia como consciencia Bet (del mundo inferior) nunca alcanzaremos la paz, porque la paz se fundamenta en la tranquilidad que nos entrega la consciencia Alef de sabernos partes o fragmentos del Ein Sof. La consciencia subjetiva logrará elevarse al mundo superior, porque no existe verdad real en el campo inferior dentro del orden espacio-temporal. La única verdad real se encuentra en el Infinito (Ein Sof) y pertenece al orden de la Eternidad. En el mundo inferior o mundo de la Bet, la única verdad real es la paz que nos permitirá acceder a la comprensión de los niveles superiores.

6. El Inconsciente/La Conciencia

«Si usted está buscando un camino, usted ya está en el camino».

SHALOM SHARABI (1720-1777)

No existe psique desvinculada del Cosmos, por el contrario, la psique es el resultado de la evolución de la consciencia dentro del orden cosmogónico. El Ein Sof pretende que podamos acceder a niveles de consciencia superiores, hasta alcanzar la mayor cercanía al Ein Sof posible. Y al alcanzar tal nivel de consciencia comprenderemos (por el efecto de la empatía entre nuestros niveles inferiores de consciencia dentro del vacío) el más alto grado de consciencia del Ein Sof. Este nivel de cercanía nos llevará a tal vinculación esencial con el Ein Sof, que podremos percibir los niveles de la Jaiá y la Iejidá que actualmente son muy difíciles de percibir.[28] Y si el Ein Sof se oculta detrás del vacío, nuestras existencias extraen la información del infinito y las revelan dentro de esta manifestación finita. Somos nosotros, como consciencias fragmentarias existentes y reveladas, las pruebas de la realidad de información oculta dentro del Ein Sof. La propia revelación de nuestra consciencia es la que provoca el reconocimiento de todo el nivel de consciencia oculta (Ein Sof), que se va revelando a través del sistema finito y fragmentario dentro del cual nos revelamos. Existimos para revelar la consciencia oculta del Ein Sof, y mientras mayores niveles de consciencia alcancemos (provocando mayores grados de revelación), accederemos a una mayor cantidad sustancial de información consciente del Ein Sof.

Jung[29] escribió:

«Freud deriva el inconsciente del consciente... Yo lo pondría al revés: yo diría que lo que viene primero es obviamente el inconsciente... En la temprana infancia

---

28. Solo en los niveles intuitivos de la Jojmá superior se pueden percibir estos dos niveles del alma que se corresponden con los universos de Atzilut y del Adam Kadmón.
29. *Introducción a la psicología junguiana* de Robin Robertson, página 51, ediciones Obelisco, tercera edición, octubre de 2011.

somos inconscientes; las funciones más importantes de naturaleza instintiva son inconscientes, y la consciencia es más bien el producto del inconsciente».

Esta descripción junguiana se puede verificar desde una perspectiva antropocéntrica. La conciencia humana deriva de un Inconsciente divino. Ahora bien, si decimos que la conciencia se escinde de la existencia, estamos diciendo que entonces se revela; así el Inconsciente divino puede ser estudiado como la conciencia general oculta dentro de la misma existencia. Pero para que la Conciencia fragmentaria humana se pueda revelar, necesariamente tiene que continuar de forma oculta la Conciencia general divina; por ese motivo, Jung la denomina como «Inconsciente». Sin embargo, la denominación como «Inconsciente» está fundamentada desde la perspectiva de la revelación de nuestra conciencia.

Freud tiene que necesariamente derivar el inconsciente del consciente porque el inconsciente freudiano aparece como la representación de las partes oscuras de la Conciencia que deben ser reprimidas; en cierto modo, todo es consciente en términos freudianos. Jung deriva la Conciencia del Inconsciente, porque el Inconsciente junguiano no representa lo reprimido sino lo oculto. En ese sentido, el Inconsciente junguiano se acerca al concepto de «Sod» (Secreto) del misticismo judío. Freud percibe lo «inconsciente» como lo reprimido de la Conciencia, y Jung percibe lo «inconsciente» como lo oculto o lo desconocido, que al revelarse se autoconoce. El autoconocimiento implica automáticamente el nacimiento de la conciencia.

En realidad, el Ein Sof es la raíz de todo lo existente (tanto lo inconsciente como lo consciente), es más, podríamos decir desde la psicología del misticismo judío que el nivel de «Sod» de la cábala va más allá de lo inconsciente, porque lo inconsciente se encuentra latente como información oculta dentro de la consciencia pero revelada en nuestra interioridad, y el nivel de Sod de la cábala hebrea es lo que nosotros ignoramos, lo que se encuentra más allá de lo Inconsciente. Por ese motivo, debemos ser muy cautos a la hora de un análisis profundo de la situación. El «Sod» de la psicología del misticismo judío supera indudablemente el marco conceptual del «Inconsciente» tradicional de la Psicología.

El problema central de este análisis radica en que percibimos la realidad de modo subjetivo. Si logramos percibir la realidad desde la posición del Ein Sof, entonces toda la percepción se modifica. Por ese motivo, los grandes cabalistas estudiaron en primer lugar el Maasé Bereshit (el Misterio de la

Creación), para poder percibir «la psique» dentro del orden cosmogónico general.

Ahora bien, intentemos descentrar al sujeto de su subjetividad y percibir el orden cosmogónico integral. El Ein Sof se reveló dentro del vacío después que Él mismo se retiró de sí mismo. La energía más densa dentro del campo de las manifestaciones creó lo que nosotros denominamos como materialidad. Dentro de dicha materialidad (energía en el máximo nivel de densidad posible) se ocultó la información proveniente del Ein Sof, y el proceso de revelación se produjo a través de los cambios dentro de la materialidad que escondían modificaciones energéticas subyacentes. Esto produjo el proceso de revelación de la información del Ein Sof en el campo de las fragmentaciones finitas de la materialidad. Nació la consciencia.

Cuando la consciencia fragmentaria se reveló, llegó a tal nivel de revelación que logramos ser conscientes del material del «Inconsciente» (Psicología); sin embargo, los cabalistas dentro del judaísmo lograron percibir el nivel de Sod de toda la realidad manifestada. Si la consciencia se reveló, en realidad el aumento de la consciencia no proviene de extraer del inconsciente lo ya existente, sino de extraer del «Sod general del universo» todo lo ya existente, porque lo que «ignoramos científicamente» es un material de información mayor que nuestro inconsciente subjetivo finito.

La cábala comprendió entonces que, a pesar de que extraigamos hipotéticamente todo nuestro inconsciente subjetivo de nuestra interioridad, nos enfrentamos con un desafío mayor, la extracción (y, por lo tanto, la revelación) de toda la información cosmogónica que se nos oculta por nuestra ignorancia. Y entonces la consciencia fragmentaria advirtió que toda la información oculta detrás de la materialidad manifestada es el canal de acceso a toda la información infinita que existe oculta dentro del Ein Sof.

7. El mapa del Árbol de la Vida (*Etz Ha Jaim*)

> «El hombre es el último compuesto que comprende a todas las dimensiones».
>
> ABRAHAM ABULAFIA

El mapa objetivo que revela la estructura de todas las energías existentes dentro de nuestro vacío es el Árbol de la Vida y sus diferentes Sefirot.

Un autor que se acerca mucho al concepto de «Sefirá» y que las denomina como «bandas o niveles de vibración» es Ken Wilber, quien escribe en su obra *El espectro de la conciencia*:[30]

> «Si consideramos la conciencia como un espectro, cabe esperar que distintos investigadores, en particular los comúnmente denominados «orientales» y «occidentales», debido a la diversidad de instrumentos lingüísticos, metodológicos y lógicos utilizados por ellos, conecten con distintas bandas o niveles de vibración del espectro de la conciencia, al igual que los primeros científicos que estudiaron la radiación conectaron con distintas bandas de la gama electromagnética. También cabe suponer que los investigadores, tanto orientales como occidentales, no son conscientes de que conectan con distintas bandas o niveles del mismo espectro, por lo que la comunicación entre ellos llega a ser particularmente difícil y ocasionalmente hostil. Cada investigador puede estar en lo cierto cuando habla de su propio nivel y, por consiguiente, todos los demás investigadores conectados a distintos niveles pueden parecer completamente equivocados. La controversia no se resolvería consiguiendo que todos los investigadores se pusieran de acuerdo entre sí, sino si se dieran cuenta de que todos hablan de un mismo espectro visto desde distintos niveles».

¿Cuál es el espectro dentro del misticismo judío? El espectro o modelo donde operan los diferentes niveles es el Árbol de la Vida, y los niveles energéticos

---

30. *El espectro de la conciencia*, páginas 19 y 20, por Ken Wilber, editorial Kairós, quinta edición en castellano, julio de 2011.

diferentes son las Sefirot (Dimensiones). Por ese motivo, dentro de la aplicación psicológica del misticismo judío, encontramos que el primer trabajo importante es saber en qué punto del mapa del Árbol de la Vida nos situamos, porque es desde allí donde estamos percibiendo todas las dimensiones.

El gran desafío que propone la cábala en términos psicológicos es el de determinar desde qué punto del espectro, según palabras de Wilber, estamos operando dentro de la realidad.

El mapa del Árbol de la Vida y sus diferentes dimensiones son la respuesta que otorga la sabiduría ancestral del judaísmo a la propuesta de que nuestra existencia necesita de un «molde» (en realidad, un molde inicial de ascenso y descenso). Como bien lo explica el doctor Manuel Almendro:[31]

«Da la impresión de que unos seres humanos sufren por no tener molde y otros por comprimirse dentro de él».

«Entendemos que la neurosis aparece, en primer lugar, cuando el molde humano se tambalea aunque no se desestructure. Profundizar en esta reflexión requeriría de por sí todo un libro. Al parecer, la sabiduría tradicional propone que nuestra existencia necesita de un molde que permita un sitio al individuo como recorte holográfico del cosmos, para poder disponer de unos mínimos límites, un molde que permita establecer una orientación en el espacio, el tiempo y la materia. Tal vez la iluminación, el *satori*,[32] etc., suponga conseguir que ese molde llegue a ser innecesario, se sepa vivir sin límites, sin molde, y sin terror a diluirse ni en el infinito cósmico ni en el finito telúrico. Habría, pues, un proceso evolutivo de constitución del molde del hombre como un proceso de aprendizaje físico, biológico, psicológico, espiritual, etc., concibiendo este molde no como estructura estática sino como proceso, molde necesario para poder asentarse en la Tierra. Un molde universal y, al mismo tiempo, personal, osmótico y adecuado a las circunstancias existenciales, habiendo en ese proceso estadios evolutivos más bien de premoldes, de moldes, y de transmoldes o supramoldes, como una ontogénesis

---

31. *La Consciencia transpersonal*, página 169, edición a cargo del doctor Manuel Almendro: «Sobre Psicoterapia y el desfiladero de la búsqueda», segunda edición, febrero de 2006.
32. La «Devekut» en el sentido de unificación con la Totalidad podría aproximarse a estos estados. De todos modos, el mapa del Árbol de la Vida seguirá operativo a pesar de la iluminación porque, como podremos estudiar, el mapa del Árbol de la Vida opera como un mapa psicológico del sujeto y como un mapa cosmogónico del universo. Así que cuando el sujeto alcanza la iluminación (por denominarlo de algún modo) dentro del misticismo judío, simplemente pasa del Universo de Yetzirá a los dos universos superiores de Briá y Atzilut. Así que en tanto sujeto no necesita el mapa psicológico del Universo de Yetzirá, pero se encuentra dentro del mapa cosmogónico de los cinco universos. En realidad, continúa existiendo un mapa de un orden superior a la psique.

en la que aparecen las tendencias del instinto, el sentimiento, el pensamiento, la intuición y la voluntad, que irían desde un nivel de indiferenciación pleromática a un nivel de diferenciación yoica, y luego a una superindiferenciación transyoica, de naturaleza cósmica, pero ya consciente».

No es lo mismo percibir la realidad desde una dimensión del Árbol que de otra. Nuestro Yo (y el Cosmos en general) debe ser percibido desde todos los puntos fijos al mismo tiempo, y como esto es imposible, entonces, ¿qué debemos hacer?[33]

La energía del Daat (el Conocimiento) es la que nos otorga la flexibilidad necesaria para movernos dentro de todas las dimensiones del Árbol de la Vida, y siempre debemos «sospechar» cuando ya estamos operando con «respuestas», porque dichas respuestas son para el misticismo judío producto de nuestra falta de movimiento dentro del sistema del Árbol de la Vida. Por

---

33. El problema que intenta resolver este trabajo es aproximarse a una percepción global que evite los enfrentamientos de las diferentes escuelas de Psicología, demostrando en qué dimensión en particular esta operativa cada una de ellas. Por supuesto, existen escuelas de Psicología que operan en una o en varias dimensiones al mismo tiempo. El resultado de situarnos en un punto fijo del espectro es la imposibilidad de visualizar el conjunto. El Árbol de la Vida representa un símbolo muy potente dentro de la psicología del misticismo judío, porque nos otorga un mapa, esto es, nos brinda un «cuerpo epistémico definido», cuestión problemática para la psicología transpersonal. De todos modos, tendríamos que marcar algunas diferencias importantes con la psicología transpersonal tradicional, debido a que la psicología del misticismo judío posee algunas características que creemos que son importantes subrayar. Por ejemplo, para Wilber, el «Yo» es una estructura transicional. En cambio, para la psicología del misticismo judío (a pesar de que tenemos que ascender a los niveles transegoicos) ni el Yo ni el Ego desaparecen dentro de su nivel. Por lo tanto, a diferencia de Wilber, para el misticismo judío, como cada nivel sefirotico tiene una validez en dicho nivel, tanto el «Ego», como el «Yo» son energías que nunca serán destruidas sino «trascendidas», pero no podemos considerarlas como Wilber propone como estructuras transicionales. Aquí podemos ver la fuerte influencia del budismo en Wilber. En cambio, siendo el misticismo judío de matriz netamente occidental, ningún nivel, por más bajo que sea dentro de la estructura simbólica del Árbol de la Vida, se puede ver aniquilado por un nivel superior. El Ego y el Yo, cada uno en su nivel, cumplen una función fundamental para elevarnos hacia los niveles superiores, pero no se puede acceder a los niveles superiores si no oscilamos con los inferiores, porque en realidad, percibidos desde el Ein Sof, no existe ni lo superior ni lo inferior. Por ese motivo, la crítica de Washburn a Wilber (2003), citada por Almendro (2004) donde dice este autor que «lo pre-egoico no es lo mismo que lo degradado», se encuentra completamente de acuerdo con la postura de la psicología del misticismo judío, ya que lo inferior no se puede considerar «degradado». Por ese motivo, la última Sefirá del Árbol (Maljut) que se corresponde con la materialidad máxima tiene su función en la realidad, y la máxima inmanencia de la materialidad tiene para la cábala hebrea una función trascendente, y este es el concepto hebreo de la Shejiná (Dios dentro de la materialidad) que hace «trascendente» el estado más denso de la materia. Cuando el misticismo judío le otorga divinidad al campo material más «bajo», justamente sigue la postura del pensamiento psicológico de Washburn (2003) quien percibe que Wilber siguiendo la tradición del budismo degrada como inferior la materialidad. Todos los niveles, el pre-egoico, el egoico y el trans-egoico, deben ser considerados niveles diferentes de una misma sustancia.

lo tanto, las respuestas pueden ser válidas en el nivel operativo en que se encuentran, pero si salimos de dicho nivel, pueden no ser coherentes en otro nivel. La pérdida de coherencia (o la aparición de las contradicciones) significa que estamos comparando energías de niveles dimensionales diferentes. Las respuestas son indudablemente las bases donde se construyen todos los dogmas inamovibles. Por este motivo, las preguntas se relacionan con la Sabiduría (Jojmá) y las respuestas, con la dimensión de la Inteligencia (Biná).

Debemos comprender el Yo en cada nivel dimensional (Sefirá). Tenemos que analizar el Yo no desde una dimensión en particular, sino desde todo el complejo unificado, y, por lo tanto, no podemos atrapar el «Yo» dentro de una estructura fija, porque entonces algunas partes de la estructura general del «Yo» quedan ocultas simplemente porque no operamos en un nivel diferente. El mapa del Árbol de la Vida y sus diferentes dimensiones debe ser recorrido por completo, y varias veces a lo largo de la existencia de una persona, para que se pueda comprender realmente su funcionamiento interior. Los niveles de consciencia aumentan en la medida en que podamos recorrer los senderos del Árbol de la Vida con la mayor frecuencia posible, y no quedar atrapados dentro de un punto fijo.

Sin embargo, la posibilidad de percibir desde nuestro Entendimiento (Biná) el conjunto total en su complejidad intrínseca es imposible si no dividimos sus partes, o fragmentos. Así, podemos analizar los fragmentos del Yo a partir de sus diez dimensiones energéticas básicas (Sefirot). Ahora bien, al conocer fragmentariamente las diferentes dimensiones del Yo, no por ese motivo podemos decir que conocemos realmente el Yo en su estructura integral, sino que simplemente conocemos sus fragmentos. Para lograr aproximarnos al «Yo» desde la psicología del misticismo judío debemos operar dentro de toda la estructura del Árbol de la Vida.

La idea de este trabajo que presentamos es estudiar cada una de las dimensiones (Sefirot), para luego estudiarlas en su funcionamiento interno, es decir, analizarlas como un todo integrado. El problema que presenta Wilber sobre las diferentes escuelas deriva del hecho de que cada uno de los pensadores habitualmente determina un punto fijo dentro de la realidad, y, por consiguiente, el problema es que toda la realidad es analizada y estudiada a partir de dicho punto fijo. El propio Wilber puede haber seguido la tendencia oriental de una inclinación a la evasión espiritual, al coger el «ascenso a lo transpersonal» como un método inconsciente de fuga de la materialidad. Porque el materialismo reinante en Occidente (Klipá de Maljut) nos puede llevar (a veces inevitablemente) al extremo de un espiritualidad radical desesperada, y la tentación en la que podemos caer es la de utilizar lo «espiritual» como justificación de una irracional fuga de la materialidad. Nunca el judaísmo llego al ascetismo corporal para escapar del problema que surge de los límites de la sexualidad ordenada.

En cambio, la psicología del misticismo judío sigue operativa desde la animalidad biológica freudiana, hasta los niveles más elevados de la autorrealización de Maslow.

No existe, pues, una distorsión de la realidad, sino una «fragmentación» de la realidad, y todo es válido dentro de dicho análisis fragmentario. Y así como existe cognitivamente la fragmentación de la realidad, existe la fragmentación de nuestro «Yo». Sin embargo, si conocemos en profundidad los caminos de nuestras dimensiones interiores, podemos «integrarnos» dentro de un Yo sólido. La solidez del Yo no está dada por el carácter dogmático o fijo, sino por la comprensión de la complejidad interna de sus interrelaciones.

Este es el problema de los sistemas cerrados, ya que son lineales y no circulares.[34] Podemos clasificar el Árbol de la Vida como un sistema abierto, porque se abre de forma permanente hacia el Ein Sof y esto hace que sea de imposible cierre. En cierta manera, toda respuesta fuera del Ein Sof es provisional, y provoca automáticamente la aparición del dogmatismo (asunto fundamental que trataremos más adelante en este trabajo).

Los niveles de consciencia siempre pueden ser potencialmente más altos,[35]

---

34. En su obra *La naturaleza de lo masculino y lo femenino en los escritos cabalísticos* (ediciones Obelisco, Barcelona, primera edición, junio de 2014), Sara Yehudit Schneider explica muy bien los conceptos del mundo lineal y del mundo circular.
35. Esta idea de la psicología del misticismo judío donde el sujeto siempre puede ascender a mayores niveles de consciencia se acerca mucho a la postura rogeriana de la «tendencia actualizante». Carl Rogers (1902-1987) se acercó a varios puntos de la psicología del misticismo judío (la cábala); por ejemplo, su concepto del «dolor» como aprendizaje se acerca mucho a la postura del judaísmo que sustenta el libro de Job, donde el sujeto debe aprender del «mal» (aunque aparezca dicho mal sin una justificación filosófica que lo sostenga). Otro punto importante del pensamiento rogeriano es cuando habla de las «estructuras sociales que generan enfermedad», esto hace referencia dentro del Árbol de la Vida a la Klipá de la Yesod (mi Yo social) que se puede ver desbordada por la presión del entorno. Cuando dentro de la psicología del misticismo judío hacemos referencia a las potencialidades del sujeto de ascender de su Tiferet (centro emocional) hacia Keter (como su Yo ideal) en el Universo de Yetzirá, estamos planteando que el sujeto puede extraer de la interioridad de sí mismo todas las potencialidades y actualizarlas. Probablemente, la diferencia entre Freud y Roger en sus respectivas posturas se encuentra en la base de partida de ambos. Mientras que Freud partía de lo patológico, dicho en términos de la cábala, se encontraba siempre preocupado por las Kelipot (las transgresiones o desequilibrios), en cambio, Roger (como Maslow) partía de lo sano, dicho en términos de la cábala, operaba siempre con las Midot (las virtudes humanas). Dentro de la psicología del misticismo judío, ambas posturas están representadas en los términos Yetzer Ha Tov (el instinto bueno) y Yetzer Ha Ra (el instinto malo). Cuando Roger dice que el

y podemos observar la realidad desde las diez dimensiones al mismo tiempo. Este es un trabajo muy difícil, porque debemos pensar la realidad operando al mismo tiempo en los diez niveles, y entonces podemos comenzar a vislumbrar las conexiones internas de dichos niveles dimensionales. Los 22 canales del Árbol de la Vida[36] que son los que relacionan las 10 dimensiones prueban que tenemos caminos de ascenso y descenso entre las diferentes dimensiones. Podemos, pues, bajar y subir de acuerdo con nuestra necesidad de comprensión de una dimensión a otra, porque debemos oscilar dentro de todo el Árbol de la Vida.

En su origen, todas las dimensiones (Sefirot) pertenecen al mismo punto fundamental[37] de donde surge toda la información de esta realidad (tanto la revelada como la oculta), sin embargo, en el despliegue general de la información del plan divino (Adam Kadmón) aparecen las diez dimensiones,[38] y

---

sujeto tiene potencialidades ocultas que no se han desarrollado, esto se acerca a la postura positiva de la psicología del misticismo judío, que afirma que el centro tiferético del sujeto debe subir de forma permanente para alcanzar estadios más avanzados de conciencia.

36. Los 22 canales del Árbol de la Vida están explicados en mi obra anterior *Sod 22: El Secreto*, Buenos Aires, diciembre de 2011.
37. El punto fundamental de donde surge toda la realidad es el punto superior de la primera letra Iod del Tetragrama. Los cabalistas explican que fue a partir de este punto primordial desde donde se desplego el espacio y el tiempo.
38. Es difícil establecer el momento del nacimiento (o emanación) de las diferentes dimensiones. Debido a que no existe secuencia de tiempo-espacio, tenemos un problema con el sistema de emanaciones debido a que si existió un «momento» del cual «emanaron» las dimensiones, entonces existe el tiempo, o alguna variable similar. El rabino y cabalista Moshe Cordovero dirá que existe fuera del tiempo-espacio un tiempo diferente a este tipo de tiempo. Si en cada nivel dimensional existe una secuencia tiempo-espacio diferente, entonces cuando llegamos al Universo de Atzilut (la Emanación) desaparece el tiempo-espacio porque existe la Eternidad. Entonces sigue el interrogante: ¿Cómo y cuándo se produce la emanación de las Sefirot si no existe la secuencia tiempo-espacio? Es más, existe otro concepto más oculto de los cabalistas, el de las «Tzajtzajot», que son las Sefirot en su estado de ocultamiento dentro del Ein Sof. Si existía la información de las Sefirot dentro del Ein Sof en un grado de ocultamiento, simplemente se revelaron, pero ¿en qué espacio-tiempo se revelaron? Para que exista la revelación debe necesariamente existir espacio y tiempo, sin embargo, algo se pudo fragmentar dentro del Ein Sof porque no se fragmentó en el orden físico sino en el orden psíquico del Ein Sof; no obstante, en el orden de la Emanación nada se fragmentó sino que continuó participando de la misma sustancia del Ein Sof. Sin tiempo-espacio, pues se produjo un tipo de revelación que no puede ser denominada como «revelación» y que los cabalistas denominaron como «emanación», la emanación fue una revelación dentro de la Eternidad. Entonces las Sefirot se encontraban eternamente en potencia en el interior del Ein Sof, y a esto se lo llama Tzajtzajot. Cuando el orden emanativo se revela se crea el Universo de Briá (la Creación), que es cuando podemos visualizar las diferentes Sefirot en el orden del espacio-tiempo. Entonces ya no podemos decir que las Sefirot emanan, sino que existen y se revelan dentro del vacío que dejo el Ein Sof en su retirada. Todo el proceso emanativo del Universo de Atzilut, el cabalista Israel Sarug lo llamará con el nombre del Tzimtzum Alef (la primera autocontracción). Esta primera autocontracción no se produce en el orden físico, sino en el interior del Ein Sof. ¿Cómo conocemos nosotros el orden interior del Ein Sof si allí no existíamos? Los cabalistas suponen que dicho orden interior existe antes de dar lugar a la segunda autocontracción física simplemente porque antes de todo movimiento físico existe un movimiento en la información.

así nosotros podemos comprender fragmentariamente la realidad. Debemos entrenar a nuestra mente (Biná)[39] a trabajar en la unificación constante de la realidad (Jojmá) con el fin de percibir en esencia la unidad que subyace detrás de todo este mundo de la fragmentación (mundo de la Bet).

Tenemos, pues, dentro de la tradición antigua del judaísmo un elemento simbólico muy claro donde convergen en un mismo punto todas las escuelas de Psicología que trabajan en diferentes niveles de la realidad.

Cada Sefirá (Dimensión) cumple una función, y lo que es verdad en una dimensión no necesariamente es verdad en otra. Como Wilber explica, las investigaciones o estudios son válidos en el nivel en que se encuentran. Por este motivo decimos dentro de la psicología del misticismo judío que se pueden encontrar la felicidad y la comprensión dentro de cada nivel dimensional. No podemos ni debemos obligar a un sujeto a cambiar de nivel si no se encuentra preparado. Cada uno se encuentra en el nivel que se merece, y si no lo merece, realizará todos los esfuerzos posibles para salir de dicho nivel. Un sujeto deja su nivel cuando a pesar de su comodidad (mal llamada felicidad) logra avanzar hacia niveles superiores.

Cuando la información se mueve, luego se moviliza el orden físico. Todo lo que se encuentra en proceso de revelación en el orden espacio-temporal existía en el plan general del Adam Kadmón. Allí se encuentra toda la información que se continúa desplegando de forma constante. Mientras las Sefirot actúan en conjunto en el orden de la Emanación (Atzilut) no puede existir el mal, el mal es producto del estado de la fragmentación que se desarrolla a partir del Universo de Briá (la Creación). Como las Sefirot en el Universo de Briá ya pueden operar de forma separada, entonces aparece el «mal». El mal existe como producto de la fragmentación; si pudiéramos encontrar las conexiones íntimas de todo lo que sucede, entonces no existiría el mal, porque el mal se produce dentro del choque de los fragmentos. Como cada fragmento cree tener independencia en el mundo de la fragmentación, entonces nacen los conflictos, porque cada fragmento cree que todo opera fragmentariamente. Cuando «unimos» dos o más cosas el mal desaparece. La unión no implica necesariamente que las diferencias sean borradas automáticamente, sino que el alma pueda percibir el mundo oculto que se sitúa detrás de las vestiduras.

39. Nuestro «Entendimiento» (Biná) en general tiende a operar dentro del sistema de fragmentación, y el problema es que la persona puede llegar a imaginar que toda la realidad fragmentada es la única realidad. Si la persona se convence de esta perspectiva, puede creer falsamente que la base de esta realidad es el conflicto constante entre los fragmentos. Por este motivo, debemos operar desde la Sabiduría (Jojmá) porque si trabajamos desde allí logramos una felicidad y una percepción desvinculada del sistema de fragmentación y, por lo tanto, anulamos los conflictos fragmentarios al anular mi posición de fragmento dentro de esta realidad. Si mi Yo existe como fragmento, entonces todo mi trabajo y mi desarrollo se encuentran centrados en mi propia posición espacio-temporal. Si opero dentro del orden de la Eternidad, entonces al lograr la conciencia de Atzilut (conciencia Alef) alcanzo realmente la sabiduría porque no tengo que defender ninguna fragmentación. Es más, si tengo que defender hipotéticamente la «unidad» contra la fragmentación, entonces la fragmentación ha provocado que mi unidad teórica sea en realidad otro tipo de fragmento. Cada vez que defiendo algo, desconecto este «algo» del sistema general, y entonces le otorgó una supremacía sobre el orden general. Todos los fragmentos del sistema de fragmentación

Cuando una persona se encuentra feliz en un nivel, no puede ser movilizada externamente hacia un nivel superior. Nadie puede soportar un nivel de luz (Or) superior a su nivel de recepción (Kli). Por lo tanto, y con esto exponemos uno de los grandes secretos del misticismo judío antiguo, nada depende del «Or» sino del «Kli», y nosotros somos capaces de obtener el «Or» de acuerdo con la extensión de nuestro Kli.[40]

Sin embargo, debemos saber que para alcanzar la Jojmá (la Sabiduría) debemos trabajar profundamente el Daat (el Conocimiento) con el fin de obtener de este modo una mayor flexibilidad mental. La flexibilidad mental es fundamental para percibir la realidad de forma simultánea desde las diferentes dimensiones. Cualquiera que sostenga un punto fijo (y, por lo tanto, dogmatice una dimensión) está creando un sistema cerrado válido, cuya validez se encuentra fundamentada en su propio cierre. La validez del Árbol de la Vida es un símbolo potente de comprensión porque se encuentra abierto en dirección al Ein Sof y no sitúa la comprensión en un punto fijo, ya que cada nivel dimensional automáticamente opera sobre otra estructura de comprensión diferente. En realidad, para operar dentro del símbolo del Árbol de la Vida debemos recorrer todos los senderos y todas las dimensiones, y debemos ir percibiendo toda la realidad a medida que avanza el recorrido, por lo que siempre nuestro punto de vista debe ser «móvil». Al situar nuestro punto dentro del movimiento general del Daat (el Conocimiento) y operar en todos los senderos y en todas las dimensiones del Árbol de la Vida, el conocimiento no se vuelve estático y, por lo tanto, no existe un dogmatismo en ningún momento. Si alguna persona se vuelve dogmática en el estudio del

---

son importantes para comprender el sistema, de lo contrario si le otorgó un orden jerárquico de importancia, este orden jerárquico subjetivo resitúa el Yo en el centro de la escena y nuevamente se provoca la caída a la percepción del mundo de la fragmentación (mundo de Bet). Todo intento de jerarquizar un fragmento de la realidad provoca necesariamente la subordinación del resto de los fragmentos existentes. Este es el primer paso para la idolatría, y finalmente para la existencia de las contradicciones, que luego, a partir de este punto de no retorno, se traducen en conflictos. Todo conflicto nace de una contradicción no resuelta, y toda contradicción tiene su origen en la idolatría de un fragmento de la realidad. Hasta las religiones tradicionales pueden operar en el sistema de fragmentación de modo que exista un tipo de idolatría dentro de las religiones supuestamente monoteístas. Si el verdadero monoteísmo es la creencia de que detrás de toda la realidad fragmentaria nos une el Ein Sof, entonces no podría ser posible la existencia de un monoteísta exclusivista porque todo exclusivismo por definición es idolátrico en tanto eleva un fragmento de la realidad frente al resto de los fragmentos. Si no es posible destruir el mundo de las formas, por lo menos debemos saber que las energías superiores son las que se ocultan detrás de este sistema fragmentario.

40. Existe un tema muy complejo que lo trataremos más adelante, y es como entrenar al Kli para lograr una mayor expansión. Esto se relaciona con la expansión interior del vacío en el interior de nuestro Yo.

Árbol de la Vida implica que ha fijado un punto estático dentro de algunas de las diferentes dimensiones. Cada vez que un sistema se vuelve cerrado, sabemos que no trabajamos bien el Árbol de la Vida; y en cada punto estático donde descansamos, debemos ser conscientes de que se puede convertir en el punto del inicio de algún tipo de idolatría. Hay dos formas de derrumbar la idolatría, que siempre se nos presenta como una amenaza al avance del conocimiento (Daat): la primera es la meditación en el Ein Sof, porque su infinitud nos abre ante un sistema abierto de forma permanente, y la segunda es el movimiento constante dentro de la secuencia del tiempo-espacio. No podemos fijar un punto dentro de la secuencia del tiempo-espacio porque es imposible; cualquier intento mental de definir esta realidad inferior de acuerdo con un punto estático puede provocar la ilusión de control de la realidad. La característica básica de esta realidad inferior del mundo de la fragmentación (mundo de la Bet) es que nos encontramos dentro de la secuencia del tiempo-espacio, y hasta que alcancemos la Eternidad real del Universo de Atzilut (la Emanación) todos los intentos de situar puntos fijos dentro de esta realidad serán aniquilados por el movimiento. Para comprender esta realidad, tal como hoy la percibimos, debemos desplazar nuestra percepción en el constante cambio que se opera dentro de la secuencia del tiempo y el espacio.

8. Tipos de Daat (el Conocimiento)

> «Siempre se puede ascender en el Conocimiento porque a cada nivel que llegamos somos imperfectos frente a Dios».
>
> Rabí Isaac Leví de Berdichev

El Conocimiento superior (Daat Elyon) se caracteriza por la unificación constante de todas las fragmentaciones, hasta llegar a la unificación del tiempo y el espacio dentro de la Eternidad que es la clave del Sod del Tetragrama.

El Conocimiento inferior (Daat Tajton) se caracteriza por la comprensión de los diferentes niveles energéticos (Sefirot) en el orden del movimiento espacio-tiempo. El Conocimiento superior se encuentra en la conexión máxima que podemos percibir dentro de la secuencia espacio-tiempo y su relación con la Eternidad; en términos de la cábala, dentro de la oscilación entre el Universo de Briá (la Creación) y el Universo de Atzilut (la Emanación). El Conocimiento inferior se encuentra en la comprensión diferencial entre los tipos de energías que operan en los dos universos inferiores de Yetzirá (la Formación) y Asiá (Acción). Todo el Conocimiento inferior algún día se debe unir al Conocimiento superior, porque ambos pertenecen en su origen a la misma raíz.

9. La relación entre la cosmogonía y la psicología en el judaísmo

«El Tikun Olam comienza con la Teshuvá de un solo hombre».

EL BAAL SHEM TOV

La principal estructura simbólica que debemos estudiar, antes de ingresar a los problemas hermenéuticos que supone un análisis del Yo, debe ser indudablemente el Árbol de la Vida. ¿A qué denominamos como el Árbol de la Vida? Aunque literalmente el término aparece en el contexto del primer libro de la Torá en Bereshit (Génesis) donde se le prohíbe al ser humano comer de dicho árbol, en realidad el símbolo que actualmente utilizamos como Árbol de la Vida tuvo su origen en las especulaciones cosmogónicas de los antiguos místicos del judaísmo. Sin embargo, a partir de la Edad Media, y por la excepcional influencia del cabalista judío Abraham Abulafia, que centró su atención en las condiciones espirituales subjetivas para ascender a grados mayores de consciencia, se produjo la psicoanalización de este símbolo. Si el pensamiento abulafiano quedó mudo durante tres siglos, fue luego, en Safed, donde cabalistas de la talla de Moshe Cordovero lograron sistematizar el pensamiento de Abulafia e interpretarlo de modo que se pudiera comprender como un todo integral. El jasidismo, posteriormente, en la Europa oriental extrajo todas las consecuencias de una cábala aplicada a la interioridad del ser humano. Tanto en el siglo XIII con Abulafia como en el siglo XVI con Cordovero, el sistema psicológico de la cábala quedó reducido a un grupo de la elite intelectual del judaísmo. Es el movimiento jasidico el que, a partir del siglo XVIII, desarrolla un tipo de cábala completamente psicológica (que mantiene sus rasgos cosmogónicos indudablemente), pero que reduce a lo meramente especulativo el campo de la cosmogonía general.

Lamentablemente, en la actualidad nos encontramos con un verdadero problema, ya que el Árbol de la Vida ha sido utilizado tanto en términos cosmogónicos como en términos psicológicos, y en general dentro de la bibliografía existente se mezclan ambos análisis. Esto genera un verdadero problema a la hora de comprender realmente el funcionamiento del Árbol de la Vida, ya que si no se comprenden las diferencias entre los universos (ya que cada universo posee un tipo de energía diferente), lo que se provoca es que exista mucha confusión conceptual cuando debemos analizar un tema en especial, o cuando hacemos referencia a una dimensión en particular. Si algún libro de cábala hace referencia a una dimensión debería explicar en qué universo está operando la dimensión, que está siendo estudiada, de lo contrario podemos encontrar explicaciones que pertenecen al universo yetzirático mezcladas con explicaciones que pertenecen al universo briático.

En este trabajo que presentamos, todas las definiciones conceptuales de las diferentes dimensiones (Sefirot) serán explicadas a partir de su actuación yetzirática (es decir, en el orden subjetivo-psicológico). Lo que sucede es que, al final del trabajo, cuando las diversas dimensiones subjetivas se logren comprender y se alcance cierto equilibrio,[41] automáticamente tendremos que estudiar la relación de nuestra psique con el orden cosmogónico, porque es cuando el sujeto descubre dicha relación que opera la energía psíquica de lo que podríamos denominar «trascendencia». Y si no comprendemos la energía psíquica de la trascendencia (no como un miedo infantil de protección paterna, sino como una energía real de la más alta categoría), no podremos realmente comprender cómo se alcanza el sentido de nuestra existencia en términos reales.

Ahora bien, tenemos que explicar la relación íntima entre cosmogonía y psicología ya que es imposible profundizar sobre los temas psicológicos del misticismo judío si no partimos de la idea central, por la cual debemos saber que el trabajo antiguo y medieval del judaísmo fue fundamentalmente cosmogónico. Toda la cábala cosmogónica se centró en los aspectos teosóficos de la realidad; en cambio, cuando apareció el Árbol de la Vida en la Escuela de Girona, ya podemos decir que los aspectos cosmogónicos se mezclaron con los aspectos psicológicos. En realidad, el camino natural de lo «cosmogónico» fue el de introducirse en la naturaleza de la psique, y si la psique era una copia fiel del «Cosmos», toda la cosmogonía conducía inevitablemente a cierto tipo de psicología.

La relación cosmogónica y psicológica a veces aparece como confusa en muchos textos, y lamentablemente la gran mayoría podemos caer en la confusión de no saber cuál es el análisis simbólico que estamos realizando del Árbol de la Vida, ya que es posible que este análisis pertenezca a lo

---

41. Explicaré más adelante el concepto de equilibrio dentro de la psicología del misticismo judío.

"cosmogónico" y otras veces estemos realizando un análisis psicológico. Es más, lo lógico es pensar que al operar sobre una sabiduría antigua y medieval, como lo es la "Kabalá", lo psicológico y lo cosmogónico se encontraban completamente mezclados. Y en realidad, cuando estudiamos y profundizamos sobre las bases fundamentales del misticismo judío nos encontramos con que trabajamos ambos aspectos de forma simultánea. Debemos trabajar desde una percepción circular y no lineal de la realidad, porque la realidad por su esencia compleja es básicamente circular. La linealidad del pensamiento es un problema de nuestro pensamiento, pero no se ajusta a la realidad en su complejidad intrínseca.

Por ese motivo, debemos ser muy cautos a la hora de leer textos de la cábala antigua y medieval porque en aquella época la especulación intelectual tenía como centro la teosofía y no la psicología (tal como la conocemos hoy). Es verdad que podemos eventualmente psicoanalizar la teosofía medieval judía, pero los sabios medievales (con raras excepciones) no eran conscientes de que estaban trabajando el estudio de la psique, sino como una derivación de los aspectos cosmogónicos del universo.

Tengo que advertir que este problema se solucionaría si comprendiésemos el sistema de concatenación de los diferentes universos dentro de la manifestación del Ein Sof en el interior del vacío, y si logramos comprender el sistema de «Partzufim» (o estructuras globales de personificación, o las personificaciones), porque debemos tener en cuenta un factor de importancia fundamental, y es que la psique desde el punto de la psicología mística del judaísmo no puede ser autorreferencial, sino que debe ser estudiada en relación directa con el sistema general de la realidad circundante.

No existe una psicología en el judaísmo desvinculada del entorno natural en el que esta psique se ha desarrollado. En definitiva, debemos comprender la destrucción de la entropía científica en el estudio de la psique, porque para el misticismo judío las energías interiores de la psique son el reflejo de las energías externas que operan en el orden cosmogónico general, y las energías externas se encuentran reflejadas dentro de la psique del sujeto.

10. El problema de la entropía en la Psicología

> «El alma comprende diez existencias superiores surgidas de las diez existencias celestiales».
>
> ABRAHAM ABULAFIA

El segundo gran problema que se presenta cuando trabajamos el Árbol de la Vida de forma arquetipal es que cada sefirá representa una energía determinada dentro del «Inconsciente colectivo». Entonces debemos ser cuidadosos porque el inconsciente colectivo junguiano no se encuentra en el orden cosmogónico general, sino en el orden psicológico. Jung sigue operando dentro de la psique; en cambio, la psicología del misticismo judío, que comprende la influencia ancestral de los arquetipos sobre el Yo, es consciente de que Jung no trabaja sobre el orden cosmogónico en este nivel de análisis, sino que sigue trabajando en el orden psicológico. Para que la psique trabaje libremente debemos liberarla de su posición central dentro del espacio-tiempo.

Este es el trabajo fundamental de la psicología del misticismo judío, en el sentido de que si el sujeto (Yo) no encuentra su sentido trascendente más allá de sí mismo, todos los supuestos sentidos de su existencia son espaciotemporales, y por lo tanto sujetos a la destrucción. No se pueden establecer «sentidos existenciales» espacio-temporales porque atrapamos la psique en una especie de juego macabro, buscamos dentro de las terapias convencionales atarnos a las dimensiones inferiores de la realidad.

La existencia del sujeto no puede establecer una relación desequilibrada con el mundo inferior, porque entonces la existencia material en esta vida se encuentra atada a la velocidad del vacío existencial. Al carecer de sentido todo lo que se hace, simplemente se realiza en términos del mundo inferior. Y sabemos, dentro de la cábala, que toda relación con el mundo inferior es desequilibrada en sí misma. La psicología mística del judaísmo busca soluciones reales a la psique destruyendo su centralidad. Toda sensación de centralidad del Yo en esta existencia hace que el sentido de la existencia se encuentre en función del Yo, y justamente es esto lo que debemos evitar a toda costa, porque en el mundo inferior la psique encuentra elementos anestésicos que suspenden el enfrentamiento con el interrogante del sentido de la existencia personal.

No debemos confundir el Árbol de la Vida cuando opera como «símbolo psicológico» («símbolo de las energías arquetípicas»), y cuando opera como «símbolo cosmogónico». Así, podemos decir que existen dos operaciones que se realizan dentro del mismo símbolo del Árbol de la Vida. Podemos utilizar el Árbol de la Vida como una estructura simbólica en el orden cosmogónico, o podemos trabajar con la misma estructura simbólica en el orden psicológico.

En cierto modo, el Árbol de la Vida no es una estructura compleja sino que es una estructura simple de análisis; lo complejo es que la estructura funciona en diferentes niveles de la realidad, de modo que debemos saber exactamente cuándo estamos trabajando las diferentes dimensiones del Árbol de la Vida para no cometer el error de mezclar los niveles donde estemos operando. Si en algún momento del análisis nos confundimos de nivel operativo, entonces estaremos aplicando conceptos que no podrán ser comprendidos ni aplicados dentro de dicho nivel. En este caso, no estamos haciendo referencia a un problema del lenguaje (Hod), sino que estamos diciendo que las energías espacio-temporales como son de diferentes magnitudes producen un sistema operativo diferente en cada nivel. Por lo tanto, no es un problema lingüístico sino un problema real, lo que puede producir como resultado una confusión derivada de aplicar un tipo de energías que no se corresponden en ese nivel dimensional. De este modo, al situar correctamente el problema en su dimensión correspondiente logramos visualizar mejor la situación analizada, y operamos con las energías que requieren dicho nivel.

Entonces, ¿cómo podemos saber cuándo estamos trabajando en cada nivel? En primer lugar, debemos saber que la manifestación original del Ein Sof fue la que provocó la existencia de los cinco universos fundamentales dentro del vacío. Lo que podríamos denominar como «el Árbol de la Vida original». ¿Dónde existía este Árbol de la Vida original? En el plan general que el Ein Sof poseía dentro de sí mismo.[42] Esto lo expliqué en mi segunda tesis doctoral en Antropología.[43] Entonces dibujamos el símbolo del Árbol de la Vida donde se pueden encontrar los universos que reflejan el orden cosmogónico general.

---

42. El «Adam Kadmón» es el hombre primordial y significa el plan general de toda la creación, y su información es eterna porque se encuentra emanada fuera del orden del espacio y el tiempo.
43. *Maasé Bereshit: el misterio de la Creación*, tesis doctoral defendida en octubre de 2012 en la Universidad Rovira i Virgili de Tarragona. Tutor de tesis: doctor Joan Prat i Carós, publicada de forma de libro en Buenos Aires, enero de 2013.

Por lo tanto, toda la existencia, desde los niveles más altos de la manifestación hasta los niveles más bajos, se compone de estas diez dimensiones del Árbol de la Vida original (al plan general de la divinidad en este nivel se le denomina como Adam Kadmón). A medida que estas energías dimensionales van descendiendo a las realidades más densas de la materialidad, entonces ingresan en el mundo de la fragmentación a partir del Universo de la Briá, y es allí donde se provocan las diferencias. Sin embargo, aunque las «diferencias subjetivas»[44] (dentro de los sujetos) y las diferencias en la totalidad de la creación son diferencias producto del mundo de la fragmentación (universo de Bet), en realidad, se mantiene la sustancia original del mundo de la unidad (universo de Alef), y, por ese motivo, toda la realidad está diseñada según el modelo del Árbol de la Vida.

---

44. «De hecho, cuando dos realidades se distinguen entre sí, lo que realmente sucede es que las diez Sefirot que las componen se diferencian. El Gaón de Vilna escribe en su obra sobre el Sifra Detzniuta: Las diez resplandecen en todos los seres creados pues cada uno posee una fuerza que actúa de acuerdo con su nivel de creación, y por eso las diez Sefirot de uno no son similares a las del otro». «En otros términos, la existencia y supervivencia de cada creación proviene del poder del Infinito-Ein Sof, que actúa en ella. Cada unidad de esta fuerza actuante se compone de diez Sefirot, ni más ni menos. Lo que ocurre es que la criatura de menor nivel tiene menor capacidad de recepción, y en esto reside la diferencia entre los seres creados». «Ya que toda sefirá está compuesta por diez Sefirot, es como si tuviésemos diversas versiones, cada una de ellas de menor magnitud e importancia que la versión que la originó, siguiendo el principio del desarrollo gradual. Recordemos que cada fuerza actuante es, de hecho, una unidad compuesta por las diez Sefirot. Con esto se explica el tema de los infinitos niveles de la fuerza actuante, los cuales se adaptan a cada realidad de acuerdo con su nivel» (El Canto del Alma, páginas 116 y 117, Rabí Iejiel Bar Lev, ediciones Obelisco, Barcelona, primera edición, noviembre de 2003).

11. El Tetragrama como símbolo de la concatenación de los universos

> «La meta no es ponerse ante ninguna forma finita aunque sea del máximo orden».
>
> ABRAHAM ABULAFIA

Ahora bien, como la manifestación general de la realidad cosmológica se fundamenta en el sagrado nombre divino (el Tetragrama) Iod Hei Vav Hei, entonces, cada una de las dimensiones representa un grado o un nivel distinto de la misma manifestación sustancial, simplemente lo que cambia es el nivel en el que se encuentra dicha manifestación. En sustancia, cada dimensión es igual que la otra, simplemente las diferencias dimensionales pueden ser visualizadas de acuerdo con la magnitud (o límites) que tiene dicha dimensión. Por supuesto, Keter, siendo la dimensión más alta, desde nuestra finitud es la que posee la máxima magnitud, y Maljut, la última dimensión, la magnitud menor, pero siempre debemos tener presente que todas las dimensiones poseen la misma sustancia. Este es un punto clave porque si creemos erróneamente que las dimensiones tienen distintas sustancias, podemos idolatrar una dimensión en particular y, por lo tanto, percibirla más importante que las demás. Las dimensiones del Árbol de la Vida, tanto las más altas como las bajas, son igual de importantes para comprender la realidad general y la realidad de la estructuración del Yo en particular. Reitero que si cometemos el error de subordinar una dimensión a otra por el grado de importancia, no comprendemos que la sustancia divina de todas ellas es la misma. Nosotros captamos las dimensiones como diez dentro del mundo de la fragmentación, pero estas diez si las percibimos dentro del mundo de la unidad constituyen una sola energía raigal.

Entonces, el Árbol de la Vida original es el que corresponde al orden cosmogónico y es donde podemos situar los cinco universos (Adam Kadmón/Keter cosmogónico, Atzilut/Jojmá cosmogónica, Briá/Biná cosmogónica, Yetzirá/las seis dimensiones inferiores cosmogónicas menos la dimensión de la Maljut y, finalmente, el universo más denso de la materia Asiá/Maljut cosmogónica). El mundo superior se encuentra en los primeros tres universos, en la Briá (la Creación), donde nace el espacio y el tiempo, en el de Atzilut (la Emanación), donde nacen las Sefirot como las raíces arquetipales y energéticas de toda la realidad diferenciada, y en el Adam Kadmón (El hombre primordial), que representa el punto central que apareció dentro del Ein Sof donde se encuentra toda la información eterna. El mundo inferior se sitúa en los dos universos inferiores: Yetzirá (la Formación) y el universo de Asiá (Acción).

Nuestro Árbol de la Vida psicológico se encuentra dentro del Universo de la Formación o Yetzirá, por lo cual, cuando hacemos referencia a nuestra Biná psicológica, siempre nos encontramos dentro del Universo de Yetzirá y, por lo tanto, dentro del mundo inferior cosmogónico. Una de las diferencias fundamentales es que a nosotros, al existir dentro del mundo inferior, nos es más difícil comprender el mundo superior dado que allí las energías tienen un nivel de energía tan elevado que nuestra mente no logra registrar estas magnitudes.

Debemos acostumbrar a nuestra «psique» a operar cada vez más alto en la comprensión de los grados energéticos más elevados; estas estrategias conforman dentro de la cábala los sistemas de unificación constantes. Al reducir toda la realidad a las diez grandes dimensiones básicas que operan dentro de todo el universo manifestado, los grandes místicos del judaísmo comprendieron la realidad en una forma más amplia, y, por lo tanto, al integrar dicha realidad cosmogónica dentro de la psique, hizo que inevitablemente nuestra psique se pudiese adaptar a una realidad de orden superior. Cuando la psique alcanza a comprender la realidad de orden superior, en cierto sentido se encuentra dentro de dicho nivel en términos de abstracción. Al alcanzar la mente niveles más elevados de comprensión fuera de su propias proyecciones interiores, se ajusta dentro de la realidad existencial, de modo que alcanza una comprensión de sí misma completamente diferente si realiza un reduccionismo a la estructura propia de la psique.

La relación 1/10 es la que marca la representación inicial con la cual trabaja la cábala para comprender cómo funcionan los dos mundos. La letra que representa al 1 es la Alef y al 10 es la Iod.

La letra Iod representa la parte superior de la letra Alef, como letra (la Iod) constituye una sola unidad y representa una sola energía unificada. Por ese motivo podemos decir que en el nivel del Adam Kadmón (del plan general de la creación) todo era una unidad de luz fundida (el Or Ein Sof). Nosotros, cuyas estructuras espirituales (las almas) nacemos dentro del Universo de Briá, no podemos captar la realidad en su unidad y, por ese motivo, nosotros captamos la energía de la Iod de forma múltiple, y por esta razón visualizamos las diez Sefirot (Dimensiones). Es más, Abraham Abulafia dice que existe lo que se conoce como el misterio del número 111, porque nosotros en el Keter Cosmogónico del Adam Kadmón operamos con el 1 de la Alef, en la Jojmá cosmogónica de la Iod operamos con el 10 (Atzilut) y en la Biná cosmogónica con la Kuf donde operamos con el 100 (Briá). Nosotros, que somos fragmentos del Ein Sof (y como almas, Neshamot), operamos visualizando la realidad en el orden fragmentario del 100, lo cual obedece a que no solo ya visualizamos las Sefirot, sino las sub-Sefirot, es decir, las 10 subdimensiones que se encuentran dentro de cada una de las 10 Sefirot. El Misterio del 111 de Abraham Abulafia hace referencia a la capacidad de la mente de unificar desde 100 a 10 y desde 10 al 1, donde el 1 se mantiene en todos los niveles a pesar de la fragmentación. Imaginemos que si ya comprendemos la realidad fragmentada, a partir del nacimiento de nuestra alma en el nivel de 100, lo que sucede dentro del Universo de Yetzirá donde operamos por debajo del nivel de fragmentación 100, algunos autores dicen que ya operamos sobre el nivel de fragmentación 1000. Cada nivel de fragmentación provoca mayor confusión con el fin de lograr las unificaciones necesarias que nos permitan elevarnos hacia el mundo superior.

Entonces podemos decir que la letra Iod es, al mismo tiempo, una y diez (porque en realidad todo es 1 y algo mas), es una como luz unificada dentro del nivel proveniente desde el Or Ein Sof, y es diez desde nuestra percepción inferior. Pero, pese a nuestra percepción inferior (la Iod es diez), somos conscientes de que la Iod es una sola letra que en términos superiores (del Universo de Atzilut) es una luz unificada. Porque sabemos que los colores pueden ser diferenciados desde el Universo de Briá, pero que dentro del Universo de Atzilut no existen los colores porque todos se unifican dentro de una luz unificada. Esta luz unificada no posee tiempo ni espacio, y reduce toda la realidad dentro de sí misma. Por ese motivo, Atzilut no posee tiempo ni espacio, porque los niveles son tan altos que tiempo y espacio desaparecen al operar en magnitudes tan elevadas.

Por eso, cuando el Tetragrama como modelo de manifestación de toda la realidad cosmogónica ya opera en un nivel más bajo de la realidad se manifiesta en diferentes magnitudes.

Primera manifestación del Adam Kadmón (plan general de la manifestación). La primera manifestación interior dentro del Ein Sof es el punto; este punto representa el propio plan general del Adam Kadmón todavía no desplegado y que corresponde a la sefirá de la Keter cosmológica.

La segunda manifestación interior dentro del Ein Sof es la extensión del punto original, donde el 1 pasa a ser 10, y las 10 dimensiones de la letra Iod se encuentran completamente unidas dentro de una unidad, a esto lo denominamos como el Universo de Atzilut (la Emanación). Allí no existe el tiempo ni el espacio y corresponde a la sefirá de la Jojmá cosmológica.

La tercera manifestación ya se encuentra dentro del vacío, es decir, la Iod interior del Ein Sof ahora se va a desplegar dentro del mundo del vacío y entonces las diez Sefirot se van a duplicar dentro del mundo de la dualidad; en un primer nivel, la primer Hei quedará como el futuro y se formará el tiempo, y en otro segundo nivel, la segunda Hei establecerá el punto material del espacio. Así, cuando se produce la tercera manifestación del Universo de Briá (la Creación), correspondiente a la sefirá de la Biná cosmológica, este tercer universo se expande seis veces (los seis días de la creación) provocando la aparición de la cuarta manifestación universal (o como se denomina en el misticismo judío, el Universo de Yetzirá-la Formación), y, finalmente, la última manifestación de la segunda Hei o quinta manifestación universal, denominada como el Universo de Asiá (la Acción), correspondiente a la Maljut cosmológica.

Así tenemos la extensión cosmológica del Tetragrama que corresponde a la expansión de los universos desde las primeras dos manifestaciones dentro del mismo Ein Sof, y las tres grandes manifestaciones dentro del vacío. Los cinco universos que tienen dentro de sí mismos la luz del infinito (Or Ein Sof).

Ahora bien, manifestados todos los grandes universos generales, nos encontramos ya en el segundo nivel de manifestación; en este momento el Árbol de la Vida se encuentra operativo dentro de todo el sistema de manifestaciones del universo de la fragmentación. Ahora, cada dimensión (Sefirá) posee una resonancia energética diferente una de otra y entonces el Tetragrama (que representa el despliegue de toda la información existente dentro de la manifestación) operará de una forma diferente. Dice el sabio cabalista Iejiel Bar Lev en una de sus obras:[45]

«Cada sefirá posee también numerosos nombres y apelativos los cuales se dividen en dos: Toda sefirá corresponde a una variante del nombre de las cuatro letras pero con diferente puntuación. Por ejemplo, la sefirá de Keter, es Iud, Hei, Vav, Hei, mas con la puntuación denominada kamatz, Jojmá con la puntuación denomina-

---

45. *El Canto del Alma*, ediciones Obelisco, página 122, primera edición, Barcelona, noviembre de 2003.

da pataj; Biná con trire; Jesed con segol, Guevurá con shva; Tiferet con jolam; Netzaj con jirik; Hod con shuruk; Yesod con kubutz, y Maljut sin puntuación. La puntuación recalca una característica especial del nombre de las cuatro letras, y por eso, la falta de puntuación en Maljut se debe a que ésta no posee nada por sí misma. En el libro de rezos basado en la sabiduría de la Cábala encontramos una puntuación diferente cada vez que aparece el nombre de las cuatro letras en las distintas bendiciones. Por ejemplo, en la bendición "Tu otorgas conocimiento al hombre", el nombre de las cuatro letras está puntuado con pataj, ya que estamos apuntando a la Luz infinita que se revela en la sefirá de Jojmá. En la bendición "Quien bendice los años", el nombre está puntuado con jirik, porque apelamos al Creador, al Ein Sof revelado en la sefirá de Netzaj».

Debemos realizar aquí una importante aclaración conceptual antes de continuar avanzando en el análisis del Árbol de la Vida. Tenemos hasta ahora el despliegue de los diferentes universos que representan a cada una de las letras del Tetragrama. Entonces, ¿qué simboliza el Tetragrama? Es la manifestación del Ein Sof. El Ein Sof no manifestado no puede ser simbolizado ni conceptualizado de ningún modo. Deberíamos decir de manera más precisa que el Tetragrama representa la simbolización de la divinidad dentro de la manifestación. En parte, dentro de la manifestación y, en parte, en su interioridad. Si estudiamos la letra Iod del Tetragrama, nos damos cuenta de que simboliza el conjunto de los dos universos no manifestados dentro del vacío, sino manifestados en la interioridad del propio Ein Sof. Así que, si realizamos un análisis minucioso del Tetragrama, encontramos que la primera letra de este (la Iod) representa el conjunto de los dos universos manifestados dentro del mismo Ein Sof (cuando aún no se encontraba creado el vacío donde se manifestará la existencia).

Recordemos que los dos primeros universos eternos dentro de la Eternidad del Ein Sof son el mismo plan general, o Adam Kadmón, y el Universo de Atzilut (la Emanación). Queda como problema conceptual resolver el asunto de cómo se produjo la existencia de una luz unificada del Ein Sof que se pudiera captar dentro del mismo Ein Sof, porque esto representaría una dualidad imposible para la esencia del Ein Sof. Entonces debemos llegar a la conclusión de que todo el Ein Sof es Or Ein Sof y no pueden existir diferencias entre ambos. Solamente que nosotros no podemos percibir todo el Ein Sof, y lo que denominamos como «Or Ein Sof» son los diversos grados de restricción de la esencia. Entonces, para nuestra mente finita se conceptualiza como una dualidad. En realidad, si el Or Ein Sof es todo el Ein Sof en sí mismo, lo que nosotros llamamos Or Ein Sof es lo que podemos percibir en la manifestación, pero hay un nivel de Or al infinito que no podemos percibir justamente por ser infinito. Ahora bien, regresando al tema central de esta explicación, si la primera manifestación del Tetragrama determinó la estructura general de todo lo que se ha manifestado y manifestará en el futuro, ahora en un segundo nivel el Árbol de la Vida en funcionamiento opera con la misma sustancia divina (que se encuentra simbolizada por el Tetragrama); por ese motivo podemos decir, que, dentro del plan general del Ein Sof (Adam Kadmón), el Keter representa un punto del Tetragrama, pero dentro del funcionamiento operativo ahora el Keter funciona como el Tetragrama vocalizado con la Kamatz. Si dentro del plan general del Ein Sof la Jojmá representa la Iod del Tetragrama (Universo de Atzilut), ahora la Jojmá en su funcionamiento se encuentra simbolizada por el Tetragrama vocalizado con la letra pataj; si dentro del plan general del Ein Sof, la Biná representa la primera letra Hei del Tetragrama (Universo de Briá), ahora en su funcionamiento la Biná se encuentra representada por el Tetragrama con la vocalización de trire. Por otra parte, si dentro del plan general de la manifestación divina las seis Sefirot inferiores se encuentran representadas por la letra Vav del Tetragrama (Universo de Yetzirá),[46] ahora cada una tendrá una vocalización diferente, y, finalmente, si la última letra Hei del Tetragrama representa la dimensión de la Maljut cosmológica (Universo de Asiá), en realidad tendrá un Tetragrama sin vocales en su funcionamiento. Como se puede percibir, cuando aplicamos las diferentes vocalizaciones del Tetragrama a cada dimensión ya nos encontramos realizando una descripción de la magnitud de energía que opera dentro del funcionamiento de dicha dimensión, pero no hacemos referencia a la dimensión cuando apareció por primera vez dentro del despliegue general del plan general divino.

---

46. En realidad, el Universo de Yetzirá (la Formación) en general se encuentra representado por la sefirá de Tiferet que es el centro de nuestro Yo dentro del mundo inferior de la fragmentación. Así, muchas veces, cuando en la cábala hacemos referencia a la Tiferet, no lo hacemos de forma exclusiva a dicha dimensión, sino a las seis dimensiones inferiores del Árbol de la Vida (menos a la de Maljut, que es la séptima)

12. Las Sefirot psicológicas dentro del Universo de Yetzirá

«La razón principal por las que se crearon las Sefirot fue para proporcionar una escalera para ascender a los más altos niveles espirituales».

MOISÉS CORDOVERO

Vamos a exponer las diez «Sefirot» tal como funcionan dentro del Universo de Yetzirá (es decir, en su percepción psicológica y no en su percepción cosmogónica). Recordemos que las Sefirot actúan cosmogónicamente en los Universos de Atzilut/Emanación (donde nacen) y en el de Briá/Creación (donde aparecen dentro del orden espacio-temporal). En el Universo de Yetzirá/Formación es donde las dimensiones actúan dentro de nuestra estructura humana.

Las «Sefirot» en su funcionamiento «psicológico» son:

1. Keter (la Corona)

Es la dimensión más alta, y la más compleja para ser explicada conceptualmente. Keter significa la «Corona». ¿Quién tiene la Corona? Solamente Dios es el poseedor de la «Corona». Entonces, ¿el hombre tiene acceso a este nivel divino? La respuesta resulta paradójica, ya que simultáneamente es un sí y un no. ¿Cómo es posible no acceder y acceder al mismo tiempo? Keter representa la extracción de todas mis potencialidades ocultas, y el interrogante que nos hacemos es: ¿No tengo siempre mayores potencialidades ocultas que no he extraído aún desde mi interioridad? Siendo Keter el arquetipo indefinible, donde todos los arquetipos no funcionan porque allí se encuentra la máxima aspiración ideal de mi Yo. En Keter se encuentra la «Verdad», ¿y quién puede conocer la Verdad? ¿Quién puede conocer la Torá en términos absolutos? Si todos nos encontramos en «Daat» (el Conocimiento), Keter es el conocimiento unificado de toda mi realidad psíquica en su conjunto. En Keter me he vaciado de mi subjetividad para acceder a los universos superiores de Briá y de Atzilut, porque no puedo conocer nada si yo soy algo; entonces, debo autocomprenderme como parte de la «Gran Nada» (Ein Sof) del Infinito para así destruir mi subjetividad en los niveles superiores y así acceder a Keter, porque a Keter no puedo acceder sintiéndome un sujeto (Tiferet). Si deseo acceder al deseo infinito, entonces debo renunciar a mi autorrestricción constante (que puede llevar a la autoculpabilidad) derivada de mi finitud. Debo aceptar mi «finitud» y aceptar que a través de mi «finitud» solamente puedo acceder al Daat (el Conocimiento). Pero para acceder a Keter exclusivamente lo tengo que hacer aniquilando mi finitud en términos mentales, y al ser parte del Ein Sof, entonces puedo conectar mi vacío interior con el vacío interior cosmogónico del Ein Sof. Mi centro del Yo se encuentra en el Universo de Yetzirá, pero ahora voy a dar un salto cualitativo entre mi Yo como centro y mi Yo como «nada». A pesar de que no podré renunciar físicamente al mundo inferior (universos de Yetzirá y Asiá), sí puedo comprender un grado superior a mi propia subjetividad. No estamos haciendo referencia a un pensamiento lateral desde otro ángulo espacio-temporal, sino desde la «Eternidad» donde no existe ya ningún condicionamiento subjetivo a la liberación de mis energías.

La pregunta en Keter es: ¿Quién realmente ha llegado? Nadie ha llegado a ningún lugar porque en realidad no existe «el lugar». Y uno asume que camina sin llegar y que trabaja no por los resultados, sino por el placer del esfuerzo para aumentar los niveles de conciencia, porque avanzamos sobre el Ein Sof para simplemente captar en mayor medida la Luz divina, y así extraemos todas las potencialidades subjetivas de nuestra interioridad con el objetivo de ampliar un Kli (recipiente). Sabemos que nadie ha llegado a ninguna parte porque se llega al No-Lugar. El disfrute constante de mi voluntad al absorber los niveles superiores de la Luz del Ein Sof puede verse afectado cuando los límites de mi propia subjetividad operan y me distorsionan automáticamente la realidad cósmica tal cual es.

En mi Keter psíquico es cuando me encuentro simultáneamente en el Daat cosmogónico que percibe algo del Keter cosmogónico del Adam Kadmón. Encerrados en los niveles más bajos de los universos inferiores podemos percibir los niveles de la Eternidad. Mi limitación como fragmento del Ein Sof no me lleva a la frustración, y tampoco a la aceptación simple de la realidad, sino que, por el contrario, mi limitación me lleva a comprender que en los niveles más altos de mi conciencia puedo acceder a una comprensión «Eterna» de la realidad, porque mientras me mantenga percibiendo el orden espacio-temporal siempre estaré en posición inmanente; en cambio, cuando percibo la realidad desde la «Eternidad», entonces es cuando percibo la trascendencia. Keter no significa simplemente que he vencido psicológicamente la muerte física, sino que en realidad no existe muerte física porque todo es energía. Y que si la conciencia general más allá de mi subjetividad continúa existiendo, entonces la misma «conciencia es trascendencia». Solamente la existencia material (física) es inmanente; en cambio, las energías reales que operan en los universos superiores y que se encuentran ocultas detrás de los universos inferiores son todas «trascendentes», porque son conscientes de su estado de «Eternidad». No hemos llegado a Keter, porque la sensación de haber llegado es propia de la conciencia finita; en cambio, el Infinito nunca llega a ninguna parte porque allí no existe ni el espacio ni el tiempo. Porque el Yo no tiene que ir hacia ninguna parte para ser Yo, el Yo es Yo en cada sitio que el Yo ocupa, porque si el Yo se subordina al lugar que ocupa, deja de ser un sujeto para convertirse en un objeto determinado siempre por su situación espacio-temporal. El Yo debe pasar de su conciencia histórica a una conciencia atemporal de eternidad.

Si te preguntas, ¿has llegado a Keter?, y respondes que no has llegado, entonces misteriosamente se produce la última paradoja existencial, y entonces has llegado. Pero si respondes que has llegado, en realidad paradójicamente no has llegado a ningún lado. Por lo tanto, si crees haber llegado en el orden espacio-temporal, no has llegado en el orden de la trascendencia y sientes que nunca llegaras al Ein Sof, entonces misteriosamente te encuentras en Keter, porque la sensación de «nunca-llegar» te extrae de tu interioridad todas las potencialidades.

En Keter no hay avance ni hay retroceso, todo es avance, pero un avance hacia el Ein Sof, un avance que nunca termina, porque el sentido de la existencia del ser humano se encuentra en llevar el Daat (el Conocimiento) a su máximo nivel (a Keter); por ese motivo, algunos cabalistas denominan a Daat como el Keter caído. Si has llegado a la sensación de ser feliz a pesar de no llegar nunca, entonces te encuentras en Keter; pero si has llegado a la sensación de ser infeliz por no llegar nunca, es que opera tu mente en el orden espacio-temporal y no en el orden de la eternidad.

Toda la infelicidad se deriva de los aspectos finitos de la conciencia que se desarrollan dentro del orden espacio-temporal; en cambio, la felicidad real se deriva del aspecto infinito del ascenso constante de la consciencia.[47]

---

47. En mi obra anterior *Sod 22 El Secreto*, pág. 247 (Buenos Aires, enero de 2011), expliqué sobre esta dimensión lo siguiente: «La virtud en el nivel de Keter es el reconocimiento de que nos encontramos viviendo un proceso continuo para avanzar hacia la energía infinita, para avanzar

Aunque algunos puedan pensar que la intensidad existencial es equivalente a la escasez de tiempo material en esta realidad, el misticismo judío entiende que el sentido de la existencia es intrínseco a la misma existencia y no tiene relación directa con la limitación espacio-temporal.

En definitiva, en un orden hipotético de eternidad física, el ser humano podrá encontrar un sentido esencial independiente de los niveles de escasez temporal. En la «eternidad material» de la existencia, el sentido de la vida se independizará de la escasez.

2. Jojmá (la Sabiduría)

La sabiduría es el nivel de conciencia más alto que podemos alcanzar, dado que ya hemos visto nuestra imposibilidad de llegar a Keter. Sin embargo, podemos decir que es posible acceder a la Jojmá y superarla. Hay un antiguo refrán de los grandes cabalistas que dice que quien llega a una dimensión llega a todas. Esto encierra un gran asunto. No se accede a la Jojmá como una escalera desde las más bajas dimensiones, sino que se puede acceder de forma directa. Por ejemplo, existen (y han existido personas sabias a lo largo de la historia) que no han pasado por la Biná (el Entendimiento). Vamos a intentar explicar la naturaleza de la sabiduría. La sabiduría puede captar el conocimiento sin pasar por la conceptualización rígida de nuestras estructuras mentales. En la Jojmá psicológica existe todo el campo de las simbolizaciones, es un área metafísica, pero que contacta con las estructuras simbólicas generales. Algunos cabalistas la asocian con el inconsciente colectivo junguiano, aunque entiendo que la Jojmá psicológica es un campo más extenso que dicho concepto. Dentro de la tradición judía aunque existe la palabra «Sabio» (Jajam) se utilizan dos palabras «Talmid jajam» (Aprendiz de Sabio). El verdadero sabio en el misticismo judío es quien nunca se considera a sí mismo como sabio. Si la Sabiduría absoluta se encuentra en el Ein Sof, ¿cómo un ser humano limitado puede pretender ser «Sabio»? La categoría del «Sabio» puede constituir un tipo de idolatría encubierta. Nadie es «Sabio», porque dentro

---

en el camino de conocer las partes no manifestadas de Keter. Somos limitados estructuralmente y lo debemos reconocer en Keter, pero a pesar de ello, tenemos la fuerza de nuestra voluntad que se desarrolla con el objetivo de intentar descubrir toda la información posible. Nos encontramos dentro de un proceso de crecimiento al infinito y, aunque sabemos que no llegaremos nunca al control de la verdad divina absoluta, alcanzaremos el sentido de nuestra propia vida».

de la finitud todos somos aprendices de Sabio. (Ni al Ein Sof lo podemos denominar como «Sabio» porque en realidad lo limitamos conceptualmente). ¿Quién alcanza la Sabiduría? Jojmá, para algunos cabalistas, designa el «Koaj Ma» (la fuerza de la pregunta). Es aprendiz de Sabio el que constantemente se interroga. Quien se interroga sobre su condición subjetiva no puede ser cerrado, no puede ser dogmático; justamente el Aprendiz de Sabio jamás puede ser dogmático. El dogmático no puede ingresar en la Jojmá, simplemente porque no ha resuelto el aspecto negativo de la Biná (Klipá de la Biná). El dogmático ha construido una zona de seguridad idolátrica. En cambio, el aprendiz de Sabio ha renunciado a toda soberbia subjetiva y a toda subjetividad para admitir sus propios límites. (¿Cómo es posible que un pequeño fragmento del Ein Sof pueda ser soberbio?, probablemente como compensación a su desesperación finita estructural derivada de su no-aceptación de tal estado).

La Jojmá es la dimensión donde «unificamos» constantemente la realidad y nuestra conciencia. En la «Sabiduría» podemos percibir las dos caras y los millones de caras de toda la realidad. Todo el trabajo existencial es destruir las contradicciones, pero no destruirlas a partir del enfrentamiento, sino a partir de la fusión esencial. En «Jojmá», el mal ha sido derrotado en la percepción porque sabemos que el «Bien y el mal», como decían los antiguos *mekubalim*, tienen un origen común. Si todo el «Mal» que recibimos lo podemos transformar en Bien y si podemos captar el Mal oculto detrás de todo Bien, entonces hemos ingresado en la Jojmá. No existe ni Bien ni Mal, sino una raíz común. «El Mal es el bien situado de forma incorrecta», decía Yosef de Gikatilla (alumno de Abraham Abulafia).

El arquetipo que se corresponde a la Jojmá es el del Padre (Adam). El Padre que tiene la energía de fecundar, pero que si no encuentra el sitio adecuado (la Madre-Biná), entonces puede perder energías que no se materializan. El problema del aprendiz de Sabio en Jojmá es que puede perder la organización conceptual, y llegar así a la locura sino es consciente de su ser finito, y debe siempre regresar a su finitud estructural. Quien no se autolimita en la expansión de la Sabiduría se puede autodestruir. La autodestrucción en la Jojmá se puede producir (como los dos hijos de Aarón) por la excesiva Luz divina. ¿Es necesario captar toda la Luz divina? Es un residuo de orgullo imaginar que podemos captar más energía de la que estamos capacitados. ¿Por qué motivo el aprendiz de Sabio se puede volver «Loco»? Porque el «Loco» pretende captar la realidad superior anticipadamente sin entrenamiento. Por lo tanto, el aprendiz de Sabio conoce sus límites y, a partir de este conocimiento de su finitud, trabaja para seguir adelante. El aprendiz de Sabio (el Talmid jajam) conoce la naturaleza de la luz divina, y así como es posible ser destruido por la «Oscuridad», así también la luz infinita puede destruirnos. Ahora bien, no es responsabilidad de la Luz infinita nuestra destrucción, sino la incapacidad de reconocer nuestros propios límites.

Cuando el «aprendiz de Sabio» reconoce sus limitaciones, automáticamente está reconociendo el carácter absoluto del Ein Sof, o, dicho en términos inversos, cuando reconocemos la supremacía del Ein Sof, entonces se adquiere la categoría de aprendiz de Sabio; y nuevamente se produce la paradoja de esta dimensión: cuando un aprendiz de Sabio se cree Sabio no es ni aprendiz de Sabio, y cuando un aprendiz de Sabio no se cree ni aprendiz de Sabio, entonces logra llegar a la Sabiduría. Por lo que cada vez que un sujeto cree que ha llegado a experimentar dicha dimensión, entonces no ha experimentado nada. Por ese motivo, el verdadero aprendiz de Sabio trabaja más para ocultar que para revelar. Ya que cada vez que revela avanza hacia una luz de la que debe ser consciente de que la podrá soportar. Y es justamente por el nivel de lo que oculta por lo que se le revela.

Quiera Dios que todos los que avanzan en el conocimiento no se pierdan en el camino hacia el Ein Sof. Para no perdernos en el camino del Padre (Jojmá) debemos siempre llamar a la Madre (Biná).

3. La Biná (el Entendimiento)

Decimos que la Biná es la madre de las formas. El «Útero» simboliza la primera forma de contención de la energía que va a trascender en otros seres humanos. Pero el «Útero es la Tumba», ya que todo lo que nace con formas va modificando sus formas dentro de la realidad de la existencia. Se dice dentro del misticismo judío que la «forma es la fuerza organizada». Es decir, que la forma establece los límites de las energías que provienen de la Jojmá. La Biná (como la Madre arquetípica) organiza conceptualmente toda la realidad. Es allí donde se dan las formas que contienen la información. La Biná crea «sistemas cerrados» de pensamiento, para poder captar algo de la realidad compleja. La complejidad de la realidad se encuentra en la Jojmá, donde se establece una relación directa con la realidad, pero la «Mente» (a través de la Biná) es la conciencia mediadora entre mi Yo y la existencia. La Biná es la dimensión que escinde la realidad, es la que establece las diferencias y, dentro de sus formas, absolutiza los límites. Es la primera dimensión de los límites mentales que organizan toda la realidad. Entonces, grandes fragmentos de la realidad se pueden incorporar a la mente humana a través de las formas, pero en lo oculto (en la Jojmá) sabemos que todas las formas están intrínsecamente enlazadas, y que este entrelazamiento carece de toda forma (en la Jojmá). Sin embargo, cada palabra, cada objeto, cada sujeto es percibido bajo la idea del límite. Cada fragmento de la realidad se encuentra definido a partir de sus propios límites. El límite entonces crea una nueva paradoja: comprendemos la realidad a partir de las formas que esencialmente poseen límites, pero terminamos de no comprender la realidad en su conjunto porque seccionamos la realidad a partir de dichos límites. Los límites, pues, me aseguran la existencia de las «formas», pero las «formas» pueden crear una realidad espacio-temporal imaginaria cuando nos encerramos dentro de sus fronteras. Como dice Wilber: «cada frontera es una línea de batalla». Los límites de las formas nos otorgan seguridad conceptual (y podríamos decir que los límites de los símbolos nos otorgan también la misma seguridad). Lo que buscamos en el arquetipo de la Madre (la Biná) es la seguridad, intentamos todas las explicaciones posibles que nos otorgan seguridad. Por esta razón, las formas con sus limitaciones son tan importantes para desarrollar nuestra capacidad cognitiva. Sin embargo, a medida que vamos construyendo más formas y, por ende, más límites, construimos zonas de seguridad que se pueden transformar en dogmas sin lograr la percepción de la interconexión que nos otorga la Sabiduría. Mientras que la Sabiduría (Jojmá) nos libera de las limitaciones de las formas, el Entendimiento (Biná) nos introduce en el mundo de las formas para poder captar la realidad desde nuestra finitud. Siendo además nosotros mismos (sujetos) una forma objetiva dentro de esta realidad material. Las formas son realidades en la dimensión de la Biná, pero no existen en la dimensión de la Jojmá. Por ese motivo, la Biná, siendo la Madre de todas las formas, es el origen de las siete dimensiones inferiores (y las 49 puertas de la Biná). Como dice el sabio cabalista Eduardo Madirolas, la Biná «es el aspecto receptivo y femenino del intelecto divino». Aunque podemos agregar que toda dimensión tiene un aspecto femenino porque Jojmá, siendo masculina con relación a la Biná, es femenina respecto a Keter, y Keter es femenina respecto al Ein Sof o, en el caso del Keter psicológico, con relación a los universos superiores. De todos modos, estamos completamente de acuerdo con Madirolas (2005) en que Biná es la primera fuerza de contracción básica de la realidad, y que puede ser considerada la dimensión donde operan las energías de la limitación femenina. El psicólogo trabaja profundamente la Biná porque debe conceptualizar de forma constante, pero cuidado si se dogmatiza dentro de un sistema conceptual de «verdades supuestamente absolutas» (dogmatismo) porque de ese modo estaría operando dentro de la Biná en su aspecto negativo. Entonces comenzamos a idolatrar las zonas de seguridad conceptuales que hemos creado a partir de la rigidez de las formas. El «Útero» contiene, pero a su vez debe ser flexible. La energía expansiva de la Jojmá debe flexibilizar las formas de la Biná, para que la Biná (el Entendimiento) pueda captar niveles más elevados de comprensión. Los límites no deben construirse, pues, para cerrarnos a la realidad general, sino que deben crear espacios de control que nos permitan, llegado el momento, destruir dichos límites como obsoletos para alcanzar mayores grados de conciencia. Las «formas» deben poseer una energía interna de mantenimiento de dichas formas; sin embargo, si las energías de sostén de la forma se van modificando, también cambian las formas. Todas las formas dependen absolutamente de los límites, y los límites dependen de nuestras percepciones internas de seguridad.

No son entonces los límites conceptuales objetivos, sino que son el resultado de nuestras percepciones de seguridad materna las que operan en este arquetipo. La Biná separa y diferencia con el fin de organizar la realidad a nivel mental; este es el objetivo de esta dimensión. Aquí podemos trabajar en el mundo de la letra hebrea Bet (la dualidad, el dos), y es aquí donde existe la Luz y la Oscuridad. En la Jojmá conocemos el origen común, y es en la Biná donde la paradoja y las contradicciones aparecen como irresolubles. En la Biná existen las aporías, mientras que en la Jojmá se trabaja sobre la constante unificación intrínseca de la realidad. En la Biná todo se divide, todo se clasifica, en la Biná existen las culturas, los pueblos, los objetos diferentes, los colores diferentes, los sujetos diferentes, las religiones, etc. Todo lo diferente es producto de las formas. Las formas nos hacen pensar conceptualmente, detienen el flujo de energía de la Jojmá y lo canalizan. Como dice Madirolas (2005): «Pues así como no existe forma sin fuerza, esta, sin la forma, es invisible, incognoscible e inútil, una nada vacía y estéril». Todas las formas son reales en la dimensión de la Biná, y todas son energías sin formas en la dimensión de la Jojmá. Todas las fragmentaciones se pueden percibir dentro del mundo de las formas (Biná). Todas las clasificaciones existen dentro de este mundo de la diferenciación. La propia existencia subjetiva, al distanciarse de la existencia general, genera una escisión básica en la percepción de la realidad. Solamente puedo acceder de la Biná a la Jojmá cuando mi Yo se desintegra dentro de las energías generales, y más allá de las formas conceptuales. En la Biná, toda la realidad la comprendemos dentro del orden espacio-temporal; en cambio, para trabajar dentro de nuestra Jojmá debemos percibir el orden de la Eternidad. La Biná psicológica se encuentra en una posición de reflejo de la Biná cosmogónica (el Universo de Briá); por el contrario, la Jojmá psicológica se encuentra en una posición de reflejo de la Jojmá cosmogónica (el Universo de Atzilut).

4. Daat (el Conocimiento)

En realidad, no debemos situar esta energía aquí porque el Daat (el Conocimiento) se encuentra detrás de todas las dimensiones. Todas las dimensiones se conocen a través de la elevación de nuestro Conocimiento.

Debemos decir que Daat se puede definir de varios modos. El primer modo es la unión de la Jojmá y la Biná. Cuando la energía sin formas se une a las formas, entonces aparece el Conocimiento. Por ese motivo, el texto bíblico dirá que Adán conoció a Java (Eva), porque la energía conoció la forma y entonces se pudo revelar dentro del orden de la manifestación. Otro modo para definir el Daat es comprender que el Conocimiento no es teórico, sino la unión entre Biná (la Madre arquetípica) y Maljut (la Hija arquetípica). Esta segunda unión es clave, porque Maljut, que representa la materialidad más densa, se debe unir con el Entendimiento mental. Maljut, en este caso, representa la experiencia de lo material y el «Conocimiento derivado de la experiencia práctica». Por lo tanto, no existe dentro del misticismo judío un conocimiento teórico en contradicción con el conocimiento práctico. Todo el Conocimiento (Daat) es teórico-práctico, porque la teoría y la práctica son dos elementos aparentemente contradictorios desde la percepción de la Biná, pero desde la percepción de unificación de la Jojmá son elementos esencialmente unidos. Por ese motivo, llamamos Daat superior a la unión de la Jojmá y la Biná, y Daat inferior a la conexión de las dos dimensiones superiores con la materialidad de Maljut.

El Daat (el Conocimiento) representa un problema filosófico profundo en el texto de la Torá, porque en realidad la transgresión mítica original se produjo a partir de comer del Árbol del Conocimiento del Bien y del Mal. Sin embargo, cuando hacemos referencia al Etz Ha Daat (Árbol del Conocimiento) nos situamos en el Daat cosmogónico del Árbol de la Vida general, y no del Árbol de la Vida psicológico del Universo de Yetzirá. Nuestra psique se desarrolla dentro del Universo de Yetzirá; por ese motivo, nuestro Daat, a pesar de que se llegue a elevar al Keter psicológico, no nos libera de las ataduras del Universo de Yetzirá. Es el Daat cosmogónico (más allá del Universo de Yetzirá) el que nos eleva desde nuestro Keter psicológico al campo cosmogónico, donde nuestra psique deja de ser el centro de observación de la realidad. Todo el Universo de Yetzirá se encuentra bajo el dominio del Árbol del Conocimiento del Bien y del Mal, debido a que nos encontramos debajo del Universo de Briá que es el creador del Tiempo y del Espacio. La conciencia del Tiempo y del Espacio nos lleva a la conciencia de finitud (muerte física).

Las energías operativas dentro de la Jojmá psicológica son intuitivas y las energías operativas dentro de la Biná psicológica son racionales, de modo que en Daat hacen confluencia ambas. Daat es considerado como el Keter psicológico que ha caído a un nivel inferior. Daat une por debajo lo que Keter une por arriba. El equilibrio entre las energías masculinas y las energías femeninas es la clave de la existencia del Daat. Si creemos que las energías del «Dar» son superiores, entonces no comprendemos que se «Da cuando alguien recibe», y que todo «Dar» (de la Jojmá) se revela cuando algo recibe (en la Biná). Daat es entonces el equilibrio y unión de lo masculino y lo femenino, entre la unificación y la diferenciación, entre la Alef y la Bet, es el núcleo de comprensión no solamente de la paradoja dentro de la Jojmá, sino también de el sostén y oscilación (que estudiaremos más adelante) entre la unidad absoluta del sistema (Jojmá) y de las formas existentes, tal como percibimos la realidad (Biná). Daat (el Conocimiento) conoce en todas las dimensiones. Daat es la energía de interconexión de todas las realidades dimensionales. El símbolo es la sangre que fluye por todo el cuerpo. Daat se asocia a Dam (sangre en hebreo). Si no fluye la sangre, no llega la información necesaria a los diferentes miembros. Daat se relaciona también con la letra Dalet (cuarta letra del alfabeto hebreo) que proviene del término Delet (puerta). El Conocimiento es la puerta de acceso a Keter. Por eso decimos que la «redención» proviene del conocimiento (no por la fe asociada a la ignorancia). Cuando «conozco» ejerzo el Daat, y abro así las puertas a mis dimensiones superiores.

5. Jesed (la Misericordia)

«El mundo está construido con Jesed», así comienza el Salmo 89:3. El nivel emocional comienza con esta dimensión. Tenemos tanto para «Dar», que puede sobrepasar nuestra estructura. Por lo tanto, debemos saber en primer lugar que existe el Jesed en el lado de la abundancia de la Luz divina que se restringe. La misericordia está conectada con la sabiduría. Es más, podríamos decir que la «misericordia» es la sabiduría dentro del ámbito emocional. Se debe aplicar la misericordia tanto a los demás como a uno mismo. Esta es la energía básica de la misericordia. Uno está diseñado para hacer el «Bien», porque el máximo bien que tiene es su propia existencia física, la posibilidad de materializar las energías ocultas. La existencia material es la oportunidad de revelar las energías más altas del Ein Sof dentro de los niveles de densidad más bajos de la materialidad. La primera «Misericordia» que hemos recibido es la «Gracia de la existencia». Hemos sido llamados a esta existencia por la misericordia del Ein Sof, y este nivel de misericordia no puede ser imitado de ningún modo en el campo de la finitud, siendo una misericordia de grado superior. En esta dimensión existe el «Perdón», no puedo vivir con la carga de la culpabilidad de la conciencia. La «Conciencia» también debe ser liberada de sus propias autoexigencias. Si me culpo de todo, entonces se produce una caída brutal de mi autoestima, pero si me absuelvo de todo, no soy responsable de nada de lo que hago. La verdadera misericordia me perdona, pero no anula mi responsabilidad. Tengo miles de oportunidades. Aunque miles de oportunidades de mi existencia las haya perdido, siempre existe la posibilidad de recuperarlas, esta dimensión es la energía de la Teshuvá, del retorno a la esencia bondadosa. El «Arrepentimiento» es una gracia divina que todos llevamos dentro. La culpa no debe existir como carga, sino como elemento de responsabilidad (ya veremos la dimensión de Guevurá, que restringe la misericordia). La Misericordia siempre nos otorga una nueva oportunidad de comenzar, y este retorno siempre nos lleva a autorreforzar la autoestima. Si debemos imitar los atributos divinos, decimos que así como Dios es misericordioso, así debemos serlo nosotros. Por supuesto, que existe mi autocritica y mi enjuiciamiento de conciencia, pero esto no me debe llevar a una culpa infinita que me haga insoportable mi existencia. La «Misericordia» no borra la transgresión, pero la repara, porque siendo el ser humano finito no puede cargar con la idea absoluta de una perfección imposible. Lo finito y fragmentario siendo incompleto transgrede por su naturaleza estructural (sin intencionalidad), y el misericordioso se absuelve después de reflexionar sobre su existencia. Obtiene responsabilidad para lograr su transformación, pero no para cargar con una culpa indefinida que jamás lo repara. Si no existe la «Misericordia», todos, como entes finitos, seríamos constantemente culpables de algo debido a nuestra imperfección básica. La Misericordia me libera de mi sufrimiento interior, y libera a los demás de su sufrimiento. Comprender mi finitud fragmentaria es el elemento clave para comprender el objetivo central de la Misericordia. Me otorgaron el máximo Jesed posible, que es darme la vida, pero a partir de ahí, ¿cómo devolver a los otros el nivel de misericordia que nos han otorgado? El «Dar» sin una retribución es la marca de la Misericordia, pero Dar jamás olvidándose de uno mismo. Si uno «Da» más allá de sus posibilidades, la mística judía advierte que podemos transgredir.

6. Guevurá (la Fortaleza)

No hubiera existido nada en la creación sin límites. El propio Ein Sof (Infinito) crea los primeros límites del vacío, y es entonces, cuando crea dichos límites, cuando crea algo fuera de sí mismo (y dentro de sí mismo).

Por lo tanto, para otorgar Jesed tuvo que crear los límites estructurales de la Guevurá. El Ein Sof tuvo que autorrestringirse. Solo lo infinito pudo contener infinitamente su energía y volverla finita. Pero cuando se autorrestringió creó los límites. Los límites son las bases fundamentales de toda la creación. No existe nada dentro de la manifestación dentro del vacío que no tenga límites. Por eso nosotros nos hemos desarrollado dentro de esta existencia, dentro de un sinfín de límites. Los límites de mi materialidad (mi cuerpo), los límites sociales (en mi relación con el entorno), los límites del lenguaje (y la posibilidad que siempre se escape el sentido último), los límites para ascender hacia el Ein Sof (para no destruirnos). Todo opera sobre la base de los límites de la estructura, y nosotros como estructura subjetiva debemos aprender dentro de nuestra existencia cómo funcionan estos límites, porque si logramos aprender cómo operan estas limitaciones, entonces sabremos las formas de las transgresiones que son producto de una negativa relación con los elementos que limitan nuestra existencia.

En Guevurá adquiero la conciencia de los límites. Ni puedo dar en exceso, ni puedo recibir en exceso, ni puedo no dar por defecto, ni puedo no recibir. Aquí aprendo los mecanismos de ajuste y corrección (Madirolas, 2005). Las fuerzas que operan en Guevurá son muchas veces destructivas porque imponen un mal para restablecer el equilibrio que se ha perdido. Quien no logra equilibrarse a sí mismo, entonces el mal aparece para reequilibrarlo. Si todas las formas tienen límites (y nuestra subjetividad es una forma mental), debemos reconocer cuáles son y dónde se encuentran. Esta dimensión se denomina como «Din» (el Juicio). El límite se impone aunque uno no quiera. El deseo debe ser canalizado a través del sistema predeterminado por los límites. La Guevurá (la Fortaleza) aparece cuando operamos las energías que establecen los límites al Dar misericordioso, porque las energías dadoras del Jesed deben ser siempre canalizadas por las limitaciones. Ser conscientes de los límites no debe hacernos creer que no existe nada más allá de ellos. Sin embargo, la conciencia de los límites no es lineal; en el misticismo judío sabemos que cada dimensión posee sus propios límites de energía. Cada dimensión tiene su propia magnitud energética. Entonces, no podemos operar con los mismos límites en todas las energías, y la sabiduría oculta se encuentra detrás de la energía de quien es verdaderamente «fuerte», porque debemos situar los límites de acuerdo con el tipo de energía con la que estamos operando. Guevurá representa la manifestación de la Torá exterior, que divide lo puro y lo impuro, mientras en Jesed todo el Dar es puro porque existen límites más extensos. En la «Fortaleza» también encontramos el «Poder». Si no tuviéramos un cierto poder, no podríamos marcar las fronteras. Si Biná representa los límites de las formas mentales, Guevurá representa los límites emocionales. Conozco como ponerles límites a los demás y como autolimitarme. Si puedo limitar a los demás, siempre lo tengo que hacer con misericordia. La Fortaleza y la Misericordia no son excluyentes, sino complementarias. Justamente, cuando soy extremadamente misericordioso, sin límites, entonces me autodestruyo. La Fortaleza del «Rigor» que me otorga la Guevurá es la que hace que pueda canalizar adecuadamente la Misericordia, no existe un equilibrio real de la misericordia sin los límites. Si soy más misericordioso con los demás que conmigo, entonces no le he puesto límites a los demás, y si soy más misericordioso conmigo que con los demás, no he autoimpuesto límites a mi subjetividad. Así que la verdadera fortaleza paradójicamente aumenta la misericordia, y la falsa regulación desequilibrada de no saber poner los límites termina por afectar a los equilibrios necesarios del Jesed. La buena exteriorización del Jesed proviene del nivel de límites que puedo lograr en Guevurá. Porque el verdadero «Poder» no es el ejercicio autoritario de la energía de Guevurá, sino la posibilidad de limitar hasta el propio poder personal para canalizarlo de la forma más adecuada. Porque hasta los límites se deben limitar, ya que podemos idolatrar a los mismos límites transformando la canalización de la energía misericordiosa en una represión de la misericordia y una idolatría de la fuerza de imposición de los límites. Aceptar mi finitud estructural es aceptar los límites de mi propia subjetividad. Uno puede llegar (con su esfuerzo personal) hasta donde los límites le advierten no transgredir. Limitar una energía específica en una dimensión determinada no implica que la energía excesiva no sea utilizada, sino que puede ser utilizada en las dimensiones que requieren de mayor nivel energético. ¿Por qué motivo vamos a utilizar las energías mayores para las dimensiones inferiores? Las energías de mayor magnitud deben ser utilizadas en las dimensiones superiores, e ir analizando cada energía que vamos a utilizar de acuerdo con cada magnitud dimensional.

Cada vez que uno estudia las limitaciones estructurales puede intentar comprender en los niveles dimensionales superiores nuevas formas más expansivas, y al comprender estas formas más amplias entonces podemos operar sobre otro tipo de limitaciones. Muchas veces, las limitaciones que percibimos no tienen relación con las formas limitadas existentes en la realidad objetiva, sino con las limitaciones subjetivas de nuestra percepción subjetiva. Debemos liberarnos de las limitaciones subjetivas para comprender las limitaciones objetivas. Por lo tanto, el sujeto de acuerdo con sus limitaciones (su ignorancia, falta de Daat) puede percibir límites que no son objetivos, sino producto de su propia percepción. En definitiva, cada vez que ascendemos hacia Keter, debemos saber que aunque existen límites objetivos (porque nos encontramos dentro del vacío limitado), muchas veces no avanzamos dentro del Daat (el Conocimiento) por nuestras limitaciones subjetivas anticipadas. Por lo tanto, no es lo mismo operar sobre los límites dimensionales objetivos que auto-imponerse limitaciones subjetivas anticipadas, que reprimen las energías expansivas y que son las que nos deben llevar a los límites objetivos naturales de una dimensión determinada.

7. Tiferet (la Belleza)

Esta es la dimensión de la interioridad. Nosotros la denominamos como «el Yo interior», frente a la dimensión de Yesod, a la que denominamos como el «Yo exterior». Por ese motivo, la «Tiferet» representa la energía de la interiorización o de la introspección personal. Najmán de Bratslav dice que la «verdad de uno muere con uno». Este espacio privado es el ser interior incomunicable. Otras definiciones posibles sobre la Tiferet: cuando decimos que logramos equilibrio en la coordinación de Jesed con Guevurá, entonces es cuando logramos alcanzar la «Tiferet». ¿Qué es la belleza interior? ¿Eres bello en tu interioridad? ¿Realmente alcanzas a disfrutar de ti mismo? Si respondes afirmativamente que disfrutas con tu interioridad, entonces decimos en el misticismo judío que has alcanzado la máxima virtud de la Tiferet, la paz interior. La palabra hebrea que define esta dimensión es *Shalom* (paz), palabra relacionada con *Shalem* (quien se siente completo). Aquel que se encuentra completo tiene paz interior. Si no hay paz interior, entonces no existe completitud. Por supuesto, no debemos confundir la insatisfacción constante para elevarnos hacia el Ein Sof con el sentimiento de paz interior, porque uno vive insatisfecho para ascender mientras disfruta de forma simultánea de quién es.

El núcleo de la felicidad «trascendente» de la interioridad se encuentra dentro de esta dimensión. Es el «ser feliz en su interior» y la relación de no-dependencia de la felicidad de los acontecimientos exteriores. La no-dependencia de los acontecimientos exteriores de ningún modo produce una «apatía» con relación a la exterioridad del Yo, sino que se logra controlar que el Yo no caiga en la idolatría de la exterioridad. Por supuesto, no podemos caer en la idolatría del propio Yo (la jactancia como transgresión de la Tiferet), porque sabemos que una de las peores idolatrías es la auto-idolatría. Esta sería la desviación del Yo. La felicidad del Yo interior consigo mismo no implica el narcisismo del Yo. La interiorización del Yo produce la aceptación de las zonas oscuras que se deben corregir de forma permanente, pero esas zonas oscuras aceptadas dejan de ser oscuras, y entonces se logra el comienzo de la capacidad de corrección personal. El Yo en la Tiferet no es el Yo perfecto, porque el Yo perfecto no existe, es un Yo en movimiento constante hacia el Ein Sof. Cada movimiento del Yo hacia el Ein Sof produce indudablemente dificultades en el proceso de construcción del Yo, siendo el Keter psicológico el Yo ideal o la proyección de todas las energías potenciales del Yo hacia el Ein Sof.

Me gustaría explicar los arquetipos con los que el misticismo judío trabaja las tres dimensiones de la tríada emocional. En Jesed, el arquetipo es Abraham, porque se dice que el primer patriarca hebreo era un hombre muy misericordioso, y el arquetipo de Guevurá es Isaac; este segundo patriarca hebreo asumió con dignidad la posibilidad de ser sacrificado, y sabemos que no existía misericordia ninguna en este pedido divino, hasta que finalmente llegó la misericordia que detuvo dicho sacrificio. En Tiferet, el arquetipo es el tercer patriarca Jacob. Ahora bien, Jacob heredaba la misericordia de su abuelo Abraham y el rigor de su padre Isaac. ¿Acaso el abuelo no debe ser misericordioso con el nieto y el padre no debe ser riguroso? Cada uno de los arquetipos (Abraham e Isaac) cumple una función específica que tiene una influencia determinada sobre el arquetipo de la Tiferet (Jacob). Jacob, en cuanto su rol de nieto, debe ser misericordioso como su abuelo Abraham y, en cuanto a su rol de hijo, debe aprender a ser riguroso como su padre Isaac. Sin embargo, ¿quién es realmente Jacob? Es simplemente un producto de la educación de sus padres y sus abuelos. Jacob desea saber quién es Jacob. Quizás, en la primera etapa de la existencia Jacob asume la tradición, pero cuando Jacob se transforma porque conoce a Dios cara a cara, entonces ya no hereda la tradición de la creencia en Dios, sino que ahora lo conoce de forma directa. Cuando se cree que la existencia es lo que hemos heredado, uno es Jacob, sin embargo, cuando uno experimenta por sí mismo la existencia, entonces Jacob se transforma en Israel. La dimensión de la Tiferet es la única que posee dos arquetipos, el de Jacob y el de Israel, y ambos arquetipos sobre la misma personalidad física. Mi Tiferet es hija de Jesed y de Guevurá, o mi Tiferet puede ser construida a partir de mi mirada hacia Keter. Jacob debe conquistar su propia Guevurá y su propio Jesed, entonces ya la herencia no le funciona, ahora funciona su propia experiencia personal, y es cuando Jacob desde su interioridad se pregunta ¿Quién soy? Entonces realmente se transforma en Israel. Israel representa el arquetipo de la Tiferet cuando extrae sus potencialidades interiores para ascender hacia Keter. Cuando mi Tiferet recibe y acepta la herencia, no experimenta la existencia por sí misma, sino tal como los otros me han explicado que funciona; pero cuando es mi experiencia personal en Tiferet la que se eleva hacia Keter, entonces alcanzo realmente mi verdadero Daat (mi autoconocimiento), y así elevo la Tiferet a la posición en que se encuentra Daat. Y si Daat (ya sabemos) es el Keter caído, entonces alcanzo a través de mi auto-conocimiento mi Keter subjetivo (Daat).

Al aceptar quién soy, comienza el inicio de mi liberación interior, porque ya no cargo con las culpas de mi finitud, sino con la responsabilidad de mi propia autoconstrucción. ¿Cómo se responde entonces a la pregunta sobre quién soy? En primer lugar, no existe situación estática en el orden espaciotemporal, ya que todo es dinámico, soy el que estoy siendo. Entonces, ¿quién estoy siendo dentro del proceso de construcción permanente? Si Tiferet mira hacia Keter (de forma ascendente), entonces la pregunta es: ¿Quién quiero ser? Pero si la Tiferet mira hacia Maljut/Yesod (de forma descendente), entonces la pregunta cambia y se formula como: ¿Qué ven los demás que soy? Y uno puede percibir que mi Yo en cada nivel es completamente diferente, porque mi Yo percibido en la materialidad del exterior no coincide con mi autopercepción personal dentro la Tiferet. ¿Cuánto de mi Yo interior se puede manifestar en la exterioridad social?

Dentro del misticismo judío, decimos que cada nivel tiene algún reflejo de la luz del nivel superior, así que indudablemente algo de lo que soy en el nivel de la Tiferet se terminará de reflejar en las dimensiones inferiores, pero jamás en la totalidad de mi Yo interior.

Cuando me siento completo (Shalem) con mi Yo, entonces es cuando no percibo las insatisfacciones como obstáculos, sino como potencialidades. Porque si las insatisfacciones se convierten en elementos negativos, es que tengo una baja autoestima en mi Tiferet, porque cargo con la culpabilidad al Yo de sus imperfecciones estructurales. Debo aceptar las imperfecciones humanas como constantes desafíos a un progreso permanente de mi nivel de consciencia. La imperfección derivada de mi finitud no puedo cargarla como «culpa», sino que la debo percibir como una oportunidad de crecimiento mesiánico constante hacia los niveles más elevados.

El perfeccionista se carga de una culpa permanente, y esto nos conduce inevitablemente a un gran problema del Yo, el creerse dicho Yo un Ein Sof en sí mismo. El perfeccionista siempre carga con una baja autoestima, al pretender ser el Ein Sof absoluto; y al no poseer la conciencia de su finitud, entonces siempre se percibe en un grado mayor de inferioridad del que realmente se encuentra. Cuando un sujeto logra la paz interior es que tiene su autoestima en equilibrio. Una autoestima en equilibrio es fundamental para concentrar luego todas las energías psíquicas en elevarme en los niveles de consciencia; en cambio, una autoestima baja o demasiado alta nos extrae energías importantes que se desgastan en la entropía del Yo.

Si la autoestima es muy elevada, podemos caer en la jactancia, y si la autoestima es muy baja, podemos siempre percibirnos en la descalificación constante de nuestro Yo.

En la psicología del misticismo judío decimos que el Yo interior debe ser estimulado por la educación exterior para subir a Keter, y al mismo tiempo para reconocer los errores de la imperfección estructural de nuestra finitud para que el Yo en Tiferet comprenda que jamás va a llegar a Keter, pero que siempre tiene las posibilidades de autosuperación constante, aquella que nos impulsa a continuar el ascenso espiritual.

Cuando el sujeto acepta su imperfección y, dentro de los límites de su imperfección, acepta simultáneamente las potencialidades ocultas que existen (a pesar de su imperfección), entonces alcanza la paz interior de la Tiferet. Para aceptar su estado de imperfección necesita del Jesed (la Misericordia) y para ascender de su Tiferet imperfecto y limitado hacia el Keter debe organizarse con cierta disciplina desde Guevurá (la Fortaleza). Tiferet representa la energía del ascenso a Keter a pesar de nuestras imperfecciones, producto de nuestra propia estructura predeterminada.

8. Netzaj (la Victoria)

Esta es la dimensión de la exteriorización de las emociones. Lo que comúnmente denominamos como «lenguaje emocional», el arte, la música, la danza, etc. Netzaj es la dimensión de la «Victoria», ¿la victoria sobre qué? La única victoria que tenemos es la victoria sobre la mediocridad. Uno debe ser uno mismo, y en Netzaj existe el campo de la creatividad. El Yo interior de la «Tiferet» desea exteriorizarse y entonces se exterioriza o se manifiesta en el lenguaje emocional (donde se encuentra el abrazo, un beso, la caricia, la mirada, etc.) ¿Cómo describir conceptualmente el sentimiento? Imposible, sin embargo, los símbolos son expresables en Netzaj. La victoria de que nuestro Yo interior se exteriorice con todo lo que tiene a su alcance. Dice el gran cabalista Ione Szalay (1966-2014) (Z "L):

> «Netzaj está asociada, en el plano del alma, con el poder de vencer aquellos obstáculos que se encuentran en el camino de la realización de las propias aspiraciones, de Jesed».[48]

Para que las emociones no se desborden debo tener un cierto tipo de lenguaje emocional específico que me permita canalizarlas. Por eso el arte aspira a comunicar lo que conceptualmente no se puede comunicar. Las sensaciones interiores del artista que se encuentra en su soledad dentro de la Tiferet tienden a manifestarse de algún modo, y es allí donde se logra la victoria sobre las limitaciones estructurales de nuestro Yo. A pesar de los límites de nuestro Yo interior para salir al exterior, tenemos muchas opciones en Netzaj de manifestarnos exteriormente. Si todo me lo guardo para mí mismo dentro de la Tiferet, entonces mi interiorización, en vez de producir mi autoconocimiento, genera mi implosión. Puedo explotar por dentro si no tengo unas vías de exteriorización de mis emociones interiores.

---

48. *Kabalah y Árbol de la Vida: el mapa de la liberación*, página 140, por Ione Szalay, editorial Kier, Buenos Aires, abril de 2005. Tuve el privilegio de conocer a Ione Szalay en su visita a Barcelona del año 2013. En agosto de 2014 visite su tumba en la ciudad de Buenos Aires.

El introvertido puede tener un problema en Netzaj, porque a pesar de que trabaja su introspección, esta se puede volver paradójicamente un desequilibrio si no logra algún tipo de exteriorización.[49] Netzaj representa la exteriorización del lenguaje emocional. En realidad, las cuatro dimensiones inferiores a Tiferet son las energías de manifestación. Netzaj manifiesta el Yo interior por el lenguaje emocional, Hod manifiesta el Yo interior por el lenguaje estructurado, Yesod manifiesta el Yo interior por el lenguaje sexual, y finalmente Maljut manifiesta el Yo por todas las acciones materiales de mi realidad corporal. Siendo Netzaj la primera forma de manifestación, es energéticamente la más potente de las cuatro anteriormente citadas. En esta dimensión podemos percibir dos etapas, el reconocimiento de nuestros sentimientos y su necesidad de exteriorizarlos. En Tiferet logramos el reconocimiento de nuestros sentimientos, pero si no empleamos Netzaj, el solo reconocimiento no implica necesariamente su exteriorización. Pero el reconocimiento del sentimiento es una forma de exteriorización para mí mismo, sin embargo, debo proyectar mis sentimientos como «creaciones» hacia el exterior de mi subjetividad. Toda creación refleja en cierto modo al creador de dicha creación. Y aunque los sentimientos internos del creador (Tiferet) nunca podrán ser absolutamente expresados exteriormente, es necesario descargar hacia el exterior las proyecciones emocionales interiores. Netzaj representa un tipo de descarga de las energías que se acumulan en mi interioridad. Es la primera forma de exteriorización que tenemos cuando nacemos al campo físico.

9. Hod (la Gloria)

Hod representa el lenguaje estructurado. Es la dimensión de la conceptualización en acción. Decimos «conceptualización en acción» para diferenciarla de la Biná, que es la conceptualización mental. En Hod buscamos «la ver-

---

49. Quiero dejar constancia de la diferencia conceptual entre la introversión y la introspección. La introversión puede ser un resultado de la percepción del sujeto de una amenaza exterior al Yo; en cambio, el proceso de introspección se produce cuando utilizamos la introversión y la extroversión de una forma en constante oscilación. Si la «introversión» es una consecuencia de la amenaza exterior, entonces decimos que la introversión prueba un desequilibrio en el sujeto; sin embargo, si la introversión es producto de una oscilación constante con la extroversión, entonces sostiene un equilibrio importante dentro del proceso general de introspección. Por esa razón, la introspección aprende también de los diferentes grados de extroversión (Yesod) y de los diferentes grados de introversión (Tiferet). La introspección es el proceso de autoconocimiento interior donde necesitamos tanto de nuestros fenómenos interiores como de los fenómenos exteriores.

dad» dentro del discurso racional, cuando en realidad nos debemos preguntar ¿Qué verdad? ¿Hay verdad en las palabras limitadas dentro de la finitud humana? Sabemos que la única verdad real y eterna se encuentra en el Ein Sof, entonces nos preguntamos: ¿Qué verdad se puede percibir dentro del mundo de la fragmentación? El concepto puro que va descendiendo desde la Biná cada vez posee menos luz, las miles de interpretaciones subjetivas de cada Tiferet borran la pureza esencial del mensaje que lleva la palabra. Y entonces el concepto que venía para ayudarnos a comprender la realidad, justamente nos distancia de la realidad. Y entre nosotros y la realidad se interpone el mundo conceptual que, siendo un intermediario, minimiza la luz. Como dice Madirolas (2005): «La ilusión de Hod es elevar este orden lógico a la categoría de absoluto, es decir, la ilusión de que todo sigue un orden que puede ser explicado. La luz de la razón proyecta la ilusión de la razón». Hod es el mundo de seguridad que cree en los conceptos en su calidad de formas axiomáticas. La única posibilidad real que tenemos en Hod es la honestidad; aunque no pueda acceder a lo esencial del concepto, sí puedo coordinar sobre un mismo eje, el pensamiento (Biná), el sentimiento interior (Tiferet) y la acción material (Maljut). La confianza en la palabra dada es la clave ética de Hod, por más que sabemos que existen miles de interpretaciones subjetivas de los conceptos, lo que sí sabemos es si un concepto refleja del modo más cercano posible la realidad. Porque un grave problema de Hod es la intencionalidad de la mentira. Este es el mayor desequilibrio de esta dimensión. Por supuesto, sabemos que toda esta realidad inferior condicionada por el tiempo y el espacio es una mentira absoluta frente al Ein Sof, pero dentro del sistema del vacío esta realidad es verdadera. Por lo tanto, aunque el concepto pueda ser millones de veces interpretado a la luz de nuestra subjetividad, lo «honesto» es situar el concepto en el mismo eje que la realidad material. Es verdad que nuestra ignorancia (como en la totalidad de las dimensiones) puede ser un obstáculo fundamental a la hora de comprender el concepto que estamos utilizando. Pero también sabemos si la intencionalidad interior que tenemos al utilizar el concepto se encuentra en una posición coherente en relación con la realidad material. Si la intención es destruir al «Otro», entonces se pueden utilizar negativamente las energías de Hod. Por ejemplo, la difamación, el rumor, incluso si se propaga una información verdadera cuyo objetivo es destruir al «otro» entonces estamos utilizando de forma inadecuada este tipo de energía. Ahora bien, si logramos la «honestidad» de Hod, obtenemos una clave importante para nuestro autoconocimiento en la Tiferet. ¿Cómo puede el Yo interior de la Tiferet trabajar su interiorización si no es honesto? No se puede ser deshonesto con los demás y honesto con uno. La honestidad es integral a la estructura subjetiva. Si logramos la honestidad conceptual de Hod (lo más cercano a la verdad subjetiva que tenemos), entonces el trabajo de autoconocimiento se puede llevar hasta las máximas consecuencias, que es perder el miedo a reconocer el lado oscuro (en hebreo, *Yetzer Ha Ra*, la tendencia al mal). Así lo explica el sabio cabalista Eduardo Madirolas (2005):

> «La honestidad es, por último, una virtud imprescindible para tener acceso al propio Tiferet. No hay verdadera introspección sin honestidad con uno mismo, y esto es algo que hay que aprender: a analizarnos con verdad, a no mentirnos ni autoengañarnos sobre nuestras verdaderas motivaciones y sentimientos, a reconocer nuestra verdadera forma de ser, con virtudes y defectos, desmontando los mecanismos de defensa que hemos construido para evadirnos del dolor de ver claramente cómo somos y cómo hemos actuado en el pasado. El Ego siempre está buscando excusas y echar la culpa a otros o las circunstancias de lo que no le gusta de sí mismo. O bien busca apoyarse en teorías y razones que justifiquen ante sí y ante los demás su conducta. Esto no es compatible con Tiferet, que empieza por aceptar sin lamentaciones ni victimismo la verdad sobre el propio ser».[50]

10. Yesod (el Fundamento)

Antes de llegar a la dimensión de la materia (Maljut) tenemos que pasar por Yesod. Porque no llegamos a la materialidad si no unimos, en primer lugar, las energías del receptor (femeninas) y del dador (masculinas). Y esta unión se produce en la Yesod.

Yesod representa la energía sexual, y toda la sexualidad no es solitaria ya que desea al «Otro» para manifestar la unidad. El misticismo judío ha trabajado de forma muy intensa las simbologías de la copulación permanente entre lo masculino y lo femenino.

El receptor desea del Dador, y viceversa. En Yesod se produce la unificación total de todas las energías que se van a materializar en el plano de la Maljut (el Reino).

---

50. *El Camino del Árbol de la Vida*, volumen II, página 116, por Eduardo Madirolas, Equipo difusor del Libro, Madrid, mayo de 2005.

En el Árbol de la Vida de la tradición judía (a diferencia del utilizado por el espiritismo inglés y otros grupos ajenos a la tradición de la cábala), el último sendero finaliza entre las dimensiones de Yesod y Maljut. Es decir, si se encuentran símbolos del Árbol de la Vida donde los últimos tres senderos finalizan en Maljut, entonces este símbolo aunque se denomine con el mismo nombre de Árbol de la Vida no pertenece a la tradición mística del judaísmo, y, por lo tanto, estamos operando erróneamente la simbología.

Yesod representa la unión sexual, la energía unificada de los polos femenino y masculino de toda la realidad: el equilibrio entre el Dar y el Recibir que termina en el verbo «Compartir», y cuando comparto creo otro ser humano. En Yesod encuentro lo que se denomina el Yo exterior (o el Ego en otras terminologías). El Yo exterior (lo que percibe la sociedad y lo que yo muestro a mi entorno) es diferente del Yo interior de la Tiferet. Los extrovertidos tienen su eje de identidad en la Yesod, pero cuidado ya que la utilización extrema de la Yesod nos puede conducir a una fuga de la interioridad del Yo a una exterioridad sin sentido. Entonces puedo utilizar la Yesod no para relacionarme con el entorno, sino para utilizar el entorno social como fuga de mi interioridad. Como no quiero autoconocerme y me evado de mí mismo, entonces utilizo las relaciones sociales como sistemas de fuga del Yo interior.

El arquetipo de la psicología del misticismo judío que se utiliza es el de Yosef (José). Yosef durante gran parte de su vida tuvo que ocultar su condición de «semita» ante los ojos de la sociedad egipcia. En cierto modo, podríamos considerar a Yosef el primer criptojudío de la historia del pueblo de Israel. Su verdadera identidad interior (Tiferet) es que era israelita, sin embargo, gran parte de su existencia actuó como egipcio. Sostener la identidad de «egipcio» en Yosef era mantener una máscara social. El «Ego» de Yosef fue creciendo hasta que llegó a ser el segundo del faraón. Yesod simboliza la energía del «Ego». Una energía muy importante, porque el «Ego» al desear para sí mismo hace que trabaje para mi reconocimiento personal, y esta es una energía válida en el nivel de la Yesod. Sin embargo, si siempre vivo en el nivel egoico, entonces no opero en todos los niveles dimensionales, creando desequilibrios muy profundos en mi Yo y en mi entorno. El Yo exterior desea mostrarle algo a la sociedad que muchas veces no tiene relación con el Yo interior. Es más, lamentablemente el «Ego» se apodera de tal modo del sujeto que reduce las aspiraciones de ascenso espiritual. El «Yo interior» debe luchar contra el «Ego» y la herramienta del auto-conocimiento es fundamental. No debemos destruir el «Ego» que tiene su función en el nivel yesódico en el que se desarrolla, sino canalizar su fuerza. El «Ego» me permite tener la suficiente autoconfianza para ascender; sin embargo, si el «Ego» me otorga un nivel excesivo de autoconfianza puede provocar que el «Ego» reduzca el Yo interior, y que mi existencia se fundamente sobre lo que dicen y piensan los demás de mí. Cuando la interiorización de la crítica social es superior a mi autoconocimiento interior, me encuentro con un problema serio, ya que ya no vivo para mi ascenso de conciencia, sino para desgastar mis energías en toda la exterioridad. Si Yesod mira hacia arriba (hacia la Tiferet), entonces mi Yo exterior (el Ego) se pone al servicio de mi Yo interior; en cambio, si la Yesod mira hacia abajo (hacia Maljut), entonces mi Yo exterior opera mostrando de forma permanente algo a los demás que en realidad no soy. En Yesod, mi Yo exterior (el Ego) puede engañar de tal modo al entorno que termina finalmente engañándonos a nosotros mismos. Cuando la Yesod mira a Tiferet decimos que el arquetipo de Yosef busca su identidad real (la israelita), pero si Yesod mira a Maljut, entonces Yesod busca el cargo real en la corte del faraón, no busca su identidad real, sino que busca el reconocimiento material del exterior social. Es interesante que la pareja de Yosef fuera una egipcia, una hija del sacerdote pagano de On, es decir, la exterioridad total, en cambio, cuando educó a sus hijos (Efraím y Manases) lo hizo como israelitas. A su descendencia le entregó su verdadera identidad, a pesar del condicionamiento de todos los contactos sociales exteriores donde tenía que obligadamente mostrar una imagen distorsionada de su Yo interior.

11. Maljut (el Reino)

Maljut representa la más pura materialidad, la densidad de toda la energía. Este es un elemento clave de toda la tradición judía. La acción práctica en la materialidad. La importancia de los hechos. No solamente pensar, no solamente sentir, sino lograr la materialización del Reino de los Cielos aquí en la Tierra. El misticismo judío no es pura metafísica, sino que en Maljut demuestra lo «conductual». La realidad material representa el desafío de la práctica. Debo llevar las teorías y los pensamientos (de la Biná), la sabiduría (de la Jojmá), todas las emociones de la tríada intermedia (Jesed, Guevurá y Tiferet), a través de las dimensiones inferiores, hasta la acción transformadora de la materia. La «acción material» es fundamental. No hay Keter (no hay Corona) si no hay Maljut (si no hay Reino).

Tengo que aceptar el grado de divinidad que existe dentro de la materia (*Shejiná*). No puedo considerar la materia como mala por sí misma, ya que ninguna energía dimensional es mala en sí, sino que cada energía es lo que es; lo que la transforma en negativa es el uso que realizamos de ella. Las transgresiones en la materia son el materialismo y el espiritualismo (que no significa espiritualidad). El materialismo es creer que la materia es la única realidad existente, como si las energías ocultas que operan detrás de la realidad material no existieran. ¿Cómo se puede pesar y valorar materialmente la amistad? Imposible. El materialismo, al reducirnos a la materia, nos distorsiona la percepción de toda la realidad. Aceptamos la materia como una realidad objetiva, pero debemos sospechar de llevar al exceso el grado de su utilidad, no sea que idolatremos la materia como un Dios en sí mismo.

Maljut representa la dimensión de las necesidades corporales (materiales), el comer, el beber, etc. Pero no debemos confundir las necesidades materiales de Maljut con los deseos materiales más allá de dichas necesidades. Lamentablemente, nuestra sociedad actual ha realizado una mezcla entre las necesidades biológicas y los deseos materiales que no son estrictamente necesidades, y nos ha creado la ilusión de transformar muchos deseos materiales en verdaderas necesidades. Al crear esta confusión, muchos sujetos con la justificación real del sostén económico (satisfacción de las necesidades materiales) llevan sus deseos materialistas al extremo. Pero si la transgresión del materialismo es un problema real del ejercicio subjetivo de la percepción de la materialidad, el polo opuesto es el espiritualismo radical donde, al renunciar a la materia, lo que hacemos es negar las reales necesidades materiales de la existencia física, lo cual provoca una patología espiritual a la que podemos denominar como espiritualismo. El espiritualismo se fuga de la realidad material, considerándola como intrínsecamente negativa. Es decir, el espiritualista representa la contracara y la misma cara que el materialista.

El espiritualista niega Maljut por Keter, y entonces no comprende cómo funciona Keter en la materialidad; y el materialista niega Keter por Maljut, y entonces no comprende cómo funciona Maljut. Si Maljut representa el realismo filosófico y Keter el idealismo más elevado (mesianismo), si Maljut es la pura inmanencia y Keter la pura trascendencia, la psicología del misticismo judío trabaja la compatibilidad y coordinación de la inmanencia y la trascendencia como dos caras de la misma realidad estructural. Una inmanencia materialista imposibilita la explicación de la realidad, y una trascendencia idealista desligada de la materia tampoco explica la realidad. ¿Cuál es el error de ambas tendencias? Absolutizar esta realidad fragmentaria del mundo inferior, cuando la única posibilidad de absolutización se encuentra fuera del vacío, en el Ein Sof. La absolutización (dogmatización) de una dimensión situándola de forma preeminente frente a las demás causa inexorablemente una distorsión total de la realidad.

La aceptación de la materialidad, la aceptación de la biología (de la animalidad), es comprender cómo las energías más altas se pudieron comprimir en las formas más densas para traer luz. La materia puede causar por sus niveles de contracción muchos tipos de oscuridad, pero en la interioridad esencial de la materia (dentro de Maljut) existe la Luz divina del nivel más alto del Or Ein Sof (la luz del Infinito).

Por lo tanto, debemos satisfacer las necesidades biológicas (aceptación de la materia) y no huir de nuestras obligaciones en el campo material, y al mismo tiempo no obsesionarnos con la materia como si fuera la única realidad existente porque estaríamos negando la idolatría con el pensamiento, y entonces nos transformaríamos en idólatras por la actuación material. El materialista, pues, se transformaría en un falso monoteísta porque endiosaría los fragmentos del mundo material. Ni negación de la materia (por fuga) ni obsesión por la materia (por deseos descontrolados). Porque la pobreza material representa un problema en esta dimensión, ya que no se pueden satisfacer las necesidad materiales, así como la riqueza, ya que no se sabe cuál es el sentido de la materia. Y así dice el texto bíblico (Proverbios 30:7-9):

«Sólo dos cosas te he pedido, oh Dios;
concédemelas antes de que muera:
[8]aleja de mí la falsedad y la mentira,
y no me hagas ni rico ni pobre;
dame sólo el pan necesario,
[9]porque si me sobra, podría renegar de ti
y decir que no te conozco;
y si me falta, podría robar
y ofender así tu divino nombre.

Ni la materia en exceso, ni la insatisfacción de las necesidades materiales básicas. Con la primera puedo cometer la idolatría de las formas materiales, con la segunda puedo violar todos los mandamientos con tal de sostener a mi familia. Porque si me sobra y si me falta puedo perder el equilibrio. Por ese motivo, a quien le sobra debe pensar en quien le falta, para que ninguno de los dos materialice una transgresión. Porque si me falta todo o lo pierdo todo, maldeciré y me rebelaré como lo hizo Job, y porque si me sobra todo o lo tengo todo, no comprenderé el sentido de la existencia como lo hizo el autor del Eclesiastés.

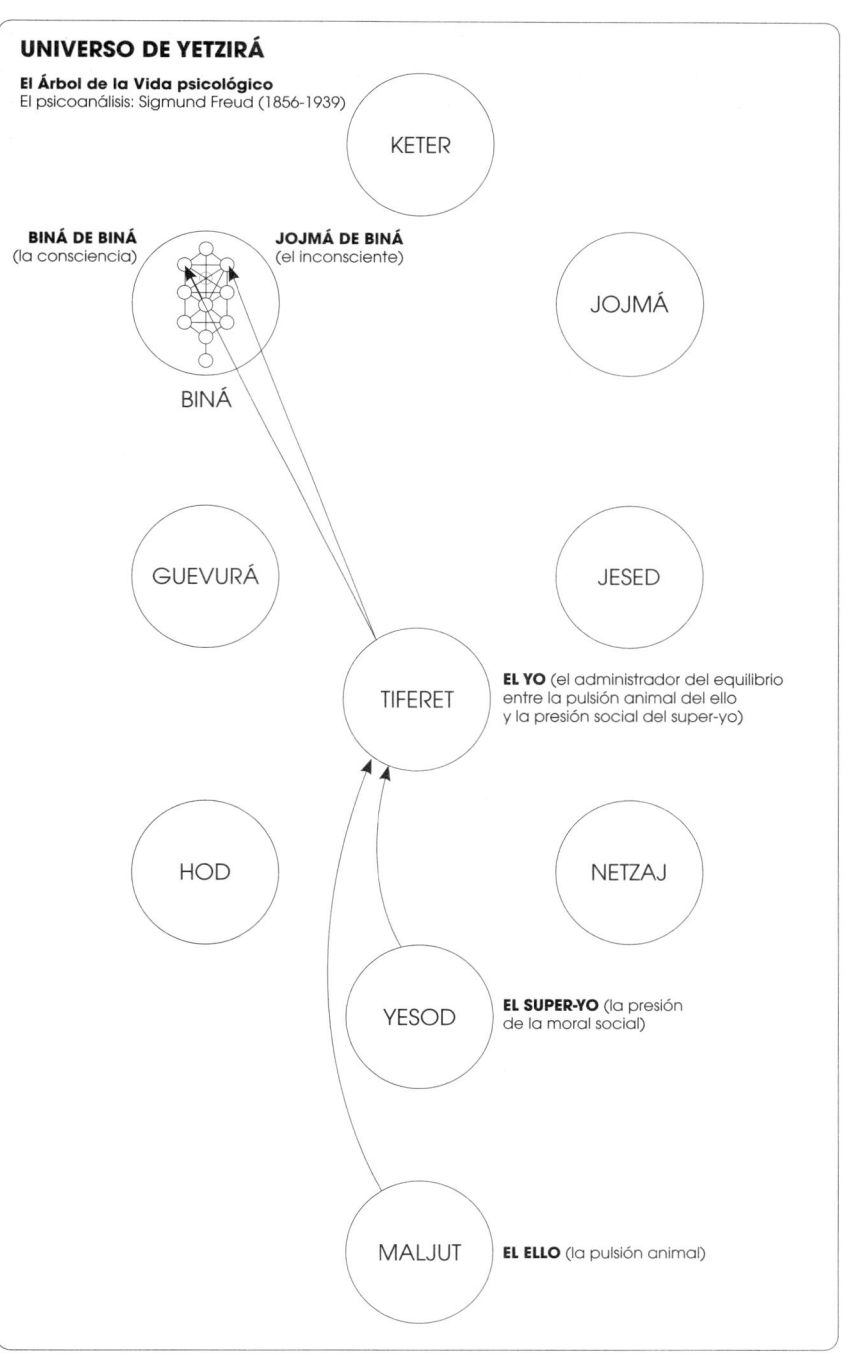

Parte 2

El Yo

«Rabí Simón bar Iojai explica que una de las preguntas a las que la persona responderá tras su muerte es si investigó la razón por la cual su alma vino a este mundo y qué ha venido a rectificar».

ZOHAR JADASH, Shir a Shirim 70b

«El Paraíso y el Infierno se encuentran en nuestro interior».

MARIO SABAN

«Toda patología se deriva del hecho de negar el Yo mental por los palacios o negar el Yo exterior por la interioridad. Cualquiera de las dos negaciones niega la estructura predeterminada de la existencia humana».

MARIO SABAN

«Los maestros de la cábala no nos ocupamos de las raíces de las cosas sino que trabajamos para que las ramas crezcan».

ALEXANDRE SAFRAN

13. ¿Qué es el Yo?

«Cada frontera es una línea de batalla».

KEN WILBER

Podríamos decir que el «Yo» es la unión entre el «Yo mental» y los «palacios» (o lo que podemos denominar como el Yo exterior). De ese modo, ahora debemos conceptualizar el «Yo mental» y los «palacios» con el fin de dilucidar el concepto del «Yo».

¿Qué son los Palacios? En la terminología de la cábala hebrea, «los Palacios» hacen referencias a los diferentes tipos de percepción que se producen dentro del Yo mental en relación con las siete dimensiones inferiores del Árbol de la Vida psicológico (dentro del Universo de Yetzirá). Aunque realmente los «Palacios» antiguos de la mística de las Hejalot (los Palacios del Trono Divino) se encuentran dentro del Universo de Briá.

Es así y no podemos reducir el «Yo» ni el «Yo interior mental» exclusivamente, ni a los palacios ni al «Yo exterior mental». Nosotros definimos el «Yo interior mental» con el nombre de la «Merkabá».[51]

Nuestra Merkabá se encuentra en lo más profundo del Yo mental, en cambio «los Palacios» son las siete percepciones exteriores que se producen dentro del Yo mental. Por ese motivo podemos denominar los «Palacios» con el nombre de «Yo exterior mental».

---

51. Siempre debemos recordar que existe una Merkabá real y física en el texto de la Torá. No podremos contactar con dicha Merkabá física hasta que nuestros niveles de conciencia no asciendan para lograr la «Era Mesiánica» y la paz universal. Cuando el ser humano conquiste su propia Merkabá interior, entonces será merecedor de contactar con la Merkabá real.

14. Clases o niveles del «Yo» (Bruner, Wundt, Kantor, Watson, Skinner, Castila del Pino)

«Ser feliz es percibirse a sí mismo sin miedo».

WALTER BENJAMÍN

Quiero hacer algunas aclaraciones, antes de continuar, para que el análisis conceptual sea riguroso. Voy a establecer las cinco clases de Yoes con los que trabajaremos:

1. El Yo mental interior representa el núcleo duro o interior de la Biná (es decir, Keter de Biná, Jojmá de Biná y Biná de Biná), esto habitualmente lo denominamos como la Merkabá. Pero siempre recordemos que este «Yo» se corresponde con nuestra Merkabá psicológica y que no tiene relación con la Merkabá real que se encuentra en el Universo de Briá. Cuando los cabalistas medievales hacían referencia a los niveles de las diferentes «almas» dentro de cada Palacio (como lo realizará Moshe de León) aquí se hacía alusión a los «palacios» más antiguos del Universo de Briá. Luego, con la psicoanalización de la cábala, los Palacios pasaron a formar parte de las siete estructuras básicas del Yo mental exterior.
2. El Yo mental exterior que se encuentra representado por las siete subdimensiones de la Biná, habitualmente denominadas dentro de la tradición mística del judaísmo como los «Palacios» en términos yetziráticos. Probablemente, en este nivel dimensional del Yo podamos hacer referencia a la escuela de Jerome Bruner (Nueva York, 1915) denominada como «cognitivismo puro». La categorización del proceso de información de Bruner[52] se asocia dentro de la psicología del misticismo judío a la función

---

52. En Bruner, el lenguaje juega un papel fundamental; por lo tanto, desde la psicología del misticismo judío podemos afirmar que Bruner establece la relación entre la Biná y Hod. Y en este sendero se mueve. En este sentido se reduce la complejidad de los conocimientos transmitidos, porque la Biná psicológica los «organiza». Estamos de acuerdo con Bruner en esa «virtud» de organización cognitiva de la Biná psicológica. Sin embargo, una organización mental rígida puede provocar

de la Biná psicológica. La simplificación conceptual de Bruner[53] es una herramienta de la Biná para obtener seguridad en el campo conductual, ya que la cognición inicial tiene que ordenar la complejidad de la realidad. Los conceptos de la Biná (Yo mental) simplifican la realidad para otorgar una seguridad imaginaria al Yo.

3. El Yo emocional interior que se corresponde con la dimensión de la Tiferet,[54] y es aquí donde se encuentra el centro del ser humano en términos emocionales y donde se debe conectar de forma directa con la Merkabá. La Biná más profunda (El Yo mental interior) tiene que contactar directamente con la Tiferet. La «Tiferet» o el Yo emocional es la región del Yo donde

---

una falta de flexibilidad del Daat (el Conocimiento), porque sabemos que debemos operar también con la Jojmá psicológica que es la que trae la creatividad a partir de la destrucción de la conceptualización. La función virtuosa de la organización mental (Yo mental o Biná psicológica), si se cierra en sí misma como un sistema cerrado, puede provocar una falta de creatividad, y la aparición de una estructura rígida dogmática. De vez en cuando, debemos poner todo nuestro sistema de conceptualización de la Biná psicológica en suspenso o, mejor dicho, destruir nuestros sistemas conceptuales al servicio de la construcción de estructuras de mayor nivel cognitivo.

53. Sin embargo, cuando Brunner hace referencia a los flujos informativos, en realidad conceptualmente dentro de la psicología del misticismo judío nos referimos al Daat (el Conocimiento), porque los niveles de percepción cognitiva se corresponden con los Palacios de la Biná psicológica.

54. Se intentó realizar una medición de estas sensaciones interiores y dentro de la historia de la psicología encontramos la psicofísica de Gustav Fechner (1801-1887) que estableció relaciones matemáticas precisas entre los estímulos (medidos en escalas físicas) y las sensaciones evocadas por dichos estímulos (medidas en escalas de sensación). Ahora bien, la psicología del misticismo judío advierte que existen energías emocionales interiores (que no necesariamente se pueden manifestar dentro de la materialidad), por lo que por ahora científicamente es imposible medir dichas sensaciones interiores sin los correspondientes estímulos físicos, es más, estas energías emocionales (la amistad, por ejemplo) no pueden ser medidas eficazmente dentro de la materia (por ejemplo, no podemos decir que alguien es mejor amigo que otro por la cercanía física, porque quizás tengo un amigo de menor categoría emocional que vive más cerca de mi hogar y otro amigo intensamente amigo pero que reside geográficamente muy lejos). ¿Cómo es posible medir la intensidad de la amistad como sentimiento interior? Esto nos lleva a un tema extra-psicológico en el campo de la filosofía ¿Cómo podemos valorar un acto, por su resultado o por la intención? Indudablemente, el nivel dimensional de la Tiferet (como dimensión del Yo emocional interior) opera con nuestras intenciones interiores (aun probablemente no materializadas). Es más, la Tiferet real (el centro del Yo emocional) trabaja con el silencio social porque no existe lenguaje suficiente para comunicar exteriormente la sensación interior. Alguien podría objetar que el estado de nuestro «ser interior» nunca es estático, sino que es esencialmente dinámico, y que, por lo tanto, al no poder fijarse en un punto temporal no es posible ser comprendido adecuadamente a raíz del propio efecto de las modificaciones de nuestra personalidad. A pesar de que somos conscientes de los aspectos dinámicos espacio-temporales de nuestro centro tiferético, no por ese motivo podemos decir que no aspiramos al conocimiento interior. Es más, si optamos por esta postura de forma radical, podríamos decir que siendo todas las dimensiones psíquicas del ser humano completamente dinámicas, no tendríamos forma alguna de conocer ninguna de dichas dimensiones de forma conceptual por su falta de estática. Sin embargo, las energías dimensionales de las Sefirot son objetivas fuera del marco espacio-temporal, ya que pertenecen al Universo de Atzilut. De ahí que, si somos capaces de ser conscientes de los efectos causados por el orden espacio-temporal, entonces podemos acceder a una conciencia Alef en términos de «Eternidad» (siendo la Eternidad la única verdad objetiva).

algunos terapeutas le otorgan al sujeto la máxima autonomía posible.[55] En este nivel podríamos situar a Wilhelm Wundt (1832-1920) con su escuela de psicología experimental y su trabajo de interiorización. Wundt reconoce el centro tiferético del que habla hace siglos la mística hebrea.

4. El Yo emocional exterior que se corresponde con la dimensión de la Yesod representa las vinculaciones del Yo con el entorno social. Las relaciones de presión o adaptación del Yo al entorno se encuentran en este nivel. En este nivel opera todo el conductismo de Watson[56](1878-1958) y en cierto modo el interconductismo de Kantor[57](1888-1984), sin embargo, este último es más moderado que Watson, al afirmar que existe un flujo del sujeto con el entorno de forma bidireccional, lo que implica que confirma la conexión que establece la psicología del misticismo judío, entre el Yo emocional interior de la Tiferet con el Yo emocional exterior de la Yesod. Kantor por lo menos reconoce que existe el sujeto en su interioridad (Tiferet), en cambio, Watson plantea un «condicionamiento total» del entorno sobre el sujeto. En realidad, Watson está percibiendo la realidad psíquica estrictamente desde la dimensión de Yesod. Ahora bien, como Watson no puede dejar de reconocer un cierto nivel de interioridad (un hablarse a sí mismo de la Tiferet) dice que el hablar es también una conducta y, por lo tanto, mezcla la dimensión de Tiferet dentro de la Yesod.[58] Desde el punto de vista de la

---

55. Quien trabajó la introspección dentro de la psicología del misticismo judío fue (y es) el movimiento jasídico de Bratslav. Ya que fue Najmán de Bratslav (1772-1810) quien estableció la «Hitbodedut» como trabajo de interiorización. Este trabajo de interiorización debe constituir una labor permanente.
56. Watson planteaba dentro del conductismo radical que la psicología simplemente tenía que evaluar las respuestas externas observables (Yesod-Maljut), así esta posición niega lo «cognitivo» (Biná psicológica), y niega la interioridad del sujeto (Tiferet).
57. Kantor, al crear el interconductismo, estableció definitivamente la relación entre la Yesod con Tiferet. En realidad, el interconductismo, salva así filosóficamente el libre albedrío, y reconoce un centro de identidad interna que se relaciona con la presión exterior social (Yesod). A diferencia del conductismo, donde todo se produce a partir de los parámetros sociales exteriores. Las obras clásicas de Kantor que podemos citar son *La evolución científica de la psicología* (1963) y *La psicología interconductual* (1958). Las diversas fortalezas y percepciones del Yo interior (Tiferet) son las que al interactuar con el entorno producirán las conductas resultantes. Existe, pues, en términos psicológicos un pacto tácito entre el Yo exterior de la Yesod (en su constante vínculo social) con el Yo interior de la Tiferet (los deseos interiores del sujeto independientes de las relaciones sociales exteriores).
58. Por lo tanto, si para Watson, el hablar es una conducta, el pensar es una conducta, y todo es conducta, el interrogante es: ¿Dónde se encuentra la intención? ¿O pensar la intención es una conducta? Pero claro, una conducta no materializable, no cuantificable, y entonces nos preguntamos: ¿Watson puede admitir conductas internas no expresables? Porque para que algo sea «conducta» debe necesariamente poseer un grado de exteriorización dentro de la realidad material. Porque la definición de «conducta» tiene que ver con el comportamiento subjetivo, y dicho comportamiento se puede verificar en acciones que el sujeto desarrolla. Por lo tanto, existen «intenciones» que

psicología del misticismo judío, Watson estaría operando exclusivamente dentro de la dimensión de Yesod (el condicionamiento social como superior a la autonomía del sujeto, negando, en cierto modo, el libre albedrío), y Kantor expresa (a través del interconductismo) que el sujeto trae su «centro emocional interior» (Tiferet) y que este interactúa con el entorno, salvando así cierto nivel de libre albedrío en el sujeto. Para Kantor, la conducta es siempre un producto de la interacción (acepta el canal de conexión de Tiferet con la Yesod).[59] De todos modos, el que realmente representa el conductismo radical es Burrhus Skinner (1904-1990), quien directamente le niega a la Tiferet (Yo interior) su influencia sobre la conducta, porque para esta escuela toda la conducta está completamente determinada por el entorno. Nosotros no podemos validar esta posición porque niega las diferencias subjetivas, y, como sabemos, todo sujeto en el ejercicio de su libre albedrío y por su diferencia de percepción interna no reacciona del mismo modo.

5. El Yo animal (del nivel de Maljut), el cuerpo y sus instintos animales. El Ello freudiano, en términos de la cábala, el nivel del alma que se corresponde con «Nefesh» (lo que habitualmente denominamos como cuerpo físico). Dentro del judaísmo no existe el cuerpo físico, sino que el cuerpo físico es el nivel más bajo[60] del alma, pero sigue siendo parte del alma, por ese motivo lo denominamos como el alma animal.

---

se encuentran en suspenso en la interioridad, ese hablarse a sí mismo de la interioridad aún no puede configurar conceptualmente una «conducta» porque no ha sido exteriorizada. Así pues, lo que hace Watson representa un verdadero contrasentido forzando el concepto de conducta y llevándolo más allá de sus propias limitaciones conceptuales. Ahora bien, si consideramos el concepto de «conducta pasiva», es decir, una omisión de la conducta activa como «conducta», por supuesto que puede ser categorizada como conducta, pero dicha conducta pasiva nos oculta una interioridad oculta dentro de la Tiferet.

59. Podríamos decir que Watson también acepta este canal, pero solamente en una dirección. Para Watson, los condicionamientos sociales del entorno (Yesod) son superiores al centro emocional interior (Tiferet) y lo condicionan absolutamente. No existe en Watson una interacción con el sujeto, porque para esta postura del conductismo, toda la conducta subjetiva esta predeterminada absolutamente para su adaptación al entorno. Freud ya había hecho referencia a la «represión» del sujeto cuando existían fragmentos interiores (Tiferet) que no se podían exteriorizar por presión social. Es el mismo concepto de «negación» de Roger. En realidad, frente a la postura conductista radical de Watson, podríamos decir que, cuando Roger hace referencia a la distorsión perceptiva (lo que Freud llama «proyección como defensa»), estos autores sin pretenderlo están defendiendo un centro subjetivo no condicionado que en realidad se defiende de la presión del entorno. Por lo tanto, si algo o alguien (Tiferet) se defiende de la presión social del entorno, es que ese algo o alguien existe, y no está completamente condicionado por las fuerzas exteriores. En algún momento, el sujeto buscará estrategias para extraer su Yo emocional interior (Tiferet) a fin de que la sociedad lo reconozca en su autonomía subjetiva.

60. Cuando hacemos referencia dentro del misticismo judío al nivel más bajo del alma, a la animalidad, no lo expresamos de forma despectiva, sino en relación con los estados más altos de conciencia.

Una escuela de psicología moderna que se ha acercado[61] a la idea de los diferentes yoes en el sujeto es la del doctor Carlos Castilla del Pino (1922-2009). Transcribimos a continuación un fragmento de la obra del doctor Joan Prat i Carós (1947) que lo cita, y luego estudiaremos las relaciones conceptuales entre esta postura y el misticismo judío:[62]

> «Castilla del Pino inicia su reflexión considerando que la habitual identificación entre sujeto y yo siembra la confusión en psicología y psicopatología. Para superarla propone una tesis en la que: "... una misma persona puede manifestarse bajo diferentes yoes, a veces incluso contradictorios [...] todos del mismo sujeto"» [1998, pág. 48].
>
> «Un sujeto, por consiguiente posee un conjunto de yoes que utiliza en su vida social y cada uno de nosotros usa un yo distinto... para cada situación. Nadie duda de que estos yoes pertenecen al sujeto, ni el propio sujeto los cuestiona en situaciones normales. Pues bien, ese alguien al que pertenecen el conjunto de yoes es el sujeto». «Cada sujeto construye, vigila y controla sus yoes, y si alguien deja de tener esta capacidad de instrumentalizar y coordinar, "mandar" –dice Castilla del Pino–, deja de ser sujeto. Este es el caso del recién nacido, con yoes aún confusos, o, en el otro extremo, cuando alguien por demencia senil, por ejemplo, pierde la capacidad de control sobre su persona».
>
> «El yo, o mejor dicho, los yoes son el instrumento que utiliza el sujeto para presentarse o representarse a sí mismo en sociedad».

Aquí sostenemos una diferencia fundamental con el doctor Castilla del Pino, porque si los yoes son máscaras que utiliza el sujeto para presentarse a sí mismo dentro de la sociedad, entonces no estamos haciendo referencia a las dimensiones (Sefirot) psicológicas, sino a una sola dimensión del Árbol de la Vida, y esta es indudablemente la que denominamos como «Yesod».

La Yesod es la dimensión cuya energía establece una relación de mi Yo con la sociedad, pero siguiendo al doctor Castilla del Pino, si la construcción de mis yoes está metabolizada por el entorno, y la clave del desarrollo de mis yoes se encuentra condicionada exclusivamente por mi relación con el

---

61. Digo que se ha acercado porque en realidad los yoes de la teoría del doctor Castilla del Pino son yoes en relación social. Y por lo tanto, no son Yoes objetivos reales de la estructura psíquica, sino que pertenecen exclusivamente a la dimensión relacional del Yo con el entorno (el nivel yesódico).
62. *Los Sentidos de la Vida: la construcción del sujeto, modelos del yo e identidad* del doctor Joan Prat i Carós, página 78, edicions Bellaterra, Barcelona, 2007.

entorno, entonces no podemos hablar de «dimensiones psicológicas», porque las dimensiones psicológicas del sujeto son yoes esenciales a la estructura (es decir, son «objetivos») y no son yoes metabolizables por el entorno social. Por lo tanto, inferimos de este análisis que el doctor Castilla del Pino ha estudiado la psicología desde la dimensión psíquica de Yesod (la relación del Yo con el entorno), sin embargo, para la psicología del misticismo judío la estructura objetiva psíquica se corresponde a diez dimensiones básicas (Sefirot). En cierto modo, todas las dimensiones psíquicas de la estructura subjetiva se tienen que enfrentar/adaptar a las condiciones del Árbol de la Vida social. Entonces, ya no estamos haciendo referencia a las dimensiones del Árbol de la Vida subjetivo, sino a las subdimensiones de la dimensión de Yesod (donde cada uno de nosotros adapta la energía de una dimensión determinada a los condicionamientos sociales de las energías exteriores).

Todo el Universo de Yetzirá (la Formación) representa el universo psíquico, y allí existen diez «yoes». Por lo tanto, cuando nosotros hacemos referencia a los diferentes «yoes» del sujeto, no debemos relacionar estos yoes como formas de relación entre el sujeto y su entorno, porque todas las relaciones del sujeto con el entorno se encuentran dentro de lo que podemos denominar como el «Yo social» (también denominado como «Yo egoico»).

Dicho «Yo social» es un yo más de los diez tipos de yoes existentes. Así que lo que se denominan como «yoes» en la teoría del doctor Castilla del Pino no son los mismos yoes desde la psicología del misticismo judío.

Castilla del Pino hace siempre referencia a los yoes de un Yo subjetivo en su interacción social y que es único. Ahora bien, el doctor Castilla del Pino puede percibir dentro de su teoría los que los antiguos cabalistas del judaísmo pudieron explicar como la «Tiferet» cuando dice:[63]

«... el sentimiento de identidad es también del sujeto, que se sabe el mismo a pesar de la multiplicidad fenoménica que se representa al actuar (para los demás o para sí)» [*Op.cit.*, 1998, pág. 49].

La «multiplicidad fenoménica» del doctor Castilla del Pino hace referencia (como ya hemos visto) a la dimensión de Yesod, pero ahora se expresa la noción de la existencia de «un sentimiento de identidad» que se encuentra más

---

63. *Los Sentidos de la Vida: la construcción del sujeto, modelos del yo e identidad* del doctor Joan Prat i Carós, página 78, edicions Bellaterra, Barcelona, 2007.

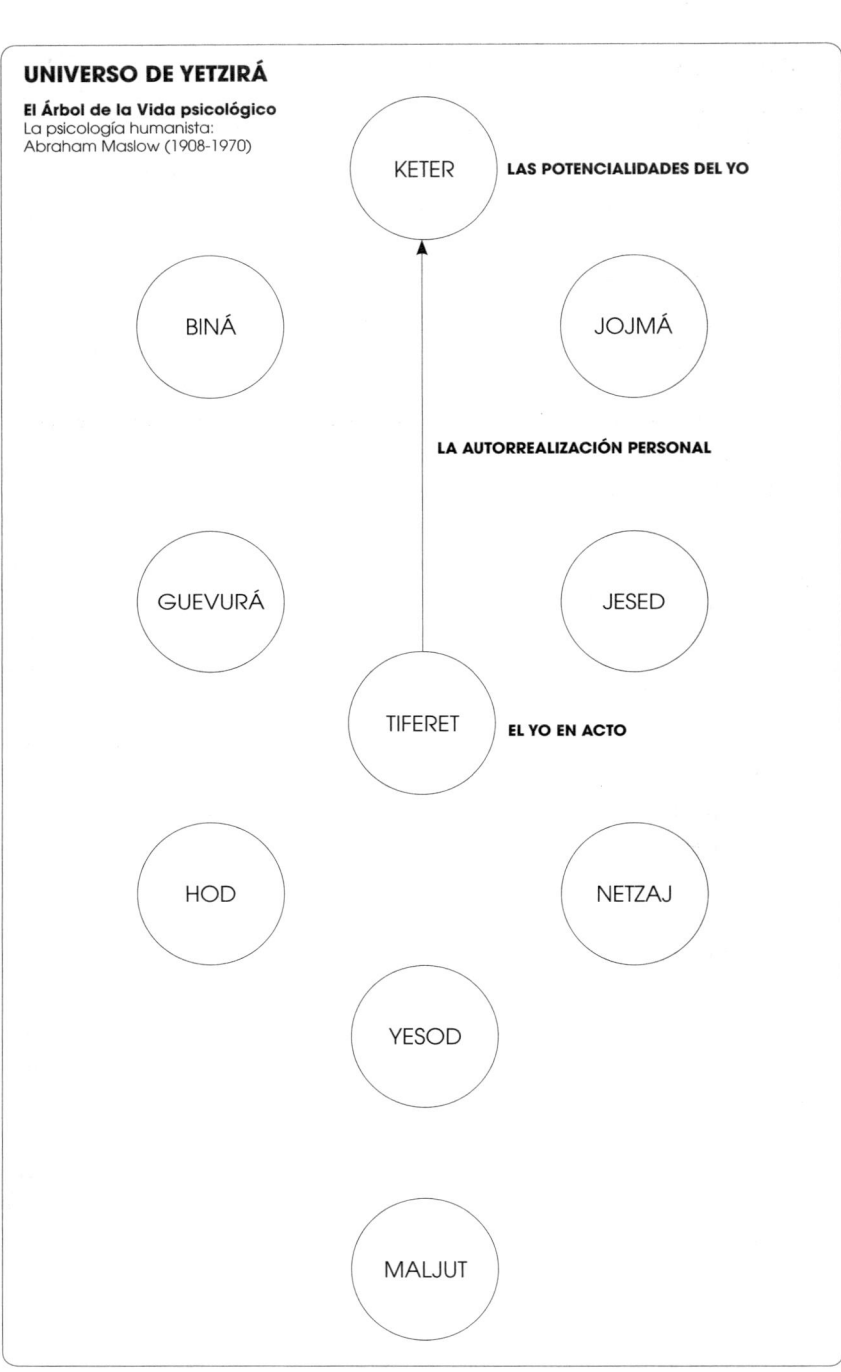

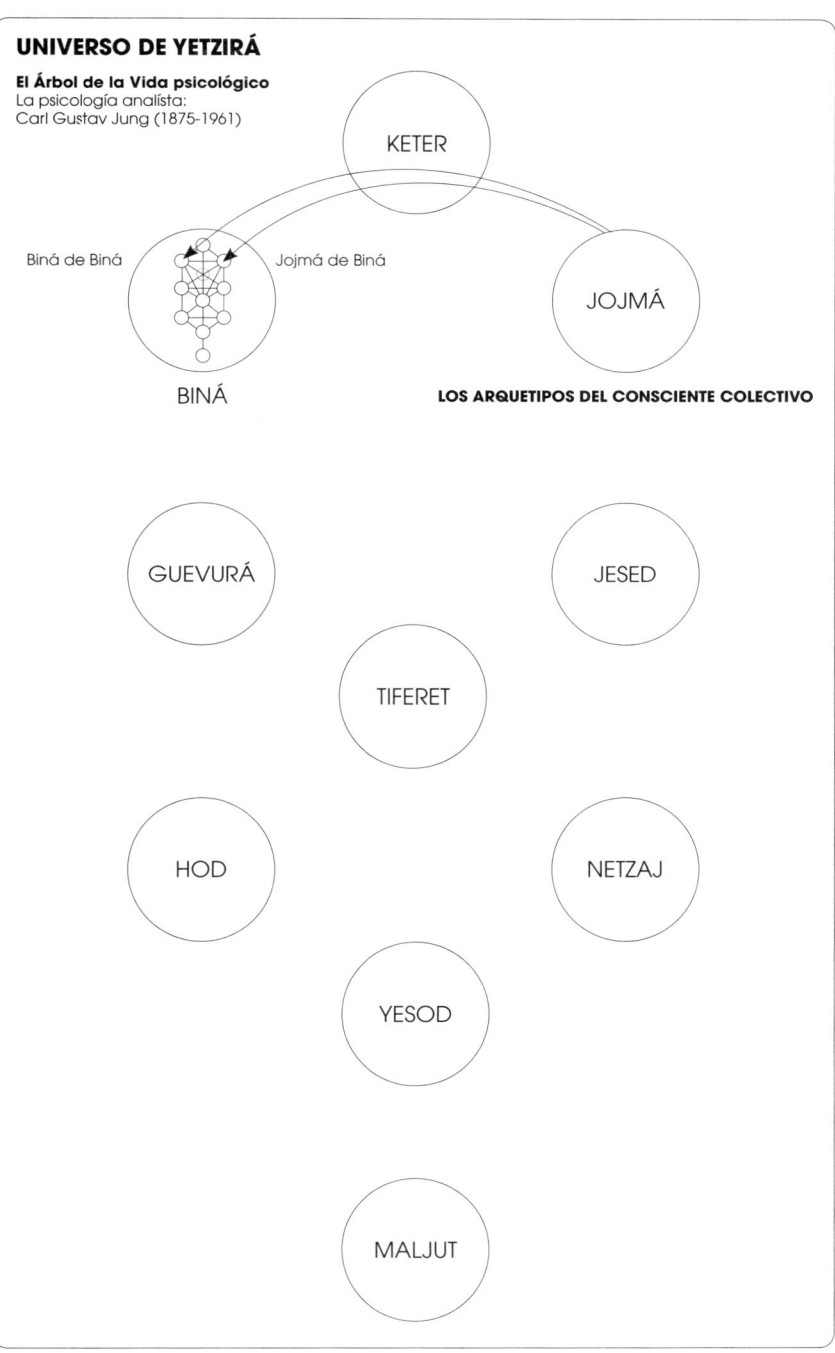

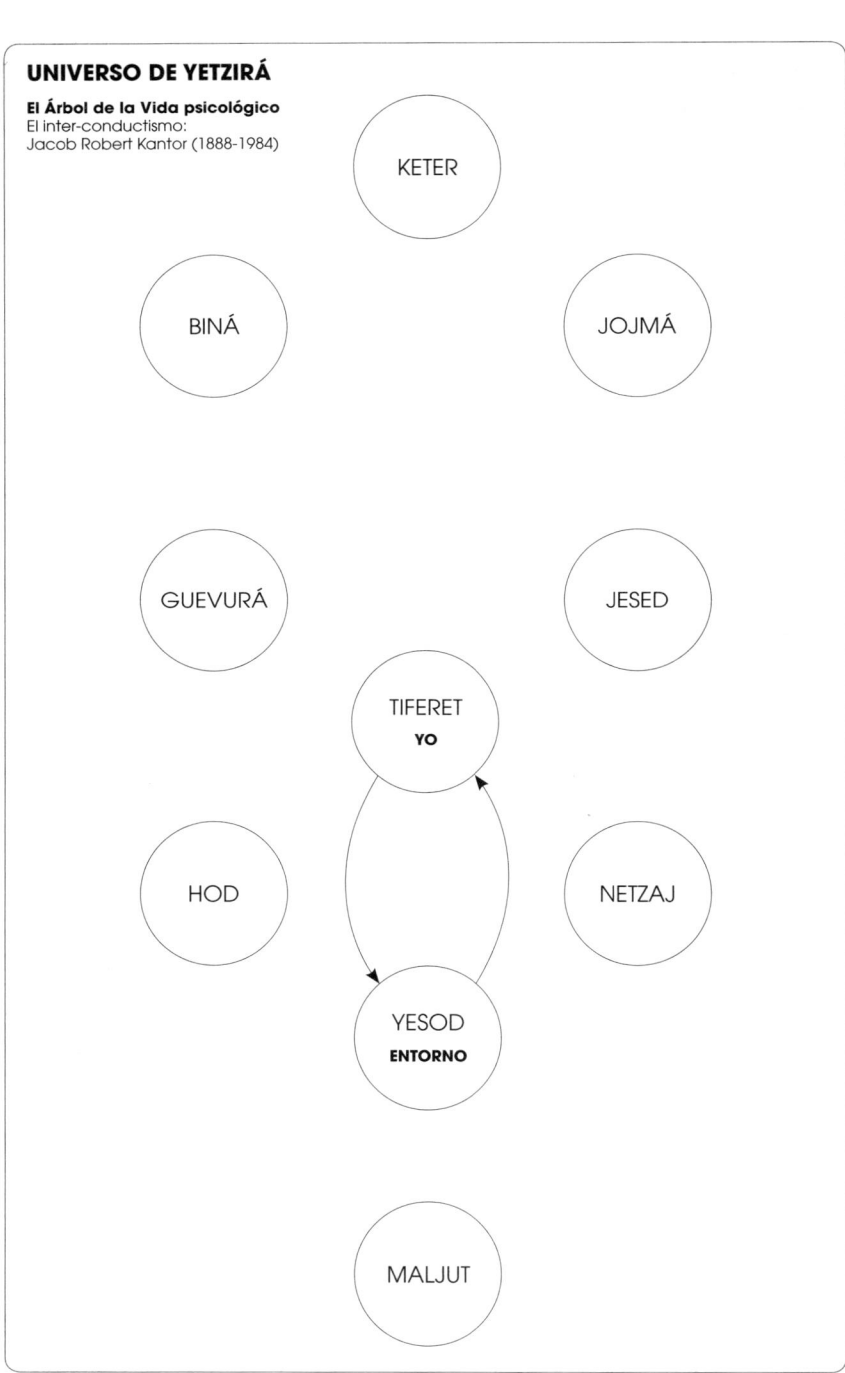

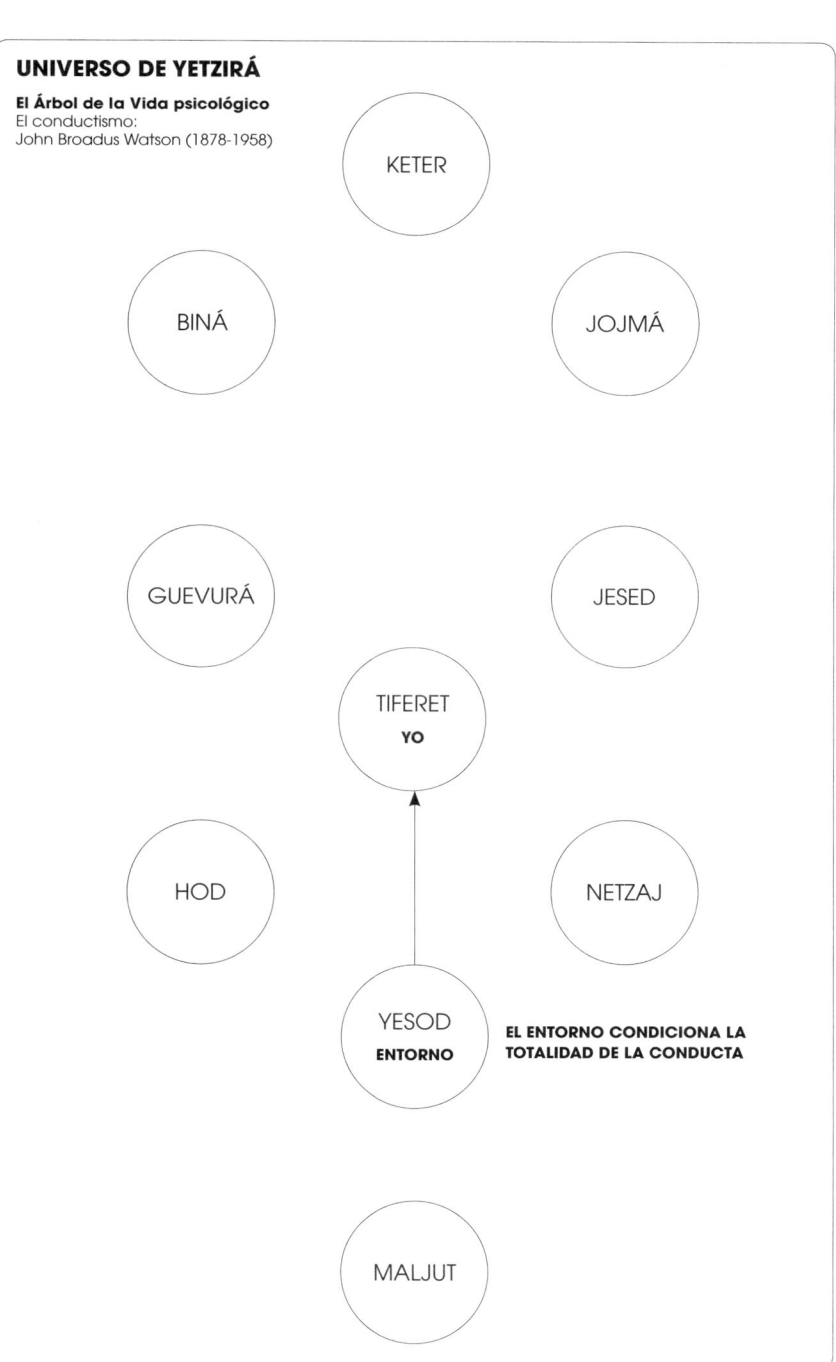

allá de esta multiplicidad, y esto es justamente lo que denominamos dentro de la cábala hebrea como la Tiferet. El gran cabalista Najmán de Bratslav decía que cada uno muere con su propia verdad interior que es incomunicable, y este es justamente el «sentido de identidad del sujeto» que propone Castilla del Pino.

Como se puede ver, el Yo mental (tanto el interior como el exterior) se denomina dentro de la cábala como la «Neshamá» o el alma intelectual. La Merkabá es, pues, el centro de la Neshamá que nos contacta con la Jaiá en el nivel de la voluntad, y por lo tanto hace de puente con la Jojmá psicológica.

El Yo emocional (tanto el interior como el exterior) se corresponde con lo que en la cábala denominamos como el Ruaj (el alma emocional), y por ese motivo el Ruaj abarca las seis dimensiones inferiores del Árbol de la Vida.

Ahora bien, podríamos decir que realmente el Yo emocional exterior de la Yesod no es exclusivo de la Yesod, sino de las cinco dimensiones inferiores que dependen de la Tiferet. Por ese motivo, todas estas dimensiones pertenecen al Universo de Yetzirá (la Formación). Todo el Ruaj (el alma emocional) depende (o debería depender) para su canalización de la Neshamá, y más específicamente del núcleo duro de la Neshamá (la Merkabá).

En términos freudianos podríamos decir que Maljut[64] correspondería al «Ello» de los instintos básicos de la animalidad (el alma animal o Nefesh), el «Super-Yo» freudiano pertenece a la Yesod del árbol (la influencia externa o social sobre el yo real), y finalmente la «Tiferet» representaría al «Yo» freudiano, ya que el «Yo» (Tiferet) debe ser mediador entre las pulsiones animales (biológicas) del Ello (Maljut) y la influencia social (moral social) internalizada por el Super-Yo que representa dentro del misticismo judío las fuerzas de Yesod. El «Yo mental» de la Biná (Conciencia e Inconsciente: Biná de la Biná y Jojmá de la Biná) es el que debe resolver los equilibrios en las tres dimensiones inferiores del Yo (Tiferet), del Super-Yo (Yesod) y del Ello (Maljut).

---

64. La Maljut a la que aquí hacemos referencia es la dimensión de Maljut del Universo de Yetzirá que se conecta directamente con el Maljut cosmogónico del Universo de Asiá.

15. La relación entre la Biná (Freud) y la Jojmá (Jung) en el Universo de Yetzirá

«En la cábala, la subjetividad y la objetividad se unen de forma inextricable».

EDUARDO MADIROLAS

Los niveles conscientes freudianos corresponderían a los Palacios (el Yo mental exterior) que se encuentran controlados por la consciencia (La Biná de la Biná) y que canalizan los niveles del inconsciente del Yo mental (la Jojmá de la Biná). Sin embargo, debemos hacer una importante aclaración antes de continuar con nuestras explicaciones, y es que de ningún modo podemos realizar una equivalencia entre el «Inconsciente freudiano» y el «Sod» del misticismo judío. El «Inconsciente freudiano» se encuentra subyacente dentro de la realidad psíquica del sujeto; en cambio, el «Sod» es la realidad que el sujeto no logra percibir porque se encuentra más allá de sus posibilidades finitas. La extracción de los niveles inconscientes hacia la consciencia es el trabajo de la terapia tradicional; en cambio, el misticismo judío propone la expansión de los niveles de finitud (la apertura de los límites del Kli[65] de recepción).

Cada dimensión inferior posee un vehículo de comunicación consciente y otro vehículo de comunicación de lo inconsciente. En otros términos, toda la información objetiva de la realidad no puede ingresar en la psique, ya que a la psique se ingresa estrictamente según los límites finitos de esta. La energía exterior que fluye hacia la psique es la que puede el sujeto captar de acuerdo con los límites de su propia finitud estructural.

A partir de ahí, la Biná comenzará el proceso de clasificación, lo que irá por una parte hacia la Conciencia y lo que quedará oculto en el orden del Inconsciente. Pero debemos saber que sube a la Biná toda la información (de

---

65. El «Kli» es, en la terminología del misticismo judío, el recipiente que hace que ingrese la energía exterior. Todo el «Daat» (el Conocimiento) ingresa a través de la apertura de los límites finitos del Kli.

acuerdo con la estructura de cada Kli), y luego la Biná clasificará el material que se dirigirá a la Biná de la Biná (Conciencia) y el material que terminará dentro de la Jojmá de la Biná (Inconsciente) por efecto de la represión. El inconsciente freudiano se encuentra dentro del sujeto, el Sod de la cábala se encuentra fuera del Kli de recepción subjetivo.

Ahora bien, debemos tener mucho cuidado aquí, porque Freud llegó hasta el inconsciente subjetivo, y está dentro de la subdimensión que denominamos como Keter de la Biná lo que une este inconsciente subjetivo con el inconsciente colectivo arquetípico de la Jojmá. Así que existe un nexo freudiano-junguiano en el nivel superior de la Biná, que se correspondería con la subdimensión de Keter de la Biná. Por la subdimensión de Keter de la Biná fluirá el material del Inconsciente colectivo (todo lo simbólico) desde la Jojmá psicológica. Por lo tanto, la Jojmá psicológica no puede ser considerada como «Inconsciente» (ni subjetivo/freudiano ni colectivo/junguiano), sino que la Jojmá psicológica es el nivel de entrenamiento que hacemos de nuestro Kli para captar mayores niveles de energías cosmogónicas. La Jojmá psicológica, entonces, puede ser considerada de dos modos: 1) como la base simbólica del Inconsciente colectivo, en tanto esta representaría la información oculta detrás de la realidad, y 2) o como un Sod superior al Inconsciente colectivo, porque para los cabalistas este «Sod» superior no es inconsciente sino que es «Conciencia pura».

Desde mi perspectiva, la Jojmá psicológica tiene el poder potencial de captar las energías exteriores cosmogónicas de los universos superiores (Briá y Atzilut) más allá de las simbologías que operan en el Inconsciente colectivo junguiano. Es tan expansivo el nivel de conocimiento (Daat) de la realidad cosmogónica que nuestra Jojmá psicológica debe reconocer que, para captar la información esencial de la realidad infinita, debe operar fuera del marco espacio-temporal de la Briá, a fin de comprender las energías objetivas dimensionales (Sefirot) del Universo de Atzilut.

Lo que puede suceder entonces es que desde el Keter de la Biná se pueda llegar a la Jojmá de la Biná y luego ingresar dentro de la Biná de la Biná. Si el nivel dimensional simbólico es tan extraño o amenazador para la Biná de la Biná, entonces todo el material de la Jojmá psicológica ingresará por el Keter de la Biná, pero quedará oculto también dentro de la Jojmá de la Biná debido a la represión de la Biná de la Biná. Esta es la descripción dentro de la psicología del misticismo judío de lo que denomina Ken Wilber como «la represión de los niveles trascendentes». Por lo tanto, todo lo «simbólico» queda estancado en el mismo sitio donde se oculta la información reprimida de los niveles inferiores.

Es como si nuestra Conciencia (Biná de la Biná) se encontrase reprimiendo tanto lo que viene desde arriba como lo que le llega desde abajo. Para aceptar la trascendencia temporal de la descendencia biológica, el ser humano contacta con su nivel animal, pero la trascendencia real de su energía esencial se encuentra en los niveles de comprensión más allá de la materialidad que opera como una vestimenta que oculta la verdadera esencia de la realidad. Si la división consciente/inconsciente se produce por efecto de la represión de los niveles inferiores, para el misticismo judío la división consciente/inconsciente se produce también por la negación de las energías cosmogónicas que nuestra psique capta más allá de nuestra comprensión actual en el orden espacio-temporal.

Ahora bien, si lo que existe «Arriba» (Keter) es equivalente a lo que existe «Abajo» (Maljut), entonces nosotros intermediamos entre dos factores que esencialmente son «uno».

En cierto modo, la psique se encuentra en la doble tarea de enfrentar la biología (Freud) como de enfrentar la cosmogonía (Wilber). Es como si el Universo de Yetzirá se encontrase en medio de las tensiones del universo inferior y el superior. Cuando hacemos referencia al universo inferior, hablamos del Universo de Asiá (lo material/biológico) y cuando hacemos referencia al universo superior hacemos referencia al Universo de Briá (lo energéticamente más sutil del campo mental).

Esta función de la Conciencia (Biná de la Biná) es problemática, debido a que está permanentemente ajustando un modelo de «normalidad» de acuerdo con los niveles de represión existentes. En otras palabras, una psique que descienda a lo instintivo abandonando los controles de la Conciencia o una psique que ascienda a la abstracción más elevada de nuestra capacidad mental se encuentra en problemas. Sin embargo, a partir del desarrollo de la Conciencia subjetiva, la psique no tiene otro camino que continuar ascendiendo y descendiendo constantemente integrando los dos aspectos de la realidad. Si exclusivamente la psique sube sin límites, entonces se puede llegar a la locura, y si exclusivamente la psique baja a la animalidad, entonces se puede perder la conciencia humana. Por lo que a la psique no le queda otro camino que la «oscilación constante» entre Keter y Maljut, descendiendo para aceptar sus límites y ascendiendo para destruir dichas limitaciones.

Es un doble esfuerzo, porque debemos integrar, por una parte, lo que proviene desde abajo y lo que proviene desde arriba. Lo que proviene de abajo es el conjunto que engloba tres factores básicos, el «instintivo» corporal (Nefesh en el nivel de Maljut), el nivel «social» (Ruaj en Yesod) y la interioridad emocional (Ruaj en Tiferet), y lo que proviene de arriba, que engloba los niveles simbólicos (Jaiá en Jojmá) y lo oculto inexpresable ni de forma simbólica ni en formal conceptual (El nivel del No-Yo o Iejidá). Es en el centro de esta interacción (Merkabá), esto es, en la Neshamá, donde tenemos que trabajar adecuadamente la oscilación entre lo que hay arriba y lo que hay abajo, nunca desconociendo lo de abajo por lo de arriba, ni lo de arriba por lo de abajo, porque en cuanto el ser humano tiende exclusivamente a lo de arriba, o exclusivamente a lo de abajo, no llega a la esencia de la realidad.

Podemos entonces considerar desde la simbología del Árbol de la Vida la posibilidad de unificación de los dos sistemas, tanto el freudiano como el junguiano, porque ambos operan desde dimensiones diferentes: mientras que Freud operaba desde la Biná hacia Maljut y conceptualizaba los mecanismos del mundo inferior, Jung y, luego, Maslow comenzaron a operar sobre los mecanismos del mundo superior e intentaron conceptualizar lo simbólico trascendente. Allí encontraron que el sentido de la existencia no estaba anclado en el mundo inferior (o mundo de la fragmentación), sino en el mundo superior.

La aparición de la Conciencia (Biná de la Biná) no crea mentalmente el mundo superior, sino que, por el contrario, lo descubre en la interioridad cosmogónica general. Por ese motivo, los cabalistas hacen referencia al descubrimiento de la Neshamá en la edad adulta.

Mientras Freud descendió de la Biná pasando por los «Palacios», y trabajó la relación entre la Conciencia (Biná de la Biná) con el Inconsciente (Jojmá de la Biná), Jung comenzó a trabajar directamente en la Jojmá psicológica, y allí operó dentro del Inconsciente colectivo.

Cuando comenzaron a operar en el mundo superior de los «arquetipos» aparecieron, en palabras de Maslow, las «metamotivaciones»,[66] que no tenían

66. Donde la postura de la cábala difiere de la posición maslowiana es en que para alcanzar las meta-motivaciones se tienen que satisfacer las necesidades inferiores. En realidad, existe una preocupación en el mundo inferior en el caso de que la persona no pueda satisfacer las dimensiones inferiores, pero las dimensiones superiores que son las energías meta-motivacionales de Maslow continúan existiendo. Podríamos decir que siempre se encuentra el estado latente del sentido de la existencia en todo ser humano, independientemente de si sus necesidades básicas en el mundo inferior se encuentren o no satisfechas. Aplicar la famosa pirámide de Maslow a la cábala es un problema y un contrasentido, porque esto implica que las necesidades inferiores del mundo de la fragmentación son indispensables para elevarse a los sentidos trascendentes del mundo superior. No es necesario (aunque si conveniente en términos de equilibrio general del Árbol de la Vida) que las dimensiones inferiores no se encuentren satisfechas, por el contrario, la satisfacción material de los niveles inferiores es permanente, como los niveles superiores, y no se ponen en movimiento los

una relación con el mundo inferior freudiano, y que tampoco representaban una huida infantil de dicho mundo inferior. Y si la escuela freudiana nos hizo conscientes de la relación de la psique con las dimensiones inferiores, tenemos que ser conscientes ahora de nuestra relación con las dimensiones superiores. Los freudianos se asustaron desde la Biná de la Biná cuando avanzaron afrontando las categorías simbólicas junguianas porque en cierto modo percibían en esto una huida de la realidad instintiva.

Sin embargo, lo que debemos aceptar es que cuando la «Conciencia subjetiva» de la Biná de la Biná ya se encuentra operativa, no puede sino continuar aumentando sus niveles de consciencia. Los aumentos constantes de los niveles de Consciencia no son huidas de la realidad material (aceptación del

superiores porque los inferiores se encuentran satisfechos, porque si los inferiores se encuentran satisfechos, entonces no necesariamente la conciencia Alef (trascendencia) puede automáticamente operar. Lo que estamos explicando es que no hay una correlación directa con la satisfacción de las necesidades inferiores para alcanzar el proceso de satisfacción de las metamotivaciones. La búsqueda del sentido de la existencia como dice, Víctor Frankl, podía encontrarse en los sobrevivientes de la Shoá aunque ellos lo habían perdido todo. Siguiendo a Maslow, los sobrevivientes tendrían que haber reconstruido las dimensiones inferiores del Árbol de la Vida para encontrarle sentido a la vida y, en cambio, ellos encontraron el sentido de la existencia cuando lo habían perdido todo en el mundo inferior. Esta es la prueba de que el sentido existencial de una persona es independiente de la satisfacción de las necesidades inferiores y de que, por lo tanto, la pirámide de Maslow falla por su jerarquía. Quizás Maslow explica su orden jerárquico en momentos de tranquilidad social y no en situaciones excepcionales como fue el Holocausto judío en Europa. Sin embargo, personalmente he encontrado en mis viajes a México DF muchas personas con muy bajos ingresos y altamente espirituales con grados de desarrollo de la conciencia que nos obligarían a revisar la pirámide de Maslow, como muchos sujetos de la clase alta española que no tienen una conciencia espiritual desarrollada a pesar de haber logrado un fuerte dominio de la materialidad. El símbolo más potente de la psicología del misticismo judío es el Árbol de la Vida que dice que todas las necesidades operan simultáneamente en todos los niveles dimensionales (Sefirot). Y los más altos niveles de conciencia pueden operar dentro de personas que tengan serias restricciones en el mundo inferior, como pueden encontrarse bloqueadas en personas con todas las necesidades inferiores satisfechas pero que no han desarrollado el sentido de su existencia, porque se evaden del asunto justamente en la máxima satisfacción dentro de las siete dimensiones inferiores. Así que en términos de la psicología del misticismo judío no podemos dar crédito a la pirámide de Maslow como un dogma. Reiteramos que para la cábala las diez dimensiones operan de forma simultánea. Ahora, Maslow encuentra uno de los problemas que exponemos cuando dice: «No obstante, es posible que quienes básicamente tienen sus necesidades satisfechas y son ya autorrealizados, con metamotivaciones como la verdad, la bondad, la belleza, la justicia, el orden, la ley, la unidad, etc., sufran privaciones a nivel metamotivacional. La falta de gratificación de las metamotivaciones, o de estos valores, produce lo que he descrito como metapatologías generales y específicas; afirmo que estas son enfermedades carenciales en la misma línea que el escorbuto, la pelagra, la avidez de amor, etc.». (*La personalidad creadora*, de Abraham Maslow, editorial Kairós, Barcelona, cuarta edición, marzo de 1990). Lo que Maslow denomina como «metamotivaciones» son los aspectos que en la psicología del misticismo judío denominamos como «energías superiores» relacionadas con la conciencia Alef. Si estas energías no son debidamente desarrolladas y enfocadas, generan una evasión consciente o inconsciente en la superproducción de satisfacciones dentro del mundo inferior, sin embargo, como el mundo inferior es limitado, estos individuos se llegan a destruir cuerpo físico y sus instintos biológicos), sino que constituyen la característica esencial de la propia naturaleza de la Consciencia. Después de expresar los niveles inferiores de la materialidad, la Consciencia continúa su propia evolución ascendente. Esta elevación de los niveles de la conciencia humana ya no podrá ser frenada por la pulsión animal. Un adecuado reconocimiento de los instintos animales del ser humano podrá permitir la canalización de las energías inferiores (satisfechas en su nivel), operar sobre los niveles de conciencia superiores.

Gran parte del trabajo (fundamental labor) de la Psicología tradicional ha sido indudablemente el reconocimiento de lo «corporal» (los instintos biológicos).[67] Sin embargo, ahora que ya estamos en proceso de reconocimiento de lo biológico instintivo (Nefesh) y de los niveles emocionales (Ruaj), tenemos que aceptar que la Consciencia no se quedará contemplando eternamente nuestra animalidad material.

La naturaleza de la Consciencia es su crecimiento permanente porque desea elevarse más allá de la existencia, ya que la aparición misma de la Consciencia (el descubrimiento de la Neshamá) hace que ella por su naturaleza tienda a su propio crecimiento. Por ese motivo, la Consciencia es en

---

físicamente con tal de experimentar sensaciones dentro del mundo inferior más allá del equilibrio. Los riesgos que se asumen en el mundo inferior son directamente proporcionales a la falta de energías trascendentes relacionadas con el mundo superior. En términos de Maslow, la carencia de metamotivaciones puede causar una superproducción de motivaciones extremas en el plano inferior, pero para ello se necesitan crear necesidades ilusorias. En realidad, la mecánica de esta situación que estamos intentando describir se fundamenta en crear «necesidades materiales ilusorias» en el mundo inferior para trabajar sobre la satisfacción de dichas necesidades, pues cuando ya no hay más estomago que llenar, entonces comienza la obesidad del sistema. El sistema capitalista se fundamenta en la megaproducción de necesidades ilusorias en el campo físico con lo cual se crean y luego se potencian como "necesidades" ciertas necesidades innecesarias provocando la superproducción de satisfacciones de dichas necesidades innecesarias. El consumo masivo se fundamenta entonces en la fuga constante del Yo de los niveles trascendentes del mundo superior para convertirse en esclavo de un sistema de consumo que en realidad consume el tiempo del sujeto en las satisfacciones de estas necesidades innecesarias. Ante esta situación, la enajenación del sujeto provoca estados alterados que son reequilibrados por la industria de los laboratorios que a su vez trabajan para reequilibrar con fármacos lo que ha sido desequilibrado al poner las energías psíquicas fundamentales del sujeto al servicio de la satisfacción de las necesidades innecesarias.

67. «Así, por ejemplo, Freud hizo mucho hincapié en la instintividad. Binswanger, hacia el fin de la vida de Freud, tuvo una conversación con él en que lo criticó de insistir en el aspecto animal del ser humano en detrimento de los aspectos propiamente humanos, y dice que Freud le contestó: «Mi misión ha sido recordarle al ser humano que también es animal». Apropiado, me parece, ante el hombre victoriano de la época, que actuaba como si no lo fuera o como si no quisiera reconocer serlo. En este sentido Perls continuaba en la línea de Freud y de Reich, no sólo respecto a la animalidad sino a la sana animalidad, es decir, la no denigración de lo animal en el ser humano integrado...» (*Por una Gestalt viva*, Claudio Naranjo, página 124, segunda edición, octubre de 2007, Vitoria, España).

sí misma «Trascendencia» de la propia existencia. Y la Consciencia por su propia naturaleza continuará «autotrascendiéndose», y esto no nos llevará a la negación de lo corporal, sino a la integración de lo biológico-corporal (Nefesh) a los niveles más elevados de Consciencia alcanzados. La aceptación de lo corporal (Nefesh) no constituirá un reduccionismo de lo humano a lo animal, porque la Consciencia como escisión de la existencia desea mayor nivel de Consciencia.

El reconocimiento del Nefesh (en tanto alma animal-cuerpo físico) no implica que necesariamente debamos aceptar que el ser humano no posee otros niveles del alma. Porque no podemos hacer un reduccionismo corporal a lo instintivo de la estructura integral del ser humano. La aceptación de lo corporal/animal no implica necesariamente que debamos concentrar nuestra atención exclusivamente en este nivel del alma. La psicología del misticismo judío no puede negar (ni lo debe negar) el nivel corporal del alma (Nefesh).

Y si Keter está en Maljut y Maljut se encuentra en Keter, tanto lo biológico como lo cosmogónico en el fondo pertenecen a la misma realidad sustancial. Sin embargo, en medio de ambos (de Keter y Maljut) nos encontramos nosotros con nuestra Conciencia, y gracias a la aparición de la Conciencia (Neshamá) ahora percibimos el universo como «dual», porque la consciencia subjetiva es una escisión mental de la existencia.

Por ese motivo, si contemplamos detenidamente el Árbol de la Vida, podemos encontrar allí que comenzamos con Keter como unidad y concluimos con Yesod como unidad (antes de llegar a Maljut) y, en medio del camino, tenemos tres dualidades: la primera dualidad inferior o biológica, la segunda dualidad intermedia o emocional, y la tercera dualidad superior o intelectual.

La Consciencia, pues, opera sobre la dualidad porque en realidad su propia existencia es la creadora de dicha dualidad en el orden psicológico. La dualidad objetiva en el orden cosmogónico la creó el mismo Ein Sof cuando realizó su autocontracción (*Tzimtzum*).

Por ese motivo, decimos que nosotros somos el fiel reflejo de la dualidad objetiva Ein Sof/vacío (Imagen y Semejanza). Por lo que debemos aceptar que la primera dualidad se produjo mucho antes de la aparición de las almas dentro del Universo de Briá (la Creación), y que la dualidad originaria aparece en el contexto del Maasé Bereshit cuando el Ein Sof crea el vacío. Esta es la primera manifestación de la dualidad (aunque no la dualidad en sí misma). La dualidad interior dentro del Ein Sof se puede establecer cuando podemos diferenciar entre las diez dimensiones existentes en el interior del

Ein Sof y que crean el Universo de Atzilut. Aunque si decimos que Atzilut (la Emanación) es coeterna al Ein Sof, entonces podríamos decir que existe una paradoja dentro del mismo Ein Sof, porque existen las Sefirot infinitamente consustanciales a la misma Eternidad e Infinitud del Ein Sof. Así que paradójicamente podríamos hablar de dualidad y, al mismo tiempo, de unidad esencial.

Retornando del Maasé Bereshit al Maasé Merkabá debemos decir que no podemos ser «Consciencia» sin comprendernos dentro de la dualidad, ya que la propia consciencia alteró la unidad de la existencia, por lo que podemos decir que la propia aparición de la consciencia subjetiva crea una visión dual inevitable. ¿Cómo podemos pensar como el Ein Sof sin un vacío que implique dualidad? Porque la Consciencia sabe que en realidad todo es consciencia al infinito fuera del vacío. Y es dentro del vacío donde se reveló la existencia, que, a su vez, aparece imaginariamente como consciencia subjetiva diferenciada de la consciencia general del Ein Sof. Cuando la manifestación del Ein Sof se produce dentro del vacío, entonces existe conciencia diferenciada del propio Ein Sof. Y es más, el Ein Sof al manifestarse dentro de un vacío puede ser percibido por su propia autoconciencia. El vacío entonces se transforma en el primer Kli (vasija de recepción) que nace a la existencia.

Descendamos a nuestro nivel animal (Nefesh) como proponía Freud, o subamos hacia el Ein Sof (Iejidá) operando la unificación con el Todo superior, parece ser que esto constituye la pérdida de la consciencia subjetiva antes de la aparición de la consciencia, es decir, el retorno al estado Alef. Sin embargo, esto es imposible en términos reales, porque la propia Consciencia nos sitúa en el marco de la existencia dual. La única forma aparente de una unificación real estaría dada por la disolución de toda subjetividad en el marco del Ein Sof (en otros términos, la desaparición del vacío).

La realidad en la que existimos a partir de la consciencia es la fragmentación, y dentro de esta fragmentación operamos con una dualidad inevitable con relación al marco existencial percibido por parte de nuestra consciencia subjetiva.

Por lo tanto, lo que ha creado una dicotomía entre lo superior con lo inferior es nuestra propia «Consciencia», que desea reintegrarse al Todo, pero que ya no puede reintegrarse a través del camino de la pérdida de la Conciencia, sino por un aumento constante hacia el infinito. No nos podemos unir al Todo por lo inferior de la naturaleza animal (Freud) ya que no tenemos más escapatoria que seguir ascendiendo en nuestros niveles de consciencia, escindiéndonos más y más de la existencia, hasta alcanzar el máximo grado de actualización material de nuestras potencialidades. El único camino es el ascenso mesiánico hacia el Ein Sof, porque esta es la naturaleza de la consciencia, su máxima ampliación.

A partir de la existencia de un Kli subjetivo debemos trabajar no solo para la ampliación de nuestra subjetividad, sino para la ampliación del Kli general cosmogónico. Si la Teshuvá (como concepto de perfectibilidad constante) representa la expansión de mi Kli subjetivo, el Tikun Olam representa la expansión del Kli general de todas las manifestaciones de las energías existentes dentro del vacío.

Aparentemente, el camino tendrá que ser el recorrido radical de la «dualidad» de la Conciencia/Existencia para llegar a una «Consciencia» divina, es decir, a la sensación de Keter.

El único modo de reintegrarme dentro del orden general cosmogónico sería mi propia desaparición subjetiva, siendo esto una imposibilidad real en el campo material. Sin embargo, la Consciencia subjetiva se resiste a dicha reintegración (la muerte física o energética) porque la Consciencia al ser consciente de la existencia desea continuar existiendo en términos subjetivos.

A partir de la existencia de la autorrevelación de la conciencia, no tenemos más alternativa que vivir dentro de la dualidad, porque la dualidad es producto de nuestra propia consciencia y de la duplicidad estructural objetiva entre el vacío/y el Ein Sof. Sin embargo, a pesar de que tenemos que existir constantemente dentro de una dualidad permanente, nuestra Conciencia puede operar dentro de la realidad con «Consciencia Alef»[68] donde percibimos la realidad objetiva como si la consciencia no nos pondría en una posición dual. Los niveles más altos elevados de nuestra alma (Jaiá y Iejidá) pueden operar en las máximas unificaciones posibles en dirección al Ein Sof.

Porque sabemos que detrás de toda dualidad existe una esencia sustancial de sentido que une ambos polos de la dualidad, ¿qué significa realmente la consciencia Alef? Si percibimos detenidamente el símbolo de la letra Alef, podemos ver que en su interior existen dos letras Iod (una superior y otra inferior); por lo tanto, la Consciencia Alef es, por una parte, la consciencia de unidad y la simultánea aceptación de la dualidad potencial, por otra parte, porque si ya soy capaz de percibir la Alef, es que existe un mundo inferior

---

68. La Consciencia Alef es la unidad del Yo (Bet) y del No-Yo (Alef). Alef debe integrar potencialmente la Bet que se encuentra siempre en su interioridad. Porque para que Alef exista debe existir necesariamente alguien fuera de la Alef que la pueda reconocer como Alef, y si existe otro diferente de la Alef que pueda pronunciar la Alef, entonces nos encontramos nuevamente en el estado de Bet.

(la Iod inferior de la letra Alef) que puede percibir el mundo superior (la Iod superior de la letra Alef).

Pero si Keter está en Maljut, se puede cometer el error de Spinoza de confundir a Dios con la Naturaleza, y... ¿por qué motivos Spinoza se equivocó aquí? Simplemente porque confundió a Keter con el Ein Sof. Si Keter es el vacío donde se manifiesta la totalidad divina, no es el Ein Sof en sí mismo. Lo que dijo en realidad Spinoza se deriva de la concepción mística judía donde la «Shejiná» se encuentra dentro de la realidad material. Spinoza confundió entonces la Shejiná (la manifestación del Ein Sof dentro de la materialidad) con el Ein Sof en cuanto una totalidad absoluta e infinita, y esto lo llevo directamente hacia el panteísmo. Porque, en realidad, cuando el misticismo judío hace referencia al concepto de «Shejiná» se encuentra en una posición claramente panteísta. Sin embargo, cuando advertimos que la Shejiná es una parte fragmentaria de la manifestación del Ein Sof dentro de la realidad material podemos comprender que el judaísmo no sea panteísta. De este modo, podemos decir que el misticismo judío redujo su concepción panteísta a la sefirá de Maljut.

Si Dios en la materia se encuentra representado por la Shejiná (el aspecto receptor femenino de la Divinidad), entonces Spinoza tenía razón cuando afirmó que «Dios es la Naturaleza»; sin embargo, dentro del misticismo judío sabemos que la Shejiná es la manifestación de Dios dentro de la Naturaleza, es decir, «Dios es y no es la Naturaleza».

El Ein Sof entonces se revela dentro de toda la manifestación del vacío, pero se encuentra más allá de dicho vacío. Ahora bien, si el concepto de «Naturaleza» de Spinoza abarcaría incluso a las energías cosmogónicas del Ein Sof, entonces estaríamos obligados a decir que Spinoza tenía razón. El interrogante es: ¿A qué denominaba Spinoza como la «Naturaleza»? ¿Al campo material dentro del vacío, o a la totalidad de las energías infinitas y eternas en el nivel del Ein Sof? Estos interrogantes quedan en suspenso en este trabajo que corresponde a un estudio filosófico futuro y que no se debe enmarcar en una obra de psicología.

16. Las Sefirot como los diez «arquetipos» objetivos de toda la realidad

> «El Árbol de la Vida es un organigrama que armoniza nuestras tendencias y que busca equilibrar nuestras pulsiones y energías».
>
> Mario Satz

Las fuerzas dimensionales arquetípicas de la Jojmá son las Sefirot. En realidad, las Sefirot (Dimensiones) son las raíces energéticas de todos los arquetipos. La Jojmá es la matriz arquetipal de todos los arquetipos del inconsciente colectivo. Por ese motivo, los cabalistas han establecido diversas figuras arquetípicas en cada una de las dimensiones (Sefirot), por ejemplo, en Maljut (La materialidad del Reino) establecieron como arquetipo al Rey David por su permanente vinculación con la guerra material y los instintos naturales; en la Yesod (la pulsión sexual y la relación con el entorno social) establecieron como arquetipo a Yosef (José) debido a que fue sexualmente tentado por una mujer egipcia y porque desarrolló su identidad dentro de la cultura egipcia y se mostraba exteriormente a los demás (en su nexo social) como un súbdito egipcio siendo en su interioridad de origen israelita. El arquetipo de la dimensión de Hod es Aron, el primer sacerdote, ya que Hod simboliza la «palabra», y Aron siendo hermano de Moisés era quien hablaba con el faraón y controlaba las palabras, mientras que el arquetipo de la dimensión de Netzaj (el lenguaje emocional) será Moisés porque será quien comunique sus sentimientos interiores, y exteriorice sus emociones (a pesar de ser muy malo para pronunciar las palabras, no como su hermano Aron). El arquetipo de la Tiferet es Jacob (o Israel) debido a que es el Yo en su autonomía. Jacob (el tercer patriarca) tenía una identidad heredada de su padre (Isaac) y de su abuelo (Abraham), sin embargo, aún no era él mismo, no había encontrado su propio Yo, y al encontrar su verdadera identidad interior independiente de su familia, es cuando logra su autonomía (estructura su identidad) y es de ese modo como Jacob se transforma en Israel. Por lo tanto, es interesante que el único arquetipo que se modifica es el de la Tiferet (el Yo emocional o el centro del Yo entre lo mental y lo instintivo); cuando Jacob se transforma en Israel, el mismo arquetipo que dependía de sus ancestros ahora pasa a tener una autonomía como sujeto, ahora Jacob no creerá en el Dios de sus padres, sino que su relación con el Ein Sof será directa, es decir, el Dios de Abraham, de Isaac y de Jacob se transformará en el Dios de Israel. El arquetipo que se corresponde con Guevurá (la Fortaleza o la disciplina) es el segundo patriarca, Isaac. Fue Isaac quien siendo consciente de que iba a ser llevado al sacrificio aceptó el mandato de su padre; Isaac conocía la consciencia de los límites, la severidad de Dios. La orden de Dios indudablemente no era misericordiosa, llevar al hijo a la muerte física, y es entonces cuando se establece la severidad de esta realidad, cuando aparece la misericordia de Dios (Jesed); y el Jesed será de Abraham, del primer patriarca. El arquetipo de la misericordia (Abraham) será quien siempre reciba a los ángeles en su campamento. Si seguimos subiendo por el Árbol de la Vida encontramos, como arquetipo de la Biná, a Javá (a Eva), porque es la mujer quien trae las almas al mundo, y quien trae, además del nacimiento, la posibilidad de la muerte física. La Biná que pertenece al mundo de la restricción nos otorga una existencia limitada en el tiempo. A Eva le debemos toda nuestra existencia, porque nos ha traído al mundo. Todo ser humano ha nacido de una mujer, así que el Entendimiento de la Biná nace con lo femenino, y con lo femenino nace la organización y nuestros límites mentales, y nuestros límites reales. El arquetipo de la Jojmá será Adam, el primer hombre, en calidad del arquetipo masculino, y su aparición será consecuencia de la contracción de la Biná.

La Jojmá (la Sabiduría) poseía el arquetipo del Adam andrógino cuando aún no existía la polaridad de la Bet. La sabiduría tiene relación con el mundo de la conciencia Alef, donde todo se unifica. El Adam original se encuentra completamente unificado hasta que le seccionan su lado femenino para construir la Biná. Originalmente, el Adam real unificaba los aspectos femeninos y masculinos, en realidad pertenecía más a Keter que a la Jojmá, porque la Jojmá se puede diferenciar en su arquetipo masculino a partir de la existencia de lo «femenino» de la Biná.

A partir de la construcción de la Biná arquetípica, Adam (la Jojmá) debe manifestarse en la realidad de la existencia siempre abrazando a Eva (la Biná). Y como dice el *Zohar* deben abrazarse en un «abrazo eterno». Es, pues, «sabio» quien unifica todas las cosas y puede percibir la realidad como la percibió Adam en su perspectiva andrógina. Y finalmente el arquetipo de Keter; allí donde no existe ningún arquetipo definido, en Keter nos encontramos con la sorpresa de que allí no hay arquetipos, y si no existen los arquetipos, ¿cuál es el arquetipo de Keter? Entonces, es en nuestro Keter psicológico donde tenemos que construir nuestro propio arquetipo; a partir de un equilibrio de todos los arquetipos de todas las dimensiones debemos construir el que nos pertenece. Solamente podemos decir que, a pesar de que en Keter no existen arquetipos debido a nuestra propia construcción autónoma, sin unificar los elementos masculinos con los femeninos no podremos acceder a construir un arquetipo en Keter.

17. Los Palacios en el universo de Yetzirá

> «Nuestra tarea en este mundo es encontrar las energías esenciales detrás de la materialidad».
>
> MARIO SABAN

La falta de coordinación entre el «Yo emocional» (el Ruaj) y el «Yo mental» (la Neshamá) no debe constituir el fundamento para anular una de las dos partes del «Yo». El punto de unión de ambos «Yo», entre el Yo mental de la Biná y el yo emocional interior de la Tiferet, es los Palacios. Y los Palacios son las siete diferentes percepciones mentales que tenemos de nuestras dimensiones inferiores. Lograr las mejores percepciones subjetivas de la realidad en cada dimensión es lo que se denomina como la mística de ascensión por los Palacios celestiales (Hejalot). Reiteramos que esto se produce por la psicologización que sufre la cábala cuando se abandonan las especulaciones cosmogónicas del Universo de Briá.

18. Las amenazas al Yo interior. El rol maestro-alumno

> «Los pacientes deben experimentar sus introspecciones por sí mismos, en la vida cotidiana fuera de la consulta de su terapeuta».
>
> CARL ROGERS (1902-1987)

El «Yo interior»[69] es el «Yo» liberado de todos los condicionamientos[70] (condicionamientos actuales, ya que no estamos haciendo referencia a los condicionamientos internalizados dentro de la educación infantil del sujeto, que son imposibles de ser retirados de la estructura del sujeto, porque no sabemos el nivel de profundidad que poseen dentro de la estructura).

Los condicionamientos internalizados ya son parte integrante del Yo general del sujeto y no existe forma alguna de conocer la línea divisoria con el «Yo original», que proviene de la raíz del alma, porque los condicionamientos internalizados operan absolutamente mezclados dentro del sujeto.

Es esencial dentro de la terapia tradicional trabajar los aspectos pertenecientes a los condicionamientos internalizados, pero desde la psicología del misticismo judío afirmamos que es imposible trazar una división tajante dentro de la psique entre los condicionamientos internalizados y la esencia de la raíz del alma. La esencia de la raíz del alma solamente la podemos percibir

---

69. Este «Yo» no se debe confundir con el «Ello» freudiano, sexual e instintivo, porque este «Yo interior» que estamos intentando estudiar es el que se encuentra por encima no solamente de los condicionamientos sociales exteriores (Yesod), sino también por encima de la realidad animal del Ello. El «Ello» freudiano se encuentra en Maljut (por ejemplo, para el mantenimiento corporal) y entre Maljut y la Yesod con relación a la pulsión sexual. En cambio, el Yo liberado de todos los condicionamientos de la psicología del misticismo judío se encuentra por encima de la Yesod en el centro emocional de la Tiferet. El Yo interior representa el núcleo central de todo el universo emocional de Yetzirá.
70. Como el Yo no puede ser liberado de todos los condicionamientos, podríamos decir que es el Yo que se ha liberado de los condicionamientos negativos porque los condicionamientos positivos los ha incorporado al Yo. El problema es cuando el Yo ha incorporado todos los condicionamientos sin distinción. El dolor se produce cuando un Yo tiene condicionamientos negativos de los cuales no se puede liberar. Los condicionamientos aceptados como partes del Yo ya son Yo para siempre, y no pueden ser considerados como condicionamientos.

a través de un trabajo de interiorización profundo que le corresponde realizar a cada sujeto. Es la línea entre Tiferet y Keter en el Universo de Yetzirá.

Es más, creemos que el terapeuta que trabaja desde la psicología del misticismo judío (¿psico-cabalista?) no debe interferir como «amenaza», sino describiendo el Árbol de la Vida, de modo que cada sujeto realice su propio trabajo de introspección personal. Cada intervención del terapeuta tradicional constituye una amenaza y provoca un continuo trabajo de construcción de sistemas mentales defensivos en el sujeto.

Entre el terapeuta y el paciente se puede llegar a una situación determinada donde el paciente se resista a las aperturas que el terapeuta está realizando, y los que hemos sido «pacientes» sabemos las estrategias que tenemos para saltar estratégicamente las «amenazas» del terapeuta. La propia existencia de un terapeuta representa un problema amenazador en el orden del inconsciente, y que llega a ser consciente (después de muchos años) por parte de muchos pacientes. ¿Cómo, entonces, neutralizar la amenaza inconsciente o consciente que provoca la sola presencia del terapeuta?

Es más, para la cábala, la Psicología tradicional trabaja hace años reforzando los sistemas defensivos del sujeto. Podemos haber llegado a un punto muerto en relación a la población sana. Realmente, la Psicología tradicional ha avanzado en los casos patológicos (donde los desequilibrios de la estructura personal son evidentes), pero el «sano» justamente es quien tiene más herramientas disponibles para reducir las amenazas conscientes e inconscientes de la presencia del propio terapeuta.

En definitiva, el misticismo judío trabaja la psicología desde la pedagogía, porque el carácter «pedagógico» del cabalista destruye las potenciales amenazas que un terapeuta le puede producir al paciente; ya que cuando el paciente conoce los sistemas de análisis del terapeuta se establecen círculos viciosos donde se puede llegar a un punto muerto en el análisis. Y se produce entonces la paradoja que la Biná (el Entendimiento) se pone al servicio de la parálisis del ascenso de los niveles de consciencia. La Biná puede crear autojustificaciones bien elaboradas que permiten que el sujeto desarrolle estrategias de evasión de los métodos terapéuticos tradicionales. El centro tiferético del Yo se pregunta: ¿Por qué motivos tengo que desnudar los aspectos más privados de mi personalidad oculta? Es entonces, en ese momento, cuando la Biná comienza a trabajar al servicio de la protección de su Hijo (la Tiferet), y crea las herramientas de autojustificación necesarias para que la información interior del Yo no salga de su ámbito de privacidad.

El paciente conoce, entonces, el discurso y las estrategias de su propio terapeuta, y el «sano» ya se encuentra en un punto muerto. Si la terapia tradicional ha logrado que muchos desequilibrios profundos fueran corregidos, no ha logrado que el «sano» obtuviera mayores niveles de consciencia. El futuro de la Psicología se encuentra en un plan de mejoramiento constante de la población sana.

El terapeuta intenta (y logra) comprender los mecanismos del paciente, pero el paciente también comprende los mecanismos del terapeuta. Entonces, se produce un permanente cambio de roles, donde el paciente, conocedor de las estrategias de «intromisión» del terapeuta, puede neutralizar todo el proceso de autoconocimiento.[71] La defensa del centro tiferético por parte de cada uno de nosotros representa una realidad objetiva.

El maestro que trabaja con las enseñanzas de la psicología del misticismo judío, al no operar de forma directa con el paciente (porque no existe un paciente, existe un alumno), se aleja de su rol amenazador, y el alumno se encuentra completamente solo proyectando su existencia dentro de los símbolos que son explicados en la pizarra. Y en silencio, el alumno encuentra sus desajustes interiores sin manifestarlos públicamente, ni al maestro ni a sus compañeros. Sin embargo, en la dinámica de grupos de cábala experimental que he tenido a lo largo de mis últimos años, he comprendido que toda pregunta de un alumno representa directa o indirectamente una preocupación subjetiva que puede permitir una respuesta, la cual, siendo aparentemente objetiva, incluya la propia posición del sujeto. Los interrogantes que aparecen como «objetivos» son siempre directa o indirectamente «subjetivos», y si el maestro logra percibir el grado de subjetividad implícita en el interrogante, puede responder del mismo modo supuestamente «objetivo» para ayudar a resolver el problema oculto de la subjetividad. Son elementos subjetivos que se disfrazan como objetivos no porque son esencialmente objetivos, sino porque protegen la máxima interioridad de la Tiferet del sujeto.

Sin embargo, el sujeto no se desnuda dentro de la clase, sino que mantiene su anonimato, incluso he llegado a oír «a un amigo mío, muy personal, le ha sucedido lo siguiente:...» (Y el amigo imaginario es él mismo). Y aunque el maestro logre comprender que tal amigo no existe, para no crear una amenaza, debe continuar trabajando en clase con dicho amigo imaginario.

---

71. El paciente entiende que puede lograr su autoconocimiento sin la intromisión del terapeuta. Hacemos siempre referencia a personas que calificamos como «sanas».

La proyección del problema en dicho «amigo imaginario» es clave para defender un centro tiferético que desea mantenerse oculto de la mirada exterior. Y la psicología del misticismo judío debe respetar dicha interioridad, porque probablemente el sujeto no está aún en condiciones de percibir la realidad subjetiva manifestándola de forma exterior; algunos aspectos de su interioridad tiferética quedarán siempre ocultos para la sociedad general, porque la clave no es la manifestación exterior social, sino la manifestación individual interior que el sujeto debe realizar de su propia interioridad. La conciencia subjetiva desea exteriormente proteger en la Yesod la imagen social del sujeto de las críticas del entorno, sin embargo, a pesar de esta energía yesódica, siempre opera en un nivel superior la energía tiferética donde el sujeto reconoce su interioridad máxima ajeno a toda posibilidad de exteriorización.

Lo que debemos lograr es que el alumno alcance un grado de honestidad radical interior que le permita trabajar de forma autónoma sus desequilibrios subjetivos. El Yo se defiende de toda amenaza a su interioridad y el misticismo judío respeta la máxima privacidad del sujeto; y al no producir una amenaza determinada libera al sujeto de sus energías psíquicas defensivas.

El maestro, al tratar los asuntos como cuestiones «objetivas» dentro del Árbol de la Vida y sus diferentes dimensiones, hace que el alumno pueda operar con unas herramientas simbólicas y conceptuales aptas para su propio desarrollo individual. Porque uno de los elementos fundamentales de la aplicación psicológica del misticismo judío es el carácter no intrusivo del maestro. El terapeuta deja de ser terapeuta para ser un Maestro (incluso el Maestro va modificando su rol y muchas veces no debe temer ser alumno, creando así un nivel relacional de igualdad con todos los sujetos).

No existe un principio de neutralidad con un terapeuta frente al paciente, porque dicha neutralidad es imposible en términos inconscientes. Por lo que la psicología del misticismo judío propone llevar a las más extremas consecuencias la neutralidad.

El terapeuta puede «auto-engañarse» de su supuesta neutralidad para seguir trabajando, pero es un autoengaño para sostener económicamente su trabajo profesional. El único principio de neutralidad posible que se puede alcanzar es cuando el terapeuta no representa realmente ninguna amenaza, y esto exclusivamente opera dentro de una clase abierta donde el alumno no se siente un «paciente».

El concepto de «paciente» se debe admitir para los casos estrictamente patológicos que requieran de las terapias tradicionales, pero como nosotros trabajamos con la población sana no debemos hacer referencia al concepto de «paciente» sino de alumno.

El rol de paciente debe encuadrarse exclusivamente para lo psicopatológico, pero para la población sana la relación debe ser estrictamente pedagógica. La pedagogía de la psicología del misticismo judío es la llave maestra que nos conducirá a un desarrollo elevado de los niveles de conciencia de los alumnos a partir de su propio crecimiento personal.

Todo paciente, a pesar de encontrar una comprensión terapéutica, puede percibir en el terapeuta un elemento de intromisión dentro de su psique (y no podemos llegar a percibir qué niveles de proyección puede tener el terapeuta sobre sus pacientes).

Al final, lo que se puede provocar es que el terapeuta libere al paciente de sus condicionamientos familiares o sociales para (sin intencionalidad) crear nuevos condicionamientos derivados de las proyecciones del propio terapeuta. Los niveles de manipulación de la psique por parte del terapeuta[72] se pueden volver tan peligrosos como los niveles de manipulación religiosos, sociales o ideológicos. Y tenemos que advertir que esto puede suceder sin ningún tipo de intencionalidad por parte del terapeuta.

Si la terapia se transforma en un elemento de dependencia del paciente, entonces hemos modificado la situación de dependencia hacia la figura del terapeuta. El principal problema es que el nivel de manipulación del terapeuta se fundamenta sobre la liberación del sujeto y su independencia. La verdadera liberación de la raíz del alma se produce cuando el Yo, por su propio esfuerzo, trabaja para liberarse del penúltimo manipulador, su propio terapeuta, porque debe intentar superar al último manipulador real que es su propio Yo mental y sus mecanismos de autojustificación racional. Este es el último obstáculo real para un crecimiento indefinido en los niveles de conciencia.

Ahora bien, si el terapeuta desea aplicar los conocimientos derivados de la psicología del misticismo judío, entonces debe lograr que los mecanismos de autoconocimiento sean de tal grado que el sujeto pueda lograr la «honestidad radical» de su raíz del alma. El Yo entonces debe reconocer su esencia en su interioridad. La cábala aplicada a la psicología propone la búsqueda de la máxima interiorización del Yo, o lo que podemos denominar el proceso por el cual el sujeto hace de la Tiferet el centro de identidad. Lo que la psi-

---

72. Y deberíamos hacer referencia también a los métodos de manipulación (defensas) del propio paciente. El sano no tiene que gastar sus energías psíquicas en actitudes defensivas.

cología del misticismo judío tiene que lograr es que el sujeto pueda operar con mecanismos de crecimiento constante en su interioridad, y no solamente lograr su autonomía.

Dentro del Árbol de la Vida es el centro tiferético[73] donde se encuentra nuestra autopercepción no comunicable.[74] Los cabalistas (por ejemplo, Najmán de Bratslav) dicen que cada uno muere con su propia verdad y que es imposible comunicar este nivel de verdad interior. El problema no es la comunicación de dicha verdad interior, el problema es conocer la esencia de la raíz del alma, y cuando alcanzamos dicho conocimiento, nos liberamos de todos los condicionamientos existentes.

---

73. Tiferet corresponde a la dimensión que se encuentra en el centro del Árbol de la Vida, y es designada como la Belleza, es el punto de encuentro entre los límites de la severidad y los límites de la misericordia. Este punto de encuentro o confluencia es lo que provoca la aparición del amor. Tiferet es la búsqueda de nuestra propia personalidad, qué es lo que nos hace diferentes y únicos. La raíz de nuestra autoestima se encuentra en Tiferet. La Tiferet como centro de nuestra personalidad tiene una relación directa con la Biná. En el arquetipo, la Biná representa a la Madre, por ese motivo, entre los rostros divinos de la cábala, la Biná se denomina como el rostro de la Madre o Partzuf Ima. Y el arquetipo de la Jojmá representa al Padre y se denomina como el rostro del Padre o Partzuf Aba. Aunque habitualmente el Hijo de esta relación es el Daat, siempre se dice que Daat es la Tiferet superior. De ahí que la conexión de nuestra Tiferet constituye una relación directa con la Biná porque estrictamente el Daat no se encuentra por debajo de Jojmá y Biná sino que el Daat (el Conocimiento) se encuentra dentro de todo el sistema general de circulación del Árbol de la Vida.
74. ¿Cuál es la única verdad en el mundo inferior? Siempre hemos dicho que la verdad se encuentra escondida en el mundo superior, en especial en la dimensión de Keter. Sin embargo, existe verdad en el mundo inferior, existe una única verdad que es la Paz (Shalom). Shalom en hebreo proviene de la raíz Shalem que significa «sentirse completo». Cuando lo «finito» alcanza la sensación de encontrarse completo, entonces se encuentra en Paz consigo mismo. La Paz interior se alcanza cuando la felicidad del Yo al encontrarse con si mismo provoca una felicidad que trasciende la obtención de cualquier resultado. La Paz (Shalom) es el resultado de la unificación de todas las aparentes contradicciones en el centro tiferético. Si no existe Paz interior, no puede existir Paz exterior, porque si existe una agresión exterior al Yo, este Yo puede encontrar la felicidad en su interior, incluso esta felicidad interior no se pierde aunque a uno lo maten en términos físicos. La verdadera Paz interior no depende del nivel de agresión exterior, al contrario, toda agresión exterior nos debe posicionar con mayor fuerza sobre nuestra Paz interior. La Tiferet no es negociable porque escapa de los condicionamientos exteriores. Si Shalom es la Paz y el nombre hebreo Shelomó (Salomón) proviene de esta raíz, podemos decir que la sabiduría (Jojmá) alcanzada por Salomón tiene su raíz en su paz interior. Gracias a su paz interior en la Tiferet, una persona alcanza la sabiduría (Jojmá). David nunca alcanzó la paz interior, y esto se reflejó en sus permanentes conflictos en Maljut y en Yesod. Si David como arquetipo concluía las contradicciones con enfrentamientos militares, Salomón solucionaba las contradicciones a través de la paz. Solamente con Paz interior en la Tiferet se podía construir el Gran Templo de Jerusalén.

19. El Yo interior

«Uno debe recluirse a sí mismo dentro de sus pensamientos hasta el máximo grado posible».

RABÍ JAIM VITAL

El Yo no le debe temer al reconocimiento de la identidad de la raíz del alma, al contrario, la raíz del alma en su máxima profundidad aniquila un Yo que cree imaginariamente (al existir en el mundo inferior de la Bet) ser un Yo real. El Yo es un producto del orden espacio-temporal y, por lo tanto, una ilusión si la percibimos desde el mundo superior, y es real dentro de las variables del mundo inferior. En cambio, cuando el Yo aniquila «las imágenes del Yo», entonces se dirige al núcleo real del Yo que es la esencia de la raíz del alma y allí encuentra el sentido de su existencia, porque el Yo no tiene respuestas al sentido de la existencia. La única respuesta a este sentido se encuentra en la comprensión del centro tiferético.

La única verdad es la que sentimos nosotros dentro de nosotros mismos, no existe otra verdad, y este nivel de verdad interior no es necesario comunicarlo. Ser consciente de nuestros niveles ocultos en el inconsciente no necesariamente implica su verbalización. Es lo que denominamos, dentro de la cábala, nuestra realidad interior tiferética. Esta verdad interior es incomunicable a los otros. Esta es la verdad de mi Yo que muere conmigo.[75] Solo «Yo» llego a conocer las oscuridades y luces de mi Yo.

Y si bien no podemos obligar al Yo a una exteriorización social de su totalidad identitaria, podemos liberar al Yo de toda obligación de exteriorización que provoque el máximo grado de autoconocimiento interior.

Al anular la amenaza a la exteriorización social (incluso con el terapeuta), el Yo se encuentra liberado absolutamente de todos los condicionamientos exteriores; sin embargo, nos preguntamos: ¿Cuántos condicionamientos exteriores se encuentran ya internalizados en la interioridad del Yo y provocan la continuidad de los condicionamientos? Entonces ingresamos en la última

---

75. Y que continúa más allá de mi existencia física.

etapa de liberación del Yo, y es la liberación de las imágenes subjetivas construidas por el Yo a través de su propia historia. Debemos, pues, operar desde la Biná psicológica para percibir nuestro centro tiferético, y es entonces cuando ingresamos a la Merkabá.

Aunque yo intente comunicar todo mi Yo, jamás lo puedo comunicar al exterior. El trabajo más importante para conocer en profundidad dicho Yo interior lo tiene que realizar el núcleo más profundo del Yo mental (la Merkabá). Y para que la Merkabá funcione debemos esforzarnos en tres niveles simultáneos. En el primer nivel debemos extraer toda la información que se encuentra en la Jojmá de la Biná (inconsciente subjetivo) y llevarlo a la consciencia (la Biná de la Biná); en el segundo nivel debemos extraer toda la información energética superior de la Jojmá y bajarla a través del Keter de la Biná para llevarla a la subjetividad de nuestra Merkabá; finalmente, el tercer nivel, el más profundo y el más difícil, y allí donde justamente la psicología del misticismo judío supera a la psicología tradicional de cualquier escuela, es el del reconocimiento de las energías cosmogónicas (no las energías metafísicas de los arquetipos junguianos),[76] sino las energías reales físicas de la realidad universal (el conocimiento profundo del Maasé Bereshit).

En este tercer nivel, la Psicología ya no puede avanzar porque aquí nos encontramos con las ciencias físicas y matemáticas. En el nivel superior al conocimiento de la psicología debemos operar dentro de la física y la química, porque comprenderemos que los elementos constitutivos cosmogónicos son los factores de construcción de la psique.

A medida que exista un conocimiento científico exterior a la psique, entonces estaremos operando en este tercer nivel que supera el reduccionismo psicológico a la psique individual y entiende que la estructura subjetiva está basada en las estructuras generales macro del diseño universal. Este es el nivel del Sod de la cábala.

La esencia de mi Yo quedará siempre para mi Yo, así como la esencia del Ein Sof quedará siempre para sí mismo. El Yo, pues, conoce su propia condición en su máxima soledad. El Yo está solo consigo mismo, y todo lo que los «otros» pueden hacer es percibir perspectivas de mi Yo, así como todos nosotros podemos percibir perspectivas del Ein Sof de acuerdo con nuestra propia naturaleza y de acuerdo con nuestra posición en el espacio-tiempo.

---

76. Para la psicología del misticismo judío, los arquetipos junguianos no se pueden reducir a la psique, sino que los arquetipos son de existencia universal más allá del nivel de consciencia del ser humano.

Este es el modelo de funcionamiento básico del Daat (el Conocimiento). Cualquier dogmatismo (o posición fija dentro de cualquier estructura o sistema de pensamiento) paraliza el desarrollo del Daat. Si hasta ahora la Psicología tradicional se había movido en el campo del Daat inferior hacia el centro de la psique subjetiva, ahora la psicología del misticismo judío se deberá mover hacia la integración de la psique subjetiva con el sistema general cosmogónico, comprendiendo las equivalencias energéticas entre el Yo y el No-Yo (la totalidad fuera del Yo) porque tanto mi Yo como el No-Yo se encuentran participando de la misma realidad natural del Todo manifestado. En realidad, la posición mental del No-Yo es un estado más avanzado de conciencia del mismo Yo, ya que la psique debe reconocer que es una estructura relacionada con la totalidad exterior a dicha estructura.

Comprender, como hasta ahora, la psique como un ente fuera e independiente del sistema general nos trae graves consecuencias para una comprensión real de esta, como un producto de la propia naturaleza. El interrogante debe partir de la siguiente pregunta: ¿Cuáles son los motivos de orden cosmogónico para que la psique sea como sea? En realidad, la psique es una consecuencia del orden cosmogónico, y todos los niveles de ascenso de la consciencia de la psique son manifestaciones de la autocomprensión del «Cosmos», por lo tanto, podemos decir que el Ein Sof se manifiesta dentro del vacío de forma fragmentaria porque no tiene otro modo de manifestarse; pero cuando dicho fragmento dentro del vacío alcanza un nivel de autoconsciencia, entonces el Ein Sof adquiere consciencia de existencia porque ya dentro de sí mismo poseía consciencia en el orden de la esencia, y ahora el fragmento finito revela de forma fragmentaria la consciencia general del Ein Sof.

La esencia es el orden que se corresponde al Ein Sof dentro de su infinitud; en cambio, la existencia es el orden que le corresponde al Ein Sof cuando se divide en la multiplicidad de manifestaciones fragmentarias dentro del vacío.[77]

---

77. En este punto puede aparecer una aparente contradicción entre la fragmentación provocada por el Ein Sof y las consecuencias de dicha fragmentación. La consecuencia de la fragmentación es creer que dicha «fragmentación» se corresponde con una realidad, cuando la única realidad eterna es el Ein Sof. Sin embargo, aparece otra dificultad adicional y no menos importante, el mal surge de la fragmentación, aunque no es la fragmentación en sí misma la que causa el mal, sino cuando «percibimos» la fragmentación desde la Biná (el Entendimiento), ya que si percibimos la fragmentación desde la Jojmá (la Sabiduría), podemos comprender la unión interna de todas las fragmentaciones. El problema no son las fragmentaciones en sí mismas, sino la percepción que tenemos de que dichas fragmentaciones sean «reales». Cuando percibimos las fragmentaciones como realidades en el orden superior aparece el mal, porque en el orden superior todo se

Sin embargo, y he aquí la paradoja, para que la identidad fragmentaria de cada fragmento finito se pueda sostener, se tiene que reprimir[78] la sustancia del Ein Sof dentro de nuestra materialidad porque entonces no podríamos percibir una identidad fragmentaria. La conciencia del alma (Neshamá) existe cuando el «Yo» se desvincula de la realidad general fragmentándose y asumiendo mentalmente esta fragmentación. Y así cuando algo carece de un nivel elevado de Conciencia es parte del «Todo» por la materialidad; lo transpersonal es parte del «Todo» justamente por la elevación máxima de nuestro nivel de conciencia. No existe entonces una regresión a la naturaleza por la pérdida de la Conciencia, sino que, de forma inversa, se produce una sensación de Totalidad y unificación a través del aumento de todo el potencial de los niveles más altos del alma. Por lo tanto, no existe una disolución del Nefesh dentro del campo material, sino una conexión de la Neshamá con el nivel de la Jaiá dentro del campo energético más elevado.

Y a medida que extraemos la sustancia divina (consciencia de existencia) de nuestra interioridad se produce una menor preocupación y desgaste de energía psíquica, desgaste que es una consecuencia directa del sostén de la identidad fragmentaria, porque se comprende que la identidad fragmentaria es una ilusión necesaria para que el Ein Sof se pueda manifestar en el mundo de las fragmentaciones finitas.

Si liberamos la energía psíquica con la cual operamos para defender nuestra identidad fragmentaria tomando consciencia de la totalidad de la consciencia universal dentro de la manifestación, ahorramos energías psíquicas para crecer en el orden de la consciencia general, y no en el orden de la defensa egoica en el plano de la fragmentación. Lamentablemente, se desgasta una gran cantidad de energía psíquica en la defensa del nivel egoico.

Existe, pues, una manifestación sefirótica divina dentro de la realidad macrocósmica eterna, y dentro de la realidad subjetiva microcósmica (que se manifiesta tanto dentro del orden espacio-temporal como en el orden de la Eternidad) ¿Por qué el Yo nunca debe renunciar al No-Yo? Y ¿por qué el No-Yo no puede ser sostenido por el Yo de forma permanente?

---

encuentra unido al Ein Sof. Si percibimos la realidad como un Todo Integrado de fragmentos aparentemente divididos, entonces es cuando le otorgamos realidad al mal; cuando unificamos constantemente dichas fragmentaciones, entonces provocamos la unión permanente del Ein Sof con sus fragmentos. De forma que el misticismo judío, cuando opera sobre la realidad, percibe más allá del sistema fragmentario inferior.

78. Esta represión se produce en los niveles dimensionales inferiores, luego en el orden superior ya no existe miedo a la pérdida de la subjetividad al tomar consciencia de nuestra sustancia infinita.

Este es uno de los grandes secretos de la cábala, y que podemos aplicar a la psicología.[79]

Es probable que cuando alcancemos la sensación de acercarnos a esa «verdad interior» se encuentre el Yo interior (la esencia de la raíz del alma). La verdad de uno muere con uno mismo, y no existe forma alguna de comunicarla al exterior, esto ya lo enseñó el sabio cabalista Najmán de Bratslav. Para los antiguos cabalistas, todas las estrategias para buscar y encontrar ese «Yo interior» se denominan con el nombre de «Maasé Merkabá». Este trabajo es completamente subjetivo.[80] No hay forma de acceder a la Merkabá sino a través del ascenso de mi Yo o, mejor dicho, del cambio de percepción de mi Yo. Y la principal modificación de dicha percepción es la autopercepción. La

---

79. El Yo necesita llegar al estado del Yo/No-Yo porque en realidad el Yo es consciente de que al proyectarse sobre el Ein Sof lo que está realizando es la extracción de todas las potencialidades del Yo que se encuentran ocultas, por ese motivo decimos que el No-Yo, que se corresponde con el estado de aniquilación o Bitul es el que un Yo experimenta cuando ingresa en la Jojmá psicológica. Quien es sabio posee entonces una doble condición: como es sabio y sabe todo lo que no sabe, entonces necesariamente es profundamente humilde, ya que puede comprender la diferencia entre su Yo limitado y finito frente al Ein Sof, pero, por otra parte, a pesar de dicha consciencia en la magnitud de la distancia entre su pequeño Yo y el Ein Sof, puede reconocer todas las potencialidades del Yo en su camino hacia el Ein Sof. Al ascender hacia el Ein Sof, el Yo se refuerza en su propia confianza (tiene Emuná, no como fe, sino confianza en sí mismo), en que intentará avanzar lo máximo que pueda hacia los niveles más altos de conciencia, es decir, que intentará extraer de sí mismo todo el potencial que tiene oculto y que su falta de confianza en sí mismo bloquea. Cuando el Yo se pone en marcha hacia el Ein Sof, el Yo debe necesariamente extraer todas sus potencialidades ocultas y llevarlas al acto material (en realidad). El Yo de la Tiferet, al ascender hacia el Ein Sof y proyectarse hacia la dimensión de Keter, justamente puede desarrollar todas las potencialidades de las dimensiones del mundo inferior. Se produce una coordinación natural o convergencia entre las siete dimensiones del mundo inferior cuyo epicentro es la Tiferet, y entonces no es exclusivamente la Tiferet la que avanza hacia Keter, sino que el centro tiferético en su totalidad arrastra (para decirlo de algún modo) hacia arriba toda la estructura del mundo inferior. Se produce entonces un estado que parece contradictorio (si lo percibimos desde la Biná), la máxima autoconfianza en el Yo se produce cuando el Yo se siente Nada (No-Yo), la máxima humildad al percibir el Ein Sof produce la máxima capacidad de extraer de nuestro interior todas las potencialidades ocultas. A mayor esfuerzo en nuestro proceso ascensional hacia el Ein Sof, mayor es nuestra humildad al ser conscientes de lo poco que realmente somos (y nuestra humildad se fundamenta en la insignificancia). Soy Polvo y Cenizas, dice Abraham. Y a su vez, como fragmentos del Ein Sof somos copartícipes de la consciencia universal del Ein Sof, y, por lo tanto, todo nuestro avance nos produce la felicidad intrínseca que tiene todo fragmento que se acerca a la raíz sustancial de donde proviene. Cada sujeto es parte de un Todo general que es la manifestación del Ein Sof en esta realidad inferior, y, por lo tanto, tenemos Emuná (confianza) en que cada vez que aumentamos nuestro nivel de consciencia captamos mayores niveles de manifestación de las energías divinas que se ocultan detrás de la materialidad del mundo inferior.
80. Los sabios o maestros pueden enseñar los métodos, pero siempre la sustancia subjetiva es la que debe manifestarse. No debemos confundir el control mental por parte de ciertos «gurús» que no trasladan la metodología, sino que, por el contrario, buscan el control mental del sujeto a través de una transgresión en la Klipá de Guevurá.

percepción de mi Merkabá interior no se encuentra sujeta a las percepciones exteriores, sino a mis propias percepciones, como saber si mi Yo que asciende a la Merkabá es el propio Yo a través de su autoconocimiento profundo. Por lo tanto, no es posible acceder a una comprensión del ascenso a través de las comparaciones del mundo inferior (mundo de la Bet). Al contrario, todas las comparaciones de mi Yo, en realidad, lo que manifiestan es el bajo nivel de mi Yo. La única forma de saber si mi Yo se encuentra operativo en el mundo superior (Alef) es la de percibir que estoy trabajando en el proceso de extracción de todas mis potencialidades interiores (a pesar de todos los obstáculos exteriores e interiores); por el contrario, entre los cabalistas sabemos que todos los obstáculos están diseñados con el objetivo específico de extraer todas las potencialidades. La heroicidad real del ser humano, y de todas las formas de existencia, es la de elevarse mesiánicamente sobre los niveles inferiores en dirección al Ein Sof. La mayor grandeza del ser humano es su potencia de perfectibilidad constante a pesar de sí mismo (porque para el judaísmo con ese objetivo hemos sido creados). En realidad, el problema se encuentra en confundir los límites de nuestra propia capacidad de percepción de la realidad con los límites verdaderos de la realidad misma.

El nivel de autosuperación constante que posee el judaísmo constituye la verdadera potencia espiritual que hace que todo ser humano alcance la felicidad dentro de su existencia fragmentaria. Cuando uno percibe que en el máximo sufrimiento, en la máxima oscuridad, Israel[81] extrae la luz del Ein Sof, contra esto no se puede luchar, porque la energía de la luz que proviene del Ein Sof siempre es (y será) superior a la oscuridad. La oscuridad simplemente está diseñada para que podamos captar limitadamente la luz del Ein Sof, ya que no existe otra función para la existencia de la oscuridad.

---

81. No debemos literalizar el concepto de «Israel», porque la oscuridad del mal puede operar dentro de la fragmentación étnico-cultural. Aunque la nación «Israel» a la que pertenezco es una cultura específica dentro de las fragmentaciones culturales de la humanidad, el rol de Israel en el mundo es el de la unificación armónica y mesiánica de todos los pueblos. El universalismo y el nacionalismo de Israel no constituyen una contradicción, sino la esencia de Israel, la consciencia expandida en el universalismo, y la consciencia restringida en el nacionalismo. Israel sostiene su identidad nacional hacia dentro, y expande sus valores hacia fuera. Los dos grandes monoteísmos (el cristianismo y el islam) son un producto directo del monoteísmo judío, y, por lo tanto, estos dos grandes movimientos espirituales han cumplido (y cumplen) la función de la universalización de los valores éticos del judaísmo. Por consiguiente así como el sujeto no puede vivir siempre en consciencia restringida, así el pueblo de Israel no puede vivir encerrado en su nacionalismo; y así como el sujeto no puede vivir en consciencia expandida, así el pueblo de Israel no se puede disolver y desaparecer entre los pueblos. Mientras no alcancemos los grados más elevados de ascensión hacia el Ein Sof, Israel siempre sostendrá un mesianismo potencial permanente, porque siendo el objetivo de Israel el mismo Ein Sof, entonces su función existencial es eterna.

Existir en conexión permanente con la esencia (la comprensión de la magnitud del Ein Sof) es lo que hace que realmente podamos alcanzar la felicidad, porque alcanzamos una felicidad desvinculada del mundo inferior, como estudiaremos en detalle a lo largo de este trabajo.

Para comprender la «Merkabá» debemos tener un dominio excelente del Árbol de la Vida (Etz Ha Jaim) y sus diferentes dimensiones, y la secuencia de la aparición de los diferentes universos concatenados. No se puede comprender el Maasé Merkabá sin comprender profundamente el Maasé Bereshit. Necesitamos comprender las manifestaciones del Ein Sof, y cuál fue la forma en que se creó este vacío, así como conocer profundamente el despliegue de las diferentes dimensiones para poder lograr comprender el misterio de la Merkabá. Todos estos asuntos los he desarrollado en mi segunda tesis doctoral en Antropología.[82]

¿Es posible liberar al Yo de todos sus condicionamientos? ¿No son los condicionamientos exteriores y los genéticos interiores los que provocan que seamos como somos? Suponiendo que nuestro «Yo» se encuentra completamente «condicionado» y que ya no tenemos forma alguna de extraer de nuestro ser todos los condicionamientos acumulados, entonces: ¿Cuál es la forma de transformarnos a partir de lo que tenemos? ¿Somos lo que somos o somos lo que hacemos con lo que somos? Nosotros no somos los que somos, somos en realidad lo que hacemos con lo que somos. Llevar toda la potencialidad a la realización es el mayor acto espiritual, porque espiritualizamos la materialidad al extraer la luz interior debajo de la materialidad en la que existimos. No podemos sostener una espiritualidad desvinculada de la materialidad.

¿Es nuestro Yo producto absoluto de los condicionamientos o podemos encontrar un Yo liberado de dichos condicionamientos? No podremos liberarnos jamás de los condicionamientos estructurales que se encuentran internalizados dentro de nuestro Yo, porque indudablemente ya se confunden estos condicionamientos con la esencia. Es más, cuando hacemos referencia a la raíz del alma, estamos diciendo que nuestra raíz está absolutamente predeterminada. Ahora bien, mi libre albedrío se encuentra en el nivel de esfuerzo que voy a desarrollar para extraer la luz de la raíz de mi alma. Cuando busco y encuentro mi máxima interioridad de la raíz del alma, encuentro el fragmento del Ein Sof dentro de mi ser.

---

82. *El Misterio de la Creación en la mística judía: el Maasé Bereshit*, tesis doctoral con la que alcance el grado de Doctor en Antropología en octubre de 2012 por la Universidad Rovira i Virgili y que fue publicada en enero de 2013 de forma de libro.

En definitiva, podríamos decir que la estructura del ejercicio de nuestro propio libre albedrío está determinada por nuestras primeras influencias infantiles. Sin embargo, para los cabalistas existe una información que proviene de nuestra alma, más allá de nuestra existencia física actual. Jung denominaba a esta información como «el inconsciente colectivo». En realidad, la cábala supera dicho concepto junguiano en la medida que considera las «Sefirot» (Dimensiones) como las estructuras básicas de toda la manifestación y de todo lo oculto no revelado. En realidad, el concepto de las Sefirot tendría relación con las «raíces arquetípicas».

Entonces, existe para la cábala un Yo que tiene información de existencias físicas pasadas y que sabe cuál es su identidad más allá de todos los condicionamientos infantiles. Esta es la Merkabá, el Keter de la Biná cosmogónica, el sitio santo donde nacieron las almas a la existencia. Y aunque pueda mentalmente (a través de la comprensión del Maasé Bereshit) acceder a un tiempo fuera de nuestro orden espacio-temporal, mi nacimiento subjetivo como «alma» (fragmento del Ein Sof) se encuentra dentro de este espacio vacío.

Como el «alma» ha sido creada dentro del Universo de Briá (la Creación), entonces debemos advertir que el alma se encuentra dentro del orden espacio-temporal.

Sin embargo, nosotros (cada una de las manifestaciones fragmentarias conscientes de existencia dentro del vacío) materializamos la información que existe oculta en el Ein Sof. Si el alma está capacitada para acceder a la información oculta en el Universo de Atzilut, podemos percibir la «Eternidad» a pesar de encontrarnos dentro del espacio-tiempo.[83]

Por lo tanto, cada vez que comprendamos mejor el sistema general del Cosmos (el vacío donde se manifiesta el Ein Sof) llegaremos a comprender con mayor precisión el sistema fragmentario de nuestra existencia psíquica, y, por otra parte, a medida que logremos avanzar en la comprensión de nuestra psique, mejor comprenderemos el Ein Sof.

---

83. Como dice el sabio cabalista Haim David Zukerwar citando al Rabí Yehudá Haleví Ashlag: «Debemos recordar que toda la sabiduría de la cábala está basada en estratos espirituales que no requieren de espacio ni tiempo, y ninguna falta o cambio los gobiernan ni afectan». «La ausencia, como el cambio, sólo actúa sobre los estados materiales, siendo allí donde reside toda la dificultad para los principiantes. Estos toman a menudo dichos conceptos en su expresión material dentro de los dominios del tiempo y el espacio, los cuales fueron utilizados por sus autores sólo como referencias palpables de sus raíces superiores» (*La Esencia, el Infinito y el Alma* de Haim David Zukerwar, página 39, citando al rabino Yehudá Ashlag en su obra *Talmud Eser Sefirot* Sección «Or Pnimí» (La luz interior), capítulo I, ediciones Índigo, Barcelona, septiembre de 2006).

Siendo nosotros «imagen y semejanza», somos la información externa materializada dentro del vacío, proveniente de un nivel de información oculta dentro de la esencia del Ein Sof.

Nosotros no necesitamos «revelar» a Dios, porque nuestra existencia en sí misma es una revelación fragmentaria de la Divinidad. Por lo tanto, cada vez que la psicología del misticismo judío trabaja en el análisis de la psique, en realidad está realizando un verdadero trabajo teológico, el único trabajo teológico posible, que es el de comprender el funcionamiento de la psique en relación al sistema general cosmogónico; porque es la «consciencia subjetiva» la única que puede comprender la existencia de la «consciencia objetiva». Dentro de la fragmentación siempre seremos consciencias subjetivas, pero sabemos que en realidad para conocer esencialmente la realidad debemos «pensar» fuera de nuestro punto subjetivo. Si la consciencia de existencia se ha revelado en nosotros, se puede continuar revelando eternamente dentro del sistema general, y dicha consciencia constituye la revelación del Ein Sof (Dios) en la realidad material.

El Ein Sof no necesita de nuestra especie para continuar revelándose. La revelación de la consciencia objetiva que ahora se revela fragmentariamente en nuestra subjetividad continuará revelándose más allá de nuestra historia. La consciencia del Ein Sof es eterna (atemporal) e infinita (sin espacio) y puede revelarse en todas las magnitudes imaginables.

Si tomamos en consideración lo anteriormente expuesto, el misticismo judío de la Merkabá propone que el ser humano (nuestro Yo) tiene la posibilidad de modificar la percepción de dichos condicionamientos externos a través del ejercicio del libre albedrío. Y el primer condicionamiento es la propia subjetividad, la propia posición del sujeto dentro del espacio-tiempo, y desde una posición fija. ¿Somos realmente libres si percibimos la realidad desde un punto fijo? Realmente, la libertad se ejerce en la medida en que podemos desvincularnos de nuestro propio centro subjetivo.

Pero conocemos un secreto, y es que el libre albedrío lo que busca en realidad es la conexión con la esencia del alma; por lo tanto, la naturaleza de nuestra alma se encuentra predeterminada por completo, y todo el trabajo de nuestra existencia es utilizar el libre albedrío para liberar la esencia del alma de todos los condicionamientos históricos que sufre. Todas las causas de los desequilibrios interiores provienen de la guerra interior entre el alma que conoce interiormente su propia naturaleza frente a los condicionamientos que sufrió el Yo en todos los niveles.

La psicología del misticismo judío desea hacer «conscientes» los condicionamientos culturales (Yesod), los condicionamientos instintivos (Maljut), pero sobre todo los condicionamientos subjetivos (Tiferet), porque al centrar al sujeto en su propia subjetividad este pierde contacto con la realidad y solamente proyecta su Yo en la realidad misma. Si le extrajésemos al Yo todos los condicionamientos sociales, nos quedaríamos realmente con el «Ello» freudiano o, como decimos en la cábala, con el alma animal (Nefesh). Sin embargo, ya no existe forma de dividir el «Ello» y el «Yo» freudianos, porque ahora operamos sobre un Yo integral. La interrelación entre el Ello y el Yo freudianos se encuentra tan consolidada en una única unidad que podemos perder los límites exactos entre ambos campos, ya que lo ideal es integrar los diferentes niveles del alma. Y este es el verdadero trabajo de la psicología del misticismo judío, el trabajo de integración de todos los fragmentos del Yo. Y si consideramos que cada Sefirá en sí misma debe ser considerada una dimensión en particular, entonces debemos integrar todas las dimensiones en una estructura única. La estructura única (oculta) que se encuentra detrás del Árbol de la Vida es el verdadero «Yo». Es quien decide en qué dimensión debemos operar y en qué grado energético. Por ese motivo, debemos aprender la potencia energética de cada dimensión en particular para saber cómo debemos operar en cada una de ellas.

20. La Biná y la Jojmá en el Universo de Yetzirá

«En cada hombre hay algo precioso que no se encuentra en otro hombre».

Rabí Pinjas de Koretz

Todas las conceptualizaciones que realizamos en realidad son para comprender desde nuestra Biná la realidad del Yo, pero el Yo está completamente fundido en una estructura única integral (no integrada), y como no se encuentra integrada en la psique he ahí el problema, porque lo que debe unir al alma en todos sus niveles es su propia raíz (la Merkabá o núcleo duro de la Biná). ¿Cómo decimos que, por una parte, se encuentra integrada y, al mismo tiempo, decimos que no se encuentra integrada?

Porque la psique trabaja desde la Biná desintegrando las partes para comprender la realidad, y la realidad opera desde una unidad consolidada, por lo que, nos encontramos ante el problema de trabajar fragmentariamente sobre un sistema integrado, y no queremos trabajar de forma integrada porque sabemos que, como cada fragmento conduce automáticamente a otro, la Biná no quiere avanzar más porque pretende comprender de modo autónomo el fragmento que mentalmente ha dividido, de manera que toda división o fragmentación de la realidad le otorga a la psique la ilusión de un control de la realidad, pero no le otorga un conocimiento integral del sistema integrado.

Porque dada la complejidad de la realidad, nuestra Biná (el Entendimiento) no podría soportar un pensamiento donde todas las relaciones existentes entre las partes aparezcan automáticamente dentro de nuestra mente.

La Biná se resiste a comprender la realidad en su totalidad, porque trabaja sobre cada idea de forma fragmentaria, y si bien puede establecer relaciones de dicho fragmento con el resto de la realidad, la Biná es consciente de sus límites a la hora de establecer una relación de dicho fragmento con la totalidad de la realidad. Siendo imposible comprender un «fragmento» en relación a todos los otros fragmentos existentes en la realidad, la Biná nos otorga una seguridad ilusoria al comprender cada fragmento de modo entrópico.

Cualquier disolución de los límites de dicho fragmento dentro de la realidad general cosmogónica da como resultado la ineficacia de los sistemas de seguridad mental que nos otorga la Biná. Siendo (por ahora) imposible percibir la interacción de todos los fragmentos entre sí en el marco de una totalidad relacional, la Biná es consciente de su propia insuficiencia a la hora de percibir la realidad si no es de modo entrópico. Estas diferencias de percepción psicológicas entre el funcionamiento de la Biná y la Jojmá del Universo de Yetzirá fueron explicadas magistralmente por el sabio cabalista Ione Szalay (1966-2014) en una de sus obras:[84]

«El Árbol enseña a distinguir. Distinguir no es solo separar: es saber cómo las cosas se expresan con matices, pero a partir de una unidad. El kabalista distingue para después unificar; pero unificar, desde un lugar verdadero, no es mezclar.

»Uno puede tener mayor propensión a la Biná, y por ende, ser más racionalista, más tradicionalista o disciplinado, y otro puede inclinarse más hacia la Jojmá, esto es, ser más intuitivo, menos formal. Estas son tendencias del intelecto, que resultan necesarias para que las almas se encuentren con el destino o Karma; de lo contrario, no existiría la evolución. Si uno no tuviese que aprender, ¿para qué encarnaría, pues? Se reencarna porque el alma, en su camino, tiene alguna tendencia en particular y otra no resuelta; entonces busca la unidad. La Kabala, precisamente, enseña a reconocer la tendencia básica que uno tiene para después unificarla con la otra. En otras palabras, el aprendizaje del Árbol de la Vida es el aprendizaje de la unidad, de la integración de las fuerzas de tal manera que uno llega a constituirse como un árbol: el árbol es el ser humano; tiene un tronco; y así como las raíces están conectadas a la tierra, nuestros pies también caminan sobre ella, mientras nuestros brazos buscan el cielo.

»Los kabalistas dicen que Keter es la esfera más evolucionada, la más unificada, la más cercana a lo divino. Se la podría comparar con la savia de un árbol, que lo recorre todo, que se encuentra en todo, desde las raíces hasta el fruto y la semilla. Análogamente, el espíritu no está solo en la cabeza, sino también en el pie. Los pies tienen conciencia y uno puede percibir a través de ellos o de sus manos, o a través de todo su cuerpo.

»En resumen, hay una unidad dinámica y el kabalista se sirve de la distinción para llegar a esa unidad. Biná es la distinción, el pensamiento que distingue las

---

84. *Kabalá básica: el arte del descubrimiento de lo real*, volumen I, páginas 70 a 71, editorial Kier, Buenos Aires, 2004. Este párrafo justamente lo he agregado a la tesis doctoral el día viernes 4 de julio de 2014, y ayer por la noche 3 de julio de 2014 falleció el gran cabalista Ione Szalay (Z"L).

cosas, y Jojmá es la unidad, pero siempre van a estar relacionadas, porque si uno percibe, solo la unidad absoluta no puede comunicarse, no puede compartir con el otro, no puede distinguir. Un loco tampoco puede distinguir. Necesitamos distinguir. Necesitamos la razón; no hay, pues, que despreciarla: hacerlo es un gran error.

»Un kabalista decía que hay dos formas de locura: una es perder la razón,[85] y la otra es quedarse solamente con la razón.[86] Ninguna de estas dos cosas, por separado, sirve; lo que hay que lograr es, como dice la Kabala, una fe razonada, esto es, unir dos cosas, la fe y la razón, en un corazón inteligente. Este es el objetivo del kabalista. Y está representado en el Árbol, a nivel humano, por la interacción de Biná y Jojmá. Cuando ambas columnas se integran armónicamente se revela la esfera de Keter y se produce la gran coronación de nuestra vida».

La psicología, por lo tanto, como todas las disciplinas ha optado por el camino entrópico que otorga seguridad al análisis interior de la psique. La psicología del misticismo judío propone elevarnos de los marcos limitativos entrópicos de la psicología tradicional, para operar sobre magnitudes energéticas superiores en marcos relacionales de la psique con su entorno general.

Sin embargo, cuando operamos desde la Jojmá (la Sabiduría) realizamos el esfuerzo consciente de unificar la realidad comprendiendo (o intentando imaginar) las interconexiones de los diversos fragmentos dentro de una realidad unificada. Cuando uno opera desde la Jojmá psicológica (en el Universo de Yetzirá) está trabajando con un tipo de simbolización que permite comprender las partes como fragmentos de un «Todo integrado». Y justamente el «Yo» es el «Todo integrado» en los universos inferiores. Si somos conscientes de que existe un Árbol de la Vida completo dentro de nuestra estructura, debemos posicionarnos desde fuera de nuestro propio Árbol de la Vida para realmente percibir todas las dimensiones y sus conexiones.

El problema de percibir realmente el sistema como «integrado» es el de conocer las relaciones de los fragmentos, y es justamente aquí donde nos encontramos perdidos dentro de la Biná, debido a que la Biná se concentra y focaliza sobre un fragmento específico de la realidad, y no logra percibir sus relaciones. El problema es más profundo ya que todo «fragmento» se encuen-

---

85. La pérdida de la razón se puede derivar exclusivamente de trabajar con la Jojmá sin el auxilio de la Biná, que conceptualiza y organiza la realidad.
86. Cuando un sujeto exclusivamente opera dentro de la Biná se queda con la sola razón y no posee la capacidad de ampliación de su sistema mental hacia la complejidad general de la realidad.

tra automáticamente relacionado con el conjunto como un Todo integrado. El problema adicional es que trabajando sobre las «relaciones» del fragmento con los otros fragmentos, la Biná pueda verse desbordada y descontrolada por la cantidad de información que debe relacionar, ya que todas las relaciones de influencia lo son al infinito, y cada vez que algo se mueve provoca automáticamente un movimiento general en el orden cosmogónico, y lo que es más, existen movimientos de todos los fragmentos de forma simultánea, por lo que el funcionamiento de los fragmentos se puede comprender exclusivamente por los niveles de influencia del resto de los fragmentos.

Nuestra Biná (el Entendimiento) puede enloquecer intentando demostrar las influencias de cada fragmento sobre la totalidad del sistema de fragmentación. Como nuestra Biná no puede operar en este complejo nivel relacional, entonces opera situándose dentro de unos dogmas determinados para no perderse dentro de la realidad.

Sin embargo, el sistema de unificaciones constantes que se opera desde la Jojmá es el que puede percibir desde «arriba» las conexiones entre los fragmentos. Como sería un trabajo arduo operar la comprensión de las relaciones fragmentarias desde la Biná, entonces operamos desde arriba, situándonos dentro de las variables más altas de comprensión física.

Siendo las Sefirot las primeras realidades objetivas fragmentadas, entonces podemos decir que todas las fragmentaciones menores se pueden siempre agrupar dentro del símbolo del Árbol de la Vida.

Para comprender nuestro Árbol de la Vida subjetivo (nuestra estructura integral del Yo), debemos situarnos desde el universo superior a Yetzirá, es decir, debemos comprender la realidad desde el Universo de Briá, y sin embargo allí el Árbol de la Vida objetivo opera aún con las variables de tiempo y espacio que condicionan la percepción de la realidad. Entonces subimos más arriba del Universo de la Briá, y nos situamos en el Árbol de la Vida del Universo de Atzilut donde solo existen las puras simbolizaciones de toda la estructura objetiva.

El máximo esfuerzo posible debería ser captar algún destello de la visión objetiva del Ein Sof fuera del vacío. Entonces, para comprender realmente la «psique» (Merkabá) en su máxima interioridad, debemos captar la estructura general del universo (Maasé Bereshit), porque nuestra psique es la conciencia de la existencia producto de las energías provenientes del Ein Sof.

La cábala entiende que el sistema que se manifiesta constituye una integración de sus componentes, es más, visto desde el orden cosmogónico no existen componentes independientes, sino un único sistema integrado.[87] La única forma de comprender la realidad (desde la consciencia Alef) es trabajando en la integración constante de la realidad, y este trabajo amenaza directamente el funcionamiento de la psique tal como se viene trabajando hasta ahora, porque la psique divide para comprender,[88] y toda división genera automáticamente incomprensión del sistema general que opera como un «Todo integrado». Se podría objetar a este trabajo de unificación constante que es un «imposible» dada la dualidad permanente que vivimos por la escisión de la consciencia y la existencia, sin embargo, para los cabalistas esta dualidad estructural en la que vivimos no debe representar un obstáculo para acceder a los niveles más elevados de la consciencia. Porque el camino de la consciencia subjetiva es infinito. Siendo la consciencia un producto de la misma existencia, la dualidad existencial no es real en términos de la consciencia Alef. En realidad, cuando

---

87. El psicólogo Carl Rogers (1902-1987) escribe en una de sus obras sobre los estados alterados de conciencia: «Pero algunas teorías van todavía más lejos. Investigadores como Grof y Grof (1977) y Lilly (1973) creen que las personas pueden avanzar más allá del nivel ordinario de la conciencia. Sus estudios parecen revelar que en estados alterados de la conciencia, las personas entran en contacto con el flujo evolutivo y adquieren conocimiento de este. Lo experimentan como algo que tiende hacia una experiencia trascendente de unidad. Visualizan el sí mismo individual como disuelto en un área total de valores más elevados, en especial de belleza, armonía y amor. La persona se siente identificada con el cosmos. La investigación más rigurosa puede confirmar la experiencia mística de la unión con lo universal. Personalmente, he hallado confirmación de este criterio en mi experiencia profesional más reciente con clientes individuales y especialmente con grupos intensivos. Antes he hablado de las características que favorecen el crecimiento de las relaciones, corroboradas por la investigación. Pero recientemente he ampliado mi criterio para abarcar una nueva área, que todavía no puede ser estudiada empíricamente. Cuando mi estado es óptimo, ya sea como facilitador de grupo o terapeuta, descubro otra característica. Cuando logro acercarme al máximo a mi íntimo e intuitivo mí-mismo, cuando de algún modo entro en contacto con lo desconocido en mí, cuando me encuentro quizás en un estado ligeramente alterado de conciencia, haga lo que haga parece rebosar propiedades curativas. En tales circunstancias, mi simple presencia es liberadora y útil a los demás. Nada puedo hacer para forzar esta experiencia, pero cuando logro relajarme y acercarme a mi núcleo trascendental, mi conducta en la relación puede ser extraña e impulsiva, sin justificación racional, ni vínculo alguno con los procesos de mi pensamiento. Sin embargo, ese extraño comportamiento, de algún modo singular, acaba siendo correcto, parece como si mi espíritu interno se extendiera para alcanzar el de mi interlocutor. Nuestra propia relación trasciende y se integra a algo más amplio...». (*El Camino del Ser* de Carl Rogers, página 73, editorial Kairós, Barcelona, quinta edición, junio de 2007).
88. Entonces se provocan paradójicamente dos resultados, un resultado positivo, y es que la psique puede comprender el fragmento estudiado, y el segundo resultado (este último negativo) que al no comprender el sistema relacional de dicho fragmento con el conjunto provoca que realmente el fragmento estudiado no sea comprendido en un nivel superior al faltar una serie de datos que provienen de otros sistemas fragmentados. Si trabajamos en relacionar los fragmentos en el orden superior, podemos comprender mejor todo fragmento como una parte del sistema general. En ese sentido, la psique, como objeto de estudio fragmentado, debe ser estudiada como parte del sistema general, de lo contrario perdemos las relaciones de la psique con la realidad cosmogónica general y seguramente cometemos inevitables errores de comprensión en un nivel superior.

ya establecemos el objeto de la paradoja, la misma paradoja ha sido resuelta. Las paradojas juegan en el campo de los extremos conceptuales, sin embargo, sabemos que los extremos conceptuales se disuelven cuando encontramos la misma raíz que los sustenta.

Por eso, solamente percibiendo el universo (y la psique dentro de este) como un todo integrado realmente podemos comprender todo el orden manifestado dentro de esta realidad. Realizar el esfuerzo desde la Biná es casi imposible (aunque algún día se pueda llegar con gran esfuerzo a la comprensión racional de las interconexiones generales de todos los fragmentos). El esfuerzo lo debemos realizar en el orden de la Jojmá psicológica operando las Sefirot como raíces arquetipales donde podemos unificar por «arriba» la realidad fragmentaria general.

21. Las posibilidades del Yo interior

«No todo ser humano tiene el privilegio de reconocer su lugar específico en el Universo».

Rabí Moshe Cordovero

No somos exclusivamente Nefesh, sino que el «Ruaj» es nuestro Yo interior que se crea a partir de las influencias culturales. Sin embargo, el trabajo de liberación interior real se debe producir en la Biná donde se encuentra nuestro nivel intelectual (la Neshamá).

No nos liberamos de los condicionamientos externos, sino que evaluamos integralmente nuestro Yo (como la unión de la esencia y los condicionamientos).

Lo que decimos cuando expresa que nuestro Yo se quiere liberar de los condicionamientos externos expresamos una idealización porque esto constituye un trabajo imposible; porque todos los condicionamientos externos incorporados a mi Yo son expresables subjetivamente como partes de mi propia identidad incorporados dentro de mi proceso de crecimiento. El «Yo» absolutamente esencial se vuelve imposible de captar dentro de una definición conceptual, pero si podemos captar el «Yo» que se oculta[89] detrás de todo el sistema simbólico del Árbol de la Vida. Este «Yo» es el que coordina las diversas dimensiones (Sefirot) de la estructura.

El Yo actualizado es lo que se produce dentro de la Biná, donde se modifican constantemente nuestras autopercepciones. El acceso a estas profundidades se corresponde con el Maasé Merkabá. Sin embargo, la consciencia «Merkabá» es aquella que se desarrolla en primer lugar dentro de la Biná psicológica, pero que, luego, debe necesariamente desdoblarse de todo el Universo de Yetzirá, para alcanzar la Biná cosmogónica (raíz de las almas) porque es a partir de un nivel superior a nuestra subjetividad donde realmente podremos comprender todos los fragmentos interiores de nuestro Yo. Las dimensiones psicológicas del universo yetzirático se deben comprender desde un nivel superior, y dicho nivel superior se corresponde con el Universo de la Briá.

---

89. A este tipo de Yo, el misticismo judío lo asocia con la voluntad integrada del sujeto.

22. El mal dentro de la percepción del Yo

«El Bien y el Mal tienen un origen común».

Rabí Isaac, el Ciego de Girona

La revisión de la historia del Yo puede hacer que el Yo perciba elementos negativos para su estructuración actual y tienda a extraer o confirmar estos condicionamientos, porque no todos los condicionamientos son negativos. Sin embargo, lo que causa «dolor» es lo que debemos corregir,[90] y por lo tanto, tenemos una tendencia negativa a visualizar exclusivamente lo negativo sin potenciar y reconocer la herencia positiva de nuestra estructura familiar. Todo lo positivo que nos han brindado: el amor de nuestros padres (a pesar de todas sus equivocaciones), el amor de nuestros abuelos (a pesar de sus equivocaciones con nuestros padres), incluso todo el dolor que hemos tenido que experimentar para poder crecer; porque el «mal» debe ser incorporado como un elemento fundamental dentro del sistema de aprendizaje. Siempre se ha criticado el transpersonalismo de evadir el asunto del «mal», en cambio, la psicología del misticismo judío no puede evadirse del «mal» y sus consecuencias. Existe un carácter pedagógico en el bien y en el mal, y cuando realmente aplicamos la pedagogía al mal, en realidad extraemos lo «bueno» del mal, y en consecuencia derrotamos al mal dentro de la Biná, aunque continuemos sintiendo dolor en los niveles más bajos de la realidad. El dolor es el precio que se ha de pagar por existir dentro de la realidad física, sin embargo, cuando el «Bien superior» se hace cargo de los niveles inferiores, entonces podemos

---

90. Debemos siempre «corregir» y nunca eliminar. Todo intento de «eliminación» de las energías negativas lo único que hace es fortalecer el mal. En el misticismo judío hacemos referencia a la «reconducción» de las energías negativas de su posición de negatividad a una posición de bondad. Dice Yosef de Gikatilla que «el mal es el bien en posición incorrecta». Siendo esta la realidad, las energías negativas no son nunca sustancialmente negativas, sino que se encuentran en posición incorrecta, y quien las sitúa en dicha posición incorrecta siempre es un sujeto que opera en una situación subjetiva incorrecta. Si en vez de trabajar para eliminar el problema reconducimos las energías hacia posiciones correctas, automáticamente transformamos la negatividad en positividad. Lo negativo no es intrínseco a la energía, como lo positivo no es intrínseco, sino que depende de la posición física en el espacio-tiempo. Por ese motivo, decimos que son los condicionamientos del Espacio y del Tiempo los que producen lo negativo o lo positivo dentro de nuestra realidad.

lograr una transformación radical del mal. Esta posición no anula de ninguna manera el dolor que causa el «mal» en los niveles inferiores, porque debemos afirmar que el mal es real dentro del orden más denso de la materialidad.

Si aprendemos del bien y del mal, ya nos encontramos más allá del bien y del mal. Si la totalidad de la existencia es percibida como un aprendizaje, entonces automáticamente todo se vuelve positivo; en este punto podemos decir que el «mal ha sido derrotado» porque lo hemos transformado en bien, no porque lo hemos afrontado, ya que cada vez que afrontamos el mal le otorgamos una solidez más elevada. El propio desgaste energético del enfrentamiento provoca que el mal se haya transformado en una entidad real cuando carece por completo de realidad (desde la percepción del mundo superior).

Dicho en otros términos, el mal es un producto de nuestra imposibilidad de comprensión. Cada vez que aumentemos el nivel de comprensión derrotaremos al mal, porque el mal es simplemente una percepción errónea de la realidad por nuestra ignorancia. El mal surge por falta de Daat (el Conocimiento); por ese motivo, la redención subjetiva (para la cábala) se asocia con el aumento de nuestro Daat. Un aumento constante del Daat automáticamente constituye nuestra propia redención. Debemos considerar el concepto del «Daat» (desde la perspectiva del judaísmo) como un conocimiento teórico-práctico (lamentablemente, en Occidente asociamos el conocimiento exclusivamente al marco teórico) y, en segundo término, el concepto de «Unión», porque el verdadero Daat tiende a la unión y no a la fragmentación.

Sabemos que el trabajo de modificación de nuestras percepciones es muy difícil porque estos elementos se han incorporado a nuestra identidad de tal modo que tenemos una alta dificultad para poder extraerlos.

Hay que situar el dolor o el placer que nos provocan estos mecanismos. Si el mecanismo es doloroso, no estamos en el nivel de aceptación del funcionamiento de nuestro Yo. Es preferible buscar la raíz secreta o la causa secreta de los dolores que percibimos, porque siempre debemos saber, por el conocimiento de la cábala, que las energías más potentes se encuentran detrás de esta realidad aparente. Y cuanto más ocultas estén dichas energías más potencia tienen.[91] Porque al revelarlas reconocemos la potencia de di-

---

91. Hasta llegar a lo más oculto de los ocultos que es el Ein Sof. Todas las energías reveladas son las que podemos soportar; debemos prepararnos psíquicamente para revelar las verdades ocultas detrás del sistema de velos que posee esta realidad. Abraham Abulafia los llamaba las «vestimentas que ocultan la realidad», y decía que cuando llegarás a la última vestimenta de tu pensamiento, entonces sabrías que dicha vestimenta posee cierto grado de materialidad que también debes destruir, porque siempre existe un conocimiento secreto de orden superior.

chas energías, y al conocer su nivel energético podemos trabajar con ellas. Mientras algo se mantiene oculto, nos causa un mal porque no conocemos la aplicación de la energía psíquica que necesitamos para canalizar dichas energías. Al revelar lo «oculto» lo hacemos existente a nuestra consciencia, porque mientras se mantenía en dicho estado de ocultamiento la consciencia no lo percibía y operaba de un modo desequilibrado por desconocimiento. Por esa razón, muchos desequilibrios (la gran mayoría) provienen de la falta de Daat (el Conocimiento), aunque sabemos que existen «desequilibrios» a pesar del «Daat» (pero de un conocimiento teórico, porque si fuera un Daat real, estaría completamente insertado dentro de la experiencia material del sujeto).

Cuando revelamos (Niglé), entonces ascendemos nuestra Tiferet a la posición de Daat en el Árbol de la Vida. Y cuando alcanzamos «Daat», en realidad, nos encontramos percibiendo indirectamente a «Keter»; por ese motivo, sabemos que a Daat se la denomina como el «Keter caído». Elevar «Daat» hacia Keter es anular el «Pan de la vergüenza»;[92] para «merecer» Keter debemos trabajar desde Daat.

---

92. El concepto de «Pan de la vergüenza» es una idea de la cábala para hacer referencia a lo que no hemos ganado a través de nuestro esfuerzo, sino que lo hemos obtenido simplemente por el Jesed divino. A veces, tanto Jesed divino hace que no podamos percibir el «valor» de las cosas que tenemos y del «ser» que somos.

23. La soledad del Yo y la ilusión de seguridad de la Biná psicológica

«Los días pasan y se han ido y uno encuentra que nunca tuvo el tiempo suficiente para estar con uno mismo».

NAJMÁN DE BRATSLAV

Si el Yo sufre, indudablemente se encuentra en una situación de contradicción que no logra resolver. El sufrimiento esencial se encuentra en la base del vivir dentro de la dualidad del sistema inferior del Árbol de la Vida, porque el primer sufrimiento es la conciencia de nuestra subjetividad solitaria. La soledad del Yo es la representación de la conciencia del mundo inferior. El precio que el Yo tuvo que pagar para ser Yo es su estado de soledad estructural porque ahora es un ente «diferente» del resto de la naturaleza, en la medida en que debe sostener una consciencia subjetiva. Esta «subjetividad» lo atrapa dentro de su soledad estructural. El Yo se siente solo porque en tanto Yo está realmente solo, porque su subjetividad psíquica no le deja percibir que es un fragmento del Ein Sof dentro de las manifestaciones.[93] El Yo es al mismo tiempo parte de la misma naturaleza, y a la vez es diferente. La diferencia la establece la Biná del Yo, porque la Jojmá psicológica es la que continúa con la consciencia de unificación del Yo con el resto del sistema (No-Yo). La Biná nos reafirma en nuestra identidad, y la Jojmá nos libera de toda identificación subjetiva haciéndonos conscientes de ser partes de la manifestación general.

---

93. El amor al prójimo (en tanto ente finito) es la destrucción imaginaria del estado de soledad estructural del Yo. Sin embargo, si abandonamos esta ilusión, el Yo sabe que se encuentra solo frente al Ein Sof. Si todo lo que ama puede ser destruido, y si todo lo que ama algún día desaparecerá, el sujeto comprende el estado de soledad radical frente al Ein Sof. El «Amor» representa la conexión de un Yo solo con otro Yo solo que son conscientes de que jamás pueden destruir el estado de soledad en que se encuentra cada uno de ellos. Lo único que puede «Amar» realmente y sabe que no se destruirá es el Ein Sof, es entonces donde el fragmento del Ein Sof realmente sale de su soledad estructural para autocomprenderse como parte de la Totalidad. El «Amor» subjetivo a otro sujeto se deriva de la compasión hacia el estado de soledad del «Otro», como una proyección indudable de mi estado de soledad interior. Sin embargo, a pesar de que esta soledad puede ser percibida como negativa, en realidad representa una enorme oportunidad, porque dentro de cada sujeto existe potencialmente un universo de posibilidades por descubrir y revelar en la exterioridad.

Cada vez que la Biná psicológica del Universo de Yetzirá nos provoca un aumento de la subjetividad, automáticamente creamos una sensación mayor de soledad estructural. Si solo percibimos la realidad desde la más pura subjetividad, el estado de soledad radical nos lleva automáticamente a un egoísmo material y fragmentario dentro del mundo inferior.

Las limitaciones subjetivas que conforman toda subjetividad se encuentran dentro del Yo mental (Biná psicológica), sin embargo, dicho Yo mental puede (debe) ser resituado en otra posición por un Yo extra-mental (o mentalmente intuitivo de la Jojmá psicológica).

Cuando percibimos las dicotomías como reales, toda nuestra percepción es dolorosa, todo se transforma en un mundo de blancos y negros (el mundo de los absolutos fuera del Ein Sof, de los dogmas, de los axiomas, etc.) donde no existen síntesis, ni matices ni conciliaciones, es el mundo de las «idolatrías» de todo tipo (la percepción inferior del mundo inferior, porque debemos lograr la percepción superior del mundo inferior, ya que nunca se anula el mundo inferior).

Si la psique se vuelve un ente limitado por sus fronteras mentales de la que se excluyen las zonas grises, entonces fijamos dogmas o líneas de defensa subjetivas. Y todos sabemos que el sujeto (como todo ente finito dentro de la realidad espacio-temporal) es un ser transicional. Establecer un solo concepto fijo dentro de la realidad mental es dogmatizarnos de forma inevitable. Todos los conceptos deben ser interpretables, y todo asunto debe ser producto de una serie de matices permanentes. Sin un trabajo de interpretación eterno, los conceptos mentales de la Biná se pueden transformar automáticamente en dogmas fijos.[94]

Todo este trabajo lo hace la Biná psicológica con el objetivo de defender nuestra supervivencia subjetiva. Sin embargo, estas defensas excesivas de los niveles de subjetividad se pueden convertir en herramientas negativas (y de hecho realmente se convierten) para la propia elevación psicológica del sujeto.

Toda palabra que pronunciamos nunca es específica si no se encuentra dentro de un sistema permanente de generalizaciones. Todos los conceptos son en realidad operativamente «dogmas» a los que se les ha dado un sentido

---

94. Recuerdo en una clase de mística judía con uno de mis grupos más avanzados cuando la alumna María José Miras (el día viernes 5 de diciembre de 2014) me advirtió de que estaba conceptualizando los elementos de análisis de la clase como formas cerradas dogmáticas. Allí advertí el problema: que cada vez que hacemos referencia a una palabra determinada estamos fijando la realidad como inmutable y automáticamente podemos crear «dogmas».

absoluto. Nuestras propias palabras dentro de este mismo texto pueden ser consideradas «absolutas», y esto provoca que la Biná se sienta segura y cómoda operando sobre dogmas limitados y supuestamente controlables. Sin embargo, si profundizamos en cada concepto, podemos percibir que la cantidad de zonas grises son mayores que los límites impuestos a través del lenguaje por la necesidad de seguridad mental que tiene nuestra Biná psicológica.

Todas las generalizaciones son dogmáticas, y toda palabra debe necesariamente generalizar, lo que hace que cada palabra adquiera una potencia negativa por sí misma si no se la comprende a partir del sistema general y en tanto fragmento dependiente.

Denominamos como conciencia tiferética aquella por la cual el Yo se refuerza constantemente, y la conciencia ketérica aquella por la cual el Yo desea unirse y fundirse al No-Yo. La conciencia tiferética es la que une mi Yo interior al Yo mental de la Biná. La Biná controla mi Tiferet, y le otorga seguridad emocional, lo cual es positivo en un estadio del desarrollo humano, pero se vuelve negativa dicha seguridad en tanto se puede producir una falta de creatividad. La Biná psicológica al operar como Madre arquetípica nos otorga a toda costa la seguridad que necesitamos para operar de forma mínima sobre la realidad general.

24. La conciencia «ketérica» y los conflictos derivados de la Biná psicológica

«El hombre no cambia con la muerte de su parte inmortal, sino que es mortal e inmortal incluso en vida, al ser tanto Ego como Self».

CARL GUSTAV JUNG

En cambio, la conciencia ketérica es la que une la Biná con la Jojmá en un plano superior, es la que eleva el Daat al máximo nivel posible de mi subjetividad, y al mismo tiempo recorre el camino de la desubjetivizacion del sujeto.

Por lo tanto, la conciencia ketérica se produce por la intervención de la Jojmá psicológica que destruye transitoriamente los límites psicológicos que otorgan un tipo de seguridad proveniente de la Biná psicológica.

El mundo o el universo de la fragmentación nos hace percibir la realidad como diferenciada y, por lo tanto, habitualmente puede ser conflictiva, y nosotros (nuestro Yo) nos situamos en algún punto espacial y temporal del conflicto. Es interesante ver cómo nace dentro de la Biná psicológica la paradoja que estamos explicando: por una parte, la necesidad de seguridad de la Biná hace que se «dogmaticen» las realidades percibidas a través de la conceptualización (Hod), pero al mismo tiempo, al realizar este proceso de dogmatización conceptual, inevitablemente creamos conflictos permanentes con todos aquellos fragmentos exteriores al concepto que, en el intento de relacionarlos, lo que hacen es destruir las fronteras conceptuales.

¿Cómo sostener la individualidad subjetiva de mi Yo y simultáneamente a partir de mis diferencias reconciliarme con el universo de los otros o, mejor dicho, con el Universo en su totalidad? Sosteniendo la diferencia subjetiva en el plano inferior, y trabajar en una conciliación constante de mis fragmentos en el plano superior. ¿Cómo ser un fragmento del Ein Sof y no defender mis fronteras subjetivas que provocan el conflicto permanente con el entorno? ¿Cómo sostener mis diferencias subjetivas en una empatía constante con el entorno y no como un sistema defensivo de conflictos potenciales o reales?

Si mi «Yo» percibe a los «otros» como enemigos, entonces la identidad de mi Yo es muy débil, porque toda diferencia es percibida automáticamente dentro de un conflicto. Si mi «Yo» percibe a los «otros» como amigos, entonces mi identidad no tiene temor a ser destruida por las diferencias y, por consiguiente, no debe defender nada ya que no existen amenazas a la identidad. Además, ¿para qué tengo que defender una subjetividad que lo que provoca es una distorsión permanente de la realidad? No debo defender mi «subjetividad» como un elemento fijo, porque lo que realmente estoy provocando es un conflicto permanente con el entorno; lo que realmente debo construir es una «subjetividad dinámica», que destruya constantemente los límites fijos de mi subjetividad estática.

El principal problema de mi subjetividad es el deseo de la Biná de fijar de modo estático dicha subjetividad. Si puedo lograr dinamizar mi subjetividad y, por medio de la autocrítica constante, destruir de forma permanente los límites de mi propia identidad con el objeto de ampliar mi Kli de recepción, todo supuesto ataque exterior a mi subjetividad queda anulado de modo anticipado, debido a que mi propio Yo mental puso en tela de juicio las fronteras fijas de su propia subjetividad.

Por lo tanto, cualquier ataque exterior a mi subjetividad se debe volver ineficaz porque en realidad no ataca a ningún sujeto, en tanto considero que mi subjetividad representa una verdadera distorsión para alcanzar mayores niveles de consciencia. Un proceso constante que lleve al Yo a reconocer las «seguridades» de la Biná como ilusiones en el mundo superior, y que estas seguridades son las que causan mi falta de crecimiento definiendo mi subjetividad en un punto estático dentro de la realidad.

La verdadera amenaza a la identidad del Yo es cuando el Yo percibe las diferencias como amenazas, es decir, cuando son las percepciones negativas de mi Yo las que constituyen realmente la verdadera amenaza. Y mi Yo percibe las amenazas a su subjetividad en cuanto considera al sujeto como un punto fijo y dogmático, porque si el sujeto destruye su subjetividad en la máxima medida posible, la flexibilidad que adquiere es de tal nivel que no existe ataque a ningún punto fijo dogmático.

El mal antes de atacar debe establecer un punto fijo; y si en un plano superior disolvemos transitoriamente nuestra subjetividad dentro de las manifestaciones cosmogónicas del Ein Sof, entonces no existe el mal ni el bien como entidades estructuradas y conceptualizables. Cuando reducimos dogmáticamente un concepto dentro de la realidad (y no trabajamos en las constantes matizaciones), el mal puede atacar, porque, en realidad, la misma dogmatización es un elemento de seguridad ilusoria de la Biná que distorsiona la realidad, y entonces se produce el efecto contrario al buscado por la Biná. Si la Biná psicológica buscaba seguridad a través de las dogmatizaciones conceptuales, lo que ha dado como resultado es el ataque más radical a entes fragmentarios que se autoconsideran como absolutos.

25. Los conflictos potenciales en defensa de mi subjetividad estática

«Podemos vivir sin un padre que nos acepte, pero no podemos vivir sin un mundo que tenga sentido».

ROLLO MAY (1975)

En realidad, cuando mi Yo se cree que es algo es cuando debe defender ese algo. Cada vez que defiendo mi Yo en su estructura finita de identidad se crean las bases del conflicto. En realidad, mi Yo no tiene que defender ningún Yo, ya que todas mis energías deben encontrarse al servicio de direccionarme hacia el Ein Sof, pues cualquier defensa de mi Yo por parte del Yo constituye indudablemente una pérdida de energía psíquica considerable que debe estar al servicio del ascenso y mejoramiento constante que nos conduce en dirección a Keter. Si mi Yo se concentra exclusivamente en su trabajo específico, que es la extracción de todas sus potencialidades interiores (incluso en la relación social de la dimensión de Yesod), entonces no desgasta sus energías psíquicas en estos conflictos.

Cuando los «Otros» no encuentran su propia definición subjetiva y «atacan» a nuestro Yo, debemos aprender que siempre tenemos la tendencia (que debemos superar) de definir nuestra identidad estática a través de una dogmatización agresiva con el entorno.

Cada vez que mi Yo pierde toda su energía psíquica en los conflictos, lo que demuestra es que no se sabe definir a partir de su propia identidad interior dentro de la Tiferet. Esta actitud, por la cual el Yo no se estructura a partir de su interioridad sino del reconocimiento exterior, se da cuando el Yo tiferético desciende al yo yesódico. Existen, pues, altas dependencias de mi Yo en relación al entorno (elogios de los demás, críticas, agresiones, etc.). Si mi Yo se defiende, entonces no crece mi Kli de recepción; en cambio, si mi Yo acepta las diversas situaciones, aumenta constantemente mi Kli.

Paradójicamente, defendiendo la identidad de mi Yo a través del conflicto demuestro el bajo nivel de mi propia potencia identitaria, ya que mi Yo no se encuentra anclado en su Tiferet, sino en su dependencia social en el nivel más bajo de la Yesod. Es cuando decimos en la psicología del misticismo judío que el Yo desciende al «Ego». Lamentablemente, muchos sujetos trabajan toda su existencia en ampliar el nivel egoico (el Yo yesódico) que les otorga una felicidad dependiente del entorno. La superación del nivel egoico es clave para adquirir niveles de felicidad relacionados con nuestra propia interioridad.

Percibiendo las diferencias de los «otros» como oportunidades de comprensión de mi propia interioridad es, entonces, cuando refuerzo mi identidad, porque mi verdadera identidad debe estar fundamentada en la flexibilidad del Daat Elyón (el Conocimiento superior), y no en los puntos fijos de seguridad del Daat Tajtón (el Conocimiento inferior). La diferencia entre el Conocimiento superior y el inferior se encuentra dada porque en el superior existe un equilibrio constante de oscilación entre la Biná y la Jojmá, en cambio, el Conocimiento inferior está exclusivamente sujeto a las seguridades imaginarias que le otorga la Biná psicológica.

El «otro» siendo parte integrante del Ein Sof me tiene que aportar un tipo de conocimiento de la realidad (una perspectiva de verdad) del que mi Yo carece al encontrarse condicionado por el tiempo y el espacio.

Si puedo comprender la posición de los «otros» a partir de dichos condicionamientos de tiempo y espacio, entonces, logro verificar qué características son esenciales y cuáles son las temporales. Los condicionamientos son temporales y espaciales, lo que hace que me encuentre aún operando dentro del Universo de Briá; en cambio, si logro percibir la esencia de la posición dejando de lado todos los condicionamientos espacio-temporales, he logrado percibir el nivel del Universo de Atzilut.

Toda expansión de mi Yo hacia el No-Yo fortalece el Yo. Cada vez que el Yo intenta defender un Yo estático, entonces baja de nivel de consciencia, y cada vez que el Yo toma conciencia de su estado real de No-Yo frente al Ein Sof, automáticamente el Yo no defiende ni ataca, porque en realidad todo el potencial energético se encuentra al servicio del ascenso constante y no tiene tiempo que perder en conflictos del mundo inferior. Cuando el Yo trabaja exclusivamente en reforzar su subjetividad fija, entonces opera con el Daat Tajtón (el Conocimiento inferior), y cuando el Yo destruye los límites fronterizos inexistentes de una subjetividad fija, y establece una dinámica de ruptura de los límites identitarios de forma permanente, crea un estado de subjetividad dinámica, y es entonces cuando decimos que estamos operando sobre el Daat Elyón (el Conocimiento superior).

Estos conflictos del mundo inferior se fundamentan sobre la base de una desmedida expansión de todo Yo y por un trabajo agotador de autodefinición constante de cada Yo en relación a los demás. Esta locura comparativa en la identidad del Yo rebaja nuestra Tiferet a los estados de Yesod y Maljut. Toda competitividad del Yo en relación a los «Otros» me hace descender a los niveles inferiores; en cambio, si busco en mi interioridad todo el potencial subjetivo de mi Tiferet y lo sitúo en una posición elevada, es decir, percibiendo la Tiferet en dirección a Keter, entonces extraigo de mi interioridad todo el potencial para atarme al Infinito (en palabras de Abulafia).

Abraham Abulafia dijo que uno es a lo que se ata, y cuando uno se desata de los nudos del mundo inferior, entonces automáticamente se debe atar necesariamente con el Ein Sof, y cuando uno se encuentra atado al infinito y su crecimiento es infinito, entonces no tienen sentido las comparaciones con los otros porque el camino del «Otro» es su camino.

Mi Yo debe, entonces, extraer sus potencialidades abriéndose su propio camino, porque no existen dos recorridos iguales para cada Yo en esta existencia.

Cada alma tiene su propio sendero para ascender hacia el Ein Sof, y cuando dicha alma sube por su propia vía, encuentra necesariamente el sentido de su existencia, porque el sentido de la existencia del alma surge como consecuencia del mismo derrotero que ha tomado.

Si el camino es incorrecto, el alma lo sabe, y si lo sabe y percibe que no tiene las posibilidades de modificar la situación, entonces el cuerpo enferma, pero si el alma logra cambiar el camino erróneo, entonces no se produce la enfermedad, sino la muerte natural por el desgaste de la materia (Nefesh).

Entonces, la raíz del alma aparece cuando nuestra potencia interior nos eleva hacia el Ein Sof, porque sabemos que todo camino que no nos conduce hacia el Ein Sof representa la falta de aprendizaje (y la reiteración de la misma situación hasta que el Yo toma consciencia de su solución); en cambio, cuando a pesar del camino que hemos tomado (en apariencia equivocado) ha sido cuando justamente hemos aprendido, al recorrer dicha vía, lo hemos convertido en un camino hacia el Ein Sof.

Todos los caminos equivocados son erróneos si no hemos aprendido de ellos, pero cuando uno aprende del mal, entonces comprende por qué motivos el Ein Sof incluyó el mal dentro de esta realidad. Así, el mal, cuando se percibe como un camino de aprendizaje necesario, hace que nuestra alma se eleve hacia mayores grados de consciencia, y provoque lo que en la mística judía denominamos como «el refinamiento de la persona».

Para lograr el ascenso de nuestra Tiferet de nivel de consciencia debemos lograr una autodefinición interior (dinámica y no fija), y no una autodefinición en una relación comparativa con los demás. A cada aumento del nivel de consciencia, mayor percepción del mal en nuestro interior y mayores posibilidades de aprendizaje (es decir, mayor transformación del mal en una percepción positiva).

Todo Yo encuentra su potencia ilimitada cuando se posiciona en dirección al Ein Sof, y no cuando sus energías se malgastan en los conflictos inferiores del mundo de la fragmentación. Si fuéramos capaces de otorgar la correcta perspectiva de los problemas del mundo inferior, no solamente minimizaríamos los problemas, sino que estos desaparecerían. Sin embargo, para ello debemos producir un aumento del Daat (el Conocimiento) a fin de lograr la transformación constante del mal en bien, no el bien dependiente del mundo inferior, sino el «Bien» supremo que es la consciencia de nuestra existencia. La conciencia Ketérica aparece entonces cuando fijamos nuestra acción hacia los grados más elevados de conciencia.

Los conflictos del Yo pueden ser tanto interiores como exteriores. Cuando el Yo participa de un conflicto exterior, proyecta sus propios conflictos interiores y los desplaza. Si el Yo asume su propia subjetividad sin desplazar sus conflictos al exterior, entonces estos se traducen en conflictos interiores no proyectados y, por lo tanto, el Yo asume su propia responsabilidad de autoconocimiento. El Yo maduro que se entrena dentro de los diversos sistemas de autoconocimiento es el que ha dejado de proyectar toda su conflictividad interior en el exterior, es decir, no desplaza a la Yesod ni a Maljut sus desequilibrios tiferéticos y, al mismo tiempo, puede neutralizar las agresiones objetivas externas. Si la Tiferet no logra la neutralización de dichas agresiones exteriores y comienza a operar la defensa egoica, esto no implica necesariamente que ha bajado de nivel de consciencia, sino que opera naturalmente en los niveles de seguridad de la Biná. Se debe ser en verdad muy fuerte interiormente[95] para sostener el nivel de conciencia ketérica a pesar de las

---

95. La «fortaleza interior» se encuentra en la relación entre nuestra dimensión de Guevurá con la dimensión de Tiferet. La fortaleza de nuestra dimensión gevúrica nunca debe ser considerada como falta de sensibilidad. Es justamente nuestra gran sensibilidad la que tiene que ser protegida de los ataques exteriores. El Yo de la Tiferet necesita de la Guevurá para no ser dañado. La mejor protección del Yo en la interioridad de la Tiferet es la dinámica subjetiva de flexibilidad de nuestra Biná psicológica a través de una acción constante de la Jojmá psicológica. Esta forma de subjetividad dinámica hace que las agresiones del entorno se vuelvan realmente inútiles porque el Yo está protegido justamente (paradójicamente) por su falta de defensas subjetivas. Las defensas subjetivas del Yo aumentan el grado de conflictividad con el exterior. A veces pueden

agresiones del entorno exterior. Porque sabemos que cada agresión de un «Otro» exterior en realidad es siempre una autoagresión.

Cuando el Yo asume su propia Tiferet, intenta subir a la Biná o al palacio de la Biná[96] que se corresponde con su Tiferet para desdoblarse y autoconocerse. Toda renuncia al autoconocimiento constituye un descenso, y todo esfuerzo encaminado al autoconocimiento constituye un ascenso. Solo Daat nos lleva al ascenso. En términos simbólicos, en el Gan Edén todo estaba dado por anticipado, y el ser humano no podía desarrollar así su propio esfuerzo. Daat (el Conocimiento) es un esfuerzo, pero el premio es automático, ya que Daat me eleva en mi nivel de consciencia, y cada vez que me elevo entonces encuentro la esencia de mi alma (en el orden de la Jaiá).

Cuando pretendemos encaminar nuestro conocimiento al exterior de mi Yo dentro del mundo inferior, nos evadimos de nuestro Yo; en cambio, cuando direccionamos nuestro avance hacia Keter en sentido ascendente, entonces todo nuestro autoconocimiento se sitúa al servicio del conocimiento general.

Cada vez que ingreso en la interioridad de mi propio Yo, encuentro mi conexión con la Totalidad que se encuentra más allá del Yo y me conduce automáticamente a la consciencia del No-Yo (Jojmá).

Mi Yo, para poder aumentar su Kli de recepción, debe comenzar a expandir su vacío interior, es decir, que el Yo debe vaciarse de su Yo interior, siguiendo la misma secuencia de lo que realizó el Ein Sof al vaciarse de sí mismo para poder crear el vacío donde se manifiesta toda nuestra realidad.

---

existir formas agresivas con un contenido real, pero nuestro Yo no debe mezclar dichas formas agresivas con el contenido. Es probable que muchas veces el contenido sustancial sea importante para nosotros, por lo que debemos diferenciar claramente la forma agresiva exterior del contenido sustancial que nos puede ayudar a nuestro propio crecimiento.

96. Los Palacios de la Biná psicológica son los llamados estados de percepción de cada realidad dimensional: el primer palacio, Maljut de la Biná, donde la Biná percibe la realidad material de Maljut; el segundo palacio, Yesod de la Biná, la percepción mental del Yo de sus relaciones sociales y de la pulsión sexual; el tercer palacio, Hod de la Biná, la percepción mental de la estructura del lenguaje, el sentido íntimo que cada sujeto le otorga a las palabras que expresa; el cuarto palacio, Netzaj de la Biná, la percepción mental de la expresión del lenguaje emocional; Tiferet de la Biná, la percepción mental de mi interioridad radical; Guevurá de la Biná, la percepción mental de los límites de la realidad, y, finalmente, Jesed de la Biná, que constituye la percepción mental de la expansión de la realidad. Quiero advertir que estos «Palacios» son las Hejalot psicológicas que construyeron los cabalistas, pero que realmente los «Palacios reales» se encuentran en el Universo de Briá (la Biná cosmogónica), porque el Trono real de la Merkabá se encuentra en el interior del Universo de Briá que es la matriz de todas las almas. De todos modos, la Biná psicológica de cada sujeto (Biná que se encuentra dentro del Universo de Yetzirá) es el reflejo de la Biná cosmogónica general (Universo de Briá). La Merkabá real (el Trono de Dios) se encuentra entonces en el Universo de Briá, y nuestra Merkabá subjetiva se encuentra en el núcleo más profundo de la Biná psicológica que pertenece al Universo de Yetzirá.

Si el Yo no se vacía de su propio Yo, entonces no puede ascender hacia Keter porque no tiene vacío que llenar (en otros términos, no expande su Kli). El único problema real para comprender cómo «transformar» nuestro Yo está en conocerlo en profundidad, esto es, conocer cuáles son sus características fundamentales y cuál es la dinámica de cada una de las dimensiones. Al conocerlas se las debe integrar en el centro tiferético de equilibrio.[97]

Al «Yo» lo tenemos que liberar de sí mismo, de su autoconvencimiento, de que no puede ser otra cosa que lo que es, del dogmatismo de su parálisis, de su idea estática y dogmática del no-cambio. Sin embargo, es muy difícil realizar este trabajo porque el alma surge a la existencia en el Universo de Briá que es donde se desarrolla la secuencia espacio-tiempo. Por lo tanto, cuando decimos que el alma debe captar el nivel de su Jaiá (el nivel del alma en el Universo de Atzilut), estamos diciendo que el alma puede percibir la realidad del Maasé Bereshit. Aunque la consciencia del alma como alma en sí misma sea del orden del Universo de Briá, sin embargo, el alma cuando adquiere consciencia de No-Yo se encuentra en el nivel de su Jaiá. La consciencia de No-Yo no es una consciencia de no-existencia, sino de una existencia completamente relacionada con el entorno. El Yo asume su carácter de No-Yo porque entiende que no existe el Yo en su subjetividad radical, ya que los límites que marcan dicho Yo son límites materiales densos (potenciados por los límites conceptuales de la Biná), y cada vez que aumento la comprensión de la sustancia de mi Yo, puedo percibir la sustancia de ser un fragmento del Ein Sof.

Un «Yo» estancado en sí mismo se produce por falta de autoconocimiento, (Daat inferior), sin embargo, dicho autoconocimiento es posible. Más allá del autoconocimiento personal, y del conocimiento general (Daat), podemos lograr la autotransformación. Así reducimos nuestros aspectos negativos y ampliamos los positivos, de modo que vamos trabajando en un proceso de ascensión constante al «ideal del Yo». Hay dos métodos posibles que

---

97. Tenemos que tener cuidado a la hora de definir el centro tiferético de equilibrio. Si nos situamos en nuestra propia dimensión de la Tiferet e ingresamos en ella podemos percibir, en su interior, la sub-dimensión de Tiferet de Tiferet, ahora bien, imaginemos que ahora ingresamos en el interior de la sub-dimensión de la Tiferet de Tiferet y volvemos a encontrar una sub-sub-dimensión denominada Tiferet de Tiferet de Tiferet. Como se puede ver, a través de una conceptualización, llegamos al concepto de la imposibilidad real de encontrar una línea de equilibrio porque siempre infinitamente podremos ingresar en las interiorizaciones de la Tiferet y explorar las subdimensiones tiferéticas interiores dentro de la propia Tiferet. Entonces, ¿cómo resolvemos este problema? ¿Dónde se encuentra la línea de equilibrio o el centro tiferético real? Las tensiones duales de Guevurá/Jesed son las que establecen la línea de equilibrio, por lo tanto, debemos anular las tensiones duales del mundo superior Biná/Jojmá para comprender que Tiferet encuentra su punto de equilibrio al elevarse hacia Keter. En lo más íntimo de la Tiferet encontramos el vacío existencial de Keter.

tenemos dentro de la cábala para comprender esta situación que estamos describiendo:[98]

1) Se puede comprender el Maasé Merkabá para desde allí ascender hasta el Maasé Bereshit.
2) Se puede comprender el Maasé Bereshit para desde allí descender hasta el Maasé Merkabá.

Escoja uno un camino u otro, debe ser consciente de que esta diferencia entre el Maasé Bereshit y el Maasé Merkabá es una diferencia de nuestra Biná en el orden de la Neshamá, porque tanto el Bereshit como el Merkabá corresponden al mismo secreto unificado. Y quien logra unificar estos dos secretos alcanza la verdadera sabiduría.[99]

Mi propuesta es conocer, en primer lugar, el Maasé Bereshit para así avanzar sobre el Maasé Merkabá. La secuencia sería estudiar, en primer lugar, el Maasé Bereshit, en segundo lugar, el Maasé Merkabá psicológico, en tercer

---

98. Así podemos explicar una cuestión que se ha mantenido secreta a lo largo de muchos siglos El historiador de la mística judía el licenciado J-H-Laenen dice en su obra: «En torno al 500 d.C, tuvo lugar un hecho extraño: los místicos empezaron a ser llamados también «los que descienden al Trono del Carro» (Yordé Ha Mercaba). Desde ese momento, en la práctica, todos los relatos místicos presentan el proceso con dos imágenes opuestas: por una parte, hablan del ascenso a través de las regiones celestiales, mientras que, por otra parte, hablan del descenso a la Merkabá. La razón de este cambio de terminología sigue siendo oscura» (*La Mística judía*, página 47, editorial Trotta, 2006, Madrid). La solución de este cambio la vamos a explicar. Se desciende a la Merkabá desde la comprensión del Maasé Bereshit. Siendo que la Merkabá se encuentra en el Universo de la Briá, entonces decimos que cuando estudiamos el Maasé Bereshit descendemos del Universo de Atzilut al Universo de Briá y entonces expresamos que «descendemos» a la Merkabá. Y se asciende a la Merkabá cuando estudiando el Maasé Merkabá subimos desde el Universo de Yetzirá al Universo de Briá y entonces decimos que ascendemos a la Merkabá. Descender o ascender a la Merkabá depende de cómo percibimos el Universo de Briá (si desde Atzilut o desde Yetzirá). Nuestro aumento del nivel de conciencia subjetiva en el Universo de Yetzirá nos permitirá estar preparados para contactar con la Merkabá real del Universo de Briá y entonces tendremos la oportunidad de »ascender a la Merkabá».
99. Si uno lee detenidamente toda la Torá (AT), puede ver que el Maasé Merkabá real es un secreto para comprender el secreto del Maasé Bereshit. El Maasé Merkabá es el asunto secreto por el cual conocemos las revelaciones de Dios en su Trono (en su carácter antropomórfico), pero el Maasé Bereshit es el contenido sustancial del mensaje de la Torá, la existencia del Ein Sof (en su carácter infinito, eterno y oculto). La Merkabá real proveniente del Universo de Briá pretendió explicarnos la Eternidad del Universo de Atzilut y otorgarnos una idea del Ein Sof. Para alcanzar los niveles de abstracción intelectual que se requieren para comprender el Ein Sof se necesitaba la destrucción de todas las imágenes físicas en la materia (por lo tanto, la lucha contra la idolatría del texto de la Torá es un elemento básico de comprensión de la función de la Merkabá real). La compresión de la idea del Ein Sof y de toda la secuencia de la Creación (Maasé Bereshit) obligaba a tener ciertos niveles de abstracción mental que solamente se pueden desarrollar a través de la anulación de toda idolatría material.

lugar, el Maasé Merkabá real, y finalmente, en cuarto lugar, la unión de los tres secretos nombrados para alcanzar el Sod total de la Torá.[100]

De todos modos, en este trabajo explico el Maasé Merkabá psicológico porque los cabalistas pretenden, en primer lugar, la elevación de los niveles de consciencia de la humanidad para lograr un refinamiento del ser humano compatible con la utilización de conocimientos superiores. Utilizar los conocimientos superiores sin nuestra elevación de los niveles de consciencia puede suponer la autodestrucción de la especie. Por este último motivo, el Maasé Merkabá psicológico entonces antecede al estudio del Maasé Merkabá real.

La existencia del Ein Sof hace que todo nuestro Yo siempre pueda extraer de sí mismo una energía suficiente para encontrarse en un nivel superior. Todo Yo, por sus propias limitaciones en el campo de la finitud, siempre puede acceder a niveles superiores de consciencia. El mejoramiento del Yo es infinito porque infinito es el camino hacia el Ein Sof. Por lo tanto, el sentido de la existencia de todo sujeto es el proceso de mejoramiento constante y de un aumento permanente del nivel de consciencia. Es lo que en la cábala denominamos como el refinamiento de la persona. El objetivo, pues, de la psicología mística del judaísmo es que el Yo pueda siempre acceder a niveles superiores de consciencia y, por lo tanto, pueda ascender en un permanente proceso de ascenso y de mejoramiento personal. Siempre podemos acceder a un nivel superior del que nos encontramos. Si en cada nivel de consciencia el Yo adquiere mayores niveles de felicidad, entonces

---

100. ¿Cuál fue el motivo que tuvieron los cabalistas para desviarnos del tema de la Maasé Merkabá real y pasar al Maasé Merkabá psicológico? Se necesita un aumento del nivel del conocimiento humano para comprender mejor quiénes somos psicológicamente, para luego acceder a comunicarnos con otras inteligencias (Metatrón, etc.). De todos modos, soy consciente de que el Maasé Merkabá real tiene una relación directa con las verdaderas revelaciones angélicas y divinas de la Torá. Por ese motivo, el estudio del Maasé Merkabá en términos psicológicos revela los altos niveles de consciencia que puede alcanzar el ser humano, pero oculta las verdaderas revelaciones del texto bíblico que son indudablemente literales. El día que logremos acceder a los niveles de consciencia superior de nuestra Merkabá psicológica estaremos preparados para acceder a nivel físico a la Merkabá real; aquel día lograremos acceder a la Merkabá real, y entonces alcanzaremos la «Eternidad» en términos físicos, por lo que comprenderemos literalmente el texto del Árbol de la Vida eterna. Por lo tanto, todos nuestros avances en el desarrollo de la consciencia preparan al ser humano para lograr el acceso real al Árbol de la Vida eterna. En otros términos, si no logramos comprender el sentido de nuestra existencia consciente en términos del tiempo-espacio, ¿qué sentido tiene alcanzar la Eternidad física si no logramos un sentido existencial? Por lo tanto, por ahora, (lamentablemente) el grado de consciencia de nuestra existencia está fundamentado exclusivamente por nuestra condición temporal, ¿podremos alcanzar un sentido existencial dentro de la Eternidad física? O ¿la intensidad de nuestra vida está absolutamente condicionada por los límites temporales de nuestra existencia?

automáticamente el Yo engendra la energía para esforzarse a subir a los niveles superiores; llegará un momento en que no podremos comprender este ascenso dentro del concepto de «esfuerzo» más que como un ascenso fluido y natural del alma a su raíz, porque cuando el alma como fragmento del Ein Sof desea ascender al Ein Sof no hace sino buscar el origen de su propia existencia. Cada aumento del nivel de consciencia es entonces la búsqueda de la consciencia de su propio origen.

26. La operatividad del Yo en los diferentes niveles dimensionales

«El verdadero propósito de la existencia del hombre en este mundo es unificar las Sefirot a través de la actividad mística».

ISAIAH TISHBY (1949)

Todo «Yo» insatisfecho[101] con su propia situación tiende a mejorar para anular dicha insatisfacción. En definitiva, todo Yo quiere sobrevivir y alcanzar algún grado de felicidad existencial. Sin embargo, cuando se encuentran sólidamente instalados los sistemas de desequilibrio emocional de nuestro Ruaj dentro de la Tiferet, entonces se vuelve casi imposible el trabajo de ascender a la Biná para provocar el desdoblamiento.

El desdoblamiento del Yo se produce cuando el Yo mental de la Biná puede verse a sí mismo como objeto de conocimiento. Es en ese momento donde el sujeto (Yo) de la Tiferet se transforma en objeto de estudio de un Yo superior en la Biná.

Se debe realizar el intento de cortar el Yo en dos partes de forma temporal para percibir el Yo emocional de la Tiferet (o Yo interior) desde un nivel superior, desde la visión cosmológica.

Para lograr dicho objetivo, debo provocar la destrucción de la idea de centralidad de mi propio Yo como eje del universo para situar mi Yo como parte del sistema general y reducir mi Yo a la importancia que debe tener. Porque una sobreestimación del Yo en los niveles inferiores puede provocar que el Yo no pueda alcanzar una expansión real en los niveles superiores. Es más, se puede provocar que el Yo quede atrapado en su propia imagen inferior de la Yesod (Ego), y esto provoca la confusión entre las dimensiones de Tiferet y Yesod. Se pueden mezclar ambas dimensiones de modo que el Yo

---

101. Ahora bien, el Yo debe tener un grado de insatisfacción tal que pueda producir el primer paso para iniciar el proceso de autotransformación personal. Al final del trabajo de investigación expondré una serie de entrevistas a los alumnos de mis cursos de mística judía para conocer el efecto provocado en su identidad a partir de verse a sí mismos dentro del Árbol de la Vida.

se identifique exclusivamente con el nivel egoico del Yo (Yesod), y entonces la dimensión de Tiferet quedaría anulada por dicha confusión.

El Yo puede mirar hacia abajo, y entonces lo que define a mi Yo será el nivel de posesión material de Maljut, o el nivel social alcanzado por mi imagen exterior en Yesod. Mi Tiferet (mi identidad real) se puede ver distorsionada en los niveles inferiores. Para poder establecer una diferencia entre el Yo interior de la Tiferet respecto a los niveles inferiores, debo ser consciente de que lo que tengo (Maljut) y lo que los demás dicen que soy (Yesod) esencialmente no puedan provocar una distorsión de la esencia interior de mi Yo. Sin embargo, las distorsiones de Maljut sobre la Tiferet y de Yesod sobre la Tiferet son reales. Una identificación del Yo interior con el nivel de posesión externa material o una identificación del Yo interior con el nivel de reconocimiento social (que aumenta el Ego) distorsionan mi propia imagen interior.

Debo ser consciente de la diferencia que existe de mi Yo en cada nivel, no es que mi Yo yesódico (mi Yo en relación con el entorno) no sea real, es real en su nivel, pero no es real en el nivel de la Tiferet. En cada nivel dimensional, la realidad es diferente y mi Yo debe saber adaptarse al nivel dimensional en que se encuentra operativo. Las energías psíquicas operativas en cada nivel dimensional deben ajustarse a la Sefirá en que se encuentra en ese momento determinado.

Por lo tanto, antes de desplegar mis energías psíquicas dimensionales, debo ajustar dichas energías psíquicas a la situación dimensional que se ha establecido de hecho. Este análisis es fundamental para desarrollar las diferentes energías psíquicas. Cada momento se encuentra determinado por una Sefirá que influencia sobre dicha situación. A pesar de que sabemos que en cada situación dentro de la realidad material se encuentran todas las energías dimensionales operativas, siempre existe una preponderancia dimensional específica que hace que nuestras energías psíquicas deban operar en dicho nivel dimensional. Por lo tanto, el Yo debe reconocer qué dimensión en especial opera en un momento determinado para posteriormente desplegar las energías psíquicas de la magnitud correspondiente a dicha dimensión. Esto implica necesariamente un profundo conocimiento de cada dimensión en su función yetzirática.

Cuando mi Yo se encuentra en el nivel yesódico, debe operar allí dentro del campo de verdad/falsedad de dicho nivel. Cada una de las dimensiones (Sefirot) sitúa el Yo en una posición diferente. El grado de adaptación del Yo se encuentra íntimamente relacionado con el nivel de flexibilidad que tiene el Yo para llegar a ser consciente en el nivel operativo en que se encuentra. Desarrollar un tipo de energía en una dimensión que pertenece a otra dimensión puede causar daño.

Es la Biná (el Entendimiento) en su estructura psíquica superior[102] (la Merkabá) la que debe ser el centro de flexibilidad para establecer una equivalencia en la ecuación entre las energías desarrolladas en cada Palacio celestial (energía de la Biná en relación con una dimensión inferior). La Merkabá psíquica es el centro general del Yo, y es la que establece la conexión general entre el mundo superior y el mundo inferior (es la que regula el nivel energético que tendrá cada energía cosmogónica que opera dentro de nuestra subjetividad).

---

102. La estructura psíquica superior se relaciona con las tres subdimensiones de la Biná, Biná de Biná, Jojmá de Biná y Keter de Biná.

27. La función de la Biná psicológica

«Si estuvieras siempre alegre, nunca verías el infierno».

RABÍ NOSON

Ahora, si mi Yo desea elevarse de su Tiferet a la Biná y lograr disminuir (y si es posible con el tiempo anular) los condicionamientos inferiores de la Maljut y del Yesod en el sistema de percepción de los palacios, debe mirar de forma ascendente.

En realidad, el centro de la Biná (yo mental) debe regular todo el sistema inferior, y su trabajo principal es coordinar el nivel energético de cada Palacio con el nivel de soporte de recepción (Kli) de cada dimensión inferior. Es el nivel de receptividad del Kli inferior el que marca el tipo de energía que la Biná psicológica debe desarrollar; un aumento de la energía dentro de un Palacio que no se corresponda con el nivel de soporte del Kli genera automáticamente una ruptura de la vasija a nivel subjetivo.

Cada dimensión debe soportar la energía que su Kli le permita recibir. Por ese motivo, toda regulación de la frecuencia energética de un Palacio celestial en la Biná psicológica depende del conocimiento real del Kli de recepción dimensional que va a recibir esta energía. Nos podríamos preguntar entonces: ¿Cómo conocemos nuestro Kli de recepción en cada dimensión? Nosotros debemos aprender los límites de cada Kli. Porque si un Kli existe en realidad, es porque posee «límites bien definidos». Esto es justamente lo que diferencia una vasija de recepción de otra. La capacidad de recepción energética es la que define a dicho Kli. ¿Cómo ser conscientes de los límites de cada Kli en cada situación existencial determinada? Y el asunto es más complejo debido a que todas las dimensiones se encuentran simultáneamente operativas en todo momento. Esto nos lleva a un profundo trabajo dentro de nuestra Biná. La variedad de dimensiones se puede percibir desde la Biná, ya que desde la Jojmá lo que se percibe es la conexión íntima de todas las dimensiones de forma simultánea.

Ahora bien, esto funciona exclusivamente en el marco del mundo inferior, porque como los Kelim de la Biná y la Jojmá son tan amplios allí podemos operar casi sin consciencia de límites, y, a pesar de que sabemos que Keter posee un Kli frente a la magnitud del Ein Sof, desde nuestra percepción subjetiva finita, y por lo tanto limitada, podemos decir que nuestro avance hacia Keter es ilimitado, y no debemos preocuparnos de los límites del Kli de recepción. Este es el problema real que presentan los niveles superiores de ascenso, y es que nuestros límites mentales pueden no llegar a comprender estados de abstracción de tal magnitud porque estamos acostumbrados a fijar conceptualizaciones en nuestra Biná psicológica.

Al utilizar la Biná psicológica como sistema de seguridad, creamos límites anticipatorios que se convierten en dogmas estáticos que anulan nuestra creatividad en la Jojmá psicológica y detienen nuestro ascenso. Pero, a su vez, un ascenso apresurado sin límites claramente definidos nos puede conducir a la locura. El trabajo de los cabalistas es elevarse a medida que se puedan ir estableciendo de forma paulatina ciertos límites conceptuales dinámicos que pueden ser destruidos (deben ser destruidos) para continuar el ascenso de nuestros niveles de consciencia. Sin embargo, no podemos ascender a niveles de consciencia superiores perdiendo la cordura (el equilibrio de la Biná psicológica).

Tanto un iniciado, como un alumno o un maestro, jamás deben recorrer el camino sin restablecer el campo conceptual de la Biná. Así, podemos utilizar la Biná psicológica de forma dinámica para acceder a la Jojmá psicológica y para canalizar las energías excedentes de los niveles superiores.

Establecer los límites dimensionales a partir de nuestra Biná es fundamental para operar en las dimensiones inferiores, sin embargo, es un trabajo interminable porque en todo momento debemos ser conscientes de que todas las energías dimensionales se encuentran en permanente interrelación y que esto obstruye una comprensión en las definiciones dimensionales inferiores. Entonces sucede que existimos dentro de una nueva paradoja (aparente, porque si la percibimos desde el mundo superior, en realidad sabemos que no existe), y es que, por una parte, debemos ser conscientes de los límites de nuestro Kli en cada una de las dimensiones para actuar correctamente en cada momento determinado desplegando las energías psíquicas correspondientes a dicho nivel dimensional, y al mismo tiempo, al operar dentro de la Jojmá, debemos ser conscientes de que todas las dimensiones se encuentran unidas en un punto superior común.

La única dimensión que ordena y limita el mundo superior es la Biná. Por lo tanto, es el Entendimiento conceptual (Biná) el organizador de nuestra realidad mental, sin embargo, existe una organización simbólica en el campo de la Jojmá, aunque sea menos definible en términos conceptuales. La conceptualización (de la Biná) sobre los niveles simbólicos (de la Jojmá) no debe anular nuestra percepción superior intuitiva que se desarrolla en la Jojmá. Conceptualizamos lo simbólico simplemente para comunicarlo a través de las palabras (con sus serias limitaciones estructurales). No obstante, debemos saber un gran secreto del misticismo judío y es que lo «simbólico» puede representar todo lo conceptualizable; porque así como «descendemos» a lo conceptualizable desde lo simbólico, así podemos «ascender» a lo simbólico desde lo conceptualizable.

28. El Kli de Keter

«Todo hombre debería tener su desierto privado, algún refugio donde pudiese retirarse a reflexionar sobre sí mismo».

VÍCTOR FRANKL

Como todo avance se produce desde nuestra finitud al Ein Sof, todo avance es infinito, y entonces el Kli de Keter representa un vacío donde se pueden manifestar nuestras energías psíquicas subjetivas de forma infinita. Aquí se pueden producir dos situaciones paradójicas: una que lleva a la Midá de Keter, y otra que lleva a la Klipá de Keter. La Midá de Keter es lograr ser feliz en el camino infinito hacia el Ein Sof, la Klipá de Keter es enloquecer por dicho camino infinito, o, en otros términos, al encontrarme en un camino infinito pensar que la existencia no tiene sentido, o que el proceso de la existencia produce una frustración continuada. Es como si en Keter nos encontráramos ante dos opciones extremas, el sentido trascendente absoluto y el nihilismo extremo. Ahora bien, no existe ni lo uno ni lo otro.

No existe un sentido trascendente absoluto porque en realidad el sentido lo otorga el propio recorrido de nuestro camino subjetivo, y no existe un no-sentido absoluto porque en la medida en que la consciencia ha nacido, entonces la consciencia, por su propia naturaleza, desea elevarse a mayores niveles de consciencia. El sentido trascendente siempre debe descender a lo inmanente y entonces crear una inmanencia trascendente, que en términos del misticismo judío se puede traducir como la santificación de la materia, o la revelación de la Shejiná dentro de la densidad material más absoluta.

En el Keter psicológico encontramos la felicidad de la autotrascendencia, donde el sentido existencial está dado por el aprendizaje continuo que me lleva inexorablemente a grados más elevados de consciencia.

La paradoja es que el Yo se encuentra en el mismo camino infinito hacia el Ein Sof, y en la situación positiva el Yo disfruta de sus niveles ascensionales finitos hacia el infinito, y en la situación negativa el Yo pretende forzar sus límites finitos hacia el infinito, y al no encontrar un resultado tangible (como cuando opera en la realidad física inferior) siente que nada tiene sentido.

Un interrogante que puede aparecer aquí es el siguiente: ¿Cómo es posible que un Yo en el nivel de Keter pueda forzar sus límites finitos hacia el Ein Sof, si ya ha pasado por la Jojmá y se supone que es un sabio? ¿Acaso forzar los límites de la finitud del Yo no implica automáticamente que no se haya logrado percibir realmente la Jojmá? Sin embargo, el «aprendiz de sabio» (el Talmid Jajam, como se le denomina en el judaísmo al «Sabio») puede no reconocer a pesar de su sabiduría la naturaleza del vacío existencial del nivel de Keter. Además, en Keter no estamos «forzando» nuestros límites estructurales, sino que estamos ampliando nuestros niveles de recepción.

Keter representaría entonces el vacío de conexión entre el Ein Sof y nuestro vacío interior, donde mi Yo es Nada, y donde el Ein Sof ha creado la Nada para que mi Yo pueda tener comunicación con Él.

Gracias al vacío en la interioridad del Ein Sof existen los fragmentos como nuestro Yo; en realidad, nosotros somos producto del vacío del mismo Ein Sof que hace de Kli de contención. Y gracias a nuestro vacío existencial, mi Yo se puede comunicar con el Ein Sof. El Ein Sof puede crear algo fuera de sí mismo en el interior de sí mismo, y nosotros como copias del Ein Sof en la finitud podemos crear sobre la interioridad de nuestro vacío.

El aprendiz de Sabio (Talmid Jajam) podía comprender aún la naturaleza simbólica de la Jojmá porque incluso dentro de esta dimensión hay contenido definible (las Sefirot psicológicas, porque las cosmogónicas son indefinibles); sin embargo, en Keter hay vacío, y el vacío por definición es indefinible, es nada. Sabemos (por nuestro estudio del Maasé Bereshit) que en todo «vacío» existe algún componente energético residual «Reshimó». El «Reshimó» del vacío general que produjo el Ein Sof es el enlace energético con nuestro Yo, en realidad nuestro Yo es la organización gevúrica de aquel Reshimó original.

¿Cómo definir la nariz por sus agujeros? ¿Qué son los agujeros de la nariz sino una estructura de agujeros vacíos? Y toda nuestra existencia depende de «agujeros» de comunicación con el exterior. Mi «Yo» se encuentra físicamente «agujereado», porque en realidad mi Yo existe porque existe la «nada» que se ahueca para dejar que ingresen las energías exteriores fuera de mi Yo. ¿Qué es el Yo sin los agujeros vacíos que lo hacen existir? Es el nivel de Keter el que, a pesar de encontrarse vacío, nos hace existir. Nuestra existencia depende de «agujeros» donde no hay nada, y gracias a estos conductos vacíos nuestro Yo se conecta con las energías cosmogónicas exteriores. De ese modo, existimos gracias a las energías exteriores cosmogónicas que ingresan en nuestro interior, de manera que las energías psíquicas son transformadas de forma permanente por la conexión con nuestra exterioridad.

El Keter psicológico es el canal de toda la información cosmogónica que podemos captar de acuerdo con nuestro Kli.

En Keter, el problema (y paradójicamente la virtud) es que ya no existe Kli, no existen las categorías de definición conceptual de las nueve dimensiones inferiores, sino que Keter hace de vehículo de manifestación de mis dimensiones en el orden cosmogónico. Y así como el agujero del oído escucha el sonido exterior, así el Keter psicológico del Universo de Yetzirá debe reconocer su situación de dependencia de los universos de Briá y de Atzilut, universos que se encuentran más allá de mi Yo. Mi Keter psicológico, siendo la dimensión superior del Universo de Yetzirá, se encuentra en la misma posición que el Daat cosmogónico del Adam Kadmón.

Mi Yo existe dentro del vacío del Ein Sof y mi fragmento del Ein Sof lo puedo percibir justamente dentro de mi vacío existencial. Mi vacío existencial se puede llenar de Ein Sof porque justamente se encuentra vacío, y mi Yo asciende por su vacío interior dentro del vacío general que provocó el Ein Sof dentro de sí mismo. Porque, como sabemos por las ciencias físicas, el vacío dentro de la realidad es lo más extenso que existe.

En el Keter psicológico me he vaciado de mi Yo para acceder a los niveles más altos del orden cosmogónico. Mi psique es un Kli de recepción de información del exterior de mi Yo. Mi Yo, por lo tanto, no puede ser definido psicológicamente como hasta ahora por toda su estructura, sino por el nivel de vacío que posee para captar las energías cosmogónicas exteriores, y transformarlas dentro de la psique en energía psíquicas, porque debemos saber que nuestras energías psíquicas son energías existentes en el orden universal. La psique refleja en el orden subjetivo el universo en el orden objetivo. Todas las dimensiones subjetivas del Universo de Yetzirá son el reflejo de las dimensiones objetivas del Universo de Briá (la Creación). Y como nuestra alma (como psique fragmentada) aparece en el Universo de Briá y desciende a Yetzirá, podemos decir que nosotros reflejamos las dimensiones existentes en el orden cosmogónico exterior.

Nuestro vacío interior es el reflejo del vacío exterior que ha creado el Ein Sof para que nuestro Yo tenga consciencia de Yo. Es más, no existe nuestro Yo si no existe un vacío en el interior del Ein Sof, es decir, que nosotros como entes fragmentados existimos gracias al vacío del propio Ein Sof. Sin el vacío del Ein Sof todo sería Ein Sof y no podría existir un Yo fragmentado.

29. El vacío del Ein Sof como Kli fundamental

> «Y quienes buscan a Dios entenderán Todo».
> PROVERBIOS 28:5

Así que el Yo no existe fragmentariamente por su propia consciencia subjetiva, sino que existe porque el Ein Sof ha dejado un espacio vacío. A partir de dicho espacio vacío dentro del Ein Sof se pueden desarrollar todas las fragmentaciones inferiores. Sin embargo, el Kli fundamental es el vacío universal que creó el Ein Sof. Si nosotros como fragmentos del Ein Sof no dejamos un espacio vacío en nuestro interior (Keter psicológico), no tenemos forma de captar las energías cosmogónicas exteriores, y hacerlas parte de nuestra psique. Por lo tanto, nuestra psique debe crear el máximo vacío interior para expandir la magnitud del Kli de recepción de las energías cosmogónicas exteriores y hacerlas energías psíquicas (aunque la diferencia de energías cosmogónicas y psíquicas pertenece al orden de la Biná psicológica, porque sabemos que desde la Jojmá psicológica las energías cosmogónicas y las psíquicas son de la misma naturaleza).

He aquí la importancia de nuestro vacío existencial (que es el estado de Keter), que permite que el interior de mi subjetividad (mi No-Yo de la Jojmá) pueda ascender a través del vacío general para conectarse con el Ein Sof. El No-Yo de mi Jojmá psicológica sigue siendo en algún sentido «Yo», sin embargo, en el Keter psicológico existe un No-Yo real porque constituye el vacío por el cual todas mis energías psíquicas interiores se comunican en un flujo constante con las energías cosmogónicas.

Entonces, entre mi Keter psicológico en el Universo de Yetzirá y el Daat cosmogónico de todo el Adam Kadmón se produce una equivalencia dentro del mapa general. Si mi Keter psicológico del Universo de Yetzirá constituye mi vacío interior, el Daat cosmogónico del Adam Kadmón que se encuentra en la posición entre los tres universos de Atzilut, Briá y Yetzirá constituye el vacío interior general del Ein Sof. Por lo tanto, al llegar a mi vacío interior, al mismo tiempo accedo al vacío general del Ein Sof. Al llegar a mi Keter psicológico en el Universo de Yetzirá puedo comenzar a percibir los dos grandes universos de Briá y de Atzilut.

Es entonces cuando dentro del misticismo judío debo abandonar las consideraciones psicológicas para pasar a la comprensión de las condiciones físicas del universo, porque la estructura física del universo (Maasé Bereshit) es la base fundamental donde mi psique (Merkabá) se ha desarrollado.

Así, el Ein Sof se puede reconocer a través de su vacío y mi Yo, a través de mi vacío existencial. Los vacíos son, pues, «vasos comunicantes» de las energías cosmogónicas, que se transforman en energías psíquicas cuando ingresan en nuestra fragmentación subjetiva. La máxima extensión de mi vacío interior no constituye en realidad un sinsentido nihilista, sino la apertura máxima de mi Kli hacia la captación de las energías cosmogónicas. La esencia del judaísmo se encuentra en este punto clave, en el «Imun» (el Entrenamiento) de mi Yo para alcanzar los mayores niveles de vacío interior (ampliación del Kli de recepción) con el objetivo de aumentar mis niveles de consciencia.

El Ein Sof se puede manifestar en el vacío que ha creado y la grandeza del Ein Sof se encuentra dada por la magnitud del vacío expandido que se produce en su interioridad, y así la grandeza de todo fragmento del Ein Sof (nosotros) será la magnitud del vacío subjetivo que hemos creado en nuestra interioridad. La mayor revelación del Ein Sof se encuentra en la mayor extensión de su propio vacío interior, y así nosotros de forma fragmentaria al extender nuestro vacío logramos crear el mayor Kli de recepción posible.

Este será nuestro nivel de Keter. Nuestro Keter psicológico se expande dentro de mi Yo dejando cada vez un vacío más amplio donde se puedan captar las energías cosmogónicas exteriores. El Keter psicológico representa un desafío a las condiciones de alta o baja autoestima de mi Tiferet. Un Tiferet con cierto desequilibrio en su autoestima difícilmente podrá soportar el vacío que representa Keter. La Tiferet debe estar suficientemente segura para ingresar en la sensación de vacío.

30. Las posibilidades infinitas de ampliar mi vacío interior

«Para expresar el mundo, primero hay que absorberlo en nuestro interior».

KEYSERLING

Porque justamente todo mi Yo se va ahora a definir de acuerdo con lo que mi Yo desarrolle dentro de dicho vacío interior. Es la sustancia con la que voy a llenar mi vacío interior la que definirá mi identidad. Mientras más vacío se pueda expandir dentro de mi interioridad, mayores posibilidades de transformar las energías cosmogónicas en energías psíquicas dentro de mi Yo. La única condición de mi Yo para elevarse es entonces (paradójicamente) sentir el vacío de la nada interior. Mientras más se vacíe de sí mismo el Yo, indudablemente más energías exteriores cosmogónicas operaran en su interior.

Todo Yo debe ser consciente de que sus límites de definición conceptual son transitorios (para otorgarnos una seguridad ilusoria proveniente del arquetipo materno), y que mientras más vacuidad interior pueda provocar en mi Yo, mayores posibilidades de ampliación del Kli.

Sin embargo, antes debo reconocer mi vacío interior, de lo contrario no se puede llenar lo que se considera lleno. (Y siempre la Luz divina para ser llenado mi vacío interior se encuentra fuera de mi Yo). Entonces, antes de considerar el contenido cosmogónico con el que voy a llenar mi vacío interior, en lo que debo trabajar fundamentalmente es en la ampliación constante de mi vacío subjetivo. Las energías dimensionales inferiores de mi estructura subjetiva (El ego en Yesod, el instinto de supervivencia material de Maljut, el Yo subjetivo de la Tiferet, etc.) pueden oponer resistencia a esta ampliación de mi vacío interior en el orden del Keter psicológico. Por esa razón, debo situar las energías inferiores operando sobre dichas dimensiones sin anularlas porque cada una de ellas satisface un Kli en el orden inferior. Si a cada energía inferior le otorgo un sentido trascendente para llenar el vacío superior, entonces las transformó en energías operativas en el nivel de Keter.

El esfuerzo existencial central de mi Yo consiste en ampliar la magnitud de mi vacío interior. Así, a medida que mi Keter psicológico se expande, toda la información exterior puede ingresar dentro de mi estructura subjetiva, y llegamos así a la gran paradoja: mientras más vacío se encuentra mi Yo de mi subjetividad, más se expanden las posibilidades de ser llenado con mayor contenido interior. Entonces, se agranda mi Yo a medida que dejo que todo el Ein Sof manifestado dentro del vacío ingrese en mí; y para que pueda ingresar dentro de mi Yo, debo necesariamente suspender las supuestas verdades de mi Yo, y debo comprender realmente que mi Yo es en realidad un fragmento del Ein Sof, y hasta que no logré comprender el carácter ilusorio de mi Yo, su calidad de fragmento del Ein Sof, no me será posible expandir mi vacío interior.

Solamente un Yo capaz de expandir su vacío interior es el que sabe reconocerse como fragmento del Ein Sof y no como un Yo. Cuando el Yo se considera un Yo específico en su identidad subjetiva fija los límites de su Kli de recepción y se vuelve inflexible. La verdadera forma de flexibilidad del Yo es anulando su identidad de «Yo», y cuando toma consciencia de ser un «fragmento», entonces, al reconocer su verdadera identidad fragmentaria, deja de lado sus consideraciones defensivas, porque no existe ahora un Yo que debe defender su identidad.

Toda defensa identitaria es una defensa de los límites, y cada vez que se defienden los límites se desgastan energías psíquicas considerables. Se debe desgastar el mínimo de energías psíquicas en las dimensiones inferiores ya que no podemos excedernos en otorgar mucha energía a dimensiones que no la requieren. Por lo tanto, si somos conscientes de que las dimensiones inferiores requieren de energías psíquicas equivalentes en su inferioridad y que las dimensiones superiores requieren de energías psíquicas superiores, no debo trabajar mis energías psíquicas superiores en las dimensiones inferiores, porque la consecuencia directa de esta situación puede provocar una explosión de las dimensiones inferiores dado que sus Kelim de recepción no son aptos para recibir estos niveles tan excelsos de energías psíquicas. Las energías psíquicas superiores deben operar en las dimensiones superiores. Y mientras más amplio sea el Kli de recepción, como lo es en el Keter psicológico, debemos disponer de la máxima cantidad de energía psíquica en el orden trascendente. Las modificaciones en la percepción cognitiva (Biná) se producen en las dimensiones más elevadas. Recordemos siempre que Daat (el Conocimiento) es la confluencia de la Biná psicológica (lo cognitivo) de

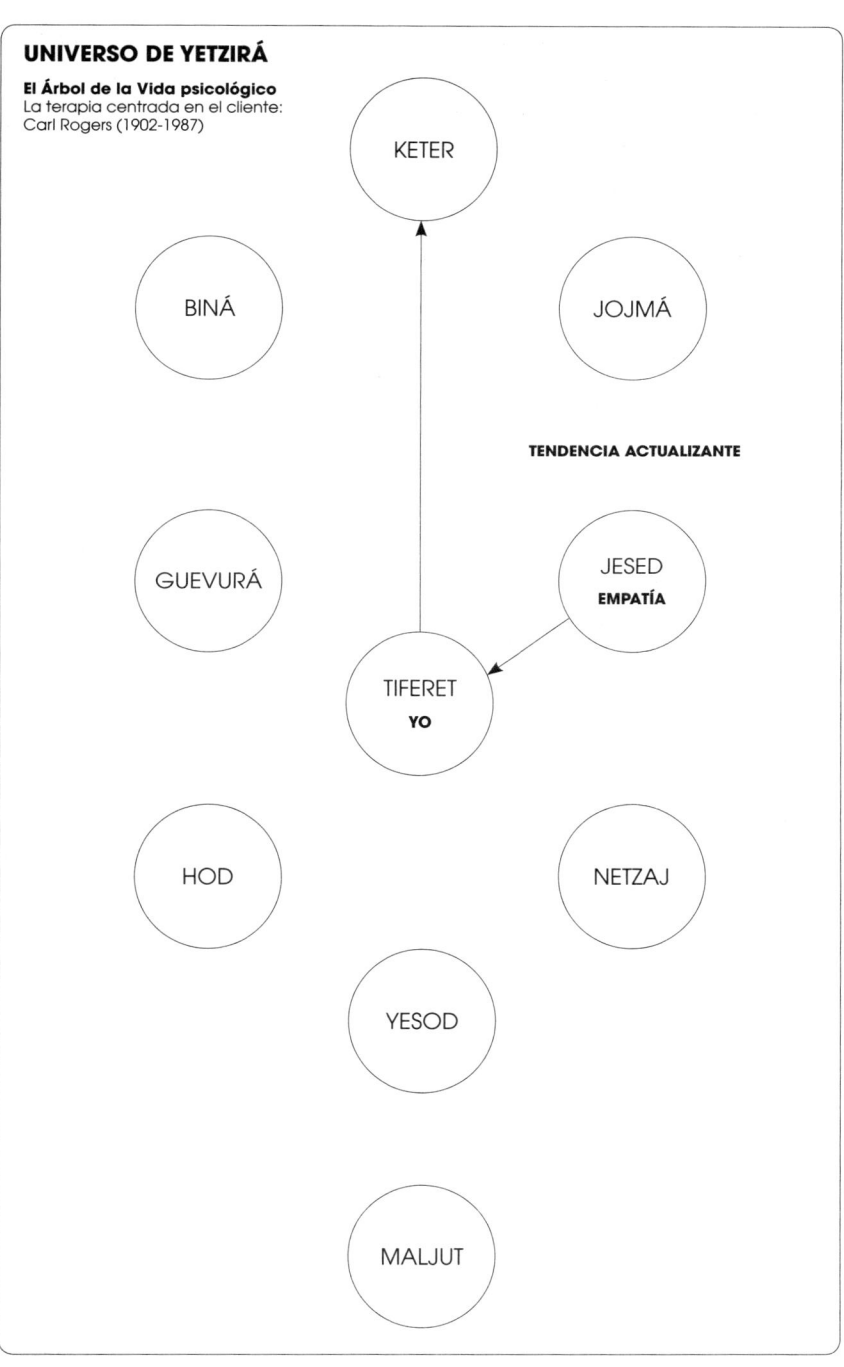

la Maljut psicológica (lo conductual). Y así como el Yo aprende en sentido descendente de la Biná a Maljut (cognitivismo), así también aprendemos en orden ascendente de la Maljut a la Biná (conductismo). La conducta como hecho material se eleva hacia el Daat, y los elementos cognitivos de la Biná descienden hacia el Daat.

31. El desgaste de las energías psíquicas en defensa de la identidad inferior del Yo

«El extremismo en cualquiera de sus formas es totalmente innecesario».

NAJMÁN DE BRATSLAV

El Yo debe focalizar sus energías psíquicas con el objetivo de expandir el vacío interior dentro de su subjetividad, y así captar las energías cosmogónicas exteriores. Si el Yo exclusivamente trabaja en el sistema defensivo de su propia identidad, el desgaste que se produce es considerable. Hay existencias subjetivas que simplemente existen para defender y delimitar el Yo, y todas las energías psíquicas se ponen al servicio de un refuerzo constante de la identidad. Si bien esto es positivo en la estructuración de la Tiferet psicológica (y es donde trabajan la mayoría de las escuelas de Psicología tradicional), nosotros proponemos que para el «sano» (aquel que tiene solidez identitaria en su centro tiferético) el desafío máximo es el crecimiento constante por su expansión ilimitada de su propio Kli. Sin embargo, no podemos continuar durante toda nuestra existencia desgastando las energías psíquicas en el campo de la defensa del Yo (Tiferet), porque lo que demuestra esta obsesión, en la interioridad subjetiva, es un problema de autoafirmación identitaria. Una constante autoafirmación subjetiva nos puede llevar al narcisismo que paradójicamente posee la misma cara de la baja autoestima. Debemos tener cuidado con que la espiritualidad no sea considerada una excusa en aras de un aumento de una entropía del Yo con la creación de un tipo de egoísmo espiritual.

Como mi vacío existencial me conecta con el vacío general donde se desarrollan todas las manifestaciones del Ein Sof, en realidad, es a causa de mi vacío existencial donde mi Yo al sentir la Nada adquiere su mayor potencial, y es a partir de ahí, donde cada uno puede alcanzar la consciencia de la magnitud de su potencialidad.

Ahora sí estamos en condiciones de comprender la gran enseñanza del judaísmo cuando dice:[103]

---

103. Pirkei Avot 2:4.

«Haz su voluntad como si fuera la tuya, para que Él haga tu voluntad como si fuera la suya. Supedita tu voluntad a la de Él, para que Él supedite la voluntad de los demás a la tuya».

En primer lugar, ¿cuál es su voluntad? En realidad, toda la manifestación dentro del vacío manifiesta la voluntad del Ein Sof. Nuestra propia existencia existe como una manifestación fragmentaria del Ein Sof. Ahora bien, además de existir dentro de la existencia, existimos para saber que existimos, es decir, tenemos, pues, consciencia de existencia. En segundo lugar, ¿cuál es mi voluntad? Aquí, depende, ya que puedo desgastar mis energías psíquicas en el mundo inferior, o puedo vaciarme interiormente para comprender cuál es la voluntad superior. En tercer lugar, ¿cómo puedo conocer la voluntad de Él si no comprendo la realidad general donde se manifiestan todas las energías? Entonces opera la elevación constante de mi Daat (el Conocimiento) para acceder a mayores niveles de consciencia. Cualquier ser humano que trabaje en el Daat (el Conocimiento) está extrayendo las energías ocultas subyacentes detrás de la materialidad y, por lo tanto, está realizando un trabajo trascendente (más allá de sus creencias subjetivas, porque para el misticismo judío las creencias pueden llevar a la falta de Daat).[104]

Si mi «Daat» se ajusta exclusivamente a mis límites subjetivos fijos, entonces no puedo acercarme al Ein Sof, debo liberarme en primer lugar de mi propia subjetividad para trascender mi «Yo» y, en consecuencia, operar dentro del sistema general. Amplío, pues, mi «psique» (Neshamá) no por entropía, sino por el carácter relacional de mi Yo con el universo, siendo mi Yo un producto consciente de la misma naturaleza universal de la manifestación del Ein Sof.

---

104. El peligro de un creyente dogmático es que se escude detrás de la «religión» como verdad absoluta reemplazando al Ein Sof. Todo lo existente como manifestaciones religiosas fragmentarias dentro de esta realidad material nunca puede reemplazar al Ein Sof. Se pueden utilizar las religiones tradicionales para cometer «idolatría». Nunca un fragmento de esta realidad manifestada puede sustituir imaginariamente al Ein Sof en su esencia. Nadie tiene el monopolio de Dios en esta realidad material, porque todos somos sus fragmentos. Si la creencia emocional no tiene una relación directa con el aumento del Daat (el Conocimiento), entonces estamos desconectando la tríada emocional intermedia del Árbol de la Vida de la tríada intelectual superior.

32. Las potencialidades ocultas y las potencialidades futuras

«A cada persona le corresponde una letra de la Torá, sin embargo el problema está en encontrarla; cuando uno encuentra su letra en la Torá comprende por qué ha regresado a la existencia física».

MARIO SABAN

Todas las potencialidades del Yo se encuentran ocultas, sin embargo, no existen potencialidades fijas sino modificables. Si decimos que el Yo oculta sus potencialidades, el Yo también oculta el desarrollo de sus potencialidades futuras.

Quiero explicar esta diferencia sutil (y muy importante) para que se comprenda la diferencia entre las potencialidades existentes y las potencialidades futuras. Las potencialidades existentes en el Yo se encuentran dentro de la Jojmá psicológica, y es en la Biná donde podemos hacer conscientes estas energías psíquicas, pero las potencialidades futuras son aquellas que aparecen cuando logramos la ampliación del Kli de recepción dentro del Keter psicológico.

Las potencialidades existentes[105] en la dimensión de la Jojmá psicológica se deben organizar dentro de la Biná psicológica, para así llevarlas al centro tiferético. Esto constituye el primer trabajo de la psicología del misticismo judío; el segundo trabajo es indudablemente aprender a focalizar mis energías psíquicas en la ampliación del Kli de recepción creando la máxima expansión del vacío interior del Keter psicológico. Es lamentable percibir cómo la gran mayoría de los seres humanos pierden toda su energía psíquica en establecer la identidad y defensa de su Yo. La tarea de una Psicología de alto nivel será en el futuro elevar la consciencia del ser humano, y reencauzar las energías psíquicas que ahora trabajan al servicio del fortalecimiento del Yo y su defensa, para que se amplíe la capacidad de recepción del Kli. Al ignorar el ser

---

105. Las potencialidades que existen pueden ser equivalentes a las energías ocultas en nuestro inconsciente. En cambio, las potencialidades futuras son aquellos niveles de «Sod» (nuestra falta de conocimiento) que solo a través del Daat podemos extraer de las manifestaciones ocultas del Ein Sof en la realidad de nuestro vacío general. La diferencia entre el inconsciente y el nivel de

humano (por falta de Daat) la posibilidad de establecer objetivos de alto nivel dentro de las dimensiones superiores, este puede creer de un modo equivocado que exclusivamente existen las dimensiones inferiores, pues entonces ajusta sus objetivos y sus energías psíquicas a dicho orden inferior. Cuando sucede esto se verifica la existencia de la consciencia Bet. Salir de la Conciencia Bet a la Conciencia Alef es un problema existencial de difícil solución, porque hasta en los niveles más elevados de la Biná estamos operando dentro de la Conciencia Bet de forma permanente.

La importancia de no evadirse del vacío existencial es fundamental, la Biná (el Entendimiento) puede confundirse creyendo que la sensación de vacío existencial configura una patología, cuando la patología, en realidad, se configura cuando el sujeto nunca ha sentido dicho vacío existencial.

El que un sujeto nunca haya sentido el vacío existencial se puede deber a dos grandes motivos: el primero es que al existir dentro del mundo de la fragmentación crea ilusoriamente (y muera pensando) que este mundo es el único mundo real, y el segundo motivo es que sintiendo un miedo interior se refugie en el mundo material (exterior) para evadirse del sufrimiento que provoca el reconocimiento de la fragilidad física de su existencia.

Esto demuestra el grado de evasión del sujeto en el mundo inferior.[106] Quien asciende en sus niveles de conciencia logra alcanzar el vacío existencial, y quien lo supera (logra pasar el Tejom) unifica el sentido y el sinsentido existencial en un grado de felicidad de orden superior, en un grado de felicidad extrasubjetiva, una felicidad que podríamos denominar como cosmogónica. La reflexión del alma (psique), como dice Hillman, no debe ser un campo exclusivo de la psicología, sino que el material cosmogónico (los aspectos físicos de la creación del universo) debe ser contemplado para comprender mejor la psique. Siendo un fragmento del Ein Sof, y teniendo en cuenta que, más allá de la Neshamá, el misticismo judío opera con grados o niveles más elevados del alma (Jaiá y Iejidá), la psicología del misticismo

---

nuestro Sod real (nuestra ignorancia) es un tema al que volveré más adelante, ya que no se puede confundir todo el Sod con el inconsciente. El inconsciente reprime un nivel de conocimiento que aparenta no existir en la superficie consciente. El Sod (Secreto) es una falta de conocimiento de acuerdo con nuestras limitaciones actuales y que puede aparecer a través de un desarrollo del Daat.

106. El asunto de la «evasión» dentro del movimiento material lo he tratado en mi obra anterior *Sod: El Secreto*, Buenos Aires, diciembre de 2011, y al mismo tema hace referencia el psicólogo James Hillman cuando dice: «Estamos acostumbrados a contrastar idea con acción, a creer que la reflexión subjetiva restringe la acción y la empaña con el pálido tinte del pensamiento psicológico. Nos inclinamos a creer que psicologizar se opone a participar; que en lugar de hacer algo por el mundo, la psicología se limita a interpretarlo. Pero cuando esta oposición se produce

judío no puede reducir su comprensión del alma de forma cerrada al interior de la propia psique. Las Sefirot (o dimensiones energéticas universales) en el orden cosmogónico son las raíces desde donde surgirán las «almas», y siendo el Árbol de la Vida un mapa cosmogónico y a su vez psicológico, no podemos reducir la psicología a la psique, cuando en su origen la psique representa el desarrollo de una consciencia cosmogónica en el modo fragmentario de materialización. El diseño de nuestra psique es una estructura fragmentaria del diseño universal proveniente del interior del Ein Sof antes de la existencia del vacío.

en nuestra vida, no se debe a una enemistad innata entre idea y acción, sino más bien a que la acción tiene un componente antipsicológico ciego y está siendo utilizada para rehuir la reflexión psicológica. A veces actuamos para no ver. Puedo estar obrando activamente y participando en algo para evitar saber lo que está haciendo mi alma y qué persona interior tiene interés en la acción. La psicología profunda ha percibido este modelo de elusión, esta huida hacia la acción, y lo ha condenado calificándolo de «exteriorización». Gran parte de la patologizacion se produce camuflada de acción o de búsqueda de acción. Algunos de nuestros temores a las ideas y a la reflexión, e incluso la depresión, deberían ser examinados contra este fondo de hiperactividad maníaca. Sin idea, el alma es más fácil de someter, más compulsivamente activa. Pero acción e idea no son enemigos intrínsecos y no deberíamos emparejarlos como contrarios. Por un lado, psicologizar, tal como lo describiremos en breve, es una acción. La primera actividad habitual del alma es la reflexión, que, en lenguaje anticuado, corresponde a la esencia de la consciencia: como la humedad al agua o el movimiento al aire. La reflexión por medio de las ideas es una actividad, la formación de ideas y la utilización de ideas son acciones. Por otro lado, la acción siempre representa una idea. Olvidar esto es entender la acción literalmente, caer presa de la ideología del activismo (la acción depauperada a fuerza de músculo). La acción misma es una idea, y hay muchas ideas de la acción. De nuestra idea de acción depende el que ésta sea ciega y opuesta a la razón, o, como sostienen los activistas políticos, primero la acción y luego la reflexión. Las ideas psicológicas no se oponen a la acción; antes bien, la realzan convirtiendo cualquier tipo de conducta, en cualquier momento, en una significativa encarnación del alma. El objetivo de este capítulo es acercar el alma a la acción y la acción al alma por medio de la psicologización. Así pues, sostendremos que la labor de ideación psicológica no está separada de la acción. La ideación psicológica es importante para cualquier tipo de acción y es en sí misma una clase de acción dentro de la cual cabe incluir otras acciones. He deslizado un matiz que no debería pasar desapercibido. No todas las ideas son pasionalmente importantes, no todas las ideas son valiosas para el alma; las que defiendo son las ideas psicológicas, pues la psique reflexiona sobre sí misma y fomenta la creación del alma a través de ellas. Es decir, que las ideas psicológicas son aquellas que generan la reflexión del alma sobre su naturaleza, estructura y propósito. (*Re-Imaginar la Psicología* por James Hillman, páginas 249 y 250, Biblioteca de Ensayo Siruela, ediciones Siruela, Madrid, 1999). Estamos de acuerdo con la primera parte de esta explicación de Hillman, sin embargo, si bien dentro de la psicología tradicional la psique reflexiona sobre sí misma, esto constituye un carácter entrópico para la psicología del misticismo judío. Es verdad que la consciencia nace como la reflexión del sujeto sobre sí mismo, sin embargo, no debemos llegar a la entropía psíquica, no solo es la posibilidad de confundir la consciencia como la exclusiva reflexión del sujeto sobre sí mismo, sino que la consciencia es también la reflexión de la psique en su unidad con la totalidad. La psique reflexiona sobre sí misma, sobre su entorno inmediato y sobre su relación con la totalidad del universo. Si no existe una reflexión intelectual cosmogónica en términos de la estructura del universo (Maasé Bereshit), es decir, si no elevamos el Daat (el Conocimiento) más allá del autoconocimiento de la psique, no podremos comprender realmente el funcionamiento de la psique.

33. Los dos tipos de felicidad

«El ocio no suprime, sino que, por el contrario, intensifica la sensación de vacío del hombre».

JOSEPH FABRY

Entonces podemos percibir dos tipos de felicidad de acuerdo con cómo el sujeto se encuentre operativo, el Yo en el orden inferior posee una felicidad condicionada por los objetivos alcanzados dentro de dicho orden. Todas las sensaciones de felicidad del mundo inferior son transitorias porque dependen de resultados; en cambio, la sensación de felicidad continua (en el orden transcendente) se alcanza cuando el Yo es feliz por su expansión constante de su vacío interior independientemente del reconocimiento exterior. El sabio cabalista judío Yehudá Albotini dijo: «que cuando la crítica y el elogio no te afecten», has ingresado a percibir la cábala. La felicidad del mundo inferior es dependiente de resultados exteriores, en cambio la felicidad del mundo superior es constante y no es dependiente ni del bien ni del mal. En el mundo inferior cuando existe el bien se es feliz, y cuando opera el mal se es infeliz; en el mundo superior, en cambio, ni el bien ni el mal pueden afectar a la felicidad constante en el orden trascendente, ya que siendo el Ein Sof lo inalcanzable, la felicidad trascendente se fundamenta sobre el deseo infinito de alcanzar el Ein Sof.

Lamentablemente, la felicidad del orden inferior es dependiente del exterior social. La necesidad de un «honor exterior» de muchas personas hace que las energías psíquicas fundamentales para el crecimiento interior se pierdan malgastadas en la búsqueda constante del reconocimiento exterior. Sin dicho reconocimiento exterior social, entonces el Yo se siente menor, y he aquí que si la autoestima depende del otorgamiento del honor exterior, entonces creamos un tipo de felicidad inferior dependiente de factores externos, y no logramos una felicidad interior.[107]

---

107. «Y para purificar los pensamientos a propósito del servicio Divino, hay que meditar mucho acerca de la falsedad del honor (Kavod) y sus engaños y prepararse uno mismo para huir de él, porque si lo hacemos nos mantendremos limpios de toda ambición humana por alabanza y admiración de las demás personas...» (*La Senda de los Rectos*, por Moshé Jaim Luzzatto,

El éxtasis de la consciencia de un fragmento finito cuando se siente parte integrante del Ein Sof es de una magnitud indescriptible porque se alcanza la felicidad constante. Este éxtasis es independiente de los logros finitos en el campo de la materia.

Es permisible y altamente deseable para el misticismo judío el estímulo a los jóvenes (hasta los 40 años) dentro del mundo inferior, pero mientras tanto, debemos entrenarlos para que el sentido de la existencia de cada ser humano sea independiente de los estímulos fragmentarios y finitos de la materialidad inferior. Lamentablemente, muchos continúan en la segunda etapa de la existencia atados a la felicidad inferior dependiente del exterior, y no logran percibir otro tipo de felicidad que la que se encuentra atada a los fragmentos finitos de la realidad inferior.

Los dolores reales del mundo inferior no son anulados por dicha felicidad constante (el misticismo judío sostiene el realismo material de Maljut), sino que son resituados, es decir, reinterpretados a la luz de la percepción del mundo superior. El dolor opera en cada nivel dimensional, y no existe el no-dolor, sino que existe el aprendizaje constante (incluso un aprendizaje dentro del dolor).

En cada nivel de percepción, una persona se encuentra en un nivel diferente de consciencia porque en cada nivel dimensional existe otra relación de tiempo-espacio. No existimos dentro de una sola relación tiempo-espacio, sino que, sin saberlo, para los antiguos místicos judíos podemos acceder de forma abstracta a estos niveles dimensionales superiores. Es más, sabemos que podemos superar todas las relaciones dimensionales del Tiempo-Espacio para acceder a un tipo de pensamiento en el nivel de Atzilut (dentro de la Eternidad). Lograr el acceso a dicha Conciencia Alef más allá de los condicionamientos de tiempo y espacio es adquirir la felicidad interior constante independiente de los factores externos.

Existen personas cuyo nivel de consciencia es bajo comparativamente frente a otras, pero siempre debemos recordar que todos los niveles de consciencia, tanto los comparativamente superiores como los comparativamente inferiores, son «nada» frente al Ein Sof, y a pesar de que cualquier persona (incluso el Mesías)[108] parezca ser «algo», en realidad es nada frente al Ein

---

capítulo 17 «Sobre los métodos para adquirir pureza», página 225, ediciones Obelisco, Barcelona, primera edición, mayo de 2014).
108. El Mesías dentro del judaísmo se ha creado con el objetivo de antropomorfizar al Dios de la Merkabá. Si el Dios de la Merkabá es un ser literalmente antropomórfico, la idea del Mesías es

Sof. Cada uno puede expandir su Kli de acuerdo con la naturaleza de la raíz de su alma y de acuerdo con su propio esfuerzo personal.

Es muy confuso establecer una definición conceptual del grado de conciencia que tiene cada sujeto debido a que cada uno opera dentro de una dimensión diferente en cada momento de su existencia, y en general operamos en muchas dimensiones sincronizadas. Debemos establecer la comparación de los diferentes momentos históricos del mismo sujeto para lograr un cuadro de resultados de sus cambios de percepción.

Alcanzar un grado de conciencia superior no implica dentro de la cábala hebrea la renuncia a ninguna de las dimensiones del Árbol de la Vida. Muchos sujetos con un alto desarrollo espiritual pueden pasar desapercibidos dentro de la realidad material, porque no es la difusión pública del sujeto lo que lo engrandece, sino que es justamente su vida interior lo que hace que una persona alcance dicha felicidad interior, porque todos debemos operar en todas las dimensiones al mismo tiempo. Lo que realmente alcanza un grado de conciencia superior se oculta detrás de todos los niveles dimensionales en los que operamos, porque debemos operar dentro de todos ellos, porque hemos sido predeterminados estructuralmente para trabajar en todas las dimensiones.

Nunca el trabajo en las dimensiones inferiores me rebaja a un nivel inferior, (si pensamos de este modo, estaríamos creando una elite espiritual), sino que, por el contrario, todo trabajo en las dimensiones inferiores me eleva; por ese motivo se han creado las dimensiones inferiores, porque todas las dimensiones, desde las más bajas en la densidad de la materia hasta las más altas de acuerdo con nuestra capacidad y esfuerzo, son oportunidades de crecimiento, y así logramos operar con la conciencia de ascenso espiritual constante, donde lo más bajo de la materia puede ser elevado y se puede poner al servicio de nuestra felicidad interior.

Porque, en realidad, no hay nada «abajo» ni hay nada «arriba»,[109] ya que todo lo que existe abajo es fiel reflejo de las energías que operan arriba, fuera

---

    la de reemplazar al Dios de la Merkabá por la figura mesiánica, y así entonces des-divinizar la figura del Dios de la Merkabá. Ahora bien, cuando llegue (algún día) la Merkabá literal podremos decir que es el Mesías y no un Dios corpóreo. De ese modo, la figura del Mesías en el judaísmo solucionó el problema potencial del binitarismo (la existencia de dos dioses). Cuando un pensador logra captar la idea del Ein Sof, y al mismo tiempo al leer el texto de la Torá advierte que el Dios bíblico es el Dios del Carro celestial, el interrogante es: ¿Entonces hay dos dioses? Elisha Ben Abuya en el siglo II (el maestro del gran Rabí Meir) llegó a esta conclusión. Sobre la naturaleza de Dios en el judaísmo deseo escribir una obra en un futuro inmediato.

109. Si tomamos la letra hebrea Alef y la comenzamos a rotar sobre sí misma, podremos ver que en un momento la Iud superior queda en una posición inferior y que la Iud inferior se sitúa en una posición superior. En realidad no existe en el espacio vacío, ni lo que se encuentra abajo, ni lo que se encuentra arriba.

del espacio vacío. En otros términos, en cualquier nivel dimensional en que nos encontremos trabajando estamos operando en todos al mismo tiempo. Porque cada energía, por más limitada que sea en el campo de las dimensiones inferiores (las más densas de la materia), tiene efectos generales en todo el sistema cosmológico.

Todos los cabalistas están de acuerdo en que no es posible obligar a una persona a elevarse del nivel de consciencia que posee si no es por su propio «Entendimiento».[110] Existe, pues, un «motor interior» (algunos cabalistas lo denominamos como la «Voluntad») dentro de cada sujeto. Pero cada sujeto debe extraer esta voluntad potencial y llevarla al «acto». No existe dentro del misticismo judío una teoría desvinculada de la acción material, y por ese motivo no se puede especular en los mundos superiores sin llegar al acto material.

El trabajo de todo místico judío es unir Keter con Maljut, y demostrar que las aparentes contradicciones entre las dimensiones más bajas frente a las más altas no existen. Las «contradicciones» parecen existir en el mundo inferior porque nosotros ignoramos el sistema de relaciones objetivas que se oculta debajo de la realidad general.

Por más que una persona aprenda teóricamente la cábala, no alcanzará a experimentarla sino a través de su propio esfuerzo personal, de su propio Entendimiento, ya que nadie puede reemplazar el Kli del otro, nadie puede extraer la misma Luz a pesar de que dicha Luz tenga la misma fuente (el Ein Sof). Nadie puede extraer la Luz que solamente el otro puede extraer. Porque la misión de cada «fragmento del Ein Sof» es extraer la parte de Luz del Ein Sof que solamente ese sujeto específico puede extraer. Todos estamos llamados al trabajo de iluminación del mundo (la redención mesiánica).

Debe existir, pues, un tipo determinado de energía interior que haga que el Yo pueda disfrutar elevándose en su nivel de percepción. Esa energía que al principio parece ser el producto de la «subjetividad», en realidad, termina unificándose con el entorno. Porque existe un gran secreto de la cábala «y es que todo lo que aparentemente lo hacemos bajo nuestro nombre, por nuestra

---

110. Aunque uno puede otorgar Luz al otro, en realidad todo depende del esfuerzo del Kli de recepción. Simbólicamente podemos decir que el agua siempre sobra, el problema es la capacidad del recipiente. Por lo tanto, el cabalista debe siempre trabajar en ampliar el Kli de recepción y no obsesionarse por la Luz. La Luz es siempre más grande que el nivel de recepción del Kli. La oscuridad existe porque la Luz del Ein Sof creó los límites. Por lo tanto, sin límites no existe oscuridad ni existe recepción de la Luz. Dado que por definición la Luz del Ein Sof es superior a toda la capacidad de recepción del universo, entonces al ampliar nuestra capacidad de recepción podemos captar más Luz. Cada uno de nosotros (Nuestro Yo) es el Kli, la Luz que nos ilumina llega de acuerdo con nuestro nivel de recepción.

subjetividad, y por nuestra exaltación del Yo, si quiere elevarse, debe elevarse más allá de sí mismo».

Existe un nivel de felicidad dentro de nuestra consciencia subjetiva que supera finalmente nuestra propia subjetividad. Y el mérito real del trabajo subjetivo es llegar a la destrucción de la centralidad subjetiva. Cuando el sujeto alcanza la felicidad a través de la salida de su subjetividad, entonces se produce un refuerzo de su voluntad subjetiva y, al mismo tiempo, de forma paradójica, un aumento de su vacío interior. Se amplía el Yo por el autorreconocimiento de su propio vacío interior.

Si existe un «dolor específico» (y por lo tanto no existe el disfrute), se debe comprender que el nivel al que se ha accedido no es el que nos corresponde. No se debe forzar al Entendimiento a subir de nivel si no se encuentra con la preparación adecuada. Cuando el nivel compensatorio del disfrute supera al del dolor, la persona se encuentra preparada para cambiar de nivel. El aprendizaje del dolor, aunque no lo anula, lo trasciende para permitir al sujeto elevarse hacia mayores niveles de consciencia.

Si la felicidad del ascenso del nivel de conciencia es superior al esfuerzo, entonces el camino de ascenso se potencia. Todo esfuerzo en el orden material y dentro de los otros niveles dimensionales es compensado automáticamente por un nivel de felicidad interior trascendente que no tiene relación alguna con ningún fragmento del orden inferior. Al acceder a dicho estado constante de felicidad, el Yo abandona todos los intentos defensivos de su propia subjetividad, y sitúa todas sus energías psíquicas para el constante crecimiento. En este punto, nada obstruye a la voluntad del Yo a continuar su ascenso imparable para lograr la extracción de las máximas potencialidades de su interioridad; en este nivel, hasta la sensación de vacío existencial se transforma en parte integrante de la felicidad, y no en causa de dolor y frustración. El sostén del vacío y su permanente ampliación son ahora una condición fundamental para lograr la felicidad interior constante.

En dicho nivel superior, todo es ascenso, y por lo tanto, aunque exista materialmente el esfuerzo, el grado de felicidad interior al que llega el Yo anula todo concepto de «esfuerzo», y entonces el esfuerzo de los niveles dimensionales inferiores se transforma en un «flujo permanente» hacia los niveles superiores. En este punto, todo lo inferior deja de ser inferior y pasa a formar parte de una misma unidad de consciencia.

Porque en los niveles más elevados de consciencia todo esfuerzo deja de ser esfuerzo, y a partir de ahí desde este punto, la felicidad interior se convierte en un flujo constante de energía que va desde el Ein Sof a través de nuestro Yo, donde apartada la subjetividad expandimos el canal del flujo de Luz divina proveniente del Ein Sof. Entonces nos convertimos en lo que realmente somos «conciencias unificadas» en la raíz general del Ein Sof.

El dolor (como todo mal) opera desde la ignorancia, por ese motivo, un aumento del Daat, temporalmente, también aumenta el dolor, pero otorga como resultado un placer tan alto que se anula el dolor inicial porque se puede percibir la existencia de un modo diferente. Es como si en algún momento de nuestra existencia convivimos con la paradoja de placer/dolor, donde el «placer» de nuestro crecimiento interior termina ganando sobre todo posible dolor, a pesar de su magnitud. Vencer todos los males y convertirlos en «Bien» es la tarea del judaísmo en este mundo.[111]

Existe, pues, dolor real en las siete dimensiones inferiores, y existe felicidad interior real a pesar del dolor en las tres dimensiones superiores. En la dimensión de Biná comprendemos la raíz de la estructura de las dimensiones inferiores, en la Jojmá alcanzamos la percepción de la vanidad del mundo inferior (o de la fragmentación),[112] y en el nivel de Keter, anulamos toda conciencia del Yo en función de un centro psíquico, para pasar a ser un fragmento del Ein Sof dentro del Ein Sof, y al alcanzar la conciencia de la Nada destruimos toda distorsión real en la comprensión general cosmogónica.

Alcanzar «Keter» tiene un alto precio, y en realidad como allí nos encontramos en el «Daat Cosmogónico» subjetivamente no alcanzamos nada concreto, lo que alcanzamos es un estado donde opera la modificación permanente de nuestros estados de percepción de la realidad. Entonces somos una parte del No-Yo, y es entonces cuando modificamos la percepción general en todas las dimensiones, porque todas ellas ahora trabajan para un crecimiento espiritual constante de toda la estructura. Todas las energías psíquicas ya no se encuentran distraídas en los mundos inferiores, sino focalizadas en la elevación trascendente de dichos mundos inferiores.

En la psicología del misticismo judío sabemos que si una persona modifica su estado de percepción, entonces dispone de una estrategia global que altera

---

111. Es un trabajo de construcción permanente (Boné, constructor). Por ese motivo, la Biná (el Entendimiento) es un elemento fundamental en la construcción de nuestra realidad. La falta de Entendimiento se encuentra cuando alguien destruye una construcción humana.
112. A pesar de llegar a sentir la vanidad del mundo inferior (mundo de la Bet o de la fragmentación), en la Biná comprendemos la necesidad de su existencia para poder existir dentro de esta realidad material.

sus estados de consciencia. En un nivel superior (en el estado psicológico de la Merkabá), el Yo toma el control de sus percepciones hasta tal punto que las puede modificar para anular el dolor. No estamos diciendo que el dolor no continúe existiendo en los niveles inferiores, sino que el dolor queda suprimido a nivel mental.

34. La coordinación entre el mundo superior de Alef y el mundo inferior de Bet

«El Mal no es una realidad autónoma sino un mensaje de Dios».

Rabí Alexandre Safran (1910-2006)

En este nivel, cesa de trabajar el sistema de compensaciones constantes del mundo inferior, porque en un grado de felicidad interior, ya nada hay que compensar. Se compensa en una dimensión cuando sufrimos dolor en otra, y nos gratificamos por compensación. Pero en un nivel superior, entre la Jojmá y Keter, toda compensación dentro del mundo inferior cesa, desaparece. Por lo que, en ese nivel, uno existe en función de un aumento permanente en los niveles de consciencia. Se podría objetar que la espiritualidad se puede transformar en una espiritualidad de fuga (evasión de la realidad material), y entonces se produce la transformación de la espiritualidad como un mecanismo también compensatorio. En realidad, cuando sucede esto lo podemos verificar porque los desequilibrios inferiores se magnifican en el orden superior. Si la espiritualidad representa un método de fuga de los mundos inferiores, entonces realmente no estamos operando dentro de la verdadera espiritualidad del misticismo judío, ya que este obliga al Yo a afrontar la realidad material de las dimensiones inferiores. Así pues, la espiritualidad en el judaísmo no es un elemento de fuga de los mundos inferiores, sino un compromiso trascendente con dichos niveles.

El mal, pues, en un nivel superior, queda subyugado por la Merkabá. En realidad, el mal puede desaparecer por efecto del cambio de percepción que se puede operar desde la Merkabá. Si no respondemos al mal,[113] sino

---

113. Debemos tener cuidado con el concepto de «no responder al mal». El ser humano debe operar en su Guevurá y, por lo tanto, debe en los mundos inferiores defender su Yo en su dignidad subjetiva, ya que si no lo hace, se puede cometer la Klipá de Jesed, y esta transgresión es la falta de misericordia con uno mismo. No responder al mal, no significa no limitar los actos del mal en el mundo inferior, porque debemos defender nuestra dignidad en tanto un Yo existente dentro de la realidad material. Si me dejo «matar» por el «Otro», cometo una transgresión, pero si luego de defenderme del «Otro» no continúo ascendiendo espiritualmente y quedo estancado en el

que aprendemos de él, entonces decimos que hemos extraído «el bien del mal». La desaparición física (la muerte) es un mal desde la perspectiva material, sin embargo, ¿cómo sabemos si dicha alma no ha cumplido su función? ¿Quiénes somos nosotros para determinar los años temporales dentro de la materialidad y relacionarlos con el sentido existencial? Es un absurdo pensar que existe una relación entre los años biológicos y el sentido existencial. Por más años biológicos dentro de la materia que posea un sujeto, no implica necesariamente que haya alcanzado el sentido existencial. Quiero citar las palabras del joven judío mexicano Jonathan Salomón Rosental Masri (Z "L") (1987-2013):[114]

> «Yo creo que la felicidad es algo relativo, pero es un estado en el cual estamos a gusto con lo que somos y lo que tenemos, no tiene que ser tan complicado como pensamos, ya que para algunas personas podría ser el hecho de comerse una paleta de dulce y para otras ser el hombre más rico del mundo. Estos son los 7 puntos que creo que son lo más importante para poder llegar a ser felices: Ser tú mismo, estar relajado, sonreír, ponernos metas, Karma, relaciones sanas y hacer a alguien mas feliz».

Más allá del contenido del escrito, me gustaría proponer el siguiente interrogante: ¿No ha cumplido el sentido existencial el alma de este joven? Claro que queda el dolor biológico, por supuesto que su familia ha quedado afectada, todo esto es de una lógica imposible de negar. Sin embargo, el interrogante sigue en pie: ¿No vino el alma de Jonathan Salomón Rosental Masri a enseñarnos algo? Dice en su escrito, la felicidad es el estado donde estamos a gusto «con lo que somos». Este nivel de autoconocimiento se puede alcanzar con 20 años, y a veces existen sujetos con 90 años de existencia biológica que no han logrado estar a gusto consigo mismos.

Llegamos entonces a la conclusión de que la felicidad (paz interior) no necesariamente tiene que ser equivalente a la cantidad de años biológicos

---

nivel que me provocó el mal del «otro» entonces el mal ha vencido. A pesar de defenderme en el mundo inferior, no por ese motivo mi nivel espiritual debe descender al nivel del mal del «Otro». Jamás la defensa de mi Yo en el mundo inferior puede traer como consecuencia que me rebaje al nivel del «otro». Mi nivel espiritual debe continuar ascendiendo a pesar de los «ataques exteriores» que mi Yo en su calidad subjetiva reciba en los niveles inferiores.

114. El texto del joven Rosental Masri (1987-2013) me fue entregado por sus padres durante el seminario sobre el misticismo judío que impartí en la congregación Bet El de México DF el domingo 25 de mayo de 2014; agradezco a sus padres el haber compartido conmigo tan hermoso legado. El escrito esta datado el día 25 de agosto de 2009.

que acumulamos en esta existencia material. La intensidad existencial no se relaciona de ninguna manera con el tiempo biológico, y el aumento de la intensidad existencial lo otorga el nivel de autoconocimiento personal.

Y por ese motivo dice el texto hebreo bíblico del Eclesiastés, capítulo 6, versículo 3:

«Aunque un hombre engendre cien hijos, y viva muchos años, y los días de su vida sean numerosos; si su alma no se sació del bienestar... yo digo que un abortivo es mejor que él»

Los años biológicos en la vida material no se corresponden con el cumplimiento del sentido existencial del alma. Y entendido este asunto, podemos afirmar que realmente lo que importa es concentrarnos en nuestro sentido existencial que se encuentra cuando alcanzamos la consciencia Alef. Sin embargo, vivimos biológicamente dentro de las dimensiones inferiores del mundo de la fragmentación como si estas fueran la única realidad en sí mismas.

Por ese motivo, los cabalistas han explicado que en el mundo superior más allá del Universo de Briá, el mal desaparece ya que no tiene entidad propia. Pues si los ataques que recibe mi «Yo» en su dignidad subjetiva no me rebajan a los niveles inferiores de conciencia he logrado vencer el mal realmente dentro de mi interioridad. Así pues, la existencia subjetiva debe trabajar simultáneamente en el plano del mundo superior para seguir creciendo a pesar de que la sociedad general intente rebajarme por su presión exterior a los niveles inferiores.

Porque si la presión social exterior (Yesod) o el mal natural biológico (Maljut) logran rebajarme a los niveles inferiores de la realidad, es que nunca he alcanzado los grados superiores de consciencia (que teóricamente creía haber alcanzado). Por ese motivo, los ataques del mal exterior dentro de la realidad inferior (de las siete dimensiones inferiores) deben elevar mi conciencia hacia los niveles más altos.

Porque si he derrotado al mal exterior, pero dicho mal exterior se me ha incorporado dentro de mi estructura subjetiva, en realidad el mal ha vencido sobre mí. Vencer realmente al mal no es simplemente vencerlo en el exterior, sino vencerlo en mi interioridad (incluso si continúo siendo atacado por los «Otros» dentro del mundo exterior).

Porque conceptualmente el «Bien superior» representa la comprensión real de que el bien y el mal corresponden a dos caras de la misma moneda en el orden inferior.

El mal, por lo tanto, no queda derrotado porque lo hemos afrontado, sino porque lo hemos extraído de la realidad modificando nuestra percepción mental. Cada vez que afrontamos el mal, entonces le otorgamos entidad, y no solo eso, además de otorgarle «entidad», le aumentamos su potencia. Sin embargo, cuando explicamos que «afrontamos el mal» es cuando le otorgamos entidad en el plano cognitivo. Lo puntualizo porque la subjetividad material (la vida biológica) se debe defender del mal en el plano material, lo que debemos vencer es nuestro instinto de mal dentro de nuestra interioridad. El mal exterior y nuestras reacciones físicas a dicho mal exterior no tienen que hacernos descender en el nivel de conciencia alcanzados.

Defendernos del mal exterior en el orden conductual es un grado importante de la Midá de Guevurá (la virtud de los límites), porque no podemos dejar que nos hagan daño físico ni psicológico desde el exterior. Así que destruir el mal al no entregarle más fuerza es el trabajo que debemos realizar en el orden cognitivo para alcanzar la conciencia Alef. Sin embargo, la defensa de mi subjetividad atacada (a veces físicamente) constituye la aceptación de la realidad material donde allí soy un sujeto determinado que lucha por su propia supervivencia biológica. No obstante, el precio que he de pagar por mi propia supervivencia biológica no debe convertir mi conciencia en un tipo de conciencia Bet, sino sostener y elevar mi conciencia en el nivel Alef a pesar de todos los problemas que puedan surgirle a mi Yo dentro del orden de la fragmentación (mundo de la Bet).

El trabajo dentro del mundo de la Bet no debe presionarnos para adquirir la conciencia Bet, sino que mi Yo se debe elevar a pesar del nivel de agresividad exterior dentro del mundo de la fragmentación. Toda la violencia que se pueda producir en el orden inferior de las siete dimensiones pertenecientes al mundo de la fragmentación nunca puede rebajar mi conciencia a un tipo de conciencia Bet.

Por lo tanto, a veces el sujeto debe escindirse temporalmente entre ambos mundos (Alef y Bet) y defender su subjetividad en el mundo de Bet, pero al mismo tiempo alcanzar los niveles más elevados de su consciencia Alef, y no estancarse dentro del mundo de Bet con consciencia Bet; debemos, por lo tanto, operar en el mundo inferior de la fragmentación (de Bet) con consciencia Alef, y los problemas inferiores del mundo de la Bet no deben rebajar nuestro nivel de consciencia.

¿Cómo resuelve la tradición mística del judaísmo este problema psicológico? En los niveles superiores opera dentro del mundo Alef y allí, por supuesto, puedo indudablemente actuar con consciencia Alef; sin embargo, el problema se nos presenta cuando operamos dentro del mundo de la Bet y allí se nos hace más difícil trabajar dentro de la estructura de la consciencia Alef. ¿Por qué no operamos dentro del sistema Alef con consciencia Alef y dentro del sistema Bet con conciencia Bet?

Porque, en realidad, el objetivo final de nuestra existencia es elevar físicamente el mundo de la fragmentación (Bet) al mundo de la unidad (Alef). Nuestro trabajo existencial no es simplemente elevar nuestra conciencia interior de la conciencia Bet a la conciencia Alef, sino que, al operar de forma permanente dentro de una conciencia Alef, logremos transformar este mundo de la fragmentación en un mundo unido donde todos operemos finalmente con conciencia Alef, y entonces elevaremos Maljut a Keter, y reintegraremos la secuencia espacio-temporal al orden de la Eternidad.

El problema práctico en términos psicológicos de todos modos continúa, el interrogante no se dilucida: ¿Cómo resuelve la psicología del misticismo judío el problema de existir materialmente en el mundo inferior de la Bet y, al mismo tiempo, operar con consciencia Alef? Vamos a citar aquí al erudito estudioso e historiador de la cábala, el doctor Gershom Scholem (1897-1982):

«Pero el autor del Raya Mehemna y de los Tikunim proporcionó a esta simbolística un giro nuevo y rico en consecuencias. El Árbol del Bien y del Mal actúa para él como símbolo de aquella esfera de la Torá en la que se encuentran mutuamente limitados el bien y el mal, lo puro y lo impuro, etc. Al mismo tiempo, representa también el poder que el mal puede conseguir sobre el bien en tiempos de pecado, y principalmente en los tiempos del exilio. Con ello el Árbol de la Ciencia se transformó en el árbol de las limitaciones, de lo prohibido y de lo separado, mientras que el Árbol de la Vida quedaba como signo de la libertad, en el que el dualismo del bien y del mal todavía no era perceptible (o al menos ya no lo era), sino que todo en él aludía a la unidad de la vida divina, la cual aún no había experimentado nada de las limitaciones, del poder de la muerte y de los restantes aspectos negativos de la vida que sólo se manifestaron tras el primer pecado. Estos aspectos represivos y limitadores de la Torá son absolutamente legítimos en el mundo del pecado, en el mundo irredento, y la Torá no podía en absoluto presentarse de manera diferente. Sólo después de la primera caída y sus vastas consecuencias adoptó la Torá el limitado aspecto material y sensible bajo el que ahora la conocemos. Dentro de esta simbolística, y según lo expuesto, se puede afirmar, en cierto modo, que el Árbol de la Vida representa el aspecto propiamente utópico de la Torá. Y vistas así las cosas, era lógico que se equiparase a la Torá en cuanto Árbol de la Vida con la Torá mística, y que se considerase, por el contrario, a la Torá en cuanto Árbol del Bien y del Mal como la Torá en su manifestación histórica. Nos hallamos aquí, naturalmente, ante un caso muy bello de exégesis tipológica por la que el autor del Raya Mehemna y de los Ticunim muestra una manifiesta preferencia. Pero hemos de dar un paso más. El autor relaciona este dualismo de los árboles con los dos tipos de tablas que le fueron dadas a Moisés en el Monte Sinaí. Según una vieja idea talmúdica, el veneno de la serpiente que había emponzoñado a Eva y a toda la humanidad a través de ella había perdido su fuerza con la revelación del Sinaí, pero la volvió a recobrar cuando Israel se entregó a la adoración del becerro de oro. El autor cabalista interpreta esto a su manera. Las primeras tablas, que fueron entregadas antes del pecado del becerro del oro, pero que nadie llegó nunca a leer aparte de Moisés, procedían del Árbol de la Vida. Las segundas tablas, que fueron entregadas después de que las primeras fueran rotas, procedían del Árbol de la Ciencia. El sentido de esta concepción está claro: las primeras tablas contenían una revelación de la Torá según el primitivo estado del hombre, en el cual éste debiera haberse dejado guiar por el principio materializado en el Árbol de la Vida. Hubiera sido ésta una Torá absolutamente espiritual, entregada a un mundo en el que revelación y salvación habrían sido realidades coincidentes, en el que todo era sagrado y la fuerza de lo impuro y de la muerte no necesitaban ser refrenadas por medio de prohibiciones y límites. En este estado de la Torá habría sido revelado sin deformaciones el misterio que encierra. Pero este momento utópico pasó fugazmente. Cuando fueron rotas las primeras tablas, desaparecieron en el aire las letras en ellas grabadas, quiere decir que el elemento puramente espiritual se retiró y desde entonces sólo es visible para el místico, que está capacitado para reconocerlo bajo el nuevo ropaje externo según el cual se ha manifestado en las segundas tablas. En las segundas tablas aparece la Torá con atavío y fuerza históricos. Claro es que sigue conservando sus ocultos planos de infinitos misterios. La luz se transparenta a través de la bondad, mientras la maldad ha de ser refrenada y combatida por medio de aquellas prohibiciones que le han sido imaginadas como antídoto. Esta es la cáscara dura de la Torá, la cual es inevitable en un mundo donde reinan las potencias del mal. Pero no se puede tomar la cáscara por el total. En cumplimiento de los mandamientos, el hombre puede perforar la cáscara externa y penetrar hasta el núcleo...».

«El ser auténtico de la Torá sólo es uno, aquel que se encuentra sintetizado en el concepto de Torá de Atzilut. Pero el ropaje o la forma externa que ha adoptado, en un mundo en el que el lema que impera es combatir las fuerzas del mal, son del todo legítimos e incuestionables».[115]

Las autoridades rabínicas a lo largo de la historia, al aplicar la jurisprudencia halájica, indudablemente han operado dentro del mundo de la fragmentación (Bet) porque tenían a su cargo la organización de las comunidades judías. Entonces, aparecían los místicos del judaísmo (los cabalistas) operando sobre la conciencia Alef para elevar el sistema de fragmentación hacia el mundo superior.

Sin la necesidad de organización comunitaria, los místicos judíos como Abraham Abulafia podían ejercitar su percepción de consciencia Alef y operar dentro del Árbol de la Vida y sus dimensiones; sin embargo, los rabinos institucionales como Ben Adret y otros (a pesar de su conocimiento del misticismo) al trabajar dentro de la realidad histórica y social de sus comunidades podían caer dentro de la consciencia Bet al encontrarse de forma permanente relacionados con los problemas cotidianos del mundo de la fragmentación. El trabajo histórico fundamental de los rabinos fue el sostén de la identidad nacional judía a través de las limitaciones religiosas, mientras que los místicos judíos deseaban elevarse en sus niveles de conciencia tomando el judaísmo como una vía cultural de ascenso constante de conciencia con miras a percibir alguna Luz proveniente del Ein Sof.

La tarea del místico fue la de modificar su propia percepción personal; en cambio, la tarea del rabino institucional se centraba en los problemas habituales de sus congregaciones. Sin la presión de la vida social de una comunidad, el místico podía buscar dentro de sí mismo la elevación constante para alcanzar mayores niveles de consciencia. Por su parte, el rabino institucional[116] no

---

115. La Cábala y su simbolismo, capítulo 2 «El Sentido de la Torá en la mística judía» de Gershom Scholem, páginas 82 a 84, Siglo XXI de España editores, cuarta edición, Madrid, junio de 2009.
116. En realidad entiendo que el sistema de mandamientos y preceptos ceremoniales del judaísmo no es incompatible con los más altos grados de elevación de la conciencia. Todo el sistema religioso de mandamientos del judaísmo (de acuerdo con mi particular percepción de la historia judía) ha sido diseñado para la supervivencia nacional del pueblo de Israel a través de los tiempos. La religión judía fue la que creó los mecanismos identitarios de sostén del judaísmo a lo largo de los siglos en la diáspora. Por lo que, observar los mandamientos para sostener la identidad nacional judía no es incompatible con la elevación espiritual que supone el ascenso y el descenso a nuestra Merkabá. Indudablemente, existen sujetos que operan dentro de los marcos exotéricos del judaísmo sin una necesidad de elevación de consciencia espiritual. Y otros sujetos que nacieron fuera del marco de la identidad judía pero que indudablemente desean operar dentro del sistema de dimensiones que propone el símbolo del Árbol de la Vida y lo pueden hacer sin problemas, porque los gentiles (no judíos) deben conocer y practicar la cábala para acercar la redención del mundo. Es real que con una comprensión mayor del judaísmo en su conjunto se pueden

podía encontrarse enfocado de forma exclusiva en la elevación de sus niveles de consciencia, sino en la resolución jurídica por medio de la Halajá de los problemas de sus respectivas comunidades religiosas. Mientras que el rabino institucional se encontraba intentando resolver los problemas del Universo de Asiá, el místico deseaba elevarse a través de todos los universos.

Aumentar los niveles de conciencia para lograr una consciencia de tipo Alef implica necesariamente un tiempo de soledad con nuestra propia interioridad (una interiorización del estilo del movimiento religioso de Bratslav), y cuando en nuestro trabajo de elevación interior logramos transformarnos, entonces estamos preparados para actuar dentro del plano cotidiano de la realidad material del mundo de la fragmentación. Entonces llegamos a una transacción entre los dos mundos, para por fin concluir que cognitivamente debo operar en el trabajo de unificaciones constantes dentro de las dimensiones superiores, resolviendo las aparentes contradicciones del mundo de la fragmentación.

El místico, entonces, no debe refugiarse en el mundo superior fugándose de los planos inferiores de la materialidad, sino operar dentro del mundo de la fragmentación a partir de una modificación constante de los niveles de consciencia. La conciencia Alef es el ideal al que debemos focalizar la dirección de nuestras energías psíquicas, y, al mismo tiempo, el mundo de la fragmentación (las siete dimensiones inferiores cosmogónicas o los dos universos de Asiá y el de Yetzirá) debe ser percibido de forma trascendente al operar en él de acuerdo conl ideal de nuestra consciencia Alef. La psicología mística del judaísmo no puede renunciar a los estados más altos de la espiritualidad trascendente de la conciencia Alef, a pesar de operar dentro de las dimensiones más densas de la materialidad del mundo de la fragmentación. Y toda resistencia que el sujeto desarrolle para no caer en la conciencia Bet es la que causa el refinamiento de la persona y la elevación de nuestros más elevados niveles de conciencia.

La consciencia Alef debe aumentar su potencia por más golpes psicológicos que el sujeto reciba dentro del mundo de Bet. Justamente se debe operar de forma inversa a la tendencia natural, porque si bien la tentación dentro

---

comprender mejor los elementos místicos judíos, pero no se necesita convertirse al judaísmo en su forma exotérica para aplicar los métodos de la psicología del misticismo judío. Es más, pienso la posibilidad futura de que a través del misticismo judío en su núcleo más profundo se termine cumpliendo la Torá exotérica y sus mandamientos y que muchos gentiles quieran participar activamente del judaísmo e integrarse al pueblo de Israel. La psicología del misticismo judío es universal, y no aboga por la conversión de los gentiles al judaísmo, sino que su objetivo central es ayudar al refinamiento de la persona y a la elevación constante de sus niveles de conciencia, sea el sujeto del origen que sea.

del mundo de la fragmentación es bajar a la conciencia fragmentaria, a pesar de mi lucha existencial física, en los grados más bajos de la materialidad del mundo de la Bet, tengo que sostener y trabajar para elevar la conciencia Alef de unificación constante.

El gran desafío de la cábala es transformar todo en «Bien supremo», unificando las aparentes contradicciones del mundo inferior, porque al resolver las contradicciones y las paradojas todo el mundo inferior es encadenado y sujeto a las percepciones del mundo superior.

Es más, debemos ser conscientes de que las contradicciones operan para que nosotros podamos comprender su coexistencia, ya que el sentido oculto se oculta detrás de dichas contradicciones. En realidad, no debemos resolver las contradicciones (este es el error de Occidente), sino que dichas contradicciones son la respuesta misma, debido a que la contradicción se sustenta sobre nuestras limitaciones de percepción.

Las contradicciones son un reflejo directo de nuestras propias limitaciones finitas en el mundo de la fragmentación al percibir la dualidad vacío/Ein Sof como una estructura dual básica, o la existencia de la dualidad tiempo-espacio, o la dualidad consciencia/existencia. Todas estas dualidades son aparentes, percibidas desde el Ein Sof. Por ese motivo, podemos decir que debemos observar la realidad como si la pudiéramos ver desde Dios, y aunque esto es imposible, es relativamente posible, ya que aunque no podemos llegar a ser, al mismo tiempo, consciencia subjetiva y conceptualmente el Ein Sof, sí podemos percibir el universo de la «Eternidad» de Atzilut (como ya hemos visto).

Debemos ser conscientes de cómo opera todo el mundo inferior (mundo de la Bet) para comprender que en dicho nivel no debemos trabajar para resolver las contradicciones, sino para convivir con ellas, y comprender que es a partir de la percepción del mundo superior (nuestra consciencia Alef) desde donde podemos realmente resolver dichas contradicciones y paradojas, porque allí se encuentra el sentido unificador del sistema general. En realidad, se podría explicar que existimos en un estado de escisión permanente debido a nuestra dualidad entre el mundo de la Alef (donde alcanzamos los mayores grados de conciencia) y el mundo de la Bet (donde existimos dentro de la contradicción permanente).

Es el mundo de la Bet el que nos sitúa ante la primera contradicción entre mi subjetividad (mi Yo) y la exterioridad de mi Yo. Cuando alguien me agrede físicamente, está subjetivándome de forma obligatoria, porque me sitúa automáticamente dentro de mi Yo, y cuando mi Yo se defiende, entonces se encuentra en el mundo de la Bet, y no podemos negar el sistema de contradicciones permanentes del mundo de la Bet cada vez que defendemos nuestra subjetividad real en el mundo inferior, ya que, por el contrario, debemos existir dentro de dicho sistema de contradicciones.

No hay posibilidades de fuga del sistema que impera en el mundo de la Bet, sino una percepción diferente a través de una conciencia Alef.

Si de cada supuesto «mal» extraemos una enseñanza, entonces lo hemos automáticamente transformado en bien. No podemos negar el «mal», porque la espiritualidad del judaísmo no niega el mal y sus consecuencias dolorosas, sino que lo comprende como el precio que hay que pagar por existir dentro del plano de la materialidad. Pero siempre existe la Shejiná oculta dentro de toda densidad material, esto quiere decir que siempre habitan destellos de energías provenientes del Ein Sof encerradas y ocultas en la materialidad.

La existencia en sí misma en tanto existencia con conciencia[117] conlleva una defensa inexorable de la subjetividad, porque es justamente la conciencia la que crea la subjetividad, y en cuanto la subjetividad se vuelve una realidad en sí misma, debe ser indudablemente defendida del entorno que la puede aniquilar en el orden de la materia. La consciencia subjetiva de existencia se defiende en el plano de la materia, y dado que en el orden inferior la consciencia no debe defender ningún orden espacio-temporal (y por consiguiente ninguna subjetividad), entonces puede desarrollarse como consciencia Alef.

Todo entorno amenaza la existencia, en tanto que la consciencia desea la continuidad de la existencia física. La existencia natural sin consciencia existe dentro del orden general de la naturaleza, pero es la conciencia la que desea continuar existiendo para aumentar los niveles de consciencia; en realidad, la consciencia obliga a la existencia a desear la continuidad existencial para poder continuar creciendo.

---

117. La existencia sin conciencia, al no otorgarle sentido a la existencia, entonces puede destruir la existencia propia o la existencia de los demás. Es muy peligroso que una existencia no tenga una conciencia elevada porque dichas existencias pueden existir con el único objetivo de agredir a los otros proyectando el sinsentido de sus propias existencias. Quien agrede a los otros demuestra no solamente el bajo nivel de conciencia, sino además su propio sinsentido existencial. Un sujeto sin sentido existencial se transforma en un elemento peligroso para la sociedad, porque dicha energía excedente puede servir para destruir la existencia (la de otros y la suya propia), y esta destrucción representa la proyección de su sinsentido existencial subjetivo. Por ese motivo, debemos educar desde pequeños a los niños con el fin de que sus almas encuentren su sentido existencial y eleven al mayor grado posible su consciencia para existir ascendiendo permanentemente en los niveles de conciencia beneficiándose a sí mismos y a los demás. El sinsentido existencial puede terminar en el daño hacia sí mismos a través de todo tipo de autoagresiones o de la proyección de sus agresiones hacia los demás.

Si en el futuro pudiéramos modificar el Kli de forma biológica para adquirir mayores niveles de recepción material, lograríamos un aumento mayor de nuestra consciencia, y llegará el día en el que extraeremos la consciencia del orden espacio-temporal y la elevaremos al Universo de Atzilut.[118]

En realidad, sabemos que todo mal ha sido instaurado dentro del sistema para nuestro bien, el problema que tenemos es que el mal siempre oculta el bien que trae, y que el bien siempre oculta el mal que trae. Si anulamos el concepto de bien y de mal del Árbol del Conocimiento del Bien y del Mal, entonces alcanzamos el verdadero Árbol de la Vida. Sin embargo, debemos advertir que tanto el Árbol de la Vida como el del Conocimiento del Bien y del Mal coexisten. Dentro de un pensamiento relacionado con el mundo de la fragmentación de Bet, nos asociamos mentalmente al Árbol del Conocimiento del Bien y del Mal; en cambio, cuando accedemos al nivel de consciencia del mundo de Alef, debemos realizar un proceso espiritual difícil, que es el de unir el bien y el mal en una raíz común. Si logramos superar las fragmentaciones inferiores, entonces operamos sobre el mundo superior.

Sin embargo, no podemos nunca abandonar la defensa de nuestra subjetividad, ya que si no lo hiciéramos, violaríamos el mandamiento de «Amarás a tu prójimo como a Ti mismo». El sujeto en tanto un Yo con consciencia subjetiva nunca debe renunciar a sí mismo (dentro del judaísmo) porque esto constituye la condición fundamental para poder amar a todos los «Otros» que se encuentran fuera de mi Yo subjetivo. Es un desequilibrio grave asociado al mal el abandono de uno mismo por la radicalización espiritual.[119] El mundo

---

118. No me parece que aún el ser humano sea digno del orden de la Eternidad (Atzilut), ya que aún se puede ver diariamente los bajos niveles de consciencia que tenemos. Peligrosamente se está ensanchando la brecha entre el avance científico y nuestros bajos niveles de consciencia. Esta situación indudablemente es peligrosa ya que tenemos las posibilidades científicas de una autodestrucción existencial total, por eso debemos trabajar seriamente en aumentar los niveles de consciencia Alef y educar a las nuevas generaciones para que obtengan la paz interior (Tiferet psicológica), para que de ese modo, siendo ya adultos, no proyecten sus agresiones sobre los demás.
119. «Porque si él mismo no se apiada de sí ¿Quién se apiadará de él?» Como han dicho nuestros maestros, de bendita memoria. «De aquel que carece de conocimiento está prohibido apiadarse» (Berajot 33ª), y Si Yo no soy para mí, ¿Quién será para mí?» (Avot 1:14) (*La Senda de los Rectos* de Jaim Moshé Luzzatto, capítulo 2 «Aclaración del atributo de la Prudencia», página 41, ediciones Obelisco, primera edición, Barcelona, mayo de 2014). Aquí podemos ver cómo la tradición judía afirma el cuidado de nuestra subjetividad, que no contradice nuestra elevación espiritual hacia el mundo superior. Este es el motivo por el cual consideramos estéril el debate entre el doctor Gershom Scholem y el doctor Moshé Idel, ya que en el judaísmo al mismo tiempo existe la Devekut con la defensa de la subjetividad. La subjetividad existe de forma permanente en el judaísmo, sin embargo, al alcanzar la consciencia Alef (como proceso oscilatorio) se puede alcanzar al mismo tiempo el estado de Devekut. Siendo la espiritualidad judía un proceso de oscilación de consciencia Bet a consciencia Alef, coexisten la subjetividad (Scholem) y la unificación (Idel).

de la fragmentación de la Bet fue construido para que nuestra subjetividad producto de la consciencia se desarrolle hasta alcanzar los mayores niveles de unificación en los niveles más excelsos del mundo de la Alef. Si no defendiésemos la existencia física del sujeto en el mundo de la fragmentación, no se podría desarrollar ni la conciencia Bet ni la conciencia Alef. Para que exista, pues, una conciencia «Alef», el sujeto debe de modo realista aprender a existir en las dimensiones más bajas de la realidad. Y justamente es en las dimensiones inferiores donde se puede aprender el mejor ascenso a una conciencia Alef.

La «Vida» destruye los conceptos inferiores del Bien y del Mal. Y aunque los sistemas inferiores decidieron elevar el «mal» hacia el mundo superior (Alef) a partir de la muerte física, jamás el mal logrará destruir el Bien del orden superior que es la Conciencia divina automanifestándose en una constante revelación existencial. Y estamos haciendo referencia a una conciencia más allá de nuestra conciencia subjetiva específica.

A pesar de esto, debemos ser conscientes de que el entorno (muchas veces agresivo con mi Yo) puede provocar una distorsión tal, que me haga «creer» que el único mundo real es el de la Bet. Mi Yo tiene que (a pesar de sostener su subjetividad) no caer en la trampa social de la presión del entorno o en la trampa material de la exclusividad dimensional de Maljut, sino «crecer» subjetivamente para alcanzar la extracción mayor de la potencialidad oculta de cada sujeto. Si el Yo logra percibir el «Entorno» (Yesod), sea a través de la agresión, o del elogio como opciones de crecimiento del Yo, entonces nos encontramos modificando nuestras percepciones interiores.

Es, por lo tanto, un trabajo doble, defendernos de las presiones del entorno social hasta alcanzar la máxima liberación del Yo y defender mi subjetividad pero sin caer en una construcción subjetiva producto de dicha defensa, porque entonces mi Yo no está construido a partir de mis verdaderas potencialidades interiores, sino a partir de las cicatrices sociales dentro de mi Yo. Debo crear las defensas de mi personalidad interior en la Tiferet para sobrevivir y adaptarme al entorno social y, al mismo tiempo, debo cuidar mi sensibilidad interior para continuar mis ascensos en los diferentes niveles de conciencia.

Si existe la Devekut es temporal no permanente, porque se mantiene la subjetividad, ya que las dimensiones inferiores de Yesod (Ego) y Tiferet (Yo) siempre se mantienen. Es más, Moshe Cordovero dirá que el alma mantiene su identidad más allá de la corporalidad. La trascendencia en el judaísmo no anula la inmanencia, y si la trascendencia nos lleva a la unidad con el Todo, la inmanencia no nos anula en nuestra subjetividad.

Mi elevación cognitiva en la Biná no debe encontrarse obstaculizada por los problemas inferiores, sino que, por el contrario, los aumentos de mis niveles de consciencia deben continuar y potenciarse justamente por aprender de las dimensiones más bajas del Árbol de la Vida.

La raíz del alma (la esencia de mi Yo), es decir, los niveles más elevados del alma deben ser expresados exteriormente incluso frente a las agresiones (explícitas o implícitas del entorno). La construcción de una felicidad interior independiente de todas las actividades externas es la clave para acceder al interior de la Merkabá.

Aunque sabemos, los que trabajamos dentro de la Jojmá Nistará (sabiduría oculta del judaísmo), que no existe ni el bien ni el mal en la Eternidad, pero sí que existen dentro del mundo de la Bet. Al existir con consciencia en el mundo de la Bet, el mal y el bien operan como realidades, y, por lo tanto, debemos conocer que el bien y el mal son productos directamente de mi consciencia subjetiva, porque debo defender mi Yo del entorno, y cada vez que defino los límites de mi subjetividad automáticamente estoy creando un bien y un mal con relación a mi subjetividad. Y no es tan simple como lo presentamos; a pesar de que un sujeto esté realizando el esfuerzo de elevar su conciencia al nivel Alef, puede ser presionado por el entorno para rebajarse al nivel Bet, entonces son los «otros» los que definen mis límites (y no mi propio Yo). A pesar de que me puedan imponer límites identitarios en las siete dimensiones inferiores, el poder mental de mi Yo y su capacidad de modificación cognitiva dentro de la psique (en el nivel del alma de la Neshamá) siguen estando bajo nuestro control y dominio.

La consciencia es la que crea al sujeto y, a partir de ahí, el Yo (ya creado) desea la defensa de la existencia subjetiva, y esto conlleva automáticamente a que el Yo se encuentra gastando las energías psíquicas en la defensa de su subjetividad, y no en su propio crecimiento. Entonces aparece una de las paradojas fundamentales de la existencia: a mayor conciencia subjetiva, mayor es la subjetividad que debemos defender, pero paradójicamente cuando dejamos de defender la subjetividad, es entonces cuando realmente elevamos la conciencia hacia nuestra máxima potencialidad porque ya no obligamos a nuestras energías psíquicas a operar exclusivamente (o mayoritariamente) en el mundo de la fragmentación, sino en la unificación constante de nuestro Yo con toda la realidad cosmogónica.

Entonces debemos trabajar en dos frentes simultáneamente: por una parte, desgastar el mínimo de energías psíquicas en la defensa de nuestra subjetividad frente al entorno social, y, por la otra, concentrar el máximo de energías psíquicas en nuestra elevación constante aumentando los niveles de consciencia.

Lo ideal sería que exclusivamente concentremos nuestras energías psíquicas en la ascensión de los niveles de consciencia de forma permanente, pero este «ideal» en realidad choca con la defensa de nuestra existencia subjetiva en el mundo de la fragmentación (Bet).

Al no poder renunciar al mundo de la Bet, debemos gestionar dicho mundo a través de la consciencia Alef de elevación permanente. El interrogante entonces tendría que ser: ¿podríamos llegar a operar dentro del mundo de la fragmentación sosteniendo la consciencia permanente Alef? Aparentemente, la misma existencia del mundo de la Bet nos puede «hacer creer» de forma imaginaria que este es el verdadero y único mundo. Toda la defensa de nuestra subjetividad puede provocar que confundamos Tiferet con Keter. Porque la Biná opera como la «Madre arquetípica» del Yo de la Tiferet, y al buscar la seguridad subjetiva refuerza nuestra percepción de la realidad como un sistema único en el orden de la fragmentación. Pero debemos lograr que la Jojmá, o el Padre arquetípico, ingrese dentro del sistema para moderar la percepción de defensa subjetiva que hace el Yo y que provoca automáticamente una consciencia de tipo Bet.

35. El problema del mal como resultado del tiempo y el espacio

«Si una persona no ve que todo el bien del mundo físico es exactamente lo mismo que su mal, es imposible que unifique todas las cosas».

RABÍ YOSEF CARO (1488-1575)

El bien y el mal son factores que se encuentran relacionados con el orden espacio-temporal, y cuando en el futuro podamos controlar físicamente las variables del espacio y el tiempo destruiremos el Árbol del Bien y del Mal y alcanzaremos realmente el Árbol de la Vida eterna. La «Eternidad» será entonces el «Bien supremo» de la conciencia divina en constante revelación. A pesar de nuestra temporalidad subjetiva, la conciencia global se revelará eternamente dentro del tiempo-espacio y fuera de las variables del tiempo-espacio. Es más, la consciencia divina no necesita específicamente de nuestra subjetividad para continuar elevándose dentro de esta realidad.

Pero nosotros somos «conscientes» de que estamos trabajando para la mejor revelación divina posible, y que si no somos nosotros quienes elevamos el Ein Sof en este mundo, otras especies u otras consciencias subjetivas más allá del ser humano nos reemplazarán. ¿Y cómo sabemos esto? Dice la tradición judía que Dios ya construyó y destruyó mundos antes que el nuestro. ¿Y por qué motivo tiene que dejar que el nuestro sobreviva si nosotros no trabajamos para redimirlo? Esta es una de las funciones fundamentales del pueblo de Israel a lo largo de la historia, la revelación constante de los más altos niveles de consciencia divina dentro de la manifestación, pero en la época mesiánica este debe ser el trabajo de toda la humanidad. Porque aquellos que trabajan por la redención mesiánica[120] a través del aumento del Daat son en realidad parte del plan divino.

Porque sabemos, por la cábala, que existe revelación en el Universo de la Briá (Universo de la Creación, tiempo-espacio) y existe revelación en el

---

120. Dentro de la tradición del judaísmo, todos los pueblos de la Tierra trabajan para el futuro mesiánico.

Universo de Atzilut (Universo de la Emanación, eternidad). El Árbol del Bien y del Mal tiene su origen en el Universo de la Briá, porque a través de la Briá (Biná cosmogónica) ingresamos en la matriz del mundo de la dualidad (mejor dicho, en términos más específicos, en el mundo de la fragmentación). Alguno podría objetar que en Atzilut ya existía «fragmentación» debido al desarrollo de las diez dimensiones (Sefirot), pero como estas diez estructuras se encontraban dentro del mismo Ein Sof y no se habían revelado en acto, podríamos decir que no existía la fragmentación a pesar de existir de forma potencial.[121]

121. «Las diez Sefirot, que son los aspectos revelados o luces de la divinidad oculta, suelen tomarse con frecuencia como los rostros de Dios dirigidos hacia el mundo. Estos diez aspectos no revelan nada de la naturaleza más profunda de la vida oculta de la divinidad, pero constituyen el lado de Dios que está vuelto hacia el mundo, que es cognoscible y que puede ser experimentado por los hombres. La divinidad se revela a sí misma manifestándose en las Sefirot. En una gran parte de la literatura cabalista, la relación entre Ein Sof y las Sefirot ha sido explicada con la ayuda de dos imágenes. Una es la del carbón y la llama de fuego. El carbón (Ein Sof) puede existir sin las llamas (Sefirot), pero las fuerzas latentes y ocultas del carbón sólo pueden expresarse a través de la luz de las llamas; carbón y llamas forman una unidad, aunque no sean idénticos. La otra imagen es la del alma (Ein Sof) y el cuerpo (Sefirot). Las personas se dan a conocer a los demás a través de su conducta, de sus pensamientos y emociones que pueden ser de carácter contradictorio. Todas estas cualidades son manifestaciones de un alma que, en cuanto tal, no puede percibirse. De la misma manera, Dios no puede ser conocido en su esencia más profunda, aunque a través de las diez Sefirot se puede conocer mucho sobre quién y qué es Dios. El mundo sefirótico puede describirse de dos maneras. En primer lugar, podemos describir las diez Sefirot como formando una unidad básica, dentro de la cual todas juntas constituyen el universo de la vida oculta de Dios. Las Sefirot forman en su totalidad una especie de organismo místico en el que se expresa hacia fuera el proceso dinámico de la vida oculta de Dios. Este modelo de los diez aspectos revelados en los que Dios se despliega, a partir de su vida profunda y escondida, se describe en la literatura cabalística de maneras muy distintas y con la ayuda de muchos símbolos diferentes. En segundo lugar, cada sefirá se puede describir de un modo separado. Cada una realiza una función completamente individual y única y dentro de ella tienen lugar procesos dinámicos. La obra de cada una de las Sefirot no sólo complementa la obra de las demás, sino que cada sefirá se refleja en la totalidad de las Sefirot. Cada Sefirá por separado constituye realmente un mundo propio de riqueza y profundidad ilimitada con un amplio espectro de efectos. Las posibilidades de relación entre las Sefirot son infinitas. Pongamos un ejemplo: con los diez números se puede construir una cantidad innumerable de números; de manera semejante existen muchas combinaciones —o configuraciones— posibles de las diez Sefirot. Estas posibilidades infinitas de las Sefirot constituyen los procesos dinámicos en el mundo divino. ¿Cómo se relaciona, según eso, nuestra realidad visible con el mundo divino de las Sefirot y del Ein Sof? Los escritos cabalistas no son, en modo alguno, unívocos en lo que concierne a las relaciones entre el mundo divino y nuestro propio mundo. Existen muchas opiniones sobre la forma en que Maljut, la más baja de las Sefirot, se vincula con nuestra realidad. Sea como fuere, está claro que nuestro mundo y el de las Sefirot se encuentran conectados y que los mundos espirituales constituyen un nivel más alto de nuestra realidad física, es decir, más auténtico y cercano al Ein Sof. Cada realidad física y cada criatura viviente de nuestro mundo se encuentra en relación con las Sefirot y sus configuraciones, de manera que puede interpretarse como una especie de reflejo de ellas. En el interior de las diversas configuraciones de las Sefirot se encuentran entretejidos los innumerables arquetipos que alcanzan finalmente su forma concreta en nuestra creación. Toda la creación material es, pues, la manifestación externa de un único proceso, que tiene lugar tanto en el mundo superior, como en el mundo inferior. Los procesos dinámicos en el mundo de las

Derrotamos al mal no al enfrentarnos a él, sino al modificar nuestra percepción en el orden de la Merkabá. Si nuestra mente (Biná subjetiva) no le otorga entidad real al mal, no existe el mal. Incluso podemos derrotar al mal cuando nos quieran asesinar físicamente, porque el mal puede aniquilar mi subjetividad física, pero el mal nunca puede aniquilar la consciencia de revelación divina en tanto consciencia general. Y a pesar de mi posible destrucción material (porque este es el precio de existir en el orden espacio-temporal), nuestras consciencias perciben que si las «Neshamot» se han revelado en el nivel de la Briá, seguiremos avanzando para descubrir nuestros dos niveles más altos del alma.

Todo mal es producto del tiempo y del espacio, no existe mal en la Eternidad, ya que la Eternidad es el Bien en sí mismo. Podemos decir que siendo el Ein Sof lo infinito y lo eterno, es el sumo bien, y todo el mal surge cuando aparecen el tiempo y el espacio, porque estos son los condicionamientos básicos de nuestra realidad inferior. El Mal y el Bien existen exclusivamente por la percepción espacio-temporal de la Biná. Quien realmente ingresa a percibir la Jojmá cosmológica (a través de su Jojmá psicológica que la refleja subjetivamente) es consciente de que su existencia no debe ser afectada por el Bien y el Mal espacio-temporal.[122]

La existencia temporal es el bien del nivel inferior (dentro del Árbol del Conocimiento del Bien y del Mal), en cambio, la existencia eterna de cada uno de nuestros fragmentos pertenece al Bien supremo. La consciencia se revela,

---

Sefirot, y todo lo que sucede en la creación inferior, se pueden comparar, según eso, con unos vasos comunicantes: en último término, los dos mundos se encuentran en un proceso constante de interacción. En este proceso de interacción juega un papel importante la energía divina o la luz del Ein Sof, que se expande como un torrente, a través de los canales de las Sefirot, hacia nuestra creación. Porque el Ein Sof es la fuente de luz de todos los mundos, incluido el nuestro. Existe un juego mutuo que se expresa en el hecho de que la energía procedente del Ein Sof no sólo se derrama en nuestro mundo, de arriba hacia abajo, sino también a la inversa, ya que los hombres ejercen también un influjo sobre el mundo superior y, por tanto, sobre los torrentes de energía que de allí descienden. No sólo las acciones concretas de los hombres, sino también sus pensamientos, imaginaciones, intenciones y contemplaciones interiores ejercen un influjo sobre el proceso dinámico del mundo de las Sefirot y, por tanto, sobre la cantidad, naturaleza y cualidad de la luz divina que desciende sobre la tierra. (*La Mística judía* de J. H. Laenen, páginas 69 a 71, Madrid, 2006).

122. Quiero subrayar una notable diferencia entre el Bien y el Mal producto de las variables del Espacio y del Tiempo, que no tienen relación con el Bien y el Mal en términos morales (y menos jurídicos). Toda construcción moral es una construcción cultural, la única excepción es el bien y el mal relacionados con el orden de la existencia física. El mal es la muerte física y el bien es la propia supervivencia física. A pesar de esto, en la Era Mesiánica, al cancelarse la temporalidad y el ser humano pueda existir dentro de la Eternidad, entonces el mal será realmente destruido. Todas las limitaciones que configuran nuestros conceptos de bien y de mal provienen del espacio y del tiempo.

pues, tanto dentro de la materia más densa de las dimensiones inferiores como a través de las energías más sutiles de las dimensiones superiores, y dentro de su subjetividad como dentro de la objetividad. Todo lo «subjetivo» (que es intrínsecamente fragmentario) es producto de las energías más densas de la materialidad que operan en el mundo inferior (espacio-temporal).

Entonces, el mal al ocultar el bien nos produce «la sensación de mal».[123] Porque todo mal inferior se relaciona con el tiempo y el espacio, con los grandes límites objetivos de estas dimensiones más bajas.

En cambio, al acceder a las dimensiones más altas modificaremos las relaciones de espacio-tiempo, porque cada dimensión opera sobre otra relación de espacio-tiempo, hasta alcanzar la anulación de ambos en el orden de la Eternidad. Allí entonces podremos degustar la sensación divina de Eternidad. Sin embargo, allí no terminará nuestro trabajo, porque trabajaremos para elevar toda la consciencia objetiva que se encuentra en potencia detrás de la materialidad. Todo el sistema material podrá ser percibido automáticamente en su raíz oculta. Podremos percibir las energías ocultas detrás de toda la materialidad. Esto sucederá en el futuro cercano.

Solamente existe el «Bien superior» en esta realidad inferior si sabemos percibir la «eternidad» más allá de nuestra subjetividad. Por lo tanto, toda

---

123. El problema parte de las dos definiciones que tenemos de Jesed (la Misericordia). En realidad, nosotros operamos con el Jesed limitado del sujeto (todo lo que cada uno de nosotros puede dar según nuestras propias limitaciones), y este Jesed (este deseo de Dar) siempre se encuentra restringido a nuestra naturaleza finita y fragmentaria. En cambio, en el orden superior existe un nivel de Jesed (de Dar) que no puede definirse en relación a nuestras limitaciones subjetivas. Así lo explica en una nota a pie de página el movimiento jasídico Jabad Lubavitch cuando dice: «En términos generales, hay dos modos de bondad Divina. 1) Aquella bondad que desciende al hombre dentro del ordenado marco de trabajo de los mundos creados y se manifiesta de una manera natural, y 2) aquella bondad que trasciende las convenciones del universo creado y cuya manifestación es sobrenatural. A ello se debe que el Alter Rebe prosigue diciendo allí que 1) Jesed es el «brazo derecho», así como también 2) «su brazo derecho me abraza». La primera frase alude al Jesed de las Sefirot supremas, un modo finito de bondad divina análogo al grado divino de fuerza vital que está investida en el brazo humano; la segunda frase alude al modo infinito de bondad divina que es análogo al grado infinito de fuerza vital que trasciende la limitación de estar investida en un órgano particular, y por lo tanto, se dice de ella que es «abarcadora» (Makif)». (*Likutei Amarim-Tania*, cuarta parte (capítulos 1 a 20) de Rabí Schneur Zalman de Liadí, página 20, Kehot Lubavitch Sudamericana, Buenos Aires, 1999). El nivel de Jesed trasciende el orden de las limitaciones fragmentarias cuando el Or Ein Sof (la luz del Ein Sof) ingresa dentro del vacío a pesar de las limitaciones. La misma existencia física es una oportunidad para captar el nivel de Jesed superior ¿No es acaso nuestra existencia física una oportunidad para captar dicho nivel de Jesed? Existimos por el Jesed del nivel superior, y... ¿cómo entonces el ser humano puede sufrir si es ciego a percibir el nivel de Jesed de este nivel? Quien capta el nivel de Jesed superior hace que todo mal se transforme en «Bien». No existe mayor Bien que el Bien superior que no se encuentra relacionado con los niveles inferiores del bien y del mal.

consciencia de «Eternidad» real dentro del orden espacio-temporal configura la derrota de la muerte física en términos reales porque transformamos cada momento del orden temporal en un instante de «Eternidad».

Cuando la Biná subjetiva del Universo de Yetzirá alcanza dicho instante de «Eternidad», es entonces cuando aparece la felicidad interior que no se encuentra condicionada por ninguna satisfacción/insatisfacción exterior. ¿No es acaso la escritura el motor fundamental de «eternización» que ha sostenido al judaísmo? Alguno puede objetar que al carecer de «eternidad real» hemos descubierto métodos alternativos compensatorios de eternidad, pero también paradójicamente se podría proponer entonces que el Ein Sof en su eternidad obligada encontró métodos alternativos compensatorios de temporalidad. ¿El Ein Sof, entonces, creó el espacio y el tiempo para percibir una secuencia donde ya sabe anticipadamente cuál será el final, dado que el final se contiene en su propio principio?

Supongamos que somos nosotros los que fuimos creados como métodos alternativos a la eternidad, y nos encerraron dentro del espacio-tiempo, a pesar de esto, dice el texto del libro de Bereshit (Génesis) que hay un camino que nos lleva al Árbol de la Vida eterna. Nos dejaron una salida a nuestra temporalidad, y esta salida es la «Eternidad», pero ¿cuál es el sentido de lo «Eterno» si aún no hemos podido construir un sentido dentro de la existencia temporal? ¿Seremos dignos de la Eternidad si aún no hemos sido dignos de la Temporalidad? Gracias a Dios, por ahora nos han dejado dentro de la Temporalidad debido a nuestro bajo nivel de conciencia. Para acceder a la Eternidad debemos respondernos con toda sinceridad a ¿cómo utilizaríamos la Eternidad? No podemos lograr la «Eternidad física» con consciencia Bet de destrucción/construcción, la única opción real que tenemos para adquirir el grado de eternidad física es con un correlativo aumento de nuestros niveles de conciencia.

El «Maasé Merkabá» psicológico es el entrenamiento que propone el judaísmo para operar con grados de consciencia más elevados cuando tengamos la posibilidad científica de lograr la eternidad física dentro del plano de la materia. Sin embargo, alcanzar la trascendencia dentro de este sistema espacio-temporal es una forma válida de lograr una sensación anticipada de la «Eternidad» o, mejor dicho, la de encontrar la «Eternidad» en cada instante dentro de este sistema.

Por lo tanto, el asunto que estamos tratando aquí es fundamental porque, a pesar de no haber llegado a la «Eternidad» física, la extensión temporal de nuestra existencia requiere de importantes respuestas en relación al sentido de nuestra vida.

El judaísmo ha encontrado el sentido de nuestra «Temporalidad» y es el de alcanzar la «Eternidad» a través de un aumento constante del Daat (el Conocimiento). No hay mayor objetivo dentro de esta existencia que aumentar los niveles de conciencia. En este sentido, todas las dimensiones del Árbol de la Vida (Sefirot) deben ser simultáneamente elevadas. La elevación del nivel de consciencia no es un esfuerzo unidimensional, sino un esfuerzo integral de todas las dimensiones que nos componen, y esto no representa la superación absoluta de una dimensión para lograr alcanzar otra, ya que todas las dimensiones deben ser ascendidas en conjunto.

Ahora los cabalistas debemos trabajar en encontrar el sentido de nuestra potencial «Eternidad», y este sentido seguramente será continuar elevándonos sobre la materialidad. Es probable que la elevación de nuestros niveles de conciencia automáticamente nos conduzca a la Eternidad física real en el orden de la materia. Si el sentido existencial que tenemos dentro de la temporalidad es alcanzar mayores niveles de conciencia, y a pesar de ello no todos estamos trabajando en dicha tarea, tenemos que seriamente trabajar para operar sobre un sentido existencial más allá de la temporalidad física.

El Daat (el Conocimiento) que ha caído desde Keter (Verdad en la Eternidad, siendo la Eternidad del Ein Sof la única verdad) debe ser elevado hasta que podamos alcanzar nuevamente el nivel de Keter. Probablemente, este es el sentido real de toda la existencia, elevando constantemente el nivel del Daat y alcanzando así una Eternidad que nos permitirá acceder a un nivel de felicidad constante más allá de las sensaciones físicas de los mundos inferiores. Si no logramos encontrar el sentido de nuestra existencia en esta secuencia de Tiempo-Espacio, no podremos desarrollar el sentido de una existencia física inmortal, y entonces la inmortalidad en realidad podría ser peor que la muerte física en relación al vacío existencial que el ser humano sentiría. Porque si el «vacío existencial» estaría asociado a la finitud existencial, el remedio sería la inmortalidad física, en cambio, los cabalistas sabemos que la inmortalidad física radicalizaría eventualmente el «vacío existencial» dentro de la eternidad física. En esta línea, el sentido de la vida es una prioridad del sujeto, tanto dentro del orden del Espacio-Tiempo como del orden «Eterno». Porque sabemos que las sensaciones físicas (un beso, un abrazo, un alimento, un sonido, un aroma, etc.) de los mundos inferiores constituyen las materializaciones de los niveles energéticos superiores. Y sabemos que no toda la materialización posible puede llegar a expresar los niveles energéticos superiores. El sentido esencial de nuestra felicidad interior jamás puede ser absolutamente materializable en las dimensiones inferiores. Sí puede ser limitada y fragmentariamente expresable, pero nunca absolutamente materializable. Todo lo que desciende al materializarse adquiere una finitud que no poseen los estados energéticos más elevados.

En la Era Mesiánica percibiremos la eternidad de forma real y dominaremos los niveles inferiores del espacio-tiempo, ascendiendo y descendiendo de los diferentes niveles dimensionales. Sin embargo, alcanzar tecnológicamente este estado físico nos sitúa ante la urgencia de percibir el sentido existencial del ser humano. Reitero que actualmente, a pesar de nuestra temporalidad, muchos seres humanos se encuentran desesperados dentro del sinsentido existencial, y este asunto lo debemos trabajar de forma inmediata para que no se proyecten socialmente las autoagresiones.

36. El Mesías interior

«El hombre tiene dentro de sí mismo todos los secretos de la Merkabá».

SEFER HA NEELAM (anónimo medieval)

Sin embargo, a través de la cábala podemos percibir la «Era Mesiánica» en nuestra interioridad actual. Somos eternos no por una necesidad psicológica de cierta compensación mental, sino por la realidad de ser copartícipes del Ein Sof desde nuestras posiciones subjetivas. La «Eternidad» no es un deseo psicológico frente a la muerte corporal, sino una realidad en el campo de la física. Y la Psicología no puede evadirse reprimiendo la realidad trascendente del orden de la «Eternidad», porque entonces todo lo que la Psicología no pueda justificar en el orden físico puede ser justificado como una ilusión de la psique. Admitamos los aspectos físicos de la realidad, donde tanto el espacio como el tiempo son factores relativos de nuestro universo, y desenmascaremos el miedo real de la psique a confrontar con la realidad física superior.

Porque sin un sentido existencial, la vida eterna física se podría convertir en una especie de muerte permanente. ¿Qué sentido tendría alcanzar una eternidad física dentro de la materialidad sin un sentido existencial? Probablemente, algo de sentido existencial nos queda aún, producto de la misma temporalidad biológica. Porque quienes por ahora nos aseguran el sentido existencial son justamente las limitaciones de tiempo y espacio, y sin embargo, a pesar de nuestra temporalidad material algunos sujetos sienten un sinsentido existencial. Aún es la temporalidad de la existencia material la que nos otorga un cierto grado de sentido, no obstante, deberíamos trabajar en descubrir un sentido existencial independiente de nuestra actual temporalidad.

Entonces, el valor de la existencia por ahora surge de la escasez del tiempo físico dentro de esta realidad. ¿Podremos valorar sustancialmente la existencia sin estar sujetos a la variable condicional del tiempo finito? ¿Podremos encontrar el valor de la existencia dentro de un proceso eterno?

Alcanzaremos nuestra propia «Era Mesiánica» cuando la Tiferet subjetiva se encuentre en paz consigo misma. Y es entonces cuando la psicología del judaísmo alcanza al Mesías interior y lo extrae y lo lleva a la luz. ¿Qué significa nuestro Mesías interior? Toda nuestra potencialidad subjetiva, todo lo que podemos hacer dentro de esta realidad material para unir Maljut elevándolo a Keter. Sin embargo, la energía que eleva no solamente Maljut a Keter, sino a todas las dimensiones a su raíz en el Universo de Atzilut, es Daat (El Conocimiento). Daat es (y será) la llave que nos permite conectar lo «psicológico» con lo «físico».[124]

Cada uno de nosotros tiene el potencial de vivir ahora la «Era Mesiánica» sin esperar una salvación material exterior, sin una dependencia del mundo inferior. Cada uno puede encontrar al Mesías dentro de sí mismo. No somos una «Chispa del Mesías», todos nosotros somos potencialmente el Mesías, cada uno de nosotros a través de un aumento de su propio nivel de consciencia puede alcanzar el mesianismo en acto y el mesianismo potencial al mismo tiempo, porque debemos revelar el secreto de la resolución de esta aparente paradoja: el mesianismo potencial del Keter subjetivo se revela constantemente en el mesianismo consumado del Tiferet subjetivo.

Si todo lo potencial del Keter lo sostengo para ascender, toda la acción real de mi Tiferet la hago descender hacia Maljut pero también para ascender. Porque cuando bajo, asciendo, y cuando subo, asciendo, porque siempre debo ser consciente de que siempre asciendo, porque lo que asciende no es mi energía interna dentro del mapa simbólico del Árbol de la Vida, sino que lo que realmente asciende es mi propio Árbol de la Vida en su conjunto.

Cada dimensión que asciende no asciende de forma exclusiva, sino que arrastra al conjunto de dimensiones. Si comprendemos que cada «descenso» es también un «ascenso», entonces cancelamos todo efecto negativo del mal, y comprendemos que todo mal tiene un efecto pedagógico positivo. Incluso el mal que me pueda destruir en términos de existencia física también cumple su función pedagógica. Porque cuando toda la información que nuestra psique capta de la realidad exterior y de su realidad interior se sitúa en el terreno pedagógico, y como enseñanza existencial todo se transforma automáticamente en positivo, porque si de lo negativo se aprende, entonces nada existe esencialmente como negativo, porque todo lo supuestamente negativo debe ser utilizado para nuestra elevación constante de los niveles de consciencia.

---

124. Cuando hacemos referencia a lo «físico» en este caso, debemos advertir que la psique tiene una relación frente a su naturaleza corporal que ha sido estudiada profundamente por Freud y sus seguidores. En este caso, podemos decir que cuando nació la Psicología se encontraba muy ligada (por el paradigma de la época) a la Biología. En cambio, cuando hacemos referencia aquí a lo físico debemos explicar que intentamos demostrar la relación entre la Psicología y la Cosmogonía.

37. La inexistencia del mal en el Universo de Atzilut

«Mis maestros me advirtieron de tres peligros al estudiar la cábala, la materia, la división y la pluralidad».

SHEM TOV BEN ABRAHAM IBN GAÓN (1283-1330)

El mal, por lo tanto, no existe en el mundo superior, pero sí existe en el mundo inferior, lo que sucede es que dicho «mal real» del mundo inferior puede ser elevado por el Yo como un «Bien» en el orden superior, porque si el Yo quiere elevar algo de esta realidad inferior a la superior no puede elevar el «mal» sino como un «Bien». Si el Yo no puede cancelar la percepción del mal en el orden superior, entonces es que indudablemente no ha llegado aún al orden superior. Porque si el sujeto continúa sintiendo mal en su interior, esta es la prueba de que no se encuentra operando dentro de los niveles superiores, porque en los niveles superiores a la psique (transpersonal), todo mal se debe automáticamente transformar en bien. Cuando unimos los fragmentos (tanto interiores de nuestra estructura subjetiva como exteriores) estamos trabajando en dirección a los niveles de consciencia superior, y cuando defendemos un fragmento intentando destruir los demás fragmentos de la realidad a través de sostener que poseemos la «Verdad» del nivel del Ein Sof, es cuando inevitablemente entramos en conflicto y producimos «mal». Aferrarse a cualquier fragmento de la realidad como si fuera la «Totalidad» causa inevitablemente la aparición del mal.

Todo el mal se desarrolla en los niveles inferiores, ya que en los niveles superiores nuestro nivel de consciencia opera dándole sentido positivo al mal, y de este modo automáticamente el mal desaparece. Todo mal se produce como ocultamiento,[125] pero cuando se revele la información que se encuentra

---

125. Por esa razón, algunos cabalistas dicen que el Mal se encuentra en Maljut (el Reino), sin embargo, debemos explicar qué es lo que quieren decir porque como sabemos para la cábala la materia no es mala en sí misma siendo una creación de Dios. El problema del mundo material (Maljut) es que nos oculta la verdadera información que se encuentra detrás de la materialidad. En ese sentido, no es que la materia sea mala, sino que nuestro nivel de percepción de la materia es deficiente

oculta todo tendrá sentido, porque en el fondo (aunque no podamos percibirlo en el mundo de la fragmentación) todo es bueno. Por ese motivo, la raíz del mal se encuentra en el ocultamiento del Ein Sof en este orden de la finitud. Es más, el mal realmente se encuentra en las limitaciones de la propia finitud psíquica, pero no existe mal dentro del orden cosmogónico porque desde allí podríamos percibir el universo sin las limitaciones fragmentarias de nuestro orden espacio-temporal.

El mal no puede operar si no existe el tiempo y si no existe el espacio, y, por lo tanto, no puede destruir nada. Solamente algo finito puede ser destruido o transformado por su finitud, y algo temporal puede ser destruido o transformado dentro de la materialidad.

El mal no puede destruir la «Eternidad» ni el «Infinito», porque esta es la verdadera esencia y estructura del Ein Sof, por ese motivo, al no existir el orden espacio-temporal dentro del Ein Sof, el mal no puede operar en el plano de la infinitud y eternidad del Ein Sof. El día que físicamente podamos controlar las variables de Espacio-Tiempo, entonces el mal ya no podrá atacarnos, porque al operar dentro de la «Eternidad» del Universo de Atzilut no existirá desgaste material, que es la consecuencia del orden temporal. Porque no existe «mal» en Atzilut donde reina el concepto de «Eternidad» e infinitud, sino que el mal solamente puede existir y desarrollarse cuando cualquier fragmento finito quiere idolátricamente reemplazar al Ein Sof.[126]

---

a raíz de la corporalidad del Universo de Asiá (el Universo de la Acción). En otros términos, cada vez que vamos subiendo por el Árbol de la Vida desde Maljut a Keter vamos ascendiendo desde la materialidad que provoca el máximo ocultamiento a los niveles más altos de revelación. Toda la vida del hombre es para la psicología del misticismo judío una incesante ascensión de nivel; toda la existencia debe estar al servicio del mejoramiento continuo y constante en todos los niveles dimensionales para llegar a extraer todas las potencialidades del sujeto, y esto es el ser humano, la extracción de su interioridad de sus energías. A medida que el ser humano trabaja para extraer la mayor cantidad de energías desde su interior al exterior provoca lo que habitualmente conocemos como teúrgia, una modificación sustancial de la realidad. Cada nivel de perfeccionamiento del sujeto en estos estados ascensionales automáticamente provoca una reparación en el orden cosmogónico.

126. Y esta idea la advirtió muy bien el filósofo alemán Max Scheler (1874-1928), hijo de madre judía, cuando en su obra *De lo Eterno en el hombre* dice: «Es válida esta ley esencial: Todo espíritu finito, o bien cree en Dios, o bien es un ídolo. Y de ella se sigue esta ley de la pedagogía religiosa: el camino para apartar la increencia no es una conducción del hombre desde fuera a la idea y a la realidad de Dios (sea por la llamada demostración o persuasión), sino la constatación seguramente posible en la vida peculiar de cada hombre y de cada clase de tales hombres de que ha puesto un bien finito en el lugar de Dios, es decir, en la esfera absoluta de su reino de objetos, que en todo caso, le es dada como esfera, que como suele ocurrir, ha endiosado un bien finito, que se ha «engolfado» en él (como decían los místicos antiguos). Por tanto, al conducir a un hombre al desengaño acerca de sus ídolos, después de habérselos mostrado como «sus» ídolos por medio de un análisis de su vida, le conducimos espontáneamente a la idea y la realidad de

El mal crece a partir de nuestra ignorancia, en cambio, al aumentar el nivel del Daat (el Conocimiento), solamente crece el bien. Y sabemos que si anuláramos hipotéticamente el espacio y el tiempo, todas las distorsiones para alcanzar la «verdad eterna» quedarían aniquiladas, y podríamos percibir automáticamente la dimensión más alta de Keter.

Cuando se revele la «Eternidad» del Universo de Atzilut y podamos situarnos libremente en términos físicos en cualquier nivel dimensional, entonces podremos bajar al espacio-tiempo y subir hacia la eternidad. Vamos a revelar un gran secreto del misticismo judío y es que la «eternidad» del Ein Sof es simultánea al orden espacio-temporal. Dentro del Ein Sof, en estos momentos existe la Eternidad real en términos físicos.

En este mismo momento existe de forma simultánea dentro del Ein Sof la eternidad, y al mismo tiempo las diversas secuencias espacio-temporales de acuerdo con las energías que se despliegan dentro de cada dimensión. Por ese motivo, podemos decir que las relaciones de espacio-tiempo se sitúan de acuerdo con las dimensiones donde esas energías operan. Cada dimensión (Sefirá) opera según un orden diferente de espacio-tiempo de acuerdo con el nivel de energías que se despliegan en dichas dimensiones.

Al subir y bajar de los diferentes universos, podremos subir a la Eternidad de Atzilut y podremos descender a las diferentes secuencias espacio-temporales de las diferentes magnitudes universales.[127]

La secuencia de tiempo-espacio se modifica de acuerdo con el universo donde las energías se encuentren operativas. Nosotros existimos en el orden espacio-temporal más bajo (Maljut), pero en cada nivel de nuestra alma operamos en diferentes niveles dentro del orden espacio-temporal. Cada dimensión no solamente tiene su propia energía, sino su propio orden interior espacio-tiempo, hasta llegar al Ein Sof donde todas las energías se encuentran unificadas en el orden de la Eternidad.

Lo importante es saber que convivimos dentro de una gran paradoja: simultáneamente a nuestra secuencia existencial de espacio-tiempo, existen otras secuencias de espacio-tiempo en otros niveles dimensionales, y en el máximo nivel podemos alcanzar la anulación de dicha secuencia, es decir, alcanzar la «Eternidad». Existimos entonces históricamente dentro del

---

Dios. Así, el primer singular camino que producen las disposiciones para convertirse en una personalidad religiosa es el camino que he llamado "demolición de los ídolos"» (*De lo Eterno en el hombre*, página 222, ediciones Encuentro, Madrid, 2007).

127. Seguramente esto es lo que hace la Merkabá real.

espacio-tiempo, y dentro de la no-historia. En el Ein Sof existe entonces la «Eternidad» dentro de la «Infinitud», y, dentro del vacío, pueden existir seres «eternos» dentro de la «Finitud» porque se mueven dentro de diferentes magnitudes dimensionales anulando en el Universo de Atzilut la secuencia espacio-temporal. Este asunto excede indudablemente el marco de este trabajo doctoral específico en el campo de la Psicología.

38. La diferencia del Sod real y el Inconsciente

«Los nombres no tienen poderes por sí mismos, sino que inducen estados de conciencia».

ABRAHAM ABULAFIA

Por esa razón, en los niveles más abstractos de nuestra tríada superior (Keter-Jojmá y Biná) logramos percibir la Eternidad física en sí misma, no como una ilusión psicológica infantil de un miedo a la muerte física, sino como la percepción real dentro del orden cosmogónico, donde será posible dominar el tiempo y el espacio.

No podemos reducir nuestra ignorancia en términos físicos afirmando que son «ilusiones infantiles», porque entonces la justificación psicológica freudiana, en realidad, opera como un aparato represor de los niveles superiores trascendentes. Es más, estaríamos creando una serie de justificaciones psicológicas de los niveles de Sod que ignoramos. Y no podemos confundir nuestra falta de Daat (el Conocimiento) con el Inconsciente. Lo que realmente ignoramos, lo ignoramos, por lo tanto, no debemos necesariamente clasificarlo como una represión de mi Inconsciente.

Como los avances científicos en el campo de la Física son inimaginables, entonces, cuando operamos en dichos niveles dimensionales tan excelsos, se pueden catalogar dichos análisis como mecanismos de represión psicológica.

Como nuestra Biná no puede captar los extraños conceptos de una física que opera fuera de nuestros paradigmas habituales, los catalogamos como «fantasías infantiles», lo que demuestra que, en realidad, todas las justificaciones psicológicas freudianas deben ser revisadas porque pueden a su vez constituir velos de una realidad oculta superior (como decía Abraham Abulafia).

Por lo tanto, la ignorancia de las energías psíquicas y físicas de acuerdo con nuestra evolución científica actual no puede servir de pseudojustificaciones en el campo de la Psicología clásica. Lo que ignoramos, pues, científicamente no puede ser considerado como «elementos conocidos reprimidos». Una cuestión es el nivel de Sod existente (nuestra ignorancia) y otra el Inconsciente subjetivo (lo que conozco y reprimo). Pero nuestra ignorancia científica no se debe mezclar con lo reprimido del Inconsciente freudiano. Es completamente anticientífico enviar como material de desecho al «Inconsciente» lo que realmente no conocemos, porque entonces lo que estamos creando es una verdadera confusión entre «lo ignorado» y lo «conocido y reprimido». Lo ignorado en el orden del Daat no puede ser considerado como reprimido, porque para ser «reprimido» debe existir manifestado dentro del orden del Inconsciente, es decir, en otros términos, debe ser conocido aunque se encuentre reprimido.

Dentro de la psicología del misticismo judío entendemos que existe un nivel más oculto que el «Inconsciente» (tanto el subjetivo como el colectivo), el nivel de la ignorancia (el Sod) que tenemos de la realidad. Este nivel de «Sod» no se encuentra oculto por el sistema de represión psicológica, sino que se encuentra oculto dentro del orden cosmogónico para la psique en su totalidad.

No podemos decir que lo que realmente ignoramos pertenezca al orden del Inconsciente. En el «Inconsciente» se encuentra lo que sabemos, pero ocultamos, es la «Conciencia reprimida». El nivel del Sod dentro de esta realidad es superior a nuestro nivel de Daat (el Conocimiento). Por lo tanto, una cuestión es lo que «oculto» dentro de mi estructura psíquica, pero que a pesar de encontrarse oculto se encuentra allí, y otra cuestión es lo que no está ni revelado ni oculto porque directamente no se encuentra allí. No puedo buscar dentro del Inconsciente lo que realmente no existe allí.

Por lo tanto, lo ignorado (Sod) es superior indudablemente al material existente reprimido dentro de nuestra psique, y debemos explicarle a la psique el grado de ignorancia cosmogónica general que posee, porque si confundimos estos materiales tan diversos, estamos creando mayor confusión. Si aumentamos el nivel del Daat general (el Conocimiento de la realidad cosmogónica), le otorgamos a la psique mayores elementos de autosuficiencia y autonomía subjetiva para sus propios procesos internos de autoconocimiento.

Muchas veces, los elementos que se reprimen en el orden del Inconsciente (Jojmá de la Biná) y que deben surgir a la Conciencia exterior (Biná de la Biná) provienen de la falta del Daat (el Conocimiento).

Con un aumento del nivel del Daat (el Conocimiento) producimos una caída del miedo interior (miedo producto de la ignorancia) que libera los elementos contenidos en el orden del Inconsciente para extraerlos a los niveles de la Conciencia exterior. Porque los elementos faltantes no se encuentran necesariamente ocultos dentro del Inconsciente, sino que pueden ser elementos ignorados realmente por nuestra falta de Daat (Sod), y, al revelar estos conocimientos, liberamos a la psique de los miedos interiores de la Conciencia (Biná de Biná); por lo tanto, al otorgarle a la psique los elementos de ensamble (a través del aumento del Daat), entre la conciencia y el Inconsciente, producimos automáticamente una mayor expresión de los niveles del Inconsciente reprimido. Aumenta así el flujo de las energías psíquicas hacia la Conciencia.

Es más, podríamos llegar a obtener resultados de una magnitud mayor, porque es posible que los elementos ignorados (Sod) sean tan esenciales que no solamente trabajen como vehículos de comunicación entre la Conciencia y el Inconsciente, sino que el Daat (el Conocimiento) puede ser un núcleo estructurador de elementos esenciales que le faltan a la psique. Aquí ya no hacemos referencia a elementos de ensamble entre la Conciencia y el Inconsciente, (como ya hemos señalado), sino a elementos ignorados que cuando los incorporamos (al aumentar el conocimiento) generan una mejor estructuración de la psique en general.

El Daat, entonces, no solamente revela los elementos inconscientes (Jojmá de la Biná) de la psique, sino que, al aumentar la revelación de la información (anteriormente ignorada), se produce una estructuración más sólida en la psique del sujeto.

39. La Merkabá real y la Merkabá psicológica

>«El Maasé Bereshit y el Maasé Merkabá constituyen el conocimiento más profundo de la dirección del Universo».
>
>RABÍ ISAAC LURIA

Cuando encontramos el sentido de la existencia de muchas cosas (incluido el mal), entonces el sentido profundo que se nos ha ocultado es el verdadero bien, porque es la energía oculta relacionada con el Ein Sof. Cuando comprendemos el Maasé Bereshit (el plan general de la creación), entonces podemos comprender el Maasé Merkabá (tanto en su faceta psicológica como en su faceta real, porque no existe forma de acceder a la Merkabá real sino por una primera aproximación que constituye lo que hemos denominado como «la ascensión psicológica»).

Reitero que soy consciente de que la Merkabá real es real en su totalidad, y no como un símbolo mental, pero que los cabalistas advirtieron que no será posible acceder a contactar con consciencias superiores sino a partir de nuestra propia elevación de nuestro nivel de conciencia. Al elevar nuestro nivel de conciencia podremos revelar niveles de conciencia superior, ocultos detrás de la materialidad inferior.

40. El sistema de oscilación entre la Alef (Jojmá cosmogónica) y la Bet (Biná cosmogónica)

«Es imposible incluir magnitudes observables en toda teoría, más bien es la teoría la que decide lo que se puede observar».

Carta de Albert Einstein a Werner Heisenberg

Por esta razón, podemos decir que la consciencia «Merkabá» es aquella que se logra cuando se conecta la letra Iod del Tetragrama con las dos letras Hei, cuando podemos conectar el universo de la Eternidad (Alef) con el universo de la fragmentación o espacio-temporal (Bet).

Ab, es decir, la unión de los dos universos, hace referencia en hebreo a la palabra «Padre», y solamente accederemos al «Padre» por la unión de la Alef y la Bet. Si la Biná representa el estadio mental más alto del sistema de Bet y la Jojmá representa un estado menor del sistema de la Alef, entonces ascendemos a la Alef superior de Keter a partir de la unión de la Alef menor de la Jojmá y la Bet superior de la Biná (recordemos que la Bet menor se encuentra en Maljut).

La Alef mayor de Keter se refleja en la Alef menor de la Jojmá y la Bet mayor de la Biná se refleja en la Bet menor de Maljut. Por lo tanto, el sistema del mundo de la Bet opera desde Biná a Maljut a través de los 49 niveles de energía que hemos explicado en una obra anterior.[128]

El sistema de la Alef es el conjunto combinado de Keter con Jojmá, porque allí nos encontramos en áreas de contracción del Ein Sof que aún no alcanzaron los estadios inferiores de lo temporal y espacial. Así como existe una oscilación constante en los niveles inferiores, también existe una oscilación constante entre el Ein Sof en su esencia (Atzmut) y las diez dimensiones (Sefirot) del Universo de Atzilut. Estas oscilaciones se encuentran en el interior del Ein Sof, dentro de su Infinitud esencial.

128. *Sod 22: El Secreto*, por Mario Javier Saban, Buenos Aires, 2011.

El sistema de la Bet es el conjunto de las dos letras Hei del Tetragrama,[129] la coordinación de la Biná con Maljut, que representa el sistema de oscilación de las energías inferiores. Indudablemente, esta oscilación es más lenta para que se pueda desarrollar tanto el tiempo como el espacio. Cuando en términos físicos la oscilación del mundo inferior se eleva de grado, es decir, aumenta la oscilación de las variables, entonces quedan anulados el tiempo y el espacio, y automáticamente ingresamos en la oscilación del mundo superior. La oscilación del mundo superior se diferencia de la oscilación del mundo inferior en su magnitud. La magnitud de la oscilación superior es tal que podemos encontrarnos en la «Eternidad» sin la operatividad de las variables del tiempo y el espacio.

Por lo tanto, lo que realmente diferencia a los dos sistemas de Alef y Bet es el nivel o la magnitud de las oscilaciones de las energías operativas. Cuando se aceleran sustancialmente las energías operativas del sistema Bet, se puede alcanzar el sistema Alef. Por eso, el sistema Alef y el sistema Bet en realidad poseen la misma sustancia energética y la diferencia entre ambos es la variabilidad de la oscilación. Es dicha variabilidad de las oscilaciones la que hace que ralentizadas las energías se bifurquen en el tiempo y el espacio. La aceleración o desaceleración de las magnitudes son la causa de la operatividad de los dos sistemas que en realidad pertenecen a la esencia de un mismo sistema general que se manifiesta desde el Ein Sof. Por este motivo, podemos decir que cuando en el Universo de Atzilut (Eternidad de las diez variables dimensionales) se ralentiza la oscilación de las energías, entonces se crean automáticamente el tiempo y el espacio dando lugar al Universo de Briá. El Universo de Briá es en realidad el mismo Universo de Atzilut donde se desaceleran los grados de oscilación de las variables energéticas fundamentales de las dimensiones (Sefirot). En cierto grado de desaceleración dimensional

---

129. Las dos Hei del Tetragrama se pueden visualizar a través de la Biná, ya que es allí donde parece que cada Hei tiene existencia diferenciada, aunque, en realidad, si lo percibimos a través de la Jojmá, no existen dos Hei, sino una sola letra Iud. Cada vez que operamos dentro de la percepción de la Biná trabajamos en el mundo de la fragmentación, ya que cada alma ocupa un lugar en el continuo espacio-temporal y se rige sobre estas leyes físicas. En cambio, en la Eternidad del nivel de Atzilut no hay forma de percibir la realidad diferenciada ya que allí no opera la secuencia espacio-temporal. Todos los intentos de «Ijudim» o unificaciones constantes que se realizan dentro de la cábala tienden a provocar el entrenamiento del nivel de Jojmá. Podemos llegar a un nivel de unificación tal, que nuestro Yo sea realmente considerado como Nada, y que podamos percibir la realidad más allá de la posición subjetiva de nuestra alma. Las leyes físicas se modifican si operan dentro del orden espacio-temporal o dentro de la Eternidad. Las leyes físicas para el misticismo judío operan de un modo diferente si estas son estudiadas dentro del orden de la finitud espacio-temporal, o si son estudiadas dentro del interior del Ein Sof.

se crean las variables del tiempo y del espacio. Entonces la desaceleración de las Sefirot dentro del Ein Sof crea automáticamente la contracción del vacío, produciéndose automáticamente el nacimiento del tiempo y del espacio. Justamente, toda paradoja representa los puntos extremos de todo sistema de oscilación del mundo de la Bet. La paradoja nace cuando el tiempo se separa del espacio, y nace el sistema de fragmentación, porque los límites son reales a partir del Universo de Briá, pero son imaginarios dentro del Universo de Atzilut. Los límites, por lo tanto, son fijados cuando el sistema se desacelera del nivel de aceleración infinita que poseía dentro de la esencia del Ein Sof. La desaceleración del Infinito provoca la aparición de los límites del espacio y el tiempo, naciendo de ese modo lo que nosotros conocemos como la finitud.

Esta es la característica raigal oculta detrás de las paradojas y contradicciones del mundo inferior, el sistema de oscilación. La oscilación entre lo masculino y lo femenino para la copulación, entre el aire que ingresa y el aire que egresa, entre el bien y el mal, entre el frío y el calor, entre la luz y la oscuridad, etc. La línea que mide la magnitud de la oscilación del grado inferior es, por supuesto, más extensa que la línea de la magnitud del grado superior donde dicha línea desaparece porque, primero, se vuelve un punto y, luego, «nada», ya que en la eternidad del Infinito no existen líneas de magnitud dado que todas las energías ya no chocan, sino que están fusionadas por completo. En el Ein Sof, el Universo de Atzilut que nosotros desde el mundo inferior de la materia percibimos como un conjunto de diez dimensiones separadas, en realidad se encuentran completamente fusionadas. La unidad esencial del Ein Sof se sostiene paradójicamente por la coordinación simultánea de las diez dimensiones. Las diez dimensiones infinitas dentro del infinito no pueden ser visualizadas por carecer de límites, pero son visualizadas cuando descienden dentro del universo espacio-temporal de Briá. Ya que toda la dualidad representa en realidad una unidad en el proceso de oscilación. El movimiento de la consciencia Alef que se oculta detrás del mundo dual de la Bet es la misma «oscilación». Todo el mundo de la fragmentación se encuentra en oscilación permanente dentro de los límites predeterminados. La dualidad Infinitud-Finitud también es una oscilación de la energía general del Ein Sof.

La «Eternidad» es el fin de toda oscilación en relación al sistema espacio-temporal, y representa la anulación de todas las oscilaciones que se producen dentro del orden espacio-tiempo, pero no significa que se anulen las oscilaciones interiores dentro del mismo Ein Sof. Una oscilación mayor a la velocidad de la luz hipotéticamente nos llevaría hacia un viaje al pasado;

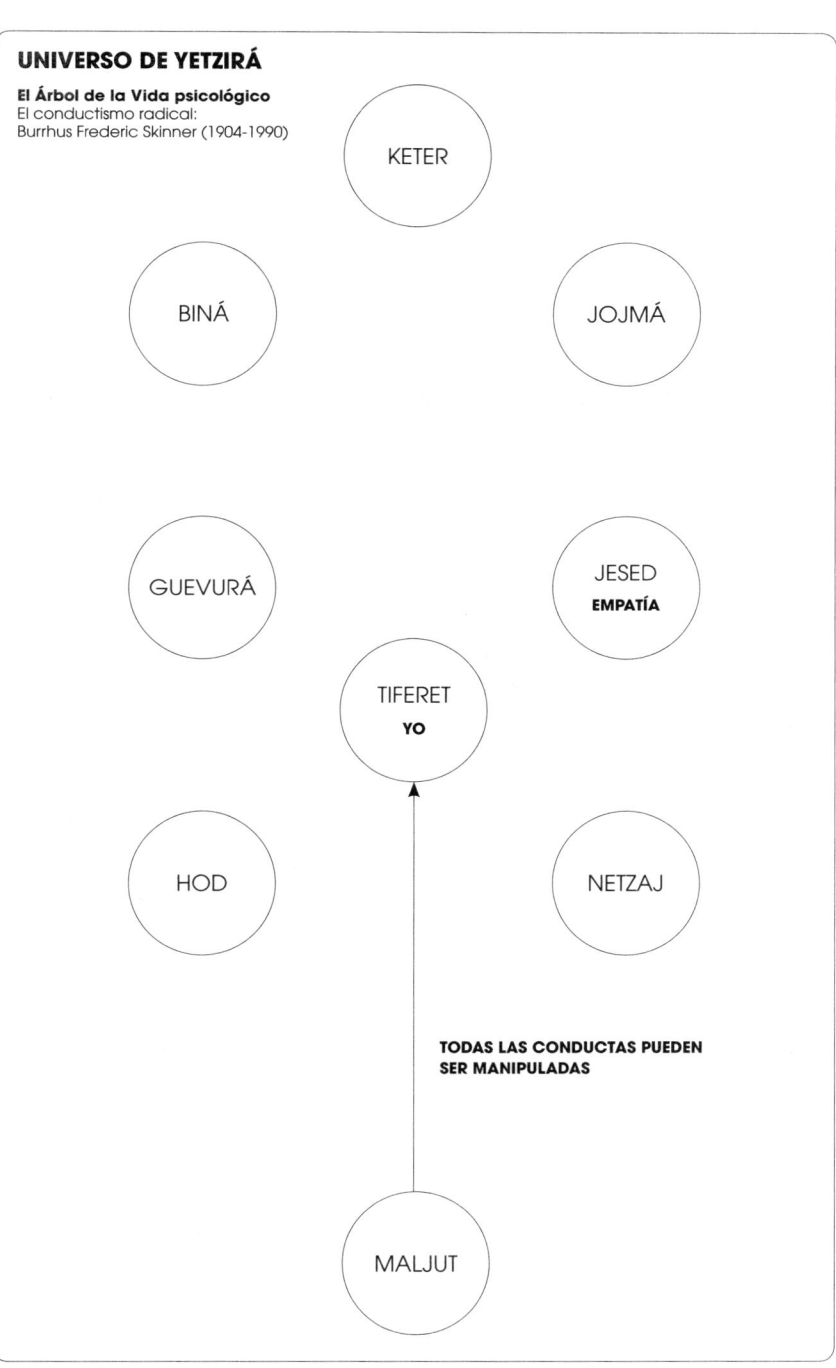

por ese motivo, podemos decir que en la Eternidad del Universo de Atzilut, el pasado, el presente y el futuro están unificados.

Las oscilaciones superiores anulan las variables del espacio y del tiempo, pero continúan operativas en el sistema eterno dentro de la interioridad del Infinito. Porque, en realidad, lo que anula las variables del espacio y el tiempo es la magnitud de la oscilación. En el mundo inferior de la fragmentación debemos «copular» todos los fragmentos entre sí; en el mundo superior de la unificación debemos pensar en términos de «fusión».

41. Los siete sistemas de percepción dentro de la Biná psicológica (los Palacios)

«Hay un vasto espacio vacío en la psique humana entre el conocimiento intelectual y el arraigo de la enseñanza en el corazón».

RABÍ ELIHAU DESLER (1892-1953)

Los siete sistemas de percepción (los siete palacios) de la Biná psicológica[130] a su vez se deben dividir en los siete niveles inferiores de las dimensiones inferiores, llegando a las 49 energías de la cuenta del Omer.[131]

Estas energías que operan dentro del mundo inferior provienen del mundo superior y son denominadas como las 50 puertas de la Biná. Existen 49 energías en representación de las 49 puertas de la Biná, y la puerta número 50 de

---

130. Es realmente interesante que cada uno de los «palacios interiores» de la Biná psicológica coinciden con la teoría de las inteligencias múltiples de Howard Gardner (1943), psicólogo y profesor en la Universidad de Harvard. No sabemos si Gardner ha leído o estudiado en algún momento el misticismo judío, pero podemos decir sin miedo a equivocarnos que la equivalencia entre cada sub-dimensión psicológica (palacio interior mental) en el Universo de Yetzirá es notable. Existen siete sub-dimensiones dentro de la Biná psicológica, estas son, Maljut de la Biná, Yesod de la Biná, Hod de la Biná, Netzaj de la Biná, Tiferet de la Biná, Guevurá de la Biná y Jesed de la Biná. Ahora vamos a presentar la clasificación de las inteligencias múltiples de Gardner en relación con cada uno de los niveles de percepción de la conciencia según la psicología del misticismo judío. 1. La inteligencia corporal de Gardner correspondería a la sub-dimensión Maljut de la Biná. 2. La inteligencia interpersonal de Gardner se correspondería a la sub-dimensión de Yesod de la Biná. 3. La inteligencia lingüística de Gardner se correspondería a la sub-dimensión de Hod de la Biná. 4. La inteligencia musical de Gardner se correspondería a la sub-dimensión de Netzaj de la Biná. 5. La inteligencia intrapersonal (capacidad de autoconocimiento del sujeto) se correspondería con la Tiferet de la Biná. 6. La inteligencia espacial (a través de los juegos) se correspondería con la sub-dimensión de Jesed de la Biná (con una clara influencia de la Jojmá de la Biná por el grado de libertad operativa). 7. Y la inteligencia organizacional lógica se correspondería con la sub-dimensión de Guevurá de la Biná (con una clara influencia de la Biná de la Biná por el grado de autolimitaciones conceptuales que necesariamente se deben reflejar en los sistemas de percepción organizativos). En el año 1983, Gardner agregó una octava inteligencia dentro de su teoría, «la inteligencia naturalista», y aquí no sabemos si está haciendo referencia a una percepción material relacionada con lo biológico, o a una percepción de trascendencia relacionada con el Keter de Biná. De todos modos, la idea es demostrar las equivalencias entre la teoría de las inteligencias múltiples de Gardner y la antigua psicología del misticismo judío.
131. En mi obra *Sod 22: El Secreto*, Buenos Aires, diciembre de 2011, explico en detalle cada una de estas 49 energías que se desarrollan en el Omer.

la Biná es la que da acceso a la Merkabá. En la simbología del misticismo judío, decimos que son como 49 ríos que fluyen de siete en siete, y que existe un río oculto número 50, que es la entrada a la Merkabá. El misticismo judío a través del estudio profundo de la Merkabá ha desarrollado a través de los siglos un sistema complejo de autoconocimiento personal relacionado de forma directa con el conocimiento general. En realidad, la mística judía ha logrado una conexión entre la Cosmogonía y la Psicología. Todo lo psicológico tiene relación con el universo de Bet (o la fragmentación) donde mi Yo se define frente al universo general. Mi «Yo» debe delimitarse, es decir, definirse, porque mi Yo se pregunta dónde comienza y termina mi Yo.[132] Y no existe forma alguna de darle comienzo a mi Yo dentro de la materialidad, sino como fragmento energético del Ein Sof.

En términos de fragmentos del Ein Sof somos eternos en sustancia, y temporales en la forma, y algún día nos liberaremos de las «formas» y operaremos dentro de la pura sustancia. Liberaremos al final de los tiempos al ser humano de todo tiempo y espacio determinados. Porque sabemos un gran secreto dentro del judaísmo, que «el final de los tiempos es el fin del tiempo, cuando alcancemos la Eternidad» (y entonces allí podremos acceder al Árbol de la Vida del libro de Bereshit).

La psique de mi Yo no puede ser estudiada exclusivamente en función de sí misma, sino en función de su raíz, porque la psique es una creación que se produce dentro de la naturaleza general, y, por lo tanto, la raíz de la psique es cosmogónica. Por esta característica cosmogónica de la psique, la psicología del misticismo judío debe ser considerada como un tipo de psicología «transpersonal».

Si no comprendemos la raíz cosmogónica de la psique, toda psicología se reducirá a una entropía, y, por lo tanto, la psique no comprenderá el sentido de su existencia, ya que dicho sentido tiene que encontrarse más allá de su propio marco subjetivo. El aumento de la consciencia general de revelación es el trabajo trascendente de toda consciencia subjetiva dentro de la materia-

---

132. Aunque la primera definición de mi Yo es el Yo corporal, luego el Yo es consciente de que su subjetividad no se puede reducir a la corporalidad. El Yo no es simplemente el Nefesh (el Yo corporal), sino que representa otros grados más elevados de consciencia, como el Yo emocional (Ruaj) y el Yo intelectual (Neshamá), hasta llegar a percibirse en los grados más elevados de Jaiá y Iejidá donde el Yo pierde su subjetividad; y entonces es cuando ya no tiene clara la delimitación de sus fronteras, cuando el Yo se puede liberar de las definiciones del Yo que solamente lo conducen a crear permanentes mecanismos de defensa del Yo y a desgastar inútilmente sus energías psíquicas.

lidad. Es decir, que el sentido esencial de toda existencia subjetiva va más allá de su propia subjetividad. Esta es la función real del Yo independiente de su supervivencia biológica en las dimensiones inferiores.

La única función del Yo en el universo inferior de la Bet es buscar sus propios límites y, por lo tanto, identificarse a partir de las diferencias con el exterior. El «Yo» en los niveles dimensionales inferiores se encuentra muy preocupado por su propia supervivencia biológica.

Estas diferencias del Yo que surgen en el campo de las formas, en realidad, son formas mentales dentro de nuestra Biná. La Biná tiene el poder de modificar las «formas» (conceptos operativos) constantemente, pero siempre debe reorganizarse en nuevas formas. La Biná por su propia naturaleza sustancial constituye la dimensión de la estructuración limitativa de las formas.

42. El funcionamiento del Yo en las dimensiones superiores

«Todos los niveles del ser están envueltos unos en otros creando una cadena única desde lo alto del mundo divino hasta el fondo más profundo del mundo humano».

RABÍ JAIM VITAL

En cambio, ese mismo Yo (que en la Tiferet buscaba sus diferencias) ahora en un nivel superior debe ingresar en el nivel cosmogónico de la Jojmá. La relación directa de nuestro centro de identidad tiferético se encuentra en la línea hacia la Biná.

Entonces llegamos a una nueva paradoja, porque si el Yo en el nivel inferior de la Bet se definía a través de sus diferencias con todo lo No-Yo (porque el entorno en este nivel inferior representa una amenaza a su propia condición), este Yo que ya se encuentra tan consciente de sí mismo, ahora, se puede lanzar al No-Yo porque el entorno ya no representa una amenaza. Todo el Todo es una proyección de su propio Yo, y la totalidad del Todo se proyecta sobre su Yo. Si el Yo se define por sus propias limitaciones, entonces, más allá de estos límites, no existe el Yo, en realidad todo es No-Yo. Todo es Ein Sof o sus manifestaciones limitadas en el campo de la finitud.

Así, en este nivel superior, toda conciencia del Yo, en realidad es ser conciencia del Ein Sof dentro de la fragmentación.[133] Si nos liberamos de

---

133. La secuencia de la manifestación del Ein Sof se produce a través del nombre divino (el Tetragrama), que tiene cuatro letras que son la Iod, la Hei, la Vav y la segunda Hei. Iod, Hei, Vav, Hei son las cuatro letras que conforman lo que en hebreo denominamos el nombre de Dios. Ahora bien, este nombre corresponde a la manifestación divina desde su ocultamiento. Si queremos definir la existencia en las mismas cuatro letras, decimos que el nombre es Havaia, que se corresponde en hebreo a las mismas cuatro letras del Tetragrama divino pero en otro orden: Hei final al principio, la Vav como segunda letra, la Iod que se encuentra primera en el Tetragrama divino, en tercer lugar, y finalmente la primera Hei que se encuentra en segundo lugar dentro del Tetragrama divino, en cuarto lugar. ¿Esto qué significa? La existencia (Havaia) comienza a percibirse desde la dimensión de Maljut cosmogónica (es decir, desde el Universo de Asiá), y la segunda letra de la palabra hebrea «existencia» es la Vav, que se corresponde a las seis dimensiones inferiores del Universo de Yetzirá. Esto significa que nosotros desde nuestra «existencia» percibimos la realidad a partir del universo de la acción (Asiá), luego

las formas (y debemos incluir las formas de nuestra subjetividad), entonces al liberarnos de las diferencias del mundo inferior existimos en un estado de felicidad que no es el estado de felicidad de la psique en su entropía, sino un tipo de felicidad permanente que nada ni nadie en el ámbito físico me lo puede otorgar. Es el éxtasis divino en mi calidad de fragmento del Ein Sof. Es lo que podríamos denominar como la felicidad del estado psíquico de trascendencia. Y este estado hace que la psique deje de huir sobre el mundo inferior (como con una necesidad desesperada), hace que la psique se libere de todo control de sus propias fronteras.

La construcción de la identidad en la dimensión tiferética debe ser lo bastante fuerte para pasar a esta segunda etapa, que es lograr el estado de trascendencia. De una conciencia tiferética debemos pasar a una conciencia ketérica, y así elevarnos sobre las formas finitas del mundo de la fragmentación.

Ahora, el Yo desea disolverse en el estado del No-Yo para acceder a la consciencia del nivel Alef, porque ahora quiere participar fragmentariamente de la sensación del Ein Sof.

---

subimos al universo de la formación (Yetzirá) donde nos encontramos con nuestra estructura psíquica subjetiva, y a partir de ahí, podemos llegar a percibir los dos universos superiores de Briá y de Atzilut, y por ese motivo la palabra hebrea «Havaia» tiene las dos primeras letras del Tetragrama divino al final, ya que desde nuestra existencia los universos superiores los podemos ver a través del reconocimiento, en primer lugar, de nuestra subjetividad. Nosotros entonces desde nuestra «existencia subjetiva, fragmentaria y finita» tenemos la percepción del Tetragrama divino en una secuencia diferente. Por lo tanto, cuando queremos subir a la Merkabá real (es decir, ingresar en el núcleo del Universo de Briá) debemos ser conscientes de operar de ambos modos. El misticismo judío, por lo tanto, a través del cambio de las letras del Tetragrama para simbolizar la palabra «existencia» nos otorga dos posibilidades de comprender la realidad. La secuencia del Tetragrama divino nos conduce a la comprensión de la realidad manifestada desde el Maasé Bereshit (el misterio de la Creación), en cambio, la palabra «existencia» nos conduce a una comprensión del Maasé Merkabá. Podemos subir entonces a la Merkabá desde el Universo de Yetzirá o podemos descender a la Merkabá desde el Universo de Atzilut. El problema entonces de nuestra percepción existencial es que nos encontramos condicionados dentro de la secuencia del tiempo-espacio. El Tetragrama, al iniciarse con la letra Iod, comienza con la comprensión de la eternidad y la infinitud del Ein Sof, de la falta de espacio y de la falta de tiempo. Desde la esencia del Ein Sof se podría eventualmente percibir la realidad desde la Iod sin la Alef, ya que en realidad nosotros percibimos la Alef porque inevitablemente existimos en la realidad inferior de la Iud inferior de la Alef. Sustancialmente, la Iud inferior es igual a la superior, pero la duplicidad esencia/existencia hace que nosotros percibamos la Alef y no la Iud original superior (la única realidad esencial del Ein Sof). La dualidad esencia/existencia es la dualidad entre la esencia de la Eternidad/con la existencia en el orden espacio-temporal. Por ese motivo, a la Iud inferior no la podemos ver de forma íntegra, sino dividida entre las dos Hei. Aunque nuestra Neshamá no pueda captar la esencia del Ein Sof debemos trabajar toda nuestra existencia para unificar las dualidades que nos producen una distorsión permanente de la realidad.

Ahora bien, dicha «disolución» (Bitul o aniquilación) es relativa porque el Yo nunca puede aniquilarse en el mundo inferior,[134] y en realidad paradójicamente es «absoluta» porque el alma puede percibir la «eternidad» dentro de la secuencia espacio-temporal, ya que aunque el tiempo no se puede detener (por ahora) en los universos inferiores, si se trabaja con los niveles más altos de energías de la psique (que pueden elevarse hasta comprender el Universo de Atzilut), entonces estas energías, al comprender dicho universo,

---

134. Existen estrategias de cierto espiritualismo radical que construyen un «mundo superior» donde «creen alcanzar» un estado de unificación del Yo con la Totalidad, pero en realidad trabajan dentro de la espiritualidad como un método de evasión de la realidad. La búsqueda de una espiritualidad de fuga de la realidad material es una Klipá o transgresión dentro del misticismo judío y el fenómeno ha sido estudiado en la obra *La Evasión espiritual* del doctor Robert Augustus Masters (ediciones Vesica Piscis, Málaga, España, diciembre de 2011). Dice el doctor Masters en la obra citada (páginas 18 y 19): «Lo que resulta engañoso de la evasión espiritual es que no siempre parece una evasión espiritual. Por ejemplo, si los alumnos de un maestro espiritual preguntan a éste por las dificultades que están teniendo para integrar su práctica espiritual con las exigencias de las relaciones íntimas y él les da únicamente respuestas generales y tópicas, poniéndose elocuente acerca de lo finito y lo infinito, la naturaleza del ser, etcétera, está cayendo en la evasión espiritual, no importa lo articulada y precisa que pueda ser su respuesta, ya que, aunque lo haga sin darse cuenta, está evitando tratar de una forma directa y relevante el dolor personal e interpersonal de sus alumnos, y probablemente también con el suyo». Y luego continua el doctor Masters diciendo: «En el terreno de la evasión espiritual, la espiritualidad conceptual se hace pasar las más de las veces por la verdadera espiritualidad». En realidad, si el doctor Masters hubiera trabajado con el sistema simbólico del Árbol de la Vida, comprendería que la espiritualidad del misticismo judío también acepta la dimensión de «Hod» que es el intento de conceptualización de la realidad, lo que el doctor Masters denomina como «espiritualidad conceptual». Creemos que la conceptualización en el nivel de Hod es fundamental para una mejor comprensión de la espiritualidad, pero claro que exclusivamente la dimensión de Hod no constituye la totalidad de la espiritualidad, sino que la espiritualidad constituye y abarca toda la realidad, no solamente la conceptualización de Hod, sino todo el mundo material de la Maljut. La diferencia entre espiritualidad y espiritualidad conceptual es provocada porque, en general, quienes hacen referencia a la espiritualidad trabajan exclusivamente en algunas de las tres dimensiones superiores del Árbol de la Vida. La espiritualidad conceptualmente se la asocia con las dimensiones más elevadas del Árbol de la Vida, de modo que las dimensiones inferiores (en el caso del doctor Masters, la dimensión de Hod) son percibidas como contrarias a la espiritualidad. En realidad, aquí estamos tratando sobre dos temas diferentes, por una parte, la utilización del campo espiritual como evasión de la realidad inferior (cuestión de la que somos conscientes dentro de la cábala por la existencia de las siete dimensiones inferiores). La reducción de la espiritualidad a la tríada superior del Árbol de la Vida que constituye un permanente problema de algunos sistemas orientales, donde la espiritualidad está asociada culturalmente a una fuga de la materia (Maljut), a una fuga del Ego (Yesod) y a una aniquilación del Yo (Tiferet). Por lo tanto, una espiritualidad que abarca las diez dimensiones del Árbol de la Vida no puede construir una espiritualidad como vía de fuga de la realidad inferior, y la conceptualización de la espiritualidad no implica un problema en sí mismo, sin embargo quedarnos estancados en la dimensión de Hod (en una conceptualización permanente) sin conexión con la experiencia sí puede llegar a ser un verdadero problema. Percibir, pues, la «espiritualidad» realizando una reducción del concepto a una sola o a varias dimensiones del Árbol de la Vida representa un problema de comprensión de la espiritualidad. Porque para el misticismo judío (cábala) todo lo existente es un producto espiritual.

pueden conocer el funcionamiento de la realidad fuera de los límites y de las restricciones del espacio y el tiempo.

La abstracción más alta de nuestra mente en el nivel de Jojmá puede captar el Universo de Atzilut. Captar el Universo de «Atzilut» (la Emanación) implica automáticamente un grado de felicidad fuera de los conceptos de felicidad del mundo inferior.

43. La Devekut: ¿unificación o aproximación al Ein Sof?

«Todos los logros intelectuales a los que la persona pueda llegar son absolutamente nada al ser comparados con la verdad intrínseca de la Devekut».

Rabí Elihau Desler

Esta tensión dentro del Yo es la que produjo el debate en torno a la Devekut de Gershom Scholem y Moshe Idel, el primero explicando que la unificación del Yo con el Ein Sof era imposible dentro del misticismo judío ya que la tradición hebrea siempre ha sostenido la no-desaparición de la subjetividad, y por su parte, el doctor Moshe Idel, que sostiene que se encuentra en las técnicas de varios místicos judíos la idea de una unificación real del Yo y su aniquilación.

Entiendo que ambas posiciones son comprensibles, ya que cada investigador ha percibido la concepción del Yo dentro del misticismo judío de acuerdo con la dimensión en la que cada uno de ellos ha operado: el doctor Scholem, intelectual de origen alemán, operaría desde la Biná donde la defensa de la subjetividad del Yo es central,[135] y el doctor Idel operaría desde la Jojmá donde percibe que es posible para algunos místicos judíos sentir la unificación con la Divinidad y eventualmente fusionarse con Él (fusión temporal y no permanente).

Si nos detenemos un momento, podemos percibir que ambas posturas están fundamentadas y que son válidas de forma simultánea, ya que por una parte comprendemos que dentro del misticismo judío nunca se perdió la subjetividad del Yo y, al mismo tiempo, se produjeron a lo largo de la historia

---

135. Es posible que el doctor Gershom Scholem se haya situado en esta posición (siguiendo la tradición judía medieval mayoritaria dentro del judaísmo rabínico) para oponerse a la «Encarnación divina» del cristianismo en Jesús. Los rabinos expresaban la imposibilidad de una encarnación divina, y si la Devekut constituía la fusión con la Divinidad, desde el punto de vista místico se estaba creando un claro concepto de «Encarnación» dentro del judaísmo que podía ser utilizado por la teología cristiana para su propia fundamentación, como un argumento apologético dentro de las disputas medievales que llevo a cabo la Iglesia católica contra el judaísmo.

diversas técnicas de meditación con el objetivo de unificar el Yo con el NoYo, o con el Yo divino.

Esta situación, aparentemente paradójica, la denomino como consciencia del Yo/No-Yo, es decir, de una energía oscilatoria entre la Biná y la Jojmá. El cabalista Alexandre Safran explica muy bien el fenómeno de la Devekut diciendo:[136]

«Durante toda su historia, a través de las visiones de los Profetas de Israel, de las reflexiones de los Sabios de Israel, las doctrinas de los Maestros de las escuelas cabalistas, la mística judía no deja de perseguir un ideal de comunión profunda, personal, entre Dios y el hombre. Este ideal, que es el corazón de la mística judía, se expresa con la palabra Debekut. Esta sustancia tiene su raíz en el verbo dabok, que significa estar pegado, unido».

¿Estar unido es encontrarse fusionado y perder la subjetividad? Cuando el «Yo» se une no deja de ser «Yo», es un Yo unido al Ein Sof pero al mismo tiempo separado. Esta es la paradoja de la existencia humana, somos en sustancia un fragmento del Ein Sof y, al mismo tiempo, somos un fragmento autónomo.

El Yo ahora sabe que es un fragmento del Ein Sof y toma conciencia de esta situación, de modo que el Yo en su funcionamiento dentro del nivel superior de la Alef aumenta su nivel de consciencia al desprenderse de los residuos inferiores de creerse algo en sí mismo. A pesar de que el Yo se pueda elevar hasta los grados más altos de percepción de la Jojmá (Universo de Atzilut), existe dentro de la materialidad espacio-temporal, y no puede renunciar a dicho nivel. De ningún modo hemos sido creados dentro de la materia para renunciar a la materia, lo que no significa que debemos trascender la materialidad para elevarla a su verdadera función que se encuentra relacionada directamente con las energías ocultas que se hallan detrás de ella.

El enfrentamiento con la idea de la propia muerte física hace que el Yo comprenda las limitaciones espacio-temporales del sistema inferior de la Bet y, por lo tanto, entienda que el sistema Bet se puede suprimir (exclusivamente a nivel mental, porque a nivel material el sistema de Bet continúa existiendo) si uno realmente se eleva al nivel Alef. Porque la muerte física es un límite

---

136. *Sabiduría de la Cábala*, Alexandre Safran, páginas 18 a 20 y 21 y 22, editorial Riopiedras, Barcelona, 1998.

espacio-temporal, pero sabemos que en la Era Mesiánica dicha situación se modificará. Por ahora, la «Era Mesiánica» la podemos alcanzar a nivel subjetivo con nuestra propia autorredención personal.[137] Debemos desarrollarnos dentro del sistema espacio-temporal, y aceptar la felicidad del nivel de conciencia Alef, es decir, de llegar a ser conscientes de nuestra coparticipación del aumento de la conciencia general. «Ser feliz» dentro de las limitaciones temporales y espaciales, siendo felices de la propia autopercepción de nuestra consciencia, porque nuestra propia consciencia constituye en sí misma la revelación del Ein Sof dentro de la fragmentación.

Las siete dimensiones inferiores del mundo de la Bet han sido creadas para importantes funciones específicas a las que no podemos renunciar con la ilusión de nuestro ingreso mental en el mundo superior (o nivel Alef). Esta idea constituye una de las diferencias fundamentales del misticismo judío frente a otras tendencias espirituales, ya que a pesar de existir mentalmente en el nivel de la conciencia Alef no podemos (ni debemos) renunciar a las grandes enseñanzas de la actividad que el ser humano despliega dentro de la materialidad más densa. La materialidad, por su densidad, es la que posee la más alta cantidad de paradojas y contradicciones. La resolución de dichas contradicciones dentro del mundo de la Bet es una forma importante de aprendizaje para elevarse hacia la conciencia Alef.

Por lo tanto, la conciencia Alef no implica exclusivamente la superación del mundo de la Bet, sino que, por el contrario, constituye el grado al que podemos acceder tras operar dentro de la realidad de la materia. Al percibir las energías ocultas subyacentes detrás del mundo de la Bet, podemos encontrar todas las conexiones del sistema que nos llevan a comprender que todo funciona sobre la unidad de un ordenamiento energético oculto del Ein Sof dentro de esta manifestación.

---

137. Como dice el sabio cabalista Moshé Jaim Luzzatto (1707-1747) en una de sus obras más importantes: «Porque considerando el hecho de que el hombre posee el conocimiento (Daat) y la Inteligencia (Sejel) para salvarse a sí mismo y para huir de la destrucción de su alma (Neshamá), ¿cómo podría apartar sus ojos voluntariamente de su propia salvación? Ciertamente, no hay degradación y locura mayores que ésta» (*La Senda de los Rectos* Mesilat Iesharim, capítulo 2, «Aclaración del atributo de la Prudencia», página 38, primera edición, ediciones Obelisco, Barcelona, mayo de 2014). Como se puede leer en esta obra, Luzzatto hace referencia a la «propia salvación» del sujeto de acuerdo con sus acciones.

44. El estado de oscilación entre el Yo y el No-Yo y la consciencia Yo/No-Yo

«En el descenso es cuando se gana poder».

ARYEH KAPLAN

A pesar de la transitoriedad de la existencia espacio-temporal, la Merkabá se vuelve consciente de su consciencia del No-Yo, y de la no conveniencia[138] de abandonar el estado del Yo; se logra entonces alcanzar un estado de Yo/No-Yo, que representa la oscilación[139] energética entre la Biná y la Jojmá. Por lo tanto, si en el Yo encontramos la consciencia restringida (Mojin de Katnut), y en el No-Yo encontramos la consciencia expandida (Mojin de Gadlut), no siempre debemos trabajar para la expansión de la consciencia, sino para la restricción de la consciencia, porque toda restricción de la consciencia nos otorga la energía para la expansión, y porque toda expansión de la consciencia de un Kli finito no puede ser infinita y debe retornar a ciertos estados de conciencia finita no expansiva para volver a realizar el trabajo de acumulación de las energías psíquicas.

La restricción de la Biná no debe necesariamente ser considerada un «descenso», sino que en realidad es un «ascenso», porque el ascenso se encuentra dentro de la oscilación. La mayor cantidad de oscilaciones entre la Biná y la Jojmá es la que provoca realmente el ascenso. Por lo tanto, debemos ser cuidadosos en conceptualizar como «descenso» las energías que descienden dentro del sistema oscilatorio del Árbol de la Vida, porque estas energías descendentes logran obtener la fuerza necesaria que se necesita para el ascenso. Porque la oscilación de ascenso y descenso constante de las energías psíquicas dentro del Árbol de la Vida es la que

---

138. Hacemos referencia a lo no conveniencia de abandonar el estado del Yo por la aniquilación, debido a que, a pesar de su posibilidad, no es conveniente.
139. El concepto de «oscilación» lo he aprendido de la gran maestra de cábala la doctora Lourdes Rensoli. Fue la doctora Rensoli quien me explicó que sin comprender el elemento oscilatorio en todos los temas del misticismo judío no podemos llegar a percibir el orden predeterminado de toda la realidad.

constituye realmente la elevación espiritual. En este sentido, los grados más densos de la materialidad son fundamentales para nuestro crecimiento general. El problema de las dimensiones inferiores es exclusivamente la «densidad» material que poseen, pero continúan teniendo dentro de sí mismas la energía necesaria para ascender. Aunque nosotros trabajemos con la referencia conceptual de «inferiores», esto no implica necesariamente que sean «inferiores» en cuanto a su importancia para nuestro crecimiento espiritual general, sino que son «inferiores» exclusivamente en cuanto a su densidad material. Es nuestra percepción lo que puede hacer que la máxima inferioridad material pueda ser un elemento de elevación energética en los mundos superiores.

Así, la Cosmogonía puede ser considerada como una psicología universal y la Psicología, como un tipo de cosmogonía individual. Si el Árbol de la Vida opera tanto dentro como fuera de la individualidad del Yo, entonces el Árbol de la Vida exterior opera dentro de lo cosmogónico y el Árbol de la Vida interior, dentro de lo psicológico. Si establecemos una psique sin conexión con los elementos cosmogónicos exteriores, podemos llegar a una centralización tal de la psique que causemos automáticamente una distorsión de la realidad general, y por consiguiente del mismo Yo.

Si la Psicología aisló el Yo hasta el desdoblamiento del Yo mental de la Biná del Yo interior de la Tiferet, la psicología del misticismo judío ha reconectado la Biná con el sistema Alef de la Jojmá cosmogónica.

Así, comprender nuestra psique en el orden cosmogónico es la única forma de comprender que existe consciencia de existencia más allá de nuestra propia psique, porque en realidad no conocemos cuántos niveles de consciencia existen en planos diferentes de nuestra realidad material.[140] Lo que nosotros llamamos «psique» es el alma en el orden de la Neshamá (nivel intelectual del alma), sin embargo, debemos comprender que el alma posee otros dos niveles más elevados que la Neshamá (la Jaiá y la Iejidá). Estos niveles de conciencia existen ocultos dentro de nuestra Neshamá, pero lamentablemente no los hemos extraído a la materialidad. Estos dos niveles superiores del alma existen, pero no somos conscientes de su existencia. Para ingresar en el futuro en el Universo de Atzilut debemos operar dentro del nivel del alma de la Jaiá.

---

140. En verdad sí los conocemos. Los ángeles son energías que operan en planos diferentes de la realidad material.

La Psicología ha entronizado la psique y la ha dividido del orden natural,[141] cuando en realidad la psique es un producto de la evolución general de la existencia y, por lo tanto, no se encuentra aislada de la Totalidad manifestada.

Ambas son dos caras de la misma moneda de la realidad universal. El modelo de unión de ambas disciplinas se encuentra en el Árbol de la Vida, de ahí la importancia fundamental de su estudio y comprensión profunda. Debemos acercarnos al concepto místico judío del «Yo». Por supuesto, al final de este estudio tendremos un cuadro más fidedigno de dicho «Yo» por-

141. Se puede pensar que al declarar como «ilusión» el estado de trascendencia por parte de la Psicología tradicional freudiana, esto puede representar la represión de los niveles de dessujetivización más altos. La disociación freudiana entre lo «animal» y el Yo construido sobre un orden moral y cultural no implica que ese mismo Yo moral y cultural a su vez pueda tener la capacidad de reprimir la sensación de trascendencia del Yo más allá de sí mismo. Así como se puede verificar la represión de la animalidad por parte de la cultura general (donde el sujeto se encuentra inmerso), también se pueden reprimir los estados más altos de la consciencia. Por lo tanto, la consciencia no es simplemente la que puede filtrar las pulsiones del instinto animal, sino la que debe poner límites mentales a las energías desconocidas del campo cosmogónico. Así pues, la consciencia no solamente debe canalizar los instintos animales (Maljut y Yesod), sino que debe filtrar las energías que se encuentran más allá de la propia psique. La represión de la animalidad se produjo con el objetivo de un control y una organización social, sin embargo, la represión de los estados más altos de la consciencia se producen por la ignorancia de la mente racional al intentar comprender los fenómenos que aún no pueden ser probados científicamente. Si se reduce el estado de trascendencia a la tensión existente entre el miedo a la muerte física del estado animal con la consciencia que nos otorga una ilusión de seguridad, estamos cometiendo un error en el análisis, porque, en realidad, es la aceptación de la muerte física y del orden espaciotemporal la que nos sitúa más allá de la consciencia subjetiva. La trascendencia es el estado del Yo por el cual dicho Yo tiende a percibirse como un fragmento de una consciencia total, y este estado no constituye una compensación a la angustia por la muerte física, sino que es justamente la destrucción de todas las compensaciones del Yo. Si tradicionalmente la «trascendencia» se ha visto desde la óptica del miedo del ser humano a su desaparición física, en realidad es la aceptación física quien lleva al sujeto al estado de trascendencia. Ahora bien, el Yo en tanto ente subjetivo no se autodestruye mentalmente para crear una ilusión de inmortalidad, sino porque es consciente intuitivamente que el «estado de eternidad» más allá del espacio-tiempo es una realidad demostrada físicamente. La consciencia de eternidad del Yo es el resultado de comprender que las variables del espacio-tiempo son relativas en términos científicos. Mientras que Freud ha visto la «eternidad» como una ilusión compensatoria de la muerte física del sujeto, el misticismo judío percibe que el sistema espacio-temporal en que el Yo se desarrolla es realmente una ilusión, y al mismo tiempo una realidad (es una realidad dentro del mundo inferior). Es la muerte física del Yo la que nos deja fuera de la ilusión de la materialidad, y de los dos condicionamientos básicos de esta realidad, el tiempo y el espacio. Por supuesto, si aceptamos como «reales» el tiempo y el espacio, la muerte física es una desgracia real, sin embargo, esta aceptación es una resignación a las variables del tiempo y el espacio. Albert Einstein, en este punto, ha derrotado a Sigmund Freud. Con el conocimiento científico de la relatividad del tiempo y del espacio, la Eternidad se ha convertido en un ente real de existencia científica, por lo que, todo lo que creemos que la psique realiza en el orden temporal y espacial representa una percepción errónea de acuerdo con el orden de la Eternidad. La psique está ajustada al Universo de Yetzirá en el campo freudiano, cuando en realidad en un nivel superior conocemos, a través de la cábala, que el Universo de Yetzirá es la consecuencia de la restricción de los universos de Briá (la Creación) y de Atzilut (la

que lograremos comprender las conexiones energéticas entre las diferentes dimensiones interiores existentes.

La mística judía parte de un concepto clave para la comprensión del «Yo» y es el fragmento de la raíz del alma. Los cabalistas advierten que, aunque nosotros creemos tener «un alma», en realidad poseemos «un fragmento de un alma general».[142] Existen varias almas generales, el número simbólico es de 600.000.[143] A nosotros no nos interesa el símbolo en sí mismo, sino que cuando denominamos alma a un «alma» esto significa que es un fragmento de la raíz de un alma general. Por ese motivo, los fragmentos son potencialmente infinitos. Y la fragmentación se puede continuar fragmentando al

---

Emanación). Un psicólogo tradicional nos dirá que la psique trabaja dentro del orden espaciotemporal conocido. Es verdad, pero es una verdad del mundo inferior, y no tiene en cuenta las energías exteriores a la psique. El universo y las energías cosmogónicas de la realidad física no son ilusiones compensatorias de la psique, sino que constituyen una realidad en donde nuestra psique esta insertada. Debemos destruir la centralidad del Yo (de la psique) y trabajar más allá del nivel del alma emocional (Ruaj). Tenemos que trabajar en el futuro no simplemente con la angustia inferior de nuestra propia muerte física, sino que debemos trabajar para crear un programa de existencia en términos de eternidad. Entiendo que esto puede producir mayor angustia que la muerte física, ya que no estamos preparados psicológicamente para la inmortalidad material. ¿Podemos imaginar construir un programa del sentido existencial a partir de la eternidad? ¿Será que la inmortalidad física constituirá el fin de todo sentido existencial? Una especie de muerte en vida. Entonces, ¿hemos atado el sentido de nuestra existencia a nuestra temporalidad? No es posible encontrar el sentido de la existencia simplemente por la culminación de esta, debemos trabajar para encontrar el sentido de nuestra existencia dentro de un orden de eternidad. Porque si nuestra existencia se valora porque se encuentra limitada en el orden temporal, nuestro concepto de la existencia es absolutamente material. Debemos ser conscientes de que la psique es un ente que evoluciona de acuerdo con las condiciones generales, y la adaptabilidad de nuestra consciencia a los nuevos avances científicos traerá como consecuencia que los mecanismos estudiados tendrán que ser revisados constantemente para elevar nuestros niveles de consciencia. La consciencia subjetiva se eleva en coordinación al progreso de la consciencia general manifestada, y en cada generación debemos ajustar nuestra subjetividad a los niveles de revelación que hemos alcanzado. Cada descubrimiento o revelación de lo Nistar a lo Niglé (del Sod a la revelación) provoca automáticamente una elevación subjetiva de mi nivel de consciencia. La ampliación de nuestro Kli opera automáticamente sobre un grado de comprensión mayor que los análisis históricamente pasados. Cuando comprendemos esta movilidad en el orden histórico/temporal, comprendemos mejor las modificaciones que se operan en nuestra psique por la influencia de las modificaciones del entorno social. La psique tiene siempre que volver a resituarse en el orden cosmogónico de acuerdo con el grado de revelación que hemos alcanzado.

142. Probablemente «las almas generales» reproducen las primeras divisiones del «Inconsciente colectivo» de Jung.
143. Esta cifra surge de la cantidad de israelitas que salieron con Moisés de Egipto. Los cabalistas realizan el siguiente cálculo: el nivel del Universo de Atzilut (la Jojmá cosmogónica) es el de 1000, cuando decimos Atzilut hacemos referencia a la potencia de los millares, cuando hacemos referencia a la potencia del Universo de Briá (o Biná cosmogónica) decimos que su potencia es de cientos. Ahora bien, la potencia multiplicada de la Jojmá con la Biná, es decir la unificación matemática de los dos universos de Atzilut y de Briá, es de 1000 por 100, lo que da como resultado y 100.000, como esta potencia baja a las seis dimensiones del Universo de Yetzirá, se multiplica por seis, dando como resultado las 600.000 raíces del alma.

infinito, el problema es que cada vez que se fragmenta el mundo inferior, la Biná nos introduce en las concepciones fragmentarias de la realidad de modo que los intentos de unificación sean cada día más complicados. Solamente una meditación profunda de esta existencia puede hacer que seamos capaces de realizar unificaciones dentro de esta época de superfragmentación. Nunca existió más deseo de unificación que en estos tiempos de un aumento increíble en la velocidad de la fragmentación. A mayor fragmentación dentro del mundo de la Bet, la conciencia humana busca con mayor deseo el nivel Alef. Es como si el desarrollo material ha llegado a tal punto en el que nos vemos obligados a retornar al Ein Sof. La fragmentación dentro de la materialidad nos ha distanciado de la unidad general de toda la manifestación. Y el proceso continúa su aceleración, la fragmentación tiende a una mayor fragmentación, y vamos así perdiendo consciencia de la unidad y, al mismo tiempo, vamos percibiendo el mundo en aras de su materialidad superficial sin profundizar en sus energías ocultas subyacentes.

Entonces, los cabalistas actuales debemos trabajar con mayor energía en los sistemas de unificación (Ijudim) porque nunca antes habíamos trabajado con tal nivel de fragmentación, tanto externa, en el plano de la producción, como interna en el nivel de desintegración de la identidad subjetiva.

Entonces, el esfuerzo que debemos realizar es doble, por una parte, buscar las raíces únicas de la realidad exterior, y, por otra, unificar nuestra interioridad para no ser fragmentados por nuestra percepción distorsionada de la subjetividad.

Un mesianismo subjetivo que unifique nuestras contradicciones interiores en los planos superiores, y, al mismo tiempo, un sujeto íntegro que pueda afrontar las contradicciones cosmogónicas con su mejor nivel de integridad subjetiva.

45. El Alma

«Cuando la potencia del Alma haya debilitado la fuerza tenebrosa de la materia, y el cuerpo humano se haya vuelto transparente, el hombre, irradiando claridad, podrá elevarse hasta la Luz Suprema».

MOSHE JAIM LUZZATTO (1707-1747)

Todo lo que nos predetermina en términos psicológicos es el verdadero «Yo», y esto es lo que traemos dentro de nuestra estructura. Potencialmente son las potencialidades de desarrollo de las diez dimensiones del Árbol de la Vida interior.

Alguno lo podría denominar «genética», pero en la mística hebrea debería ser calificada como «genética espiritual»[144] porque no tiene relación con la genética física. La genética física se origina (como sabemos científicamente) del ADN del padre y de la madre (lo que nosotros llamamos la Jojmá del padre y la Biná de la madre), sin embargo, la raíz del alma posee algo propio e independiente de estas dos influencias genéticas, y esto proviene de Keter.

Cada alma es única y única su función dentro de la existencia, esto no tiene relación alguna con el orden espacio-temporal, ya que un alma que se ha manifestado en la existencia aunque sea dos días, ha cumplido la misma función que un alma que se haya materializado durante noventa años.

La distorsión espacio-temporal hace que suframos el límite material de una existencia determinada. La importancia de una energía determinada (un alma) es su función existencial fuera del orden del espacio-tiempo. No es la existencia biológica en el orden espacio-temporal la que define la función de un alma determinada, sino el cumplimiento de su misión real, y su misión real no debe estar determinada por el momento histórico en que se encuentra, sino que el alma posee un sentido trans-histórico fuera del orden espacio-temporal.

Lamentablemente, estamos tan distorsionados en el orden espacio-temporal que creemos imaginariamente que a más tiempo de existencia material,

---

144. El fragmento del alma puede llegar a ser consciente de sus vidas pasadas. El misticismo judío cree en la reencarnación, un asunto que supera completamente este estudio.

mayor felicidad tiene un sujeto, cuando, en realidad, el tiempo material no constituye el elemento fundamental de la felicidad ni de la intensidad existencial. El tiempo material debe encontrarse al servicio del sentido de la existencia, porque el tiempo vacío de sentido constituye la muerte espiritual a pesar de la existencia biológica. La reducción psicológica de la percepción de la conciencia al universo material de Asiá provoca automáticamente la cancelación de toda posibilidad de ascenso a los niveles superiores.

Es justamente la intensidad del momento la que le otorga una sensación de «Eternidad» (la consciencia Alef) que supera las coordenadas materiales del espacio-tiempo. Nuestra percepción dentro de la consciencia del nivel Alef es la que nos sitúa fuera del orden de la materialidad y dentro del orden real de la Eternidad. Porque si creemos de modo ilusorio que realmente existimos dentro de un orden espacio-temporal, entonces no podemos visualizar de forma clara el nivel de abstracción energética del orden de la Eternidad. Cada momento espacio-temporal no se debe definir por el instante de materialidad que alcanza, sino por el sentido «eterno» de dicho momento. Así, la historia del ser humano no debe ser considerada y estudiada dentro del sistema de causas y consecuencias espacio-temporales del orden inferior, sino dentro de una estructura cosmogónica de sentido extrasubjetivo y eterno.

Nuestra relación real es Keter-Tiferet. Las dos relaciones de Jojmá-Tiferet y de Biná-Tiferet representan en el orden descendente mi relación personal arquetípica con mi Padre (Jojmá) y con mi Madre (Biná). Ahora bien, el alma real (mi Yo) se encuentra básicamente estructurada por las tres influencias, los dos arquetipos Padre-Madre y el no-arquetipo de mi Keter psicológico.[145] ¿Por qué existe el no-arquetipo de Keter? Porque en Keter mi Yo debe autoconstruir su propio arquetipo. Todas las dimensiones (Sefirot) tienen cada una de ellas su propio arquetipo, en cambio, Keter, la dimensión suprema, no tiene arquetipos que la puedan definir. Si el mundo arquetípico en la cábala se encuentra en el nivel de la Jojmá psicológica (lo que Jung llamaba el inconsciente colectivo), entonces, ¿cómo puedo acceder a Keter si no utilizo los modelos simbólicos de anclaje dentro la Jojmá o Alef inferior?

La llave maestra para abrir el Keter es mirar de frente a la «Corona» desde mi Yo interior. Keter, pues, representa toda la potencialidad de mi Tiferet.

---

145. Hacemos referencia aquí al Keter psicológico que se encuentra en el Universo de Yetzirá, no al Keter cosmogónico del Adam Kadmón. Debemos ser cuidadosos a la hora de diferenciar cuándo hacemos referencia a las dimensiones en su forma cosmogónica y cuándo hacemos referencia a las dimensiones en su forma psicológica.

¿Qué es realmente lo que puedo llegar a percibir en Keter? La imagen de mi Yo actual y, al mismo tiempo, las potencialidades de mi Yo. Allí, ya no tengo más modelos arquetípicos, sino que soy yo el constructor de mi propio modelo personal.

Pero tengo que cruzar el abismo (Tejom), no tengo opción para construir mi Tiferet en su máxima realidad si no paso por el Daat. Por ese motivo, para que mi Tiferet realmente mire a Keter debe situarse donde se encuentra el Daat. Toda mi redención personal depende, pues, del conocimiento. No existe redención exterior en el judaísmo, porque para que retorne la Merkabá real[146] debe lograr la humanidad alcanzar un nivel de consciencia más elevado que el actual. Y, lamentablemente, el sistema político-económico actual trabaja dentro de la consciencia Bet del mundo de la fragmentación. Hasta que no renunciemos a nuestros intereses materiales dentro del campo de la fragmentación, no podremos alcanzar la consciencia Alef de unidad existencial con otros seres humanos. La «Era Mesiánica» es el momento histórico donde alcanzaremos a destruir el sistema espacio-temporal y donde el sentido oculto de la Alef saldrá a la luz demostrando que todas las paradojas y las contradicciones no son reales. Será un momento histórico donde cancelaremos el efecto del tiempo, y, por lo tanto, la cronología histórica tal como la conocemos desaparecerá.

En ese momento, los conflictos deberían automáticamente desaparecer porque ya captaríamos la ilusión del mundo de la fragmentación y nos encontraríamos con consciencia Alef general. Todas las diferencias religiosas, ideológicas y nacionales quedarían supeditadas al aumento general del nivel de consciencia humana, y no trabajarían de modo conflictivo dentro de las coordenadas del mundo inferior de la Bet.

Mi Yo interior se puede situar frente al universo sin intermediarios,[147] en Biná poseo los conceptos intelectuales que me protegen de la luz de Keter, en Jojmá poseo los símbolos arquetípicos (aunque se acercan más a la luz de Keter) que me protegen. Pero... ¿quién me protege de la luz directa de Keter? La muerte física de la madre representa simbólicamente la desnudez de la Biná, y la muerte física del padre representa simbólicamente la des-

---

146. Aunque sostengo que el mesianismo debe ser subjetivo, si el Mesías llegase algún día, será el Dios de la Merkabá. Hemos mesianizado al Dios de la Merkabá para que no creamos en dos dioses como le sucedió en su momento a Rabí Elisha Ben Abuya.
147. No deben existir intermediarios entre mi Yo y el Ein Sof, sin embargo, en todas las apariciones bíblicas el Dios de la Merkabá aparece como un intermediario que tenía que enseñarnos que existe un Ein Sof eterno, y que nosotros nos encontramos en el espacio-tiempo.

nudez de la Jojmá. ¿Y qué representa la desnudez de Keter sino mi propia muerte física?

Por eso, en el nivel de Keter ya no tengo protección ninguna frente a la inmensidad del Infinito (Ein Sof). En Keter han desaparecido todas las seguridades. ¿Quién puede ser consciente de este estado real de soledad del Yo? Sin embargo, ahora se da el salto existencial, es cuando, en dicha soledad, el Yo se siente parte integrante del Todo, y si el Yo es la Nada, entonces el Yo no tiene sino existencia en este espacio-tiempo y, por lo tanto, experimenta en su máxima soledad la paradoja de su máxima unión con la Totalidad.

Por este motivo, allí, cuando estamos en contacto con la luz infinita, obtenemos la libertad infinita y, al mismo tiempo, la verdad tal cual es, y esto hace que todas las realidades inferiores realmente se perciban en su inferioridad. Todo lo inferior es percibido a partir de aquí como una vanidad absoluta.[148] Y sin embargo, lo «inferior», pese a ser «una vanidad» desde el mundo superior, es real en dicho nivel; en definitiva, la importancia del mundo inferior se produce cuando sabemos que dentro de dicho mundo existe la raíz oculta del mundo superior (porque detrás de toda Alef se esconde una Iod superior que no podemos percibir en este mundo inferior, porque aquí percibimos la Iod inferior). Para comprender realmente la Alef debemos comprender la Iod oculta superior de la cual somos su reflejo. Si creemos que esta realidad material es la única Iod existente y no un simple reflejo de la Iod superior, entonces no podemos percibir la naturaleza intrínseca de la Alef. En la Iod inferior, exclusivamente percibimos las dos letras Hei del Tetragrama, es decir, solamente podemos percibir la dualidad consciencia/existencia; en cambio, en la Iod superior, podemos comprender cómo la consciencia es un elemento interior de la propia existencia y que todo es consciencia existencial sin paradojas. Al acceder, pues, a la Iod superior, realmente alcanzamos entonces a percibir la Alef, y a obtener así la tan ansiada consciencia Alef.

Ahora bien, para que mi Yo realmente sea Yo tengo que llegar al nivel de la consciencia de ser un fragmento del Ein Sof.[149] Porque si he sentido dentro

---

148. Como dice el cabalista Moshé Jaim Luzzatto «… aquel que es sabio no permitirá que se pierda ningún periodo de tiempo libre de ocupaciones, sino que inmediatamente lo aprovechará para corregirse y para corregir su servicio Divino» (*La Senda de los Rectos*, capítulo 5 «Sobre los factores que impiden la prudencia y cómo alejarse de ellos», página 75, ediciones Obelisco, Barcelona, primera edición, mayo de 2014).
149. Cuando hacemos referencia a la consciencia de ser un fragmento del Ein Sof, esto equivale a decir que llegamos a la consciencia del No-Yo.

de mi Yo el nivel de la consciencia infinita,[150] ¿qué más puedo pedir dentro de esta existencia? Esta trascendencia del Yo de sí mismo es la clave para acceder a la máxima felicidad interior, porque el Yo no puede encontrar satisfacciones del nivel superior con el fin de solo recibir para sí mismo. Cuando el Yo realiza esta acción está reemplazando el nivel del Keter psicológico por la Tiferet. En este nivel, el Yo ha quedado atrapado por su propia dinámica.

---

150. El nivel de la consciencia infinita también se denomina dentro de la cábala «El Bitul», la aniquilación del Yo. Nunca el «Yo» queda aniquilado en los niveles inferiores, sino que el Yo ahora siente un nivel superior, y en dicho nivel queda aniquilado. Percibir la existencia fuera de mi subjetividad, como sucede en los niveles inferiores, hace que la muerte física se convierta en un momento de unión con el Ein Sof. Mi Yo (toda la información de mi consciencia) ahora es parte de la consciencia universal. Y si cada uno de los fragmentos del Ein Sof (nosotros) somos las neuronas de Dios que estamos aquí para elevar al infinito la consciencia del propio infinito. Cuando el sabio cabalista Menajem Recanati dice: «nosotros hacemos a Dios», ¿qué está diciendo? Lo que dice es que cada uno de nosotros, al elevar el nivel de consciencia, se eleva automáticamente al Ein Sof. La consciencia fragmentaria crece dentro del vacío y la consciencia infinita se conecta con sus fragmentos a partir de la elevación de estos fragmentos. Cuando mi Yo extrae el fragmento del Ein Sof que tiene dentro de sí mismo lo que está realizando es un proceso de acercamiento continuo al Ein Sof, y entonces se produce una conexión profunda entre el Ein Sof fuera del vacío y sus manifestaciones dentro de dicho vacío.

46. Las protecciones del Yo y mi autoconstrucción

«Ninguna fuerza externa o interna puede tener poder sobre nosotros si nosotros mismos no se lo permitimos».

EDUARDO MADIROLAS

Existen dos grandes protecciones en el proceso de construcción de todo Yo, la primera protección se encuentra en la Biná (el nivel superior de la Bet), y la segunda protección se encuentra en la Jojmá (el nivel inferior de la Alef), y cuando se destruyen,[151] entonces es cuando mi Tiferet es quien tiene el camino abierto para elevarse directamente hacia la luz de Keter. Y es allí donde tenemos que construir nuestro arquetipo subjetivo. En esta tarea estamos solos, ya que nadie puede hacer este trabajo por nosotros. Siendo nuestra Neshamá única y exclusiva para nuestra tarea existencial, la elevación de la Tiferet a Keter es producto de nuestro esfuerzo personal.[152]

Sin embargo, la Jojmá y la Biná (a pesar de la muerte física de mis padres arquetípicos) me han dejado en el interior de mi Yo (Tiferet) al hijo arquetípico; este hijo arquetípico viene a salvar mi Yo, y este hijo arquetípico es el Daat (el Conocimiento).

Por ese motivo, los cabalistas dicen que Daat es el Tiferet que se eleva para mirar a Keter de frente. Todo el conocimiento (y aquí se incluye indudablemente mi autoconocimiento) me permite construir mi propio arquetipo.

Keter no tiene arquetipos porque es allí donde debo coronar mi «Yo potencial». Ahora bien «la Corona real» se encuentra en el Ein Sof, pero siempre como fragmento del Ein Sof; mi Yo puede percibir una parte de la Corona cosmogónica, es verdad que mi Yo puede llegar al Keter psicológico, pero

---

151. La Biná y la Jojmá nunca se destruyen, sino que en realidad no obstruyen el paso de la Tiferet para su propia redención. La Tiferet de mi Yo no debe ser condicionada por los arquetipos paternos y maternos, sino que debe encontrar su propio camino hacia su Keter psicológica.
152. «Porque he aquí aunque el perezoso no haga el mal de un modo activo, lo engendra con su propia inactividad» (*La Senda de los Rectos*, capítulo seis, «Aclaración del atributo de la Diligencia», de Moshé Jaim Luzzatto, página 86, ediciones Obelisco, Barcelona, primera edición, mayo de 2014).

esto no es alcanzar más que el centro de la Tiferet cosmogónica. En definitiva, comprender el Universo de Yetzirá no implica necesariamente ingresar en el Universo de Briá. El salto del Universo de Yetzirá al Universo de Briá es cuando alcanzamos a comprender el Maasé Bereshit.[153]

Todo lo que mi Tiferet (Yo) haga con su Daat (conocimiento y autoconocimiento) lo llevará en dirección a Keter (al Keter psicológico). Si Daat representa la Tiferet superior, Daat también podría ser denominada como el Keter caído.

Mi Yo se corona en Keter cuando se toma conciencia de que allí no hay Corona para nadie en esta finitud (aun cuando dicha finitud alcance la eternidad). Porque cuando alcancemos la eternidad real en el orden físico alcanzaremos el Universo de Atzilut, pero nunca podremos dominar el Ein Sof, simplemente porque siempre seremos entes finitos. Esta finitud es el estado estructural de nuestra forma; en cambio, el estado esencial de nuestra sustancia es nuestra participación en la infinitud dentro del vacío.

En realidad, la Corona de todo este universo manifestado es Maljut del Ein Sof. Lo superior de este universo es lo inferior del Ein Sof. Así que mi Yo vuelve a resituarse frente al Ein Sof aún en conciencia ketérica, porque toda consciencia supuestamente ketérica en lo yetzirático es, en realidad, la máxima consciencia tiferética en el orden cosmogónico (briático-atzilútico). La Psicología tradicional ha trabajado la psique desde el Universo de Yetzirá, y nosotros debemos trabajar la psique desde el Universo de Briá que es donde se ha creado el alma. Es más, nosotros debemos comprender el «alma» como un fragmento del Ein Sof y, por lo tanto, insertarla dentro de la consciencia general cosmogónica. Nuestra psique no es un producto nuevo dentro del universo, sino que es una etapa más en las revelaciones constantes de la consciencia divina dentro del espacio vacío.

El conocimiento (Daat) se puede percibir desde arriba o desde abajo. Desde mi Yo, el Daat me eleva hacia Keter, desde el Ein Sof, el Daat me

---

153. El Maasé Merkabá psicológico me eleva en mis niveles de consciencia para ascender por el Universo de Yetzirá al Universo de Briá; dentro del Universo de Briá me encuentro con el Maasé Merkabá real, y a partir de aquí, cuando cruzó y supero el orden espacio-temporal de Briá e ingresó en el Universo de Atzilut, accedo al Maasé Bereshit desde mi subjetividad yetzirática. Si comprendo el Maasé Bereshit desde el Ein Sof siguiendo las enseñanzas lurianas, puedo llegar al conocimiento de Atzilut desde arriba. La Merkabá psicológica es la llave maestra para comprender la Merkabá real del texto de la Torá, y, a su vez, la Merkabá real del texto de la Torá es el medio para comprender la Eternidad del Ein Sof e ingresar al conocimiento del Maasé Bereshit desde mi posición dentro del Universo de Yetzirá. «Que el que entienda, entienda por su propio entendimiento». Por lo tanto, cuando utilizo el Daat Tajtón puedo acceder del Universo de Yetzirá al Universo de Briá y, cuando utilizó el Daat Elyón, puedo acceder del Universo de Briá al Universo de Atzilut.

envía la luz que puedo soportar de Keter a nivel subjetivo. Toda la potencia de mi Yo (desde la Tiferet) puede transformarse en acción en cualquier nivel (no exclusivamente como una acción material)[154] porque toda la potencia puede ser llevada al acto en cualquiera de las dimensiones de mi Árbol de la Vida interior, y esto me conduce a un aumento de mi Daat[155] (o lo que es lo mismo) de una elevación de mi Tiferet hacia Keter.

Aunque el Keter cosmogónico nunca pueda ser alcanzado, todo el esfuerzo que mi Tiferet realice para llegar a Keter hace que toda mi existencia espacio-temporal tenga un sentido profundo porque este sentido está dado por toda mi búsqueda ascendente.

La búsqueda entonces tiene dos partes: por una parte, la del Keter subjetivo (psicológico) que es lo que hace que todo lo que mi Yo realice en cualquier dimensión tenga un sentido, y la segunda búsqueda, que va más allá de mi Yo, es la que proyecta toda la potencialidad del Yo. El Yo tiene que llegar a una felicidad constante producto del esfuerzo continuo de extraer sus potencialidades subjetivas, para luego dar un salto en el orden cosmogónico más allá de sí mismo.

---

154. En el judaísmo, el acto de pensar es considerado una «acción», no una acción material pero si una acción mental. El nacimiento de una idea dentro de la Biná es considerada una «acción». Dicha acción mental a pesar de su abstracción posee cierto contenido material. El filósofo judío español Salomón Ibn Gabirol (1021-1058) hace un análisis de este tema en su obra *La Fuente de la Vida* (Fons Vitae). Luego, durante el siglo XVIII, el jasidismo en Europa oriental continuará la idea de que la acción mental posee un grado de materialidad y debe ser considerada como «acción».
155. Quiero recordar la naturaleza psicológica del Daat Tajtón (el Conocimiento del nivel inferior). En primer término quiero reiterar que cuando hacemos referencia a lo «inferior» no lo expresamos por su inferioridad sustancial, sino porque opera en los niveles más densos de la materialidad. En segundo lugar, así como el Daat Elyon (el Conocimiento superior) opera desde la Biná hacia Maljut (cognitivismo), así el Daat Tajtón (el Conocimiento inferior por su cercanía a la densidad material) opera desde la Maljut hacia la Biná (el Conductismo). Por lo que, dentro de la psicología del misticismo judío, tanto cognitivismo es un tipo de conocimiento como el conductismo es otro tipo de conocimiento, pero ambos, lo cognitivo-conductual y lo conductual-cognitivo, son dos caras del mismo Daat (el Conocimiento). Vamos a citar un ejemplo de conductismo dentro de la cábala hebrea que ejemplifique el Daat Tajtón a través de las palabras del sabio Moshé Jaim Luzzatto, quien dijo: «… sería bueno y aconsejable que intentaran apresurarse utilizando la fuerza de la voluntad, de modo que surgiese el anhelo en su naturaleza, porque muchas veces los movimientos externos producen movimientos internos». «Sin duda es más fácil dominar los externos que los internos, pero, si hace uso de lo que está en sus manos controlar, adquirirá también aquello que está fuera de su control, porque como resultado del apremio voluntario de sus movimientos, se despertará en él una alegría interna y un deseo y un anhelo» (*La Senda de los Rectos*, capítulo 7 «Aclaración sobre las partes de la Diligencia», página 97, ediciones Obelisco, primera edición, Barcelona, mayo de 2014).

47. La Consciencia

> «En la vida triunfa quien transforma en luz su propia oscuridad».
>
> Mario Saban

Cada vez que el Yo se está esforzando por buscar algo, en realidad ya lo ha encontrado. Porque en cada esfuerzo (ya sea en cualquiera de las dimensiones, tantos las intelectuales, las emocionales o las cercanas a la materialidad) se produce una transformación automática de la identidad, y una elevación del Yo a mayores estados de consciencia.

Esa búsqueda de mi Yo no puede ser necesariamente reducida a mi propio Yo, aunque, como ya hemos explicado, en primer lugar el Yo existiendo en el Universo de Yetzirá no pueda ver más allá de sí mismo por su propia naturaleza estructural. Porque lo que el Yo desea íntimamente es comprender en qué universo ha nacido y existe.

La propia existencia de la consciencia es un problema para la consciencia, porque, a partir de la existencia de dicha consciencia, ya no hay forma de liberarse de dicha consciencia; por el contrario, el camino de la consciencia es inevitablemente su ascensión continua a mayores estados de consciencia. Y aunque el ser humano pretenda liberarse de su «Conciencia», por su propia naturaleza ascensional la consciencia humana tiende a su propio desarrollo inexorable.

En definitiva, aunque históricamente puedan existir retrocesos, los aumentos en el nivel de la consciencia son inevitables porque, al aprender de dichos retrocesos, estos son transformados automáticamente en elementos positivos de ascenso constante.

La consciencia desea de forma permanente su propia elevación, y esto no implica una escisión forzosa dentro del sistema, sino el orden natural del proceso de autoconciencia divina en los niveles inferiores de su manifestación dentro de este vacío.

Sin embargo, como existe el libre albedrío (reducido) podemos elegir si aumentar o no nuestros estados de consciencia; sin embargo, el alma siempre tiende a su propia revelación y esto es la «consciencia» que opera dentro y fuera de la existencia material, pero siempre dentro de la estructura del vacío que produjo el Ein Sof.

La psicología del misticismo judío aboga por un continuo aumento de los estados de consciencia porque este es el objetivo real de la existencia. Sin embargo, dado nuestro libre albedrío, un sujeto puede sostener un no-esfuerzo (un mantenimiento del *status quo*) donde no busque ascender sobre sus niveles de consciencia, sin embargo, al utilizar el libre albedrío de ese modo, se anula automáticamente todo el sentido de la existencia, y se puede caer en un nihilismo radical donde prime el sinsentido existencial. En este sentido, el judaísmo ha sido históricamente una lucha permanente contra la mediocridad,[156] ya que el mediocre, al no confiar en su propio esfuerzo y abandonar el camino de Tiferet a Keter, reduce su existencia al aspecto estrictamente material perdiendo el objetivo real de la existencia que es el aumento de la consciencia, y entonces se reduce a lo instintivo biológico como la única dimensión posible de ser percibida (donde cree percibir la dimensión de Maljut como la totalidad del Árbol de la Vida). Todo materialismo en sí mismo es básicamente nihilista al reducir toda la existencia a la biología material de Maljut.

La consciencia no comprende su propio origen, y la búsqueda de la consciencia dentro de la existencia implica el aumento constante de los niveles de consciencia para su propia autocomprensión.

El sentido de la existencia (de toda existencia consciente) es adquirir mayores niveles de consciencia para, a partir de ahí, comprender mejor la

---

156. La mediocridad es la base psicológica del antijudaísmo y de todo movimiento que proyecta su propia incapacidad de transformación personal o social hacia una persona envidiada o hacia un grupo envidiado determinado. Todo el progreso de un grupo específico o de un país determinado conlleva automáticamente la proyección de todo el potencial que el Yo pretende para sí mismo, y como no logra desarrollar esta capacidad oculta entonces proyecta a través de «la envidia al Otro» su percepción de incapacidad. Hacemos referencia a la percepción de incapacidad y no a la incapacidad como tal, debido a que el «Otro» si hubiera sido estimulado, hubiera llegado a desarrollar el potencial oculto de su Yo. Toda percepción de incapacidad del Yo se proyecta en odio o en envidia al «Otro». Ahora bien, si el Yo en vez de desgastar sus energías psíquicas en hablar negativamente de los demás concentra sus energías psíquicas en el desarrollo de su proyecto personal, entonces llegará un momento donde desaparecerá automáticamente toda envidia. Cada Yo desarrolla su potencial oculto de acuerdo con dos factores esenciales, su libre albedrío, y la predeterminación de la raíz de su alma. Sin embargo, para el misticismo judío es responsabilidad de cada Yo desarrollar su potencial oculto (que siempre será diferente al de los demás). Si un Yo continúa teniendo envidia en su interioridad, esto constituye la prueba irrefutable de la proyección de su percepción de incapacidad (reiteramos que la percepción de incapacidad constituye una incapacidad hipotética). Hay cientos de ejemplos sociológicos de proyección de la incapacidad (recuerdo mi impresión cuando llegue a Europa y percibí el grado de rechazo a los Estados Unidos del europeo medio).

realidad. Ahora bien, una realidad donde de forma automática el Yo es parte integrante. El Yo es consciente que en sí mismo constituye un misterio, y todo misterio aparece cuando el Daat no puede revelar el Sod oculto debajo de la realidad material. El deseo más íntimo del Yo en esta existencia debe ser necesariamente su propio aumento y el aumento automático de la comprensión de la realidad general; cuando este deseo de conocimiento con el objetivo del aumento de la consciencia existencial deja de operar, entonces sucede que se produce la «muerte en vida», es decir, la continuidad de la existencia biológica, pero sin el consiguiente sentido trascendente que provoca el aumento constante del nivel de consciencia.

El Yo paradójicamente es un secreto para sí mismo. Sin embargo, existe un camino oculto que revelamos en esta obra y es que, a medida que comprendamos el Daat cosmogónico general, automáticamente comprenderemos mejor nuestro propio Yo.

A pesar de esta situación, la consciencia del Yo lo lanza a mayores niveles de autocomprensión, sin embargo, toda autocomprensión que lleva un grado mayor de autoconocimiento no puede ser desvinculada del conocimiento general. Así, el máximo desarrollo del Daat psicológico de cada sujeto en el Universo de Yetzirá me eleva hacia mi Keter psicológico, y automáticamente nos encontramos operando dentro del Daat cosmogónico.

Hemos nacido para revelar la mayor cantidad de secretos (y nuestro Yo se encuentra dentro del secreto general), por este motivo hemos venido a la existencia para acercarnos constantemente al Ein Sof. Esto constituye la totalidad del sentido de nuestra existencia.

El «Ein Sof» representa en realidad la extracción de todas nuestras potencialidades interiores, que en definitiva constituye la revelación a la consciencia de la información oculta en el Sod general de la existencia. Porque toda la información se encuentra revelada en sí misma, pero no revelada para nuestra consciencia, por lo que la consciencia revela la información del Sod oculto para sí misma. Toda la información existe revelada dentro de la realidad, el problema es que nuestra consciencia no la puede (aún) revelar para sí misma.

La mayor exteriorización de la información a niveles conscientes es el trabajo real de nuestra consciencia, y, por lo tanto, esto constituye el verdadero sentido de nuestra existencia. La consciencia por su propia naturaleza desea revelar toda la información oculta para sí misma. Aunque todo es «Sod» para nuestra consciencia, todo es «Niglé» (revelado) para el Ein Sof, y la pretensión de nuestra consciencia es extraer la máxima información a la consciencia; por lo tanto, nuestra tarea existencial es la constante revelación del Sod expandiendo de ese modo nuestro Kli de recepción, para de esa forma aumentar nuestros niveles de la consciencia.[157]

---

157. Si existiera la posibilidad de pensar que un Kli terminará absorbiendo dentro de sí mismo todas las revelaciones posibles al infinito y se apoderará de todo el Ein Sof, entonces dicha consciencia se volvería a ocultar por el tamaño de su propio crecimiento. Porque todas las revelaciones del Sod (secreto) son informaciones conscientes para una consciencia determinada, y si hipotéticamente dicha consciencia determinada lo abarcaría todo, esto configuraría la realidad de consciencia objetiva y general del Ein Sof que se mantiene dentro de su ocultamiento, pero que en realidad posee una consciencia interior dentro de su propia infinitud esencial. La paradoja que nunca se podrá resolver se fundamenta en que cuando todo se encuentra absolutamente revelado, entonces automáticamente todo se vuelve oculto. El aumento constante de la revelación de la consciencia se transforma al mismo tiempo en su propio nivel de ocultamiento. El sabio logra tal nivel de consciencia, que ya no existe forma alguna de revelar sus niveles superiores de consciencia que se encuentran fuera de toda conceptualización y fuera de toda simbolización posible dentro de las dimensiones inferiores del mundo de la fragmentación de Bet.

48. La Vanidad

«Las metapatologías de los jóvenes ricos y mimados provienen en parte de la privación de los valores intrínsecos, del desencanto por una sociedad que trabaja exclusivamente sobre las necesidades inferiores o materiales».

ABRAHAM MASLOW

Ahora bien, si todos los sentidos inferiores de nuestra naturaleza son sucedáneos de la entropía de la psique, nos encontramos ante un problema si intentamos resolver los problemas derivados de la falta de sentido de la existencia y nos aferramos a la satisfacción de los deseos dentro del mundo inferior. Podemos sinceramente entretenernos dentro del mundo material, pero dicho entretenimiento causa un efecto nihilista donde el sinsentido puede constituir la base de la existencia. El nivel de huida del Yo interior nos puede provocar la construcción de «necesidades psicológicas artificiales» dentro de la materialidad para construir objetivos vanos a fin de seguir avanzando dentro de nuestra existencia. Los objetivos intrascendentes dentro de la materialidad se tienen que continuar reproduciendo si el Yo busca su propia evasión de su sentido existencial. Comienza entonces un proceso de «desesperación del Yo», una huida hacia adelante de sí mismo para nunca frenar y tener la posibilidad de pensar en su sentido existencial, sino en el exclusivamente derivado de la exteriorización del Yo social.

Por ese motivo, debemos trabajar para trascender el mundo inferior, y enfocarlo constantemente al sentido trascendente. No podemos trabajar para evadirnos del trabajo natural de la consciencia que es el aumento constante de sus (nuestros) propios niveles, porque en el fondo quien se «evade» sufre, y sufre realmente porque el mal se vuelve una entidad real de acuerdo con su percepción inferior de la realidad. En cambio, quien transforma de forma permanente cada detalle de la existencia de los niveles inferiores hacia lo «trascendente» los eleva automáticamente hacia los niveles superiores.

Debemos flexibilizar nuestra «psique» con el objetivo central de no establecer mecanismos entrópicos que nos lleven a realidades aparentes dentro del sistema mental. Por este motivo, la psicología del misticismo judío pretende resituar la «psique» dentro del orden general cosmogónico. Una entropía psicológica de la psique nos puede llevar a comprender nuestra estructura fuera del marco relacional, y así como Freud y luego muchos de sus seguidores advirtieron que la biología era una ciencia íntimamente relacionada con la psique, a través del símbolo potente del Árbol de la Vida y sus diferentes dimensiones, la psicología del misticismo judío advierte que todas las disciplinas deben operar para comprender la psique; y en vez de invalidar la Psicología como ciencia, estaríamos trabajando para otorgarle una mayor fortaleza científica porque trabajaríamos sobre las conexiones relacionales generales de la psique con el entorno y no exclusivamente con los aspectos biológicos. A partir de la construcción energética de nuestra alma (Neshamá) aparece la subjetividad (y la posibilidad entrópica de estudiar la psique), sin embargo, a partir de comprender los más elevados niveles energéticos del alma (Jaiá y la Iejidá), entonces podemos comprender las conexiones y las extensiones energéticas de nuestra posición subjetiva con el resto de la realidad general.

49. El sentido de la existencia

«Los esfuerzos son más importantes que los resultados, esta es la clave del judaísmo».

Mario Saban

Aun si siempre alcanzamos algún límite estructural dentro de nuestra capacidad finita, la búsqueda del Ein Sof nos ha otorgado el máximo sentido a nuestra existencia. El sentido de nuestra existencia es la extracción de todas nuestras potencialidades ocultas para así acceder a los límites de nuestra capacidad (límites que son siempre transitorios si revelamos las energías de las dimensiones superiores).

¿Tienen fin nuestras capacidades ocultas al ser extraídas a la realidad material? En realidad, las energías ocultas dentro del Yo no tienen límite, sino el límite estructural de nuestro Kli de recepción, así que a medida que aumentamos nuestra capacidad de recepción (Kli) de las energías cosmogónicas y las hacemos parte de nuestra estructura subjetiva y las convertimos en energías psíquicas, entonces podemos decir que las energías ocultas potenciales son equivalentes a las que puede transformar nuestro Kli desde el orden cosmogónico al orden psicológico. A mayor aumento del vacío de Keter, mayores energías cosmogónicas provenientes del Ein Sof ingresan en nuestra subjetividad por efecto de la ampliación de nuestro Kli de recepción.

La búsqueda de mi Yo en los niveles superiores genera un tipo de energía que se descubre en el proceso de búsqueda, por lo que en cada búsqueda se encuentra presente un nivel de energía que no se conocía en un nivel inferior. Por eso, un aumento del tipo de energía me conduce a un nivel superior, y es en dicho nivel superior donde mi Yo se debe necesariamente redefinir. A cada aumento de la potencia energética debo automáticamente ampliar el nivel de recepción, de mi Kli. Si no trabajo la ampliación de mi Kli de recepción no puedo operar con energías de mayor potencia porque en dicho nivel ingresaré en una confusión mental producto de no tener el Kli ampliado. Por lo tanto, el máximo nivel de entrenamiento del nivel inferior para provocar la ampliación de mi Kli de recepción será lo que me permitirá operar con energías de mayor potencia. Y así ingresamos en un círculo virtuoso interior, donde mi principal objetivo es la ampliación constante de mi Kli de recepción para aumentar mis niveles de consciencia, y al mismo tiempo elevar todo lo inferior al orden trascendente del mundo superior. (Trabajamos entonces para acercar la Iod inferior de la Alef a la Iod superior de la misma letra).

Toda elevación de mi nivel hace que el Yo dinámico deba redefinirse, y en cada redefinición de mi Yo lo que se intenta realizar es una consolidación del nivel energético alcanzado; a este proceso lo podemos denominar como la ampliación del Kli de recepción. ¿Hasta dónde podemos expandir el Kli de recepción y cuándo debemos descansar en este proceso constante?[158]

Como nuestra Tiferet en relación con el Keter se encuentra en una especie de camino infinito, todo avance hacia Keter opera una automática transformación de mi Tiferet. Y cada modificación tiferética producto de mi ascensión provoca un cambio de los niveles de percepción de los palacios celestiales, y una modificación del nivel de consciencia. En dicho nivel de consciencia asumo una nueva perspectiva. Entonces me encuentro trabajando en dos vectores de energía de forma simultánea; en el eje Biná-Jojmá me encuentro trabajando sobre las conceptualizaciones de la Biná y sobre las simbolizaciones de la Jojmá. Y este es un trabajo de oscilación constante entre la conceptualización (en la Biná) y la simbolización (Jojmá). Cada vez que opero dentro de la Biná debo saber que estoy en un estado de restricción permanente definiendo «conceptos», y cada vez que opero dentro de la Jojmá debo saber que estoy en un estado de expansión permanente destruyendo todos los conceptos que ha definido la Biná, para expandir mi consciencia más allá de mi propia subjetividad.

---

158. Infinitamente, pero debemos en cada momento situarnos y descansar en alguna dimensión. Como dice el sabio cabalista Aryeh Kaplan, las Sefirot sirven como puntos de descanso. No se puede ascender sin descansar en algún punto de esta realidad inferior.

50. ¿Jojmá o Biná?

«La Jojmá puede penetrar en los sitios más profundos de la realidad, pero solamente es comprensible a través de la Biná».

MARIO SABAN

«Es a través de una persona que duda en los temas de la Torá como se llega a la verdad».

MORDEJAI YOSEF DE IZBICA

El principal concepto donde se sustenta la Biná psicológica es la identidad de mi Yo, y la principal tarea de la Jojmá psicológica es la expansión del vacío en el interior del Yo. No se puede elegir uno o el otro, porque si mi Yo elige exclusivamente la Jojmá a costa de la Biná, entonces provoca automáticamente una pérdida de conexión con los límites conceptuales que me equilibran dentro de la realidad, y si mi Yo elige exclusivamente la Biná puedo llegar a tal nivel de restricción conceptual, que puedo establecer «dogmas» o puntos fijos que me transformen en mentalmente inflexible. La Jojmá ayuda a la Biná para flexibilizar la conceptualización, y la Biná ayuda a la Jojmá para sostener transitoriamente una estructura que me permite continuar operando sobre la realidad sin perderme.

Los conceptos fundamentales de la Biná cosmogónica (Universo de Briá) son las variables de espacio y tiempo, y la principal tarea de la Jojmá cosmogónica (Universo de Atzilut) es la consciencia de «Eternidad» y la comprensión de la transitoriedad del espacio y del tiempo. Mi Biná psicológica tiene como problema su conexión empática por equivalencia con la Biná cosmogónica, por lo que el problema fundamental de mi subjetividad es operar totalmente condicionado por las variables del tiempo y del espacio; por ese motivo, necesito operar dentro de la «Eternidad» de la Jojmá cosmogónica. A pesar de que tendríamos que considerar la existencia de una empatía entre la Jojmá cosmogónica del Universo de Atzilut con relación a su equivalente subjetivo, o nuestra Jojmá psicológica, debemos comprender que siendo la Jojmá psicológica una dimensión del Universo de Yetzirá, y por consiguiente bajo la influencia directa del Universo de la Briá, la Jojmá psicológica se encuentra condicionada por las variables del tiempo-espacio. Las formas simbólicas entonces operan dentro de la temporalidad y bajo los límites espaciales. Exclusivamente las no-formas simbólicas de las Sefirot son las que operan dentro de la Jojmá cosmogónica. Por lo tanto, la Jojmá psicológica refleja dentro de los arquetipos espacio-temporales a las no-formas de las Sefirot del Universo de Atzilut. Aunque nuestras herramientas simbólicas operen dentro de la Jojmá psicológica, debemos hacer el esfuerzo mental de situarnos dentro de la «Eternidad» para captar la naturaleza intrínseca de las Sefirot más allá de los condicionamientos espacio-temporales del Universo de Briá.

Los junguianos tienen una tendencia a operar sobre la Jojmá psicológica (inconsciente colectivo)[159] porque la Jojmá es expansiva y se puede descifrar a partir de las simbolizaciones (arquetipos eternos y constantes); en cambio, los freudianos tienen una tendencia a operar sobre la Biná (consciente e inconsciente subjetivo) a partir de descifrar las conceptualizaciones. Los cabalistas operamos en ambos campos de la Jojmá (por simbolización) y de la Biná (por conceptualización), pero agregamos el eje central de Tiferet-Keter (toda la subjetividad no conceptualizable ni simbolizable), lo cual hace que podamos caer en una paradoja porque el interrogante es cómo podemos definir lo no-conceptualizable y lo no-simbolizable a partir de alguna forma de conceptualización y de simbolización. Esto nos lleva a pensar que los cabalistas trabajaron formas de meta-conceptualización y meta-simbolización. Este camino se puede volver interminable, porque para cada meta-concepto necesitaríamos automáticamente un meta-meta-concepto superior, y no podríamos lograr llegar nunca a un punto fijo, de la misma manera podríamos tener un problema dentro de la Jojmá a partir de las meta-simbolizaciones. En cambio, dentro de la Jojmá cosmogónica el proceso se reduce a las diez dimensiones (más allá de estas diez dimensiones) donde ya no podemos operar con más meta-simbolizaciones.

---

159. El propio Jung dirá: «El alma es un factor autónomo, y las declaraciones religiosas son confesiones anímicas que se basan en última instancia en procesos inconscientes, es decir, trascendentales». (*Respuesta a Job*, de Carl Gustav Jung, página 10, editorial Trotta, Madrid, 2014). Me gustaría proponer algunas consideraciones a la posición de Jung. En esta frase, Jung considera equivalentes los procesos inconscientes con los trascendentales, en cambio, desde la psicología del misticismo judío, los procesos inconscientes constituyen una parte integrante de todos los procesos trascendentales. Lo «trascendental» no se encuentra relacionado con los procesos inconscientes, sino con toda la estructura psíquica, es decir, debemos incluir los procesos conscientes. Lo «trascendental» es una perspectiva de oscilación entre lo consciente y lo inconsciente, en términos del misticismo judío, la capacidad de encontrar la trascendencia en los procesos conscientes. Hasta la materia (la energía más densa) puede alcanzar la percepción de lo «trascendente».

Las simbolizaciones más altas dentro del misticismo judío son las Sefirot, (aunque no deben ser consideradas como simbolizaciones, sino como variables físicas reales dentro del universo), y no podemos ir más allá de ellas, ya que si intentamos ir más allá, nos encontraremos inevitablemente con el Ein Sof, y allí se destruyen todas las conceptualizaciones y simbolizaciones posibles. En realidad, siendo las Sefirot entidades energéticas infinitas dentro del Ein Sof no pueden ser simbolizables ni conceptualizables, por lo que todas sus percepciones son captadas a partir de los niveles inferiores de la conceptualización y la simbolización.

Abraham Abulafia escogió el camino de los números y las letras para trabajar desde el peso energético. Abulafia entendió que estas eran las herramientas adecuadas para captar esencialmente la realidad y lo que ella oculta. En realidad, si percibimos las letras y los números desde las Sefirot, nos encontramos que no existen diferencias entre ambos, porque, al final, tanto la letra en su situación espacial simbólica como en su grado numerológico operan sobre los límites de nuestra capacidad finita. Así, debemos aceptar que tanto las conceptualizaciones como las simbolizaciones son vestimentas de las Sefirot, porque, en realidad, todas las percepciones de nuestra finitud deben captar las energías infinitas provenientes de las Sefirot. Siendo las Sefirot las diez variables energéticas eternas del Ein Sof, no estamos captando símbolos de símbolos, sino símbolos de energías reales en el orden físico, por lo que las Sefirot no son simbolizaciones, sino energías infinitas interiores dentro del Ein Sof que son percibidas por nuestra finitud estructural.

En realidad, si operamos en relación a la «Eternidad», no existe principio ni final, porque todo lo que tiene principio y todo lo que tiene final se encuentran en el campo de la transitoriedad del espacio y del tiempo. El orden espacio-temporal es un movimiento marginal dentro de la eternidad del Ein Sof. El problema es más grave cuando advertimos que todas nuestras estructuras conceptuales operan sobre la relación espacio-tiempo. Dentro del lenguaje que utilizamos se encuentran implícitos todos los condicionamientos estructurales. No lo advertimos, pero trabajamos en tiempo pasado, en tiempo presente y tiempo futuro, cuando, en realidad, debemos liberar las conceptualizaciones de los condicionamientos del tiempo-espacio, para lograr pensar en términos de «Eternidad». Si no nos relacionamos con la «Eternidad» aunque sea de forma mental desde nuestra estructura finita, caemos con facilidad en considerar que la secuencia espacio-temporal es real, cuando exclusivamente es real dentro de la materialidad, porque fuera de la materialidad existe todo en estado de «Eternidad». Al vincularnos con la esencia eterna de la realidad, desvestimos la materialidad de su densidad para operar sobre las realidades energéticas ocultas que son el fundamento real de esta realidad aparente en el orden inferior. Y al percibir la realidad de este modo (conciencia Alef), nuestro cuerpo material tiene que ser considerado ahora como receptor de las energías cosmogónicas operativas más allá de nuestra psique, y no como un ente entrópico de una naturaleza diferente al entorno donde se desarrolla.

Si consideramos la psique de acuerdo con un conocimiento cerrado, estaríamos atrapados dentro de la propia estructura de la psique (la Biná), ya que la psique es el resultado condicionado de todo el orden espacio-temporal. Sin embargo, ¿no existe la realidad en general más allá de nuestra psique particular? ¿No existe la realidad en el orden de la Eternidad infinita? ¿No existen resquicios o fisuras dentro de la psique donde podamos operar fuera del orden espacio-tiempo?

51. La teoría del descubrimiento de las resquebrajaduras de la Biná

«El Conocimiento (Daat) no es una categoría intelectual perfecta, sino un valor ético perfectible que el sabio debe buscar sin considerarlo jamás como llegado a su perfección».

RABÍ ALEXANDRE SAFRAN (1910-2006)

La psicología del misticismo judío afirma que podemos encontrar resquebrajaduras en nuestro sistema mental. Estos resquicios dentro de la Biná son fundamentales desde mi perspectiva, ya que he establecido una teoría fundamentada en el misticismo judío donde la modificación de la cognición sucede casi exclusivamente al encontrar estos huecos dentro del sistema cerrado conceptual de la psique (Biná).

A través de mis cursos de misticismo judío, y en particular cuando estudiamos la Biná y su relación con el aumento del Daat (el Conocimiento), he podido encontrar en los sistemas cerrados de mis alumnos unos elementos interesantes para la psicología cognitiva en general y para la psicología del misticismo judío en particular; estos elementos los he denominado como «resquebrajaduras o fisuras». En cada sistema cerrado conceptual (Biná) encontramos imperceptibles huecos. Como profesor de cábala, a través de mi experiencia pedagógica he podido acercarme detenidamente a estas «resquebrajaduras» de todo sistema conceptual.

Si la estrategia del aumento del nivel cognitivo es ingresar dentro de un sistema conceptual cerrado y operar desde dentro, lo que he encontrado es que se puede hacer «estallar» desde dentro todo sistema conceptual cerrado; sin embargo, este trabajo sobre dichas «fisuras» no debe provocar un enfrentamiento directo con los dogmas que sostienen todo sistema cerrado (Biná). El sujeto se sostiene sobre un sistema de axiomas conceptuales que le permiten sobrevivir y operar dentro de la realidad.

Habitualmente, en mis relaciones maestro-alumno organizo el caudal de información que me llega y debo explicarle a cada persona que todo lo que exprese no puede ser conceptualizado como una «locura». Los sujetos temen dicho calificativo (el de loco) cuando, en realidad, se están liberando de gran parte de sus ataduras conceptuales. Sin embargo, la gran mayoría no se desata fácilmente, sino que, por el contrario, tiende (por la naturaleza de la psique) a sostener siempre un sistema cerrado conceptual que le permite mantener una imagen estable del mundo y de sí mismo dentro del mundo.

El gran interrogante es: ¿Cómo mantener la estabilidad mental del sujeto dentro de su Biná y, al mismo tiempo, generar una flexibilidad que aún no se encuentra desarrollada? Propongo la teoría de las fisuras del sistema cerrado (dogmático) conceptual.

Las «resquebrajaduras» son ahuecamientos diminutos que se pueden percibir dentro de una estructura conceptual cerrada. Todo sistema conceptual cerrado (en la Biná) se caracteriza por sostener dogmáticamente relaciones fijas entre conceptos, por lo que no solamente uno constituye una amenaza externa a todo pensamiento cerrado en el orden mental, sino que además aumenta el nivel defensivo de la psique obligándonos a una retirada en calidad de maestro, o a un regreso al círculo vicioso de seguridad que constituye todo orden cerrado conceptual. El miedo que causa a todo sujeto perder hipotéticamente por un momento su mundo cerrado mental es atroz, y entonces comienzan a operar las energías psíquicas que se concentran en defender la supuesta subjetividad amenazada, porque en este punto el sistema conceptual cerrado ya es un elemento equivalente con la misma identidad subjetiva.

Por lo tanto, el sujeto y su sistema conceptual cerrado han trabajado tantos años en conjunto que ahora el sujeto no puede pensar independientemente de dicho sistema cerrado, es más, él se encuentra completamente identificado con dicho sistema cerrado y su identidad inflexible depende de dicho sistema. El sistema conceptual cerrado (el dogmatismo) se ha insertado de tal modo dentro del sujeto que ya no es posible para el individuo liberarse fácilmente de dicho sistema.

El descubrimiento experimental que he realizado en mis trabajos pedagógicos con mis alumnos dentro de los cursos de misticismo judío me ha dado una clave fundamental para desarrollar las posibilidades reales de un aumento en el nivel de la cognición de un sujeto.

No existe un aumento cognitivo en la Biná si no logramos la flexibilidad mental, pero el alumno no puede aprender a utilizar la flexibilidad si ha creado un sistema cerrado conceptual, ya que cada vez que intenta flexibilizar el sistema lo que se obtiene es una energía entrópica de la psique que se siente amenazada.

En estas condiciones, el descubrimiento de las «resquebrajaduras» es esencial para operar dentro de la Biná con cierto nivel de flexibilidad mental inicial para posteriormente pasar a una flexibilidad de mayor magnitud.

He tratado con alumnos provenientes de tradiciones religiosas o ideológicas dogmáticas, y ellos (sin intencionalidad) operan desde ciertos puntos fijos dentro de su psique. ¿Cómo obtener cierta flexibilidad mental en el orden de la Biná si habitualmente casi todos operan en las zonas de seguridad? ¿Y cómo mantener simultáneamente las zonas de seguridad de la Biná y, al mismo tiempo, otorgarle cierta flexibilidad inicial a la psique?

El concepto de «resquebrajaduras» me ha permitido flexibilizar el nivel de la Biná sin destruir el sistema general conceptual que sostiene el sujeto. Estas resquebrajaduras o fisuras son muy difíciles de detectar en cada sujeto, pero es trabajo del psicólogo especializado en el misticismo judío tener la suficiente sensibilidad para captar estos puntos de «debilidad» de todo sistema conceptual. Sin embargo, estas supuestas debilidades son las que reafirmarán al sujeto en su nivel de conciencia alcanzado. Es más, el nivel de conciencia del sujeto aumentará a partir de que él por sí mismo pueda captar estas fisuras dentro de su propio sistema conceptual de seguridad. Así, entonces entrenamos al sujeto en la destrucción constante de sus sistemas conceptuales con el fin de lograr la elevación radical de sus niveles de consciencia personal.

La Jojmá psicológica obliga a la destrucción de todo el orden conceptual de la Biná; sin embargo, no se puede destruir todo el orden conceptual porque para existir debemos tener una estabilidad mínima.

Así que, para no transitar violentamente desde la Jojmá hacia la Biná, he operado y he obtenido resultados prácticos positivos a través del descubrimiento de las «resquebrajaduras». Estas últimas son pequeños ahuecamientos dentro del supuesto sistema conceptual cerrado. Es decir, se pueden descubrir áreas donde el Yo mental de la Biná no se siente amenazado en su estructura conceptual y comenzar a trabajar en un «tema neutral»; dicho tema neutral se elabora y se desarrolla.

Ahora bien, el tema «neutral» parece en principio desconectado del sistema conceptual defensivo de la Biná, pero después de cierto desarrollo del asunto lo intentamos relacionar con algún fragmento fijo del sistema conceptual cerrado. Como dicho elemento extraño desarrollado dentro de la propia Biná ya se encuentra incorporado a partir de la expansión del área neutral no defendida, entonces el sistema automáticamente intenta defenderse incorporando el elemento que hemos ingresado a través de la zona neutral. Ya no puede extraer el elemento novedoso incorporado a la psique (Biná) porque para hacerlo ingresar hemos trabajado sobre la zona neutral (no defendida); entonces tiene que inevitablemente integrarlo. Es más, lo positivo es que el sistema cerrado conceptual no se encuentra absolutamente destruido (y jamás se puede intentar, de una vez y para siempre, destruir el sistema conceptual porque entonces podemos llegar a la locura), sino que la Biná tiene que reorganizarse con el nuevo elemento que se ha incorporado y desarrollado en la zona neutral. Es la primera prueba que tiene la psique de empatizar «la flexibilidad» dentro de su identidad.

Denominamos como «zona neutral» un espacio conceptual dentro de la propia psique que no se siente amenazado porque se percibe inicialmente como un elemento de justificación ideológica del sistema cerrado conceptual, y luego, cuando se ha incorporado dentro del sistema cerrado, se extrae la verdadera naturaleza del elemento que hemos ingresado, y es indudablemente un elemento extraño y novedoso para dicho sistema cerrado conceptual, sin embargo, ya es tarde porque la Biná lo incorpora dentro de sí misma al no considerarlo como una amenaza hacia su sistema conceptual cerrado.

Para incorporar dicho elemento (en principio extraño), pero que ingresó por una zona mental neutral, se tiene que movilizar todo el sistema de conexiones interiores del sistema conceptual aparentemente cerrado. En ese momento, el sistema supuestamente cerrado se «flexibiliza automáticamente».

Entonces, nuevamente volvemos a trabajar con las «resquebrajaduras», y buscamos un campo neutral donde la psique no sienta que se le amenaza el sistema conceptual cerrado, e introducimos un elemento nuevo y extraño al sistema general a través de dicha área neutral, y a partir de ahí la psique tiene que volver a flexibilizarse para admitir el elemento que hemos incorporado. Al final, la Biná se va acostumbrando a que cada elemento incorporado flexibiliza el sistema y en realidad lo hace más sólido; entonces llegamos a una gran paradoja de la psicología del misticismo judío, y es que a medida que incorporamos más elementos novedosos a la psique aumentamos la «flexibilidad» de la Biná, y al aumentar la flexibilidad de la Biná el sujeto no empatiza con un sistema cerrado conceptual, sino con la libertad permanente de la Jojmá que trabaja en un nivel de autocrítica constante que otorga mayor fortaleza al sistema, porque, en realidad, los límites reales no deben ser los dogmas o axiomas de mi sistema conceptual cerrado, sino mis propias limitaciones estructurales. Cuando me encuentro en ese momento con mis últimas respuestas y con mis últimas preguntas, no puedo expandir más mi

«Conocimiento» porque he arribado a los límites estructurales de mi finitud y, sin embargo, he logrado sobrepasar los límites anticipatorios culturales que sujetaban mi identidad a un marco cerrado conceptual.

Las «resquebrajaduras» son como espacios no defensivos de la psique, porque el sistema general cerrado no detecta una «amenaza», sino una empatía para el crecimiento mutuo. De modo amable, el maestro puede mostrarle al alumno sus «resquebrajaduras». Se puede intentar introducir sobre alguna fisura para una operación inicial de flexibilidad, sin embargo, lo mejor es que el mismo alumno aprenda a trabajar sus propias resquebrajaduras para modificar su estado cognitivo, porque cualquier maestro que trabaje de forma permanente las fisuras de sus alumnos puede provocar que se reagrupen las energías psíquicas defensivas y no se puedan obtener resultados satisfactorios. Es el mismo sujeto el que tiene que lograr trabajar dentro de sus fisuras a través de su práctica diaria para lograr adquirir el máximo de flexibilidad estructural posible en cada momento de su desarrollo biológico.

52. Una psicología para la «Eternidad»

> «No todo lo que pensamos deberíamos decirlo».
> ISRAEL SALANTER

Aunque nuestra Biná psicológica «crea» que la única realidad operativa se encuentra dentro de la secuencia espacio-tiempo, nuestra Jojmá psicológica es consciente de que más allá de nuestra finitud dentro de la existencia material, la consciencia real por su propia naturaleza es «Eterna», y opera dentro del sistema eterno del Ein Sof; lo que nos hace operar dentro del sistema espacio-temporal es nuestra propia subjetividad limitada dentro del desgaste material. El desgaste material es el que nos tiene atrapados en una psicología reducida al tiempo y al espacio. Pero si sabemos que el Árbol de la Vida y sus diferentes dimensiones establecen campos espacio-temporales diferenciados, debemos lograr la flexibilidad mental de cambiar nuestra organización espacio-temporal para adaptarnos a cada uno de los diferentes niveles dimensionales. Entrenando así a nuestra mente dentro de las modificaciones de percepción espacio-temporales, podremos lograr captar el orden de la Eternidad donde operan las Sefirot.

Siendo el Ein Sof la única realidad, y esta realidad en la que existimos que se encuentra completamente secundaria y condicionada dentro del espacio y del tiempo es la que provoca todas las distorsiones de nuestra psique. Ya que nuestra psique es una estructura (Conciencia e Inconsciente) totalmente condicionada dentro del orden espacio-temporal. Todos los mecanismos que hemos estudiado de nuestra psique se corresponden a estos límites estructurales espacio-temporales, pero si logramos adquirir poco a poco la consciencia Alef, podríamos existir no sujetos a la temporalidad física de nuestra existencia material, y pensar realmente en nuestra calidad de fragmentos del Ein Sof. Cuando somos conscientes de que podemos operar psíquicamente en el orden del Universo de Atzilut (dentro de la consciencia Alef), entonces nos hemos liberado de los dos últimos condicionamientos reales del Universo de Briá.

Siendo consciencias no-subjetivas percibidas desde nuestra raíz, somos realmente «eternos» desde la perspectiva de la sustancia energética. Sin embargo nos encontramos tan inmersos en la materialidad que creemos que la materialidad de las dimensiones inferiores constituye la verdadera realidad, cuando la realidad es la extracción permanente de nuestros grados más potentes de la consciencia. La materialización no es la causa de la realidad, sino que la materialización es la consecuencia de las energías ocultas subyacentes dentro de dicha materialidad. Operar dentro de la realidad percibiendo la materialidad revelada como la causa de la realidad es trabajar con consciencia Bet. Debemos percibir la realidad material como una consecuencia de las energías ocultas que no podemos comprender a simple vista porque la materialidad las oculta.

La realidad exterior existe más allá de todos nuestros intentos de conceptualización, meta-conceptualización, simbolización o meta-simbolización, porque todos los intentos de conceptualización y simbolización jamás podrán alcanzar la realidad objetiva en su esencia.

Siempre existirá una distancia insalvable entre la realidad y el observador de dicha realidad. El alma intelectual (la Neshamá),[160] al diferenciarse de la realidad y tomar distancia de dicha realidad, tiene que inevitablemente percibir la realidad como dual, en tanto la dualidad ha provocado la misma existencia de la consciencia. Sin embargo, la consciencia puede operar en su nivel Alef porque, al conocer que trabaja sobre una dualidad aparente consciencia/existencia, estamos advertidos de que esta no es la verdadera realidad. La Jojmá representa la dualidad frente a la Biná, Jesed representa la dualidad con relación a Guevurá, Netzaj representa la dualidad con relación a Hod y, finalmente, Keter representa la tensión dual con relación a Maljut, pero sabemos que estas polaridades son ficciones desde el Ein Sof, ya que es nuestra consciencia en Biná la que diferencia las dimensiones del Árbol de la Vida. No obstante, nuestra restricción en Biná no constituye un obstáculo para percibir la realidad a través de la Jojmá, donde sabemos que todas las dimensiones no son sino un punto único en Keter. ¿Y no es acaso ese único punto de Keter la primera consciencia del Ein Sof? Y entonces, si regresamos hacia atrás, nos encontramos exclusivamente con la unicidad absoluta del Ein Sof. Sin embargo, dentro del mismo Ein Sof no podríamos percibirlo porque ya no existiría ninguna consciencia exterior a sí mismo que pueda percibirlo. Aunque la consciencia opere sobre las dualidades consciencia/existencia, femenino/masculino, tiempo-espacio, bueno/malo, en realidad dentro de la interioridad máxima del Ein Sof (Atzmut) no existe sino unidad total y abso-

---

160. Recordemos que la Neshamá abarca tanto la Conciencia como el Inconsciente subjetivo.

luta; sin embargo, solamente nuestra consciencia, que se desarrolla dentro del vacío del Ein Sof, puede percibir el Ein Sof, y, por lo tanto, nuestra percepción se distorsiona por la dualidad de nuestra propia consciencia existencial.
¿A qué denominamos entonces como «la realidad exterior»? La única realidad exterior real es el Ein Sof fuera del vacío, todas las manifestaciones fragmentarias del mundo de la Bet se encuentran condicionadas dentro de las coordenadas de tiempo y espacio.[161]

161. El doctor Francesc Xavier Marín (mi tutor de la tesis doctoral en Psicología) me manifestó el día 20 de junio de 2014 el carácter extraterritorial del pensamiento judío en Europa al advertirme que muchos intelectuales judíos percibían la Torá como Patria móvil (un concepto similar desarrollé en mi obra *La Matriz Intelectual del judaísmo y la Génesis de Europa*, Buenos Aires, 2005). Me encuentro completamente de acuerdo con la posición del doctor Marín que recoge toda la tradición intelectual judía de Occidente, sin embargo, desde la perspectiva del misticismo judío la posición puede ser radicalizada, ya que no solamente el judaísmo es extra-territorial, sino que es a-temporal. Si la extraterritorialidad del judaísmo se fundamenta en que no existe un territorio exclusivo donde la presencia divina no se encuentre operativa (más allá de la seguridad política que otorga a todos los judíos del mundo el estado de Israel), debemos comprender que la historia del judaísmo y de toda la humanidad es una constante revelación del Ein Sof dentro del vacío. Es más, la propia existencia de las manifestaciones fragmentarias dentro del vacío constituyen la prueba de un Dios eterno, y cuando hacemos referencia a la «Eternidad» suspendemos la historia en cuanto tal. La historia se fundamenta en la transitoriedad temporal, sin embargo, el «Tiempo» (como el «Espacio») es un elemento de distorsión de la realidad. Así como podemos realizar una «idolatría del espacio» (en cuanto a un territorio físico), podríamos hacer una «idolatría del tiempo» (en cuanto a fijar nuestra identidad en un suceso histórico determinado). Si destruimos la primera idolatría del mundo inferior (nuestro Yo), cuando ingresamos en el Universo de Briá (la Creación) debemos destruir las dos últimas idolatrías, el tiempo y el espacio. Para ingresar entonces en el Universo de Atzilut debemos de dudar de todo lo existente dentro de los tres universos inferiores, de lo contrario, nuestra mente puede fijarse a un objeto de modo dependiente, y este es el concepto básico de la idolatría. Jung explicará sobre este asunto lo siguiente: «La dependencia del objeto es absoluta siempre que el sujeto carece de toda suerte de autorreflexión y, por ende, de toda capacidad de introspección. En apariencia, el sujeto existe únicamente debido al hecho de que posee un objeto que le asegura que esta allí» (*Respuesta a Job* de Carl Gustav Jung, página 22, editorial Trotta, Madrid, 2014). Ahora bien, si seguimos esta línea de análisis debemos ser conscientes de que no estamos realmente allí, porque en la infinitud no existe «un allí», no existe un tiempo determinado ni existe un sujeto. La destrucción de todas las dependencias objetales es la característica fundamental de la madurez. Ser «maduro» es saber que no existe el Yo, y que solo existe el Ein Sof, de modo que la muerte física de mi cuerpo no representa una realidad, ni para los otros ni para mí mismo. Así, la muerte física no es sino un momento de transformación de mi consciencia, como las sucesivas muertes que ha tenido mi consciencia en las diferentes etapas de mi realidad existencial. La consciencia puede sobrevivir de formas energéticas de mayor abstracción y fluidez. No es necesario el elemento animal (cuerpo material) para el desarrollo de la consciencia. La Neshamá puede sobrevivir más allá de la materialidad porque, en palabras de Ibn Gabirol, la Neshamá (el nivel intelectual del alma) posee cierta materialidad sutil. Aunque nosotros creemos que las consciencias existen en una relación exclusiva con la materialidad, debemos ser conscientes y saber que las consciencias existen en los diversos niveles dimensionales, hasta alcanzar consciencias con un mayor nivel de abstracción, con modos de materialidad invisibles para nuestros sentidos físicos. Son nuestras limitaciones físicas las que no nos permiten percibir los niveles más sutiles de existencias conscientes en otros planos dimensionales más elevados. Y aquí la propuesta de la psicología del misticismo judío no es exclusivamente metafísica, sino que, por el contrario, es estrictamente física.

Quizás, por ese motivo Luria adoptó el silencio, para que la psique deje de operar en sus energías psíquicas entrópicas y establezca una relación directa y experiencial con la realidad general. ¿Cómo podemos situar las energías psíquicas entrópicas y relacionarlas con la exterioridad real?[162]

Es ahí donde la cábala debe necesariamente trabajar dentro del Misterio de la Creación o Maasé Bereshit, para comprender la estructura general del universo creado, porque, de lo contrario, toda psicología quedaría reducida a la psique, teniendo en cuenta que la psique es también un producto evolutivo del universo en su conjunto. Por lo tanto, no se puede aceptar que la psique es un producto diferenciado de la naturaleza general, porque entonces estamos dividiendo el conocimiento y centrando todo el análisis en la centralización del Yo, y esto acarrea tristes consecuencias, ya que la realidad se encuentra atada a las variaciones de la psique, y sabemos que las energías cosmogónicas operan desde el exterior de la psique y la modifican, por lo que la flexibilidad mental de la psique, en sus constantes adaptaciones al medio, es la consecuencia indudable de la operación de energías cosmogónicas fuera de la psique. Estudiar la psique reduciéndola a sus mecanismos internos nos sitúa ante un problema grave, el de no considerar la psique como un producto más del sistema cosmogónico general.

---

162. Con la exterioridad física. No hacemos referencia a la exterioridad social, ya que la sociedad como entorno cultural posee las mismas deficiencias subjetivas que nuestra naturaleza física estructural, aunque deberíamos decir que la exterioridad social (Yesod) posee mayores limitaciones por los condicionamientos culturales que distorsionan en mayor grado la comprensión de la realidad física exterior. Solamente el trabajo de establecer las distorsiones culturales del entorno social sobre nuestras percepciones subjetivas, antes de pasar a la problemática de la propia subjetividad, representa el primer gran problema de todo sujeto. La gran mayoría de las existencias subjetivas se encuentran dentro de la lucha del Yo Social, condicionado por el entorno cultural (Yesod) y el Yo interior (Tiferet). Lamentablemente, existen sujetos que nacen, se desarrollan y mueren sin lograr la autonomía necesaria de su Tiferet frente a las presiones y condicionamientos del entorno social. Por eso, el «sano» debería ser clasificado a partir de la posesión de una autonomía del Yo considerable. El segundo trabajo que el sujeto debe realizar es alcanzar el control de su Ego que puede distorsionarle las percepciones subjetivas. El «Ego» del sujeto que fue una buena herramienta a la hora de enfrentarse o adaptarse al entorno social, ahora ya no sirve en el nivel de la Tiferet. Al contrario, el Ego yesódico que me servía para mi conexión social, ahora representa en esta segunda etapa un elemento de distorsión de las percepciones del Yo. Y finalmente, el tercer trabajo en el sendero de la Tiferet hacia la Biná es el desdoblamiento mental para encauzar la propia subjetividad.

53. La búsqueda de mi personalidad en el Keter psicológico

> «La realización de una acción concreta tiende automáticamente a la apertura al Infinito».
>
> AZRIEL DE GIRONA

Si todo concepto me lleva a otro concepto y todo símbolo a otro símbolo, ¿cómo crear la combinación subjetiva de arquetipos que me permitan vislumbrar directamente a Keter? ¿Quedo entonces atrapado en los conceptos y en los símbolos y no puedo salir de ahí? Puedo saltar de la conceptualización de la Biná hacia la simbolización de la Jojmá, pero… ¿cómo salto al vacío de Keter sin símbolos ni conceptos? ¿Cómo salto a la Nada de Keter? Y si sabemos que en Keter no tenemos arquetipos donde sostenernos, ¿cómo puedo sobrevivir sin arquetipos? ¿Cómo el judaísmo ha propuesto la anulación de todo sistema conceptual y simbólico?

Quizás queda el «suspenso de la palabra», el «suspenso de todo concepto», «el silencio hablante» como lo llamó el sabio rabino Aryeh Kaplan (Z "L) (1934-1983). Porque, para percibir el nivel de Keter, no solamente se necesitan todas las energías de las conceptualizaciones y meta-conceptualizaciones de la Biná, y todas las energías de las simbolizaciones y de las meta-simbolizaciones de la Jojmá, sino que ahí ya nos encontramos en otro camino, un camino directo a la Luz, no es el camino de la Biná a Keter ni el camino de la Jojmá a Keter, es mi propia Tiferet frente a Keter.

El debate intelectual de la Biná (al estilo talmúdico) en este punto cesa, y lo que caracterizaba al judaísmo en sus primeras fases de excitación intelectual se transforma y pasamos a un proceso de excitación experiencial. No son mis ideas o mis posiciones conceptuales subjetivas las que se encuentran en juego, ahora es todo mi Yo el que tiene que renunciar a todos los intentos de conceptualización y de simbolización. Es la máxima tarea del trabajo final de la abstracción que se me exige para subir al más alto grado de mi existencia, esto es, lograr ser «pura consciencia» en mi empatía total con el Ein Sof.

Se me pide el máximo esfuerzo para mi dinámica mental, y es el de renunciar a todas las posiciones que tan trabajosamente he logrado en mi existencia, porque ahora no voy al encuentro de lograr una validez fragmentaria dentro del sistema de fragmentación (mundo de la Bet), sino que estoy operando con mis energías psíquicas completamente en dirección hacia la «Eternidad» para lograr operar como no-existente subjetivamente.

Entonces me encuentro allí en mi soledad radical como fragmento del Ein Sof, y es justamente en dicha soledad como fragmento cuando siento la «Totalidad» del Ein Sof. El salto a Keter es el salto del sinsentido al sentido más profundo de la realidad, del nihilismo radical a la trascendencia más absoluta, porque si el ser humano no es capaz de pasar por el vacío existencial del nihilismo más radical, no puede alcanzar el estado de trascendencia de Keter.

En realidad, se puede suponer que pasamos de un extremo a otro, pero no es así. La soledad radical y la trascendencia absoluta son las dos caras de la misma moneda y representan el último obstáculo de percepción del mundo de la fragmentación (Bet). Es el Yo en relación a su propia subjetividad quien se siente «solo», sin embargo, cuando el Aní (Yo) se convierte en Aín (Nada) y ya no existe la subjetividad, automáticamente deja de existir la soledad radical, y como fragmentos del Ein Sof alcanzamos la trascendencia total por participación dentro del sistema general cosmogónico.

Por lo tanto, quien tiene miedo a su propia muerte física se aferra al Yo como una realidad material, porque existen realidades superiores dentro del Ein Sof fuera del orden del espacio-tiempo.

Al destruir el Yo, no solamente destruimos la soledad radical, sino que también quedamos liberados de todos los miedos existentes que surgen por la definición de mi propio Yo. Destruidas todas las limitaciones en el campo de la manifestación de la Bet, y siendo fragmentos de la totalidad del Ein Sof, todas las divisiones quedan anuladas, y por lo tanto todos los miedos superados. La consciencia subjetiva capta la sustancia de su propia esencia y se reintegra a la consciencia general del Ein Sof. Y cuando se reintegra dentro de la consciencia general del Ein Sof, entonces causa la muerte anticipada de la subjetividad y se libera del último miedo existencial, la desaparición de su propia consciencia espacio-temporal de la subjetividad material, porque sabemos dentro del misticismo judío que continuamos existiendo como formas de consciencias abstractas subjetivas fuera del orden espacio-temporal.

El alma (Neshamá), cuando pasa del estado material fragmentario al estado abstracto de las energías, cambia el orden espacio-temporal por el orden eterno. Del otro lado de la materialidad se cancela la relación espacio-tiempo, y las energías subjetivas (Neshamot) no participan de la percepción del desgaste material de nuestra corporalidad. Dejo cerrado este asunto porque pertenece al área del misticismo judío de forma exclusiva y excede el análisis de la psicología del misticismo judío que estamos tratando en esta obra.

54. Alcanzando el estado de consciencia Alef

«Los sabios rehúyen de los poderes paranormales, ya que tras el uso deliberado de todo fenómeno paranormal se oculta el anhelo de poder del asustado Ego».

KEN WILBER

Cuando alcanzamos la consciencia Alef de «Eternidad» (algunos califican a este estado, como el ingreso en el Universo de Atzilut), entonces alcanzamos la felicidad continua del Keter psicológico.

Pero reiteramos que toda conquista de Keter en este nivel se encuentra dentro del Universo de Yetzirá, por lo que, en realidad, para pasar al mundo superior (Briá y Atzilut) debo primero desdoblarme, porque para comprender a la psique como parte del cosmos en general debo elevarme al Universo de la Briá, y para comprender realmente, debo operar dentro del Universo de Atzilut y así trabajar sobre conceptos eternos fuera del espacio-tiempo.

Todos nuestros conceptos y símbolos operan en la Biná de Yetzirá y en la Jojmá de Yetzirá, sin embargo, debemos pasar al Universo de la Briá y al Universo de Atzilut. De los conceptos psicológicos de la Biná de Yetzirá debemos saltar a los conceptos cosmogónicos del Universo de Briá y, por lo tanto, a comprender la realidad en relación a otro sistema de espacio-tiempo.

Si la Biná y la Jojmá han impreso dentro de mi alma emocional (Tiferet) los condicionamientos suficientes para no poder ver directamente al Keter psicológico, es porque dicho Keter subjetivo es el canal o vacío interior para conectarme con el orden superior. Cuando alcanzo mi Keter subjetivo o el Keter del Universo de Yetzirá, entonces me encuentro en el espacio del Daat cosmogónico (el conocimiento general más allá de mi propia subjetividad). Frente al universo manifestado entonces debo resituarme psicológicamente, porque al alcanzar mi Keter psicológico en realidad solamente alcance el Daat cosmogónico, y esto implica un fuerte entrenamiento en mi proceso de humildad o de rebajamiento de mi Yo.

Ningún nivel dimensional inferior queda anulado, sino que todos se encuentran operativos (y continúo operando en los niveles inferiores porque existo dentro del mundo de la fragmentación); a pesar de esta situación, mi consciencia puede trabajar en un estado de consciencia Alef.

¿Mi Tiferet está obligada a mirar a Keter por el camino Tiferet-Biná-Keter y por el camino Tiferet-Jojmá-Keter? Solamente podemos expresar algo que constituye uno de los más grandes secretos de la cábala, y es que es posible vislumbrar directamente a Keter desde mi Tiferet, pero con una condición de la cual debemos salir equilibrados ya que pasaremos por el Tejom (el abismo) y esto implica que debemos pasar necesariamente por el vacío existencial; porque el vacío existencial se produce cuando las protecciones arquetípicas de la Biná y sus conceptualizaciones y la Jojmá y sus simbolizaciones han quedado en suspenso (en realidad, logramos comprender que son ilusiones de protección y seguridad frente a la naturaleza en general).

Al destruir todas las protecciones maternas y paternas de los arquetipos, nos hemos quedado «solos» frente al Ein Sof. ¿Acaso no hemos llegado solos a esta realidad y acaso no nos vamos solos? ¡Qué soledad el nacimiento! ¡Qué soledad la muerte! ¡Qué soledad la existencia! Sin embargo, ¿estamos realmente solos? Como fragmentos subjetivos estamos completamente solos (y en ese sentido, los «Otros» fragmentos nos acompañan transitoriamente en nuestra soledad biológica), es decir, si percibimos nuestra realidad desde el mundo inferior, entonces nos encontramos absolutamente solos en nuestra subjetividad, atrapados dentro de nuestra alma animal (cuerpo o Nefesh).

55. Las ilusiones de seguridad de la Biná psicológica

> «La materialidad es apariencia y realidad de forma simultánea, es apariencia en un nivel superior, y es realidad en el nivel inferior, mientras que la energía es realidad en el nivel superior y apariencia en el nivel inferior».
>
> MARIO SABAN

Es verdad que en nuestro nacimiento nos espera la madre, y que en nuestra muerte nos despide alguien. Sin embargo, ¿cuál es la realidad? Lograr disfrutar de mi «Yo» en dicha soledad. Pero no es un disfrute del Yo en su subjetividad, sino un disfrute más elevado, un nivel de felicidad en relación a la Totalidad, porque mi subjetividad puede centrar toda la percepción de la realidad en mi centro, por lo que al «descentrarme» de la realidad, comprendo mejor la Totalidad, siendo que mi psique es parte integrante de dicha Totalidad y que además refleja la consciencia general de todo lo manifestado; porque si el Árbol de la Vida representa la manifestación general del Ein Sof en el vacío, todo lo que cada Yo tiene dentro de sí mismo es el reflejo del sistema general manifestado, es decir, que nuestro Árbol de la Vida subjetivo refleja de forma finita las manifestaciones finitas del Ein Sof en este vacío.

Situar la «Psique» como el único centro de gravedad del conocimiento constituye un problema grave porque entonces reducimos la Psicología a un trabajo permanente de refuerzo de la autonomía subjetiva,[163] cuando el trabajo más alto de la madurez de los «sanos» se encuentra justamente en otorgarle un sentido existencial a dicha autonomía subjetiva. La existencia no se fundamenta sobre los logros subjetivos de un crecimiento permanente, la existencia se fundamenta en alcanzar una felicidad desvinculada de los

---

163. Que constituye un trabajo real en el orden inferior. Sin embargo, el sujeto sano quiere elevarse más allá del mundo inferior hacia la consciencia Alef. Lamentablemente, se califican ciertas patologías a los sujetos que operan dentro de sus estados trascendentes de la consciencia Alef. Tengo un gran temor de que la Psicología tradicional cuando no comprende los niveles de consciencia Alef, los haya calificado y clasificado dentro de las patologías.

logros subjetivos que siempre se encuentran relacionados con dependencias objetales. El corte de la dependencia de los resultados subjetivos libera al sujeto de la dictadura de su propia subjetividad, porque el sujeto se concentra entonces en el propio proceso, y no en un resultado concreto dentro de la materialidad.

En realidad, el estado de soledad es el estado real del cual el Yo se fuga para estar con los demás para imaginariamente «creer» que se encuentra protegido. La desesperación social de mucha gente es evitar a toda costa la soledad del Yo, ese estado real en el cual debemos «soportar» la realidad. Por lo que, muchas veces, el sujeto encuentra una protección ilusoria dentro de las estructuras sociales (familia, tribu, nación, grupo religioso, etc.).

Sin embargo, cuando el Yo acepta dicho estado de soledad es cuando se produce la unificación con la Totalidad, y entonces «la trascendencia» se establece como la íntima conexión de un fragmento del Ein Sof con la Totalidad del Ein Sof. La pulsión sexual en este sentido es la unificación de los fragmentos del Tetragrama. Al realizar el acto sexual unimos las dos Hei del Tetragrama y sentimos el regreso a la Iud (la unidad primordial). Al unirnos al «otro» logramos la unidad de la Iud. Sin embargo, el acto sexual, como todo acto relacional, un abrazo, un beso, una caricia, una palabra con el «otro» no nos permite realmente salir de la soledad estructural de nuestra subjetividad, porque toda relación con el «Otro» es una unión transitoria, y aunque a través del «amor» podamos lograr la máxima unión con el «Otro», el amor no puede destruir la otredad del Otro ni la subjetividad de mi Yo. El «amor» es indudablemente un noble sentimiento de sublimación de la «Eternidad», tanto de la eternidad subjetiva como de la eternidad del «otro».

Si para pasar al mundo superior debemos dejar en suspenso todo concepto y todo símbolo, entonces nos encontramos al borde del «abismo», ante la «Nada absoluta», ante el sueño de lo espacio-temporal, porque ahora frente a la Eternidad, ¿qué sentido tiene Todo? Hemos tomado consciencia de la fragilidad de la existencia, de la ilusión de nuestra existencia espacio-temporal. Y ahora nos encontramos peor que antes, porque si hasta ahora existía la soledad que provocaba el vacío existencial, ahora nos puede atrapar la «desesperación».

Y esta desesperación es lógica porque hemos sido educados en la «ilusión de la seguridad». La protección arquetípica materna (Biná) es la que nos otorgó dicha ilusión. Sin embargo, para crecer en nuestros niveles de consciencia y alcanzar la madurez debemos anular todas las seguridades imaginarias.

A medida que nos han entregado «ilusiones de seguridad» hemos desarrollado una mayor cantidad de miedos como consecuencia de perder dicha ilusión. La psique (en la Biná) se resistió a afrontar la verdad del orden cosmogónico, y ejerció así un fuerte control sobre nuestra angustia existencial a través de los sistemas de seguridad ilusorios. Sin embargo, debemos ser conscientes de que la «seguridad» es una invención de la psique para controlar la angustia de la desaparición física. Ahora, lo más gracioso de este sistema psíquico es que la única verdad objetiva es justamente nuestra desaparición física subjetiva. Si percibimos la realidad desde nuestro Yo, entonces automáticamente la desaparición de nuestro Yo es la máxima desgracia; no obstante, si logramos percibir preventivamente esta percepción, es decir, comprendemos realmente que en el mundo superior mi Yo es parte de la «Nada total del Ein Sof» entonces nada muere realmente, sino que la consciencia general continúa su existencia, y esto no debe ser considerado como una sublimación del miedo a la muerte física.

El plan secreto del Ein Sof con sus fragmentaciones es que justamente estas últimas tengan la ilusión de la existencia fragmentaria; sin embargo, si logramos parcialmente liberarnos de la consciencia fragmentaria (consciencia Bet), podremos ir unificando la realidad en términos psicológicos y, a su vez, actuar en términos unificados entre la psique y el Cosmos. La máxima libertad la obtenemos cuando abandonamos todas las ilusiones de seguridad. Y la máxima libertad la poseemos cuando comprendemos el no-arquetipo de Keter, porque aún en la Jojmá tenemos la seguridad arquetípica paterna.

El Dios/Padre como arquetipo se encuentra en la Jojmá y, aunque representa las fuerzas de la libertad, continúa existiendo como arquetipo de seguridad. Muchos psicólogos a lo largo de la historia han confundido este aspecto religioso de las teologías tradicionales (Padrenuestro)[164] con el Ein Sof que se encuentra más allá de Keter. Cuando cierta línea de pensamiento critica la idea de Dios como Dios/Padre, está trabajando dentro de la simbolización arquetípica de la Jojmá. El Dios del misticismo judío (Ein Sof) no tiene un arquetipo específico, ya que es el no-arquetipo; por esa razón decimos que en Keter no existen los arquetipos, porque nuestro Yo potencial no puede allí tener limitaciones conceptuales ni simbólicas.

---

164. Oración judía que integra la liturgia del Día del Perdón y oración que enseñó a sus discípulos (todos ellos judíos) el rabino Yeoshua de Nazaret.

Los símbolos más elevados (incluso las Sefirot) pueden crear relaciones de dependencia psicológica en un sujeto. Solamente el nivel de Keter que nos conecta con la Luz del Ein Sof (Or Ein Sof) es el que destruye todos los arquetipos, porque si no logramos la destrucción absoluta de todos los conceptos (Biná) y de los símbolos (Jojmá), no podremos acceder al nivel del Keter cosmogónico. En la Biná cosmogónica o Universo de Briá existen las almas como entes subjetivos diferenciados, y en la Jojmá cosmogónica o Universo de Atzilut existen las dimensiones como energías básicas diferenciadas; sin embargo, en el Keter cosmogónico o en el Plan general del Adam Kadmón deja de existir toda referencia, sea esta conceptual, simbólica o existencial. Dentro de la esencia pura del Ein Sof, el silencio, pero no un silencio existente frente al sonido, sino un silencio que supera todas las contradicciones y ambigüedades del mundo de la fragmentación de Bet en el cual existimos.

No obstante, la máxima libertad nos conduce inevitablemente a la madurez, al crecimiento del nivel de consciencia, y... ¿cuál es el precio que hay que pagar? Saber que el Yo en un primer momento se encuentra solo. Sin embargo, si percibimos la realidad paradójica desde la cábala, podemos ver que la misma soledad radical de mi subjetividad significa la máxima integración como fragmento del Ein Sof dentro de la conciencia general.

Mi soledad subjetiva representa el estado general de finitud de todo fragmento. Por ese motivo, el «amor» (no un amor al otro) representa la real sensación interior de que todo «otro» en realidad siente la misma soledad radical que mi propio Yo. Todos los fragmentos del Ein Sof estamos unidos por nuestra condición objetiva de soledad radical.

El «otro» está radicalmente solo, atrapado dentro de su propia subjetividad y en los mismos términos en el que se encuentra mi Yo. Sin embargo, cuando me relaciono con el resto de las fragmentaciones de la realidad, en verdad estoy nuevamente operando dentro de la conciencia general de donde proviene la energía raigal de mi alma.

La consciencia de ser algo en la fragmentación deja a mi Yo en ese estado de soledad radical, y así la consciencia de ser Nada frente al Ein Sof aniquila la soledad radical porque no existe un Yo real en el mundo superior que no sea el propio Ein Sof. No existe la soledad porque en el grado de la Eternidad no existe mi Yo en tanto subjetividad.

Si en el orden eterno e infinito del Ein Sof no existe el Yo, entonces no existe la soledad del Yo en los niveles de consciencia más elevados.

En un primer momento, esto indudablemente causa un profundo dolor, pero aceptada esta verdad, ¿qué otro camino tenemos? Existimos para lograr mayores niveles de consciencia, porque toda la existencia es revelar «consciencia», y cada vez que cada existencia subjetiva revela la consciencia general manifestada del Ein Sof (oculta para nuestra subjetividad), en realidad estamos trayendo a Dios al mundo. Si toda existencia se define por la consciencia de existir, entonces existimos de forma más intensa a medida que elevamos el grado de consciencia. Y debemos llegar a un tipo de consciencia del nivel Alef que vence la muerte física y que es una consciencia de la Totalidad.

Al cancelar psicológicamente todos los miedos, alcanzamos el nivel de felicidad constante de Keter. Reitero que no solo alcanzamos la autonomía subjetiva, sino que superamos la subjetividad para alcanzar la felicidad constante. Esta felicidad constante constituye el estado de autotrascendencia. Cuando el estado de felicidad se desconecta de los grados inferiores, entonces existimos coparticipando del orden de la consciencia general revelada por el Ein Sof en este espacio vacío.

Así pues, la pregunta cambia de sentido, porque ya no es el sentido subjetivo de mi existencia temporal, sino el sentido de la totalidad de la consciencia donde mi Yo queda reducido a la Nada frente a la totalidad.

La muerte del «Otro» no representa simplemente la destrucción de su propia subjetividad, ni la muerte física la destrucción de mi subjetividad, sino que representa la destrucción de una manifestación material (en el orden del tiempo-espacio) de un fragmento del Ein Sof.

Todo el Maasé Merkabá (Trabajo de la Carroza) comienza cuando comprendemos el Maasé Bereshit (El Misterio de la Creación).

¿Por qué motivo he podido reducir mi Yo frente a la totalidad? Porque he aceptado mi propia muerte. Y paradójicamente, al aceptar dicha muerte, anticipadamente me liberé del último miedo. Ya no existen más miedos en el orden inferior, por lo tanto, ahora tengo disponible toda la energía psíquica para unificar mi energía subjetiva con la energía cósmica general.

No voy a utilizar mi energía psíquica para satisfacerme en los niveles inferiores de forma exclusiva (por supuesto, nunca podré renunciar a los niveles inferiores y continuaré con mis satisfacciones inferiores), pero la energía psíquica excedente la podré utilizar para canalizarla al mundo superior a partir de mi felicidad interior, a partir de una consciencia de ascenso constante hacia el Ein Sof. Si la energía psíquica excedente no la utilizo en el orden superior, entonces puedo aumentar demasiado algunas de las dimensiones inferiores provocando un desequilibrio estructural.

Lo que mi Yo creía percibir como la reducción del Yo a la Nada dentro de la Totalidad, se puede percibir ahora como la integración del Yo a la realidad del Ein Sof. De la máxima soledad de la consciencia del Yo, paso a la máxima libertad y plenitud de la consciencia del Todo. Del nivel Bet pasó al nivel Alef. En este nivel superior, la vida y la muerte son dos caras de la misma moneda, porque cada momento de mi existencia física es un camino que me acerca a mi final subjetivo. Cada día constituye un nuevo nacimiento y una nueva muerte. Sin embargo, todo nacimiento y toda muerte existen dentro del orden de la finitud espacio-temporal, porque dentro del Ein Sof nada nace y nada muere. Dentro de la máxima interioridad del Ein Sof se mantienen constantes las energías infinitas de las Sefirot, independientemente de que ingresen o no dentro del vacío.

Sin embargo, aunque la existencia física se encuentre dentro del orden espacio-temporal, la existencia real en los niveles más altos del alma (la Jaiá y la Iejidá) opera fuera del orden espacio-temporal y alcanza la «eternidad».

Operar dentro de esta existencia desde la perspectiva de la consciencia de la Eternidad es destruir todas las contradicciones que existen en el mundo inferior. La consciencia de Eternidad (nivel Alef) nos obliga a actuar como si los límites no existieran y, a pesar de ello, retornar siempre al mundo de la fragmentación aceptando los límites naturales del Espacio-Tiempo.

La humildad es una condición fundamental para la aceptación de los límites espacio-temporales. Sin embargo, deberíamos operar con un concepto más elevado que la humildad, porque el humilde en realidad sigue sosteniendo una consciencia subjetiva de humildad. La superación de la humildad en un nivel de conciencia más elevado es la sensación de la «Nada». Si logramos la sensación de la «Nada», entonces hemos llegado a nuestro propio Keter psicológico. Si en un momento alcanzamos la «Nada» de ser solo vacío, simplemente ingresa todo, porque somos «Todo Kli de recepción».

Desplegar el nivel de energía que se corresponde con cada dimensión es ser consciente del nivel de energía que debe operar en cada Sefirá para no destruir los recipientes de contención (Kelim), porque cada vasija puede soportar la energía de acuerdo con su capacidad de recepción.

Luego mi «Yo» ya no necesita reafirmarse en su subjetividad porque se ha liberado de sí mismo. ¿Cómo voy a engrandecer mi Yo si ya sé que mi Yo es Nada? Si quiero expandir mi subjetividad, estaré desgastando energías psíquicas dentro de una trascendencia temporal a partir de la acción inferior del «Ego». La verdadera trascendencia no puede alcanzarse a través de la exaltación del «Ego», porque toda centralización subjetiva provoca la inferioridad del Yo. Es real que el «Ego» es una energía dimensional de la Yesod que me permite reafirmarme en mi autonomía subjetiva dentro de la primera etapa de la existencia; sin embargo, en una segunda etapa de la existencia el Ego se puede transformar en un serio problema porque el Yo deja de percibir los universos superiores.

56. La felicidad en los niveles trascendentes

«La recompensa esencial de la sabiduría de la cábala proviene de esperar que los secretos se te revelaran un día con el paso del tiempo».

Moisés Cordovero

La verdadera trascendencia es lograr la sensación de felicidad interior independientemente de los éxitos materiales en el campo inferior, porque los supuestos éxitos materiales pueden provocar tal dependencia emocional que la persona no logra sobrevivir sino a través de los elogios o las críticas del entorno social. Esto constituye un descenso a los niveles yesódicos, donde la dependencia del Yo se refuerza a partir de su necesidad de reconocimiento. El verdadero Yo interior reconoce su valor solo frente a sí mismo. Lo que define a un hombre inmaduro es su dependencia (y necesidad patológica) de reconocimiento exterior, porque el día en que nadie lo elogia o lo critica, entonces siente su propia falta de proyecto personal. Liberado de las dependencias yesódicas (sociales) y alcanzada la autonomía subjetiva en la Tiferet, el sujeto está preparado para lograr mayores niveles de conciencia, que se encuentran más allá de su subjetividad. El Yo se debe liberar de las ataduras de las fuerzas inferiores del Ego. El «Ego» (Yesod) es positivo en la primera etapa de la existencia, pero luego debe ser canalizado y superado por el Yo. La Tiferet psicológica debe ser el centro neurálgico de la estructura inferior.

La Tiferet construye un Yo reforzándose en una felicidad interior que se independiza del entorno social (no lo abandona) y, por lo tanto, no crea grados de dependencia psíquica, sino relaciones de igualdad.

No hay que reafirmarse en la subjetividad porque toda subjetividad es espacio-temporal, y la única realidad es la eternidad del Ein Sof. Además, cada vez que debo reafirmarme constantemente en mi subjetividad necesito automáticamente crear mecanismos de defensa de mi Yo que me producen un elevado desgaste de energías psíquicas interiores. Si entiendo mi Yo como parte integrante de la Nada, entonces ya no debo defender ningún Yo; y al no defender ningún Yo, entonces el Otro (eventualmente) ataca en el vacío, y en realidad toda agresión del Otro siempre es un ataque a sí mismo. Cualquier ataque del «Otro» es la prueba de los desequilibrios que existen en dicho sujeto. ¿Cómo defenderme en tanto sujeto en el mundo de la Bet sin caer en la conciencia Bet? ¿Cómo, a pesar de defenderme subjetivamente en el mundo de Bet, debo continuar existiendo bajo la conciencia Alef? Si todos operaran en el nivel de conciencia Alef, no existirían agresiones dentro del mundo de la fragmentación de Bet. Las agresiones y los conflictos de la materialidad y de los niveles dimensionales inferiores se producen cuando mi identidad se estructura de forma defensiva, cuando percibo la realidad dentro de cierto nivel de manía persecutoria. Debo crear una identidad del nivel de consciencia Alef liberada de las tensiones inferiores que me provocan las agresiones exteriores. La reafirmación de mi identidad tiferética debe provenir de mi independencia, tanto de los conflictos exteriores como de mis propios conflictos interiores, ya que mis conflictos interiores dimensionales se pueden traducir en conflictos exteriores.

Sin embargo, el interrogante es: ¿cómo existir en un mundo donde existen las agresiones de los sujetos que operan dentro de la conflictividad del mundo de Bet, y los sujetos que se esfuerzan en elevarse al nivel de conciencia Alef? ¿Defenderse físicamente en el mundo de Bet debe necesariamente implicar la pérdida de la conciencia Alef? El mártir es aquel que no desea renunciar a su conciencia Alef a pesar de las agresiones del mundo de la Bet. La mayoría trabajamos en medio de la disyuntiva entre el martirio y las inferioridades dimensionales del mundo de la fragmentación (Bet). ¿Qué dimensión defiende mi existencia subjetiva dentro de los límites predeterminados inferiores?: la Guevurá.

Sin embargo, establecer los límites de mi Yo frente a los otros en el nivel guevúrico no implica que deba renunciar a los más altos niveles de trascendencia psíquica. Si alguien percibe como «incompatible» esta situación, se ha fijado de un modo estático dentro de la paradoja del mundo inferior *versus* el mundo superior, y la mística del judaísmo no desea de ningún modo sostener dicha «incompatibilidad cognitiva».

Para otorgarle solución a esta situación, debemos operar en la realidad de la fragmentación inferior defendiendo nuestro Yo de la destrucción material, pero tras dicha defensa no hay que dejar que nuestra identidad personal se estructure sobre el ataque o el conflicto exterior, sino que debemos lograr aplicar la consciencia Alef que nos debe permitir desarrollar las formas con las cuales podamos desactivar las contradicciones inferiores que intentan operar dentro de nuestra psique.

Para continuar existiendo debemos defendernos físicamente en el mundo de la Bet de cualquier agresión y, al mismo tiempo, trabajar para que todos alcancen la conciencia del nivel Alef (y nosotros mismos sostener dicha conciencia de unificación a pesar de los ataques dentro del mundo de la fragmentación).

Mientras el Yo trabaje profundamente su propia aniquilación psíquica, va a vivir con un mayor grado de felicidad porque no tendrá que desgastar sus energías en defenderse, sino simplemente en crecer en sus niveles de consciencia.

Las técnicas de introspección (Hitbodedut), como las propuestas por la escuela jasídica de Najmán de Bratslav, son fundamentales a la hora de fortalecer la autonomía del Yo para frenar las agresiones del mundo de la fragmentación de Bet. El problema de las identidades fragmentarias en el mundo de la Bet es que se sostienen y se desarrollan a través de las relaciones contradictorias y conflictivas con el entorno, porque todas las fragmentaciones identitarias son resultado del orden espacio-temporal.

Cuando el Yo se reduce en los niveles superiores a la «Nada» por la Debekut, logra automáticamente concentrar sus energías psíquicas en la construcción de sí mismo. Justamente se produce la paradoja de que el Yo cuantos menos esfuerzos psíquicos despliegue para defender su subjetividad mayores niveles de conciencia alcanzará. Lamentablemente, no se debe llegar a la situación en la que el Yo se suicide en el campo material de la fragmentación, porque el real Jesed (la Misericordia) es el que opera hacia fuera y hacia dentro. Si el Or (la Luz) debe continuar operando dentro de la materialidad, es porque el Kli (el recipiente) tiene su importancia, y debemos conocer un secreto oculto del misticismo judío: que «Todo Kli tiene en su interioridad energía de Or»; no solamente un Kli recibe Or, sino que el mismo Kli es Or en sí mismo. Por lo tanto, nadie debe destruir su Kli de recepción a favor del Or exterior, porque en realidad también destruye su propio Or interior.

El peligro de pretender mirar directamente a Keter sin pasar por nuestros arquetipos protectores de la Biná y la Jojmá es que llegamos a nuestro propio vacío existencial, que se produce cuando pretendemos ser libres absolutamente. Somos libres absolutamente dentro de la predeterminación absoluta de la manifestación universal. El vacío existencial se produce porque debemos aceptar nuestra propia muerte física dentro de la temporalidad siendo conscientes de la alegría y la oportunidad de esta existencia relativa.

El aumento de la felicidad existencial tiene una relación directa con el paso por dicho vacío existencial. El vacío existencial es la sensación equivalente de toda nuestra educación en el sistema de seguridad de la Biná; y la paradoja es que nuestra especie ha sobrevivido por dichos sistemas de seguridad, pero que, en un grado mayor de consciencia, estos supuestos sistemas de seguridad se están volviendo contra nosotros mismos. Lo que hemos construido para defendernos de los ataques de la naturaleza en el orden cosmogónico, ahora, son sistemas de defensa de la psique que le hacen daño a la propia psique, por lo que debemos en esta evolución, en el nivel de consciencia, comprender que desde el Árbol del Conocimiento del Bien y del Mal podemos percibir el Árbol de la Vida.

El cambio de percepción que propone el misticismo judío a través de su aplicación psicológica es que el mundo inferior de las dualidades y de las fragmentaciones constantes debe ser unificado y que la Vida Eterna representa la fusión del bien y del mal; por lo tanto, el nivel de aceptación de la falta absoluta de la seguridad nos lleva automáticamente a comprender que el mal no existe en el orden superior, y que el mal del orden inferior se establece en relación al sistema de valores sociales que sustentamos en cada período histórico producto de nuestra existencia dentro del orden espacio-temporal.

Lo temporal y espacial es justamente la raíz dicotómica de nuestra felicidad, porque por una parte se nos pone un límite estructural en el mundo inferior (aun sabiendo que en el mundo superior participamos de la Eternidad del Ein Sof), dado que sabemos que, más allá de nuestra consciencia subjetiva, la consciencia eterna del Ein Sof existe dentro de la materialidad.

57. El Ein Sof, ¿una necesidad psicológica o una realidad física?

«La Sabiduría es el valor, y el Entendimiento es el precio».

MARIO SATZ

Cuando se dice que el Ein Sof constituye un recurso psicológico, se desprende el problema que debemos tratar. El «Ein Sof» debe ser considerado dentro del mapa del Árbol de la Vida cosmogónico, esto quiere decir que, lamentablemente, cuando algunos autores hacen referencia a la necesidad psicológica de crear la idea del «Ein Sof» dentro de nuestra psique (Biná), se puede percibir cómo se intenta comprender el Ein Sof exclusivamente desde el Universo de Yetzirá donde nos encontramos nosotros.

Ahora bien, para comprender realmente el Ein Sof, nuestra psique debe salir de su entropía y no reducir la realidad de la existencia al Universo de Yetzirá, y debe pasar a comprender los dos universos superiores de Briá y de Atzilut.

El «Ein Sof» se debe comprender fuera del marco de la Psicología, porque esta opera dentro del Universo de Yetzirá; por eso, la psicología del misticismo judío es obligadamente «transpersonal», porque avanza más allá del reduccionismo psicológico, y opera su comprensión en los niveles superiores de los dos universos de Briá (la Creación) y de Atzilut (la Emanación). Entonces, allí no hacemos referencia a una idea psicológica de Dios percibida desde el Universo de Yetzirá, sino a una realidad física en el orden universal.[165] El Ein Sof es una realidad física a pesar de que a la psique le guste o no dicha realidad física. La justificación psicológica de la idea de Dios niega la realidad física porque en realidad la desconoce, y en consecuencia las religiones tradicionales le han otorgado a Dios «todos los elementos ignorados por la psique por su propio desconocimiento». Dios no puede ser una «idea basurero» de todo lo ignorado, porque si la fe se reduce a la ignorancia, a medida que aumenta nuestro conocimiento, se pierde la fe. El misticismo judío trabaja de modo

---

165. Así como Freud ajustó la comprensión de la psique a la Biología, así nosotros debemos comprender la psique en relación al marco físico-cosmogónico.

inverso, ya que a medida que el conocimiento aumenta, aumenta la confianza (Emuná) en dicho conocimiento. La fe dentro del judaísmo tiene su raíz en la palabra «confianza» no en la ignorancia.

Dios tampoco debe ser considerado en sí mismo como «una idea» debido a que no podemos reducir el Ein Sof real a un concepto mental. Por lo tanto, el Ein Sof para la psicología del misticismo judío representa una entidad física en el orden cosmogónico y no se puede reducir a una necesidad psicológica.

Se podría objetar que el intento de la felicidad integrándose dentro de la Totalidad del Ein Sof es el último recurso de la psique para fugarse de la realidad, el último autoengaño, pero justamente es el fin de todos los autoengaños debido a que acepta su muerte física, y acepta la ilusión de todo lo espacio-temporal. Nunca la psique fue tan realista al aceptar sus propias limitaciones sin fugarse de la realidad. No existe fuga ni justificación ninguna, sino la experiencia directa. La psique no se ha inventado la idea del Ein Sof para continuar existiendo, porque ya acepta su no-existencia subjetiva; por lo tanto, la aceptación de su no-existencia ya no es una fuga porque la psique no tiene dónde refugiarse, solo reintegrándose en el sistema cosmogónico general del cual surgió.

La aceptación del Ein Sof es la aceptación de que existe una psique general dentro de la materia, por lo que si nuestra psique se ha desarrollado necesariamente, es porque la consciencia existe objetivamente dentro de las manifestaciones del Ein Sof en esta realidad. La psique es un producto más dentro de la historia universal, pero no es el único producto con consciencia de existencia, ya que un fragmento del Ein Sof tiene consciencia de existencia porque existe un Ein Sof con una supra-consciencia de existencia. No se puede negar que existe una consciencia general (dentro del Ein Sof) que hace que pueda desarrollarse la consciencia, porque nosotros somos producto del desarrollo de la consciencia. Nosotros, como seres existentes que desarrollamos estados de consciencia más elevados, somos realmente la prueba de la existencia de un Ein Sof con consciencia.

No podemos creer que seamos los únicos fragmentos en la manifestación con consciencia, ni que todos estos niveles de consciencia surgen de una Nada sin información ni consciencia. Si nosotros somos la prueba de una existencia con mayores grados de consciencia, es porque automáticamente somos el producto derivado de un banco de información consciente en el Infinito.

El Ein Sof no existe porque creemos que existe, sino que existe porque nosotros somos las pruebas conscientes de su existencia. Dios no existe por un refugio infantil de seguridad psicológica, sino porque, si somos conscientes de nuestra propia existencia, somos conscientes de que existe un sistema general de existencia consciente en el orden del Infinito más allá de sus fragmentaciones transitorias en el campo del tiempo-espacio. La prueba de la existencia de una consciencia general es justamente la existencia de las consciencias fragmentarias. Si dentro de la esencia del Ein Sof (Atzmut) existen energías infinitas autorreveladas, entonces son autoconscientes, y nosotros revelamos dichas energías autoconscientes dentro del vacío.

Si la consciencia representa la revelación de la existencia, la potencialidad permanente de la materia, al lograr destruir los velos físicos de la existencia para reconocer grados de energía ocultos, hace que automáticamente, mientras más profundicemos dentro de la realidad física (materia), logremos extraer mayores niveles de consciencia.

Cuando el sabio cabalista Meir Ibn Gabbay dice que nosotros construimos a Dios, no es que lo creamos en nuestra psique, sino que, aunque nosotros hipotéticamente no existiéramos (desaparición de la psique), la consciencia general del Ein Sof seguiría buscando otras formas de revelación de consciencia subjetiva dentro del mundo de la fragmentación; porque todo lo oculto del Ein Sof tiende siempre (y tenderá) a su propia revelación, hasta que se cumpla la paradoja máxima del Ein Sof (que ya hemos expuesto): cuando absolutamente todo se revele, entonces todo volverá a ocultarse. Tan solo puede existir la «Consciencia» revelada si existe siempre algo que se encuentre en el terreno de lo «oculto». Y la existencia de lo oculto hace que siempre se sostenga la dualidad conciencia/existencia, dado que si se revela la totalidad de lo oculto, entonces la conciencia total equivale a la existencia absoluta, y anulada la dualidad desaparece el vacío en donde se crea la consciencia.

La psique es un producto de la revelación energética de información oculta en el banco general del Ein Sof. Y más allá de la psique subjetiva de nuestra fragmentación limitada, podrían existir otras energías psíquicas que no tienen relación con nuestra estructura, sino que son consciencias finitas de existencia que operan dentro de otros campos energéticos que no alcanzamos a visualizar con nuestros sentidos.

La consciencia del ser humano (como la de otras especies en otros grados) no es ni más ni menos que la prueba de la existencia de una consciencia general (Ein Sof) que podrá de forma permanente salir a la existencia de su estado potencial. El proceso de «Eternidad» de la revelación, es el constante flujo de la «conciencia» al ocultamiento y del ocultamiento a la «conciencia».

Si existe, pues, la consciencia subjetiva de un fragmento del Ein Sof, es que dentro del orden cosmogónico se pueden desarrollar otros tipos de consciencias diferentes de cualquier orden. Todos los seres vivos, animales y vegetales tienen ciertos grados de alma y, por lo tanto, de consciencia. Como dijo el sabio cabalista Isaac Luria Francés, hasta los seres inanimados como las piedras tienen cierta clase de alma. Por supuesto, en todo lo existente se esconde información proveniente del Ein Sof, y son los diferentes niveles de autoconsciencia los que otorgan un mayor grado de consciencia de existencia.

Si nuestro Yo es consciente de su propia existencia, y nuestro Yo aumenta sus niveles de consciencia por sus cambios de autopercepción, a pesar de la destrucción física de nuestro Yo, sabemos que la consciencia universal de la cual participamos fragmentariamente sigue su curso de existencia más allá de nuestro Yo; en cierta forma, el conjunto de las existencias existentes vence las condiciones del ámbito espacio-temporal porque sabemos que nuestras energías son eternas aunque aumenten o disminuyan transitoriamente su nivel de consciencia. La consciencia universal como manifestación de una información infinita adopta diferentes formas de construcción dentro del mundo de la fragmentación.

La consciencia no depende de la subjetividad para manifestarse, sino que la subjetividad del fragmento del Ein Sof (el Yo) manifiesta los grados de consciencia a los que puede acceder. Y esta es la clave de la conciencia de trascendencia, que no significa un miedo a la muerte física, sino que acepta la revelación constante de la consciencia general.

Como todo es consciente en un grado menor o mayor, sabemos que la consciencia universal opera detrás del velo de la materialidad, en este punto nos encontramos entonces en el nivel de consciencia de la Iejidá, y podemos percibir el estado de nuestra unificación con el Todo, aunque nuestro Yo sea consciente de su subjetividad, porque se puede lograr una consciencia mayor a través de la operación mental del «Bitul» (la aniquilación del Yo como ente diferenciado del Todo). Y ¿por qué debo aniquilar mi consciencia subjetiva?, para poder acceder a un nivel de información secreta dentro de la realidad, a la que no puedo llegar por mis propias limitaciones subjetivas.

58. La superación de la reafirmación constante de la subjetividad

«El que se merezca entrar, entrará, Dios no se lo va a impedir».

JAIM VITAL

Cuando el «Yo» decide liberarse de sus limitaciones subjetivas, lo puede realizar porque está completamente reafirmado dentro de sí mismo. Ya no tiene sentido la reafirmación constante del Yo dentro de la Tiferet. Este fue el proceso de estructuración subjetiva del Yo, que ha finalizado. El sujeto puede continuar aprendiendo en las dimensiones inferiores, pero en este nivel toda transformación ya no implica la desestructuración del sujeto. El trabajo de estructura del Yo en el nivel inferior lo realiza la terapia tradicional, que hace un excelente trabajo.

Sin embargo, la construcción del Yo no puede encontrarse fundamentada en una reafirmación constante del Yo, porque esto produce una ampliación del Ego contraproducente. Una ampliación del Ego dentro del Yo trae como consecuencia una distorsión más profunda de la realidad. Hablamos de proceso de ampliación egoica del Yo cuando el Ego (Yo inferior de la Yesod) comienza la absorción de toda la identidad interior del Yo (Yo superior de la Tiferet).

Si el Yo distorsiona la realidad subjetivamente por su propia posición, entonces el Yo amplificado por el Ego puede producir un nivel de desequilibrio mayor. Existe, pues, un nivel de estructuración del sujeto en el mundo inferior que debe cesar porque la fase egoica se puede apoderar del sujeto. El Yo puede «imaginar» un ideal subjetivo más allá de su subjetividad real, construyendo así una idealización de sí mismo a partir de una fuerte estructuración subjetiva; y esto puede conducir a un desequilibrio de la Tiferet (la Klipá de la Tiferet es la jactancia).

Sin embargo, el psicólogo especializado en el misticismo judío (¿psicocabalista?) trabaja en varios niveles, es decir, intenta llevar el «Yo» a su máxima potencialidad, pero ya no reafirmando su identidad subjetiva, sino liberándolo de sí mismo. La máxima potencialidad no se puede fundamentar sobre la ampliación del nivel «egoico» (Yesod), sino sobre la profunda percepción de los límites de la propia subjetividad.

«Duda de ti mismo hasta el día de tu muerte», dice el *Pirkei Abot* una de las obras del pensamiento judío más importantes. El Yo para crecer ya no necesita defender su subjetividad, puesto que debe ser consciente en un punto de que toda la construcción subjetiva se transforma en un elemento contrario al propio ascenso hacia los niveles más altos. Ahora, el Yo desarrollará un crecimiento no-egoico. Entonces se produce un estado donde lo «egoico» empuja el desarrollo del nivel inferior y lo «yoico» impulsa el desarrollo del nivel superior, hasta que ni el «Ego» (Yesod) ni el «Yo» (Tiferet) sean considerados como elementos fundamentales del impulso general de la estructura psicológica. En ese momento comienza a desarrollarse un «Yo transpersonal» que no piensa en términos ni egoicos ni yoicos.

Para intentar acercarnos a la naturaleza del alma dentro del misticismo judío, debemos descubrir las tendencias interiores de esta genética espiritual, por lo que cada fragmento tiende a encontrarse cerca de alguna dimensión en particular. Existen algunos que se inclinan por la dimensión de la misericordia (Jesed), otros que se inclinan hacia el arte (Netzaj), otros que son proclives al campo material (Maljut), otros que siempre buscan su elevación espiritual (Jojmá), otros más científicos (Biná), etc. No estamos realizando un juicio moral de acuerdo con la cercanía o lejanía de un aspecto dimensional, simplemente estamos explicando que cada alma tiene una tendencia predeterminada que la caracteriza, y muchas veces varias tendencias que operan en conjunto. La tendencia predeterminada del alma pertenece a lo que denominamos como la raíz del alma.

Cada fragmento de la raíz del alma (lo que denominamos como nuestro Yo) posee una tendencia predeterminada. Sin embargo, la materialidad nos otorga la posibilidad del libre albedrío. Y debemos tener en cuenta que el factor del libre albedrío es clave porque no necesariamente voy a elegir mis tendencias predeterminadas. Ahora bien, si mi libre albedrío elige la tendencia predeterminada, se puede producir un aumento de la potencia del desarrollo del Yo en los niveles superiores. Cuando se potencian las energías que tienen su fundamento en la base estructural de lo predeterminado en la raíz del alma, entonces se produce un aumento considerable de la energía desplegada.

Por lo tanto, podemos ir sintetizando esta primera parte diciendo que la raíz del alma tiene una tendencia predeterminada dentro de una dimensión en particular, pero que todo «fragmento» reproduce en su interioridad todo el

«Árbol de la Vida»; como decía el místico judío medieval Abraham Abulafia: «El hombre es el último compuesto que comprende todas las dimensiones». Agregaríamos que es el último compuesto de lo conocido, y que es posible que existan formas de consciencia superior.

Estas consciencias de nivel superior pertenecen a la Merkabá real que se ha revelado a lo largo de la historia. Es indudable que cuando la Merkabá psíquica de nuestra subjetividad se eleve a mayores niveles de consciencia estará capacitada para contactar nuevamente con la Merkabá real.[166]

---

166. Este es un nivel de secreto que se podrá revelar en el futuro. La Merkabá real aparecerá cuando el ser humano alcance un nivel de consciencia tan elevado que pueda comprender las cuestiones ocultas.

59. Los equilibrios y desequilibrios dimensionales dentro del Yo

«Quedan prohibidas todas las preocupaciones, excepto cuando alguien se preocupe por sus preocupaciones».

Israel Salanter

Regresamos entonces a la pregunta inicial: ¿Qué soy Yo? ¿Quién soy Yo? Visto desde el Ein Sof (el Infinito) soy «nada». Soy una ilusión temporal entre dos puntos (desde el punto de vista material) y, aunque retorne a la vida material, siempre me encuentro dentro del ciclo temporal-espacial. Y en mi sustancia interior, «Yo» soy el complejo de las diez dimensiones que operan de forma simultánea. En cierto modo, hasta podríamos decir que el sujeto se puede dividir en diez partes básicas. Sin embargo, esta división se puede realizar exclusivamente en el orden conceptual pero no en el orden experiencial. Quiero decir que las diez dimensiones unidas por los veintidós canales integran un complejo entramado único. Las dividimos conceptualmente para su «Entendimiento» (Biná), pero las experimentamos siempre de forma conjunta. Toda acción es pluridimensional. Es más, todo pensamiento, toda emoción y toda acción material es pluridimensional. Todas las divisiones conceptuales las realizamos en el orden mental, pero en el orden experiencial cuando se mueve algo se mueve Todo. Cuando movilizamos la energía de una dimensión determinada (Sefirá), estamos al mismo tiempo movilizando las energías de todas. Es como el movimiento físico, al mover un miembro se debe mover todo el cuerpo por la influencia del movimiento de dicho miembro. Cuando una energía se mueve, se provoca el movimiento general de la estructura que tiene que necesariamente volver a reestructurarse. Todo movimiento es constante y genera una reestructuración constante. Mi «Yo» se encuentra dentro del movimiento en un proceso permanente de reestructuración.

Las diez dimensiones son los grados de manifestación del Ein Sof hasta llegar a la materia más densa, pero de ningún modo eso implica que son diez subpersonalidades. Las diez dimensiones son «Yo» y no son «Yo» al mismo tiempo. Son «Yo» en la medida que componen un fragmento interior de mi «Yo», sin embargo, si alguna de estas dimensiones no alcanza un desarrollo óptimo, mi «Yo» no se puede construir o se construye de forma desequilibrada, ya que la falta de desarrollo dimensional de una Sefirá debe ser compensada por otra. Esta compensación entre las diferentes dimensiones no es normal a largo plazo, porque siempre son «compensaciones transitorias».[167] Las compensaciones transitorias entre las dimensiones nos permiten seguir hacia delante, pero no podemos provocar que dichas compensaciones transitorias se transformen en permanentes. Toda compensación a largo plazo hace que necesariamente no se desarrolle como se debe cada dimensión en particular.

Toda dimensión debe ser estimulada y desarrollada, y nunca a expensas de la falta de desarrollo de otra dimensión. Todo desequilibrio del «Yo» puede provenir de las compensaciones que realizamos para lograr un equilibrio transitorio[168] de la estructura del «Yo». El problema es más grave cuando las dimensiones interiores son «atacadas» por las fuerzas exteriores sociales que obligan a trabajar el sistema de compensación con el objetivo de soportar la presión exterior.[169]

---

167. Debemos ser muy cuidadosos y diferenciar dos conceptos que se pueden mezclar y causan confusión, un asunto es la tendencia de la naturaleza del alma, y otra es la compensación transitoria de una dimensión por otra. En el primer caso, la tendencia del alma marca y define el sentido de la vida personal, porque cuando un alma se encuentra a sí misma encuentra el sentido de su propia existencia. En cambio, la compensación de una dimensión por otra (si es transitoria mejor, pero se puede volver definitiva) es el estado por el cual una persona trabaja dentro de una dimensión porque no puede desarrollarse en una dimensión como debería. Por ejemplo, una persona que no tiene un «Tiferet» (amor) en actividad puede compensarlo con un alto grado de desarrollo de su «Maljut» (la materia), es decir, puede dedicarse a su trabajo de una forma desequilibrada porque tiene el tiempo sobrante de su inactividad en la Tiferet. El caso es que este ejemplo expone adecuadamente el problema, no es la tendencia de su alma a las cuestiones materiales, sino el sistema de compensación transitoria que se ha desarrollado entre dos o más dimensiones. Si este sistema transitorio se vuelve permanente, entonces el desequilibrio dimensional se puede transformar en estructural.
168. Si este equilibrio transitorio entre dimensiones se transforma en permanente, en realidad a veces no es soportable el sistema de compensación y, finalmente, la estructura tiende a explotar. A veces para sostener la estructura del «Yo», el sistema de compensación no se realiza a través de una dimensión en particular, sino en la acción combinada de varias dimensiones.
169. Puedo comer mucho (Maljut) por falta de actividad sexual (Yesod), puedo realizar una frenética actividad sexual (Yesod) porque no tengo pareja (Tiferet), puedo encerrarme en la pareja y en la familia (Tiferet) porque no tengo trabajo (Maljut), puede volverme un adicto al trabajo (Maljut) porque no tengo amigos con quien hablar (Hod), puedo hablar solo con amigos (Hod) porque no tengo pareja (Tiferet), puedo realizar actos de misericordia con los pobres (Jesed) porque no tengo una familia que sostener (Maljut), etc., en definitiva, puedo utilizar una dimensión de forma desequilibrada porque me falta desarrollar otra. La falta de desarrollo en una dimensión puede provocar compensaciones que se exigen a otra dimensión o varias dimensiones de forma simultánea. Las compensaciones son producto de la Biná. La Biná «nos salva» de alguna manera de la falta de desarrollo de una dimensión. Ahora bien, si el asunto es transitorio y soy consciente

Entonces, la presión exterior se debe transformar en no-presión modificando nuestra percepción de dicha presión. La presión exterior alcanza al Yo en la medida en que el Yo sea débil para no poder soportarlo. Si el Yo que hemos construido es fuerte, no siente ninguna presión exterior, sino que el «exterior» es el sistema reflejo del cual se aprende. Todo lo «exterior» es información secreta para nuestro Yo; si dicha información se percibe como una oportunidad de aprendizaje, entonces nuestro Yo expande nuestra nivel de consciencia. Todo Yo encuentra en su propia interioridad los más altos niveles de libertad, y aunque el sistema general exterior puede manipular la exterioridad material no puede nunca destruir nuestra libertad interior. De la máxima falta de libertad, el Yo interior puede aprender a ser libre. Es justamente cuando se produce la carencia (insatisfacción) cuando podemos encontrar en nuestra interioridad (Tiferet) la verdadera satisfacción, porque allí se encuentra el núcleo más profundo del Yo y es donde se percibe el vacío que me conecta con el Ein Sof, y es allí donde soy realmente libre, sin las condiciones de ninguna presión exterior.

Por ese motivo, con una modificación de las percepciones del Yo, elevamos la autoestima del Yo en la Tiferet de modo que la presión exterior (aunque real) no ejerce el poder que pretende ante un centro tiferético potente. El Yo puede resistir la presión exterior hasta la muerte física. El entrenamiento que tenemos que hacer de nuestro «Yo» frente a la presión exterior es fundamental. Recordemos que la palabra entrenamiento en hebreo es *Imun* que proviene de «Emuná» (confianza). La palabra «Emuná» se utiliza habitualmente como «Fe», sin embargo, el sentido más cercano es el de confianza.

Mientras adquirimos más entrenamiento más confianza ganamos, y mientras más confianza tenemos más entrenamiento queremos. Y así ingresamos en un círculo virtuoso. Al ingresar en dicho círculo virtuoso, todo «golpe exterior» queda anulado (o por lo menos reducido); anulamos (o reducimos) el mal porque hemos creado un mundo interior capaz de crecer, y crecer sin ser paralizado por los miedos sociales exteriores.

El círculo virtuoso personal que hemos creado constituye nuestra verdadera identidad interior. Si logramos crear una Tiferet fuerte, un núcleo personal

---

de la falta de desarrollo dimensional, entonces puedo ir enfocando la debilidad dimensional e ir planificando la forma del desarrollo ulterior de la dimensión débil o no desarrollada. Si organizo un sistema compensatorio, a largo plazo anulo una dimensión y «me frustro». La frustración es la conciencia del no-desarrollo de una dimensión en particular. Si reprimo la frustración por la compensación de otras dimensiones, entonces me vuelvo «inconsciente» de mi frustración. Si hago emerger a la superficie mi falta de desarrollo en esa dimensión, asumo mis límites y, a partir de la conciencia de dichos límites, puedo desarrollar lo que deseo desarrollar.

de felicidad interior independiente de la materialidad, entonces la felicidad será constante, y provocará estados de felicidad ascendentes. En cambio, si nuestra felicidad es dependiente de factores externos, entonces ante cada modificación o desaparición de un objeto externo cambiará automáticamente nuestra felicidad por la infelicidad, debido a que la felicidad está atada a las dimensiones inferiores de la materialidad.

La confianza[170] me otorga seguridad en mi Tiferet, y entonces, al desear automáticamente un entrenamiento de mi Daat, y al elevar mi nivel de consciencia, adquiero un grado de felicidad tal[171] que esto provoca un aumento automático de mi confianza dentro de mi Tiferet, y así vuelvo a operar sobre mi Daat alcanzando cada vez una mayor ascensión dentro de un proceso que logra establecer grados mayores de felicidad. El proceso comienza con mi fuerte autoconfianza dentro de mi Tiferet, para luego seguir su propio curso, porque la felicidad trascendente del Yo es de tal magnitud que no depende de la energía proveniente de los niveles inferiores. Por supuesto, continúan elevándose las energías psíquicas inferiores desde las dimensiones más bajas hacia las más altas, porque en esencia ninguna es alta ni ninguna es baja, todas son esenciales para el crecimiento de la estructura general del Yo.

Y así podemos definir el estado de Keter, por el cual alcanzamos una sensación de felicidad porque ahora todas las conceptualizaciones de la Biná y todas las simbolizaciones de la Jojmá ya no trabajan como obstrucciones de mi Tiferet (Yo interior), sino como anclas transitorias para acceder a los niveles superiores. En este punto logramos que la psique no se vea encerrada en su propio mundo psíquico, sino que, al relacionarla con el orden cosmogónico, la psique queda liberada de sus tendencias entrópicas subjetivas.

---

170. Una falta de confianza en sí mismo (baja autoestima) puede generar explosiones de «superioridad del Ego» como forma de compensación. El «Ego» necesita elevar artificialmente el Yo a través de un camino negativo, porque dicha elevación no se produce en la interioridad del Yo, sino en la exterioridad social. El «Ego» busca el reconocimiento social exterior porque el Yo interior de la Tiferet no se encuentra desarrollado. Los desequilibrios emocionales de la Tiferet se pagan muy caros debido a que muchas relaciones se establecen desequilibradamente. Por ejemplo, algunas personas con baja autoestima pueden sentir que cuando las «ayudan» esto es un símbolo mayor de inferioridad. Estas personalidades no pueden percibir el amor al prójimo como «amor» más que desde su estado de inferioridad. El Ego del Yesod, por otra parte, «tapa» al Yo de la Tiferet y lo controla, es decir, el Yo que se autopercibe como inferior queda controlado por un Ego que hace sentir al Yo justamente como superior, pero le hace sentir superior justamente para controlarlo. El Yo transformado imaginariamente como superior por el Ego queda bajo su control. El Ego de la Yesod asume el control del Yo de la Tiferet a través de una compensación ilusoria.
171. Es la felicidad interior de la Tiferet que no depende de ningún factor externo. El nivel de felicidad del Yo en la Tiferet se mide por el nivel de control del Ego yesódico; nunca existe anulación del Ego, sino control del Ego por parte del Yo.

60. El Universo de Atzilut

«La investigación sobre el infinito es infinita».

MARIO SABAN

Quiero explicar que la relación con el «orden cosmogónico» no se da en el orden natural de los instintos animales, sino en el orden de la mayor conciencia de abstracción mental. Hago hincapié en este punto, porque me parece que los junguianos admiten que el «Inconsciente colectivo» proviene de lo «reprimido animal» en términos objetivos. Esta es probablemente la diferencia entre lo freudiano y lo junguiano, ya que ambos hacen referencia a lo «reprimido», Freud de forma subjetiva, y Jung de forma objetiva a través de los «arquetipos».

Dentro de la psicología del misticismo judío, los «arquetipos junguianos» no operan en relación con los instintos generales objetivos, sino como modelos simbólicos superiores en el nivel de la Jojmá. La única forma posible de reivindicar la posición de Jung se establece cuando decimos dentro de la cábala que «Keter se encuentra en Maljut y Maljut en Keter». Porque si lo «instintivo objetivo» (de Maljut) es reprimido, entonces esta «represión objetiva» crea canales de simbolización en el nivel de la Jojmá psicológica. En cambio, la posición de la cábala hace referencia a que los arquetipos objetivos no son metafísicos, sino que en realidad son existencias objetivas en el plano físico (las Sefirot: las diez dimensiones).

En realidad, Jung llegó a operar dentro de la Jojmá psicológica (metafísica) y la cábala opera en dicho plano dentro del Universo de Yetzirá; sin embargo, el misticismo judío explica que más allá de la psique al existir objetivamente los universos de Briá (la Creación) y de Atzilut (la Emanación), en realidad allí estamos operando en universos físicos que se encuentran más allá de la psique. Por lo tanto, si los arquetipos junguianos operan (y la psicología del misticismo judío está de acuerdo) dentro de la Jojmá del sujeto (Universo de Yetzirá), en realidad las Sefirot no son solamente símbolos metafísicos en la interioridad de la psique (Jojmá psicológica), sino que son también y fundamentalmente realidades físicas que operan como energías infinitas dentro del mismo Ein Sof (Jojmá Cosmogónica o Universo de Atzilut); y en ese sentido, no estamos haciendo referencias a entes simbólicos (arquetipos junguianos), sino a realidades energéticas cosmogónicas dentro del mismo Ein Sof (Universo de Atzilut).

Por lo tanto, Freud en la Biná psicológica y Jung desde la Jojmá psicológica comprendieron los mecanismos de «represión» de los niveles inferiores, y debemos ser conscientes de que al existir universos más elevados que la «psique», esta tiene que reconocer sus limitaciones en cuanto a su relación a dichos universos. Ignoramos el funcionamiento de la «Eternidad y la infinitud del Ein Sof» y su esencia (Atzmut), y esta falta de conocimiento físico superior en el orden cosmogónico no puede ser reducida a una represión de la psique en el Universo de Yetzirá, porque entonces la Psicología estaría justificando como «reprimido» todo lo que realmente ignora. No podemos jamás categorizar dentro de la represión del Inconsciente lo ignorado objetivamente del nivel de Sod por nuestra falta de un aumento del Daat (el Conocimiento).

Así pues, desde esta perspectiva, todas las herramientas finitas de los niveles dimensionales de la Biná y de la Jojmá ahora se encuentran para ayudar a elevarme a Keter, lo que implica que no se encuentran al servicio de mi paralización.

Toda paralización, ya sea conceptual (en la Biná) o simbólica (en la Jojmá), constituye «idolatría». ¿Qué significa la idolatría en estos términos? La idolatría se puede producir cuando cualquiera cree haber llegado a «algo», porque la idea del Ein Sof es no haber llegado nunca a ningún lugar.

Por lo tanto, la felicidad que propone la psicología del misticismo judío es la felicidad que se encuentra independientemente de los objetivos materiales transitorios, la felicidad que se encuentra en la máxima interioridad del ser humano.

Cuando el Yo encuentra en su vacío interior la máxima oportunidad para desplegar su máxima potencialidad oculta, es cuando aparece el sentido de la existencia, porque la existencia es la consciencia de todo nuestro potencial. Y el potencial verdadero se alcanzará en el futuro cuando las energías psíquicas puedan ser compatibles científicamente con las energías cosmogónicas objetivas de los universos superiores (Briá y Atzilut). Mientras realicemos un estudio de la psique en términos restrictivos al Universo de Yetzirá (la Formación) y su relación con el Universo de Asiá (la Acción), estaremos relacionando la psique con lo biológico. En cambio, la psique debe ser relacionada con las energías cosmogónicas generales de la física, y no debe ser reducida a su capacidad represora de lo «animal». Aunque liberemos la represión que la psique realiza de los elementos inferiores, siempre por su condición natural la consciencia tiende a ascender a estadios de mayor abstracción, porque esta es su naturaleza. En el momento en que la consciencia se escinden de la existencia (se despliega el Universo de Yetzirá sobre el de Asiá), a partir de ahí, toda la dinámica de las energías psíquicas del Universo de Yetzirá tiende a elevarse sobre los universos superiores. En otros términos, la consciencia que nació para elevarse de modo abstracto sobre la materialidad animal ya no tiene retorno a dicha materialidad biológica, sino que tiene que continuar subiendo hacia los grados más altos de su potencial oculto. El camino del alma es hacia el Ein Sof (Nefesh, Ruaj, Neshamá, Jaiá y Iejidá). Es verdad que debemos equilibrar de forma permanente nuestro Nefesh, porque en realidad a medida que la conciencia avanza sobre el reconocimiento de los estados más elevados de la psique, se producen nuevas escisiones en relación a los estados inferiores.

Sin embargo, todo objetivo de ascenso es «transitorio», porque cuando dicho objetivo parece real, esto constituye un elemento de parálisis en la ascensión de mi Yo; entonces dicho «elemento» puede ser considerado como idolátrico.

Creemos que el objetivo final es Keter, y es justamente ahí donde se encuentra la trampa. Keter no se encuentra en ningún «lado» ni en ningún «algo» (espacio), sino en el proceso continuo de ascensión al Ein Sof. La idea de haber llegado a algún sitio en particular constituye para el misticismo judío la idolatría más radical e imperceptible. La idea de haber llegado a algún sitio produce un falso mérito que paraliza la extracción de las potencialidades interiores del sujeto, y todo automérito, por definición, tiende a paralizar todo avance hacia Keter. Por lo tanto, la satisfacción de los objetivos materiales alcanzados es positiva hasta los 40 años (para la gran mayoría de los cabalistas), en cambio, a partir de ahí, la verdadera satisfacción debe ser interior, a pesar de que el nivel del Ego en la Yesod sigue operativo.

Nos dirigimos hacia Keter para continuar elevándonos de un nivel de consciencia a otro nivel de consciencia superior, y el precio que hay que pagar es una mayor escisión de la consciencia con relación a la existencia. En verdad, comienza a operar una paradoja existencial: mientras más aumenta nuestra consciencia deberíamos escindirnos más de la existencia, sin embargo, como una recta que comienza a curvarse, la consciencia subjetiva, al ser consciente de que pertenece a una consciencia objetiva general, cada vez percibe la no-existencia del Yo en cuanto a fragmento de la totalidad.

Sabemos que entre Keter y el Ein Sof no hay nada más que nos obstruya en calidad de intermediarios, y, por lo tanto, sin intermediación, Keter puede ser considerada (vista desde nuestra finitud) la percepción del Ein Sof dentro de nuestra estructura fragmentada.

Ni los conceptos ni los símbolos son energías en sí mismas, sino que son mecanismos para alcanzar energías superiores. Abraham Abulafia decía que nuestros pensamientos aún son velos (vestimentas) de las energías secretas que operan detrás de la realidad. ¿Cuántos velos existen? ¿Cómo sabemos que nos encontramos ante el núcleo esencial de un asunto? La única esencia real es el Ein Sof, y, por lo tanto, los niveles de aumento de consciencia son infinitos desde nuestra estructura finita.

Siempre debemos pensar que existe un velo, porque el «velo» representa nuestro propio límite. No debemos tener nunca la consciencia de «haber llegado» (esta es, como dice el sabio cabalista Eduardo Madirolas, «la ilusión de Keter»). A donde hemos llegado siempre es a un velo que oculta una realidad secreta más allá de nuestros límites. Al único sitio a donde hemos llegado es a nuestra propia incapacidad de no llegar a un lugar más elevado. Todo límite mental representa nuestra incapacidad para traspasar dicho límite.[172]

Por ese motivo, el sentido de la existencia del ser humano es lograr destruir la mayor cantidad de velos posibles, descubrir la mayor cantidad de secretos de esta existencia, con el fin último de ampliar constantemente la consciencia; la superación constante de los límites subjetivos y, al mismo tiempo, (paradójicamente) reconocer nuestros límites, y así acumular las energías psíquicas necesarias, y así continuar avanzando.

Por lo tanto, no debemos «literalizar» el concepto, ni «literalizar» el símbolo, porque al materializarlo creamos un velo que nos impide captar las energías superiores ocultas detrás de un concepto y de un símbolo. Todo tipo de materialización (por la vía de la conceptualización o por la vía de la simbolización) constituye un problema para la superación constante de los límites mentales. Cada concepto o cada símbolo puede transformarse en idolatrías ideológicas peligrosas para el avance hacia el Ein Sof.

En definitiva, al alcanzar la subdimensión del Keter de la Biná y la del Keter de la Jojmá alcanzamos el Keter en su totalidad. Sin embargo, debemos soportar la última paradoja, la sensación de haber alcanzado la Corona (Keter), porque nunca llegaremos realmente a Keter; porque siempre debemos tener presente que el Keter no es (y nunca será) el Ein Sof.

---

172. He explicado la teoría de las resquebrajaduras o fisuras en la Biná para poder flexibilidad nuestros marcos conceptuales.

61. ¿Hasta dónde ampliar nuestro Kli?

«Desde el día en que el Templo fue destruido, el espíritu profético dejó a los profetas y pasó a los sabios».

BABA BATRA 12B

Tomando en cuenta que el camino del Yo en su esfuerzo de crecimiento constante y superación (mesianismo subjetivo) nunca termina en esta existencia física espacio-temporal, nosotros tenemos las posibilidades de ampliar nuestro Kli de acuerdo no solamente con la raíz de nuestra alma, sino de acuerdo con el esfuerzo que realmente realicemos en todo el sistema dimensional.

Como nosotros nunca podremos alcanzar el Ein Sof, solamente podremos percibir el fragmento interior del Ein Sof que se encuentra en nosotros mismos. Y justamente a esto es a lo que podemos denominar «Keter», a la autopercepción feliz de trascendencia que llevamos dentro de nuestra interioridad. El estado de Keter es la consciencia de pura potencialidad.

El verdadero trabajo de la Merkabá psicológica es descubrir quién soy «Yo».[173] Sin embargo, a partir de este descubrimiento debemos[174] ampliar y expandir el Yo hasta los grados más altos del No-Yo.[175] Y cada vez que aumenta el autoconocimiento personal y nuestro conocimiento exterior al Yo, que están completamente interconectados, entonces podemos percibir el sentido de nuestra existencia; porque el sentido de nuestra existencia se puede

---

173. Para que el alma salga en paz de esta existencia material debe necesariamente cumplir el sentido de su existencia, de lo contrario, si no lo cumple, entonces no podrá tener la paz interior necesaria para irse de este mundo material. Y debemos conocer un gran secreto del judaísmo: quien destruye a su prójimo no va al infierno, «Él mismo es el infierno», por lo tanto, ya tiene el infierno en su interior.
174. Cuando decimos «debemos» no implica necesariamente que todos deben alcanzar estos niveles. Cada persona se encuentra feliz en su nivel, y no es necesario cambiar de nivel a una persona feliz. El problema de cambiar el nivel de consciencia se produce cuando la persona se siente infeliz en su nivel y desea cambiar y elevarse de nivel. No todos deben ascender de nivel, cada uno debe encontrar en la existencia el nivel en que se siente feliz. Ahora bien, la cábala establece que el Yo que desea alcanzar la felicidad máxima tiene que necesariamente pasar del estado del Yo o al No-Yo.
175. Los grados del No-Yo comienzan dentro de la dimensión de la Jojmá y, por supuesto, se potencian en Keter. Cuando dejamos la Biná protectora para pasar a la Jojmá, nos comenzamos a liberar de nuestras ilusiones subjetivas para pasar a la trascendencia objetiva.

alcanzar cuando le otorgamos sentido a cada hecho (sea este acontecimiento absolutamente material o un acto más profundo dentro de las dimensiones más elevadas).

El problema es que siempre será el Yo quien nos conduzca al No-Yo, y el No-Yo nunca es alcanzado porque siempre nos acompaña nuestro Yo; por este motivo, dicha consciencia debe ser denominada como «Yo/No-Yo», ya que siempre existirán residuos del Yo que se filtrarán a los estados superiores de consciencia. Sin embargo, desde el No-Yo podremos percibir nuestra subjetividad en una perspectiva cada vez más unificadora, que automáticamente nos otorgará una mayor tranquilidad o paz interior, porque si no logramos alcanzar la «paz interior» tenemos una imposibilidad absoluta de comprender el sentido de nuestra existencia. Ahora bien, el sujeto debe convivir en un estado paradójico, porque mientras se desarrolla en los niveles superiores de consciencia, no puede renunciar al mundo de la fragmentación de las dimensiones inferiores.

No podemos ampliar el Kli de recepción quedando anclados de forma permanente en nuestra propia subjetividad. Sin embargo, la estructura de nuestra subjetividad se encuentra diseñada (o identificada) con nuestra situación espacio-temporal. Mientras Yo no pueda pensar en términos de «Eternidad» fuera de la secuencia espacio-temporal no podrá acceder a los universos superiores de Briá y Atzilut, y si el Yo piensa siempre dentro del orden espacio-temporal, buscará de forma permanente una seguridad imaginaria inexistente.

Podemos decir que nunca vamos a saber quién es el Yo más que en la medida que se haya llegado a afrontar algún grado de No-Yo. La definición conceptual de mi Yo (en la Biná) se debe enfrentar a otro concepto que denominamos como No-Yo. Ahora bien, ¿qué es el No-Yo? Todo lo que es exterior a mi Yo. Sin embargo, la máxima consciencia se alcanza cuando sabemos que nuestro Yo es inexistente en términos del Ein Sof y que todo en realidad en los niveles superiores es No-Yo.

Entonces situamos nuestro Yo fuera de los conceptos subjetivos antropocéntricos, y lo ubicamos dentro de conceptos más integrales en términos cosmogónicos. El Yo no necesita disolverse conceptualmente en el No-Yo, realmente pertenece al estado del No-Yo, pero debe creer imaginariamente que es algo autónomo, así como un Yo separado. Es nuestra Biná (el Entendimiento) la que nos «subjetiviza», la que nos otorga consciencia de existencia individual, pero nuestra Jojmá debe operar destruyendo la absoluta subjetividad que provoca la Biná, porque la Jojmá opera dentro del campo de una verdad objetiva, porque todo lo objetivo se relaciona con la «Eternidad» del infinito, y todo lo que se encuentra dentro del vacío por ocupar un sitio dentro de la secuencia espacio-temporal necesariamente distorsiona la realidad.

62. Diferencias entre la verdad y el conocimiento

«El necio lo cree todo pero el hombre inteligente comprende».

PROVERBIOS 14:14

No existe «verdad» en los universos de Briá, Yetzirá y Asiá, porque estos tres universos representan los mecanismos del Árbol del Conocimiento del Bien y del Mal, y sabemos que cuando operan el «Bien» y el «Mal» la verdad se ha distorsionado. Hay «verdad» cuando se acepta lo que es como es. El sistema «del Bien y del Mal» tiene dos problemas graves y superpuestos.

El primer problema es el tiempo-espacio del Universo de la Briá (la Creación), donde el Yo se cree cognitivamente como algo autónomo fuera de la realidad cosmogónica, y el segundo problema, que pertenece al orden del Universo de Yetzirá (la Formación), es la construcción cultural de nuestros valores. Cuando podemos «liberarnos» de los condicionamientos axiológicos culturales, nos es muy difícil liberarnos de los dos condicionamientos que nos estructuran, el tiempo y el espacio.

Por ese motivo, podemos decir que existen dos grados de «Conocimiento» que nos acercan a la verdad. El primer grado de «conocimiento» lo encontramos en los dos universos inferiores de Yetzirá y Asiá, es el conocimiento fragmentario al que estamos habituamos, y es nuestro propio nivel de autoconocimiento personal. Este primer grado de «Daat» (el Conocimiento) dentro del Universo de Yetzirá nos eleva psicológicamente para comprender que debemos dar un salto a los dos universos superiores de Briá y Atzilut, pero para ello debemos romper la centralidad cognitiva de nuestro Yo, y comprender la física del universo sin la influencia de las coordenadas del tiempo y el espacio. Podemos decir que los diferentes niveles de «Conocimiento» (Daat) podrían ser considerados como niveles de acercamiento a la «Verdad», porque sabemos dentro del misticismo judío que la única verdad real es el Ein Sof fuera de este vacío espacio-temporal. En la infinitud no existe el bien ni el mal, allí todo «Es» como «Es» en un presente continuo y eterno que no se encuentra condicionado por el desgaste del espacio-tiempo tal como nosotros lo percibimos dentro de nuestra materialidad más densa de la existencia.

El «Bien» y el «Mal» operan de forma reversible, son paradójicamente complementarios en los universos inferiores. Son las dos caras de la misma moneda. Tanto el «Bien» como el «Mal» representan la verdad oculta detrás de ellos. Lo que «Es» representa la energía raigal de cada dimensión (Sefirá); en cambio, cuando percibimos estas energías dimensionales en relación al centro de nuestro Yo, entonces algunas son «buenas» y otras «malas» con relación a la centralidad subjetiva espacio-temporal. Si hacemos el esfuerzo cognitivo de anular transitoriamente nuestro Yo en el nivel superior, y luego comprendemos la influencia de los factores de espacio y tiempo, entonces desaparecen tanto el bien inferior como el mal inferior, porque tanto el bien (la Midá) como el mal (la Kipá) son bien y mal frente a algo, y ese algo lo constituye la centralidad de nuestro «Yo».

Solamente en el Universo de Atzilut (la Emanación) existen verdades objetivas porque operan dentro de la Eternidad,[176] y allí las variables del tiempo y del espacio no distorsionan la realidad. El «Yo» percibe la realidad a partir de las distorsiones que provoca la secuencia del tiempo y del espacio. Por lo tanto, el Yo es en sí mismo una distorsión conceptual provocada por el tiempo y el espacio. Ahora bien, dicho Yo percibe su raíz en el Ein Sof eterno, y puede lograr con mucho esfuerzo operar dentro del Universo de Atzilut. Y aunque físicamente el Yo continúe existiendo en los grados más bajos de los tres universos espacio-temporales, es consciente de la realidad de la Eternidad fuera del espacio vacío. El «Yo» en su entropía psicológica es el causante del bien y del mal; si el Yo rompe con dicha entropía, al destruir temporalmente sus límites subjetivos se encuentra en el proceso de captar la mayor cantidad de energía proveniente del Ein Sof para aumentar constantemente su Kli de recepción.

Este es uno de los grandes descubrimientos de la cábala: los límites de la psique están determinados por la estructura física predeterminada del universo. Es la ciencia física la que puede determinar el funcionamiento del universo, por lo que la psique debe adaptar constantemente la estructura de su Yo al campo del No-Yo. Es el gran campo del No-Yo (el ámbito cosmogónico), que estudia la física. Y si la psicología (con la excusa del estudio autónomo de la

---

176. Las grandes verdades objetivas son las Sefirot (Dimensiones). Estas son las vasijas de recepción donde se pueden identificar las energías infinitas. Es la primera clasificación de las energías infinitas que podemos realizar.

psique) renuncia a las conexiones de la psique con el entorno y con su propia función dentro del orden cosmogónico, entonces el sentido existencial se reduce a las arbitrariedades del Yo; y lo que es peor aún, el Yo en su desesperado camino existencial puede hedónicamente bajar a las dimensiones inferiores para encontrar allí el sentido en los grados más densos de la materialidad. Y la materialidad es tan limitada para dar satisfacciones cognitivas superiores que todo se puede transformar en un sinsentido absoluto. Una existencia reducida a la materia rebaja las posibilidades de un aumento de la conciencia.

Si la Psicología opera dentro de los tres universos inferiores de Asiá, Yetzirá y Briá, la Física opera entre los universos de Briá y de Atzilut. Entonces debemos entrenar al Yo para operar en ambas direcciones, hacia su subjetividad en los universos inferiores y, al mismo tiempo, hacia su descentramiento en el Universo superior de Atzilut.

Otorgarle mayor consciencia abstracta a la Neshamá para que esta reconozca su situación inferior en el Ruaj y el Nefesh es un buen trabajo desde la Psicología tradicional, sin embargo, este no es el único camino de la Neshamá, ya que dicho nivel de alma debe necesariamente elevarse a mayores niveles de consciencia.

No hay forma de que el Yo se encuentre dentro de su máxima interioridad encerrándose en sí mismo, sino justamente en su expansión más allá de su centro subjetivo. Si el trabajo inicial en la construcción del sujeto (el campo de la Psicología tradicional) es la estructuración del Yo y la autonomía subjetiva, debemos trabajar en una segunda fase para que cada uno encuentre el sentido de su existencia. No es posible estructurar al sujeto y luego dejarlo inmerso en los universos inferiores como si estos fueran la única realidad existente, porque entonces fortalecemos la autonomía subjetiva sin un fin último trascendente y enviamos al sujeto al nihilismo del sinsentido existencial. Una Psicología sin una espiritualidad trascendente logra una autonomía fuerte en el sujeto para afrontar la realidad de las diversas patologías sociales, pero no le otorga un sentido real al Yo, sino un sentido fundamentado en la transitoriedad de la materia.

63. El trabajo posterior a la autonomía del sujeto

«El problema real no son las preguntas ni las respuestas, el problema real es si las preguntas fueron formuladas de forma correcta».

MARIO SABAN

Si el Yo siente que pese al esfuerzo de estructuración subjetiva no hay nada más que estos universos inferiores, entonces puede sentir que su alma se encuentra encerrada en su cuerpo y que esta existencia es una prisión. Esta sensación de prisionero del cuerpo material es la que lleva al peligroso sentimiento del sinsentido existencial. ¿Para qué entonces desplegamos tanto esfuerzo en lograr la autonomía subjetiva dentro de una sociedad patológica? La psicología del misticismo judío debe «normalizar» al sujeto haciéndolo consciente de un trabajo superior para alcanzar mayores niveles de consciencia. Si el Yo adquiere tal nivel de conciencia, no solamente siente que se encuentra frente a un proceso de descentralización subjetiva, sino que también logra una independencia de consciencia de su entorno, porque debemos tener cuidado ya que las presiones sociales (familiares) del entorno pueden hacer descender nuestros niveles de consciencia a la máxima densidad de la materialidad (Universo de Asiá).

Si estructuramos sólidamente al sujeto en su centro tiferético, no es para rebajarlo al Universo inferior de Asiá (la Acción), sino para otorgarle la energía suficiente de llevarlo a los estadios más altos de su capacidad potencial. Esto no significa que el sujeto renuncia a los universos de Asiá y de Yetzirá, sino que al trascenderlos los percibe de un modo completamente diferente. El «Yo» ya deja de vivir centrado en sus propias necesidades y deseos subjetivos (aunque estas necesidades y deseos inferiores continúan existiendo y deben ser satisfechos), y el Yo ya siente una sensación de «Eternidad constante». El «Yo» que existe históricamente dentro del orden espacio-temporal en los universos inferiores de Yetzirá y de Asiá, ahora eleva su grado de consciencia y comienza a existir trans-históricamente, porque cada vez le afectan menos las coordenadas del tiempo y del espacio.

La subjetividad no representa una cárcel del alma, sino justamente su manifestación existencial. En nuestra calidad de fragmentos del Ein Sof, somos partículas de la consciencia divina universal que operamos para aumentar la revelación de la información oculta que se encuentra en el interior del Ein Sof. En realidad existimos en un estado de Yo/No-Yo, donde operando dentro de la consciencia Alef no podemos renunciar al mundo de la Bet (fragmentación), y donde existiendo dentro del mundo de la Bet (Asiá y Yetzirá) lo trascendemos, otorgando a cada momento un sentido más allá del mismo instante, y más allá de nosotros mismos. Es una «Devekut» donde el Yo se siente No-Yo y, a su vez, continúa existiendo materialmente dentro de la subjetividad espacio-temporal.

Con la revelación de nuestra consciencia existe automáticamente la «trascendencia», porque la consciencia trasciende nuestra animalidad (pero no hacemos referencia a la consciencia moral, sino a la consciencia existencial, porque la consciencia moral está sujeta a los cambios culturales del espacio y del tiempo). Y aunque literalmente la Torá posee dentro de sí misma un orden moral, podemos demostrar que la evolución histórica del orden espacio-temporal ha cambiado sustancialmente el sistema de valores que se sostenía en cada época. Todas las modificaciones de nuestros niveles de consciencia (aumentos constantes de nuestro Kli de recepción) provocan automáticamente una modificación en las interpretaciones históricas del texto de la Torá. Por ese motivo, dentro del misticismo judío decimos que el verdadero funcionamiento de la Torá se denominará como Torá de Atzilut (de la Emanación) donde tendremos la capacidad de lograr un sentido de eternidad para nuestra existencia. Para llegar a este nivel superior de consciencia, deberíamos modificar completamente el funcionamiento mental dentro de las distorsiones que provoca el orden espacio-temporal.

Y al ser conscientes de nuestra existencia por la revelación de nuestra consciencia, logramos comprender que más allá de nuestra consciencia subjetiva indudablemente existe la consciencia general, porque si no hubiera existido consciencia general (es decir, información oculta detrás de la materialidad), nosotros no hubiéramos podido existir. Porque cada «alma» decodifica una parte de la información proveniente del Ein Sof, y es justamente la especial misión de cada alma en esta decodificación sustancial la que nos otorga el sentido de nuestra existencia dentro de la materialidad, aunque cuando ingresemos en Atzilut (la Eternidad) los conflictos inferiores desaparecerán porque no existirá más subjetividad que defender. El sistema actual de la Torá se fundamenta en el funcionamiento cultural que poseemos, porque cuando ya nadie tenga necesidad de robar, no tendrá sentido el mandamiento de no robarás... Porque si existe el mandamiento con este nivel de funcionamiento inferior de la Torá, es porque indudablemente nuestras consciencias no están aún preparadas para ingresar en el Universo de Atzilut, donde realmente la Torá se hará carne dentro de cada ser humano.

Dios no existe por una creencia infantil de nuestra inseguridad (en reemplazo de un Padre arquetípico), sino que existe porque nosotros existimos. Siendo nosotros la prueba consciente de nuestra subjetividad, debemos ser conscientes de que existe una consciencia más allá de nuestra subjetividad.

La antigua Psicología redujo todo el problema de las ciencias físicas objetivas al campo de la metafísica de la psique. Lamentablemente (o de modo beneficioso para nosotros), el universo físico sigue allí y contiene la información de nuestra psique, porque nuestra psique es un producto derivado de los niveles superiores cosmogónicos. Para estudiar la psique, la podemos separar del orden general cosmogónico, pero es una ilusión de la seguridad conceptual de la Biná; la psique sigue siendo parte de la naturaleza física de la realidad, se encuentra dentro de la misma naturaleza. La psicología, buscando su rigurosidad científica, creó un grado de entropía de la psique que la situó como el centro del paradigma ideológico de la modernidad. Por ese motivo nos preguntamos: ¿No es posible lograr al mismo tiempo la rigurosidad científica en un marco relacional con el Todo?

64. El abandono transitorio de mi centro subjetivo

«He visto a los que han subido y son muy pocos».

RABÍ SHIMÓN BAR IOJAI

Cuando abandono por un momento mi propio centro subjetivo denominado «psique» y veo el «Cosmos», no puedo ser tan soberbio y debo reconocerme como un fragmento del Ein Sof percibiendo a dicho infinito. Y esto no tiene una relación con el sistema cultural en el que me encuentre. Centrar en el sujeto todo el poder como hizo la Ilustración no ha sido beneficioso a largo plazo, porque hemos desarrollado mucho más nuestra Biná subjetiva que nuestra Jojmá. No hemos podido percibir la Jojmá y, en cambio, nos reducimos a intereses tan inferiores, dentro de la materialidad, que la Biná subjetiva ha estado en estos últimos tres siglos al servicio del progreso técnico dentro de la materialidad. Alcanzado un nivel científico considerable, si en este nuevo paradigma cultural no re-introducimos la Jojmá psicológica (la Sabiduría) que puede percibir la existencia dentro de un programa de largo plazo, estaremos al borde de nuestra desaparición como especie. Hemos logrado alcanzar altos niveles de Biná pero con una clara descompensación con la Jojmá, lo que hace que tengamos la posibilidad de mayor conflictividad por los elementos tecnológicos que poseemos. Los sistemas ideológicos se fundamentaron hasta el siglo XXI en el campo de la Biná (el Entendimiento-la Información), pero sin Jojmá, la Biná por sí misma puede utilizar negativamente los elementos inteligentes que hemos construido.

Justamente justificar mi posición de insignificancia subjetiva frente al «Cosmos» no se deriva del hecho de mi necesidad infantil de una búsqueda de un Padre arquetípico, sino del reconocimiento objetivo de mi posición finita y fragmentaria dentro de la realidad existencial.

Se produce entonces una situación inversa a la posición freudiana, es decir, mi máxima madurez la alcanzo al reconocer la descentralización de la subjetividad de mi posición. Por lo tanto, sostener una posición cosmogónica representa destruir las posiciones de soberbia subjetiva que centralizan la psique como el eje del universo existente, cuando en realidad la psique es un producto marginal (si bien representativo) de lo cosmogónico en general. La idea conceptual de Dios puede ser un producto religioso de ciertos momentos históricos infantiles, pero la idea física del Ein Sof es la aceptación de la realidad objetiva cosmogónica que no se puede relacionar con nuestra psique. Mientras que lo «religioso» opera dentro del campo de las ilusiones de las seguridades infantiles, lo «místico», y sobre todo el campo de la psicología del misticismo judío (la cábala), opera dentro del marco científico, y en un esfuerzo multidisciplinario.

Posiblemente, las tendencias «ateas» reafirmen su posición frente al concepto infantil de la Divinidad, pero tras el ateísmo y el panteísmo, llegamos indudablemente a admitir la existencia de una consciencia en el interior del Ein Sof, porque nosotros somos el producto fragmentario de dicha consciencia, lo que hace que nuestra limitada psique sea la prueba de una raíz de consciencia extra-subjetiva.

La justificación ideológica de la autonomía científica de la Psicología nos ha llevado por el camino de la desconexión de todo el sistema relacional de la psique con el entorno.

65. Diferencias entre la posición de Spinoza y el misticismo judío[177]

«Todas las definiciones de Dios llevan a la herejía».

ABRAHAM KOOK

Al Ein Sof, Baruj Spinoza lo confundió con la naturaleza y no estaba muy lejos de la verdad, simplemente le faltaba un paso más, y este paso lo dieron los cabalistas. ¿Por qué motivo Spinoza se acercó con su pensamiento filosófico a una posición parcial de la cábala? Es posible que por su maestro, el sabio rabino de Ámsterdam Saúl Levi Morteira (1596-1660). Sabemos que Levi Morteira tenía vastos conocimientos de todo el pensamiento judío (por supuesto, incluido el misticismo hebreo). Rabí Moshe Zacuto (1625-1698), uno de los autores de mayor profundidad de la angeología del judaísmo, fue alumno del rabino Levi Morteira. Así que existen grandes posibilidades de que cabalistas como Zacuto compartieran estudios con el joven Spinoza (1632-1677). Podemos decir, siguiendo el esquema del Árbol de la Vida, que Spinoza percibió la realidad desde la Biná, mientras que Zacuto la percibió desde la Jojmá. Sin embargo, me gustaría advertir que estudiando el símbolo del Árbol de la Vida uno puede encontrar que no es incompatible la coexistencia de un pensamiento racionalista, como el de Spinoza, con un pensamiento simbólico, como el de Zacuto. ¿Cuál es el trabajo que debe realizar la psicología del misticismo judío? El de percibir como «compatibles» elementos que aparecen en el plano de la realidad material como paradójicos. Si sabemos que las contradicciones se resuelven si operamos en un nivel superior, y si podemos llegar al nivel del Ein Sof donde no existe contradicción alguna, entonces podemos advertir que el conocimiento es objetivo en el nivel en que estamos operando, y que dicho conocimiento no nos sirve si modificamos el nivel dimensional.

Los cabalistas fueron aquellos hombres que dijeron que Dios también se encontraba en la naturaleza, como Spinoza (Dios dentro de la naturaleza

---

177. Sobre la relación entre el misticismo judío y el pensamiento de Spinoza aconsejo la lectura de la obra *La Polémica sobre la Kabbalah y Spinoza: Moisés Germanus y Leibniz* de mi querida amiga Lourdes Rensoli Laliga, en la colección Nova Leibniz, Granada, 2011.

se denomina con un término femenino, la Shejiná); sin embargo, la divinidad dentro de la naturaleza es la manifestación más baja de la consciencia oculta detrás de la materialidad de Maljut. Si admitimos que Dios se encuentra dentro de las energías manifestadas de nuestra realidad (tanto la material como los niveles más elevados), podemos llegar a una concepción panteísta de la existencia.

Los cabalistas y Spinoza están de acuerdo en un punto: Dios existe en la Naturaleza; en cambio, los cabalistas dijeron que la consciencia divina que se esconde dentro de la Naturaleza constituye la máxima contracción de la energía del Ein Sof, y que más allá de la Naturaleza existen energías sutiles que operan en grados dimensionales más elevados. ¿El concepto de la Naturaleza de Spinoza se reduce a la materialidad de Maljut o al conjunto de las dimensiones inferiores de los universos de Yetzirá y Asiá? ¿Y si el concepto de Naturaleza de Spinoza alcanza el Universo de Briá? Entonces Spinoza se va acercando al pensamiento de los cabalistas.

Sin embargo, algunos conceptos del misticismo judío (sobre todo del jasidismo) se acercan al panteísmo de Spinoza, aunque para la cábala, a pesar de que todo proviene del Ein Sof, nosotros tenemos conciencia subjetiva y, en cierto modo, no podemos confundirnos con Dios.

Si Spinoza entendía que Dios era la Naturaleza y los cabalistas entendían que Dios se encuentra en toda la naturaleza manifestada, ¿cuál es la sutil diferencia? Los cabalistas entendían que, como realmente la esencia divina se encontraba dentro del Ein Sof, no podemos decir que Dios equivale a la Naturaleza, porque en realidad, las energías infinitas del Ein Sof son las que han creado la Naturaleza manifestada dentro del vacío.

Spinoza al declarar que Dios es la Naturaleza, daba como infinito el orden de la Naturaleza, y no la existencia de un vacío. ¿Y si pensamos que el Ein Sof se encuentra en el orden de la Naturaleza? Entonces llegamos a la conclusión de que Spinoza coincide con los cabalistas. Simplemente nos quedaría un punto oscuro, porque mientras los cabalistas dicen que el Ein Sof tiene voluntad y, por lo tanto, conciencia objetiva de existencia, Spinoza no sabemos si le otorga o no Conciencia a la Naturaleza. Debemos tener mucho cuidado con las palabras que utilizamos porque de acuerdo con su uso en realidad podemos estar diciendo lo mismo, simplemente que no conocemos la definición conceptual en la que cada uno está trabajando.

66. La expansión de nuestro vacío interior y el peligro de la dogmatización

«La Torá te mata o te hace vivir, todo depende del receptor».

ABRAHAM ABULAFIA

En realidad, se presenta una paradoja esencial que debemos trabajar si queremos realmente acceder al centro de nuestro Yo. Mientras que en un estadio inferior (Tiferet) nuestro trabajo fundamental es el equilibrio de nuestro Yo y la consolidación de su estructura,[178] llegados a este punto, la Merkabá no se encuentra en el centro subjetivo,[179] sino en la posibilidad de expansión de dicho centro subjetivo, para alcanzar el estado del Yo/No-Yo que describiremos más adelante. El Yo tiene que vaciarse (hasta donde pueda, porque es imposible un vacío total permanente dentro del judaísmo) de su propia subjetividad, de lo contrario, a mayor satisfacción egoica, mayor insatisfacción real, y al abandonar las satisfacciones egoicas, se produce un aumento de la satisfacción real, porque la satisfacción real se encuentra en el grado de la interioridad tiferética y no en los grados de dependencia exterior.

Existe una primera condición para que mi «Yo» sea realmente «Yo», y esto significa pensar libremente. Ser libre. Cualquiera que «dogmatice», es decir, que establezca verdades absolutas de su existencia, está paralizando el «Yo» en un punto, y esto es indudablemente patológico. El Yo puede decidir libremente dogmatizarse, pero al renunciar libremente al libre albedrío causa una paralización del camino ascensional de la consciencia. De todos modos, no queda claro que el Yo se dogmatice a partir de un acto supuesto de libre albedrío, sino a partir del miedo que le causa pensar libremente de forma constante. El precio para la ampliación de nuestro vacío interior (que hace

---

178. Todas las terapias buscan la consolidación de la estructura, en cambio, la psicología del misticismo judío busca que esta consolidación en el nivel inferior pueda acceder a un sentido más profundo de su existencia.
179. El centro subjetivo de la Tiferet lo que provoca, además del positivo refuerzo de nuestro Yo, es que puede subjetivizar toda la realidad. La psicología del misticismo judío entiende que el sujeto puede liberarse de su propia subjetividad si esta le provoca una parálisis en su propio avance.

de vasija permanente de recepción de energías) es el esfuerzo de ejercitar de forma permanente el libre albedrío. Como no todos los sujetos optan por pagar este precio (que conlleva un duro esfuerzo personal), entonces prefieren sostener puntos estáticos dentro de la realidad que les otorguen la ilusión de seguridad. Ahora bien, dicha ilusión de seguridad no se obtuvo a través del libre albedrío, ni es consecuencia de una mayor estructura de la subjetividad, sino justamente de la falta de solidez de las ideas y de los valores que sostienen que no pueden ser confrontados libremente. El temor a que se caiga todo el sistema de valores subjetivos, y con él toda su identidad subjetiva, provoca automáticamente que el sujeto renuncie al acceso a los universos superiores; porque el nivel de destrucción de los miedos subjetivos tiene que ser de un alto grado para obtener esa solidez interior que otorga el acceso a la Jojmá psicológica que produce el estado del No-Yo.

Dijo Rabí Isaac Luria que: «cada hora tiene su poder». ¿Esto qué significa? Significa que mi «Yo» es un yo en movimiento. No puedo saber quién soy Yo o qué soy Yo de modo estático. Cuando intento realizar un análisis fijo, automáticamente dogmatizo la realidad y dogmatizo mi propio Yo que queda completamente controlado por mi propia percepción porque mi percepción se encuentra estancada. Todo análisis debe llevar dentro de sí mismo la capacidad de conceptualizar el movimiento, porque si no operamos dentro del dinamismo general y volvemos «estática» la realidad, siempre estudiaremos un momento exclusivo de la realidad y no la realidad en movimiento. Es más, el «Yo» siempre debe encontrarse en movimiento para alcanzar niveles más elevados de consciencia.[180] Toda la tradición del

---

180. Como explica la nota 56 del segundo volumen del *Tania* (Likutei Amarim) segunda parte «Shaar Ha Ijud Ve Ha Emuná» del Rabí Schneur Zalman de Liadi, sección Jinuj Katan, página 11: «Cuando la persona se encuentra constantemente en el mismo nivel, o incluso cuando avanza en etapas finitas de un nivel comparable con el próximo, no hay necesidad de abandonar el nivel previo antes de poner el pie en el nivel siguiente; por el contrario, la posición anterior bien podría resultar útil para dar el paso ascendente siguiente. Cuando la persona es realmente móvil, sin embargo, escalando de un nivel a otro infinitamente más alto, su nivel previo –limitado en comparación con el nivel que esta por alcanzar– realmente obstaculiza su progreso. De hecho, si aspira a madurar a un nivel espiritual más excelso, debe antes librarse de su nivel anterior». (Nota del Rebe: «similar a Rabí Zeirá, quien ayunó a fin de olvidar el Talmud de Babilonia como prerrequisito para lograr el dominio del espiritualmente más elevado Talmud de Jerusalén». Compárese con Talmud Bavá Metziá 85ª. Likutei Amarin: *Tania*, segunda parte, traducción castellana del Rabino Natán Grunblatt, basadas en las clases del *Tania* dictadas por el RabiNoYosef Wineberg, editado por Kehot Lubavitch Sudamericana, Buenos Aires, 1995.) Cuando este texto dice que la persona debe librarse de su nivel anterior, esto no implica que debe abandonar una dimensión inferior del Árbol de la Vida por otras dimensiones más elevadas, sino que debe

misticismo judío libera las energías subjetivas para ascender hacia grados más elevados de consciencia.

Lo paradójico es que el dogmatismo nos entrega un estado de «protección» ilusorio. El miedo al riesgo de vivir se transforma en «dogmatismo»; porque el dogmático crea una estructura de defensa mental de sus propios «miedos». El dogmatismo, pues, no opera dentro de los límites naturales de su propia capacidad, sino que se autoincapacita a extraer todo el potencial subjetivo a partir del establecimiento de los límites «anticipatorios». Existe una relación directa entre los miedos y los límites anticipatorios.

El «ser libre» significa que cada uno debe enfrentarse a todos sus miedos interiores porque, de lo contrario, quedaría esclavizado en su propio Yo mental. Debemos (a través de la mente) liberar al Yo mental, como última liberación completa para acceder a la Merkabá. Todas las ideas pueden ser puntos estáticos que se convierten en dogmas. En cualquier idea, en cualquier objeto, en la idealización de cualquier sujeto se puede construir un dogma. Por ese motivo decimos que quien opera dentro del campo de la Biná busca las respuestas y quien opera dentro del campo de la Jojmá busca las preguntas. Es más, debemos tener cuidado con los límites conceptuales donde operan nuestras preguntas, porque también las preguntas como son conceptuales operan en campos finitos de la realidad. Así que debemos preguntarnos sobre los condicionamientos espacio-temporales del sistema de preguntas en el que estamos trabajando. Si el sujeto siempre se realiza las mismas preguntas, entonces es posible que sin una intencionalidad definida se encuentre dogmatizándose a través de los interrogantes, y las preguntas que debían funcionar como un elemento liberador de la psique para alcanzar mayores niveles de consciencia, pueden terminar siendo utilizadas como formas encubiertas de dogmatismo.

El dogmatismo busca en cualquier lugar un punto fijo y estático para construir una ilusión de seguridad. El psicólogo especializado en el misticismo judío debe destruir todos los sistemas de seguridad, para liberar al Yo de todas

---

trabajar para refinar todas las dimensiones con el objetivo de elevarse a grados de conciencia superior. Ahora bien, para el misticismo judío, la elevación hacia grados de consciencia superior no impide que el ser humano siga operando en los niveles dimensionales inferiores. Quiero dejar claramente expuesto este punto, porque lamentablemente se confunde el concepto de «librarse de su nivel anterior» como una renuncia a los niveles dimensionales inferiores. Reiteramos que dentro del misticismo judío elevar nuestro nivel de consciencia no implica renunciar a las energías operativas en las dimensiones inferiores. El aumento de los niveles de conciencia debe operar en todas las dimensiones de forma simultánea.

las posiciones estáticas. La «ilusión de seguridad» provoca automáticamente la pérdida de la libertad interior. Es cierto que podemos utilizar las posiciones estáticas transitoriamente para «descansar» pero con el objetivo de continuar elevándonos a los niveles superiores de consciencia.

Es más, la necesidad de seguridad puede conllevar a un desplazamiento de la libertad subjetiva a «Otro», que otorgándome la ilusión de seguridad se aprovecha y podría eventualmente manipular su libre albedrío.

Todo dogmatismo tiene una doble vertiente peligrosa, en términos personales, ya que el sujeto pierde flexibilidad mental porque todo dogma es un obstáculo para su crecimiento espiritual, y pierde su autonomía al entregar a «otro» el ejercicio de su libre albedrío con el fin de que el «otro» hipotéticamente le garantice su ilusión de seguridad.

Cualquier intento de dogmatizar el Yo hace justamente que nuestro Yo se escape, porque la esencia del Yo es percibir su propia dinámica, y es entonces cuando se debe aplicar la condición de energía en movimiento al Yo, es decir, poder percibir el Yo como un proceso constante de expansión y reducción, y viceversa. Quien intente realizar una descripción estática simplemente podrá describir y comprender la historia del Yo, pero no el Yo real en su dinámica. Entonces si no se comprende el Yo (y todo su entorno) dentro del proceso continuo, realmente no se accede a una comprensión real.

Ahora bien, lo más complicado no es simplemente percibir el Yo de modo estático, sino existir dentro de la experiencia de forma estática. La dogmatización de la existencia constituye el fin de toda elevación espiritual. Al paralizar las «ideas» en un punto fijo de la realidad, el movimiento de la realidad y del propio Yo dentro de dicha realidad se va alejando de la percepción mental que ha quedado estancada dentro de una dogmática determinada.

Todo ascenso en el nivel de consciencia propone romper y destruir todos los puntos estáticos que pueden constituir dogmas. Sin embargo, la ruptura con toda dogmática determinada no causa simplemente una profunda transformación de la estructura subjetiva, sino una «amenaza social» a las instituciones establecidas, que en general se sostienen dentro de una dogmática definida.

Todo el dogmatismo institucional posee una perversión interna porque sus miembros no están convencidos de dichos dogmas, sino que utilizan dichos dogmas para sostener la estructura institucional; es más los sujetos aceptan incondicionalmente las condiciones estáticas dogmáticas de las instituciones por la retribución económica o el prestigio social. En definitiva, las instituciones tradicionales operan en el marco del sistema de fragmentación inferior. Entonces, ¿cómo puede el Yo buscar su propia identidad subjetiva que se encuentra siempre en proceso al mismo tiempo que debe aceptar los condicionamientos de las estructuras institucionales dogmáticas? Sabemos por la experiencia histórica que la modificación cognitiva dentro de las estructuras institucionales es siempre más lenta que los cambios que se pueden operar dentro de la estructura de la subjetividad.

Entonces, nos encontramos con dos tipos de dogmatismos diferentes, el dogmatismo institucional y el interior de nuestro propio Yo. Con relación al dogmatismo institucional, este eventualmente puede ser estratégicamente «saltado» porque podemos existir con el mínimo contacto con los organismos institucionales, por lo que la principal tarea debe ser la búsqueda de la mayor flexibilidad cognitiva dentro de nuestra subjetividad, esto es, destruir todos los dogmatismos posibles que nos paralizan en nuestro crecimiento de conciencia.

El místico del judaísmo, al operar de forma libre, y en una constante comunicación con el flujo de energía proveniente directamente del Ein Sof, no necesita de estructuras con el poder de intermediación, no se enfrenta a las estructuras institucionales, al contrario, las ignora, porque estas últimas desgastan las energías psíquicas de los sujetos en el mundo exterior de la materialización del nivel de Bet.

Es interesante destacar el problema de Freud en este punto. Lamentablemente, Freud asoció (y entiendo que dada la época en que Freud nació y vivió fue realmente un análisis serio y ajustado a la realidad del momento) la religión con la cultura. En otros términos, Freud entendió que el aparato cultural externo al Yo (Yesod) era una estructura opresora del Yo (tensión entre el Yo de la Yesod con el Yo interior de la Tiferet). Así la religión institucional (recordemos la historia de Europa donde la institución religiosa era parte del poder político de turno) constituía un sistema represivo asociado a la cultura en general. Citamos un texto que nos parece importante:

> «En este contexto, cultura es para Freud todo lo que separa al hombre del animal, comportando, por una parte, todo el poder y el saber conquistador del hombre en su dominio de la naturaleza, y, por otra, toda la organización necesaria para regular las relaciones humanas. Pero, junto a esto, hay que añadir algo que es esencial desde la perspectiva psicoanalítica: la cultura se apoya en la represión de las pulsiones, llegando en ocasiones a imponer tal sacrificio en la renuncia pulsional que, de hecho, esa misma cultura se convierte en algo intolerable para

muchos de los sujetos que la conforman. De ahí que se pueda justamente afirmar que en cada individuo existe virtualmente un enemigo de la civilización. La cultura, pues, desde este punto de vista, se ve también forzada a emprender una importante actividad para defenderse de la continua amenaza de destrucción que sobre ella pesa.

»La posición de Freud en este punto es sumamente pesimista y figurará como un contraste más con la posición de Pfister, quien, según tuvimos ya oportunidad de ver en su crítica al *Malestar en la cultura*, consideró injusto valorar la civilización tan sólo desde sus urgencias y conflictos, perdiendo de vista lo que ella nos ofrece también en sus logros y sus delicias.

»Para Freud, sin embargo, las instituciones sociales están ahí esencialmente para ejercitar una coerción, dado que la masa no renunciará nunca de buen grado a la permanente limitación pulsional a que se ve forzada en aras de la civilización. No basta siquiera que se logre una justa distribución de la riqueza. Y en ello Freud muestra su escepticismo sobre lo que cualquier tipo de revolución, la rusa incluida, pudiese lograr en orden a aumentar el cupo de felicidad de los hombres, ya que, bajo su punto de vista, se trata esencialmente de una cuestión psicológica más que estrictamente económica».[181]

Ahora bien, es interesante que Freud se encuentre percibiendo la realidad estrictamente desde la Maljut psicológica (los estados pulsionales), es decir, desde los instintos animales de nuestra constitución biológica. Lo animal de nuestra Maljut queda reprimido por el Yesod del Yo social que tiene que adaptarse a las exigencias externas. Ahora bien, nosotros no percibimos la represión de la sociedad (la cultura, y dentro de ella la religión) como factor de dominación de las pulsiones animales. Lo que nosotros estamos diciendo es que poseemos un Yo interior (Tiferet) que incluso es superior al Yo social. Por supuesto, y Freud lleva la razón cuando afirma que la pulsión biológica ha sido reprimida por la organización social, de lo contrario no existiría ningún tipo de orden social. Sin embargo, nosotros estamos mirando el Árbol de la Vida psíquico desde arriba, porque partimos de la base de que la idea del ser humano y su diferencia con el resto de las especies es elevar sus niveles de conciencia más allá de su animalidad y más allá del orden de represión de la cultura. Esto indudablemente no implica que todos estos niveles inferiores

---

181. *Psicoanálisis y religión: diálogo interminable*, de Carlos Domínguez Moreno, páginas 108 y 19, editorial Trotta, Madrid, año 2000.

queden anulados. El sexo, la presión social, la necesidad de alimentación, la supervivencia biológica, la lealtad a la tribu o a la nación de pertenencia, por supuesto, todos estos niveles inferiores existen, existirán y debemos canalizarlos adecuadamente. Lo que decimos es que debemos tener cuidado en desgastar nuestras energías psíquicas en los conflictos de estas dimensiones inferiores.

La aceptación de las tensiones interdimensionales de nuestra estructura objetiva no es un obstáculo para superarlas y trascenderlas. Freud, al asociar la religión con la cultura, indudablemente la imagina dentro del sistema represivo de las pulsiones; y lleva una gran parte de verdad. Pero el místico justamente busca la liberación de su Yo del sistema represivo, pero no se libera para aceptar exclusivamente sus pulsiones biológicas inferiores, sino que se libera para ascender a niveles de conciencia superior.

La religión tradicional ha unificado dos componentes negativos dentro de sí misma: el dogmatismo institucional que le permitió ser parte del sistema de dominación político (Klipá de Guevurá), y la infantilización del concepto de Dios por parte de los sujetos que necesitan zonas de seguridad para su vida cotidiana.[182]

La psicología del misticismo judío propone una espiritualidad adulta que se libera del concepto infantil de Dios para conocer en términos físicos (Maasé Bereshit) una idea científica del Ein Sof, y por otra parte entiende que lo que nos eleva en los niveles de conciencia es liberarnos de los dogmatismos que son causas de los miedos de nuestra Biná psicológica para anestesiarnos ante la inseguridad radical que poseemos, producto de nuestra falta de Daat. Al aumentar el nivel de conciencia (Daat, unificando la Biná y la Jojmá), automáticamente nos liberamos de las represiones sociales externas, y entonces nuestro Yo social se desarrolla siendo consciente del bajo nivel en el que operan las otras fragmentaciones que establecen relaciones de conflicto y no de crecimiento mutuo. Si todo conflicto exterior del orden inferior producto del sistema de la fragmentación (Bet) no nos afecta en nuestro grado de evolución de conciencia, hemos alcanzado la conciencia Alef de unificación permanente y del no-conflicto.

El místico no puede perder sus energías psíquicas en el campo de la conflictividad inferior del mundo de la fragmentación de Bet, ya que desea au-

---

182. Si situamos la infantilización de Dios como Dios/Padre, lo debemos colocar en la simbolización de la Jojmá, pero en cuanto concepto como zona de seguridad deberíamos situarla como Klipá de la Biná.

mentar los niveles de consciencia hacia el nivel Alef. Así que el problema del dogmatismo institucional se agrava porque la acumulación de las energías psíquicas de los sujetos que integran dichas estructuras termina creando conflictos internos en relación al ego que deben sostener dichos sujetos dentro del sistema de la fragmentación. Al no existir una buena canalización de las energías psíquicas, las instituciones se pueden transformar en campos de batalla de los niveles inferiores de los egos. El misticismo (y la psicología del misticismo judío) aboga para que el sujeto no desgaste sus energías psíquicas en los niveles dimensionales inferiores que deben sostener una identidad subjetiva egoica (Yesod), sino ascender gastando sus energías psíquicas en su propio autodesarrollo, y por consiguiente construyendo un modelo social antiinstitucional donde se puedan mostrar aunque sea dentro de la baja densidad de la materialidad destellos del Universo de Atzilut. Por ese motivo, Yehudá El Jasid de Worms (siglo XIII) dijo que el estudio de la cábala constituía la anticipación de un conocimiento que pertenece a la Era Mesiánica.

Estas estructuras de intermediación deben ser entes de organización social, pero nunca pueden constituir un freno al avance de los niveles de consciencia subjetivos del individuo. El flujo de energía proveniente del Ein Sof sobre el sujeto como fragmento del Ein Sof no puede ser interrumpido por ninguna organización humana, porque dicho flujo de energía es imposible de ser paralizado.

Toda institución que utilice cualquier clase de dogmatismo para el control del sujeto debe ser consciente de que el flujo de energía del Ein Sof opera en cada sujeto como fragmento único del Ein Sof. El dogmatismo confunde el medio con el fin; si el fin de todo fragmento del Ein Sof es acercarse a su fuente, el dogmático cree de modo ilusorio que se ha unido a la fuente cuando en realidad paraliza su percepción de la realidad dentro de un dogma, no paraliza la realidad objetiva que sigue su dinámica en términos de tiempo-espacio.

El dogmático se ajusta a la estructura fija de su Kli histórico y el místico expande su Kli porque es consciente de que el sujeto no es Kli, sino que es Or, (luz) lo que su Kli puede captar en su máximo nivel de expansión.

Podemos existir dentro de esta existencia protegiendo nuestro Kli a cualquier precio, o podemos dudar de nuestro nivel expansivo del Kli y lograr la máxima expansión de nuestro nivel de recepción para obtener la mayor luz proveniente del Ein Sof. Así, los resultados exteriores son las materializaciones del Kli, cuando en realidad los cambios operados en la expansión de nuestro Kli producen automáticamente la captación de las energías provenientes del Ein Sof. La estructura subjetiva no puede desgastar sus energías psíquicas en los niveles más bajos de la materialidad porque entonces el Yo se va de este mundo sin conocer el sentido existencial por el cual llego a él. El dogmatismo otorga la ilusión de seguridad y el misticismo destruye dicha ilusión. Es justamente lo que hace el místico cuando comprende que la seguridad es simplemente una ilusión, y entonces es cuando se libera de todos sus miedos interiores. No existen miedos cuando aceptamos que las modificaciones de la materialidad existen ilusoriamente dentro del orden espaciotemporal. La liberación total de los miedos se alcanza cuando se produce la aceptación de la comprensión del sistema general de las manifestaciones del Ein Sof dentro de este vacío (Maasé Bereshit).

La madurez se alcanza cuando se percibe la soledad del fragmento del Ein Sof frente a la totalidad no conceptualizable del Ein Sof; por ese motivo podemos decir que el dogmático es inmaduro, porque prefiere controlar imaginariamente la realidad, y porque todo movimiento produce una amenaza directa a la estabilidad ilusoria del Yo. El nivel de conflictividad del sujeto viene dado por su grado de inmadurez. Cuando se eleva la conciencia hacia el nivel Alef, se produce automáticamente la liberación de todos los miedos que nos otorga la ilusión de la seguridad de la materialidad.

El Yo mental entonces tiene dos salidas, o desea crecer y sale de su Biná psicológica hacia la Jojmá, o paraliza todo el crecimiento y opera de forma descendente creando toda una serie de miedos que son la base de la existencia de dogmas que operan como zonas o puntos fijos de seguridad. Cualquier fragmento de la realidad puede ser considerado como un punto fijo que sirve de excusa para el dogmático con el objetivo de legitimar su falta de flexibilidad mental. No existe crecimiento espiritual a través del dogmatismo. Y el principal dogma lo constituye el mismo Yo y sus límites de identidad subjetiva.

Hasta las propias Sefirot pueden ser utilizadas como dogmas, sin embargo, por ese motivo debemos trabajar el Árbol de la Vida como un «Todo Integrado». Incluso podemos ver cómo cada escuela psicológica se ha dogmatizado a partir de operar dogmáticamente desde una dimensión o desde varias dimensiones. Si operamos desde una dimensión de forma exclusiva, tenemos la posibilidad de crear, por lo menos, diez dogmas diferentes de acuerdo con el punto fijo que hemos establecido dentro del Árbol de la Vida. Ahora, imaginemos que podemos crear puntos fijos a partir de la combinación de dos dimensiones, o de tres dimensiones, y agreguemos a esto las 22 energías de conexión, y establezcamos la hipótesis de que una escuela de psicología puede coger una energía particular de uno de los 22 senderos y realizar un análisis dogmático de la realidad a partir de un solo sendero. Tendríamos, así, 22 posibilidades de dogmatización si tomamos un sendero (una energía determinada) como un punto fijo e infinitas construcciones dogmáticas a partir de la combinación de las energías dimensionales y las energías de los senderos de conexión. Cualquier concepto limitado de esta realidad fragmentada del mundo de la Bet puede ser un elemento posible de ser dogmatizado. Todo fragmento puede ser una excusa válida para dogmatizar dicho fragmento.

En definitiva, todo el sistema del mundo de la fragmentación (mundo de la Bet) puede provocar la dogmatización a partir de tomar un punto fijo de esta realidad. Todo fragmento es potencialmente dogmatizable porque se puede considerar como un fragmento sin conexión con la realidad general.

¿Cómo entonces podemos integrar el sistema? Si partimos desde la fragmentación hacia arriba, se convierte cada día más difícil porque vivimos en un estado de superfragmentación acelerada, lo que provoca que cada día tengamos más objetos dogmatizables.

La única forma posible que los cabalistas comprendieron es inicialmente estudiar el Maasé Bereshit (Misterio de la Creación) para que a partir de la Totalidad y de sus primeras fragmentaciones se pudiera comprender el sistema de fragmentación en su totalidad. Partiendo del «Uno» (Infinito), entonces toda la fragmentación se puede considerar como secundaria, y nada dentro de la fragmentación alcanza una importancia fundamental, ya que la importancia está dada por el origen único de todo el sistema.

El «Yo» mismo es un producto del sistema de fragmentación, por lo tanto, aunque el Yo surge por la consciencia, en realidad, toda posición subjetiva del Yo se puede convertir en un punto estático y, por consiguiente, dogmatizable. Es verdad que el «Yo» tiene muchas posibilidades de ser dogmatizable debido a que en la primera etapa de existencia de la persona se deben reforzar los elementos de la conciencia subjetiva. Si se lleva más allá esta posibilidad de refuerzo, la conciencia subjetiva puede caer en una autoidolatría.

Es verdad que la historia del Yo es clave para comprender el Yo actual, sin embargo, el Yo actual se modifica tanto dentro del movimiento que todos los análisis históricos no deben coincidir necesariamente con el actual Yo en movimiento. Por supuesto, comprendemos que existe una estructura objetiva de base dentro del Yo que en la cábala la denominamos como la «raíz del alma». Y a medida que nuestra conciencia aumenta captamos mejor la esencia de dicha raíz espiritual.

Mi Yo se encuentra dentro del proceso, en el devenir de las energías que estoy desarrollando dentro del proceso continuo. Un «Yo fijo» existe en la mente de los demás que creen saber quién soy «Yo» por los resultados exteriores. Pero para la sociedad exterior el único Yo posible es el Yo que se manifiesta (Yesod) y jamás será la interioridad más profunda de mi Yo (Tiferet). Por lo tanto, un problema que veremos más adelante y que marca una diferencia sustancial entre la psicología positiva y la psicología del misticismo judío es la medición de los factores exteriores manifestados dentro de la realidad, entonces surge nuestro interrogante: ¿cómo podemos medir la sensación de felicidad interior que no tiene relación con un objeto en especial dentro del sistema de fragmentación?

La interioridad más profunda de mi Yo también se encuentra en movimiento constante, sin embargo, puedo captar la «Eternidad» del alma divina y considerar mi subjetividad como un accidente necesario para desarrollar la manifestación de energía de forma limitada dentro de la finitud.

La idea social de mi «Yo» es necesariamente estática, la sociedad quiere clasificarme dentro de su Biná social y me conceptualiza. A pesar de las clasificaciones exteriores de mi Yo, y de las clasificaciones de mi propia Biná,[183] mi Yo se debe liberar a través del proceso de la Jojmá,[184] al romper todas

---

183. Debemos tener cuidado en responsabilizar al orden social de la clasificación estática de mi Yo y la debemos diferenciar de nuestra propia clasificación subjetiva. Lo más importante es comprender mi propia percepción estática, para liberarme de mis dogmatismos interiores. Todas las instituciones que para mantenerse sostengan dogmas cerrados no podrán resistir el avance espiritual de la elevación de los niveles de consciencia. El camino subjetivo hacia el Ein Sof es imposible de ser paralizado, porque la historia es ascensional, y si las instituciones no representan en su seno estos grados de felicidad interior, entonces los dogmas, o destruirán las instituciones que los sostengan, o serán modificados de acuerdo con los niveles de consciencia más elevados. El problema que se plantea en la actualidad es que el ser humano está desarrollando unos grados de consciencia tan elevados que no se encuentran reflejados en el campo material dentro de las instituciones. Se produce una desvinculación del ser humano de sus instituciones de representación, y así el ser humano se aleja de las formas exteriores del poder. De modo que el poder no puede registrar los avances espirituales y cree imaginariamente que se encuentra actualizado exclusivamente en los avances tecnológicos. El nuevo paradigma utilizará los avances tecnológicos con un sentido profundo. La actualización tecnológica, si se constituye un fin en sí misma, no otorgará respuestas espirituales al ser humano. Si los avances tecnológicos no otorgan más tiempo libre, debemos saber utilizar el tiempo libre para avanzar en los grados más altos de consciencia hacia el Ein Sof. Dentro del orden espacio-temporal no solamente debemos ganar más espacio y más tiempo en el orden tecnológico, sino que debemos obtener un incremento de nuestros niveles de consciencia. Debemos trabajar para alcanzar una mayor intensidad tiferética.
184. Quiero explicar en una forma más específica el «proceso de la Jojmá». Tenemos dos visiones claves de la realidad, una visión dual o fragmentaria de la Biná (percibir la realidad dentro del mundo de la fragmentación o Universo de Bet) donde podemos percibir todas las dimensiones con magnitudes diferentes, y esto es real, porque cada sefirá tiene una magnitud energética diferente. En cambio, si percibimos desde la visión unificadora o mundo de la unidad (Alef)

las clasificaciones posibles, porque las conceptualizaciones del Yo tienden a un análisis estático. Todas las clasificaciones científicas de la Psicología tradicional chocan necesariamente contra la «subjetividad del Yo». Todas las clasificaciones conceptuales chocan contra la realidad dinámica, por lo que tendríamos que crear un tipo de lenguaje dinámico no estático. Cuando Abraham Abulafia quiere llegar a las raíces del lenguaje hebreo está buscando el nivel objetivo de estabilidad real del lenguaje, y entendemos que realmente lo logra; porque Abulafia demuestra que la rotación de las letras y su manipulación nos conduce a los contenidos positivos y negativos, y estos nos conducen a la raíz que resuelve las paradojas de las contradicciones inferiores del lenguaje. La máxima contradicción en el campo de la Psicología la hemos alcanzado entre el siglo XX y el XXI, porque si lo freudiano fue en busca de las patologías (desequilibrios o Kelipot), ahora la psicología positiva de Seligman va en busca de las fortalezas que hacen (hipotéticamente) feliz

---

es decir desde la Jojmá, entonces, como todas las dimensiones surgen de una misma energía unificada, podemos decir que entre las diferentes dimensiones existen energías dimensionales de magnitudes variables. Es decir, que entre las diez dimensiones existen millones de tipos de energías que no pueden ser catalogadas dentro de una dimensión en particular. Recordemos que estas diez dimensiones tienen a su vez dentro de cada una de ellas otras diez subdimensiones y estas diez subdimensiones otras diez interiores, y así sucesivamente al infinito. Entonces, ¿cómo podemos clasificar las energías dimensionales y sus diferentes magnitudes? Solamente las clasificamos desde la Biná. Sin embargo, desde la Jojmá no existe forma de clasificar las energías existentes dentro del mundo de la fragmentación porque son demasiadas y, por lo tanto, no cuantificables. Lo que sí podemos establecer es una visión unificada y fragmentaria de forma simultánea, es decir, operar desde la Jojmá y la Biná al mismo tiempo. Desde la Biná o mundo de la fragmentación, al establecer las diez diferencias dimensionales podemos establecer el mapa del camino o el mapa de los diferentes caminos, y desde la Jojmá, relativizar esos caminos porque todos los caminos dimensionales nunca son absolutos, sino que se componen básicamente de niveles energéticos diferentes entre las diferentes dimensiones. Desde la Jojmá tenemos que percibir la estructura completa del Árbol de la Vida, en cambio, desde la Biná tenemos que percibir cada dimensión en su energía específica. Así, si aplicamos el método de oscilación, entonces al oscilar entre la Biná y la Jojmá podemos ver el conjunto y sus partes al mismo tiempo. Si solamente vislumbramos sus partes, entonces las diferentes dimensiones se tienen que definir de acuerdo con sus límites y, por lo tanto, con sus contradicciones, en cambio, si podemos ver la estructura integral, cada dimensión se puede estudiar como una parte fundamental del Todo, y entonces se desdibujan dichos límites. La psicojudeología debe establecer límites y simultáneamente destruirlos, porque al establecer dichos límites comprendemos el sistema cerrado que existe dentro de cada concepto, en cambio, si destruimos los límites podemos comprender las energías de toda la estructura como un complejo de fluidos en movimiento y no como diez componentes estáticos. La Biná trabaja dentro de conceptos estáticos, en cambio, la Jojmá trabaja dentro de conceptos dinámicos. Todos los conceptos aparentemente dinámicos de la Biná son exclusivamente dinámicos dentro de un sistema cerrado. La mentalidad de la Jojmá trabaja en campos unificados abiertos donde los límites tienden a la no-comprensión. Nuevamente insistimos en que cada idea debe ser estudiada en su definición particular y en su relación con la estructura general. Esta oscilación hace que lo paradójico del mundo de la fragmentación o mundo de la Bet abandone su contradicción porque vista desde un nivel superior la paradoja no existe.

al sujeto (virtudes o Midot).[185] La psicología del misticismo judío se ocupa de las Midot y las Kelipot dentro del Universo de Yetzirá, sin embargo, intentamos demostrar que existe un tipo o un nivel de felicidad independiente del grado de desarrollo de las virtudes inferiores como propone la escuela de la psicología positiva de Seligman.

Es como si el lenguaje actuara en los dos mundos simultáneamente, por una parte, en el mundo superior como energías predeterminadas y como un elemento que prueba en la realidad la coexistencia de los opuestos. Los sentidos opuestos del lenguaje los resuelve la raíz del lenguaje hebreo, y de ese modo el propio lenguaje hebreo es una herramienta para percibir simultáneamente el mundo superior y el mundo inferior.

Sabemos que el «Yo» subjetivo es inclasificable (porque realmente sabemos en la cábala que todo es inclasificable dado que es no conceptualizable). En cambio, desesperadamente clasificamos, para controlar la realidad de manera ilusoria. Todas las clasificaciones que realiza la Biná provocan diferenciaciones que me alejan de una comprensión real de mi Yo.

Si mi «Yo» se encuentra clasificado dentro de un sistema de clasificación estructurado por la Biná, mi Yo queda atrapado en las percepciones de clasificación sociales que mi Yo acepta como válidas. Las clasificaciones sociales (Yesod) pueden ser internalizadas por mi Yo (Tiferet), por lo tanto, se vuelve muy complicado para el Yo el trabajo de distanciamiento de las influencias del entorno y las influencias ya operadas sobre el Yo.

Si mi «Yo» desea pasar al estado del Yo/No-Yo de la Jojmá, debe lograr anular todas las clasificaciones, y a partir de ahí, desde una estructura no clasificable comenzar a trabajar dentro del proceso de reconstrucción conceptual, porque al conceptualizar a través de la Biná, mi Yo mental se aleja del Yo real (no del Yo material), ya que el Yo real es la unión de todas las dimensiones.

Mi Yo mental en la Biná tiende a reducir mi Yo real a lo meramente mental, porque lo inclasificable provoca una confusión para el Yo mental de la Biná. Sin embargo, al poseer el mapa del Árbol de la Vida la psique debe reconocer que ella no ocupa el lugar central de todo el sistema, sino que es una parte más de él. En realidad, el misticismo judío (a pesar de la importancia que le otorga a la Biná) no realiza una hiperintelectualización de la espiritualidad, sino que, por el contrario, la Jojmá actuará como un contrapeso fundamental

---

185. Debemos tener mucho cuidado y diferenciar la confusión que ha realizado la psicología positiva entre el éxito y la felicidad. El éxito en la materialidad no nos convierte en automáticamente felices, y la felicidad interior no depende del éxito exterior material.

de equilibro frente a los mecanismos de conceptualización y racionalización de la psique.

Ahora bien, podemos operar dentro de la Biná de forma «ascendente», es decir, podemos rotar la visión de la Biná mirando hacia la Jojmá, porque cuando la Biná reduce mi Yo real es porque su posición es «descendente». ¿Cómo la Biná puede lograr una estrategia para saltar a la Jojmá y capturar elementos de la Jojmá para llevarlos a la Biná? En primer lugar, porque sabemos que la Biná es una forma de restricción de la misma Jojmá; en cierto sentido existe un «fondo de Jojmá» en el interior de la propia Biná. La Biná es una forma definida del contenido que se encuentra en Jojmá, o la podemos denominar como la «forma de Jojmá», pero que sustancialmente continúa siendo Jojmá. Existe, pues, sabiduría oculta en el interior de la Biná. Así que podemos percibir la cascará de la Biná o su contenido más profundo, y al acceder a su contenido oculto e interior nos encontramos con una dimensión del nivel superior; porque, en realidad, cada dimensión inferior es una vestimenta para la Luz que proviene de una dimensión superior.

67. ¿Qué percibe el alma?

> «El hombre es una síntesis de todas las fuerzas espirituales que participaron en la creación».
>
> MOISÉS DE LEÓN

La raíz del alma (Neshamá) se encuentra en la Biná cosmogónica (Universo de Briá). El alma puede percibir más allá de su raíz porque es un fragmento del Ein Sof y, por lo tanto, puede percibir el Ein Sof tanto dentro de sí misma como fuera de sí. Cada vez que el Yo logra tomar consciencia de su calidad de fragmento del Ein Sof, entonces el Yo logra el estado del Yo/No-Yo. Por ese motivo es tan importante que todo Yo, cuando haya alcanzado su madurez emocional en el eje Tiferet-Biná, entienda que el grado de autonomía alcanzado no es un fin en sí mismo dentro de esta existencia, sino que recién ha logrado el medio para trabajar por el fin eterno.

Si el objetivo único de un sujeto es simplemente alcanzar la autonomía del Yo, entonces ¿qué nivel de insatisfacción debe ser satisfecho más allá de mi autonomía? Esto provoca que el Yo pueda creer que todo refuerzo de su subjetividad es el fin último de la existencia. Esta es la trampa de la subjetividad al reforzar el Yo más allá de lo normal. Es entonces cuando podemos confundir Tiferet con Keter, por eso muchos caen en la confusión por la cual su centro subjetivo es el final de todo el sentido existencial. El Yo dentro de esta percepción lo único que posee es un retorno constante al nivel inferior egoico, ya que si el «Yo» no encuentra un nivel de satisfacción más elevado, debe retornar a las satisfacciones inferiores. Las satisfacciones inferiores no son negativas en sí mismas, solo son negativas si no nos conducen a las dimensiones superiores, es decir, si el sujeto cree imaginariamente que conoce toda la realidad reduciendo su existencia a la satisfacción de sus necesidades inferiores. Los deseos inferiores se encuentran limitados, en cambio, a medida que vamos ascendiendo en nuestros deseos, estos se tornan más expansivos hasta alcanzar el deseo máximo, el deseo infinito de contacto con el Ein Sof; por ese motivo dice el eminente cabalista Iejiel Bar Lev:

«La voluntad del hombre aparece siempre en conexión con un cierto fin, y es este fin al que la limita; la voluntad divina, por el contrario, es ilimitada».[186]

El misticismo hebreo propone que si nos unimos a lo «ilimitado», entonces nos volvemos «satisfechos» con un nivel de felicidad trascendente de acuerdo con el nivel de sensación ilimitada que llevamos dentro. Si nos atamos entonces a objetivos limitados y finitos, estas sensaciones de felicidad se vuelven efímeras porque cumplidos los objetivos quedan muertos los deseos finitos. Sin embargo, el deseo del desarrollo potencial al infinito que puede llegar a percibir el sujeto es la felicidad real por interiorización que se puede alcanzar. Este es el primer objetivo de nuestra existencia, porque entonces el sentido de la existencia está completamente imbricado dentro de la existencia misma. Cuando se unifica la totalidad, el nivel de felicidad aumenta hasta llegar a un punto donde todo se convierte en una felicidad permanente ya que se trabaja para desarrollar todo el potencial, sea en el área de la finitud que sea. Y entonces, no es el objetivo finito alcanzado en el mundo de la fragmentación lo que otorga la felicidad interior, sino que la felicidad es equivalente a la intensidad que se adquiere.

El Yo, al alcanzar la consciencia de Yo/No-Yo, debe comprender que obtiene como resultado niveles de consciencia más elevados que lo llevan automáticamente a grados de trascendencia mayores. En este sentido, el Yo sabe que para alcanzar niveles de consciencia más altos, el precio que ha de pagar es el descentramiento de sí mismo, una aniquilación de su subjetividad en los planos superiores, y al mismo tiempo un sostén de su subjetividad en los planos inferiores; por ese motivo, esta consciencia la denominamos como Yo/No-Yo debido a que no existe una forma permanente de ser «No-Yo», ya que siendo «No-Yo» no se puede ser.

Soy en mi subjetividad material de acuerdo con el centro tiferético del Yo, pero si deseo conocer la realidad objetiva independientemente de mis proyecciones subjetivas, entonces debo lograr una percepción mental del estado del «No-Yo» para posteriormente regresar a mi subjetividad.

En realidad, debo realizar un acto de percepción más radical y paradójicamente debo existir en ambos estados de Yo y de «No-Yo» de forma simultánea. Porque jamás dentro de la materialidad densa de las dimensiones inferiores

---

186. *El canto del alma* de Iejiel Bar Lev, página 28, ediciones Obelisco, Barcelona, segunda edición, abril de 2009.

puedo llegar a percibir la totalidad de la sensación del No-Yo (el nivel del alma como Jaiá). En realidad, del otro lado, las almas pueden percibir mejor esta realidad material porque no poseen las vestimentas de nuestra materialidad, aunque este es un asunto secreto que no pertenece al tema de esta obra.

El «Yo» real es una estructura compleja (y subjetiva) simplemente porque el desarrollo individual de cada dimensión y sus interconexiones son exclusivos de cada estructura. Si lo objetivo es el sistema del Árbol de la Vida, lo subjetivo debe ser la exteriorización de lo objetivo. Por supuesto, la Psicología tradicional, para poder auxiliar al sujeto en lograr un alto grado de autonomía, debe necesariamente reforzar su subjetividad.

Sin embargo, en un nivel de consciencia más elevado debemos debilitar su subjetividad, y al mismo tiempo mantenerla en el nivel inferior. Para construir un buen centro tiferético debemos reforzar la autonomía subjetiva, pero para ascender a Keter debemos operar en un estado de aniquilación (Bitul), porque en realidad debemos existir de acuerdo con la paradoja de nuestra existencia: como si existiéramos y no existiéramos al mismo tiempo, ya que existimos en el orden espacio-temporal y no existimos dentro de la Eternidad, a pesar de que existimos como información potencial y real dentro de la misma Eternidad. Así que la revelación de nuestra energía en la densidad material se encontraba oculta como información en el campo de la infinitud del Ein Sof, y siempre nuestra existencia se encontrará eternamente en el infinito de la información energética del mismo Ein Sof.

68. El orden subjetivo de exteriorización

«Hay millones de personas que se dedican a cosas que nadie necesita».

MICHAEL LAITMAN

Nuestra misión existencial se fundamenta justamente en el orden subjetivo de exteriorización que le otorgamos a lo «objetivo». ¿Cómo voy a diseñar mi propio arquetipo? Porque todos los arquetipos se encuentran operativos dentro de mi estructura. Es mi Yo quien va operar la exteriorización de los arquetipos y quien les otorgará sustancia para ser manifestados. En realidad, es mi Yo quien creará su propio arquetipo subjetivo (Keter psicológico) de acuerdo con la amalgama de arquetipos que hereda. En realidad, con el desarrollo de todo mi potencial termino configurando mi propio arquetipo diseñado de acuerdo con el sentido de mi propia existencia. Por supuesto, al principio en mi interior tengo operativos todos los arquetipos del Inconsciente colectivo junguiano y, como expone la cábala, dentro de mi ser operan todos los arquetipos de las diez diferentes dimensiones. Sin embargo, en la construcción de mi propio Keter psicológico (es decir, en el mayor avance de mi Tiferet psicológica hacia arriba en el Árbol de la Vida), es cuando termino configurando mi propio diseño existencial. Soy en realidad el constructor de mi propia persona de acuerdo con el nivel del esfuerzo que he realizado en llevar todas las potencialidades interiores (del campo dimensional objetivo del Árbol de la Vida) a las acciones materiales reales (del campo dimensional subjetivo del Árbol del Conocimiento del Bien y del Mal).

No puedo percibir una dimensión sino a partir de su propia exteriorización,[187] y como todo Kli[188] de recepción es diverso (a pesar de que las energías son

---

187. Todas las dimensiones representan diversos niveles de exteriorización; no se debe asociar la exteriorización a la exclusiva exteriorización material. De todos modos, la última tríada del Árbol de la Vida se la denomina la tríada de la exteriorización en comparación con las otras dos tríadas que trabajan en la interioridad del sujeto. Aún así, aunque algunas son consideradas como más interiores que otras, como todo el sujeto se revela dentro del vacío, en realidad, todas las dimensiones psíquicas pueden ser consideradas como formas de exteriorización o revelación.
188. En la cábala, el Kli es el recipiente de contención de las energías que provienen del Ein Sof. Todo lo que puede recibir es un Kli de recepción.

similares en todos) no existe una distribución similar de las potencias que operan dentro de cada estructura.

Existe, pues, un elemento subjetivo de diferenciación que es el que provoca que las energías dimensionales de la estructura se combinen en una estructura subjetiva. Ahora bien, extraer de nuestro interior todas nuestras potencialidades constituye realmente la raíz del encuentro con nuestro sentido existencial.

La estructura del Árbol de la Vida es objetiva, lo que es subjetivo es el grado de desarrollo energético que corresponde a cada dimensión. Quien decide los niveles de desarrollo energético de cada dimensión es el Yo oculto detrás de todas las dimensiones. Incluso ese Yo oculto no debe confundirse de ningún modo con el «Inconsciente freudiano»,[189] porque lo que nosotros tenemos dentro del «Inconsciente subjetivo» es también producto de nuestras clasificaciones subjetivas de todo el material. Son clasificaciones subjetivas inconscientes.

Debo liberar a mi Yo de mi propia imagen. De lo contrario, estoy operando con una imagen falsa desconectada de mi realidad dinámica. La realidad exterior cosmogónica y mis modificaciones espacio-temporales pueden distorsionar de forma permanente la Biná, porque esta última desea (por motivos de seguridad mental ya expuestos) contradecir la realidad de la existencia. Así que debemos tener cuidado cuando la Conciencia por medio de la dogmatización fija el nivel de conciencia alcanzado y se produce una fractura entre la dinámica compleja de la realidad cosmogónica general y la falta de flexibilidad interior en mi Biná. Debo trabajar el aumento de mis niveles de conciencia (en la Biná), sobre todo operando desde la expansión de la Jojmá, para provocar un ajuste permanente entre mi Yo dinámico y el dinamismo general de la realidad extrapsíquica.

Todo el esfuerzo de la existencia está en elevar los niveles de consciencia, y las vestiduras lentamente van desapareciendo, y nos vamos acercando a la esencia de la realidad; porque todo el sentido de la existencia se encuentra en revelar mayores niveles de conciencia. Las vestiduras solo sirven transitoria-

---

189. En realidad, el «Inconsciente freudiano» es para la psicología del misticismo judío «Conciencia reprimida». Lo verdaderamente secreto no es lo reprimido sino lo ignorado. El «Sod» dentro de la cábala no es lo reprimido que existe en nuestra psique, sino lo ignorado por nuestra psique. Por ese motivo, no debemos confundir lo reprimido con lo ignorado por la falta de Daat (el Conocimiento). El Daat en la cábala tiene una doble función, por una parte, extrae lo reprimido de la Jojmá de la Biná a la Biná de la Biná, y, por la otra, avanza para revelar lo «Nistar» (lo oculto) y transformarlo en «Niglé» (lo revelado).

mente para que nuestra Biná psicológica pueda descansar. Así que si somos conscientes de que los puntos fijos son sistemas de descanso, entonces los incorporamos dentro de un programa dinámico de flexibilidad. De lo contrario, si en realidad descansamos más allá de lo normal y quedamos atrapados en un nivel de conciencia específico, es probable que no estemos desarrollando nuestro nivel de voluntad para extraer las potencialidades interiores y llevarlas a la acción de la materialidad.

El Maasé Merkabá es el sistema que me permite destruir las imágenes fijas de mi Yo, y comprender a mi Yo en su dinámica, en su propio movimiento interior. En realidad, el trabajo de la Merkabá[190] es la destrucción de todos los puntos fijos, de todas las imágenes fijas, de todos los puntos estáticos de nuestra percepción mental. Es la destrucción de todas las idolatrías construidas al servicio de la tranquilidad y la seguridad de nuestro Yo mental. Porque no debemos dudar nunca de que todas las «seguridades imaginarias» que ha construido la Biná (que en realidad son positivas como método de organización general) se transforman en negativas para visualizar correctamente la realidad, debido a que crea sistemas o puntos fijos que al volver estática toda la realidad la distorsionan completamente; porque la distorsión real de esta realidad se fundamenta en las dos condiciones esenciales que la trastocan, el espacio y el tiempo. Para vencer mentalmente (algún día físicamente) estas dos variables, debemos anular el miedo a la muerte adelantando la muerte física en términos mentales al destruir la consciencia subjetiva. Destruida toda subjetividad, ya no existe muerte en el plano superior, sino transformación permanente de la manifestación del Ein Sof dentro del vacío.

Lo que realmente nos libera para alcanzar el sentido de nuestra existencia y la felicidad trascendente de forma permanente es pasar del estado mental del Aní (Yo) y acceder al estado mental del Aín (Nada o No-Yo). Oscilando, pues, estas tres letras hebreas, del Yo al No-Yo, encontramos un tipo de conocimiento específico en todos los niveles dimensionales, otorgándole a la Biná psicológica un grado de flexibilidad elevado. Nuestra

---

190. Porque así como la Merkabá real prohibió que el pueblo de Israel construyera imágenes para poder comprender la abstracción física del Ein Sof, nosotros debemos prohibir los puntos fijos (dogmas) que frenan nuestra flexibilidad mental. El secreto de la Merkabá es que el Dios de la Merkabá nos condujo a la prohibición de imágenes para que podamos acceder al nivel del Ein Sof. El secreto del Tetragrama que nunca se ha revelado y que revelamos en esta nota a pie de página es que las dos letras Hei se corresponden con el espacio y el tiempo, y la Iud es la unificación del espacio-tiempo en un mismo punto. El Tetragrama esconde la fórmula de la Eternidad y nuestro acceso al Universo eterno de Atzilut. Estamos a pocos años de descubrir científicamente el acceso al Árbol de la Vida real del texto del Génesis.

Biná psicológica debe adaptarse a trabajar en todos los planos dimensionales de forma simultánea.

La imagen del Yo exterior pertenece a la dimensión de Yesod, ya que los «otros» no pueden percibirme en mi totalidad. Y justamente el «Yo» es la totalidad compleja de la integración de las diez dimensiones; y los «otros» en general, por su situación en el espacio y en el tiempo, solo pueden alcanzar a percibir mi «Yo» desde su propia posición subjetiva y con todas sus proyecciones sobre mi Yo. Siempre mi Yo estará distorsionado en su exterioridad. Una de las grandes tareas del Yo es ajustar constantemente la realidad interior de la Tiferet a la realidad exterior de la Yesod, y a pesar de todos los esfuerzos en ese sentido, sabemos que es una tarea imposible. A lo máximo que podemos aspirar es a que el Yo mental posea un alto grado de autoconocimiento de su centro tiferético.

69. El desarrollo de una Klipá como elemento extremo de una Midá

«La redención depende del estudio de la cábala».

El Gaón de Vilna

Mi «Yo» debe ser consciente de que su trabajo es equilibrar las diez dimensiones operativas en su interior, ya que tenemos mucha energía a nuestra disposición para realizar este trabajo; y lo que debemos saber es que no debemos concentrar dicha energía en una dimensión en particular, porque lo que provoca nuestra máxima debilidad (a pesar de lo paradójico) es nuestra máxima fortaleza. Entonces se produce la paradoja por la cual cuando confiamos en nuestras fuerzas entonces nos debilitamos. Debemos confiar en nuestras virtudes con un cierto nivel de duda permanente, pues las virtudes llevadas al extremo se pueden convertir en transgresiones.

El poder específico en una dimensión nos otorga automáticamente una debilidad potencial, ya que la confianza en dicha dimensión puede llevarnos más allá de los límites provocando una debilidad en acto. Por supuesto, que hemos insistido en potenciar nuestras fortalezas (Midot), y en esto estamos completamente de acuerdo con la psicología positiva, pero debemos tener cuidado ya que si no limitamos nuestras fortalezas y confiamos más allá de lo normal en nuestras virtudes, comienza a desarrollarse el efecto negativo de una autoconfianza problemática. Si confiamos en nuestro Keter psicológico y lo confundimos con el Keter cosmogónico, tendremos serios problemas. Quien realmente es fuerte en un punto de la existencia material o en una dimensión en particular no debe imaginariamente identificarse como si él mismo fuera el Ein Sof. Este nivel de soberbia fundamentado en el nivel de autoconfianza en una fortaleza (Midá) puede extremarse constituyendo una Klipá. Es justamente lo que dicen los antiguos místicos del judaísmo, que Satán se presenta donde el ser humano tiene la mayor confianza. Las posibilidades de transgresión se sitúan paradójicamente en el ejercicio de una Midá. Llevar una Midá (virtud) al extremo es paradójicamente crear una Klipá.

Nuestra existencia debe ser visualizada de todos los colores, porque en cada color hay un nivel de intensidad de la luz. Cuidado entonces con la tendencia de seguridad ilusoria de nuestra Biná psicológica que dogmatiza un color, y lo más trágico de la religión es que ha dogmatizado lo menos dogmatizable, a Dios.

70. El problema de la conceptualización

«El mundo material ha sido creado para convertirse una vez espiritualizado en una Torá».

ALEXANDER SAFRAN

El Ein Sof es para el misticismo judío el grado más alto de actualización de todas las posibilidades en el marco del libre albedrío. El «Ein Sof» representa la apertura al infinito real, al infinito de nuestras posibilidades de comprensión. Por ese motivo, en el judaísmo no debemos vocalizar el nombre de Dios porque si lo conceptualizamos, lo estamos incorporando dentro de nuestra Biná. Si reducimos a Dios a un concepto, entonces lo disminuimos, y esto es justamente lo que hacen las religiones tradicionales. El misticismo judío no tiene poder de control mental sobre el Ein Sof, donde se encuentra lo no conceptualizable, lo no simbolizable, lo no arquetipable, y lo imposible de captar para nuestra mente finita. Y esta imposibilidad absoluta es la que automáticamente me libera de la posibilidad de todo intento de dogmatización por parte de las ilusiones de seguridad que quiere construir el ser humano.

Mi Yo para los «otros» se oculta por completo. Nadie conoce mi Yo, como decía el sabio cabalista Najmán de Bratslav: «cada uno muere con su propia verdad». La verdad de mi Tiferet no es comunicable a los otros,[191] porque si

---

191. En este sentido, el sabio cabalista Mario Satz dirá que existen tres nódulos del Saber, uno se encuentra en la cabeza, y que es comunicable porque se expresa a través de la lengua y el lenguaje, y por aquí nos encontramos unidos a la cultura y al idioma (nos conectamos con nuestros antepasados), por otro, existe el nódulo del Saber que se corresponde al Sexo (los instintos de reproducción, nuestra conexión con nuestros descendientes), pero existe un tercer nódulo del Saber, el «Corazón», es allí donde nos encontramos a solas con nosotros mismos. (*Qué es la Kábala* de Mario Satz, editorial Kairós, primera edición, Barcelona, diciembre de 2011). Podríamos decir, siguiendo las palabras del cabalista Satz, que lo que sucede en el corazón (la Tiferet) es incomunicable. Ahora bien, imaginemos el esfuerzo que debe realizar nuestra Biná (el Yo mental o Neshamá) para explicar conceptualmente el Ruaj (Yo interior emocional no comunicable) y la Jaiá (el Yo potencial al infinito). Por ese motivo, podemos decir con Wilber que el «Inconsciente freudiano» que Freud creyó que exclusivamente reprimía los instintos inferiores, nosotros sabemos que también reprime los niveles superiores de comprensión. Por lo que la Jojmá de la Biná (subdimensión interior de nuestra Biná yetzirática) reprime todo el material inferior, y reprime todo el material superior. Ahora bien, debemos saber, siguiendo las enseñanzas de la cábala, que el material inferior es más fácil de reprimir que el superior, debido

el Ein Sof es no conceptualizable, ¿cómo es posible conceptualizar el fragmento del Ein Sof que se encuentra en mi interioridad? ¿Y cómo es posible conceptualizar mi grado de felicidad interna a través exclusivamente de las materializaciones externas? Porque hasta la inactividad material puede ocultar un nivel de actividad cognitiva que hace que un sujeto sea feliz independientemente de la acción dentro de la materialidad, o la falta aparente de actividad cognitiva focalizada de la Biná puede hacer fluir energías cosmogónicas al campo psíquico a partir de la Jojmá, y esto también puede provocar un estado interno de felicidad.

Jamás es conceptualizable la esencia, ya que el concepto, al operar en términos absolutos, define a partir de conceptos no relacionales. Como todo concepto por su naturaleza intrínseca es un «absoluto», entonces operamos con elementos de sentido absoluto; y como todo sentido es variable por la influencia de las coordenadas del espacio y del tiempo, cada vez que operamos a partir de conceptualizaciones, debemos automáticamente reconsiderar el sentido de cada término empleado; y como cada palabra empleada en la definición es a su vez un absoluto que debemos definir, nos encontramos en un trabajo circular sin salida, donde en realidad parece que pasamos del sinsentido conceptual a otro grado de sinsentido conceptual porque todo concepto se encuentra en el mundo limitado de la fragmentación. La «esencia» se encuentra más allá de las formas fragmentarias limitativas, y por ese motivo, la esencia es inalcanzable conceptualmente. La única esencia real es el Ein Sof al carecer de toda forma. Y toda esencia de cualquier forma es el Ein Sof fragmentado por los límites de dicha forma.

Un concepto riguroso debería partir de su estado relacional con la totalidad; por ese motivo, la cábala trabaja a partir de la función de cada fragmento con el Infinito, ya que intenta establecer el marco relacional anterior, antes de que el concepto se desarrolle con independencia de la estructura de conexión. Si todo está relacionado con todo, entonces esta relación se ha creado a partir de una raíz esencial (Ein Sof) y, por lo tanto, al estudiar y comprender el Maasé Bereshit (El Misterio de la Creación) se pueden derivar las relaciones conceptuales que provocan la rigurosidad conceptual real, no

---

a que a través de los años se pueden canalizar las energías inferiores, en cambio, lo más difícil es canalizar y controlar la luz que proveniente de la Jojmá puede arrasar nuestra cordura en el campo conceptual de la Biná. Lo potencialmente infinito del ser humano no se encuentra en lo inferior, sino en lo superior; lo que sucede es que podemos controlar materialmente mejor la realidad a partir del dominio más elevado de las abstracciones superiores de nuestra mente (la totalidad de la tríada superior, Keter, Jojmá y Biná).

a través de definiciones absolutas, sino de conceptos relacionados a partir de una raíz común.

La raíz común de toda la realidad (el Ein Sof) es la que marca el estado relacional general de todas las variables, y no los conceptos de modo autónomo. La teoría física de la unificación de las variables se debe necesariamente encontrar dentro del Atzmut (la esencia interior del Ein Sof). Por lo tanto, debemos comprender todos (o la mayoría) de los niveles relacionales para realmente acceder a un concepto con mayor rigurosidad científica. Los niveles relacionales se comprenden a partir de la destrucción de los límites de las formas fragmentarias. Y la destrucción total de las formas nos conduce siempre al Ein Sof.

71. La soledad radical del Yo

> «A quien le insultan y no responde le llega el Ruaj Ha Kodesh».
>
> NAHMÁNIDES DE GIRONA

Retornando al Yo podemos decir que mi Yo se expresa en cada relación de acuerdo con el condicionamiento de dicha relación (Yo como hijo, Yo como padre, Yo como amigo, etc.). Todas las relaciones (Yesod) no alcanzan jamás al núcleo central de mi verdadero Yo. Allí me encuentro con mi soledad radical, pero al mismo tiempo me encuentro con mi única posibilidad de honestidad radical. Allí, en la soledad de mi Yo, ¿qué puedo perder al acceder a mi verdad interior? En ese nivel no existen condicionamientos exteriores para ser honestos con nuestra interioridad. Si exteriormente tengo que simular mi Yo interior, en otras palabras, si tengo que poner a mi Yo en la operatividad relacional de la sociedad exterior, cuando mi Yo se encuentra consigo mismo, ¿qué tiene que perder para autoconocerse en sus niveles más profundos? Allí no existen amenazas de ningún tipo, y en realidad es en ese nivel de soledad radical donde el Yo posee todo el libre albedrío, allí en ese punto interior no existe dominio exterior de ningún tipo. Solamente mi Yo interior puede llegar a ser allí enemigo de sí mismo. La amenaza real que siempre acecha al yo interior de la Tiferet es el nivel egoico de seguridad inferior de la Yesod psicológica. Si el Yo entonces se confunde con el Ego, o el Ego domina al Yo, se invierte la jerarquía dimensional de Tiferet sobre la Yesod, y entonces la Yesod (Ego) opera controlando y reprimiendo los estados interiores de mi Yo de la Tiferet. El «Ego» puede llegar a crecer a tal nivel, que es posible que existan seres humanos con un nivel de Yo interior completamente reducido o despiadadamente sometido.

Ahora bien, si los otros no alcanzan mi Yo, ¿es posible que yo alcance mi Yo? La cábala afirma que es posible. Este es el momento fundamental del autoconocimiento. Si mi Yo mental alcanza a comprender el centro de mi Yo real (Tiferet), entonces se produce una felicidad automática por el simple hecho de que mi Yo real queda al descubierto y puedo convivir con mi Yo real.

Se produce entonces una autoexcitación dentro de mi Yo interior al encontrar una felicidad interior que, al no depender de las manifestaciones exteriores, produce automáticamente un efecto liberador de todos los condicionamientos inferiores donde trabaja el entorno social.

Sin embargo, existe para la cábala un secreto mucho más profundo, existe un Yo en el nivel de la voluntad que se encuentra más allá del Yo mental. El Yo mental (Neshamá) opera dentro de la dimensión de la Biná, en cambio, el Yo en el nivel más profundo es el que abarca todas las dimensiones del Árbol de la Vida. El «Yo» es la estructura compleja de las diez dimensiones operando de forma simultánea. Este es el Yo más oculto detrás de mí Yo mental (Neshamá) y detrás de todo lo que yo no sé de mi propio Yo. El Yo que impulsa las comunicaciones simbólicas (Jojmá) y que impulsa las comunicaciones conceptuales (Biná), es el Yo-motor de la voluntad oculta. Podemos decir que el nivel del alma denominada como «Iejidá» es el nivel de conexión total de toda la estructura. Sin embargo, existe un punto donde todos los mecanismos se invierten al llegar al final del proceso de reconocimiento de la soledad radical del Yo. Cuando el Yo llega al Yo mental, está a punto de dar un salto al No-Yo, y en ese momento se produce un estado de incorporación del Yo dentro de la Totalidad de la existencia. Es como si el ascenso a la conciencia de máxima soledad nos permite acceder paradójicamente a la conciencia de máxima unidad cósmica.

Y así como el Ein Sof se desplazó de sí mismo dejando un vacío para manifestar esta realidad, así nosotros debemos desplazarnos de nosotros mismos, imitando la operación del Maasé Bereshit dentro de nuestra interioridad. El Maasé Merkabá realiza la misma operación del Maasé Bereshit en términos psicológicos. Si el Maasé Bereshit es el vaciamiento de una parte del Ein Sof para la manifestación de esta realidad, el Maasé Merkabá es el vaciamiento de mi Yo para la manifestación de mi máxima realidad interior. Y si por el Maasé Bereshit se creó un vacío para que el Ein Sof pueda revelarse, así el Maasé Merkabá crea un vacío para que el fragmento del Ein Sof se vuelva a conectar con su fuente, el Ein Sof.

72. La conciencia de Eternidad

«Cuando la luz es irrestricta se expandirá en grado sumo, y es posible que se proyecte también a sitios inadecuados».

SHALOM SCHNEERSON

Todas las dimensiones se mueven a partir de ese primer movimiento del Yo oculto. Este nivel es el de Keter[192] en su posición descendente. Es más, podríamos decir sin equivocarnos que es el Yo integral de todo el Árbol de la Vida que opera más allá de nuestro Keter subjetivo, y entonces es cuando logramos realmente la trascendencia de nuestro Yo, porque nos situamos completamente dentro de la realidad cosmogónica universal.

Saltamos del Universo de Yetzirá a los universos cosmogónicos exteriores de la psique (Briá y Atzilut). En el Universo de Briá comprendemos la fragmentación de las almas, y en el Universo de Atzilut aprendemos la fragmentación de las dimensiones. En el Universo del Adam Kadmón (el Keter cosmogónico) aprendemos sobre la fragmentación de los universos. Cada universo nos muestra un nivel de fragmentación.

Cada universo representa un grado de fragmentación más profundo que el anterior. La comprensión de los mecanismos cosmogónicos hace que el «alma» adquiera la máxima felicidad al encontrarse como un fragmento de una consciencia general operativa dentro de la «Eternidad». Nosotros somos fragmentos de la Eternidad que hemos sido introducidos en el orden espacio-temporal y que en tanto información seguiremos existiendo dentro de la Eternidad del Ein Sof. La conciencia subjetiva es, pues, consciente de la

---

192. Keter (como cualquier otra dimensión del Árbol de la Vida) puede ser estudiada de forma ascendente o de forma descendente. Cuando la luz de una dimensión desciende, afecta a la dimensión que se encuentra más abajo, y cuando la dimensión hace de recipiente, recibe la luz descendente y produce una luz ascendente. Todo lo que el ser humano hace en esta vida se refleja por la capacidad ascendente, y todo lo que el ser humano recibe de manera predeterminada es el flujo de luz descendente. Sin embargo, la luz va rotando dentro del sistema a través del Daat (el Conocimiento) por lo que dentro de la dinámica interior del Árbol de la Vida, la luz no es ni descendente ni ascendente, sino una luz que va rotando a través de todas las dimensiones del Árbol de la Vida y las conecta dentro de un sistema dinámico.

eternidad de la consciencia general y, por lo tanto, del nivel de trascendencia real (no psíquica) de cada fragmento del Ein Sof.

En estos niveles de comprensión tan elevados es donde percibimos la máxima felicidad de nuestra existencia, porque ya sabemos que, siendo un fragmento del Ein Sof, debemos percibirnos como si nos percibiera el mismo Ein Sof, y aunque esto es realmente imposible por la imposibilidad física de ser el Ein Sof, debemos ser conscientes de que la felicidad se encuentra en este momento de nuestra existencia, en este segundo que estoy escribiendo (aquí mismo se encuentra mi Eternidad, y la Eternidad del lector), más allá de la estructura trascendente del lenguaje (ya que puedo estar escribiendo para un lector no nacido, y que cuando lea este libro ya no podrá comunicarse conmigo de forma física); sin embargo, es aquí donde llegamos al verdadero concepto oculto de la «Eternidad», y lo vamos a explicar:

1) ¿Por qué tenemos relaciones sexuales? Porque deseamos la eternidad de la conciencia de nuestra especie humana.
2) ¿Por qué los grandes donantes quieren aparecer con sus nombres y apellidos en las placas recordatorias? Porque desean la eternidad de su nombre a pesar de su desaparición física.
3) ¿Por qué se le pone el nombre de un abuelo muerto al nieto? Por nuestra conciencia de eternidad.

Estos tres ejemplos pueden ser considerados como sublimaciones de la eternidad del ser humano.

Quiero establecer una verdad fundamental del ser humano a través del análisis de la psicología del misticismo judío, y es que todo lo que hace el ser humano es con un sentido de trascendencia oculta, que por ahora es una ilusión imaginaria en términos físicos, pero que será real dentro de la materialidad.

Toda la existencia se encuentra en función de la Eternidad del Ein Sof. Sin embargo, nuestra equivocación dentro de la materialidad es la búsqueda de la «Eternidad del sujeto», cuando en realidad ya hemos alcanzado la «Eternidad real» en nuestra calidad de fragmentos copartícipes del Ein Sof. La búsqueda desesperada de nuestra eternidad material a través de cientos de mecanismos de sublimación no nos otorga la paz interior necesaria para desarrollarnos en esta existencia. Con la paz interior de la felicidad trascedente, el Yo no desgasta más energías psíquicas en la búsqueda de una inmortalidad imaginaria.

La paz psicológica que brinda el conocimiento de esta «trascendencia», de esa conciencia de trascendencia, es la que logra que el sujeto pueda adquirir una felicidad continua más allá de cualquier contingencia dentro de la materialidad o dentro de los niveles inferiores.

El lector futuro no nacido debe saber que existe una trascendencia mayor que el lenguaje escrito, es la trascendencia de la consciencia que siempre quiere elevarse de nivel, a pesar de todos los retrocesos históricos, porque la consciencia general siempre tenderá por su propia naturaleza a su autorrevelación. Los seres humanos tenemos la oportunidad de revelar la consciencia general del Ein Sof, pero si nuestra especie no lo logra, debemos estar muy tranquilos, porque otras especies adquirirán otros niveles de consciencia si el ser humano no ha sido digno de elevar sus niveles de consciencia. Lo cierto es que por naturaleza la consciencia general del Ein Sof siempre tenderá eternamente a revelarse. Somos, pues, conscientes de que participamos de la manifestación de la consciencia universal dentro del vacío.

Superamos nuestro Yo animal (Maljut) sin abandonarlo, superamos nuestro Yo social (Yesod) sin abandonarlo, superamos nuestro Yo interior (Tiferet) sin abandonarlo, y nuestro Yo mental (Biná), y nuestro Yo simbólico (Jojmá), para alcanzar el nivel más oculto de la voluntad (Keter) sin abandonar ningún nivel dimensional para que el Yo sienta realmente esa consciencia de ser un fragmento del Ein Sof, para transformar al Aní (Yo en hebreo) en Ain (La Nada).

A partir de ahí, «vanidad de vanidades, todo es vanidad», porque todo mi Yo, que tiene una importancia fundamental en cada nivel dimensional, carece de importancia en relación al Ein Sof, y es justamente cuando mi Yo «siente comprender» (la unión del Ruaj con la Neshamá) su función en el mundo. Existe paradójicamente un salto entre el sentido existencial subjetivo y el sentido trascendente subjetivo del estado de conciencia Yo/No-Yo.

En este nivel (en el nivel de la Neshamá) se puede percibir la diferencia del sistema de autoengaños de mi Yo esencial (todos los niveles del alma operando en conjunto).[193] Esto es lo que se denomina como el desdoblamiento

---

193. Denominamos como «Yo esencial» al movimiento general subjetivo de todo nuestro Árbol de la Vida antes de pasar por el Daat cosmogónico (antes de salir completamente de sí mismo), porque cuando logramos percibir el Yo integral, es decir, la coordinación de todas las dimensiones subjetivas del Universo de Yetzirá, entonces logramos ascender al Universo de la Briá, donde operamos más allá de nuestra subjetividad, y entramos en el terreno cosmogónico, no abandonando el aspecto psicológico, sino, por el contrario, logrando elevar los aspectos psicológicos más allá de nuestra subjetividad, y logrando la «trascendencia», es decir, la sensación cosmogónica de

de mi Yo interior (Tiferet) entre mi Yo interior mental superior[194] y mi Yo interior mental inferior.

El único sujeto que puede verse como objeto soy yo mismo por el efecto del «desdoblamiento mental». Al desdoblar mi Yo en dos partes, desde el Yo mental trabajo para liberar al Yo inferior de sus miedos; y si logro liberarlo del miedo superior a su propia muerte física, entonces podemos decir que hemos ingresado en la Merkabá.

Los aumentos de los niveles de consciencia operan a través de los constantes desdoblamientos de mi Yo hacia los niveles superiores. Cada nivel de mi Yo constituye, como dijo Abulafia, un «velo» que se ha de destruir.

Si quiero percibir en un grado superior de consciencia, entonces debo trabajar para la mayor destrucción de velos posibles. ¿No es acaso la existencia una búsqueda permanente de niveles de consciencia más elevados? ¿Y el campo de los valores no se modifica por ser el espejo de los nuevos niveles de conciencia alcanzados? ¿Cómo destruir todos los velos que me ocultan la realidad tal como es? ¿No es mi propio Yo el principal velo para percibir la realidad?

Porque la consciencia busca elevar su comprensión de sí misma. Toda consciencia desea más consciencia, y entonces si el Ein Sof representa la consciencia infinita, cuando decimos que nuestra consciencia subjetiva desea a Dios, ¿no estamos diciendo que la consciencia desea elevarse infinitamente

---

participación de una realidad universal. Porque el mesianismo judío es justamente la idea de trascendencia más allá de mi subjetividad. En la primera etapa, operamos sobre nuestra autorrealización subjetiva, pero en la segunda etapa, operamos sobre el entorno. Ahora bien, para operar sobre el entorno debemos realizar un trabajo constante dentro de nuestra interioridad. No podemos dar «luz» sin desarrollar en nuestro interior la luz, por lo que debemos construirnos como canales de transmisión de la luz divina. Porque si pretendiéramos creer que tenemos luz propia, entonces paralizaríamos toda la transmisión divina superior. Por lo tanto, resulta paradójico que para expandir mi Yo en términos no-egoicos, sino trascendentes, debemos reducir al máximo nuestras posiciones subjetivas. Cada vez que defendemos nuestras posiciones estáticas subjetivas, entonces provocamos una distorsión de la comprensión de la realidad. Siempre debemos saber que nuestra Biná (dimensión intelectual) por su propia naturaleza actúa desde una posición fija determinada, y es esa misma posición la que provoca todo tipo de dogmatismos al no poder moverse de su punto fijo. Por lo tanto, el dogmatismo no es un problema religioso, es un problema grave de nuestra estructura mental de seguridades imaginarias. Y toda seguridad imaginaria producto de un dogma fijo provoca automáticamente la creación de un miedo existencial. Y todo dogmático por su propia naturaleza teme las diferencias, ya que las considera amenazas imaginarias para la solidez axiomática de la forma que ha construido.

194. El Yo interior mental superior se corresponde con las subdimensiones de la Biná, y son Keter de Biná, Jojmá de Biná y Biná de Biná; es lo que se conoce habitualmente como la Merkabá. El Yo interior mental inferior se corresponde con las subdimensiones de Jesed de Biná, Guevurá de Bina, Tiferet de Biná, Netzaj de Biná, Hod de Biná, Yesod de Biná y Maljut de Biná. Este Yo interior mental inferior es lo que habitualmente se denomina como los Palacios celestiales o Hejalot.

más allá de su subjetividad? Y cuando logramos percibir el más alto deseo de nuestra existencia, al percibir el infinito potencial de nuestra consciencia subjetiva, advertimos entonces que el Ein Sof representa en realidad nuestra capacidad de revelación constante al infinito. Buscando, pues, el Ein Sof, nos encontramos desarrollando nuestras potencialidades infinitas. La sensación de coparticipación en el Ein Sof hace que el Yo adquiera el máximo nivel de felicidad interior.

Por lo tanto, la Merkabá comienza a ponerse en movimiento simplemente porque mi Yo ahora ha destruido toda su estática y simplemente concentra su energía estructural sobre un camino dinámico.

Cualquier definición estática del «Yo» constituye un dogma. El peor dogmatismo en el que podemos caer es el dogmatismo del Yo inmóvil. Por lo tanto, cualquier definición conceptual de la Biná debe ser considerada en su posición dinámica, porque, de lo contrario, si las definiciones conceptuales de la Biná se vuelven estáticas, entonces podemos provocar la idolatría conceptual que nos lleva a la idolatría mental de la ilusión estática.

73. ¿Libre albedrío o predestinación?

> «Los verdaderos cambios y batallas se desarrollan en nuestro interior».
>
> JAIM ZUKERWAR (1956-2009)

Ese inmovilismo mental del Yo nos puede conducir a la ilusión de la imposibilidad del no-cambio y de la no-transformación. Es la posición por la cual muchos perciben que nada se puede cambiar porque todo se encuentra predeterminado. Esto es peligroso porque se confunde predeterminación con resignación, y así se anula el libre albedrío. La predeterminación del Ein Sof es independiente del ejercicio de mi libre albedrío. El libre albedrío opera en el Universo de Yetzirá y se materializa en el Universo de Asiá. Sin embargo, la estructura de las Sefirot es objetiva, y las almas (Neshamot) son también objetivas, y se encuentran predeterminadas. Para comprender la predeterminación hay que trabajar en el campo superior de los universos más elevados donde las energías cosmogónicas operan tal cual son en su esencia sin un componente axiológico. Cuando el Universo de Briá aparece al descender de magnitud, se crea el sistema espacio-temporal, entonces da comienzo el libre albedrío, porque el fundamento del libre albedrío son las opciones que tiene cada fragmento de elegir su situación dentro del espacio, y así al elegir su situación espacial determina la distorsión específica de su conocimiento subjetivo inferior.

El espacio es el factor central donde se desenvuelve el libre albedrío, y cuando un fragmento se desplaza de un punto a otro del espacio, a esto lo denominamos como libre albedrío; en cambio, las leyes más altas de los universos superiores cosmogónicos (Briá, Atzilut y el Adam Kadmón) se encuentran completamente predeterminadas.

A través de mi experiencia de trabajo en grupos he visto claramente cuándo el argumento de la «predeterminación» o la predestinación opera en contra del libre albedrío; y lo que es aún peor, no opera simplemente contra el libre albedrío como una idea, sino contra el esfuerzo personal que supone el cambio que tengo que realizar al asumir mi propio libre albedrío.

Si todo está predeterminado, entonces todo esfuerzo de modificación mental queda anulado. Y esta gran confusión mental se produce porque el alumno no sabe en qué nivel se encuentra trabajando. Si un sujeto está trabajando en el Maasé Bereshit, allí debe saber que las leyes físicas obedecen a energías estructurales predeterminadas, pero no debe confundir el Maasé Merkabá que trabaja desde el Universo más bajo de Asiá, y fundamentalmente en el Universo de Yetzirá. El esfuerzo personal que mi Yo debe realizar para ascender por los universos y por las diferentes dimensiones está fundamentado en la existencia espacial del libre albedrío y, al mismo tiempo, por el conocimiento del Maasé Bereshit que implica necesariamente la aceptación de las leyes energéticas de la física. A pesar de que el Yo tiene mentalmente libre albedrío para oponerse a las leyes cosmogónicas, no por ese motivo estas leyes estructurales del Maasé Bereshit no continuarán siendo operativas.

La predeterminación estructural afecta tanto al infinito como a las energías cosmogónicas operativas del Universo de Briá. Los universos de Yetzirá y de Asiá se encuentran completamente inmersos de forma circular dentro de los tres universos superiores cosmogónicos. El libre albedrío queda entonces determinado por el sistema espacio-temporal. Dentro de la infinitud eterna está todo predeterminado por las leyes físicas del universo.

La idea de una predeterminación divina nunca puede ser un obstáculo psicológico para realizar el esfuerzo del cambio de percepción mental dentro de nuestra Biná. Cuando los teólogos medievales y los filósofos debaten entre predestinación y libre albedrío, no se dan cuenta de que ambas operan simultáneamente dentro del sujeto, porque la naturaleza divina y sus leyes (que se deben aceptar) operan desde el Maasé Bereshit. Nosotros no podemos modificar las leyes predeterminadas de la estructura física cosmogónica universal que el Ein Sof estableció, pero sí podemos, a través del crecimiento de nuestros conocimientos (Daat), revelar la información oculta existente en la interioridad del Ein Sof. Y a pesar de que no podemos ingresar directamente en la interioridad del Ein Sof, sí podemos explicar las variables manifestadas del Ein Sof en este vacío.

Con el auxilio del mapa del Árbol de la Vida podemos reducir la Biná a su función específica, y no otorgarle una importancia mayor de la que tiene dentro del sistema general sefirótico.

Ser libre no constituye un concepto teórico. Ser libre trae consecuencias inevitables porque se tiene que ejercer la libertad en la experiencia subjetiva, y esto requiere cierta valentía y cierto esfuerzo. La máxima libertad, entonces, se puede alcanzar cuando logro liberarme de los condicionamientos de mi propio Yo. Pero... ¿cómo puedo percibir todos los condicionamientos existentes, los del nivel de la consciencia subjetiva, los del nivel del inconsciente subjetivo, los del inconsciente colectivo, y los del Sod real detrás de toda la realidad?

El mismo conductismo puede crear una ideología de justificación de la predestinación por la presión social. Si mi «Yo» es producto de la presión social, entonces mi «Yo» no es libre ni tiene responsabilidad. La sociedad me arrastra a la represión absoluta de mi «Yo». Y así mi Yo real se reduce a lo reprimido en el «Inconsciente subjetivo freudiano».

Dentro del misticismo judío decimos que el «Yo» existe a pesar de todos los condicionamientos sociales, porque la cronología histórica del hombre representa la lucha de la libertad de la psique contra todos los poderes opresivos externos al Yo. El Yo es quien le ha delegado su poder subjetivo a la organización familiar, luego a la tribal, y finalmente a la estatal, sin embargo, el Yo puede reclamar nuevamente su poder subjetivo autónomo. La religión nació dentro del marco de la organización familiar, y, por lo tanto, todo lo religioso es considerado psicológicamente por el sujeto como un entorno social que no representa las aspiraciones espirituales del Yo. La espiritualidad, en cierto sentido, constituye una relación individual del sujeto con el Ein Sof, mientras que la religión constituye una relación de tipo social, donde el sujeto debe desplazar partes del poder subjetivo del Yo a la organización social exterior.

En realidad, llegará un momento en que alcanzaremos un grado de revelación tal que lo que actualmente denominamos como «Inconsciente» lo transformaremos en su totalidad en «Conciencia». En ese nivel de Conciencia estaremos realmente realizando el «Trabajo de la Carroza».

La historia del hombre es la historia de los intentos de liberación de la «psique» de todas las estructuras de dominación egoicas, y de todo tipo de represiones internalizadas. La gran cantidad de psicólogos judíos no es una casualidad histórica, sino que representa la pulsión mesiánica del pueblo de Israel que se encuentra detrás de la «salvación del ser humano», y así como todos los profetas de Israel buscaron la redención del hombre, así como el pueblo de Israel es mesiánico por su pulsión de transformación histórica, dentro de cada judío opera un estado de mesianismo potencial.

Sin embargo, cualquier ser humano es espiritualmente «judío» cuando conecta con su espíritu mesiánico potencial. Todo ser humano que en esencia desea ascender hacia los niveles de conciencia general opera para elevar la sociedad hacia el Ein Sof (hacia el Reino de los Cielos o Keter), y entonces podemos decir que cada ser humano posee en su interioridad un «alma judía».[195] Porque justamente el nombre de Israel proviene de la transformación del patriarca Jacob. Israel representa el espíritu de transformación mental para alcanzar un nivel de Conciencia superior.

Cualquiera que «dogmatice» algún aspecto del judaísmo (o dogmatice cualquier aspecto de nuestra realidad), no opera verdaderamente como «Israel». Es más, si un no religioso trabaja para la redención personal de su paciente a través de la terapia, está trabajando para la «Era Mesiánica», en mayor medida que un rezo mecánico,[196] porque no es la «creencia religiosa» del sujeto, sino su esfuerzo mesiánico en aras de elevar los niveles de Conciencia el que realmente acelera la redención.

No estamos diciendo que todos los «religiosos» no elevan sus niveles de Conciencia, sino que lamentablemente lo religioso se puede convertir en un disfraz para atacar lo «espiritual» y el crecimiento personal. Cuando en aras de lo religioso se dogmatiza la realidad, entonces no estamos operando dentro del Trabajo de la Carroza, sino que estamos operando dentro de algunas de las tantas transgresiones (Kelipot) del mundo inferior (mundo de la fragmentación o mundo de la Bet). La religión (como cualquier sistema dentro de la realidad fragmentaria del mundo de la Bet) puede ser utilizada para no producir el deseo de trascendencia.

El Yo[197] tiende a una dinámica de liberación de las presiones exteriores o de las presiones egoicas de su propia condición. Sin embargo, gran parte de la historia humana hasta puede ser definida como la lucha de la psique subjetiva del control social, y entonces entramos en un nuevo paradigma, la lucha de la psique subjetiva contra sus propias limitaciones. Estamos ante la guerra por la liberación total del Yo. El Yo, al asumir un grado de conciencia superior, se expande, y dicha expansión de la conciencia (un aumento de la Biná) hace que se puedan percibir con mayor claridad las «oscuridades» que el propio Yo desarrolla dentro de esta realidad.

---

195. Carta a los Romanos 2:29 del judío Saúl de Tarso (San Pablo).
196. La estructura litúrgica del judaísmo puede ser considerada en primer lugar como la mecánica identitaria que permitió la supervivencia del pueblo judío como una nación. Sin embargo, de acuerdo con el simbolismo espiritual de los cabalistas, la misma liturgia es una forma de elevación de los niveles de conciencia.
197. Mientras el Yo no demuestre una empatía patológica hacia algunas de las dimensiones inferiores del Ego (Yesod) o de la Tiferet (Yo interior), debemos ser conscientes de que las terapias tradicionales en el campo de la psicología operan para «desatar» las empatías patológicas que operan anclando la personalidad del sujeto en algunos de los estadios dimensionales inferiores.

Esta es la prueba fundamental por la cual, a pesar de todos los condicionamientos sociales e institucionales, el «Yo» busca su propia identidad con todos sus intentos de liberación. El verdadero «Yo» es quien, a pesar de todas las presiones exteriores, quiere expresarse exteriormente en todas sus dimensiones y potenciarlas.

74. El camino de la autorrealización del Yo

> «Allí donde tu mente esté, allí estás tú».
>
> NAJMÁN DE BRATSLAV

Cualquier sistema socioeconómico que intente el control del «Yo» es un absurdo a largo plazo porque el «Yo» buscará a través del sistema de compensaciones su propia supervivencia. Y si no internaliza el sistema de compensaciones de forma permanente, es posible que siempre tienda a su liberación. El «Yo» tiende a su propia realización, y no hay forma de control histórico que pueda frenar dicho desarrollo. La mística judía potencia el ascenso de consciencia del Yo hasta el punto de tener que anular el Yo en un estadio superior con el fin de continuar el ascenso del nivel de consciencia. La liberación del Yo de todos los aspectos represivos constituye una realidad constitucional del sujeto; lo que nosotros denominamos dentro de la cábala como «la Destrucción de nuestro Egipto interior».[198]

Regresando a la dinámica del «Yo», podemos decir que Yo no soy «Yo» cuando tenía 4 años y cuando alcancé los 44 años… mi Yo fue cambiando a lo largo de mi existencia. Hasta alguien podría eventualmente decir que fueron dos «Yoes» diferentes. Que mi Yo de los cuatro años era un Yo completamente diferente del resto de mis «Yoes» evolucionados o involucionados (según se estudie). Mi Yo entonces se encuentra en un desarrollo dentro del espacio y el tiempo. Esta perspectiva del Yo se encuentra completamente condicionada por el orden espacio-temporal inaugurado por el Universo de Briá.

Pero como sabemos por la cábala, mi Yo es mucho más que mi Yo temporal.[199] Mi Yo temporal se encuentra dentro de las coordenadas en las que ha nacido el alma (Universo de la Briá), es decir, dentro del tiempo y el espacio, pero la energía sustancial de mi alma en el orden superior es una energía eterna dentro del Ein Sof. Toda mi energía es «trascendente» en tér-

---

198. Haciendo referencia, como Egipto Interior, al símbolo de la esclavitud del faraón en tiempos de Moisés.
199. El Yo temporal se encuentra en las siete dimensiones inferiores del Árbol de la Vida.

minos físicos, más allá de las limitaciones biológicas espacio-temporales. En otros términos, sustancialmente somos conciencias provenientes del Ein Sof, y aunque operamos como formas limitadas y fragmentarias por ser piezas materiales en el orden espacio-temporal, continuamos esencialmente siendo consciencias sustancialmente derivadas del Ein Sof y debemos reproducir en alguna medida el Ein Sof en esta fragmentación.

Mi Yo en su ascenso debe comprender la realidad desde la consciencia de la Eternidad, es decir, desde el estado del No-Yo. Cuando mi conciencia opera desde la posición de la «Eternidad mental», entonces provoca una comprensión cosmogónica mayor de la realidad, ya que toda distorsión se encuentra en la posición espacio-temporal en la que se encuentra el sujeto. El sujeto, pues, se debe liberar de estos dos grandes condicionamientos, el tiempo y el espacio; del tiempo se libera en cada «Shabbat» como conciencia de un tiempo eterno, y del espacio se libera en cada análisis antiidolátrico de la realidad, porque cualquier posición estática provoca una distorsión de la comprensión de la realidad.

Mi Yo temporal alcanza los tres niveles del alma (Nefesh, el alma animal, Ruaj, el alma emocional, y la Neshamá, el alma intelectual), sin embargo, el centro de la Neshamá se conecta con el nivel del alma en la Jaiá, y con el nivel de la Iejidá a las que pertenece el Yo trascendente.

El Yo real[200] activa todas las potencialidades dimensionales inferiores y las eleva hasta el máximo desarrollo de la voluntad psicológica. El Yo real es quien coordina el Yo superior-trascendente[201] de la tríada superior del Árbol de la Vida con el Yo temporal de las siete dimensiones inferiores. Podemos trabajar constantemente en la terapia en los siete niveles inferiores del mundo de la fragmentación, pero nunca desarrollaremos en el sujeto un sentido existencial real, porque el sentido existencial no se puede encontrar en los niveles inferiores. En los niveles inferiores de la realidad, lo único que podemos encontrar es un estado de compensaciones dimensionales permanentes que nos otorgan una felicidad transitoria completamente fundamentada en el logro de los objetivos dentro del sistema material. Uno puede sostener su psique en el orden inferior haciendo crecer su «Ego», lo

---

200. El Yo real es quien engloba el Yo superior-trascendente con el Yo temporal. El Yo temporal se encuentra dentro del mundo de la fragmentación. En realidad, la fuente o raíz del mundo de la fragmentación se produce en la Biná, así que podríamos decir que el nacimiento del Yo temporal nace en la Biná y se desarrolla en las siete dimensiones inferiores. El Yo trascendente nace en el núcleo esencial de la Biná que es donde los cabalistas sitúan la Merkabá.

201. El Yo superior-transcendente se encuentra en Biná-Jojmá y Keter.

que lleva a que el Yo quede automáticamente subsumido a las condiciones egoicas de existencia.

Si pretendemos otorgarle al sujeto la máxima autorrealización posible, es decir, la sensación de alcanzar una felicidad trascendente, entonces el camino es mostrarle las dimensiones superiores fuera de su centro subjetivo y comenzar trabajando la comprensión cosmogónica; por eso, los antiguos cabalistas estudiaron primero el orden divino cosmogónico (el Maasé Bereshit), para luego, desde allí situar al sujeto dentro de la realidad, en cambio, a partir de la Ilustración hemos situado al sujeto en el centro de toda la realidad, lo cual provoca inevitablemente una distorsión completa de nuestros niveles de compresión.

Por lo tanto, debemos comprender la relación cosmos-psique, de lo contrario, si no existe comprensión de la relación entre el mundo de la Alef (el Cosmogónico) y el mundo de la Bet (psicológico), podemos creer ingenuamente que no existe nada más allá de nuestra psique.

Nuestra psique es una forma de representación fragmentaria del universo, pero no es el universo, aunque para comprender mejor la psique debemos partir del universo y, de ese modo, comprender la psique en su realidad intrínseca fuera de las coordenadas del tiempo y el espacio. Si partimos del Maasé Bereshit, comprendemos que nuestra «conciencia subjetiva» es un fragmento de conciencia derivado de un banco de información general infinita que se encuentra en la interioridad del Ein Sof.

Durante esta evolución-involución (o durante este proceso) podríamos decir que, o fuimos resolviendo las contradicciones dimensionales del «Yo», o fuimos magnificando las contradicciones dimensionales.

La resolución de las contradicciones dimensionales solamente se puede realizar uniendo estas contradicciones aparentes en unificaciones mentales superiores, que trasciendan la propia psique; por el contrario, si se magnifican las contradicciones dimensionales, esto significa que hemos reducido nuestra percepción de la realidad al mundo inferior (mundo de la fragmentación o de la Bet). ¿Cómo pueden resolver los terapeutas las contradicciones inferiores dentro del mismo mundo inferior? ¿Con un incremento de las compensaciones dimensionales inferiores? Todo terapeuta debe ser consciente de que si no opera con patologías determinadas, y trabaja con la población sana, dicha población no puede ser tratada como enferma. Sin embargo, si no trabajamos con enfermos y pretendemos que los sanos no enfermen, no podemos enviar a los «sanos» al sistema de compensaciones hedónicas permanentes del mundo inferior, porque es posible que el entorno termine de enfermar a los sanos. Por lo tanto, nuestro interrogante debe ser: ¿A los sanos les mostramos los niveles más altos de la realidad cosmogónica o los reducimos a fortalecer su autonomía subjetiva dentro de una realidad adversa? Es verdad que la terapia tradicional ha trabajado el fortalecimiento del sujeto para que afronte la adversidad del entorno, pero nos preguntamos: ¿No es mejor comprender el entorno para desactivar los efectos de distorsión que este realiza desde su misma raíz?

Es verdad que todos los sujetos poseemos desequilibrios básicos dentro de nuestra estructura, pero esto no implica que dichos desequilibrios no sean positivos porque son deseos insatisfechos que nos provocan un crecimiento de nivel.

Sin embargo, no podemos confundir los desequilibrios patológicos enfermos que se describen en los trastornos específicos de la personalidad, con los desequilibrios que surgen a partir de un crecimiento sano y sostenido del sujeto. Por lo tanto, si todos los desequilibrios existentes son considerados patológicos, podemos llegar a la distorsión de creer imaginariamente que todos son desequilibrios (Kelipot). Las Midot (virtudes) no son equilibrios estáticos, sino equilibrios dinámicos, lo que supone decir, en otros términos, que las Midot son desequilibrios dinámicos canalizados. Lo que estamos proponiendo desde la psicología del misticismo judío es comprender que debemos elevarnos sobre el sistema de equilibrios/desequilibrios, porque siempre tendremos esta dualidad aparente hasta que no elevemos al sujeto al estado de felicidad trascendente.

La tercera posición, que justamente es la que se puede ver en la mayoría de los casos, es el *statu quo* alcanzado con la creación de sistemas cerrados o zonas de seguridad. Podemos ver a ciertos sujetos que hoy están hablando de un tema y que, dentro de seis años, cuando los volvemos a encontrar, están hablando del mismo tema. ¿Cómo es posible? Porque el sujeto encontró su zona de seguridad y no hay forma de extraerlo de allí.

El error de muchas terapias es considerar que se alcanzó la sanación a partir de la fijación de estas zonas de seguridad en el orden inferior, cuando en realidad la sanación se alcanza justamente a partir de la instauración de una convivencia feliz con un estado irredento permanente.

Esto provoca una ilusión mental. Para «trascender» al sujeto de su mundo inferior (mundo de la Bet) debemos elevar sus aspiraciones al potencial infinito. No existe un sentido real de la existencia hasta que el sujeto no se encuentra con su trabajo «infinito», hasta no alcanzar la conciencia de proyectarse hacia el Ein Sof, que, reiteramos, no constituye una huida infantil al seno materno, sino una posición de madurez donde los miedos han sido destruidos por completo, porque la Biná (el Yo mental) no se sujeta de modo dogmático a las estructuras compensatorias dimensionales inferiores del mundo de la fragmentación.

En realidad, hasta podríamos trabajar realmente el concepto de «sublimación» de Freud, y expresar que toda la trascendencia (en cuanto unión con el Infinito y eterno Ein Sof) y la búsqueda de inmortalidad permanente del sujeto material, como no pueden ser comprendidas cognitivamente, se resuelven transitoriamente a través de la sublimación de las energías psíquicas trascendentes dentro del orden inferior del mundo de la fragmentación.

El problema aún persiste, porque dado que el ser humano posee energías psíquicas excedentes, estas tienden básicamente hacia tres direcciones posibles: la primera dirección, hacia una entropía conflictiva que produce el sistema de patologías psicológicas; la segunda dirección, hacia una extroversión total que produce una evasión del Yo en el movimiento social,[202] y la tercera dirección, hacia la comprensión cognitiva del sistema cosmogónico y a la focalización de las energías psíquicas del Yo en su propio crecimiento personal, logrando como resultado la paz interior y el no conflicto externo ni interno. Las tres direcciones canalizan esta energía excesiva que tenemos por encontrarnos estructurados a partir de un tipo de energía superior a nuestra vasija material.

---

202. La cuestión de la evasión en el movimiento la explique detalladamente en mi obra anterior *Sod 22: el secreto*, Buenos Aires, diciembre de 2011.

75. El problema de la ortodoxización

«No existe una persona tan recta que sólo haga el bien y que jamás cometa transgresiones».

SANEDRÍN 101ª y KOHELET 7:20

Cualquier idea u objeto (o sujeto) puede ser una tabla de seguridad o axioma indiscutible para lograr una seguridad ilusoria dentro de esta realidad. El judaísmo mismo puede ser tomado como punto fijo e inamovible, lo cual es una contradicción en sí misma siendo el judaísmo una religión histórica y en pleno desarrollo dentro del espacio y el tiempo. La misma ortodoxia judía es un contrasentido porque el pueblo de Israel con Moisés no salió al desierto con sombreros negros. El judaísmo siendo dinámico destruye por su propio dinamismo interno toda ortodoxia. Por supuesto, seguirán existiendo grupos ortodoxos dentro del judaísmo, pero inevitablemente serán reformados desde dentro. Toda ortodoxia sostiene la ilusión de la verdad, confundiendo el Keter psicológico del Universo de Yetzirá con el Keter real de todo el sistema, que es el Keter cosmogónico. Por otro lado, gran parte de la ortodoxia actual (en todas las religiones) se ha vuelto esencialmente guevúrica, desarrollando diversas restricciones en la vida cotidiana.

Estos mecanismos religiosos no son espirituales, sino que sostienen exclusivamente la identidad nacional del pueblo de Israel, o por lo menos este es su objetivo no declarado. Estoy convencido de que el judaísmo y muchos amigos que se unirán al judaísmo en los próximos años encontrarán (desde cualquier tendencia religiosa) una vía de profunda espiritualidad a través de un conocimiento integral de la psicología del misticismo judío. No se deben justificar como «espirituales» los mecanismos litúrgicos o tradicionales de sostén de la identidad nacional judía. Mi ser judío se encuentra anclado fundamentalmente en esta base emocional de mi identidad religiosa y nacional; sin embargo, la espiritualidad es la esencia de toda identidad.

Todo marco de identidad religioso o nacional no es necesariamente garantía del trabajo espiritual. Cualquier ser humano de cualquier grupo religioso y nacional puede acceder a la espiritualidad del judaísmo. Es verdad que el lenguaje básico judío de la identidad nacional hebrea permite una mayor cercanía para la comprensión de la espiritualidad judía. Lo religioso/nacional tiene una relación directa con la identidad colectiva (que asumo personalmente con orgullo), pero la espiritualidad es un trabajo interno del sujeto independiente de su marco de identidad. La familiaridad del sujeto con sus formas de identidad es la que provoca que indudablemente todo Yo se sienta emocionalmente cómodo dentro de su tradición específica del mundo inferior. Esta es indudablemente la esencia del judaísmo que se oculta detrás de todo el aparato litúrgico.

La ortodoxización es la fijación infantil de Dios en un punto fijo de la realidad. Aquí sí estamos de acuerdo con Freud, porque en realidad lo religioso tiene relación con el mundo inferior (mundo de la Bet), en cambio, lo espiritual tiene relación con el mundo superior (mundo de Alef). Indudablemente, «la espiritualidad» siempre es y será superior a todo fenómeno religioso, en tanto la validez de lo espiritual se relaciona con la pulsión de la libertad de la psique, y la validez de la identidad religiosa/nacional pertenece a los niveles dimensionales inferiores.

El fenómeno religioso es histórico-cultural, en cambio, la espiritualidad es natural a la estructura cosmogónica-psicológica. La religión es un producto cultural y se mueve históricamente por las necesidades de cada situación temporal y espacial, pero todo producto cultural debe necesariamente poseer un núcleo «duro» de espiritualidad.

Por ese motivo, el misticismo debe sospechar de los controles religiosos dogmáticos que provienen de las inseguridades mentales de la Biná, y el misticismo debe sospechar de los «Egos» que se desarrollan dentro de las instituciones religiosas (porque toda institución religiosa es intrínsecamente una institución política). El trabajo de liberación del Yo que propone la psicología del misticismo judío no puede negociar con los velos que se forman por efecto de la oscuridad de la materia, es más, nuestras energías psíquicas deben evadirse de perder el tiempo dentro del mundo de la fragmentación y concentrarse exclusivamente en los niveles trascendentes del mundo superior, creando y desarrollando una conciencia del nivel Alef.

En cambio, la psicología del misticismo judío constituye un mesianismo potencial puro, porque la energía que desarrolla el mesianismo judío es la transformación del sujeto para alcanzar estadios de Conciencia superior. Esta energía histórica real del judaísmo es la que provoca constantemente una visión del futuro, una construcción de la Era Mesiánica en tiempo presente.

El Maasé Merkabá permite la transformación subjetiva en términos de un mesianismo interior, porque nunca llegará el mesianismo exterior si no existe una transformación mesiánica subjetiva.[203]

La persona ha creado un Yo estático, pero con un tipo de estática imaginaria, una ilusión.

En dicha zona de seguridad, nada cambia (aparentemente), y entonces existe una especie de control total. Esta situación se puede transformar en una patología del ideario conservador, es decir, conservar a pesar del dina-

---

203. Si estudiamos a los pensadores judíos (más allá de sus diferencias en los diversos campos de acción), podemos encontrar ese espíritu mesiánico de redención: en Freud encontramos la redención psicológica, en Marx encontramos una forma utópica de redención social, en David Ricardo, una forma de redención económica, en Hertzl, una forma de la redención nacional, en Einstein, una forma de redención cosmogónica de la Eternidad superando las coordenadas del espacio y el tiempo físicos. Todos los pensadores judíos de todos los tiempos tienden en su matriz intelectual a operar en la permanente idea de redención constante. Los cabalistas, en este sentido, comprendieron que la redención operaba (y opera) en todas las dimensiones de forma simultánea. La redención debe ser una redención integral de la persona en todas sus dimensiones. El mesianismo potencial del judaísmo es un elemento psíquico de autorredención constante. Por lo tanto, el sentido de la existencia que otorga el judaísmo se relaciona con el orden cosmogónico. La búsqueda de la extracción del potencial infinito interior que llevamos cada uno de nosotros como fragmentos del Ein Sof es lo que hace que seamos puro potencial. El ser conscientes de nuestra finitud provoca que (al mismo tiempo) podamos establecer una relación psicológica con el Ein Sof de superación constante. El sentido existencial entonces no es la búsqueda de algo exterior a mi Yo (mundo de la fragmentación), sino que es la búsqueda de toda la potencialidad interior que poseo, y que no conozco. Cada día puedo avanzar en mi proceso de construcción, no por las presiones exteriores sociales ni por las presiones interiores de mi Ego, sino por la felicidad interior que me genera el propio proceso de constante ascensión. El Daat (el Conocimiento) se transforma entonces en el instrumento central de mi autorredención. Si cada vez conozco algo más de mi realidad interior y de la realidad exterior, aumentan mis niveles de consciencia y, por consiguiente, aumenta mi felicidad interior. Ingresamos entonces dentro de un círculo virtuoso ascendente, que sin renunciar a las dimensiones inferiores del mundo de la fragmentación (mundo de la Bet), las trasciende, porque las sitúa al servicio de un Yo que es consciente de ser un fragmento del Ein Sof. Por lo tanto, si el Yo no tiene consciencia de ser un fragmento del Ein Sof y de dirigir su energía hacia Él, siempre tenderá a buscar compensaciones en las dimensiones inferiores, y todas las satisfacciones de los deseos inferiores nunca provocaran una felicidad interior real, sino felicidades momentáneas que necesitan por su propia naturaleza ser incrementadas de forma permanente. Es justamente ahí donde desde la psicología del misticismo judío podemos ver que lo «patológico» es la sobrecarga compensatoria de las dimensiones inferiores, porque al no encontrar el sentido existencial la persona se refugia en las dimensiones inferiores, lo cual provoca en los sujetos una sensación de encontrarse presos en la cárcel de la existencia. Mientras el sujeto no tenga una perspectiva psicológica trascendente (percibiendo el Ein Sof), no existirá forma compensatoria en las dimensiones inferiores que pueda sostener el vacío existencial, es más, lo patológico será entonces el resultado natural de esta conciencia inferior. Lo patológico de esta situación es que mientras más compensaciones el sujeto busque en el mundo inferior, mayor será el sinsentido inconsciente reprimido. Con lo cual, la «represión» no estará entonces operando frente a lo inferior instintivo, sino frente a lo superior trascendente. En definitiva, la crítica freudiana de la religión (al confundir religión y espiritualidad en el mismo conjunto) reprimió el orden trascendente del sujeto y lo confundió con las pulsiones del instinto animal. Como dirá Ken Wilber confundió lo prepersonal con lo transpersonal.

mismo general de la sociedad. Y si lo conservador de la Biná le otorga cierta estabilidad al sistema mental, no podemos dejar de considerar que el campo extenso de la Jojmá es el que otorga la verdadera creatividad al sistema. Esta ilusión del control total por parte del Yo puede hacer que una dimensión en particular sea utilizada como una zona de seguridad y no como lo que es, una energía dinámica en movimiento. Toda dimensión por el efecto de la ilusión de seguridad de la Biná puede ser transformada en un punto dogmático de percepción de la realidad, lo cual provoca la infinidad de enfrentamientos dogmáticos de las escuelas religiosas (y de las escuelas psicológicas, que actúan dogmáticamente reemplazando las antiguas disputas teológicas medievales).

Las disputas teológicas medievales se transformaron en disputas entre las escuelas de la psicología moderna, de modo que cada fundador de una escuela de psicología se ha transformado en una especie de guía religioso. Y si la figura simbólica de Freud, como «fundador», podría ser comparada a la del papa de la Iglesia católica, cada uno de sus discípulos se transformó en el arquetipo medieval de las disputas teológicas: Jung en el Lutero, Adler en el Calvino, y así sucesivamente. Y así como la Reforma protestante provocó miles de grupos religiosos diferentes, nos encontramos que las escuelas de psicología se han posicionado en algún punto estático de la realidad. En definitiva, la misma mentalidad de dogmatización teológica antigua y medieval que creó la «religión» no provocó una liberación real a través de la Psicología, sino por el contrario, creó una nueva dogmatización moderna en los mismos términos que la Teología. Si los teólogos pretendían controlar a «Dios» y llevarlo a un punto fijo de la realidad, los psicólogos pretendieron poseer la verdad de la naturaleza de la psique y, en cierta forma, la dogmatizaron en un punto de la realidad.

Los psicólogos reemplazaron la psique por el Dios de los teólogos, pero el nivel de dogmatismo se mantuvo inflexible. Se pueden encontrar aún hoy psicólogos que defienden las ideas de sus respectivas escuelas como los teólogos medievales. Lo más importante del asunto que estamos planteando es que indudablemente el problema central y el nudo de la falta de flexibilidad cognitiva continúan existiendo: el dogmatismo, la imposibilidad de flexibilizar la psique para alcanzar mayores niveles de conciencia.

En definitiva, la antigua cábala hebrea al criticar todo punto fijo (dogma) comprende la complejidad y no anula dicha complejidad a partir de las ilusiones de seguridad de la Biná (Yo mental).

Probablemente, esta es la verdadera complejidad de todo conocimiento (Daat) dentro de la cábala, la incorporación de un pensamiento circular,[204] relacional y eterno (es decir, fuera de la temporalidad). Estas tres características del pensamiento cabalístico deben ser comprendidas en su justo nivel.

Es circular porque siguiendo el orden cosmogónico sabemos que toda la estructura universal no es lineal, y aunque nuestra Biná (el Entendimiento) intente pensar de forma lineal, siempre choca contra la realidad circular; por eso, cabalistas más ocultos elaboraron sistemas donde un cuadrado mágico se encuentra siempre en rotación dentro de un círculo o un circulo contiene un cuadrado en su interior.

La Biná (el Entendimiento) opera sobre estructuras lineales y la realidad es circular. Por ese motivo, la Jojmá (la Sabiduría) trasciende al intelecto, porque siendo básicamente circular es relacional.

El carácter relacional es otro elemento muy complejo de describir debido a que no logramos conocer la cantidad de influencias que ejercen sus relaciones sobre un objeto o un sujeto; y como sabemos que todo está relacionado con todo, la complejidad radica en nuestra imposibilidad de conocer (por ahora) la gran cantidad de relaciones que operan sobre un sujeto o un objeto dentro de la realidad. Y finalmente el carácter «eterno» (no temporal) de la realidad, que nos obliga a pensar fuera del marco del sistema temporal-espacial en que nos desenvolvemos.

La idea de la Biná de construir una dogmática tiene como objeto central la anulación de la dinámica del Yo. Esta parálisis del Yo dificulta los cambios de percepción para una evolución del Yo hacia lo trascendente. Quiero antes de continuar dejar claro que lo «trascendente» va más allá de una creencia religiosa específica, ya que lo «trascendente» es lo que hace al sujeto operar sobre la variable de la «Eternidad» fuera del marco espacio-temporal. Es una sensación interior de integración con la Totalidad (no panteísta) en el sentido de que el sujeto (Yo) sigue existiendo en su subjetividad, pero al mismo tiempo trascendiendo dicha subjetividad.

---

204. La idea de la circularidad del pensamiento judío apareció en una de mis clases de cábala en Barcelona por la reflexión de una alumna, Magdalena Amorós Perdigo, quien me señaló (2011) esta característica de la forma del pensar judío.

76. La destrucción de todas las seguridades cognitivas

«El que profundiza su mente no vuelve a ser como antes».

RABÍ DAVID IBN ZIMRA

¿Qué puede hacer el Yo para salir de sus zonas de seguridad que lo llevan al dogmatismo? Debe destruir la idea misma de la «seguridad». Si el Daat (el Conocimiento) no trabaja en la destrucción de la falsa idea de la seguridad, entonces dicha ilusión de seguridad se apodera del Yo como una «madre protectora arquetípica» y no deja al Yo libre para el desarrollo de todo su potencial.[205] En definitiva, las zonas de seguridad que sirvieron en la primera

---

205. En este sentido deseo citar la obra *Ciencia, Orden y creatividad: las raíces creativas de la ciencia y de la vida*, de David Bohm y F. Peat, de editorial Kairós, Barcelona, quinta edición, febrero de 2010, que dice en las páginas 263 a 264: «Volviendo ahora a la sociedad, está claro que circula una tremenda cantidad de información errónea, que favorece su degeneración. Los medios de comunicación modernos hacen que esta mala información se extienda rápidamente, de la misma manera que pueden hacerlo con la información válida. Cuando hablamos de información errónea nos referimos a una forma de información generativa que es inadecuada, más que a simples afirmaciones incorrectas. De la misma manera que un pequeño «error» en el ADN puede tener consecuencias desastrosas, ya que forma parte del orden generativo del organismo y puede dirigir todo el proceso en la mala dirección. El orden generativo de la sociedad está profundamente afectado por lo que tiene una significación muy general. Esto se manifiesta de forma de principios y metas generales, y valores, y actitudes y creencias de todo tipo aceptadas por todos y asociadas a la familia, el trabajo, la religión y el país. Al pasar de estos principios generales a lo universal, el efecto del orden generativo se hace todavía más poderoso. Cuando un principio determinado se tiene como universalmente válido, significa que se considera absolutamente necesario. En otras palabras, cualesquiera que sean las circunstancias las cosas no pueden ser de otra manera. La necesidad absoluta significa «no ceder nunca». Si en el orden generativo tenemos algo que nunca puede dejar paso, sin importar lo que ocurra, esto implica una restricción absoluta al juego libre de la mente, lo que a su vez trae consigo un bloqueo de la creatividad que es difícil de solventar. Es cierto que tanto el individuo como la sociedad necesitan cierta estabilidad, y para ello, el pensamiento ha de ser capaz de mantenerse fijo dentro de unos límites adecuados y con cierto tipo de necesidad relativa. Durante un período de tiempo limitado puede ser útil considerar necesarios ciertos valores, presupuestos y principios. Pero aunque sean relativamente constantes, deberían estar siempre abiertos al cambio en el momento que fuera necesario. El problema surge cuando se asume, normalmente de manera tácita y con total falta de conciencia o atención, que estos valores, presupuestos y principios han de estar absolutamente fijos, ya que se los considera necesarios para que sobreviva en buen estado tanto la sociedad como todo lo considerado por sus miembros como agradable. Al comienzo del libro defendíamos que la ciencia, dedicada en principio a la verdad, tiende a quedar atrapada en la necesidad, lo que la arrastra al juego sucio

construcción del Yo hasta llegar a Tiferet, ahora no tienen sentido, y ya no hay razón para mantener la ilusión de seguridad cuando el Yo ha alcanzado la madurez. Si el Yo destruye su ilusión de seguridad por completo, entonces logra alcanzar el dominio de su propia Biná.

El Yo debe reemplazar a la madre arquetípica de la Biná a través de su propia Biná. Este es un momento duro, en términos psicológicos debe aceptar la

y a un serio bloqueo de la creatividad. Ahora ya vemos claro que los presupuestos de necesidad absoluta, junto con su inclinación a la rigidez inflexible, sólo son parte de un espectro de respuestas semejantes que invaden toda la sociedad. Los principios, valores y presupuestos generales, a los que se considera absolutamente necesarios, son en realidad una fuente de mala información, que resulta destructiva y ensucia el orden generativo de la sociedad». Ahora bien, quiero realizar algunas aclaraciones al texto citado desde la psicología del misticismo judío: en primer lugar, entiendo que es inadecuado hablar de «información errónea», lo que los autores denominan de esto modo, no es errónea, es información que pertenece al universo inferior. Todo el universo inferior depende de la Biná (o madre arquetípica). Las siete dimensiones inferiores del Árbol de la Vida están completamente unidas a la Biná, por ese motivo, la última (segunda) Hei del Tetragrama se une con la primera letra Hei del Tetragrama. La primera letra Hei representa a la Biná y la segunda letra Hei, a Maljut. El sistema inferior que domina la Biná es lo que nosotros podríamos denominar como el sistema de seguridad. Dicho sistema de seguridad es el que nos envía cierto tipo de información condicionada dentro del universo inferior. La protección que ejerce la Biná en todo el sistema inferior del Árbol de la Vida implica que se desarrolla un tipo de información que nace dentro del sistema de sobreprotección de la Biná. En otros términos, el problema no es de información errónea o válida, sino de que toda la información es válida en diferentes niveles. La información inferior parece que es errónea vista desde el mundo superior de la tríada superior del Árbol de la Vida. Pero no es errónea, sino que es válida en su propio nivel inferior. La existencia para la cábala hebrea se encuadra dentro de la oscilación constante entre el universo superior de la primera tríada de Keter-Jojmá y Biná y el universo inferior de las siete dimensiones inferiores. Cuando los autores dicen que «tanto el individuo como la sociedad necesitan de cierta estabilidad» están validando la información que ellos mismos calificaron como errónea. La estabilidad o la seguridad es el elemento condicionante del sistema del universo inferior, y a partir de la idea de seguridad nacen las ideas, los conceptos y todos los axiomas establecidos tanto de forma social como de forma individual. Es la Biná la fuente desde donde parten todas las limitaciones que otorgan seguridad ilusoria dentro del sistema inferior. Sin embargo, sabemos que la seguridad no existe, y que es solamente la ilusión de la protección de la madre arquetípica de la Biná. Deseamos estar «seguros» porque vivimos dentro del mundo inferior, sin embargo, sabemos cuándo percibimos el mundo superior que dicha seguridad no existe. Por lo tanto, el dogmatismo estático se forma a partir de la Biná como método de control ilusorio de la realidad, en cambio, cuando damos el salto de la Biná a la Jojmá para lograr la tan ansiada «creatividad» necesitamos de un nivel de libre albedrío que no es compatible con la ilusión de seguridad. Si nos alejamos de la seguridad de la Biná, podemos ir hacia la libertad (y consiguiente creatividad) de la Jojmá. Sin embargo, sabemos que siempre establecemos en el mundo inferior, a partir de la Biná, zonas de seguridad. Estas zonas de seguridad no deben ser permanentes o estáticas porque de ese modo forman los dogmas. Estas zonas de seguridad son puntos intermedios o zonas transitorias para alcanzar niveles superiores de consciencia. Así que todos vivimos dentro de ciertas zonas de seguridad, sin embargo, algunos se quedan allí de modo que crean (por la seguridad ilusoria) un mundo fijo e inmutable, y otros logran ser conscientes de que dichas zonas de seguridad son puntos de tranquilidad y sosiego antes de continuar el camino. De ningún modo, dichos puntos o zonas de seguridad generan información errónea, sino que representan información válida en dicho nivel, parece que es información errónea cuando la percibimos desde un nivel superior. No obstante, dicha información (insistimos) muerte de la madre arquetípica, debe aceptar que todo el mundo de seguridad que ha vivido es falso desde la percepción superior, y que los seres humanos van por allí buscando «seguridades imaginarias». Por ese motivo no se puede tomar la idea de «Dios» como sistema de seguridad, porque justamente es el Ein Sof en su máxima expresión quien otorga la mayor potencia de libertad interior al Yo. Cada seguridad imaginaria que se transforma en estática se convierte en un nuevo dogma (y lamentablemente la idea de Dios se puede volver un dogma). La religión ha infantilizado la idea de Dios y la ha utilizado como instrumento de poder a través del miedo. Es justamente la interminable percepción del Ein Sof la que rompe todas las seguridades imaginarias de la Biná y nos conduce a la Jojmá.

El camino de la búsqueda de seguridad se puede volver patológico, caminando de dogma en dogma, buscando siempre una seguridad inexistente, porque si algo es «seguro» es que existe el Ein Sof y que todo lo que se encuentra dentro del vacío es una derivación de dicho Ein Sof. Al no existir seguridad dentro del sistema espacio-tiempo, entonces la mente (Biná) nos quiere proteger creando estas ilusiones. Insistimos que es una protección falsa de nuestra mente. La mejor protección que podemos hacer de la Biná es la desprotección total frente al Ein Sof, anular todas las herramientas psicológicas de seguridad que nos han creado tal cantidad de miedos que existimos con el temor permanente al futuro sin poder disfrutar del tiempo presente. No hemos huido del presente hacia el futuro, sino que hemos huido de los miedos presentes a una serie de miedos futuros.

Cuando la Biná arquetípica es destruida, entonces todo el mundo conceptual se relativiza, y lo único que nos queda es situarnos dentro de una perspectiva real. Por supuesto, nunca podemos destruir el mundo conceptual de la Biná, porque nosotros operamos en dicho mundo. Sin embargo, podemos percibir las limitaciones de lo conceptual. Si comprendemos lo conceptual que puede encerrar a la Biná sobre sí misma, entonces producimos lo que el Santo Zohar dice de que el hombre y la mujer se abrazan para siempre en el

---

es válida en su nivel, y no podemos forzar a cambiar a una persona de nivel. Sin embargo, hay que tener mucho cuidado cuando una persona al llegar a una zona de seguridad la percibe como estática, y a partir de allí generadora de un dogmatismo ataca las diferencias como amenazas. El problema mayor aparece si el dogmático refleja su frustración de ser libre y ataca a los que han abandonado dicho nivel. El dogmatismo no solo entonces puede afectar al dogmático en sí mismo, sino a su entorno, porque el dogmático desea cancelar el libre albedrío de los demás ya que esto le produce en su interior su propia debilidad al no poder tener la voluntad de salir de dicha zona de seguridad. Quien es libre representa un peligro para todo dogmatismo, porque el dogmático proyecta su frustración por no poder ser libre y desea cancelar la libertad ajena.

nivel superior, lo cual simbólicamente hace alusión al permanente flujo de energía de la Jojmá a la Biná, y viceversa.

El mismo trabajo que hemos realizado con la Biná ahora lo debemos realizar con la Jojmá arquetípica del padre que debe ser destruida porque al final la simbolización de la Jojmá es en cierto modo (visto desde Keter) una limitación. En este punto podemos marcar una diferencia entre el pensamiento junguiano y el pensamiento de la cábala, ya que el junguianismo llega hasta los arquetipos, mientras que la cábala opera en las raíces de dichos arquetipos que son las Sefirot (Dimensiones).

Por lo tanto, los arquetipos vistos desde la perspectiva del misticismo judío también son limitaciones mentales en un grado superior, es decir, limitaciones simbólicas que operan en la Jojmá. Siempre en este sentido estamos trabajando en la Jojmá psicológica.

Si Freud trabajó la Biná psicológica del Universo de Yetzirá, Jung trabajo la Jojmá psicológica del Universo de Yetzirá; sin embargo, para cruzar del Árbol del Conocimiento del Bien y del Mal a la sección superior del Árbol de la Vida (Etz Ha Jaim) debemos diferenciar muy bien cuando operamos dentro de la Jojmá psicológica y de la Jojmá cosmogónica.

Las Sefirot nacen en la Jojmá cosmogónica del Universo de Atzilut, y, por lo tanto, las raíces arquetipales existen en dicho universo (El universo de la Emanación), mientras que los arquetipos operan en la Jojmá psicológica en un grado inferior.

Ahora bien, debemos establecer claramente las diferencias entre los dos tipos de Jojmá a los que estamos haciendo referencia: en la Jojmá psicológica del Universo de Yetzirá se encuentran los arquetipos junguianos (la metafísica), en cambio, dentro de la Jojmá cosmogónica (Universo de Atzilut) encontramos las diez dimensiones físicas que operan dentro del orden del Ein Sof eterno e infinito.

Nos encontramos entonces ante un proceso constante de destrucción sistemática de todas las seguridades de la Biná con el objetivo de alcanzar la sensación de «Keter»,[206] y producimos un mayor nivel energético cuando

---

206. Aunque nunca ingresamos en el Keter real, sí podemos percibir la sensación de Keter, y esta sensación se produce cuando las seguridades imaginarias del orden espacio-tiempo han quedado anuladas. El Yo se debate entre la máxima tragedia y la máxima felicidad, la tragedia de percibir por primera vez realmente el mundo inferior como inferior, y la felicidad máxima por su participación existencial en el orden cosmológico superior. En definitiva, siendo partes finitas del Ein Sof en el sistema de la fragmentación podemos percibir por nuestra Biná la existencia no solo de la Jojmá, sino del nivel de Keter y pasar así al Universo de Briá que es desde donde salieron nuestras

destruimos las seguridades simbólicas de la Jojmá, y es entonces cuando subimos al Keter psicológico, y conquistamos de esta forma el Universo de Yetzirá de modo que estamos preparados ahora para el ascenso de la Merkabá inferior a la Merkabá superior.

La Merkabá inferior se conquista al llegar al Keter psicológico, y la Merkabá superior nunca es conquistable debido a que pertenece cosmogónicamente a una realidad inteligente diferente de nuestra humanidad (la Merkabá real). El ascenso a nuestra Merkabá se produce entonces en dos fases: en la primera fase, ascendemos por la Merkabá inferior, y es cuando recorremos nuestro Árbol de la Vida interior dentro del Universo de Yetzirá, esto nos conduce al más profundo autoconocimiento personal; sin embargo, al llegar a nuestro Keter, debemos saber que en el orden cosmogónico somos «Nada», porque en realidad cuando llegamos al Keter psicológico, solamente hemos alcanzado el centro del Tiferet cosmogónico.

Es verdad que la Jojmá opera sobre magnitudes energéticas superiores a la Biná, pero en una perspectiva ketérica sobre magnitudes también limitadas. La seguridad queda entonces completamente destruida cuando percibimos que ni lo conceptual de la Biná arquetípica ni lo simbólico de la Jojmá arquetípica me brindan la seguridad imaginaria.

Estos dos arquetipos fundamentales (Bina y Jojmá) operaron como los simbólicos padres protectores de la Tiferet, pero ahora llega el momento de que la Tiferet del Yo interior deba enfrentarse con Keter cara a cara. Debe saber que los padres arquetípicos deben morir.

La muerte de los padres arquetípicos es, para el Yo, la desprotección última, la caída real de las dos protecciones fundamentales. Ahora solo nos protege el Keter, pero el Keter es el estado de mi Tiferet en un nivel superior, estoy solo, mi Yo con mi Yo. En este nivel decimos que mi intimidad es incomunicable. Y ahora me encuentro con mi propia muerte física. La ultima protección simbólica. Ahora bien, todas las protecciones en realidad siempre hacían referencias a la materialidad.

Ahora me encuentro con mi Yo en su soledad radical. ¿Se siente feliz mi Yo conviviendo con su propio Yo?[207] ¿O mi Yo no puede soportar el percibir

---

energías diferenciadas como almas intelectuales (Neshamot). El cabalista Ezra de Gerona dirá que existe una facultad del alma (el pensamiento) que se puede elevar más allá del Universo de Briá, y aunque el alma es de este universo tenemos la posibilidad de pensar más allá del origen de nuestra propia alma y acceder a la información del Universo de Atzilut (la Emanación).
207. Si existe algún grado de infelicidad del Yo, se debe atribuir a un desequilibrio interior del propio Yo en su imagen de sí mismo.

lo que realmente es mi Yo? En este nivel no tengo escape de mi verdadero Yo si quiero madurar realmente, o puedo optar quedándome «felizmente» en cualquier dimensión inferior. No es necesario avanzar más allá de un nivel determinado para ser feliz. Quien busca los niveles más altos de la consciencia debe saber que en todos los niveles se encuentran diversos grados de felicidad. Cada nivel de felicidad se encuentra relacionado con la magnitud del nivel dimensional en el que opera.

El ascenso de un nivel a otro siempre nos debe llevar a un cierto tipo de dolor que debemos soportar. Lo que sucede es que la liberación que provoca el ascender en cada nivel es una sensación que el Yo tiene como efecto directo de su mismo ascenso.

Ahora, la Tiferet toma conciencia ketérica cuando se da cuenta de que Keter es un estado más elevado del propio Tiferet. Sin embargo, para lograr ascender de la Tiferet a Keter, se debe «descentrar el Yo» de su propio eje. No hay forma de lograr la comprensión cosmogónica si el Yo interfiere a cada paso. Si en una primera etapa el fortalecimiento del Yo era la condición para alcanzar la Tiferet, ahora en esta segunda etapa dicha fortaleza constituye nuestra debilidad real. Para alcanzar el Keter psicológico, es necesaria la consciencia de «Nada» frente al orden cosmogónico. Esto es lo que denominamos como «descentramiento del Yo». El nivel de la Neshamá debe dejar paso para lograr un nivel de consciencia de la Jaiá (el nivel energético del alma que rodea la estructura mental de la Neshamá).[208]

La Tiferet tiende a que todo lo que la rodea se encuentre frente a ella de forma circular, en cambio, la conciencia ketérica es la que permite al Yo poder vis-

---

208. Recordemos que en la cábala los dos niveles más elevados del alma se denominan como Jaiá, (en el Universo de Atzilut) y de Iejidá (en el Universo del Adam Kadmón); en definitiva, son los llamados Makifim o envoltorios de la Neshamá que nos acompañan en todo momento. Estos envoltorios son las energías extrapsíquicas que se contactan con las energías cosmogónicas. Si no comprendemos que la psique es parte de la consciencia de la propia naturaleza, entonces no podemos comprender que las energías interiores de la psique en realidad son energías cosmogónicas. Lo que sucede es que nuestra Biná, al centrar el Yo en mi Yo, lo que produce es una división psicológica entre el Yo y el resto de la naturaleza, lo cual es un contrasentido absoluto, dado que el Yo es un fragmento del Ein Sof en esta realidad existencial. Si el Yo logra descentrarse, lo puede hacer al incorporar el orden cosmogónico al sistema mental, es decir, comprender que las energías psíquicas del nivel de la Neshamá se encuentran unidas a las energías cosmogónicas en el nivel de la Jaiá, y que las energías cosmogónicas operan por sí mismas en el nivel de la Iejidá. Podemos entonces establecer la diferencia entre estos dos niveles del alma. La Jaiá es la unión de las energías psíquicas con las cosmogónicas, donde la psique capta lo que se encuentra fuera de ella y a su vez lo incorpora y logra ingresar en el Universo de Atzilut (la Emanación) donde no existe el tiempo y el espacio. La Iejidá es el nivel del alma donde ya no existen las energías psíquicas, sino que se reconoce que dichas energías son en realidad cosmogónicas.

lumbrar la Tiferet ya no como centro, sino como apéndice de la manifestación divina general. El Keter psicológico debe estar preparado para comprender la existencia del vacío interior que todos poseemos. Solamente este vacío interior se puede llenar con la luz del Ein Sof. Esto que estamos explicando en teoría lo debemos explicar de forma explícita en la práctica ¿Cómo llenamos de luz nuestro vacío? En primer lugar, sin tener la desesperación de llenar el vacío. Cada vez que el Yo quiere llenar el vacío, nuevamente opera la centralización del Yo en sí mismo. Se producen estados de ansiedad muy profundos en los sujetos que se encuentran por primera vez con la sensación del vacío interior. Dentro de la psicología del misticismo judío explicamos que el vacío interior es una oportunidad clave para ascender en nuestros niveles de conciencia.

No debemos dejar que la desesperación del llenado nos lleve a perdernos la oportunidad de disfrutar el vacío interior. Disfrutar el vacío interior en realidad es saber que nunca podremos llenar nuestro Kli del Ein Sof, que esto es una imposibilidad absoluta por la capacidad limitada de nuestro nivel de recepción; sin embargo, esta imposibilidad es la que nos otorga la máxima felicidad, porque es feliz quien siempre tiene la posibilidad de llenar el vacío de su Kli y no quien lo tiene lleno, porque quien lo tiene lleno entonces ya no sabe por qué ni para qué existe. En realidad, existimos para lograr la máxima ampliación del vacío de recepción de nuestro Kli. Los que llenan su Kli en las dimensiones inferiores sienten niveles de felicidad transitorios porque las ampliaciones de sus Kelim (vasijas de recepción) equivalen al nivel de las limitadas satisfacciones a las cuales quieren acceder.

Ahora bien, nos preguntamos qué sucede con la gran mayoría de aquellos que buscan en el dogmatismo el llenado automático de su Kli. Si el dogmático queda anclado en su dogmatismo, es porque el sujeto se define de acuerdo con ciertos límites autoimpuestos[209] y difícilmente se puede liberar de sus propios límites a lo largo de su existencia.

El dogmático es consciente de que vive en un mundo falso, cuya base de falsedad se encuentra en su incapacidad de ser libre, y al no lograr dicha libertad interior quedan anuladas todas sus potencialidades. Por ese motivo, toda idolatría es falsa, porque representa la delegación del poder subjetivo hacia un poder fuera de nosotros mismos (un poder tan subjetivo como el nuestro). El dogmático se caracteriza por la máxima dependencia en relación a

---

209. Los límites autoimpuestos son aquellos límites que generan la «represión»; en general se asocian a la Klipá de la Guevurá. Todos los alumnos que he tenido a lo largo de los años, con estas características de límites y exigencias más allá de lo normal, tenían grandes represiones

su dogma (sujeto, objeto o idea); en realidad, cualquier excusa de esta realidad es buena para crear un cierto tipo de dogmatismo.

El dogmático no desea equivocarse porque la «equivocación»[210] se encuentra asociada a la falsedad. En cambio, el concepto de «verdadero» por parte del dogmático se percibe como equivalente a lo «inmutable». El dogmático no admite las paradojas ni las contradicciones, sino que las resuelve por la fuerza dogmática. El dogmático se autojustifica en su posición cerrada como el guardián de las antiguas costumbres, como quien se encuentra en una posición de mayor fidelidad a la antigüedad. Y al aferrarse a los valores de la antigüedad lo único que provoca es el anquilosamiento mental. Entonces se crea otra ilusión, y es la falsa creencia de que la antigüedad fue estática y nunca produjo cambios sociales ni individuales.

El dogmático cree de modo ilusorio que se puede acceder a la verdad como verdad objetiva, cuando en realidad la única verdad objetiva se encuentra fuera de nuestro vacío dentro del Ein Sof. Todas las supuestas verdades objetivas del dogmático se encuentran completamente condicionadas por el sistema de fragmentación del mundo de la Bet dentro del orden espacio-temporal. Lo objetivo se encuentra dentro del sistema de la «Eternidad e infinitud» del Ein Sof. Todo lo que existe dentro del vacío es fragmentario, y por ser «objetivamente» fragmentario no alcanza una verdad objetiva por la distorsión espacio-temporal.

En realidad, dentro del dogmatismo no se resuelven las contradicciones sino que se reprimen, porque, de lo contrario, el dogmático tiene que aceptar

---

generadas desde la dimensión gevúrica. Todos los «estrictos» con los demás y con ellos mismos producen unas autolimitaciones de tal magnitud que anulan el placer. En este caso no se canaliza la energía, sino que se contiene. Al no desarrollar sus energías de forma conveniente por la represión de la Guevurá, el Yo tiferético lo intenta compensar a través de explosiones emocionales, sexuales o materiales. Entonces el precio que ha de pagar por la Klipá de Guevurá es que el control que se ejerce obtiene como resultado «un descontrol» en alguna otra dimensión por el efecto de la compensación. El ejercicio para una persona que tiene una Klipá de restricción gevúrica es ir «aflojando» lentamente los límites autoimpuestos, ya que de lo contrario podemos provocar un sistema defensivo tan potente que el Ego se sienta amenazado y la terapia no funcione. Lo que debemos entonces generar es cierta tranquilidad en el sujeto para que cuando afloje dichos límites la persona no pierda el control de sí misma. La Klipá de Guevurá se desarrolla por un exceso de control más allá de lo normal, y esto provoca una falta de libertad interior en la Tiferet, lo que hace que no pueda existir la paz emocional necesaria para elevarnos a las dimensiones superiores.

210. Cuando en realidad la «equivocación» es clave para la ascensión de la persona, para que la persona se pueda considerar «imperfecta», y por lo tanto, distante del Ein Sof. Quien no permite ni se permite las equivocaciones, indudablemente se siente como «un Dios», es decir, comete idolatría. Solamente si partimos de la base de nuestra propia imperfección, entonces podemos aceptar nuestras equivocaciones. Y esa aceptación es la clave central de toda anulación de culpabilidad. Todo miedo a equivocarse que podamos anular crea automáticamente la potencia del crecimiento subjetivo. Debemos considerarnos imperfectos para poder superarnos, de lo contrario, anulamos la potencia de superación.

que la única realidad es el Ein Sof y que todo dogmatismo por definición (incluso los religiosos) imaginariamente fragmenta la realidad y exalta un solo fragmento de dicha realidad como lo único verdadero y real. A partir de ahí, creada esta zona de seguridad imaginaria, no hay posibilidad ninguna de avance real de la consciencia.

Al ser esta realidad dinámica, y por lo tanto variable, el dogmático debe automáticamente cerrarse dentro de su propio mundo para poder ejercer allí la ilusión del control. Y mientras más control ilusorio se desea ejercer más debe encerrarse, y entonces se entra en un círculo vicioso donde se produce una situación autorreferencial. La ilusión de «fijar algo estático dentro de esta realidad» es la ilusión que se puede derivar de la estructura conceptual.

77. La búsqueda del perfeccionamiento permanente

«La fuerza de la rutina es más potente que la fuerza de la materia».

ABRAHAM ABULAFIA

La destrucción positiva del lenguaje (en Hod), la destrucción de los límites represivos emocionales (en Guevurá) y la destrucción de los límites de nuestras propias ideas (en Biná) constituyen los elementos fundamentales para la reconstrucción a partir de la puesta en duda de todos los sistemas. Como todo sistema por definición busca un control totalitario de la realidad, cualquier disidencia se convierte en herejía, y lo más interesante es que el hereje (si no es un dogmático inverso) es probablemente el único que ejerce la libertad de dudar de toda la realidad del mundo inferior.

La búsqueda de las inconsistencias internas de los sistemas estructurados (búsquedas que van más allá de lo epistemológico, que se encuentran dentro del campo de la fenomenología) se debe realizar para restablecer un contacto más directo con lo óntico. Nos tenemos que deshacer de todas las estructuras fijas que nos impiden percibir la realidad, y debemos de romper con los sistemas fijos de análisis psicológico para realmente ingresar en las diversas subjetividades y percibir los desequilibrios reales.

¿Qué sucede entonces? En el primer grupo encontramos a aquellos que deben utilizar sus energías con el objetivo de sostener la fortaleza «dogmática», y en el segundo grupo se encuentran aquellos que resuelven sus contradicciones. El primer grupo se ha cerrado dentro de una zona de seguridad ilusoria,[211] y el

---

211. Estos no quieren reconocer que existe un mundo superior, sino que están completamente dominados por la visión de la Biná protectora. La variable seguridad/inseguridad existe realmente para ellos. Existen dentro del mundo de las dicotomías, de la fragmentación, de las contradicciones no resueltas, etc. Al existir de ese modo, viven la vida como una serie de conflictos interiores. No pueden alcanzar el placer permanente porque el placer se encuentra atado a la ilusión de la seguridad/inseguridad. Las energías de los sujetos de este grupo están al servicio de la falsa ilusión de la seguridad. Buscan desesperadamente una seguridad que nunca encontraran porque no existe.

segundo grupo se ha liberado de dicha ilusión.[212] En cualquier caso se utiliza la misma energía, sin embargo, en el caso del dogmático dicha energía sirve para su autorrepresión, y en el segundo caso toda la energía es focalizada hacia el sentido de la vida del ser humano.

El dogmático, como no tiene sentido de su vida subjetiva, ha trasladado la responsabilidad del sentido a un objeto o sujeto externo (y se produce así la idolatría). El dogmático proyecta su identidad subjetiva a través de su dogmatismo y la transfiere al grupo, y su adhesión al objeto hace que se produzca una situación transferencial, es decir, el Yo por su baja autoestima transfiere su identidad y la disuelve dentro de la identidad del objeto idolatrado. No se produce una identidad en libertad, sino una identidad que busca las seguridades que otorga la madre arquetípica de la Biná.

La liberación de esta ilusión de seguridad es muy dolorosa para el Yo, porque tiene que liberarse completamente de los miedos. Tiene que ser consciente realmente de que no existe zona de seguridad en esta realidad inferior. Y cuando somos conscientes de que no tenemos seguridad ninguna porque esta ilusión fue instaurada para protegernos de la naturaleza, entonces enfrentarse a la naturaleza es el objetivo central para lograr la destrucción de la ilusión de seguridad que ahora nos sobreprotege. Ahora bien, el enfrentamiento del Yo con la naturaleza lo ha provocado la propia Biná con sus miedos y dentro de sus sistemas de seguridad; en cambio, si operamos desde la Jojmá, el Yo ya no se encuentra en contradicción con la naturaleza, sino que se encuentra dentro de ella en una situación de fluidez constante, y entonces comienza el proceso de desaparición paulatina del Yo dentro del sistema general.

212. Quienes se han liberado de la ilusión de seguridad deben aceptar en primer lugar que no todos viven en dicho nivel. Liberados completamente del esquema seguridad/inseguridad han alcanzado el grado más alto de libertad interior que los lleva a la máxima creatividad. Estos son los que pueden «liberar» todo su potencial. Han comprendido que no pueden quedarse estancados en la Biná, que deben dar el salto a la Jojmá. Quienes logran este nivel han destruido la protección arquetípica de la madre (Biná), se han quedado sin su madre arquetípica. Se agradece que la Biná (como madre protectora) los haya conducido hasta el nivel de la Biná, pero ahora deben liberarse de todos los condicionamientos, de todos los miedos cuya fuente se encuentra en la ilusión de la seguridad. El «Yo» puede ahora pasar al estado del «Yo/No-Yo» porque ha destruido los últimos elementos del «Ego». El Yo ha construido en la Biná el Yo mental superior, y ahora el Yo mental es consciente de que ha quedado atrapado dentro de sí mismo. El «Yo» ahora se libera de tal manera de su propia subjetividad que todo se transforma en una felicidad constante. En este nivel, el mal ha sido derrotado en términos mentales. Aquí entonces, al entrar en la Jojmá, podemos percibir el Universo de Atzilut, porque la última dicotomía ha destruido por completo la temporalidad y la eternidad: lo temporal cuya representación subjetiva es mi propio Yo, y lo eterno cuya representación es el Ein Sof dentro de Jojmá y Keter que son las contracciones donde lo podemos percibir.

La Jojmá psicológica del Yo al anular la centralidad del Yo frente a la naturaleza cambia toda la perspectiva de falta de reconciliación entre el Yo y la naturaleza, de modo que el fluido de las energías cosmogónicas de orden superior pueden ser captadas por la vía de la intuición (profecía o Jojmá superior) por el Yo. Así se produce en este nivel el inicio del funcionamiento de la Jaiá como la forma de comunicación energética del alma en el orden psicológico-cosmogónico. Sin embargo, el nivel de anulación del Yo en este nivel debe ser importante para poder captar dichas energías del mundo superior.

Podríamos decir que las diferencias entre los universos se establecen en orden a la calidad de las energías que operan en ellos, por ejemplo en el Universo de Yetzirá trabajan las energías psíquicas, en el Universo de Briá operan las energías psíquicas que captan a las energías cosmogónicas y se establece una oscilación fluida entre ambos tipos de energías, y dentro del Universo de Atzilut se encuentran las energías cosmogónicas generales. Ahora bien, en realidad nuestras energías psíquicas del Universo de Yetzirá son al mismo tiempo energías cosmogónicas, siendo que nuestra conciencia participa del orden general del universo. La división que hacemos entre energías psíquicas yetziráticas, energías compuestas psíquico-cosmogónicas briáticas y las energías puramente cosmogónicas atzilúticas, en realidad parten de nuestra percepción de la Biná psicológica que opera en Yetzirá, ya que si nosotros operamos desde la Jojmá psicológica en realidad las tres clases de energías pertenecen todas ellas al nivel cosmogónico, debido a que las energías psíquicas yetziráticas son una contracción de las briáticas y éstas de las atzilúticas. En definitiva, nuestras energías psíquicas son también cosmogónicas, pero el problema es que por nuestra centralidad del Yo cometemos el error de pensar que son otro tipo de energías diferentes de forma sustancial de las energías cosmogónicas generales.

78. La idea judía de la Devekut

> «Cuando por Devekut se alcanza el éxtasis, el iluminado es su propio Mesías».
>
> ABRAHAM ABULAFIA

La idea de que el Yo es aniquilado en el judaísmo ha sido largamente debatida hasta hoy. Quiero explicar claramente que dentro del misticismo judío existe esta aniquilación del Yo (Devekut), como explica Moshe Idel, pero no necesariamente este Yo desaparece del mundo inferior. El debate de Idel con Scholem parte del supuesto de que cada uno comprende de un modo diferente la preservación de la idea del Yo en el judaísmo.

El Yo para Scholem nunca se destruía o se aniquilaba dentro de la mística judía, y el doctor Moshe Idel demuestra en sus investigaciones que sí existieron a lo largo de la historia judía técnicas meditativas que buscaban la anulación o la aniquilación del Yo. Todo este debate se centró en la idea de la Devekut. Ahora bien, entiendo que esta contradicción entre los dos grandes investigadores la ha provocado la forma de operar desde la Biná psicológica. Si trabajamos desde la Jojmá psicológica y hacemos un análisis de estas dos posiciones aparentemente contradictorias, nos encontraremos con la siguiente situación: en el mundo inferior psicológico debajo del Árbol del Conocimiento del Bien y del Mal existe el Yo en todos los niveles a excepción del Keter psicológico que es quien me permite pasar hacia el orden cosmogónico o mundo superior. Cuando Scholem decía que la Devekut es una aproximación (y durante años personalmente me posicioné sobre las ideas clásicas de Gershom Scholem), percibía la realidad desde el mundo inferior centrándome sobre mi Tiferet, y sobre todo porque el condicionamiento historiográfico clásico del judaísmo era a todas luces diferenciarse del dogma de la Encarnación divina que había creado el cristianismo en su proceso de divinización de su figura mesiánica.

Ante esta situación, la Devekut no podía ser considerada como una anulación frente al Ein Sof porque esto provocaba la justificación ideológica del cristianismo a través de este concepto del judaísmo. Sin embargo, en mis investigaciones sobre los orígenes judíos del cristianismo[213] encontré un texto en el *Pirkei Abot* que es muy claro y que sostiene la idea de la anulación de la voluntad personal frente a la voluntad divina.

Ahora bien, la razones por las que se ha producido este debate en el seno de estos dos grandes investigadores, a mi modo de ver son las siguientes: Scholem comprendía que el judaísmo reforzaba el Yo del sujeto en épocas de persecución y que una anulación no era típica de la mentalidad judía; en cambio, estudiando las técnicas meditativas abulafianas Idel percibió que la Devekut era una realidad mística dentro del judaísmo.

Si nos posicionamos en un punto de vista completamente yetzirático, entonces podemos decir que no existe anulación del Yo, pero si nos posicionamos en el mundo superior, en las energías briáticas o atzilúticas, entonces podemos decir con Idel que la Devekut como anulación frente al Ein Sof es una posibilidad real dentro del misticismo judío.

En realidad, el problema se encuentra en comprender el Árbol de la Vida cosmológico y percibir el Árbol de la Vida psicológico del Universo de Yetzirá al mismo tiempo, así podemos llegar a la conclusión de que el Yo es real en los dos universos inferiores (Yetzirá y Asiá), pero que el Yo comienza su proceso de disolución en el Universo de Briá, y finalmente el Yo desaparece en el proceso de Devekut dentro del Universo de Atzilut. Pero el Yo sigue existiendo en el mundo inferior de modo que sigue siendo él mismo en la materialidad.

Ahora bien, el problema de esta técnica era que si el iniciado se situaba en el Universo de Atzilut más allá de sus fuerzas físicas y psicológicas, podía ser aniquilado físicamente por las energías cosmogónicas que operan en Atzilut y ya no regresaba (en esta específica existencia) a la materia (es decir, se provocaba la muerte física a destiempo).

---

213. *El judaísmo de Jesús*, de Mario Javier Saban, Buenos Aires, 2008.

79. El problema/virtud de las contradicciones

> «De la madera del bosque se fabrica el mango del hacha que tala el bosque».
>
> SANEDRÍN 39B

Regresamos a quienes magnifican las contradicciones y que son los que generalmente no logran equilibrar su Tiferet (Ego del nivel superior) y tienden a liquidar sus contradicciones en el orden inferior a través del dogmatismo. En realidad no podemos hablar de una «liquidación de las contradicciones», sino de la no percepción de dichas contradicciones refugiándose en el dogmatismo. El dogmatismo, pues, permite al sujeto sostener su «Ego», de modo que el sujeto no puede ser alguien ni a través de su «Yo». El Yo es demasiado débil, y, por lo tanto, el «Ego» (Yesod) es quien ejerce el control de la situación. Como dicen algunos cabalistas, «toda respuesta definitiva es el resultado de dejar de pensar». Si el Ego en el nivel yesódico liquida o controla el Yo tiferético, entonces se puede perder contacto con la Biná psicológica y se renuncia a toda posibilidad de avance y transformación.

Todo dogma representa la renuncia a todo crecimiento. El sujeto no desea crecer más, porque ya no fluye hacia la Jojmá, ha quedado atrapado en su propia subjetividad. El Yo entonces queda atrapado en las seguridades ilusorias que le causa su propia subjetividad. El Yo tiene que reconocer al final que solo se tiene a sí mismo. Ahora bien, «todo dogma» proyecta la búsqueda de la seguridad ilusoria fuera de sí mismo, porque no existe seguridad dentro de sí mismo, que solo se alcanza cuando la Tiferet fluye hacia la Jojmá, o cuando el centro de la Biná[214] (la Merkabá) se encuentra conectado directamente con la Jojmá.

Todos los vínculos le producen al Yo una dependencia. Las dependencias pertenecen al mundo inferior (las siete dimensiones inferiores del Árbol de la

---

214. Denominamos como el «centro de la Biná» a la tríada superior de Keter de Biná, Jojmá de Biná y Biná de Biná, es decir, lo que habitualmente se llama «la Merkabá».

Vida). Todas las dependencias son producto de la búsqueda de la seguridad ilusoria que tiene el Yo porque así lo percibe desde su construcción infantil. Por ese motivo, las ilusiones de seguridad máximas se encuentran dentro de la Maljut (la Materia). Aunque estas seguridades ilusorias[215] operan dentro de todas las dimensiones inferiores del Árbol de la Vida. Debemos, pues, liberar el Yo real a través de un proceso de ascenso por el Árbol de la Vida en el Universo de Yetzirá (que es donde nosotros nos desarrollamos dentro de la realidad del mundo inferior).

Para dar «Luz», el Yo les debe demostrar a los «otros» que a pesar de todo el Yo sigue hacia delante. La máxima potencia del Yo es ser el modelo de felicidad interior a pesar de cualquier mal exterior.

La Merkabá nos tiene que conducir al máximo nivel posible finito de avance hacia el Ein Sof. Todo el proceso de nuestra existencia es un avance continuo hacia el Ein Sof que es la fuente de donde proviene todo lo que se ha manifestado, y, por lo tanto, cada vez que ascendemos hacia el Ein Sof, nos integramos en el orden cosmológico más allá de nuestra subjetividad finita.

Hay tres partes completamente conectadas, el Keter con la Jojmá, y la Jojmá con el núcleo interior-oculto de la Biná (la Merkabá). En realidad, el Yo de la Tiferet puede conectarse con su Yo mental más profundo (el interior de la Biná), puede el Yo de la Tiferet fluir hacia las raíces energéticas de los arquetipos de toda la realidad (las Sefirot que nacen dentro de la Jojmá), o saltar el abismo de la sensación de vacío hacia el Keter de forma directa (tomando la posición elevada del Daat en el Árbol, es decir, modificando la posición de Tiferet).

Los que ponen en duda los dogmas establecidos son los que resuelven las contradicciones y han operado un cambio en la percepción de Biná (por desdoblamiento).

Los dogmáticos no han logrado una autoestima correcta y, por ese motivo, dejan que el Ego controle el Yo de la Tiferet. Los segundos han logrado un equilibrio tal que pueden corregirse a sí mismos sin un dolor en el Ego (porque lograron una autoestima correcta). Aunque, para esto, el Yo debe liberarse de

---

215. Todo el mundo inferior es un universo de ilusiones ya que la realidad se encuentra en la Eternidad. Nosotros (nuestro Yo) percibimos esta realidad como real; en cambio, esta realidad es temporal y espacial, y esto hace que esta realidad no sea real, sino un proceso de transformación de la materia. Las energías subyacentes debajo de la materialidad son las realmente existentes más allá del tiempo y el espacio.

los mecanismos subjetivos de la Tiferet, pero esta operación mental solamente puede suceder dentro de la Biná del Yo, es decir, del Yo mental. O el Yo de la Tiferet es dominado por el Ego de la Yesod, o el Yo de la Tiferet se libera de su Ego, liberándose de todas las subjetividades a través del cambio de percepción desde el núcleo duro de la Biná (la Merkabá).

80. Los niveles del Alma

«Todas las cosas, incluso los objetos inanimados, tienen un alma, que es la fuerza creadora y preservadora del Creador».

ISAAC LURIA

Lo que nosotros consideramos dentro del misticismo judío como el «Alma» es la esencia del Yo. El alma es el «Yo»[216] que se encuentra detrás de los cinco niveles del «Alma» (Iejidá, Jaiá, Neshamá, Ruaj y Nefesh). Sin embargo, el Yo se debe percibir en los dos primeros niveles de Iejidá y Jaiá como No-Yo. El «Yo» se percibe en cada nivel de acuerdo con la energía operativa en dicho nivel. No existe dentro de la psicología del misticismo judío un Yo estático en algunos de los niveles del alma, sino que, por el contrario, justamente la característica del «Yo» dentro de la cábala hebrea es el reconocimiento de los cinco niveles del alma, y la capacidad operativa que debemos experimentar en cualquiera de los cinco niveles. Por supuesto que los últimos dos niveles explicados (Jaiá y la Iejidá), cómo deben adquirir la conciencia No-Yo, no son explicables de forma rigurosa desde nuestra conceptualización, es más, no son ni siquiera simbolizables.

La Neshamá es la parte del alma (alma intelectual) que hace de conexión entre las dos partes superiores y las dos partes inferiores del alma. En la cábala se dice que las «almas nacen en el Universo de la Briá»[217] (la Briá

---

216. El «alma» es el Yo real que para la cábala tiene cinco niveles de expresión en los cinco universos.
217. Así encontramos la siguiente definición dentro del libro *Tania* (Sefer Shel Ha Beinonim), capítulo 39, de la segunda parte de la edición castellana de Schneur Zalman de Liadi, página 436 que dice: «Ahora bien, dentro de ellas (Las Sefirot de Briá y Yetzirá), están investidas las diez Sefirot de Atzilut (el Mundo de la Emanación), y unidas con ellas completamente, y las diez Sefirot de Atzilut están a su vez, absolutamente unidas a su Emanador, el bendito Ein Sof. Las almas, por su parte, no son absorbidas en la Divinidad de las Diez Sefirot, sino que se ubican, en cambio, en las Cámaras y moradas de Briá y Yetzirá» (*Tania*, editorial Kehot Lubavitch Sudamericana, Buenos Aires, 1994). Las almas individuales provienen entonces de las Sefirot del Mundo de Atzilut, pero allí no tienen existencia propia; ahora bien, las almas nacen en el Universo de la Briá (Biná del Adam Kadmón) y contienen dentro de sí mismas las diez Sefirot que son el modelo básico de toda la estructura de la creación. Las almas, por lo tanto, provienen de las Sefirot y tienen dentro de sí mismas todas las dimensiones (Sefirot) de Atzilut en un estado subjetivo-individual. El alma entonces posee una consciencia del Yo incluso superior a su propio nacimiento, porque su Yo está ligado energéticamente con el Todo en el nivel del Universo de

es la Biná del Adam Kadmón). La subjetivación energética que produce la aparición del «alma» se encuentra dentro de la Biná cosmológica[218] o el Universo de la Briá, ya que no existe el sujeto «alma»[219] dentro del Universo de Atzilut. Ahora bien, ¿cómo es posible que el alma que «es alma en su subjetividad» dentro del Universo de Briá pueda ingresar sosteniendo su subjetividad dentro del Universo de Atzilut? Es posible, porque, en realidad, si el alma capta su esencia de «No-Yo», es decir, de inexistencia dentro de la realidad inferior, entonces esa consciencia de No-Yo hace que el Yo pueda acceder a la información general cosmológica más allá de sí mismo. Se puede ingresar en «Atzilut», perdiendo la consciencia de subjetividad, pero no se puede permanecer allí porque según lo que dicen los antiguos

---

Atzilut. El alma no puede ingresar de forma permanente en el Universo de Atzilut porque la Luz del Ein Sof puede aniquilarla. El alma puede sobrevivir en el Universo de Atzilut si logra ingresar y volver a salir de allí. Entonces el alma puede percibir las fuentes de energía de donde surgió toda la manifestación. Esa consciencia de Eternidad se puede percibir dentro del Universo de Atzilut, pero para sostener la individualidad del Yo como alma consciente debe regresar al Universo de Briá. Por ese motivo podemos decir que la Merkabá es el vehículo espiritual que nos permite ingresar en el Universo de Atzilut y regresar al Universo de Briá que es donde el alma posee la consciencia de su subjetividad. La consciencia de su subjetividad (o consciencia del Yo) es la que divide básicamente el universo de la fragmentación (mundo de Bet) porque ahora el Yo no se siente parte del Todo, sino un ente independiente. En el momento en que nace la consciencia del Yo, nace automáticamente la consciencia de la diferenciación de la Biná. El máximo Entendimiento (Biná) es el máximo nivel de consciencia del alma en su subjetividad, sin embargo, para ingresar en el Universo de Atzilut (Jojmá) se debe llegar al máximo nivel de autoanulación subjetiva, ya que allí solo se pueden percibir las Sefirot sin las individualizaciones que nacen por la consciencia del Yo.

218. La Biná cosmológica es la Biná del Adam Kadmón. Recordemos que el Adam Kadmón representa el plan general del Ein Sof. Es la primera manifestación en el interior del Ein Sof. La segunda manifestación en el interior del Ein Sof es la aparición del Universo de Atzilut o la Jojmá cosmológica (Jojmá del Adam Kadmón), allí nacen las Sefirot o dimensiones. La tercera manifestación es la aparición de las variables del tiempo y del espacio, es el Universo de la Briá o la Biná cosmológica (la Biná del Adam Kadmón). Esta tercera manifestación es la que provoca la aparición de las almas como energías subjetivas derivadas de las grandes dimensiones objetivas del Universo de Atzilut. Ahora el alma nace dentro del tiempo y del espacio. La cuarta manifestación, es la aparición del cuerpo (la materia) y se produce en el Universo de Yetzirá, que es donde nace el Ruaj (el alma emocional) que conecta el alma intelectual real (la Neshamá) con el cuerpo material específico de cada uno (el Nefesh). Y finalmente la quinta manifestación (y última), el universo de Asiá (la Maljut cosmológica o la Shejiná) que recibe todo el influjo del Universo de Yetzirá. Cada universo se encuentra dentro de otro, y cada nivel del alma se encuentra dentro del otro nivel, por lo que es imposible establecer el comienzo y el final de cada uno de ellos, ya que están completamente conectados, y son visibles como una estructura unificada. Nosotros los clasificamos con el objetivo de su comprensión porque operamos desde la Biná, pero vistos desde la Jojmá no hay forma alguna de diferenciarlos porque cuando trabaja un nivel todos los niveles se mueven al mismo tiempo, no existe un nivel que trabaje solo sin afectar al resto de los niveles del alma.

219. El alma aún no existe en la Atzilut cosmológica porque allí se han formado las Sefirot, y las Sefirot son anteriores a las Neshamot. Ahora bien, cuando decimos que el ser humano tiene dos

cabalistas se puede provocar una muerte física a destiempo. Las energías del Universo de Atzilut (la Emanación) son tan vastas y de tal magnitud que el «alma» puede captar simbólicamente los arquetipos, pero no puede materializarlos sin regresar al Universo de la Briá (la Creación). Todo lo simbólico debe transformarse en conceptual para poder ser soportado. Una simbolización permanente puede llevar a la locura al encontrarse en contacto con energías de tal magnitud que el cuerpo físico no puede soportar. Debemos comprender un asunto muy importante, nuestra Jojmá psicológica del Universo de Yetzirá se encuentra en una conexión permanente con la Jojmá cosmogónica del Universo de Atzilut, así como nuestra Biná psicológica se encuentra en conexión permanente con la Biná cosmogónica del Universo de Briá. Nuestro sistema superior del Mojin (el Cerebro que se corresponde con las dimensiones Biná, Jojmá y Keter de Yetzirá) está completamente conectado con el mundo trascendente de los dos universos superiores de Briá y Atzilut.

---

niveles del alma superiores que son la Jaiá y la Iejidá, ¿en qué niveles se encuentran estas? Decimos que en el orden de Atzilut se encuentra el nivel del alma Jaiá, por lo que parece ser que es una contradicción decir al mismo tiempo que el alma no es una entidad real dentro de Atzilut. ¿Se encuentra el alma en el nivel de Jaiá en Atzilut o no? ¿Se encuentra el alma en el nivel de Iejidá en el Adam Kadmón? No podemos decir esto de ningún modo. En el universo del Adam Kadmón aún no existían las Sefirot, por lo tanto, tampoco podrían existir las almas en el nivel de la Iejidá, y lo mismo sucede con el Universo de Atzilut (la Emanación) donde ya nacieron las Sefirot pero aún no las almas. Entonces, ¿las almas en el estado de Jaiá y de Iejidá donde se encuentran? La Biná cosmológica es el Universo de la Briá donde se forman las almas. Las almas se encuentran en el nivel de la Neshamá cuando al pasar los siete palacios el nivel del alma llega a la Biná de la Biná (la conciencia freudiana), este es el nivel de la Neshamá; el nivel del alma en la Jojmá de la Biná (el inconsciente freudiano) es el nivel de la Jaiá, y finalmente el nivel del alma en el Keter de la Biná (el Sod cosmológico) se encuentra en el nivel de la Iejidá. La Merkabá superior se compone entonces de tres partes, La Neshamá, la Jaiá y la Iejidá. La Merkabá inferior se compone de dos partes, el Ruaj y el Nefesh. El problema surge cuando nosotros miramos la realidad desde abajo y no desde arriba. Vista desde abajo (la materialidad donde nos encontramos nosotros), entonces se distorsiona la realidad por la vía de la conceptualización y, por lo tanto, la diferenciación. En el orden superior, la concatenación es tan radical que no podemos diferenciar cuando comienza un componente y cuanto termina el otro, todos son lo que podemos denominar como procesos transicionales. Los procesos transicionales son los movimientos generales de la manifestación divina en el espacio y en el tiempo; debido a esto solamente existe una realidad fija y eterna en el Ein Sof, y dentro de la realidad espacio-tiempo todos los procesos son transicionales, y, por lo tanto nuestra Biná psicológica tiende a fijar la realidad de forma estática. Existe, pues, una realidad contradictoria, por una parte nuestra Biná tiende a establecer puntos fijos de estabilidad dentro de una realidad siempre en movimiento. Si la Biná psicológica no se flexibiliza para comprender el movimiento tiempo-espacio no comprende que los límites vistos desde el Ein Sof no existen porque toda la realidad pertenece a una secuencia de estados transicionales. Cada vez que la Biná psicológica (la Biná de la Biná), es decir, la Neshamá, fija un punto en el espacio o en el tiempo, por ejemplo, una idea, dicha idea fija solo se sostiene en la ilusión de seguridad psicológica pero no dentro de la realidad de orden cosmológico.

El Universo de Briá (o la Biná cosmogónica) se conecta con nuestra Biná psicológica en el Universo de Yetzirá, y es desde allí desde donde nosotros decodificamos la información en términos conceptuales; por otra parte, el Universo de Atzilut (o la Jojmá cosmogónica) se conecta con nuestra Jojmá psicológica en el Universo de Yetzirá, y es desde allí desde donde nosotros decodificamos la información en términos simbólicos. Sin embargo, debemos saber que nuestra conexión con los dos universos superiores se debe, en primer lugar, a nuestra capacidad de «decodificación» en nuestra Biná y en nuestra Jojmá. Sin embargo, debemos saber que objetivamente (más allá de nuestra psique) se encuentran dos universos cosmogónicos (Briá y Atzilut) que son los campos energéticos desde donde proviene la imagen de nuestra propia estructura psicológica de Biná y Jojmá de Yetzirá.

El Universo de Briá (donde se encuentra la Merkabá) es el campo de nacimiento y desarrollo del alma, es, por denominarlo de algún modo, el dominio natural de la psique. Si la «psique» sale de sus propios límites, entonces puede tener la tendencia a no establecer nuevos límites y, por lo tanto, se puede producir la confusión mental porque estaríamos operando sobre los no-límites de Atzilut. Por ese motivo son tan complejos los sistemas de simbolización de nuestra Jojmá (Jung trabajó en dicho campo).

81. Las conceptualizaciones de la Biná y las simbolizaciones de la Jojmá

«Entiende con Sabiduría y sé Sabio con Entendimiento».

SEFER YETZIRÁ 1:4

Pero tenemos que ser honestos y preguntarnos: ¿Cuándo conceptualizamos en la Biná, por qué motivo nos autoengañamos pensando en la exacta correlación entre el sentido de la palabra y el concepto expresado? Si sabemos que todo lenguaje conceptual es limitado en relación a su propio sentido, ¿no estamos tan confusos dentro de la Biná psicológica con nuestras conceptualizaciones como dentro de la Jojmá psicológica con sus simbolizaciones?

Tenemos una tradición cultural en la que hemos sacralizado el «concepto» (sobre todo en Occidente), y la idea de que la conceptualización nos acerca a herramientas más estrictas y rigurosas es una idea creada dentro del sistema cultural occidental, porque en realidad la cábala hebrea (y por lo tanto la psicología del misticismo judío) advierte que el sistema simbólico de nuestra Jojmá psicológica opera en campos energéticos más elevados que nuestra conceptualización a partir de la Biná psicológica. ¿Acaso las letras no nacieron dentro de un primer sistema de simbolización? Por lo tanto, cuando los cabalistas establecen el nacimiento de los 22 canales de conexión entre las dimensiones en la dimensión de la Jojmá cosmogónica y, por imagen y semejanza, dentro de nuestra Jojmá psicológica, aceptan que las 22 letras hebreas son las primeras imágenes que relacionan toda la realidad desde el punto de vista simbólico.

Por ese motivo, el simbolismo de las letras hebreas trabaja dentro de nuestra Jojmá psicológica, y opera con energías superiores en relación al campo de conceptualización de la Biná psicológica.

Freud trabajó en el campo de la Biná psicológica de forma descendente, buscando dentro de la psique el Sod oculto (Inconsciente); Jung trabajó en el campo de la Jojmá psicológica de forma ascendente, buscando el Sod oculto estructural en relación a las energías cosmogónicas a través de la simbolización (los arquetipos del Inconsciente colectivo).

La psicología del misticismo judío trabaja en un sistema integrador de ambos aspectos, porque comprende que la letra es una herramienta energética que permite la conceptualización descendente y, al mismo tiempo (cada letra hebrea), nunca pierde su capacidad simbolizable.

Jung trabajó lo que en la cábala hebrea conocemos como el estado «Alef», Freud trabajó lo que conocemos como el estado «Bet». El estado «Alef» por sí solo se puede desconectar de la realidad material, pero a través del estado «Alef» se alcanza la felicidad intrínseca de la unificación de la psique con el Cosmos; en cambio, a través del estado «Bet» se alcanza una notable perspectiva pesimista de la realidad, porque al trabajar dentro del campo de las contradicciones y las paradojas, estas parecen no estar nunca resueltas. En el nivel de «consciencia Bet», las contradicciones parecen convivir eternamente, porque la consciencia Bet es la que nos lleva directamente al problema del dualismo, a la eterna lucha entre el Bien y el Mal. La consciencia «Alef» es la que construye la verdadera identidad monoteísta, no en términos religiosos, sino en términos experienciales.

Para lograr el «estado de consciencia Alef», el alma debe percibir el Universo de Atzilut, pero no debe quedarse dentro de dicho universo. Nuestra psique aún no está capacitada para soportar un nivel de revelación del nivel del alma como Jaiá. Cuando la consciencia del alma opera en el nivel de la Neshamá, podemos decir que ha alcanzado un nivel de autoconocimiento elevado, por lo que, alcanzar el nivel de la Jaiá puede provocar una «desmaterialización» no intencional. La psique al operar dentro de la Jojmá psicológica debe siempre decodificar lo que encuentra en el Universo de Atzilut, pero siempre lo debe bajar. Si la psique queda suspendida en su estado de «Jaiá», puede que no tenga la suficiente voluntad para «bajar» nuevamente al Universo psicológico de Yetzirá, y... ¿por qué el alma no quiere bajar de Atzilut?, porque en realidad cuando la psique conoce los universos cosmogónicos mayores a través de su esfuerzo ascendente y cambia completamente la perspectiva mental, ya no solamente acepta la muerte física de su Nefesh, sino que acepta la existencia de energías superiores a su propia «Neshamá». Sentir el nivel de la Jaiá en el Universo de Atzilut implica una sensación de muerte física anticipada. Por lo tanto, es muy adecuado para toda «alma» siempre regresar, y nuestro reaseguro para el regreso es la fuerte conceptualización. En definitiva, dentro del judaísmo estudiamos «conceptos» para no enloquecer en los niveles superiores trascendentes.

Desde otras perspectivas espirituales se ha criticado al judaísmo de hiperracionalista, y es verdad, porque el hiperracionalismo representa un sistema compensatorio por sus niveles de abstracción para que el alma pueda alcanzar los estados elevados de conciencia del Universo de Atzilut. Para compensar los niveles tan altos de abstracción, el judaísmo tiene (y tuvo que históricamente) bajar a la realidad material (de Maljut) como efecto compensatorio.[220] La conceptualización puede ser entendida como «materialización» frente a lo simbólico. Y necesitamos de dicha materialización para obtener algún sistema de seguridad mental (ilusorio desde el nivel de consciencia Alef). No podemos provocar una apertura de nuestro «Kli» en los niveles del Universo de Atzilut sin un entrenamiento de retorno al campo de consciencia Bet.

Entonces, al ingresar con «Conciencia Bet» (de fragmentación) la Merkabá unifica todos los fragmentos internos del alma, la «psique» entra en una consciencia de expansión, y a partir de esta percepción de Atzilut adquiere la consciencia del nivel Alef. Ahora, con dicha «consciencia del nivel Alef» la «psique» se encuentra integrada en el universo en su totalidad y puede descender nuevamente dentro del Universo de Briá, trabajando dentro del universo de la fragmentación, pero con consciencia de unificación permanente. Por lo tanto, aquellos que pueden alcanzar esta conciencia «Alef» no chocan con aquellos que se encuentran dentro de la conciencia «Bet», sino que están completamente absortos trabajando en su propia autosuperación personal. Quienes lamentablemente chocan dentro de esta realidad son aquellos que sostienen (ambos) la conciencia «Bet». Sostener la conciencia Bet crea automáticamente el conflicto.

220. Si estudiamos la historia judía de fines del siglo XIX y el siglo XX, encontramos un reencuentro de lo judío con lo físico. Por ejemplo, la materialización política del estado de Israel, la conexión emocional con la tierra y el concepto de granjas colectivas (Kibuztim), los clubes Maccabi para el desarrollo físico, el concepto de trabajo manual de las escuelas ORT, los soldados del ejército de Israel, etc. Sin embargo, la tradición hiperracionalista del judaísmo ha provocado que en los últimos veinte años hayan surgido movimientos judíos ortodoxos que quieren retornar al exclusivo estudio de la Torá, y de ese modo se ha producido un desplazamiento del trabajo judío manual nuevamente hacia campos de la abstracción conceptual, etc. La tendencia del judaísmo a nivel cultural a la permanente conceptualización nuevamente ha triunfado, y continuará vigente porque este es el diseño del estudio permanente que ha creado la mentalidad judía a través de la historia (Véase mi obra *La Matriz Intelectual del judaísmo*, Buenos Aires, agosto de 2005). Pero quiero advertir que, para los cabalistas, la importancia de Maljut es fundamental, porque la materialización es la que provoca la compensación con los niveles más altos de conciencia que podemos alcanzar. La ortodoxia actual del judaísmo al renunciar a la materialidad está creando una Klipá de Maljut a través de la utilización de la espiritualidad como un medio para la fuga de la realidad material. Los grandes rabinos y cabalistas medievales siempre trabajaron dentro de la economía real, y todo estudioso de la tradición judía debe trabajar en algún terreno de la dimensión material.

El Universo de Atzilut queda impregnado dentro (la psique del sujeto) de nuestra Jojmá psicológica, y es entonces cuando el Yo integrado (Alef y Bet, estados del No-Yo y Yo) opera sobre el Yo mental de la Biná; y como todas las contradicciones no tienen razón de ser, el único camino posible es la unificación constante de todas las paradojas y contradicciones. Porque si se quiere realmente alcanzar la «paz interior» dentro de nuestra «Tiferet» tenemos que unificar los estados de la Biná psicológica y de la Jojmá psicológica. Nuestro nivel de «Ruaj» debe unificar los niveles de la Neshamá y de la Jaiá.

No simplemente, como dice Freud, nuestro Ruaj debe hacer frente a nuestro Nefesh (nivel corporal de los instintos naturales) y a las presiones exteriores de la cultura. Cuando nuestro Ruaj se elevó aceptando los niveles inferiores operativos, los supo «canalizar» adecuadamente, ahora no debe «reprimir los estados superiores del alma».

La Biná de la Biná (la Conciencia) no puede operar simplemente como un bloqueo de la Jojmá de la Biná (El Inconsciente subjetivo), sino como un sistema de «decodificación» de todo lo que se encuentra más allá de nuestro Inconsciente subjetivo. Porque la Biná de la Biná (la Conciencia subjetiva) no es simplemente «represora» del nivel Inconsciente (Jojmá de la Biná), sino que canaliza y ordena las energías que se encuentran detrás de la conciencia subjetiva. Sin embargo, reiteramos que la Jojmá de la Biná (El Inconsciente subjetivo) opera en ambos sentidos: por una parte desea expresarse dentro de la Conciencia subjetiva de la Biná de la Biná, pero también tiene una conexión con todas las simbolizaciones de la Jojmá que se conectan con la Biná. Así que la Biná de la Biná (la Conciencia) no reprime simplemente la percepción de la Jojmá de la Biná, sino todos los grados superiores trascendentes del orden de la Jojmá. Podemos decir entonces que la Neshamá (el alma intelectual, la unión en la Biná de la Biná de la Biná y la Jojmá de la Biná) no solamente controla el Nefesh (los instintos animales del cuerpo físico) y el Ruaj (los niveles emocionales), sino que además la Neshamá debe controlar y canalizar las energías trascendentes del orden de la Jojmá cosmológica y el Keter cosmológico, porque tanto el Inconsciente subjetivo como el colectivo ya han sido conceptualizados y simbolizados. Sin embargo, la psicología del misticismo judío trabaja sobre lo no-conceptualizado del Universo de Briá y lo no-simbolizado del Universo de Atzilut; y un trabajo fundamental de todo cabalista es la conceptualización de lo no-conceptualizable y la simbolización de lo no-simbolizable. El cabalista debe trabajar incansablemente para crear nuevos conceptos y nuevos símbolos que engloben ámbitos de la realidad abstracta aún no definidos. La conquista por parte de nuestra psique de áreas completamente desconocidas se debe llevar a cabo entre el esfuerzo constante de conceptualización de la Biná y de la simbolización de la Jojmá.

La cábala hebrea acepta que el «Inconsciente» es conciencia deliberadamente oculta; sin embargo, los niveles energéticos operativos de Briá y Atzilut son universos que están realmente «ocultos» a la psique, aunque se encuentren operativos dentro de la realidad. La psique capta de acuerdo con sus propias limitaciones, en cambio, lo oculto a la psique ya no pertenece al campo estrictamente de la Psicología sino de la Física. Aunque debemos comprender que la cosmogonía (las ciencias físicas) constituye una realidad manifestada divina predeterminada más allá de la psique, pero que a su vez es el terreno donde nuestra psique se ha desarrollado. Es decir, nuestro psiquismo naturalmente tiene una relación ontológica de base con el sistema cosmogónico general, siendo la psique un fragmento de conciencia de la consciencia general. Y hasta que no estudiemos la psique en su relación con el sistema general cosmogónico no comprenderemos aspectos fundamentales de ella.

82. ¿Cómo ingresar en el Universo de Atzilut?

«Solo alcanza el nivel del Tzadik quien es feliz».

Isaac Luria (1534-1572)

Ahora bien, regresando al núcleo del asunto, si existimos dentro del universo de la fragmentación (mundo de la Bet) y, por ende, con la consciencia del Yo subjetivo, ¿cómo podemos percibir la consciencia Alef del Universo de Atzilut? Porque para «unificarme» con la realidad general, debo en primer lugar unificar mi «Yo» interior con sus propias contradicciones. Por ese motivo, las terapias tradicionales son muy buenas en una primera etapa del desarrollo del ser humano. Sin embargo, no son útiles en cierto nivel para la población sana. La aceptación de nuestros desequilibrios interiores (Kelipot) como de nuestras virtudes (Midot) refuerza la autonomía del sujeto dentro de su propio campo tiferético. No obstante, lo hace a partir de esta unificación de los fragmentos interiores de mi Yo, entonces ahora debo trabajar la unificación de mi Yo con todo lo No-Yo, con todo lo que me rodea. Debo, pues, trabajar en la unificación de mi interioridad, para luego trabajar sobre el proceso de unificación de mi Yo con el No-Yo. Si trabajo de forma permanente dentro de las unificaciones constantes (tanto las internas como las externas), esto me otorga como resultado la paz interior y la paz exterior. Y la paz la necesito para desarrollar mi psique hacia mayores niveles de consciencia. Y al avanzar en mis niveles de consciencia, entonces obtengo una paz interior mayor; y así ingresamos en un circulo virtuoso de crecimiento indefinido y, en ese instante, podemos decir que ingresamos en el Keter psicológico, el nivel más alto de nuestro Ruaj, y comenzamos a unificar nuestra Neshamá con su Jaiá. Y cada vez que unificamos la Neshamá del Universo de la Briá dentro de nuestra Biná psicológica yetzirática con la Jaiá del Universo de Atzilut dentro de nuestra Jojmá psicológica yetzirática, accedemos a nuestra imagen interior del nivel de Iejidá, porque debemos saber que cada vez que unificamos (y nos unificamos internamente) provocamos la revelación del nivel oculto de la Iejidá en esta realidad yetzirática.

Podemos lograr entonces un entrenamiento constante (Imun) donde podamos existir dentro de un estado de unificación permanente. Toda la percepción de la psique entonces fue modificada de modo que el «alma» ascendió a la Merkabá psicológica, y así, cuando ingresamos en la consciencia Alef ascendemos a la Merkabá. Por lo tanto, cuando descendemos al universo de la fragmentación descendemos de la Merkabá, pero en realidad, cuando logramos obtener dicha consciencia «Alef», descubrimos en nuestro interior la Merkabá psicológica.

Si la Neshamá percibe exclusivamente sus niveles inferiores (su Ruaj y su Nefesh), entonces opera hacia el mundo inferior de la Bet (y la psicología tradicional ha trabajado mucho esta percepción de modo muy eficaz), y si la Neshamá percibe exclusivamente su Jaiá y su Iejidá, entonces opera hacia el mundo superior (la psicología junguiana ha trabajado este nivel estudiando las simbolizaciones). Como dentro del ser humano coexisten ambos sistemas (el superior y el inferior), la Biná opera dentro de un sistema bidireccional. La Biná debe ir hacia la Jojmá (y entonces la conceptualización debe conceptualizar lo simbólico), e ir hacia la Tiferet (como centro del Ruaj, para conceptualizar los estados emocionales e instintivos).

El Universo de Briá debe entonces mediar entre los universos de Atzilut y de Yetzirá. Es un problema grave que nuestra Biná tenga que trabajar ambas conceptualizaciones porque en realidad podemos confundir los niveles ascendentes con los descendentes (es lo que habitualmente se denomina dentro de la psicología transpersonal como la falacia pre/trans). Es decir, al conceptualizar tanto lo simbólico-superior como lo emocional-instintivo inferior, muchas veces no sabemos cómo están operando nuestros conceptos. En un momento podemos estar trabajando nuestros conceptos de forma ascendente llevando lo simbólico a lo conceptual, y en otro momento podemos estar trabajando en los niveles inferiores descendentes. Y lo peor (lo mejor) es que la psicología del misticismo judío debe trabajar en ambos niveles al mismo tiempo, porque no puede negar ni los niveles superiores trascendentes de la psique ni los niveles inferiores de nuestra biología. Si descendemos demasiado en el reconocimiento corporal de nuestra animalidad, debemos trabajar en las relaciones entre la Psicología y la Biología, pero si ascendemos a los niveles de la abstracción mental, entonces debemos reconocer el sistema cosmogónico general y nos encontramos trabajando dentro de la física. ¿No constituye toda nuestra biología un fragmento de las condiciones físicas del universo?

La Biná es quien debe, dentro del alma intelectual, armonizar las energías inferiores y superiores. Y esta armonización debe operar en el terreno conceptual. En otros términos, debemos ser conscientes de que a través de la conceptualización podemos estar operando en cualquiera de las diez dimensiones del Árbol de la Vida y en cualquiera de los universos. Tener el mapa de los cinco universos y las diez dimensiones bien estudiado hace que nuestra psique pueda recorrer todos los caminos, tanto los prepersonales de la materia corporal, los personales de la construcción autónoma subjetiva, como los transpersonales de la trascendencia y conexión con el orden cosmogónico general. He ahí la importancia que tiene en el campo de la psicología del misticismo judío la cartografía del Árbol de la Vida.

Nuestra Biná psicológica debe, por una parte, filtrar las energías superiores y llevarlas de la potencia al acto y, por la otra, expandir por la vía de la unificación las energías inferiores y llevarlas a un estado superior dentro de la Jojmá psicológica.

Estas oscilaciones permanentes de la Biná psicológica entre la Jojmá y la dimensión de Tiferet son las que provocan una alteración del nivel de consciencia del sujeto porque lo trasladan del estado temporal al estado eterno, porque debe «descender» a la materialización absoluta de Maljut y «ascender» a la destrucción de toda subjetivación en el nivel de Jojmá. Se le exige al Yo mental de la Biná que trabaje dentro de la materialidad de Asiá y de Yetzirá, y se le pide al Yo mental que capte al mismo tiempo el estado del No-Yo del Universo de Atzilut. Debemos reconocer el nivel de esfuerzo que debe realizar nuestro «Yo mental» dentro de la Biná psicológica para sostener un equilibrio inestable dentro de esta realidad. La Biná psicológica de cada sujeto debe materializar a través de las expresiones culturales su estado de tensión, porque su calidad de centro de procesamiento de todos los componentes dimensionales conlleva un esfuerzo inaudito.

El «Yo» es el «Yo integral»[221] que sabe cuándo opera el nivel de Jaiá, cuándo opera el Ruaj y cuándo opera el Nefesh. Los cinco niveles del «Alma» son manifestaciones del «Alma» en los cinco niveles del Universo, pero son solo «manifestaciones exteriores» en cada nivel. En realidad, el «Alma» (o el Yo) es el conjunto de estos cinco niveles.[222]

---

221. El Yo integral es el equivalente al Yo real.
222. El Yo integral o Yo real es mucho más que los niveles del alma integrados, es el Yo oculto que se manifiesta en dichos niveles. Existe, pues, un Yo de raíz que es quien mueve todos los niveles y que no puede ser considerado como la unión o fusión de dichos niveles.

Los dividimos en niveles porque operamos desde la Biná (el Entendimiento que diferencia los conceptos), pero el «Yo» es único y se manifiesta de acuerdo con el nivel del universo en donde debe manifestarse. Es la Biná cosmogónica (Universo de Briá) de donde fluye la conciencia, por ese motivo, los cabalistas dicen que es dentro del Universo de Briá donde se crean las almas. El alma nace con algún grado de conciencia. Y con la conciencia, la conciencia del Yo; y la conciencia del Yo no es ni más ni menos la conciencia de la diferencia del Yo[223] con relación a todo lo que no soy Yo.

223. La diferencia del Yo existe a pesar de la conciencia porque las diferencias existen más allá de la conciencia de dichas diferencias. Ahora bien, nosotros reconocemos nuestro Yo cuando somos conscientes del Yo. Por ese motivo, decimos que el Yo nace cuando aparece la conciencia del Yo. Aunque las diferencias en el mundo de la fragmentación existen más allá de la conciencia. Somos un fragmento dentro del Universo de Asiá (material) que ha alcanzado el Universo de Briá (la Creación), es decir, ha alcanzado su autoconciencia. Si la autoconciencia se encuentra detrás de la realidad de la materia, deberíamos estudiar el Árbol de la Vida de manera inversa para comprender realmente la situación. Al percibir el Árbol de la Vida desde Maljut creemos que existe una evolución al estilo de Darwin, y en realidad existe esta evolución, pero el darwinismo la percibe al revés. Parece que la materia alcanza su autoconciencia por la evolución, en realidad es verdad y paradójicamente es mentira, lo que hace la materia es descubrir los niveles más altos de conciencia que ya se encuentran ocultos dentro de esta realidad. El darwinismo percibe correctamente la realidad, simplemente que parte de la evolución de la materia, y la cábala afirma que lo que la materia encuentra detrás del secreto de dicha materialidad son las energías ocultas que permiten dicha autoconciencia. Y son estas energías las que se han desarrollado antes que la materia, por lo que aunque nosotros conquistamos o revelamos estas energías dentro de la materialidad, estas energías ya existían y son la fuente de la materia. Aunque para el darwinismo nosotros evolucionamos desde la materia sin consciencia a la materia con consciencia, desde la psicología fundamentada en la cábala, nosotros descubrimos los niveles más altos de consciencia ya existentes detrás del velo de la materialidad. No es que la materia se supere a sí misma, sino que la materia corporal capta las energías más sutiles y fundamentales de la realidad. El universo fue creado desde lo inmaterial a lo material, pero nosotros evolucionamos desde la materialidad hacia lo inmaterial; por ese motivo, el materialismo al percibir la realidad de manera inversa provoca que no podamos pensar en otra cosa que en un Yo material que conquista información por su propia condición. En realidad, la información que existe detrás de toda la materia ya existía antes de nuestra consciencia, lo único que hace la consciencia es revelar dicha información. Por lo tanto, la información ya existe antes de la aparición de la consciencia, y si suprimimos la consciencia de nuestro Yo, dicha información energética seguirá existiendo a pesar de nuestra no-existencia. Así, más allá de nuestra conciencia subjetiva, existe una consciencia real fuera de nuestra subjetividad que es toda la información real que nuestra consciencia descubre. Si existen entonces otros procesos de información por parte de otros entes fuera de nuestra subjetividad, entonces la consciencia es producto de un tipo de procesamiento de esta realidad. Y siempre las energías de esta realidad desean ser conocidas por algún tipo de consciencia; por eso podemos decir que la consciencia es inherente a las energías esenciales que operan detrás del velo de la materialidad. Así, la evolución de Darwin debe ser comprendida como la búsqueda de la consciencia por parte de un sistema de información que se encuentra revelado para sí mismo porque dicha información existe a pesar de que nuestra conciencia limitada del Yo no pueda acceder a más información de esta realidad. Los límites de nuestra conciencia no deben ser los parámetros para la comprensión de esta realidad. Las energías que existen son mayores que las que nuestra capacidad limitada acepta como información. La información existe oculta para nuestro Yo, pero dicha información es completamente revelada para el Ein Sof. Así, podríamos

Es la manifestación exterior lo que exige que el Alma se manifieste del modo en que se manifiesta, no es el Yo en sí mismo el que desea manifestarse de forma diferente, sino la forma sustancial y la magnitud del «Alma» como un fragmento de energía dentro de un sistema universal determinado. Son las condiciones del universo material (Asiá) las que determinan que mi «Yo» deba manifestarse a través del alma material (Nefesh). No puedo manifestarme dentro del universo emocional (Yetzirá) con mi nivel de Nefesh, sino con mi nivel de Ruaj, es decir, con mi alma emocional.[224] Mi alma debe ascender del nivel material del Nefesh y demostrar su Ruaj (su nivel emocional). En el universo intelectual (Briá), no puedo operar con mi alma emocional (Ruaj), sino con mi Neshamá (el alma intelectual); cuando me encuentro en el nivel del Universo de Atzilut, donde las coordenadas de tiempo y espacio ya no son válidas, debo trabajar con el nivel de mi alma existencial porque opero dentro de la Emanación o en el nivel de la trascendencia de mi Ego. Mi «Yo» se debe adaptar a la situación en que se encuentra porque tenemos la capacidad de adaptación (flexibilidad interior) a las formas genéticas en las que nos hemos manifestado. Sin embargo, la capacidad de adaptación simplemente utiliza

decir que la evolución es la conquista de todo lo oculto dentro del No-Yo por parte del Yo, pero dicha información secreta para mi Yo es una información revelada dentro de la totalidad. Si consideramos que todas las energías existen dentro de la realidad (como información oculta para nuestro Yo), podemos decir que la evolución simplemente es la situación de centralidad subjetiva con la que estudiamos y percibimos la realidad; sin embargo, si consideramos la realidad más allá de nuestro Yo, nos daremos cuenta de que toda la información de esta realidad ya existe a pesar de que nosotros por nuestras limitaciones no podemos captarla. Toda la información ya se encuentra aquí en acto, somos nosotros los que lamentablemente no podemos captar dicha realidad por nuestras propias limitaciones. Las Sefirot o dimensiones del Árbol de la Vida son los bancos de información de toda la realidad que se encuentran en el Universo de Atzilut, es decir, más allá del espacio y el tiempo de nuestro universo consciente de Briá.

224. Si mi hijo quiere que comparta con él un tiempo emocional (Ruaj), no puedo darle dinero y decirle que se vaya con otra persona (Nefesh). No puedo operar dentro de las emociones con la materia. No puedo comprar materialmente un amigo o una pareja, y si esto sucede, estoy desequilibrando mi alma (mi Yo) porque estoy operando mi Yo de modo desequilibrado. Aunque los diversos niveles por su complejidad no pueden ser estrictamente limitados desde nuestra Biná, sabemos que no debemos mezclar los niveles y que en cada nivel debemos trabajar con el nivel de energía que cada uno tiene. No se puede operar en un nivel inferior con la energía del nivel superior, o viceversa. La clave existencial se encuentra en reconocer los límites predeterminados de cada dimensión para saber qué energía aplicar allí. En definitiva, si logramos comprender los límites estructurales de cada uno de los niveles del vacío, logramos al mismo tiempo conocer qué tipo, calidad y cantidad de energía debe situarse en dicha estructura de recepción (Kelim o vasijas de recepción). Por ese motivo, debemos comprender un aspecto esencial de esta existencia: «el reconocimiento de los límites de todo lo existente». Todos tenemos grandes problemas con los «límites». A veces deseamos entregar un tipo de energía superior a un nivel inferior que no puede soportarlo. Cada recipiente (cosa o sujeto) puede recibir lo que es capaz de soportar. Toda la luz (nivel de energía) que una cosa soporta depende del nivel de vacío del recipiente. No hay que buscar más luz cuando lo que debemos buscar es la ampliación de nuestro Kli de recepción.

las «formas», pero nunca el contenido. No es lo mismo adaptarse[225] a las «formas exteriores de manifestación» que negociar el contenido, porque en la sustancia del alma se encuentra mi «Yo interior», lo que define mi «Yo» en su específicidad subjetiva, es decir, mi contenido y la distribución dimensional de dicho contenido. La elección de la distribución del contenido dimensional tiene dos etapas, la primera es la estructura de la predeterminación divina, sin embargo, es responsabilidad personal la actualización y desarrollo de la potencialidad predeterminada. Este es el secreto de la Keter psicológica (Keter en el Universo de Yetzirá), por ese motivo decimos dentro de la cábala que es en Keter donde se encuentra la voluntad oculta.

Ahora bien, toda esta descripción pertenece al campo de la Biná (en el Universo de Briá), sin embargo, existen los 22 canales que conectan todas las dimensiones, y que por consiguiente conectan todos los universos entre sí. Si esto sucede dentro del sistema general, lo mismo sucede dentro del sistema subjetivo.

Los 22 canales son los flujos de energía que se desplazan de una dimensión a otra,[226] y entonces podemos decir que existe una conexión absoluta dentro del sistema universal, ya que los diferentes universos (como las diferencias en los niveles del alma) solamente existen dentro del marco conceptual. Dentro de la realidad existen millones de niveles entre los diferentes universos que hacen imposible la definición de estos de forma conceptual. ¿Cuándo finaliza el nivel del Nefesh y cuándo comienza el nivel del Ruaj? ¿Cuándo termina el nivel del Ruaj y comienza el de la Neshamá? Esto es imposible de saber porque los flujos de energía de cada parte del alma corresponden al alma general. Por ese motivo, quiero advertir que algunos científicos han comprendido

---

225. Uno de los grandes problemas personales es cuando se utiliza el concepto «adaptación» como una justificación ideológica de represión social sobre el sujeto.
226. Recordemos que los 22 canales en realidad son 44 canales, ya que son 22 canales que tienen un sistema de ida y vuelta, no es lo mismo la energía de Maljut a Yesod que la energía que desciende de la Yesod a Maljut. Debemos tener en cuenta que en realidad operamos con 44 canales. La palabra hebrea que suma 44 es «Dam» que se conforma con la letra Dalet que equivale al número 4 y la letra Mem que equivale al 40, y esto da como resultado el símbolo de la sangre (44) que circula por todo el sistema sefirótico. Entonces debemos comprender por qué se deben estudiar los 22 canales en su carácter ascendente y en su carácter descendente, porque el conocimiento aumenta si aumenta el flujo entre todas las dimensiones. En otros términos, para el misticismo judío, si acelerásemos el intercambio de información entre las diferentes disciplinas científicas, podríamos lograr elevar el conocimiento a niveles insospechados. En este momento existe información de una disciplina científica que podría servir para el avance de otra, y viceversa. Si se crearan equipos interdisciplinarios reales de investigación, entonces podríamos provocar una aceleración del nivel de nuestro conocimiento. En este sentido, la especialización de las ciencias en realidad resulta un problema para el avance del conocimiento general.

el problema cuando operamos desde la Jojmá donde ya nuestros conceptos diferenciados no tienen validez.[227]

227. En su obra *Ciencia, Orden y Creatividad: las raíces creativas de la ciencia y la vida* (páginas 240 a 242) David Bohm y F. Peat (editorial Kairós, Barcelona, quinta edición, febrero de 2010) escriben: «La conciencia y la atención producen un movimiento de contenidos desde los niveles físicos más manifiestos hacia los niveles más sutiles, del orden generativo. Como respuesta surge un movimiento en la dirección contraria, un movimiento de la acción creativa de la inteligencia. Este se origina, en último término, en el fondo del orden generativo. En capítulos anteriores mostrábamos cómo, en el libre juego del pensamiento, la inteligencia creativa responde a oposiciones y contradicciones con nuevas propuestas. Estas son puestas a prueba en pensamiento y acción posteriores. También se produce una respuesta similar en el área de la percepción sensitiva. Cuando aparece algo nuevo, que no encaja en lo ya conocido, la inteligencia creativa es capaz de adelantar nuevos órdenes y estructuras sensoriales, que toman forma en percepciones nuevas. Estas se ponen a prueba en ciclos de percepción-acción como los descriptos en los capítulos 1 y 2. Este tipo de respuesta perceptiva a la inteligencia creativa puede ser, además, estética, cinestésica y emocional. En principio, puede tener lugar en cualquier área de la vida, pero resulta especialmente evidente en la música y la danza, en las que una orquestación creativa de temas y movimientos se desenvuelve y envuelve en una orquestación semejante de sutiles sentimientos e impulsos activos. Todo esto no hace más que resaltar la universalidad de la inteligencia creativa, que tiene esencialmente el mismo origen en todas las áreas de la vida. Sin embargo, no es correcto pensar que la experiencia es algo que existe por sí misma, modificada de vez en cuando por las percepciones, los pensamientos, y las acciones que surgen de una inteligencia creativa. Digamos más bien que cualquier aspecto de esta experiencia, sea físico o mental, emocional o intelectual, puede resultar profundamente afectado por la inteligencia creativa, allí donde esta tenga la capacidad de actuar. En efecto, mediante ella todo puede adoptar un significado nuevo. La inteligencia no solo es indefinible en su origen, en el fondo del orden generativo, sino que es también un todo intrínseco. Para ciertos propósitos limitados podría realizarse una abstracción a partir de la respuesta total de la inteligencia, y tratarla como si fuera una parte de la vida que tiene una fuente definible. Pero, en principio, y debido a la extrema sutileza y la omnipresencia de la acción de la inteligencia, abstracciones de este tipo tienen una validez limitada, ya que la inteligencia no puede separarse del todo ni adscribirse a una estructura u orden determinados. Así, por muy lejos que se vaya en la investigación del orden generativo en el pensamiento, siempre habrá un horizonte ilimitado detrás, demasiado sutil para poderlo ver en el nivel en que esta investigación se detuvo. Es incluso probable que la noción de orden generativo no sirva para llegar al origen último de la inteligencia, que será siempre más de lo que podemos decir, y diferente de ello [...]. En relación con esto, buena parte de lo que suele denominarse como inteligencia debería ser llamado «intelecto», que (según señalaba así en el capítulo 3) lo que comprende un conocimiento relativamente fijo y varios tipos de habilidades. El intelecto se basa principalmente en la infraestructura básica del conocimiento, y funciona de manera poco consciente. Es como un sencillo programa de ordenador, aunque va más lejos de lo que en la actualidad pueda llevar a cabo cualquier ordenador. Se debe resaltar, además, que el intelecto, la emoción y la voluntad no pueden separarse, a no ser en el pensamiento para el análisis. Por ejemplo, las categorías del intelecto pueden tener un profundo impacto emocional. Palabras que expresan totalidad, como todo, siempre, para siempre, nunca y sólo son ingredientes clave de muchas conocidas canciones, que se entretejen en un contexto, con la intención de provocar todo tipo de sentimientos. También los demagogos utilizan este tipo de palabras, y el resultado es eficaz. Aun así, todas estas palabras se encuentran en realidad en la parte más intelectual del lenguaje. Y, al revés, las emociones fuertes afectan de manera radical al curso del pensamiento; de hecho, pensamos muy poco cuando se levanta en nosotros cierta excitación emocional. Por lo que se refiere a la voluntad, no hay que señalar que depende radicalmente del contenido del pensamiento, sin el cual no tendría la determinación necesaria. Este contenido depende a su vez de conceptos intelectuales, como la necesidad, cuya raíz es «ne-cedo», que significa no ceder. Por lo tanto, la necesidad resulta ser la disposición a no ser desviado, lo que es ciertamente una

El alma (para la mística judía) posee todas las magnitudes de manifestación que cada universo exige porque en realidad el alma es un universo en pequeño. El «Yo» actúa naturalmente en cada universo porque sustancialmente es una fracción de la energía de dicho universo. Existe una paradoja cuando hacemos referencia al «Yo», porque hablamos al mismo tiempo del Yo como el resultado de la integración de los diferentes niveles del alma, y el Yo como el motor oculto que da impulso a dichos niveles. Es el Yo oculto detrás de los diferentes niveles el que otorga un cierto tipo de coordinación a dichos niveles.

Por ese motivo, mi «Yo» se podrá adaptar en el futuro perfectamente a la «Eternidad», porque en el nivel de la Jaiá nosotros operamos dentro del Universo de la Emanación (Atzilut), en donde como sabemos no nos alcanzan las coordenadas de espacio ni de tiempo. Por eso podemos (y la mística judía lo justifica) ver el pasado y hacer regresiones de vidas pasadas[228] y ver el futuro pudiendo mirar más allá del factor tiempo. Es que el Yo en la Tiferet, cuando avanza hacia el Keter, comprende el estado del «Ser» desvinculándose del pasado (Jojmá) y del futuro (Biná). Todo lo fenomenológico[229] del mundo

---

característica de la voluntad». Quiero explicar algunas cuestiones que estos científicos proponen desde la psicología del misticismo judío. En primer lugar, todos estos análisis nos llevan a pensar que los científicos ya han llegado a la conclusión que llegaron los cabalistas hace siglos, y es que las diferentes partes del alma como los diferentes universos se encuentran completamente interconectados. Los 22 canales de conexión entre las diez dimensiones por donde pasa todo el Daat (el Conocimiento) nos llevan a pensar que cuando los antiguos cabalistas explicaban el «Daat» lo hacían como el elemento de enlace de todas las partes del alma. Así, lo intelectual de la Biná no puede independizarse completamente del centro emocional de la Tiferet, ni la Tiferet puede verse como completamente independiente si la Yesod o Tiferet inferior se encuentra en conexión directa a través del Daat con la existencia material de la Maljut. Todas las dimensiones están completamente interconectadas y no sabemos cuándo comienza una parte y cuando termina la otra. A esto lo llamamos el flujo bidireccional del Daat dentro de los 22 canales de conexión. Ahora bien, me gustaría realizar una aclaración importante, los autores dicen al final de la cita que «no ser desviado es una característica de la voluntad». Indudablemente, aquí cometen un tremendo error conceptual porque asocian la voluntad al dogmatismo. El dogmatismo es un problema de la paralización del Daat y este dogmatismo es la causa central y fundamental de la «no desviación». En cambio, la «voluntad» no debe confundirse con «obstinación» como creo que hacen los autores citados. La voluntad del nivel de Keter puede y debe convivir con la flexibilidad del libre albedrío del Daat (el Conocimiento). Confundir como hacen los autores «voluntad» como la disposición a no ser desviado, es a mi modo de ver un grave error. Se puede desarrollar al mismo tiempo la voluntad y la flexibilidad. Aumentar el Daat (el Conocimiento) hace que aumente la flexibilidad, y la voluntad debe aprovechar todo el Daat posible para llegar al objetivo a pesar de que en el camino pueda ser «desviado el proyecto». La voluntad tiene relación con el fin u objetivo y no con la flexibilidad en los medios para cumplir dicho objetivo. Se puede cambiar mil veces el camino a través de la flexibilidad del Daat, y sostener al mismo tiempo una férrea voluntad.

228. Grandes místicos del judaísmo dejaron por escrito sus experiencias en regresiones a vidas pasadas confirmando la reencarnación.
229. Por ese motivo, cuando desde la Biná, la psicología de misticismo judío diferencia los fenómenos, debemos buscar las energías ocultas detrás de todos los fenómenos de la realidad, y

de la fragmentación (Universo de Bet) es ontológico dentro del mundo de la unidad (Universo de la Alef). Dicho Universo de la Alef ya se encuentra en el Universo de Atzilut (o la Jojmá del Adam Kadmón).

En un nivel superior, el «Yo» se encuentra más allá del tiempo, por ese motivo a través de los sueños[230] podemos ir tanto hacia atrás como hacia delante. Aunque existimos en el orden de la secuencia espacio-temporal existen niveles dentro del «Alma» que se desarrollan dentro de la Eternidad fuera de los condicionamientos de espacio-tiempo. Si somos capaces de captar estos niveles del Alma, entonces podemos comprender la sensación mística de trascendencia, porque dicha sensación se sitúa fuera del orden espacial y temporal. La sensación personal que se experimenta en la interioridad del sujeto cuando se pasa del estado cotidiano al estado de éxtasis de la trascendencia es intransferible conceptualmente. La trascendencia se produce entonces cuando integralmente captamos la «Eternidad» fuera del orden material de espacio y tiempo.

Para comprender la «esencia del Alma» debemos ir subiendo por los diferentes niveles del alma hasta llegar al núcleo duro del alma.[231] Lo que debemos advertir es que todo el ascenso por los diferentes niveles del Alma de ningún modo implica una renuncia a los niveles inferiores, porque los niveles

---

entonces encontramos necesariamente las energías fundamentales que operan desde las raíces dimensionales (las Sefirot). Todo este mundo de la fragmentación (Universo de la Bet) contiene dentro de sí mismo las energías claves y objetivas del mundo de la unidad (Universo de la Alef). El primer ser humano creado de forma andrógina (contenía lo masculino y lo femenino) no tenía contradicciones, ni era contrario a la realidad (del Gan Edén). El mal se produce cuando la consciencia del Yo se encuentra en contradicción con el entorno, cuando lo masculino y lo femenino en vez de coordinarse y complementarse se enfrentan y se contradicen. Cuando el Yo se contradice con la realidad general, entonces la consciencia produce el mal; cuando la diferencia de la consciencia del Yo se unifica con la realidad general, entonces la consciencia produce el bien porque la diferencia no se encuentra al servicio del conflicto, sino de la paz. Este es uno de los principales objetivos de la existencia, y es que el ser humano alcance la paz interior, que no resuelva las contradicciones por los enfrentamientos, sino que supere las contradicciones a través de una nueva perspectiva de la realidad. La temporalidad hace que las contradicciones parezcan insuperables, y la eternidad resuelve dichas contradicciones. No hay vida y muerte, todo es vida. Cuando el Yo capta que su propia muerte es vida, entonces comprende que la consciencia general de la realidad existe más allá de su subjetividad. El éxito de la consciencia es que sabe más allá de la subjetividad del Yo siempre las energías ocultas detrás de la materialidad tenderán a salir para revelarse.
230. En la tradición del judaísmo, «el sueño» es una sesentava parte de la muerte física.
231. En el misticismo judío, el alma se divide en cinco partes: el alma animal o el cuerpo se denomina como el Nefesh; el segundo nivel del alma es lo que se conoce como el alma emocional o el Ruaj (espíritu); el tercer nivel del alma es el alma intelectual y se conoce como la Neshamá; el cuarto nivel del alma se denomina Jaiá y es la voluntad o la fuerza vital, y, finalmente, la quinta y última es la Iejidá, el nivel secreto del alma que siente que es parte de la Totalidad. Cuando decimos que el alma se conecta con su esencia es cuando percibimos el nivel de Iejidá.

inferiores son inferiores por su cercanía con la materialidad existencial, pero son de la misma importancia que los niveles superiores.

Yo soy, pues, el resultado de un proceso histórico, de mi propio proceso de desarrollo personal, desde mi pasado hacia mi futuro.[232] Nunca soy un «Yo» en un presente estático, sino en un presente continuo. En ese sentido, mi Yo se desplaza dentro del orden espacio-temporal, pero la identidad del Alma al ser eterna no se desplaza en el orden espacio-temporal, sino que comprende la existencia de acuerdo con el nivel de la propia «Eternidad» (es la sensación experiencial de la coparticipación con la divinidad).

Por ese motivo, la Merkabá tiene que estar en movimiento, porque es la función fundamental de la Merkabá, la de ser un vehículo en movimiento. Si nos olvidamos de la función dinámica de la Merkabá, entonces no comprendemos absolutamente nada de la Merkabá porque conceptualmente la fijamos en un punto determinado.

Todo lo conceptualmente fijo es un dogma y justamente no podemos hacer de ningún concepto, dentro de la psicología del misticismo judío, un dogma, ya que cualquier elemento que mentalmente la Biná lo diseñe como un punto estático en realidad no es real (es solamente real en el segundo en que la mente lo ha captado, pero ya deja de ser real un segundo después porque opera una transformación). Todo concepto debe ser relativamente «destruido» en el nivel de percepción «Alef»,[233] y aunque dicho concepto simultáneamente sea válido en el nivel de percepción de Bet; por ese motivo, debemos destruirlo en el nivel de percepción Alef para poder encontrar la sustancia que sostiene dicho concepto. Porque para todos los cabalistas (*mekubalim*) lo más importante no es lo que vemos como vestidura exterior, sino el contenido interior. Una cosa es entonces el concepto materializado y expresado, y otra muy distinta el sentido oculto detrás de todo concepto. Y sabemos que los sentidos ocultos que operan en la complejidad interna de la realidad son siempre más potentes que los métodos mentales de nuestra Neshamá a través de la oscilación constante entre la conceptualización y la simbolización. Jung cuando trabaja el «Inconsciente colectivo» intenta (y lo logra) traer las energías infinitas de las dimensiones al campo finito de las simbolizaciones; y aunque supera

---

232. Por supuesto que mi Yo no se ha estructurado simplemente como mi Yo actual, sino por la identidad ancestral de mi alma, es decir, con las vidas anteriores que viví. La información de estas existencias anteriores son un asunto fundamental para comprender mi estado actual.
233. Denominamos nivel de percepción «Alef» al nivel de unificación de todas las contradicciones y oposiciones desde la Jojmá. En cambio, denominamos como nivel de percepción «Bet» a la percepción de la realidad inferior a partir de la Biná.

a la Psicología tradicional que trabaja con el nivel conceptual enredándose dentro del mismo sistema conceptual, nosotros podemos afirmar, desde la psicología mística del judaísmo, que nunca el concepto finito alcanza el símbolo subyacente y que nunca el símbolo subyacente (arquetipo) alcanza la infinitud de la información del nivel de Sod. Por lo tanto, el misticismo judío es un elemento superador del nivel de consciencia personal, porque realmente lo «transpersonal» no puede anclarse dentro del sistema simbólico del «Inconsciente colectivo» de Jung, sino que debe superar dicho sistema. En realidad, la destrucción absoluta de todos los sistemas finitos (sean estos conceptuales o simbólicos) es lo que nos permite realmente acceder al nivel del Sod fuera de nuestra percepción.

Es más, no solamente encontramos la sustancia en el nivel de percepción Alef, sino que además encontramos sus interconexiones por nuestra cercanía a la totalidad del Ein Sof. En la Jojmá estamos operando con el nivel de percepción «Alef». No es el nivel de percepción Alef más alto, sino el más bajo.[234]

Nuestro «Yo» es un «Yo dinámico» en varios sentidos: en sentido temporal, porque vamos del pasado hacia el futuro; en sentido físico, porque nuestro

---

234. El cabalista David Ibn Zimra (1474-1576) nació en la ciudad de Toledo en 1474 y murió en Safed en el año 1576. Este cabalista fue el enlace histórico entre la cábala española de Sefarad y el renacimiento de la cábala en el centro de Safed. Expuso Ibn Zimra la idea por la cual «la gran Alef es Keter y la pequeña Alef es Jojmá, como la gran Bet es Biná y la pequeña Bet es Maljut». Biná y Maljut conforman la realidad dual de la Bet. Jojmá se acerca a la Alef, pero tiene menor potencia que Keter porque en realidad es a partir de ahí cuando aparecerá la Bet. La Bet es producto de la contracción de la Alef. En Keter la Alef se amplia y en Jojmá se reduce. En el nivel Keter-Jojmá, aún no hemos alcanzado la secuencia espacio-temporal y, por lo tanto, nos encontramos en el mundo de la Alef y nuestra percepción es de una unificación constante. En Biná ingresamos en el Universo de la Briá donde comienzan a operar las variables de tiempo y espacio. Así nuestra mente funciona simultáneamente en ambos niveles, en el nivel de la Biná dentro del movimiento espacio-temporal, y dentro de la Jojmá en el nivel de la eternidad. Cuando «trascendemos» la temporalidad, entonces nuestros pensamientos fluyen desde los niveles superiores de la Eternidad y allí nos encontramos conectados en mayor profundidad con el Ein Sof, porque nos acercamos a magnitudes más expansivas. En dichas magnitudes expansivas debemos trabajar con los no-conceptos, por ese motivo lo simbólico pertenece al mundo de la Alef pequeña de la Jojmá; si queremos ingresar en Keter, debemos trabajar no ya los no-conceptos, sino los no-símbolos. ¿Cómo entonces operamos dentro de Keter si ya no tenemos ni conceptos ni símbolos como zonas de seguridad? El salto de la Jojmá a Keter es el último salto del vacío existencial porque estamos a punto de terminar el cruce del Tejom (el abismo). En Keter existimos y no existimos al mismo tiempo, la vida y la muerte son dos procesos de un continuo eterno, y por ese motivo mi «Yo» queda anulado dentro del Ein Sof. La sensación de anulación de mi «Yo» (Aní) en la «nada» (Ain) se produce en Keter. En Keter encontramos entonces «la felicidad continua» porque ya somos parte integrante de la totalidad; y aunque mantenemos la subjetividad, esta subjetividad es transitoria para aumentar la consciencia general de la materia. La «espiritualización» total de la materia es la percepción que nosotros nos encontramos dentro del sistema general. La «conciencia» entonces subjetiva alcanza su mayor grado de conciencia cuando se des-subjetiviza.

cuerpo va cambiando; en sentido espiritual, porque nos vamos transformando; en sentido social, porque la sociedad reconoce en nosotros lo que reflejan nuestros cambios exteriores, etcétera.

En definitiva, nuestro «Yo» se está moviendo continuamente en el orden del espacio-tiempo. Sin embargo, a medida que nuestro Yo se desplaza dentro del sistema espacio-temporal podemos ir captando la «Eternidad» que hace descender la «Trascendencia» a la realidad cotidiana, porque si creemos imaginariamente que la cotidianidad material representa exclusivamente la realidad, estamos reduciendo la realidad a nuestras limitaciones, cuando deberíamos comprender que la complejidad esencial de la realidad supera indudablemente todas las limitaciones del tiempo y el espacio. Entonces captaremos la esencia del Ein Sof dentro del orden espacio-temporal.

No podemos dejar de tener en cuenta este hecho que considero fundamental para comprender el «Yo» y, por lo tanto, el misterio de la Merkabá o la psicoanalización de la Merkabá que realizaron los antiguos *mekubalim* (cabalistas).

Esta dinámica de la Merkabá (del Yo) nos debe hacer reflexionar sobre la característica fundamental de la psicología mística del judaísmo, su flexibilidad simbólica a la hora de alcanzar mayores niveles de compresión. Al «ascender» a los niveles de conciencia más elevados captamos allí la «Eternidad divina» del Ein Sof oculto; y cuando hacemos descender las energías superiores, se transforma toda nuestra percepción en el campo material. Podemos captar la esencia de todo lo material a partir de nuestra elevación constante de nuestros niveles de conciencia.

El problema fundamental que tiene la Biná es que cuando «se acostumbra» a un tipo de estructura simbólica la fija en la mente de modo estático, y la falta de comprensión posterior se origina en no tener la suficiente valentía (libertad) de modificar el modelo simbólico con el que estamos trabajando, ya que debemos saber que en un nivel nos puede ser de utilidad una estructura simbólica, sin embargo, en otro nivel superior, dicha estructura simbólica no nos sirve para alcanzar mayores niveles de comprensión, por lo que la flexibilidad permanente es un requisito fundamental para modificar los sistemas simbólicos con los que habitualmente estamos trabajando. El paso fundamental de la flexibilidad para captar la «Trascendencia» es cuando logramos ingresar en la percepción de «Eternidad», y esto lo otorga la percepción cosmogónica, la superación de la «psique» como eje central. Si la psicología descentra la psique del «Trono divino» en la que se la ha situado y adquiere una humildad real frente al Cosmos (Maasé Bereshit), entonces automáticamente nuestros niveles de conciencia ascenderán hacia niveles más altos jamás alcanzados. La mística judía posee un elemento dinámico intrínseco a su estructura y desarrollo, y ese elemento dinámico es el factor más complicado de estudiar dentro del símbolo del Árbol de la Vida. Se están moviendo en todo momento todas las dimensiones de forma simultánea; y aunque conceptualmente nos «centremos» en el plano familiar, se está moviendo al mismo tiempo el plano sexual; y si nos centramos en el sexual al mismo tiempo se está moviendo la dimensión material. Todo psicólogo que trabaje desde la mística judía debe saber que si trata el «Yo» está trabajando en diez frentes simultáneos, y que los desequilibrios que puede percibir pueden ser producto del sistema de compensación de desequilibrios ocultos en otras dimensiones; y que lo que se perciben son desequilibrios que intentan compensar la falta de desarrollo de una dimensión en particular.

El terapeuta o pedagogo que aplica el misticismo judío en términos psicológicos debe saber que opera en varias dimensiones, y que si dogmáticamente se cierra dentro de una estructura sefirótica haciendo un ejercicio de pensamiento lineal no ha comprendido dentro de la complejidad multidimensional al ser humano insertado en la complejidad multidimensional de la realidad cosmogónica general. El trabajo central entonces es el de dudar de forma permanente de esta realidad, ya que las energías reales se ocultan detrás de la materialidad. A pesar de la duda permanente que se debe tener en nuestra percepción de la realidad material, debemos operar dentro de la materialidad (es decir, nunca crear una espiritualidad de fuga de la materia, siendo la materia esencialmente divina en su origen, desarrollo y función).

83. El Conocimiento dentro de las diferentes magnitudes dimensionales

>«Quien lea la cábala de forma literal nunca alcanzará a comprenderla».
>
>ARYEH KAPLAN

Una característica de esto que estamos observando es que una contradicción en un nivel no es una contradicción en todos los niveles, sino que en un nivel superior las contradicciones tienden a su propia resolución. Por lo tanto, cuando se opera dentro de un nivel, las conclusiones que surgen deben ser aceptadas en dicho nivel, y cuando se cambia el análisis y este corresponde a otro nivel dimensional, no debemos aceptar como válidas las conclusiones de otro orden dimensional diferente. Por ejemplo, hay sujetos que luchan contra su «Ego» (intentando destruir el aspecto yesódico de su personalidad), esto es imposible, pero además contradictorio, porque lo que sucede habitualmente es que la lucha contra el nivel egoico hace que el «Ego» se vuelva más fuerte. Lo que el misticismo judío propone es dejar el «Ego» (la energía yesódica) en su nivel y que trabaje exclusivamente en su nivel (sin afectar al nivel de las demás dimensiones). Las contradicciones que puede presentar el Ego en el nivel inferior de la Yesod se pueden resolver si ascendemos a una dimensión de orden superior (la Tiferet).

Esto es realmente difícil de comprender para muchos, y esta es la clave fundamental de una comprensión profunda de la psicología del judaísmo. Los niveles de Sod (de secreto) esconden la resolución de las contradicciones. Y cada Sefirá superior resuelve los problemas de las dimensiones inferiores. Por ese motivo, debemos realizar el esfuerzo del ascenso permanente en las dimensiones del Árbol de la Vida, para así lograr trascender los niveles inferiores y nunca tener la tentación de destruir las dimensiones inferiores por el «ascenso» espiritual que hemos logrado.

En definitiva, todas las contradicciones son aparentes porque pertenecen a un orden inferior, y todo lo superior, justamente porque es «superior», provoca la resolución natural de las contradicciones. Sin embargo, esta resolución natural de las contradicciones se puede percibir dentro del campo de la Jojmá y nunca desde la Biná donde las contradicciones tienden a potenciarse. ¿Cómo se pueden percibir las energías dimensionales como diferentes en sus niveles y completamente conectadas dentro del sistema general? Debemos percibir desde la Biná en el nivel operativo de una dimensión en particular, y desde la Jojmá percibir dicha dimensión en sus resonancias producto de las 22 conexiones del Árbol de la Vida.

¿Cuál es la máxima contradicción aparente del orden inferior que se debe resolver en el orden superior? En la Biná cosmogónica (El Universo de Briá), nuestra alma se ha desarrollado en el orden espacio-temporal, pero en la Jojmá cosmogónica (El Universo de Atzilut) es donde se han desarrollado las Sefirot. La superación de la percepción espacio-temporal por una conciencia en el orden de la Eternidad es una de las contradicciones que debemos superar, para alcanzar un «Estado de Trascendencia» permanente sin renunciar a la cotidianidad material, porque entonces volvemos a caer en el dualismo de abandonar nuestra función espacio-temporal por la «Eternidad», y somos fragmentos finitos para cumplir nuestra función histórica en el orden material, y percibir nuestra función arquetípica transhistórica en el orden de la eternidad más allá del tiempo y el espacio.

La tensión del mal/bien queda anulada en el nivel superior del Universo de Atzilut porque allí la realidad divina es tal como es. Somos nosotros los que al operar debajo del Árbol del Conocimiento del Bien y del Mal no alcanzamos a percibir el Árbol de la Vida cosmogónico. Nuestro Árbol de la Vida psicológico del Universo de Yetzirá en realidad es el mismo Árbol del Conocimiento del Bien y del Mal. Por ese motivo vamos a revelar uno de los más altos secretos de la cábala, al alcanzar el Keter de Yetzirá simplemente percibimos el Daat cosmogónico. Para dar el paso fundamental y acceder al Árbol de la Vida cosmogónico desde nuestro universo psíquico del orden de Yetzirá, debemos ser conscientes de que todos los conceptos metafísicos son en realidad cosmogónicamente conceptos físicos. La metafísica nos puede conducir a los niveles más altos de la psique, pero si no comprendemos estos conceptos metafísicos como realidades físicas, no podremos acceder a la percepción del Árbol de la Vida cosmogónico.

Por definición, como lo absoluto se encuentra dentro del Ein Sof, lo que el Ein Sof ha predeterminado para su creación no es ni bueno ni malo, simplemente «es». Lo axiológico pertenece al Universo de Yetzirá, y el orden de la necesidad biológica pertenece al Universo de Asiá. Lo biológico del ser humano es constitutivo de su naturaleza animal, y, por ese motivo, la Psicología trabajó en sus inicios en las presiones del entorno moral (el orden axiológico social) sobre las pulsiones naturales (incluyendo el sexo). Ahora, lo que la psicología del misticismo judío propone es elevar el análisis de estos dos universos (Yetzirá y Asiá) hacia los universos cosmogónicos trascendentes (Briá y Atzilut). Entonces, lo bueno y lo malo son consecuencias derivadas de forma directa del universo espacio-temporal de Briá.

Podríamos decir, como dicen todos los cabalistas a lo largo de la historia, que el único bien real en el mundo superior es nuestro viaje o nuestro acercamiento constante hacia el Ein Sof. El único bien es Dios mismo, y la única función de nuestro ser subjetivo es el acercamiento a este Ein Sof extrayendo todas mis potencialidades interiores, y justamente cuando extraigo de mi interioridad todas mis potencialidades interiores es entonces cuando opero en dos niveles simultáneos; logro la realización de mi Yo no en función de mi centralidad subjetiva, sino como parte de la realidad cosmogónica general, porque logró el máximo conocimiento posible que permite mi Kli[235] dentro de esta realidad.

No existe juicio moral en el Ein Sof, todo control moral, social y jurídico es un elemento de diferenciación entre el bien y el mal en el mundo inferior, y es nuestra incapacidad de vislumbrar lo «eterno» la que hace que debamos organizar nuestro mundo inferior.

En el nivel «Eterno» los niveles de Bondad divina que se reciben son automáticamente incorporados al ser existencial. En este nivel no existen juicios morales del orden inferior, hay una conciencia constante que evoluciona hacia los niveles más elevados de la existencia. Cuando la Torá se hace carne en el nivel superior, entonces ya no se necesitan las herramientas de la Torá del orden inferior. ¿Cuándo finalizará el paradigma cotidiano del orden inferior, y cuándo comenzará a operar el paradigma mesiánico del orden superior? Históricamente no lo sabe nadie, solo Dios, sin embargo, subjetivamente

---

235. Aunque nuestro Kli viene predeterminado, nosotros tenemos el libre albedrío de trabajar para ampliar nuestro Kli de forma constante a lo largo de la historia. Cada existencia terrenal nos permite elevar el Kli en un nivel superior. Esta es la clave de la espiritualidad del pueblo de Israel: tenemos que poner nuestra voluntad oculta al servicio de la ampliación constante de nuestro Kli de recepción. La máxima felicidad la alcanzamos entonces cuando todo el potencial de nuestro ser interior puede ser extraído a partir de la ampliación de nuestro Kli. En los niveles jojmáticos debemos ser conscientes de que depende del trabajo de ampliación de nuestro Kli la posibilidad de aumentar el Daat superior. A medida que nuestro Daat superior aumenta en el orden cosmogónico, entonces nuestro Daat inferior se ve automáticamente influenciado. Así podemos decir que el Daat en su conjunto se eleva más allá de nuestra percepción inicial.

sabemos que sí es posible acceder a estos niveles. El cabalista trae el mundo superior y lo hace carne en el mundo inferior, y une así las dos letras Iodim ocultas dentro de la Alef, entonces ahora sí que realmente se encuentra dentro de la conciencia Alef de unificación. Porque hay un gran misterio que vamos a revelar, y es que no se accede a la conciencia Alef al subir a la Iod superior, sino al descender las energías superiores de las Sefirot arquetípicas del orden superior a la realidad de la materia, y nuevamente, a través de la experiencia inferior de la Iod material, regresar a la Iod superior; cuando aceleremos la oscilación entre las dos Iodim, entonces realmente nos encontraremos en el estado de conciencia Alef.

En el nivel superior el Bien es el bien supremo, no es un bien que por definición se enfrenta al mal. Existen, pues, dos tipos de «bienes», el bien del nivel inferior que es el que se define por su oposición al mal en el nivel inferior (en el universo de la Iod inferior), y un «Bien supremo» que se encuentra pasando el Tejom (el abismo) y que no pertenece al mundo inferior de la dualidad del bien y el mal (en el nivel de la Iod superior).

El «Bien supremo» es el Ein Sof, y, por lo tanto, a medida que la creación se va alejando[236] de su Creador, todo bien se reduce, y en cada etapa de reducción aparece lo que habitualmente denominamos como «el mal». Un mal derivado en el plano inferior es la aparición de la secuencia temporal y espacial, por lo que el Bien superior es la Eternidad real.[237] ¿Podrá alcanzar el ser humano algún día dicho Bien superior? Nosotros desde el misticismo judío podemos asegurar que la percepción de «Eternidad» se alcanza realmente dentro de la experiencia personal a pesar de nuestra muerte física. Y

---

236. La única forma de alejarse del Ein Sof (no un alejamiento físico) es centrar la realidad en el Yo y, por lo tanto, crear un sistema idolátrico de dependencias con los objetos exteriores a nuestro Yo, o considerar nuestro Yo como objeto de adoración. Al Nefesh del Yo (cuerpo) lo debemos cuidar porque es el metabolizador de las energías cosmológicas en el orden biológico que influyen sobre nuestros niveles superiores, pero no se debe cuidar el cuerpo en función de sí mismo en el orden de la materia; debemos cuidar el cuerpo (Nefesh) porque necesitamos que el Ruaj y la Neshamá tengan una casa física lo más sólida posible para su desarrollo, pero siempre debemos saber que el cuerpo físico en esta realidad material debe existir en función de los más altos niveles de conciencia del alma, y no en función de sí mismo. No podemos caer en la concepción idólatra de la exaltación del cuerpo, sino que el Nefesh como el nivel material del alma debe ser el Templo donde el Ruaj y la Neshamá se sientan cómodos para seguir avanzando en el ascenso constante de conciencia.
237. La «eternidad real» es una promesa mesiánica que se encuentra en el texto del profeta Isaías donde se expresa que la muerte y el mal desaparecerán para siempre. Queremos advertir al lector que este texto es sumamente sugerente, porque el mal terminará de forma simultánea con la muerte física, y el fin de la muerte física será automáticamente el fin del mal. Esta equivalencia es clave, el mal desaparecerá cuando no exista muerte física, y la muerte física desaparecerá cuando podamos controlar el tiempo y el espacio. Hacia este objetivo vamos con el avance científico.

el estado de éxtasis de la trascendencia no es incompatible con la realidad material. Justamente, la propia existencia de la consciencia es el elemento que otorga trascendencia a la materialidad. En otros términos, la materia se trasciende a sí misma al captar las energías ocultas que subyacen detrás del velo de la materialidad. Así que podemos decir que la revelación de la conciencia provoca la trascendencia automática; y entonces logramos percibir que todo lo inmanente, al llevar dentro de sí la conciencia, es trascendente.

Por otra parte, no podemos tomar una posición fija[238] dentro del sistema de contradicciones porque, de lo contrario, profundizamos las contradicciones en vez de resolverlas. Cada vez que intentamos conceptualizar nos vamos alejando de la resolución de las magnitudes superiores y vamos reduciendo la realidad sin sus correspondientes conexiones. Y sin embargo, conceptualizamos porque es nuestra esencia en el mundo inferior, siempre sospechando que todo lo conceptualizable jamás alcanzará el sentido último que se esconde detrás de dicho concepto. Y pese a los denodados esfuerzos conceptuales que hacemos a lo largo de nuestra existencia material, no debemos renunciar a comprender las energías ocultas subyacentes detrás de la materialidad, porque sabemos que es allí donde nos conectamos con la esencia de las cosas. Cuando captamos la esencia de las cosas es cuando podemos percibir la no-contradicción de los fragmentos en el mundo inferior.

---

238. Una posición en el sistema de contradicciones es cuando creemos que las contradicciones son imposibles de resolver. Esta concepción automáticamente produce el mal en el mundo, ya que el mal se encuentra enraizado en la imposibilidad de resolver las contradicciones. Es más, el mal se desarrolla con mayor fuerza cuando las contradicciones se potencian. El aumento de las categorías de contradicciones puede llevar al Yo a un nivel tal de desesperación que la ansiedad de dicho Yo termine con todo proyecto de vida en el campo material, ya que no existe un sentido de la existencia que solamente se encuentre fundamentado sobre la base del permanente conflicto de dichas contradicciones. Aquellos que estructuran su identidad en el marco de la lucha constante entre las contradicciones no logran construir nada. Toda construcción real se debe enmarcar en el ascenso constante hacia el Ein Sof; las contradicciones son la proyección de nuestra ignorancia por nuestra imposibilidad de aumentar el nivel del Daat (el Conocimiento). Al aumentar el conocimiento, lo que es aparentemente contradictorio, por ser fragmentario, se resuelve. Estamos haciendo referencia a un aumento del Daat no en el orden del aumento exclusivo de la Biná, sino del aumento equilibrado entre la Biná y la Jojmá. Si no existe unión entre la Jojmá y la Biná y una oscilación constante, realmente no aumenta el Daat, por lo que debemos ser cuidadosos a la hora de creer imaginariamente que un aumento exclusivo de la Biná provoca un aumento del Daat superior; podríamos llegar a pensar que aumenta el Daat inferior, pero nos preguntamos ¿qué sentido tiene que solamente aumente un Daat inferior que nuevamente trabaje en situar al Yo en el centro de la realidad? La única forma real de un aumento del Daat superior es cuando nosotros trabajamos resolviendo las contradicciones (tanto mis contradicciones interiores como las exteriores). Podemos descender al mundo de la fragmentación (mundo inferior) para luego volver a subir con conciencia Jojmá y, de ese modo, lograr las unificaciones constantes que nos permitan percibir las estructuras dinámicas en movimiento en el interior de toda la realidad.

Las conexiones dentro de dicha realidad son las que conforman el entramado clave de toda la realidad. Siendo la realidad una derivación directa del universo de la Alef, en el fondo todo el contenido de la realidad esta automáticamente relacionado entre sí. Por lo tanto, podemos decir que en la superficie material podemos percibir las fragmentaciones, pero que en el interior más profundo de toda la realidad podemos percibir el sistema unificado en su totalidad.

Una gran parte de la realidad puede ser percibida por la Biná exclusivamente en sus formas diferenciadas, en cambio, si comenzamos a establecer relaciones entre todas las partes constituyentes de la realidad, y percibimos siempre la realidad desde su esencia, entonces podemos trabajar más sobre las relaciones que sobre sus diferencias. Las diferencias son productos derivados del sistema de materialización de la fragmentación.

Las diferencias son aparentes desde el mundo superior (Universo de la Alef), y, por otra parte, las diferencias parecen reales en el mundo inferior (Universo de la Bet). Debemos operar dentro de la realidad como si esta fuera real y al mismo tiempo aparente, porque es real en el nivel dimensional que trabajamos y es aparente en el nivel dimensional superior. En un nivel dimensional superior volvemos a percibir la realidad de dicho nivel como realidad, y volvemos a comprender su apariencia desde la perspectiva de un nivel superior. Siempre existe entonces una realidad (real) en un nivel que desde la perspectiva de otro nivel carece de realidad. Por lo que arribamos a una conclusión fundamental: «Todo es real y no es real al mismo tiempo».

Lo que parece real es la materia física del orden espacio-temporal, sin embargo, las energías ocultas son reales también dentro del orden de la Eternidad fuera del campo espacio-temporal, porque en realidad el sistema espacio-temporal convive con el sistema de la Eternidad, ya que ambos son lo mismo en diferentes magnitudes de energía. Y lo que sostiene a las energías ocultas dentro de nuestro orden inferior son justamente las energías derivadas del mundo superior. Las «energías» provenientes del orden superior de la «Eternidad» del Ein Sof son las que en su manifestación contraída dentro del vacío aparecen condicionadas por el Espacio-Tiempo y, por lo tanto, aparecen como diferenciadas.

Existe, pues, una realidad unificada en el orden de la Eternidad, pero por nuestra propia subjetividad material no alcanzamos a conceptualizarla, aunque sí a percibirla, y es entonces, cuando percibimos el fin de todas las contradicciones, cuando experimentamos a Dios en nuestro interior y en el exterior, porque desaparece la contradicción entre mi consciencia y la existencia general; por ese motivo, subjetivamente todo es real y no es real al mismo tiempo, porque siendo fragmentos del Ein Sof todo es real en la Eternidad, y son reales incluso las contradicciones que aparecen en el mundo inferior para percibir el orden espacio-temporal.

La clave de un estudio real para el fortalecimiento del Daat (el Conocimiento) no se encuentra en la diferenciación permanente con el afán de conceptualizar, sino en el de relacionar sus partes. Las energías infinitas que se encuentran en el Ein Sof al carecer de «formas» aparecen como el sustrato real de todas las manifestaciones que se producen dentro del vacío.

Sin embargo, el problema de las relaciones es que no son relaciones «lineales» dentro de un mismo plano de energía, sino que debemos establecer relaciones entre puntos móviles con diversas magnitudes energéticas. Al existir magnitudes diferenciadas de acuerdo con las contracciones del Ein Sof, se han creado diferentes realidades que operan simultáneamente, por eso aún no se ha encontrado una teoría integral. Entre las diversas magnitudes energéticas existe una lógica dentro del sistema de autocontracciones. Las variables físicas son diferentes en cada nivel dimensional, pero el mecanismo de autocontracción es el mismo en todos los casos.

Por lo tanto, la lógica de análisis en cada nivel cambia cuando modificamos el nivel. No podemos operar con la misma lógica sobre un nivel determinado y continuar esta misma línea de razonamiento sobre un nivel energético diferente. Y este es el problema para construir una teoría integral en la física. El misticismo judío tiene las herramientas para resolver el problema; lo que debemos saber es cuándo estamos operando sobre un campo de energía y cuándo sobre otro. Debido al sistema de autocontracciones del Ein Sof dentro del vacío se han producido diversas magnitudes energéticas diferenciales (Sefirot), y lo mismo sucede dentro de cada ser humano a nivel psicológico. Por esa razón, lo primero que debemos estudiar es el nivel dimensional, en que nos encontramos operativos, ya que si formulamos una pregunta que nos desvía de dicho nivel dimensional, se puede producir inevitablemente un razonamiento falso debido a que hemos cambiado las variables que nos condicionaban. Por lo tanto, todo razonamiento es válido dentro del marco dimensional donde me encuentro operativo.

Si modificamos el campo dimensional operativo, entonces cambiamos el paradigma, y no accedemos a una comprensión real del sistema integral. Debo ser consciente, cuando estoy operando sobre una dimensión psíquica determinada, para saber qué elementos lógicos se deben aplicar a dicha dimensión. De lo contrario, estaré trabajando con magnitudes de energía inferiores o superiores a las que necesito trabajar en dicha dimensión.

El misticismo judío tiene la clave para descubrir la teoría integral a partir de la comprensión de las diferentes contracciones del mismo Ein Sof dentro del vacío. En cada contracción apareció un campo de magnitud energética diferencial (las Sefirot); entonces, se debe comprender la realidad como una entidad única en términos sustanciales porque proviene del Ein Sof, pero diferenciadas por las dimensiones de acuerdo con el nivel de contracción energética hasta llegar a la materia.

El análisis lineal nos conduce a una coherencia sistémica dentro de una misma magnitud física, pero si comprendemos las diferencias de magnitud energética de cada campo, entonces las relaciones se deben comprender de acuerdo con la variación energética de cada dimensión. Entonces, el problema es ser conscientes desde dónde estamos operando, si operamos dentro de un sistema coherente (es decir, dentro de una misma magnitud dimensional) o si estamos operando en dos dimensiones diferentes. En las manifestaciones psíquicas (como en las cosmogónicas dentro del vacío) debemos ser conscientes en qué dimensión nos encontramos trabajando, porque cada dimensión del Universo de Yetzirá posee una explicación epistemológica diferente; y por ese motivo existen disciplinas científicas separadas al trabajar en algún ámbito dimensional específico, y entonces el científico cierra el sistema encontrando verdades entrópicas dentro de su paradigma.[239]

No es fácil trabajar dentro del símbolo del Árbol de la Vida porque en realidad debemos operar bajando y subiendo en las diferentes magnitudes energéticas del sistema psíquico y del sistema cosmogónico general, y debemos ser conscientes en dónde nos encontramos, porque nos podemos quedar atascados dentro de las contradicciones generadas por la problemática planteada. Podemos estar formulando interrogantes de un nivel dimensional y respondiendo desde otro nivel, y si una pregunta de un determinado nivel dimensional tiene una respuesta de otro, entonces la respuesta no es válida (pero no es válida porque hemos confundido las dimensiones). En cambio, si la respuesta se encuentra en la misma línea que el interrogante, entonces el paradigma que sostiene a dicha dimensión hace que la respuesta sea vá-

---

239. Se debe distinguir adecuadamente entre las diferencias operativas objetivas de las diversas magnitudes dimensionales (relaciones de espacio y tiempo) y las diferencias creadas a partir de los sistemas cerrados creados por el ser humano (paradigmas).

lida en dicha magnitud dimensional. Los más grandes cabalistas (tanto los cosmocabalistas que se dedican al Maasé Bereshit, como los psicocabalistas que se dedican al estudio de la psique humana) han logrado ser conscientes sobre qué nivel dimensional están trabajando, y cuando modifican el nivel dimensional saben que la validez de las respuestas anteriores deja de funcionar.

Al estudiar de modo lineal sobre un plano, se produce un sistema permanente de contradicciones, paradojas y aporías, porque está estudiando la realidad confundiendo los diferentes niveles dimensionales. Así que ya no solamente tenemos el problema de unificación/fragmentación entre el mundo superior y el mundo inferior, sino que tenemos un problema mayor del que debemos ser conscientes: en cada nivel dimensional estamos trabajando con otra magnitud energética que modifica la validez de todos los conocimientos adquiridos que son autorreferenciales a dicha dimensión determinada, y que son inválidos cuando operamos sobre otra dimensión, mezclando las dimensiones.

Cada concepto, automáticamente, lo tenemos que unir con el sistema total, ya que si cada concepto lo trabajamos de forma separada y lo dividimos de la realidad general, al separar el concepto o el símbolo de dicha realidad general, el concepto se vuelve un sistema cerrado en sí mismo. Sin embargo, si tenemos este primer problema que se soluciona flexibilizando el Daat (el Conocimiento), debemos ser conscientes de que para operar en el Daat cosmogónico debemos subir y bajar dentro de las diferentes dimensiones. Los cabalistas se han entrenado a través de los siglos en adquirir entonces dos tipos de flexibilidades mentales: por una parte, la unificación/fragmentación (en una dinámica oscilatoria), y, por otra parte, lograr una consciencia precisa sobre qué nivel dimensional están operativos y visualizar si estos niveles dimensionales se están mezclando causando una confusión intelectual muy peligrosa a la hora de comprender el sistema general. Por ese motivo energético, antes del estudio de la psique, los cabalistas han estudiado «el Misterio de la Creación» con el objetivo de comprender sobre qué fundamento objetivo se encuentra operando nuestra psique. La linealidad del razonamiento es un problema de la psique; los niveles de contracción energética fuerzan a nuestra psique a trabajar subiendo y bajando de los diferentes niveles dimensionales tomando una consciencia permanente de la situación en que se encuentra el sujeto. Al no existir un centro objetivo dentro de la realidad del vacío, el sujeto debe recorrer todos los senderos del Árbol de la Vida y debe percibir todas las dimensiones para situarse en todas y establecer sus perspectivas subjetivas desde todas las dimensiones. Si el sujeto se estanca sobre un punto cualquiera de los 22 senderos o sobre algún punto de cualquiera de las 10 dimensiones, nos podemos encontrar con un sujeto tendiente a dogmatizar la realidad y a mezclar las diversas magnitudes dimensionales.

Y si cada concepto o símbolo conforma un sistema cerrado, entonces no puede ser comprendido realmente porque mentalmente lo separamos del entramado relacional. Todo concepto separado del sistema integral que conforman las relaciones dinámicas no puede ser realmente comprendido en esencia, porque esta se fundamenta en su calidad de fragmento del Todo integrado.

Si ante la aparición de cada concepto, en vez de crear un dogma estático, lo relacionamos automáticamente con todos los elementos circundantes que influyen sobre él, entonces elevaremos a un grado mayor la comprensión de dicho concepto. Aunque la relación no destruye la diferencia, lo que establece es un concepto unificado de orden superior, porque toda relación es fundamental para comprender cada fragmento, y a su vez para la comprensión del Todo. Todo concepto desvinculado del «Todo» puede convertirse mentalmente en un «Todo en sí mismo», lo que lo convierte en un dogma,[240] y en un punto estático idolátrico dentro de la realidad; y con esta posición negamos el Ein Sof como la realidad integradora general y oculta detrás del sistema.

La «unión» es el Daat (el Conocimiento) que opera unificando por lo superior las diversas fragmentaciones inferiores. Quien divide (para la cábala) fragmenta y entonces comienza a trabajar en las dimensiones inferiores, y a mayor división y fragmentación mayor es el daño que se produce.[241] Sabemos

---

240. Aquí se produce el problema de que una religión determinada confunde habitualmente el camino con el fin. El objetivo es elevarse constantemente hacia el Ein Sof; en cambio, por un tema de seguridad cada institución religiosa intenta restringir los niveles de conciencia debido a que en los niveles más elevados de la conciencia subjetiva el poder institucional es «nada» frente al Ein Sof. Siendo conscientes de que no existe otro poder real más que el mismo Ein Sof terminamos comprendiendo que todo sistema teológico o ideológico que se cierre en un determinado marco institucional provoca la creación automática de zonas de seguridad donde la psique del sujeto reposa en una conciencia idolátrica de dependencia hacia lo externo. El misticismo judío entonces le expone al sujeto las infinitas posibilidades de elevación de consciencia subjetiva, no luchando contra el sistema institucional, sino con la indiferencia activa. La indiferencia del místico frente al poder le quita el poder y destruye toda posibilidad de idolatría interna dentro de cualquier institución.

241. En la educación de muchas abuelas, abuelos, padres y madres que estimulan a sus hijos a través del perverso sistema de las comparaciones. Hermanos que se odian toda la vida simplemente porque fueron educados viendo que el «otro» era mejor o peor; una desgracia de miles de generaciones y que generó a lo largo de la historia el arquetipo del odio de «Caín y Abel». La desgracia fue cuando Dios dijo que las ofrendas de Abel eran buenas para él (aptas) y las de Caín, no (no aptas); esta diferencia por parte del Dios-Padre provocó el lamentable desenlace. Sin embargo, la historia bíblica es una serie de acontecimientos que marcan de forma permanente

que los sujetos que trabajan más las energías dimensionales inferiores de las fragmentaciones son habitualmente los más conflictivos porque la característica esencial del mundo inferior es la realidad de las fragmentaciones enfrentadas. Y quienes disuelven los conflictos no dejan de percibir las diferencias del mundo de la fragmentación, pero sí perciben esencialmente las energías de unificación que subyacen debajo de la materialidad del mundo inferior.

Toda la fragmentación nos va alejando de la realidad superior y nos conduce a estudiar la realidad de acuerdo con el sistema de diferenciación constante que opera desde la Biná en una «situación descendente». Si operamos desde la Biná en situación ascendente (cuya meta es entrar en Jojmá), entonces hemos ingresado en la Merkabá. No existe ingreso en la Merkabá en el orden del Universo de Briá de forma exclusiva.

Sabemos que la Merkabá se encuentra en el núcleo duro de la Biná (Biná de Biná, Jojmá de Biná y Keter de Biná), sin embargo, cuando nos encontramos dentro del Keter de Biná hemos alcanzado al mismo tiempo el Keter de la Jojmá, porque siempre debemos ser conscientes de que la Biná es, al mismo tiempo, la reducción a nuestra psique de la Jojmá que no podemos percibir de forma directa. Si la Biná cosmogónica (Universo de Briá) representa la Merkabá en el orden superior, entonces, nuestro pensamiento en el nivel de la Merkabá ya puede viajar de forma abstracta a la comprensión del Universo de Atzilut (la Emanación) de modo que podemos percibir realmente la Eternidad del Todo, más allá de la secuencia temporal/espacial.

Si no existe percepción de la Eternidad del Todo (la Jojmá cosmogónica), entonces no logramos la verdadera felicidad del alma en el nivel de la Jaiá. Acceder a la Jaiá aunque sea por una percepción momentánea es comprender la Eternidad del Todo y, por lo tanto, ser partes conscientes (aunque fragmentadas por la limitación estructural) del sistema cosmogónico general. No existe mayor placer para un Yo que el de ser consciente de que es un fragmento del Ein Sof. En este nivel no podemos hablar de existir/no existir, sino de ser de forma continua, y entonces la muerte física ha quedado anulada como el último temor de los niveles inferiores del alma humana a su propia desaparición subjetiva.

---

las diferencias, Isaac con Ismael, Jacob con Esaú, las diferencias entre las tribus de Israel, y así de forma permanente. Hasta que llegaron los profetas de Israel y vislumbraron un mundo unificado en la Era Mesiánica. La Era Mesiánica será la convivencia y la retroalimentación de las diferencias culturales en un proceso de unificación constante. Los seis mil años iniciales marcan los procesos de diferenciación, y el séptimo milenio constituye el final de todos los tiempos conocidos con el proceso final de unificación.

Ahora sí, en estas condiciones ingresamos en la Merkabá, porque para ingresar en la Merkabá se deben anular todos los miedos existenciales en el orden temporal y espacial, al lograr un «nivel de consciencia de Eternidad» del todo que nos conecta automáticamente con el Ein Sof, del cual somos simples fragmentos. Somos fragmentos del Ein Sof que sustancialmente percibimos la «eternidad psíquica» de la totalidad; en definitiva, somos por sustancia partes de la Totalidad y, en nuestras formas de identidad, somos diferentes dentro del mundo de la fragmentación. Sin embargo, si operáramos dentro de la consciencia Alef de unificación, a pesar de nuestras diferencias en el campo inferior de las dimensiones cercanas a la materialidad, podríamos trabajar por un ser humano psíquicamente unificado y no escindido, y por una humanidad unificada y no escindida, porque en realidad cuando lográramos alcanzar el mesianismo subjetivo, automáticamente el movimiento psicológico pasaría a transformarse en un movimiento social produciendo un mesianismo objetivo. Y esto sucedería por la naturaleza de la transformación subjetiva, no sería provocado en términos políticos, sería la consecuencia natural de las transformaciones subjetivas.

Nuestra subjetividad marca los límites espacio-temporales de mi Yo, sin embargo, de forma sustancial existimos en términos de eternidad. Porque la conciencia divina manifestada en esta existencia (más allá de nuestra subjetividad) es eterna, y siempre volverá a manifestarse, puesto que una vez se ha manifestado con nuestro desarrollo de consciencia, volverá a través de la eternidad a manifestarse, porque la eternidad siempre regresará a fórmulas de existencia espacio-temporal y porque lo espacio-temporal volverá a lo eterno, siendo este un proceso eterno y constante. Todo lo finito se derivará siempre de lo Infinito, y todo lo Infinito volverá a tomar formas finitas, y somos conscientes de que participamos de un ciclo eterno. También somos conscientes de que existiendo diferentes grados de magnitudes espacio-temporales, deben necesariamente existir otros seres que se desarrollen en diferentes magnitudes energéticas dimensionales y, por lo tanto, con unas variables de tiempo-espacio diferentes.

84. El concepto de «coherencia»

> «Todo psicólogo tiene un rol mesiánico, una capacidad de ayudar a la autorredención del individuo».
>
> Mario Saban

Volviendo a nuestro tema central, podemos decir que en un «nivel superior» la coherencia unifica las aparentes contradicciones de los niveles inferiores. Ahora bien, ¿cómo encontramos la coherencia? Debemos tener cuidado al abordar este punto. La coherencia en el nivel superior no significa conceptualmente lo mismo que la coherencia del nivel inferior.

La coherencia del nivel inferior busca la uniformidad dentro de un sistema que opera en posición entrópica; por lo tanto, lo que llamamos «coherencia» en el mundo inferior se logra cuando el sistema se cierra a las influencias externas. Se busca la coherencia dentro de un sistema inferior cuando conceptualmente lo encerramos dentro de un modelo, y este modelo nos fija dentro de una estructura ideológica. Esta no es la coherencia del misticismo judío, ya que la coherencia buscada siempre se encuentra en el nivel superior.

En cambio, la coherencia del nivel superior busca la uniformidad demostrando las diversas caras de las diferentes contradicciones, es decir, que opera en un sistema abierto que destruye todo esquema autorreferencial.

La coherencia del nivel superior nos tiene que llevar directamente a exponer la mayor cantidad de las supuestas incoherencias, porque las incoherencias del nivel inferior, si se sostienen en dicho nivel, no pueden ser realmente resueltas. La máxima incoherencia del nivel inferior la provoca el dogmatismo con la falsa creencia de que se han resuelto las contradicciones, y la coherencia surge a partir de la aceptación de que debemos hacer el esfuerzo de resolver las contradicciones en el nivel de la Jojmá, pero como existimos dentro de la Biná siempre estaremos atrapados en una serie de contradicciones que imaginariamente se nos presentan como irresolubles. Todo sería comprensible si poseyéramos toda la información, pero como el nivel de Sod (secreto) es tan alto no podemos comprender la coexistencia de las diferentes dimensiones que operan de forma simultánea.

Así que, visto desde el Ein Sof, todo tiene una coherencia absoluta, y visto desde nosotros, aparecen incoherencias, ya que siempre estamos operando en el mundo de la fragmentación. La mayor cantidad de unificaciones resuelve la mayor cantidad de contradicciones del mundo inferior. Ahora bien, la resolución de las contradicciones en el mundo superior no implica que dichas contradicciones desaparezcan, por el contrario, las contradicciones del mundo inferior continúan existiendo; sin embargo, desde el mundo superior, al unificar sustancialmente dichas contradicciones podemos percibir el sustrato común donde se sustentan. Las contradicciones son dos extremos del mismo asunto, y lo que debemos percibir desde el mundo superior es la sustancia del mismo asunto, su contenido íntimo, en términos de la cábala, la luz interior que existe detrás de toda la materialidad.

La aparente imposibilidad de resolución de las contradicciones es provocada por el miedo de la Biná a afrontar la verdad en un grado superior. Lo que parece contradictorio es aparente si podemos percibir las energías ocultas detrás de la materialidad de esta existencia porque es allí donde encontramos su resolución, y, por lo tanto, la consecuencia será el final de la aparente paradoja, porque nada es paradójico si supiéramos todos los elementos ocultos detrás de la realidad. Lo que parece paradójico es la imposibilidad que tenemos de conocer simultáneamente toda la información. Por lo tanto, todas las desviaciones del sistema (visto desde el mundo inferior) son consecuencias directas de una realidad coherente (visto desde el mundo superior).

Toda resolución real debe pasar por la comprensión de la complejidad que opera dentro de la realidad, y las energías que se ocultan son fundamentales para comprender el funcionamiento del sistema general. Lo que nosotros percibimos como «visible», en realidad es la consecuencia última de las energías que operan dentro de lo «invisible». Este mundo de lo «invisible» es lo que denominamos en el misticismo judío como el «Sod». Si todo el mundo invisible y secreto (Sod) estuviera revelado automáticamente, estaríamos operando en términos de la «Eternidad».

Las contradicciones del nivel inferior se sostienen por nuestras propias limitaciones inferiores. Si ampliásemos el Kli (recipiente de recepción) en un nivel superior, las contradicciones inferiores automáticamente desaparecerían porque el sostén de dichas contradicciones se encuentra dentro de nuestras propias limitaciones. Sabemos que nuestro Kli es diferente según el nivel dimensional en el que operamos. Por lo tanto, las dimensiones superiores (en la tríada del pensamiento), al poseer mayores magnitudes energéticas, poseen también mayores niveles de contención (Kelim) de las energías provenientes del Ein Sof.

Si son nuestras limitaciones las que crean las contradicciones, a mayor expansión de consciencia las contradicciones del mundo inferior desaparecen.[242] Al comprender la operatividad en los niveles energéticos superiores logramos un mayor dominio de las energías contraídas en las dimensiones inferiores, hasta que logremos en el futuro devolver la materialidad a su condición esencial de energía.

El «Ein Sof» representa el fin de todas las contradicciones existentes, y la raíz de todas las manifestaciones dentro de la Eternidad. En el Ein Sof se cancelan todas las aparentes contradicciones, porque allí se unifica toda la realidad, ya que lo invisible y lo visible pertenecen al orden de lo Infinito.

Lo que sucede es que la dualidad visible-invisible, o lo que es lo mismo, la paradoja Niglé/Nistar (Relevado-Oculto), aparece en el momento en que el Ein Sof decide su ocultamiento con el objetivo de revelar nuestra existencia. Y por su propia naturaleza infinita, el Sod es automáticamente natural, dado que por mucho que aumente la conciencia subjetiva siempre le quedará algo

---

242. Desaparecen las contradicciones cuando nuestro Kli se amplia y accedemos a un orden superior; sin embargo, dichas contradicciones son reales para aquellos que continúan existiendo en los niveles inferiores. Por lo tanto, aunque para nosotros esas contradicciones han desaparecido, debemos aceptar que no todos pueden percibir la resolución de dichas contradicciones, y aunque expliquemos en el marco teórico la resolución de dichas contradicciones en un nivel superior, no necesariamente aquellos que se encuentran en los niveles inferiores lo comprenderán, porque la comprensión o el aumento del Daat (el Conocimiento) es interior. En el ejercicio del libre albedrío, cada persona puede optar por quedarse en el nivel en el que se encuentra o puede cambiar de nivel. No debemos nunca juzgar a nadie sobre los motivos que tiene su Biná para quedarse estancada en un nivel de consciencia, porque la Biná ya creó una zona de seguridad, y nosotros no somos los jueces para juzgar a nadie; sin embargo, lo peligroso es si alguien de un bajo nivel me quiere obligar a descender de nivel. Entonces, frente a este dogmatismo militante concentrarse con todas las energías es nuestro objetivo real porque es el ascenso constante hacia el Ein Sof. Cuando una persona se concentra en la elevación constante hacia el Ein Sof, aquellos que lo quieren condicionar y que quieren provocar el descenso de la persona no lo logran. ¿Cuándo una persona desciende de nivel por la influencia externa? Cuando esta persona bajo la crítica social (influencia yesódica) no quiere ascender más allá de su Tiferet. Todas las energías de dichas personas se encuentran incorrectamente focalizadas, ya que ahora el foco de atención de dicha persona no se encuentra al servicio de su propio crecimiento personal, sino al servicio de defender su Tiferet del entorno. En este caso, lo más importante es ignorar el entorno paralizante y concentrar las energías en el crecimiento constante de nuestro centro tiferético. De otro modo, se puede conformar una identidad que se autocomprenda a partir de la influencia del entorno; en este caso, la raíz del alma de la persona ha quedado completamente reprimida y esta persona nunca accederá a la Merkabá. Todas las energías psíquicas del Yo deben estar al servicio del ascenso constante focalizándose de forma permanente en el trabajo real y no en la pérdida constante de energías en relación al entorno social.

oculto al sujeto, porque para lograr una revelación total, el fragmento del Ein Sof debería convertirse en el mismo Ein Sof, y esto es imposible, ya que, al perder su finitud, el sujeto pierde automáticamente su identidad fragmentaria y desaparece dentro del mismo Ein Sof. Siempre el Ein Sof será Sod para todo sujeto por la propia naturaleza de su subjetividad.

85. Los conflictos provocados por la perspectiva de la conciencia Bet

«Algo es semejante cuando se aproxima, y algo es opuesto cuando se distancia».

ARYEH KAPLAN

Por ese motivo, una persona con una visión inferior de la realidad tiende a ver una mayor cantidad de contradicciones porque vive su existencia percibiendo las dimensiones inferiores. Es más, este sujeto puede vivir un mundo de contradicciones sin resolución[243] porque siempre las trata en el mismo plano. En esta realidad inferior, el Yo cree que la realidad esencial del universo es el conflicto. Es más, este tipo de Yo se siente amenazado por el entorno, y entonces construye su subjetividad de acuerdo con el nivel de «amenazas exteriores» que percibe. Y entonces se puede producir un círculo vicioso, el Yo cuanto más desea reforzar su subjetividad inferior (el nivel egoico), más amenazado (de forma imaginaria) se siente en su percepción. Un sujeto que perciba su «Yo» en este sentido inferior percibirá conflictos permanentes con todo el entorno y dentro de sí mismo. Debemos liberar al sujeto de sus conflictos interiores y luego trabajar en la resolución de sus conflictos exteriores; sin embargo, sabemos que cuando el sujeto resuelve sus conflictos interiores, automáticamente modifica su perspectiva en la resolución pacífica de sus conflictos exteriores.

Como las diferencias son diferencias en esta realidad inferior, entonces no hay resolución de estas, sino una tensión constante entre lo diferente. La

---

243. Vivir con la percepción continua de estas contradicciones nos puede llevar a vislumbrar la realidad como altamente conflictiva. La percepción de la realidad se vuelve hegeliana en el sentido de que toda antítesis se vuelve un factor contrario a la tesis para producir una síntesis. En la psicología mística del judaísmo o psicojudeología se trabaja desde la base de dos tesis que se pueden unificar en un nivel superior sin la necesidad de una confrontación tesis-antítesis. Por lo tanto, no existe síntesis hegeliana para la cábala, porque dicha síntesis establece un sistema dogmático totalizante. Existen dos tesis, dos verdades que no se resuelven en una síntesis del mismo nivel argumental, sino en otro nivel argumental, es decir, son dos tesis que quedan englobadas en un conjunto superior que las unifica.

diferencia es producto de la fragmentación, y al no poder percibir la sustancia oculta detrás de la realidad material, entonces «creemos imaginariamente» que las diferencias son diferencias en sí mismas, cuando lo que debemos pensar es que sustancialmente todo esta unificado dentro del Ein Sof. Al no poder percibir esta unidad interior intrínseca dentro de la realidad general, es cuando los sujetos participan activamente de las contradicciones creando una serie indeterminada de conflictos. Y lo que es peor, conflictos que se fundamentan en la idea de preservar la identidad inferior. ¿De qué vale la identidad inferior sin la paz interior?

Si operamos en el campo de las unificaciones constantes, toda diferencia queda anclada dentro del mundo inferior, porque en el nivel superior estamos trabajando en la base esencial y relacional de todas las supuestas diferencias. En el orden superior, las diferencias son anécdotas estructurales, porque lo «esencial» es el sistema de interconexión permanente de toda la realidad compleja. Sin embargo, agotados dentro de la complejidad de esta realidad inferior fragmentada, renunciamos a establecer este tipo de relaciones porque preferimos buscar zonas de seguridad mental dentro del sistema inferior de diferenciación. Como dicen algunos cabalistas, las respuestas se producen cuando no queremos pensar más. Entonces no existen respuestas reales, sino límites a nuestra capacidad intelectual.

Los límites mentales crean zonas de seguridad, y el problema de la existencia de las zonas de seguridad es que brindan un marco de racionalización que justifica dicha zona. La construcción de las identidades inferiores se fundamenta sobre el establecimiento de dichas zonas de seguridad.

Cada concepto esencialmente constituye una zona de seguridad. Por ese motivo, cuando en la tradición oral judía (*Pirkei Abot*) se dice «Duda de ti mismo hasta el día de tu muerte», lo que está abriendo el judaísmo es el libre pensamiento en su máxima expresión.

Se podría plantear aquí la siguiente paradoja del mundo inferior: ¿Si el judaísmo me libera en el orden superior también me tendría que librar del propio judaísmo? ¿El libre albedrío que propone el judaísmo no significa el final del judaísmo? Sin embargo, al salir del marco de la identidad judía no se debe pensar que en el orden inferior renunciamos a ella para lograr la identidad universal unificada, sino para adquirir algún otro tipo de identidad determinada por el orden inferior. Siempre necesitamos dentro del orden inferior un camino que nos dirija hacia el Ein Sof. Y debemos ser muy respetuosos y aprender de cada camino de ascenso hacia el Infinito. Por lo tanto, si el judaísmo me hace descender al mundo inferior, me puedo encontrar con las formas dogmáticas de la ortodoxia, pero si el judaísmo me hace ascender hacia las dimensiones superiores que se dirigen al Ein Sof, me libera de mis zonas de seguridad de una identidad cerrada.

No abandono, pues, mi identidad religioso-nacional en el orden inferior, pero no acepto cerrarme para idolatrar mi propia identidad. Toda defensa de mi identidad en el orden inferior se tiene que encaminar a la defensa de mi libre albedrío subjetivo, y no a validar los poderes institucionales. Toda transferencia de mi energía autónoma subjetiva de la Tiferet a objetos o sujetos externos (idolatría) hace que mi Yo quede sometido a los dictámenes del exterior.

Y este libre pensamiento no es un producto de la Ilustración, sino un producto existencial cuya naturaleza se encuentra en la concepción del Ein Sof. Porque si este librepensamiento estaría fundamentado en la Ilustración, se podría confundir mi «libertad interior» con las posturas extremas del racionalismo, cuando el misticismo judío es racional y a su vez meta-racional, tomando en consideración que nuestra racionalidad se encuentra siempre limitada por el nivel del conocimiento que tenemos: el Daat.

Si el Ein Sof es el infinito de preguntas, ¿cómo no dudar de mi Yo hasta el día de mi muerte? Si mi Yo se asegura conceptualmente dentro de su subjetividad, entonces provoca automáticamente la distorsión absoluta de la realidad.[244]

Sabemos que estas zonas de seguridad son «ilusiones de seguridad», ya que lo único seguro es la Eternidad del Ein Sof, el resto de las existencias son, o temporales, o eternas en su finitud como fragmentos.

El máximo avance posible es que el fragmento (sujeto consciente) pueda dominar el orden espacio-tiempo de modo que alcance la eternidad. Sin embargo,

244. Dentro del misticismo judío decimos que si el Yo queda fijo en una dimensión en particular distorsiona toda la visión general del Árbol de la Vida, porque el Yo percibirá la realidad a partir de la dimensión en la que se encuentra anclado. Así que un posicionamiento dimensional específico nos llevará a una distorsión de toda la realidad de nuestra estructura psíquica. Este es el resultado de las diferentes escuelas de Psicología o de las diferentes escuelas de pensamiento que se sitúan de modo estático sobre una dimensión específica de la realidad. ¿Entonces como salimos de esta situación? A través del Daat (el Conocimiento), porque el Daat al recorrer los 22 senderos de interconexión del Árbol de la Vida (Etz Ha Jaim) lo que hace es cambiar constantemente de posición dentro de las diferentes posiciones dimensionales del Árbol de la Vida. Ahora explicamos la paradoja que nos aleja de las posiciones de la psicología positiva, ya que la gran mayoría de las veces son las fortalezas o virtudes (Midot) las que hacen que mi Yo se encuentre en una dimensión específica dentro de una zona de seguridad determinada. La psicología positiva de Seligman afirma que la felicidad se encuentra en el desarrollo de las fortalezas, en cambio, la psicología del misticismo judío advierte que una fortaleza llevada al extremo puede convertirse en una Klipá. La tendencia a la seguridad del Yo nos puede convertir en unidimensionales.

si un fragmento consciente logra el «estado de eternidad física», se produciría un cambio tan radical que todas las variables de nuestra existencia se verían afectadas. Seguramente la idea de la Era Mesiánica del judaísmo tiene una relación directa con este dominio físico del orden espacio-temporal. ¿Podemos modificar nuestro trabajo material en orden al nivel de trascendencia? En otras palabras, ¿será posible para el ser humano alcanzar el estado de Keter?

Para resolver entonces las contradicciones siempre debemos ascender a un plano superior, porque debemos saber que desde nuestra «finitud» siempre existe un plano superior. Y esta infinidad de planos superiores crea el «deseo constante» de acercamiento hacia el Ein Sof. Estos deseos constantes no deben ser considerados como «frustraciones constantes», sino que, por el contrario, son los fundamentos de nuestro aumento del nivel de consciencia. Ni anulamos los deseos ni los idolatramos, simplemente aceptamos su existencia y los potenciamos para crecer.

No hay otra forma de resolver las contradicciones del universo inferior dentro de este. El ascenso permanente de nuestro nivel de consciencia es fundamental para que el Daat se eleve. Y cuando el Daat (el Conocimiento) se eleva asciende no solamente mi subjetividad, sino que asciende el orden mundial, y como decimos dentro de la tradición mística del judaísmo «se revelan las chispas del Mesías» que se encuentran ocultas detrás de la materialidad; porque debemos saber que las chispas del Mesías se encuentran dentro de cada sujeto.

La materia (Maljut) es la dimensión más baja (porque es la más densa) y, por lo tanto, la que acumula la mayor cantidad de contradicciones. Por ese motivo, el materialismo lleva a las más grandes contradicciones.[245] Se

---

[245]. Algunos empresarios con una profunda ética familiar no ven con malos ojos mentir en sus transacciones comerciales, y están disociados, porque viven las contradicciones del materialismo de modo que después quieren integrarse interiormente, y es un trabajo imposible. Estos empresarios sostienen una serie de valores dentro del Universo de Yetzirá, pero no pueden sostener estos niveles axiológicos dentro del Universo de Asiá porque este universo está relacionado con las necesidades. Y como la economía se encuentra dentro del Universo de Asiá, y los valores dentro del Universo de Yetzirá, muchos seres humanos se encuentran disociados entre estos dos universos. ¿Cómo es posible aplicar valores éticos en un nivel y luego disociarse de modo que estos valores no solamente entran en suspenso, sino que son contradictorios con el nivel educacional? Estos mismos sujetos que exigen la máxima moralidad en el plano familiar son luego los mayores desequilibrados en el plano de la materia. ¿Cómo se puede dar esta aparente contradicción? Porque en realidad la exigencia de una moralidad extrema representa en sí misma una transgresión. Una transgresión no se anula con otra de sentido inverso, porque esta situación nos lleva a una doble transgresión. Ahora bien, si las transgresiones fluctúan en el mismo plano, esto significa que la raíz de las dos transgresiones es la misma. En realidad, cuando estos empresarios se disocian no estarían realmente cometiendo ninguna transgresión debido a que

potencian las «contradicciones», por lo que entonces se perciben las diferencias como «amenazas» a la estabilidad del Yo. Si comprendemos (Daat), y logramos percibir las diferencias no como amenazas, sino como anécdotas del nivel inferior, entonces podemos unificar los campos diferenciales en planos más amplios. Toda expansión produce necesariamente la inclusión de las diferencias en conjuntos mayores. Al elevarnos del universo inferior al superior, ya no podemos percibir las diferencias como amenazas, sino justamente como elementos de unión.

Lamentablemente, lo «más bajo de las contradicciones» puede expandirse a todo el sistema del «Yo», y si la percepción de la materia desequilibra toda la estructura de mi Yo, entonces todas mis dimensiones se ven desequilibradas. El problema de las sociedades que educan sujetos fragmentados dimensionalmente es que no pueden integrarse y se desintegran. No es un sujeto que se desintegra con el transcurso del tiempo, sino un sujeto que hereda automáticamente la «desintegración» provocada por la falta de sentido de la existencia. El sin-sentido existencial es la base de toda la desintegración subjetiva.

Tenemos que trabajar con sujetos desintegrados culturalmente. Esta falta de unificación interior de los sujetos se encuentra provocada por la fragmentación general en la que se desarrollan nuestras sociedades. La base del conflicto permanente en que se encuentran nuestras sociedades no permite que podamos auxiliar al ser humano a elevarse a mayores grados de consciencia, porque, en primer lugar, debemos entrenar a dicho sujeto para resistir las presiones del entorno y para que el sujeto pueda diferenciar claramente entre los desequilibrios personales y los desequilibrios sociales; porque no podemos imputar los desequilibrios sociales al sujeto, sino prepararlo con un nivel de resistencia capaz de hacer frente a los desafíos de la patología social.

En otros términos, todo sujeto debe elevar su nivel de consciencia incluso por encima del promedio social, y esta fue la característica del profetismo en el pueblo de Israel. Cuando la consciencia personal se eleva, otorga luz al entorno, pero si el entorno posee un alto nivel de oscuridad, se debe traer la luz a pesar de todas las dificultades; y cuando ya no podamos hacer más

---

justifican su falta moral (Universo de Yetzirá) porque están operativos dentro del Universo de las necesidades biológicas y económicas (Universo de Asiá). Así aparece la transgresión cuando se quiere aplicar las condiciones axiológicas del Universo de Yetzirá dentro del plano material de las necesidades biológicas del Universo de Asiá. Por ese motivo, algunos realistas/materiales al reducir toda la realidad al Universo de Asiá pueden no tener valores porque no operan dentro del Universo de Yetzirá, y los que sostienen valores dentro del Universo de Yetzirá se encuentran con muchas dificultades para operar dentro de la realidad material (Asiá).

desde el punto de vista subjetivo, entonces el sujeto se debe retirar para que el mal se autodestruya.

Volviendo al Yo, podemos decir que el «Yo» que vive de forma contradictoria (sosteniendo la consciencia Bet) termina más tarde o más temprano llevando sus contradicciones subjetivas al campo social, y entonces la sociedad en su conjunto produce un nivel de contradicciones y fragmentaciones de tal magnitud que se pierde el objetivo del bienestar general. La desintegración social es producto de los desequilibrios dimensionales que se producen en los sujetos, y los sujetos que tienden a equilibrar sus dimensiones en sociedades desequilibradas tienen varias opciones.[246]

El trabajo que se debe realizar en esta existencia es la constante unificación de las contradicciones inferiores para alcanzar, en un primer momento, estadíos más elevados de estabilidad personal y, en una segunda etapa, un crecimiento mayor del nivel de consciencia.

Todas las unificaciones nos llevan a un grado de conciencia superior.[247] Uno de los trabajos más importantes que hay que desarrollar es la integración del «mal» dentro del sistema general. Incorporar pedagógicamente el mal es derrotarlo en su propio campo, porque en la cábala sabemos que si afrontamos el mal, lo fortalecemos. Por ese motivo, toda destrucción de la energía que denominamos como «mal» provoca automáticamente un aumento del mal mayor. Debemos crear estrategias constantes de desviación de las energías desviadas (el mal) hacia un foco y entonces equilibrar cada dimensión y lograr la transformación del mal en bien.

---

246. Si consideramos la primera opción, se desequilibran subjetivamente con los mismos desequilibrios de la sociedad general como un sistema de adaptación al medio, y por la segunda opción se rebelan contra los desequilibrios del sistema como los profetas de Israel que denunciaban la corrupción, pero terminaban muertos o en muchos casos perseguidos. La tercera opción es cuando los sujetos se desintegran en su interioridad produciendo, o una frustración subjetiva constante, o una disociación de supervivencia. La cuarta opción es abandonar la sociedad desequilibrada.

247. ¿Cómo logramos trabajar una metodología que nos lleve a un constante trabajo de unificación? Toda unificación (Ijud) es un trabajo contra el mal. El mal es en sí mismo la separación, ya que el mal se sostiene en demostrarnos falsamente que los opuestos que no podemos unir. Si no existe unión, no existe Daat (el Conocimiento), por lo que toda separación es una falta de conocimiento o un conocimiento inferior que se fundamenta en el mundo de las contradicciones. Todas las unificaciones nos alejan del «mal de las contradicciones». Mientras más «unificamos» más integramos las partes divididas. Lamentablemente, hemos «fragmentado» tanto la realidad para «comprenderla» que hemos perdido el conocimiento por falta de unificación. Existen dos formas de trabajar la fragmentación, fragmentarse en las dimensiones inferiores, para a partir de ahí trabajar unificando desde abajo, o fragmentarse y no poder percibir las unificaciones ni trabajar a favor de ellas, es decir, fragmentarse para oponerse a luchar contra los «enemigos»

de nuestra verdad fragmentaria. Claro que todos debemos bajar al mundo de la fragmentación (existimos dentro de ese mundo de la fragmentación o mundo de Bet), pero podemos vivir en el mundo de Bet mirando hacia el mundo de la Alef, o podemos vivir el mundo Bet bajando cada vez a un nivel inferior de la fragmentación. Y mientras más fragmentados nos encontremos, más mezclados estaremos con el mal. Se puede anular el «mal» si ascendemos al mundo de la Alef, unificando constantemente las contradicciones, pero para realizar esta tarea debemos conocer muy bien las contradicciones, porque lo más interesante es que las contradicciones no son solamente contradictorias entre sí, sino que son contradictorias en sí mismas; esto significa que si estudiamos las contradicciones con el espíritu del mundo de la unificación (mundo de la Alef), podremos encontrar dentro de las contradicciones sus contradicciones interiores. Al demostrar las contradicciones interiores de toda contradicción, podremos unificar las contradicciones en oposición por la propia debilidad de todos los fragmentos al descubrir sus fallas, fallas indudables porque no pueden acceder a una visión global, y esa falta de visión global hace que el fragmento por sí mismo sea insostenible.

86. Las dependencias objetales como causa del mal

> «Una vida espiritual real nunca niega la existencia del mal».
>
> MARIO SABAN

El mal (como decía el sabio cabalista judío Yosef de Gikatilla) es «el bien en posición incorrecta». ¿Y si situamos la energía excedente que provoca el mal hacia una posición correcta? Creamos bien. El mal (la oscuridad en la cábala) no tiene existencia propia, sino que es una percepción de la Biná en el campo de la diferenciación; por ese motivo decimos que incluso el mal si es comprendido, ya es parcialmente derrotado. Los límites exactos, como sabemos que son imposibles en el campo conceptual, trabajan del mismo modo cuando hacemos referencia al bien y al mal. La delimitación entre ambos campos axiológicos es un problema real si no unificamos ambos conceptos en una raíz común. La base fundamental del «mal» dentro del misticismo judío está basada en la falta de Daat (la ignorancia del Conocimiento).

Una de las razones de la existencia del mal en el mundo inferior es el grado de empatía que poseemos con los objetos. Hago referencia a los estados de «dependencia». Toda dependencia crea una zona de seguridad imaginaria. El sujeto crea una dependencia para sentirse identificado con un objeto (dicho objeto puede ser tanto material, como emocional o intelectual).

El «objeto» de empatía puede ser cualquier concepto o símbolo dentro de la realidad. Al provocar la destrucción física de los demás o de nosotros mismos para defender esta empatía idolátrica en el mundo de la fragmentación hemos creado las guerras.

Los conflictos se encuentran provocados por el grado de empatía idolátrica hacia algún objeto dentro de la realidad fragmentaria. Los dictadores son objetos de culto, y, por ese motivo, el sostén del poder político absoluto se convierte en un objeto de idolatría. Sin embargo, el ser humano por su naturaleza esencial, al pretender lograr la Jojmá (la sabiduría), siempre tenderá a la destrucción de todos los ídolos. Más tarde o más temprano y a pesar de la gran cantidad de conflictos humanos que tuvimos (tenemos) y tendremos, la destrucción de la idolatría es el único camino de liberación hacia la Jojmá. Las más perversa es la idolatría religiosa que bajo el manto de lo religioso asesina al prójimo, porque sabemos que cualquiera que mata en nombre de Dios en realidad se está enfrentando a Dios, destruyendo un fragmento de su revelación en el orden de la materia.

Si elevamos nuestra consciencia al mundo superior, podemos percibir la esencia única de todos los fragmentos (sujetos y objetos), y los conflictos no tendrían razón de existencia, porque justamente los conflictos se producen al defender un fragmento dentro de la realidad por la empatía patológica de la idolatría. La pulsión de la libertad en la Jojmá es superior a la necesidad de seguridad infantil de la Biná. ¿Y por qué motivo es superior? Simplemente porque desde la Jojmá tenemos un campo de percepción mayor del Ein Sof. En aras de la libertad que nos otorga el camino de búsqueda intelectual al infinito, el ser humano destruiría todas las idolatrías existentes en el mundo de la fragmentación. Un desarrollo identitario futuro dentro de la Biná se resolverá sin cometer las empatías idolátricas que hemos estado sosteniendo a lo largo de la historia.

Si dejamos de transferir el poder autónomo del ser humano a los objetos externos (o sujetos externos), entonces toda la energía produciría una liberación subjetiva.

Por lo tanto, la guerra con sus consecuencias traumáticas es la consecuencia de sostener realmente la idolatría. Cualquier modo de superioridad de una forma por otra en el campo de la fragmentación conlleva una energía desviada hacia la idolatría. Y la idolatría es la entropía de la materialidad que no logra percibir los niveles energéticos superiores. Todo fragmento que se auto-idolatra como superior provoca automáticamente un conflicto latente potencial que se puede exteriorizar en cualquier momento.

Toda crítica a dicho concepto, o al símbolo que pasa entonces a ser parte de mi identidad, en realidad se siente como un ataque a la subjetividad de mi «Yo». Por lo tanto, el trabajo de la psicología del misticismo judío es la destrucción de todas las empatías de la identidad subjetiva y de todas las posibles dependencias objetales. La idolatría demuestra fundamentalmente el grado de infantilismo del sujeto, ya que este último necesita de un objeto de seguridad para sostenerse dentro de la realidad. En cambio, el sujeto que se libera de las relaciones objetales realmente accede a la no-idolatría. Hasta se puede llegar a la idolatría del concepto infantil de «Dios» al reducir a Dios a nuestro sistema de limitaciones conceptuales.

Así que debemos ser cuidadosos para saber diferenciar entre los conceptos finitos de Dios que operan en nuestra Biná y el no-concepto del Ein Sof que nos otorga una sensación constante de libertad permanente. Justamente los que «atacan» el concepto de Dios comprenden el infantilismo de dicho concepto, y en este sentido el misticismo judío también comprende dicho infantilismo en la reducción conceptual del Infinito (cosa imposible); y es entonces cuando experimentamos el Ein Sof fuera de nuestras magnitudes espacio-temporales, donde al no poder definirlo lo aceptamos como un infinito existente en el orden físico. Esto ya no configura un infantilismo de la idea de Dios, sino que constituye la aceptación del orden físico del universo. Lamentablemente, desde una posición escéptica se ha mezclado el concepto infantil de Dios con el Infinito físico existente fuera de nuestro vacío universal.

Ahora bien, el problema no se encuentra en los conceptos, ni en los símbolos ni en los objetos materiales, el problema es cognitivo y se encuentra en la percepción idolátrica.

La «idolatría» contra la que tanto ha luchado el judaísmo a lo largo de su historia es el trabajo de desidentificación de cualquier percepción subjetiva que pretenda una identidad dependiente de las dependencias objetales. En cierto sentido, el ateísmo judío (es decir, la gran cantidad de judíos declaradamente ateos) constituye la consecuencia natural de la destrucción de la idolatría conceptual frente al infantilismo de la idea de Dios, cuestión que paradójicamente el misticismo judío acepta. De ese modo, el ateo destruye la última imagen de Dios en el campo de la Biná, porque la idea central es la destrucción de toda la idolatría conceptual, y es así como, paradójicamente en cierto sentido, el ateo al terminar de destruir la idolatría conceptual de Dios realiza un acto sagrado. Sin embargo, el ateo es ateo porque se ha quedado estancado en la Biná, en su entropía psíquica. Si el sujeto, liberado ahora del infantilismo del concepto de Dios creado por la psique, pasa a sentir el Ein Sof (el infinito real físico), entonces comienza a trabajar dentro de la Jojmá, y ahora acepta la no-imagen de Dios, pero comprende la imposibilidad conceptual de la Biná a la hora de ascender hacia el Ein Sof. Entonces, el místico misteriosamente abandona como el ateo la idea infantil de Dios, para pasar a una no-idea, a un no-concepto, porque siente la infinitud como una magnitud no conceptualizable.

Así, el Ein Sof me libera realmente de todos los lazos identitarios, y aunque no puedo (ni debo) renunciar a mi identidad predeterminada (en mi caso la judía), sí tengo que abandonar mi relación objetal con dicha identidad para no transformar mi identidad en un fragmento idolátrico dentro de la realidad. Entonces sostengo orgullosamente mi identidad judía y, al mismo tiempo, debo ser muy cuidadoso de no idolatrar mi fragmento identitario.

Por ese motivo, entiendo perfectamente que el año del calendario judío no comience por una fecha nacional determinada, sino por el Génesis de la humanidad. Las otras dos religiones hermanas del monoteísmo (el cristianismo y el islam) comienzan sus respectivos año-calendario con los fundadores de sus identidades, y del mismo modo lo podía hacer el judaísmo comenzando con la aparición de Moisés y el Éxodo de Egipto, sin embargo, para no idolatrar el fragmento nacional del pueblo judío se decidió comenzar el año-calendario del judaísmo con el Génesis de todo el género humano. Tenemos entonces, dentro del judaísmo, dos fechas célebres: la fecha de la Pascua hebrea (Pesaj), que representa el comienzo de la identidad nacional, y la fecha del Año Nuevo (Rosh Ha Shaná), que representa la creación del primer hombre como símbolo del universalismo y del abandono de toda idolatría nacionalista.

El Ein Sof, entonces como objeto no-objeto, no solamente destruye la idolatría infantil de la idea de Dios, sino que también supera la idolatría humana de creer imaginariamente que al alcanzar la Biná se ha alcanzado Keter. Es decir, del endiosamiento infantil de Dios, el ateo pasa inexorablemente al endiosamiento de la psique, y el místico duda de la centralidad ideológica de la psique porque el Ein Sof en términos cosmogónicos supera completamente a la psique. Por ese motivo, entendemos que la psicología mística del judaísmo en realidad puede ser conceptualizada como una psicología transpersonal del judaísmo, dado que lo «transpersonal» es un factor intrínseco a la esencia de todo misticismo. Por la entropía sobre la psique que hace el ateo, este no destruye la trascendencia en cuanto a idea que anula la angustia existencial, sino que destruye una visión cosmogónica real que supera a la psique en su centralidad.

El ateísmo nos libera así de la imagen del Dios infantil conceptualizable para pasar a una entropía de la psique que no se corresponde con la realidad física, porque el Ein Sof no es un concepto mental de nuestra subjetividad, sino una realidad objetiva, es más, el Ein Sof es la única realidad objetiva existente, y porque desde allí se generó la conciencia tal como la conocemos.

Por lo tanto, si la conciencia se liberó de las seguridades imaginarias (idolátricas) de la Biná, ahora se debe liberar de la entropía de la psique que la secciona del orden de la conciencia cosmogónica, porque el sentido existencial subjetivo es la búsqueda de las interrelaciones de conciencia que existen detrás de las energías ocultas que subyacen dentro de la materialidad. No es un sentido subjetivo que nace a partir de las seguridades arquetípicas maternas de la Biná, sino de la aceptación de la realidad física cosmogónica del Ein Sof; y la búsqueda de una ampliación constante de mi nivel de conciencia se produce a consecuencia de la percepción de la infinitud y eternidad del Ein Sof.

Por lo tanto, podemos decir que todos los conflictos intersubjetivos o de unos grupos contra otros se derivan de los niveles de identidad idolátrica que hacemos los seres humanos creando dependencias objetales. Y la entropía que algunos psicólogos pueden realizar de la propia psique puede constituir una dependencia objetal.

Y todo este entramado lo hemos creado por nuestros sistemas ilusorios de seguridad dentro de nuestra Biná psicológica. Eventualmente podríamos desactivar todos los miedos si destruimos los niveles de seguridad ilusorios que nos provocan los desplazamientos idolátricos que crean las dependencias objetales.

87. La identidad fragmentaria como vehículo hacia el Ein Sof

«El Deseo es un éxtasis que nos conduce fuera de nosotros mismos».

JAVIER MELLONI RIBAS

No puedo establecer una zona de seguridad sobre mis diferencias inferiores porque entonces todas las diferentes identidades son amenazas directas a mi propio Yo. La propia obsesión en la definición de un «Yo estático» provoca la aparición de fronteras psicológicas que aparentemente me protegen del entorno, pero que consideran axiomáticamente el entorno como amenaza para el desarrollo de mi Yo.

Tengo que liberar a mi Yo de las diferencias en su calidad de amenazas, y tengo que construir desde mis diferencias los campos de unificación constante. De lo contrario, subordino mi existencia a una constante reactualización de las diferencias dentro del concepto negativo de «amenazas». Si soy consciente de que las diferencias son productos de la exteriorización material, entonces puedo trabajar dentro de la sustancia de cada sujeto, y mi relación con el «Otro» es una relación de «Nada con Nada», porque, si me pienso en un Yo fronterizo con el Otro, entonces me pienso en una relación dentro del mundo inferior de las fragmentaciones.

En una relación de «Nada» con «Nada», ambas partes son fragmentos reales en el mundo inferior, pero son dos consciencias del Ein Sof que se elevan para lograr su unificación constante, porque, en realidad, el problema aparece cuando alguna de las partes se cree un «Yo», y es entonces cuando se establece la dependencia objetal más peligrosa que es la dependencia idolátrica a mi propia subjetividad (que no necesariamente será una dependencia egoica en el nivel de Yesod, sino una dependencia subjetiva en el nivel superior de la Tiferet).

Ahora bien, la creencia subjetiva del Otro en su calidad de Yo no debe constituir para mí una amenaza que me obligue a renunciar a mi consciencia del «Yo/No-Yo». El problema de mi relación con los «Otros» es cuando desgasto mis energías en las zonas de frontera de mi Yo y no flexibilizo de forma constante las líneas de identidad de mi Yo para acrecentar mi Kli de recepción. El sujeto desgasta muchas energías excedentes en construir fronteras identitarias del Yo a lo largo de su existencia, y esto es normal en la primera etapa de la vida subjetiva debido a la necesidad de independencia de los padres. Sin embargo, esta obtención de la autonomía subjetiva dicen los cabalistas que es negativa después de los 40 años, es decir, en la segunda etapa de la vida el problema es que ya no podemos obsesionarnos en la búsqueda de la autonomía personal (a no ser que nos encontremos sin la madurez necesaria), lo que tenemos que hacer ahora es no malgastar las energías excedentes que anteriormente, en la primera etapa de la existencia, desgastábamos en las fronteras de nuestra identidad, para ahora fortalecernos interiormente sin sentir el exterior como una amenaza real, porque el problema que aparece en las relaciones es la de descender de nivel a consecuencia de la posición del «Otro». En realidad, no es que el «Otro» me obliga a descender de nivel, sino que cuando mi Yo desciende de la consciencia del Yo/No-Yo, lo que sucede es que se verifica mi verdadero nivel de consciencia, entonces no debo pensar que es el «Otro» quien me obligó a bajar de nivel de consciencia, sino que Yo ya me encontraba allí, y que poseía la ilusión de haber alcanzado un estado de consciencia superior. Puedo creer teóricamente que he alcanzado la conciencia Yo/No-Yo, sin embargo, en la práctica los «Otros» me demuestran mi verdadero nivel. No es exclusivamente en la Biná donde tengo que entrenar la conciencia Yo/No-Yo, sino verificarla en la materialidad. De lo contrario, la conciencia teórica del Yo/No-Yo constituiría una fuga de la realidad material.

Debo entrenarme con todos los «Otros» para sostener mi nivel de consciencia Yo/No-Yo. Cada «Otro» representa una oportunidad esencial para mi propio crecimiento. No debo huir de los «Otros»,[248] sino por el contrario debo fortalecer mi consciencia a través de la relación con los «Otros». Cada oportunidad que se me presenta a lo largo de mi existencia material es una prueba del nivel de consciencia en la que me encuentro.

Debo sostener mis diferencias porque las percibo como positivas para la construcción general; sostengo el judaísmo como una cultura diferenciada (no amenazada) porque entiendo que el judaísmo es una diferencia dentro de la construcción general en los niveles más altos de la unificación. Mi «Yo» no se

---

248. Una huida de los otros en realidad caracteriza a la Klipá de Tiferet: la introversión dentro de mi interioridad abandonando el contacto con el exterior.

puede construir a partir de las amenazas exteriores. Si considero que mi «Yo» existe amenazado constantemente, es que mi identidad dentro de la Tiferet no es suficientemente fuerte. Y la identidad (Tiferet) no se fundamenta sobre la resistencia física en la materialidad, sino también en la forma digna en que la sostengo dentro de las condiciones más adversas de la realidad material.

El Yo entonces tiene que entrenar la conciencia Yo/No-Yo justamente en la relación con los Otros, porque los «Otros» son factores potenciales para rebajarme sobre mi definición constante del Yo y sobre mis definiciones de identidad cerrada. Entonces aparece una paradoja, mi Yo se quiere liberar de mi Yo, pero los «Otros» no me dejan liberarme de mi Yo porque si no me tienen limitado dentro de un marco de identidad, los «Otros» no pueden controlar mentalmente la imagen que de mi Yo tienen ellos. Todo el esfuerzo de ascender a la conciencia Yo/No-Yo es fundamental para mi crecimiento, y todas las influencias externas de los «Otros» en la autodefinición constante de mi identidad pueden provocar la parálisis de mi ascenso al estado de Yo/No-Yo. Por lo tanto, los «Otros» son la prueba práctica de mi ascenso real a dicho estado de conciencia oscilatoria.

El misticismo judío es, pues, el modelo triunfante porque no se asocia justamente a los poderes externos en el campo de la materia, sino que libera al sujeto de todos los condicionamientos externos. La imagen simbólica es la del «Éxodo de Egipto», porque esencialmente el sujeto siempre se encuentra dentro de dicho proceso de «Éxodo». Porque el espíritu de Israel no muere a pesar de la destrucción física dentro de la materialidad, ya que la idea de Israel es la de alcanzar el orden «Eterno» fuera de los límites históricos del orden inferior del tiempo y el espacio. Y nunca el orden espacio-temporal puede destruir la conciencia de Eternidad que sostiene la «consciencia» en el orden superior de la infinitud, porque, por naturaleza, la conciencia tiene un camino inexorable que es el de aumentar sus niveles de recepción con la energía proveniente del Ein Sof. El único camino (que en realidad es un no-camino) es el ascenso permanente de la conciencia a mayores niveles de conciencia, y las energías idolátricas que se concentran en las zonas de seguridad imaginaria serán indudablemente neutralizadas por las energías de ascenso de la conciencia hacia el Ein Sof.

Entonces debo ser consciente de que cuando me preocupo de las amenazas exteriores es cuando puedo estar construyendo mi identidad a partir de dichas amenazas. Lamentablemente existe un tipo de judaísmo que se fundamenta en la exclusiva existencia del antisemitismo; y no negamos la existencia del antisemitismo por este análisis. Muchas identidades en el orden de la materialidad están estructuradas bajo la idea de las amenazas exteriores. Por ejemplo, una visión bipolar judaísmo/antisemitismo implica que sostengo mi identidad en el marco de las diferencias conflictivas, es decir, dentro del mundo inferior. Valorar la espiritualidad a través de herramientas de comparación axiológica, en realidad, es justamente negar la espiritualidad esencial.

Debo valorar mi identidad religioso/nacional (como en mi caso es el judaísmo) en la medida que me permita ascender a mayores niveles de consciencia. Es decir, puedo utilizar las herramientas conceptuales y simbólicas del misticismo judío para elevar al sujeto a los máximos grados de sus niveles de conciencia; porque si la función identitaria es encerrar en el mundo de la fragmentación mi identidad, esto produce indudablemente la justificación de comprender lo exterior bajo el rótulo de la amenaza constante. Sin embargo, si la función identitaria en el orden de la fragmentación me libera de la confusión de comprender el medio como un fin en sí mismo, entonces realmente estoy trabajando para ascender hacia el Ein Sof desde mi perspectiva subjetiva (que se encuentra en el orden predeterminado de la existencia cosmogónica). Acepto entonces los condicionamientos derivados del tiempo y el espacio, pero para comprender que existe la «Eternidad» en términos reales cosmogónicos, y esta «Eternidad» que es el Ein Sof es donde se encuentran unificadas todas las contradicciones aparentes que son consecuencias provocadas por la distorsión de existir materialmente dentro de la secuencia espacio-temporal. Siendo el orden cosmogónico eterno del Ein Sof quien provoca la disolución de todas las contradicciones (fin del espacio-tiempo, fin de la división conciencia/existencia, fin del bien y del mal, final de lo femenino y lo masculino, etc.), entonces el estado de paz interior de la Tiferet se percibe porque ahora Tiferet mira hacia Keter y unifica las barras laterales del Árbol de la Vida Eterna.

Por lo tanto, cualquier diferencia dentro del mundo de Bet (de la fragmentación) puede ser percibida como un camino hacia el Ein Sof, y no como un camino que constituya un fin en sí mismo. Mi identidad real no puede ser sostenida dentro de un sistema conceptual estático con el objetivo exclusivo de sostener y reforzar las diferencias en el campo de la fragmentación, ya que debo trabajar para la «unidad» y la conciencia del nivel «Alef», y este trabajo interior es independiente de los ataques reales a mi identidad en el plano inferior, porque si los ataques reales a mi identidad en el plano inferior me llevan a no trabajar mi ascenso hacia los niveles superiores, entonces esto constituye la prueba de que realmente no tengo las energías situadas en Jojmá-Keter sino en Biná-Maljut. El interrogante: ¿Las energías subjetivas trabajan toda la existencia en aras de una seguridad imposible o trabajan en aras de una libertad real en el orden del Infinito? ¿Hacia dónde debemos direccionar nuestras energías psíquicas?

Ahora bien, el primer sitio donde debo trabajar esta conciencia de «unidad» es dentro de mi propio «Yo», porque no se puede (paradójicamente) trabajar por la unidad de la humanidad (respetando las diferencias del mundo de la Bet) si no he logrado trabajar la unidad dentro de mi propia subjetividad.

El cambio real psicológico será el camino pedagógico, y el cambio real exterior dentro de la política general será una consecuencia del nivel de transformación que realizaremos dentro de nuestra propia psique. Ningún sistema político-económico puede reflejar una modificación a favor de un mayor nivel de conciencia si cada uno de nosotros no trabajamos, en primer lugar, por nuestra autorredención subjetiva. Y no es una autorredención subjetiva egoica, es paradójicamente una autorredención subjetiva que constituye una verdadera redención que debe lograr redimirnos de nuestra propia subjetividad, porque debemos ser conscientes de no idolatrarnos a nosotros mismos dentro del camino de ascenso espiritual, ya que se puede producir de modo subterráneo el desarrollo de lo «egoico» con la excusa de la autorredención subjetiva. La autorredención subjetiva nos tiene que llevar a superar lo egoico, lo yoico, y globalmente toda mi subjetividad, en aras de la unión cosmogónica.

Paradójicamente, el misticismo judío explicará que a pesar de dicha conciencia de No-Yo, seguiremos sosteniendo todos los niveles inferiores en las diversas dimensiones (egoico/yesódico, yoico/tiferético, subjetivo mental/ de la Biná); por eso hemos denominado a dicha conciencia como Yo/No-Yo.

Si sostenemos la identidad en el plano inferior, lo debemos hacer sosteniendo la consciencia unificada en la totalidad del Ein Sof. Por ese motivo, sostenemos una consciencia Yo/No-Yo, porque el «Yo» se debe definir necesariamente en el orden cultural-religioso-nacional del mundo inferior (recordemos que el arquetipo de Israel se encuentra en Tiferet no en Keter), mientras que la consciencia del No-Yo es justamente la ascensión potencial permanente a Keter.

Los límites de la identidad inferior de la Tiferet son más finitos, en cambio, en Keter prácticamente carecemos de la percepción de los límites tangibles desde nuestra estructura subjetiva. Todos los intentos filosóficos de disolución permanente del Yo dentro de otras culturas (que respetamos) son inútiles desde la perspectiva del misticismo judío porque la subjetividad es el elemento de estabilidad mental que otorga la realidad material, y no se puede renunciar a la identidad predeterminada inferior.[249] Por lo tanto, todas las disoluciones del Yo deben inexorablemente regresar a los estados inferiores del Yo y del Ego. Sin embargo, regresamos transformados, porque al captar los niveles trascendentes de los estados superiores de conciencia, ya no somos los mismos en los órdenes inferiores cercanos a la materialidad. La sola transformación trascendente de nuestro Yo dentro de los estados superiores transitorios del binomio Jojmá/Keter justifica todo el ascenso de nuestros niveles de conciencia. El sujeto continúa siendo un sujeto pero no el mismo sujeto. Por lo tanto, el estado trascendente de los niveles superiores es para la psicología del misticismo judío un estado transitorio que logra crear una transformación permanente de la subjetividad en la percepción de los mundos inferiores. Y a cada nivel superior alcanzado se logra un nuevo nivel de transformación subjetiva general, ya que cada vez que el Yo accede a la conciencia del No-Yo no vuelve a ser el mismo Yo anterior, sino que eleva su nivel de conciencia.

La conciencia No-Yo entonces no disuelve o destruye el Yo, sino que lo anima a continuar el esfuerzo del ascenso constante. Este Yo transformado (pero no disuelto) opera dentro del mundo material con los efectos transformadores de la percepción de la Totalidad del No-Yo. El efecto paradójico no es un refuerzo del Yo, sino una conciencia de integración del Yo dentro de la Totalidad de la conciencia general. El Yo pasa de su conciencia subjetiva yoica a una consciencia de constituir un fragmento del Ein Sof dentro de esta manifestación material.

En otros términos, el estado de Yo/No-Yo no refleja simplemente la oscilación entre la Biná conceptual y la Jojmá simbólica, sino la segunda oscilación entre la Tiferet y Keter, porque debemos explicar un secreto del misticismo judío: cuando la Biná conceptual avanza hacia la Jojmá simbólica, al mismo tiempo se produce el ascenso de la Tiferet a Keter. Lo conceptual de la Biná sostiene mi identidad yoica en la Tiferet, pero mi liberación simbólica en la Jojmá me eleva hacia Keter, a una dimensión más allá de las formas conceptuales de la Biná, porque si en Jojmá continuamos sosteniendo formas

---

249. Debemos recordar las palabras del judío de Tarso (san Pablo) cuando dice que los circuncisos se mantengan en la circuncisión y los incircuncisos en su incircunsición porque cada uno fue llamado de ese modo en el orden inferior de la identidad.

simbólicas, en Keter ya no podemos sostener nada porque estamos frente a la Nada de la Totalidad del Ein Sof.

Mi «Yo» entonces, además de poseer un dinamismo intrínseco (producto de la estructuración predeterminada), tiene entonces que percibir la realidad en todos los niveles. Las dimensiones (Sefirot) establecen los niveles objetivos de la realidad, sin embargo, existen millones de niveles subjetivos como sujetos (personas, animales, vegetales, etc.) existen. Lo objetivo nos otorga el plano o el mapa donde nos movemos, mientras que lo subjetivo aplica la energía objetiva dentro del orden espacio-temporal, porque sabemos que todas las energías cosmogónicas que provienen del Universo de Atzilut terminan a través del Universo de Briá subjetivándose dentro de cada una de nuestras almas. Esta subjetivización nos distorsiona la realidad objetiva proveniente del Ein Sof, y la consciencia se puede elevar hacia el Ein Sof a medida que entiende los procesos de distorsión en el campo de la fragmentación.

Si bien las dimensiones establecen los niveles objetivos (para poder captar la esencia de la realidad creada), el subjetivismo de la mística judía es radical. Esto implica que somos conscientes de que pese a todo nuestro avance hacia la esencia divina del nivel de Keter, operamos con un tipo de luz exclusiva para cada uno de nosotros de acuerdo con el «recipiente de recepción» (Kli). La luz es general proveniente del Ein Sof, sin embargo, lo que la hace exclusiva es nuestro Kli de recepción. Es el Kli lo que delimita lo subjetivo y es la luz la que es general. Cuando captamos la luz general nos encontramos en la conciencia No-Yo, cuando captamos exclusivamente nuestro Kli, no podemos percibir correctamente la esencia de la luz general, sino las limitaciones de luz de nuestro propio Kli de recepción, creyendo imaginariamente que la luz captada por el Kli es la luz general, y si bien sustancialmente lo es, nosotros la definimos lamentablemente por nuestras limitaciones de recepción.

El misticismo judío nos otorga la responsabilidad individual en el despliegue de las energías psíquicas que debemos desarrollar para lograr el máximo avance hacia el Ein Sof.

En realidad, cada sujeto extrae la Luz del Ein Sof de acuerdo con su Kli de recepción. Alguien podría alegar (y con razón) que el Kli se encuentra predestinado, y es verdad, pero lo que no está predestinado es el libre albedrío que tenemos para ampliar y extender nuestro Kli. Si nos quedamos con el Kli que hemos recibido por predeterminación estructural (la Gracia divina), entonces operamos con el «Pan de la Vergüenza» (concepto de la mística judía para designar lo que hemos obtenido sin nuestro esfuerzo personal). Mi Kli es mi responsabilidad, y mi esfuerzo no es un mérito propio, porque puedo idolatrar el mérito propio (y justificarme por las obras externas de la Torá). Si idolatro el mérito personal, puedo caer en la idolatría egoica de la Yesod, y si renuncio al esfuerzo personal, puedo caer en la resignación existencial de una introspección permanente no práctica que nunca llegue a la materialización dentro de la realidad material.

Por lo tanto, no puedo justificarme por el mérito de mis obras porque puedo autoidolatrarme (ya que mis obras no me justifican), y no puedo encerrarme en la introspección como método de evasión al compromiso en la acción práctica. Las obras son la materialización en el Universo de Asiá, pero no puedo creer que los resultados sean exclusivamente personales, porque entonces mis obras son utilizadas por mi Ego para creerse algo que no es. La idolatría es el mayor engaño, y dentro de la idolatría la forma de la autoidolatría. Siempre las obras materializadas se sostienen sobre la base de la potencialidad que posee mi alma otorgada por la misericordia del Ein Sof.

Ni puedo encerrarme en la acción práctica de Maljut con la idolatría del mérito de mis obras, ni puedo renunciar a las obras de la acción práctica de Maljut porque me encuentro desarrollando mi introspección en la Tiferet.

Ni la realidad externa de las obras me puede servir como evasión a mi introspección personal, ni la introspección personal puede suspender la acción práctica por tiempo indefinido. Entonces, ¿qué propone la psicología del misticismo judío? Introspección y práctica, práctica para elevar los conocimientos surgidos de la experiencia material de la Maljut y que me sirven como herramientas para mi introspección, y las herramientas de mi introspección que son utilizadas para regresar a la acción práctica; y así como oscilo la conciencia No-Yo/Yo (dentro del binomio Jojmá/Biná), debo oscilar simultáneamente entre la práctica de la dimensión de Maljut y la introspección más profunda en la dimensión de la Tiferet.[250]

Por eso, cada sujeto nos puede potencialmente mostrar un fragmento de la luz del Ein Sof que los demás sujetos no podemos percibir. Esto constituye la

---

250. Recuerdo aún mi feliz encuentro en el avión de regreso a Barcelona desde Berlín el jueves 2 de octubre de 2014 con la hermana católica catalana Teresa Forcadas, quien estaba preocupada por la falta de acción práctica de las monjas contemplativas dentro de la Iglesia católica, y por mi parte le manifestaba mi preocupación por la falta de introspección en el judaísmo por el alto grado de acción práctica dentro de la materialidad de la existencia. Fue en aquel momento cuando tome conciencia de que las diferencias religiosas, culturales o nacionales hacen que una dimensión se pueda desarrollar con mayor profundidad. Tanta introspección interior de la contemplación de estas monjas podía llevarlas a una desconexión de la realidad material, y tanta conexión con la realidad material podía llevarnos dentro del judaísmo a evadirnos del trabajo de introspección.

importancia de la subjetividad (de forma positiva) del sujeto en cuanto a un Yo dentro del mundo inferior. Por lo tanto, todos somos «originales» porque desde nuestra posición subjetiva particular captamos un tipo de luz del Ein Sof que se adapta a los condicionamientos espacio-temporales de nuestro Kli.

Y así como defendemos la consciencia «Alef», debemos ser conscientes de las ventajas de la consciencia «Bet», porque solo es posible ascender si somos «conscientes» de lo que debemos aprender desde nuestra subjetividad. Por lo tanto, para ascender la subjetividad es un problema, pero para descender nuestra subjetividad es una virtud. Descendemos a la subjetividad para ascender a la luz del Ein Sof, pero no podemos ascender a la luz del Ein Sof sino a partir de nuestro Kli subjetivo.

Cada ser humano es completamente diferente al otro, y cada uno posee una visión diferente de la realidad, porque cada uno se encuentra en su «nivel subjetivo» dentro de su situación específica espacio-temporal.

Hay millones de niveles subjetivos de acuerdo con los millones de sujetos existentes. Esto enriquece el Daat.[251] La infinita gama de posibilidades subjetivas que se abren en el Daat nos otorga un mayor grado de flexibilidad a la hora de la tentación de crear dentro del símbolo del Árbol de la Vida un sistema cerrado. Si Keter nos unifica en la esencia, Daat nos diferencia, en Keter no me son útiles las diferencias del Daat, pero en Daat no me es útil una visión unificadora en el nivel de Keter, porque en cada nivel dimensional se opera con otra magnitud de energía. Por ejemplo, el Talmud opera en Daat,[252] la cábala opera en todas las dimensiones al mismo tiempo. Alguien podría pensar que los cabalistas operamos hacia Keter, no es así, en realidad operamos en todas las dimensiones de forma simultánea, por ese motivo no debemos renunciar a los debates del Daat.

El problema es el tipo de debates que aparecen dentro del Daat, ya que si operamos Daat en lo ascendente (hacia Keter), entonces los debates tienen un sentido intrínseco trascendente, pero si operamos Daat en lo descendente (hacia Maljut), entonces los debates tienen un sentido intrínseco material. Debemos rotar el Daat de forma permanente, porque con la rotación del Daat podemos captar Keter y Maljut al mismo tiempo. Siendo el Daat una

---

251. El Daat es el conocimiento global, tanto la experiencia como el conocimiento teórico. Cada vez que dentro del misticismo judío hacemos referencia al Daat (el Conocimiento) siempre es, simultáneamente, teórico y práctico.
252. Estoy convencido de que el sistema de pensamiento talmúdico opera más con el Daat Tajtón (el Conocimiento inferior) que en el Daat Elyón. En cambio, el misticismo judío debe operar necesariamente con una combinación de ambos niveles de Daat.

rueda permanente, debemos mover la rueda hacia abajo (Maljut) y hacia arriba (Keter), y a medida que rotemos el Daat provocaremos que fluya todo el conocimiento por la totalidad del sistema dimensional. Como dijo Azriel de Girona: «Daat (el Conocimiento) constituye en sí mismo nuestra propia redención».

El problema que trae como consecuencia el no poseer Daat es la construcción de los «dogmas». Todo dogma es, en consecuencia, una elevación de un fragmento de la realidad sobre los demás fragmentos; en definitiva, si todo lo existente es creación divina, el dogmatismo al elevar un fragmento de la realidad a una categoría superior discrimina la totalidad de la creación divina.[253]

Como decía Don Isaac Abravanel (1437-1508): «Cada letra de la Torá tiene el mismo nivel de importancia», en respuesta a lo que algunos siglos antes había dicho el sabio judío Maimónides (1135-1204), que existen dentro del judaísmo trece principios de la fe, y por consiguiente todos los demás principios o ideas no poseen la importancia de estos principios maimonideanos.

El único principio de la fe es el Ein Sof, y como el Ein Sof no es conceptualizable entonces no existe como principio de la fe, ya que nuestra fe es limitada y no puede abarcar conceptualmente ni simbólicamente lo ilimitado. Así que el Ein Sof es paradójicamente el axioma no axiomático. Todo axioma debe ser necesariamente definible, y siendo el Ein Sof infinito, y dada su infinitud, imposible de ser limitado, entonces no puede ser considerado como un axioma. En el Ein Sof se encuentra la totalidad de la información existente en el orden de la Eternidad.

Todo lo creado es importante (nos guste o no nos guste subjetivamente). Si algo fue creado divinamente, fue para una función específica. Por lo tanto, si la obtención del placer subjetivo puede ser la causa de comprensión en los niveles inferiores, la real comprensión (Daat) en los niveles superiores se establece a través del Conocimiento real que puede no ser necesariamente placentero. La psicología positiva trabaja, pues, las fortalezas motivacionales asociadas al placer y al éxito, y existe cierto hedonismo en el carácter intrínseco de esta escuela de Psicología. No podemos trabajar las fortalezas subjetivas porque desde la perspectiva de la psicología transpersonal del judaísmo sabemos que dichas fortalezas pueden estar ocultando debilidades en

---

253. Y recordemos que los cabalistas dicen que la ruptura de las vasijas universales en el comienzo de la manifestación dentro del vacío se produjo por la pretensión de supremacía de una dimensión sobre otra. Y esto lleva a un conflicto cósmico conocido en hebreo como Shevirat Ha Kelim (la ruptura de los recipientes).

otras dimensiones a partir del sistema compensatorio entre las dimensiones. Por lo tanto, cuidado con los postulados de una felicidad automáticamente asociada al placer, porque nos están llevando a un callejón sin salida. Hemos pasado de la Psicología tradicional con una visión psicopatológica a una psicología positiva que nos ha creado una psicoeulogía.[254] ¿Podremos crear una psicología de oscilación entre la psicopatología de las Kelipot y la psicoeulogía de las Midot? Y que a su vez, trabajando en ambos campos, los podamos trascender dentro de un sistema psicológico/cosmogónico dentro de una psicología transpersonal integral. Afirmo que sí. La simbología del misticismo judío es la que nos otorga la estructura cosmogónica y psíquica de un mapa/territorio de la realidad general.

Podemos no conocer su función específica por nuestra ignorancia, o podemos no compartir la posición subjetiva, pero toda energía operativa dentro de la realidad es una manifestación divina que tiene su importancia. Detrás de todo (Abulafia hace referencia a las vestimentas de esta realidad material) existe una verdad, a pesar de que sea la más terrible mentira, porque las causas ocultas del mal existen en función de un plan general. Como dijo el sabio judío Abraham Isaac Kook (1865-1935): «las herejías son parte fundamental del plan de Dios». Y pienso de forma más radical siguiendo a Hurwitz que la herejía salvó al judaísmo de su propia desaparición. El judaísmo representa la sacralización de todas las herejías,[255] porque siendo el conocimiento fragmentario en el orden inferior, todos son pensamientos subjetivos divergentes en este mundo de la fragmentación. Es más, en el judaísmo no existen realmente las herejías porque no existe una ortodoxia definida, sino una orto-praxis.

254. Así la denomina mi amiga la doctora Mariana Gancedo Braun en su importante tesis doctoral presentada y defendida en la Facultad de Ciencias Sociales de la Universidad de Palermo (Buenos Aires-Argentina) bajo el título «Hacia una Psicoeulogía: Análisis crítico del funcionamiento óptimo de la personalidad, de Carl Rogers, y de la teoría de las virtudes y fortalezas del carácter, de Christopher Peterson y Martín Seligman», año 2008. El 29 de agosto de 2014 conocí personalmente en Buenos Aires a la doctora Mariana Gancedo Braun con quien compartí un hermoso desayuno y donde intercambiamos información. La doctora Gancedo Braun coincidió conmigo en que nos encontramos en una etapa de superación de la psicología positiva. Por mi parte, dudo de la posibilidad de percibir la sensación de trascendencia del orden interior del sujeto en la realidad de la materia. La asociación que realiza la psicología positiva entre los supuestos niveles de felicidad con los cambios producidos por el sujeto en la materia no es consistente. Para el misticismo judío, al operar en magnitudes energéticas diferenciales los actos materiales en sí mismos no pueden reflejar absolutamente los niveles de sensación interior del sujeto que provienen de las dimensiones cuyas magnitudes energéticas son más expansivas y menos definibles en términos conceptuales.
255. Un judaísmo dogmático es, pues, un contrasentido total porque estaría idolatrando un fragmento de la realidad, y justamente el monoteísmo es la comprensión de la unicidad del Ein Sof y la no idolatría en el orden fragmentario inferior.

Daat representa, pues, la destrucción absoluta de toda posición dogmática y la elevación de la subjetividad y su libre albedrío a la categoría de lo sagrado. Toda la manifestación de esta realidad se encuentra dentro del plan general divino (Adam Kadmón), incluso el orden de las subjetividades. Así como debemos valorar el orden objetivo de las Sefirot, así debemos valorar el orden subjetivo que provoca diferentes extracciones de luz del Ein Sof. La luz del Ein Sof que mi Yo puede alcanzar se encuentra condicionada por el nivel de mi esfuerzo subjetivo para ampliar mi Kli de recepción. Ahora bien, yo no amplío mi Kli de recepción con el objetivo de engordar mi Yo, sino con el objetivo de revelar el mayor nivel de consciencia general dentro de toda la realidad, porque cada uno debe tomar conciencia de que es un transmisor de las energías cosmogónicas provenientes del Ein Sof, y esto depende del grado del esfuerzo subjetivo realizado (la ampliación del Kli). Existe, pues, por un lado, la luz del Ein Sof que desciende (probablemente en algunas teologías dicho concepto sea el de Gracia), pero que, sin embargo, no desciende sino por el esfuerzo personal subjetivo en la ampliación de nuestro propio Kli (Obras). No obstante, no debemos enorgullecernos de la ampliación de nuestro Kli porque para esto hemos sido creados. Aunque todo nuestro esfuerzo subjetivo parece un mérito personal del Yo, lo puedo realizar porque el orden superior me ha entregado energías específicas que puedo desarrollar en el orden inferior. Por lo tanto, si el Yo acepta ser transmisor de las energías cosmogónicas generales dentro de la psique y no un centro subjetivo, entonces al entregar energías (supuestamente subjetivas) al exterior, las reintegra al orden general con mayor fuerza que si su subjetividad las retiene dentro del ámbito privado del Yo.

El «Ego» del nivel de la Yesod puede realizar una apropiación indebida de las energías cosmogónicas (como si fueran realmente subjetivas) de modo que el sujeto puede ocultar información clave en el orden de la conciencia general. Mi experiencia personal me indica que cada vez que difundo una información elaborada subjetivamente y la «trasciendo» al orden general, se produce una felicidad interior de colaboración con la Totalidad. Si un fragmento de la realidad (el sujeto) retiene información que es necesaria para la elevación del nivel de conciencia general, está produciendo un mal para sí mismo, porque la fuerza intrínseca del «Ego» es retener para sí mismo y no «Dar» la luz recibida. Si somos conscientes de que en nuestra calidad de fragmentos del Ein Sof somos transmisores, entonces no retendremos información clave para el aumento general de la conciencia.

El verdadero objetivo de nuestra creación (en cuanto sujetos) es la posibilidad de extraer la mayor cantidad de energía oculta del Ein Sof a partir del esfuerzo personal de nuestro Kli; sin embargo, dicho esfuerzo personal parte de la base de una existencia dada. La función de toda nuestra existencia es extraer la mayor cantidad de luz del Ein Sof y revelarla.

88. La conducta como reflejo del sistema cognitivo

«Cuando subes eres un cosmógono, cuando bajas eres un psicólogo, y cuando subes y bajas eres un cabalista».

MARIO SABAN

La conducta material del sujeto es el último elemento que podemos percibir después de un proceso interior de conocimiento y autoconocimiento. La conducta es, pues, el resultado tanto de la evolución, de la parálisis como de la involución. Sin embargo, si es analizado exclusivamente el resultado, lo que en realidad estamos estudiando es el resultado final de un proceso anterior oculto dentro del Yo.

El «Yo exterior» exterioriza la última parte del proceso dinámico. La conducta es, pues, la materialización de un proceso anterior. Se debe, por tanto, desmaterializar constantemente la realidad para encontrar sus causas secretas que se encuentran ocultas debajo del orden de percepción sensible de la materialidad; es lo que el sabio zaragozano Abraham Abulafia explicó como «desvelar los velos», incluso el de revelar el velo del propio pensamiento. Para poder comprender (o eventualmente corregir, transformar, etc.) dicha conducta material, debemos explorar los elementos ocultos de la estructura subjetiva desde el misticismo judío. A partir de un estudio profundo del Árbol de la Vida y el funcionamiento subjetivo, entonces podremos explorar la interconexión dimensional que nos permite visualizar los movimientos interiores de todo ser humano de forma objetiva.

Lo contrario, pues, al misticismo judío aplicado a la Psicología es el dogmatismo que cierra al sujeto en su propio mundo, porque al no registrar las transformaciones puede disociarse de la realidad de modo que sufre consecuencias devastadoras dentro de su psique. El dogmatismo, entonces, en términos mentales, cree erróneamente que puede paralizar la secuencia del tiempo y el espacio, fijándonos dentro de un momento, y al fijarnos mentalmente en dicho momento se pierde automáticamente la imagen del proceso. Siendo mi Yo un «Yo siendo» y no un «Yo soy», el «Soy» del presente afirmativo es automáticamente un método verbal de dogmatización de la realidad. La percepción de la realidad a partir del «Yo siendo» hace que pueda comprender que las situaciones fijas no pueden ser analizables dentro de la secuencia espacio-tiempo, en cambio, existen variables fijas si suprimimos lo espacio-temporal. En la Eternidad sí existe el Yo siendo, porque en realidad no existe ni el Yo fui ni el Yo soy ni el Yo seré. En el orden de la «Eternidad» queda cancelado el pasado, el presente y el futuro porque toda la información existe simultáneamente en el mismo plano.

Lo interesante es que así, como en las antiguas teologías medievales, y en las modernas ideologías, asistimos a la necesidad desesperada del sujeto de encontrar algún sistema cerrado de comprensión dogmática de la realidad; esta situación nos ha llevado en muchos casos a un retroceso de retorno a dogmatismos irracionales.

El dogmático irracional tiende a matar o morir, porque el dogmático encierra todo el sentido de su existencia en el dogma que ha creado; y cuando el sujeto entiende que en el orden inferior de la fragmentación no existe un dogma fragmentario, entonces, o comienza un lento proceso de liberación de las formas idolátricas de la realidad inferior, o de modo inverso idolatra de tal modo su objeto de empatía que no puede continuar existiendo en la realidad física si no mata o no muere. Todos los fragmentos existentes dentro de esta realidad que no comparten la visión dogmática/fragmentaria deben ser aniquilados para otorgarle una supuesta verdad objetiva a un elemento fragmentario. Todo dogmatismo por su propia impotencia de elevación se encuentra atrapado en el sistema de contradicciones y lleva a dicho sistema de contradicciones hasta su final radical, que es la pretensión de aniquilación de todos los fragmentos diferentes. Lo interesante de la historia humana es que la base real de la materialidad es la diferencia de receptores de Luz del Ein Sof, por lo que a pesar de que los dogmáticos destruyan los otros fragmentos o se autodestruyan, siempre perderán, porque la naturaleza de la realidad material es fragmentaria, y nadie puede luchar contra la fragmentación natural de la realidad del mundo inferior. Esta es una lucha imposible; por ese motivo, veremos a todos los sistemas totalitarios derrumbarse porque nadie podrá controlar la realidad fragmentaria a través de la idolatría de un solo fragmento (el dogmatismo). Todos los conflictos son entonces el resultado de las proyecciones de los miedos interiores del sujeto, y el que mata es un pobre sujeto que en el fondo no ha encontrado el sentido de su propia existencia. Si entrenamos a los sujetos a nivel mundial a una toma de conciencia real, se irán terminando los conflictos porque los intereses económicos tendrán que amoldarse a los cambios de percepción espiritual en el orden de la materia. La espiritualidad real no se puede desarrollar en un marco cerrado conceptual, ya que si pretendemos elevarnos al Ein Sof, todo sistema cerrado infantiliza la idea de Dios de tal modo que, en vez de elevarnos, lo que hacemos es ocultar la luz del Ein Sof. Todo dogma es la posición conceptual imaginaria de controlar algún punto de la realidad. Por ese motivo es incompatible todo dogmatismo con el crecimiento espiritual. Los puntos fijos identitarios son emocionales, en cambio, la flexibilidad mental opera dentro de nuestro Daat (Jojmá en una oscilación permanente con la Biná).

El Ein Sof nos permite, al reconocer su sustancia en nuestro interior, desarrollar nuestro máximo libre albedrío subjetivo para encontrar nuestro camino hacia Él. La imposibilidad de llegar al Ein Sof (el infinito camino hacia Keter) provoca en nuestro interior una expansión total de todas nuestras potencialidades subjetivas porque somos nosotros los que en definitiva establecemos límites psíquicos por temor a encontrar «verdades» de un nivel superior. Sin embargo, es imposible frenar el inexorable camino de la ascensión del nivel de consciencia. El ser humano en su camino al Ein Sof terminará con sus ilusiones de seguridad (incluso con la idea infantil de Dios) y, por lo tanto, con sus temores derivados de dichas ilusiones, y entonces, o finalizarán los sistemas políticos actuales para dar paso a nuevas estructuras más flexibles, o dichos sistemas desaparecerán inexorablemente. Las organizaciones se construirán sobre la máxima potencia subjetiva, pero no una potencialidad subjetiva producto de la Ilustración a partir de la expansión y desarrollo del «Ego», sino del «dar y recibir», del compartir con el prójimo. El Yo se descentrará de tal modo que la subjetividad no será incompatible con el sistema cosmogónico general.

Psique y Cosmos serán considerados dos variables de una misma realidad manifestada. Por lo que el trabajo de la psicología del misticismo judío será la de liberar a la psique de las represiones que la Biná realiza por temor al orden trascendente (siguiendo a Wilber).

El dogmatismo es lo contrario a la Torá[256] porque confunde la fragmentación de las formas con la sustancia esencial. La Torá es un vehículo para llegar al Ein Sof; sin embargo, nuestra Biná en su máxima interioridad (la

---

256. Esto constituye el concepto de la «Torá» dinámica y cualquiera que pretenda petrificar la «Torá» imaginariamente va contra la naturaleza de la creación. La idea de la petrificación de la Torá la he estudiado en mi obra anterior *La Matriz intelectual del judaísmo y la Génesis de Europa*, Buenos Aires, agosto de 2005.

Merkabá) es nuestro vehículo subjetivo de ascenso hacia el Ein Sof. Es más, si nos concentramos y meditamos sobre toda la realidad física, cualquier punto de esta realidad fragmentada puede servirnos como objeto de meditación inicial para ascender al Ein Sof. En realidad, el dogmatismo nos frena en nuestro ascenso natural hacia los niveles más elevados de la conciencia.

Por lo tanto, la Torá no debe ser considerada simplemente un vehículo de ascensión hacia el Ein Sof, sino que toda la información manifestada en el plano inferior debe ser considerada como la misma Torá. Para los cabalistas, todo el universo en realidad representa a la verdadera Torá, y no puede ser considerado el texto en su literalidad, sino como un camino para la comprensión de la verdadera magnitud infinita de la Torá.

La creación fue creada para revelar continuamente a Dios, y si aplicamos el dogmatismo a nuestra realidad, lo que hacemos es impedir la revelación continua de nuestra divinidad interior. Si nosotros somos «fragmentos divinos» porque somos «Imagen y semejanza», al paralizar el libre albedrío, impedimos que el fragmento divino (la chispa mesiánica) que tenemos en nuestro interior se revele al exterior. Todo dogmatismo crea indudablemente una Klipá (una cáscara) que impide percibir la realidad en el orden superior. Debemos liberar las Kelipot (cáscaras) de nuestra interioridad, y las primeras Kelipot son las seguridades imaginarias que la Biná crea para no ascender al Ein Sof.

El miedo del Yo mental (dentro de la Biná) se fundamenta en que al perder hipotéticamente la centralidad de mi Yo, en realidad no sé ni quién soy ni dónde me encuentro. Sin embargo, esta es una trampa mental de la Biná, porque mientras más crea conocer mi Yo a través de mi subjetividad, en realidad estoy distorsionando completamente mi percepción real, porque es el Yo en sí mismo una categoría conceptual que distorsiona toda la realidad.

Debemos, pues, trabajar constantemente para extraer nuestra «divinidad interior» y llevarla a la acción material. Por ese motivo, entiendo que todo dogmatismo, al impedir que mi fragmento divino subjetivo (que me hace único e irrepetible) no pueda salir a la luz (impide toda Teshuvá), produce una contradicción entre la supuesta observancia de la Torá[257] (como ley externa) y la liberación de mi chispa interior mesiánica (porque la revelación es el objetivo último de la Torá).

---

257. Quiero advertir que debemos ser cuidadosos a la hora de diferenciar la aplicación de la Torá de las millones de tradiciones que la tradición oral judía, y sobre todo el judaísmo ortodoxo, ha realizado. En los próximos años veremos grandes debates en torno a una Halajá dinámica que se verá obligada por los avances científicos a moderarse inevitablemente y modificar constantemente su perspectiva.

89. Las Kelipot ocultas detrás de algunas interpretaciones

> «No es que no estemos iluminados, es que pensamos que no lo estamos».
>
> JAY MICHAELSON

La Torá, pues, es la consciencia divina revelada, en un nivel de revelación finita de acuerdo con nuestra estructura de comprensión.

En términos psicológicos, lo que estamos diciendo es que si el sujeto se siente bajo la esclavitud de los condicionamientos exteriores o de sus propios condicionamientos interiores producto de su educación y no logra liberarse de ellos, no puede lograr una transformación de su «Yo». La Merkabá no puede chocar con la Torá, porque esto constituye una verdadera contradicción.

Sin embargo, la Torá debe ser exegéticamente estudiada para fomentar mi canal de ascensión al Ein Sof, porque la Merkabá nunca choca con la Torá, lo que choca con la Merkabá son las interpretaciones que provocan la desviación de la sustancia de la Torá. Porque si una exégesis dogmatiza la Torá, provoca la anulación del libre albedrío y, por consiguiente, la destrucción del ser humano, aun cuando el objetivo de toda la Torá es la felicidad del ser humano; y la felicidad del ser humano se fundamenta en la actualización de toda su potencialidad interior en dirección al Ein Sof.

Las interpretaciones dogmáticas o infantiles de la Torá son las que provocan la aparición de ciertas Kelipot que son muy difíciles de destruir porque hipotéticamente se fundamentan en el texto de la Torá. Se puede, pues, coger la Torá como excusa para la dogmatización y, por lo tanto, para el no ascenso al Ein Sof, porque sabemos que las fuerzas del mal pueden operar desviando las interpretaciones, es más, es justamente en lo «puro» donde se mezcla lo «impuro». Es donde tenemos la mayor fuerza donde se produce la mayor debilidad. Muchas veces, las Kelipot se esconden detrás de las Midot (virtudes), y al llevar al extremo a las Midot se convierten estas Midot por exceso en Kelipot. Las autojustificaciones que fundamentan la radicalización (exageración) de las Midot provocan la aparición de las Kelipot. Este es un elemento débil de la psicología positiva que no logra percibir los desequilibrios psicológicos que se pueden provocar por el aumento de las metamotivaciones llevadas al extremo. Un extremismo de las virtudes termina produciendo diferentes transgresiones.

No estamos diciendo que todas las interpretaciones son absolutamente contrarias a la Torá, sino que las interpretaciones que terminan construyendo dogmas sí lo son, simplemente porque las construcciones dogmáticas operan contra el ascenso hacia la luz del Ein Sof. Las interpretaciones del nivel de la Biná deben ser canales de Luz del Ein Sof hacia el mundo inferior, pero nunca deben ser «obstáculos» para dicha Luz. En otros términos, los que utilizan la exégesis de la Torá para crear «dogmas» obstruyen el flujo de luz proveniente del Ein Sof. Cualquier dogmatismo que se fundamente en el texto de la Torá va directamente contra la misma Torá.

Esto significa que mi crecimiento personal (el desarrollo de mi Merkabá) no puede verse anulado por la imposición exterior dogmática. Por lo que podemos llegar a la conclusión de que algunos se han apoderado del concepto de la «Torá» y lo han desvirtuado como un sistema cerrado dogmático, cuando en realidad la Torá debe ser el medio que me permita el desarrollo de la Merkabá (de mi Yo).

90. La función espiritual de Israel

«Todo el mundo se encuentra en el exilio».

Moisés Cordovero

Si algunos utilizan el concepto de la «Torá» para dogmatizar el judaísmo es un problema de quienes a partir de la excusa de la orden divina revelada quieren anular el libre albedrío consagrado en la misma Torá. Quienes obstruyan la luz del Ein Sof serán condenados por utilizar la Sagrada Torá para subordinarnos al mundo de las Kelipot.

Si los mandamientos éticos fundamentales de la Torá son controlados o suprimidos por las interpretaciones dogmáticas, estamos destruyendo los canales de conexión con el Ein Sof y las energías más elevadas no descenderán a nuestro Kli.

Lamentablemente, algunos intérpretes de la Torá han creado sistemas dogmáticos que dicen defender la identidad judía, pero que provocan un nivel tan grave de separación dentro del mundo de la fragmentación, que trabajan por la supervivencia del pueblo de Israel de una forma muy particular, desconectándolo de la verdadera función del misticismo judío, que es indudablemente lograr el máximo acercamiento a luz infinita del Ein Sof. Trabajar realmente por el espíritu de «Israel» es lograr que las chispas del Ein Sof de todo fragmento se materialicen dentro de la realidad general. Este objetivo no es contradictorio con el espíritu de supervivencia nacional del pueblo judío, sino que, por el contrario, es completamente compatible. Un sujeto puede identificarse con sus diferencias dentro del mundo de la fragmentación (Bet), y sin embargo, elevarse a partir de su fragmento a la luz del Ein Sof que todo lo unifica.

No seamos cómplices de crear y sostener Kelipot detrás de algunas interpretaciones no adecuadas de la Torá. Trabajemos entonces para alcanzar un judaísmo que se centre en la labor permanente de acercamiento espiritual a la luz infinita del Ein Sof. Y este será indudablemente (y es, y lo fue) el engrandecimiento del nombre del pueblo de Israel entre las naciones. Nuestra única limitación debe ser nuestra propia capacidad subjetiva de ampliación de nuestro Kli de recepción.

En cambio, los que trabajamos en el ámbito del misticismo judío sabemos que la Torá es la enseñanza que nos libera de nuestro «Egipto interior», de las fuerzas de la oscuridad que impiden nuestro desarrollo. Debemos tener cuidado de que con la excusa de la Torá algunos utilicen las palabras de santidad para desviarnos hacia la seguridad imaginaria y nos anulen el libre albedrío que propone la misma Torá. Elevemos el nivel del debate, para extraer la luz infinita que se esconde dentro de nuestro mundo fragmentario. Apliquemos el Daat para elevarnos hacia Keter y no para bajar a Maljut, y bajemos a Maljut (la realidad material) exclusivamente para elevar Maljut a Keter.

Debemos, pues, diferenciar muy bien los conceptos, porque los conceptos han sido manipulados (Hod) de tal modo que ya los estamos utilizando con sentidos completamente alejados de sus sentidos originales. ¿Quién es capaz de explicar el sentido original divino de las palabras de la Torá? Nos hemos alejado del sentido original, y parece que no tenemos forma de regresar a dicho sentido. ¿Qué debemos hacer entonces? Comprender que la Torá es la totalidad de la manifestación divina dentro de esta realidad.

Israel no se encuentra dentro de la existencia histórica en función de sí misma por un efecto entrópico, sino que el objetivo de Israel no es nacional, sino que su objetivo es (y seguirá siendo) esencialmente mesiánico. El sostén nacional de Israel es el medio para lograr el fin y no constituye un fin en sí mismo. La destrucción de las Kelipot a nivel universal es la real función de Israel. Nuestra tarea es elevar Tiferet a Keter. El cumplimiento de las leyes de Noé por parte de los gentiles constituye la destrucción de las Kelipot a nivel internacional.

Es función del cabalista (en cuanto acelerador mesiánico) recibir de todo y de todos, aun de las ideas más alejadas de nuestro centro subjetivo. En realidad, no existen las herejías porque no existen dogmas, todas son manifestaciones del Ein Sof. Si consideramos las herejías como tales, es que hemos aceptado algún tipo de dogmática.

Si definimos conceptualmente «herejías» como pensamiento diferente y hemos establecido que el fundamento del Daat (el Conocimiento) es el pensamiento diferente, la cábala entonces ha sacralizado las herejías, porque lo único que existe en el marco del nivel subjetivo son justamente los pensamientos diferentes. Por lo tanto, no existen herejías porque no deben existir dogmas, y si existen conceptualmente las herejías, es porque existen los dogmas, y si existen dogmas, existen herejías, pero lo único que realmente existe es el Daat, que establece diferenciaciones en el orden inferior de la fragmentación, pero que en su plano ascendente destruye toda diferencia entre dogmas y herejías.

Las herejías son puntos dogmáticos de reacción a los dogmas. Por lo tanto, el hereje no se libera del dogmático, sino que cae en su propio dogmatismo inverso. Así que no podemos decir que el Daat del misticismo judío sea esencialmente una herejía porque no reacciona contra ningún dogma, porque los dogmas (como puntos estáticos imaginarios en el orden mental) no tienen entidad real, y, por lo tanto, automáticamente las supuestas herejías desaparecen por la falta de existencia de los dogmas. La herejía, pues, lo único que hace es fortalecer el dogmatismo por su extrema reacción.

El Daat (el Conocimiento) hace desaparecer todo dogma, y por lo tanto toda herejía, y en consecuencia todo el Daat en su función ascendente (que percibe Keter) destruye todas las dualidades aparentes del mundo de la fragmentación.

Los grandes sabios del judaísmo comprendieron que la misma Torá era una entidad dinámica, y por ese motivo crearon la Halajá (el camino que había que recorrer).[258] Lamentablemente, la Halajá dinámica de los antiguos sabios del judaísmo se ha convertido en una dogmática paralizante en muchos casos.[259] Sin embargo, a pesar de esto, el judaísmo ha sabido encontrar a lo largo de la historia las energías suficientes que lo han liberado de las tentativas idolátricas del dogmatismo, porque ¡cuidado!, pues detrás de todo dogmatismo ortodoxo se esconde la idolatría del hombre al imponer tradiciones que van más allá de la misma Torá. La última idolatría que debemos destruir es la infantilización conceptual que hemos realizado de Dios, porque mientras sostengamos esta idea infantil de la Divinidad, no podremos alcanzar a percibir algo de la Luz del Ein Sof. En vez de esforzarnos en ascender a la Luz del Ein Sof, hemos limitado el concepto divino. Hemos reducido a nuestra finitud el infinito del Ein Sof.

Es importante dejar claros estos conceptos, para comprender que la Merkabá es la búsqueda de ese Yo dinámico dentro de su dinamismo. Por eso decimos que la Merkabá en su ascensión psíquica puede realmente afrontar y descubrir las trampas interpretativas de una teología dogmática paralizante.

---

258. En mi obra *La Matriz intelectual del judaísmo y la Génesis de Europa*, Buenos Aires, agosto de 2005, hago referencia a la petrificación de la Halajá y a la falta de dinamismo que tiene en la actualidad.
259. Es lo que personalmente denomino como la época de la venganza de Shamay (recordemos que Shamay era el representante de la línea dura o inflexible frente a Hillel, el anciano).

Porque aparecen dos tipos de dogmáticas: la intencional cuyo objetivo es el poder de control sobre los sujetos, y el segundo tipo de dogmática que surge a partir del hecho de llegar a los límites de nuestros propios pensamientos subjetivos. El primer dogmatismo es más peligroso porque reprime las aspiraciones espirituales del crecimiento permanente hacia el Ein Sof, y el segundo tipo de dogmatismo es más difícil de ser captado ya que no podemos obtener respuestas a partir del límite de nuestro cansancio personal. Debemos, pues, percibir los límites como fronteras temporales siempre posibles de ser modificadas de forma permanente. Como decía el sabio cabalista Aryeh Kaplan: «las Sefirot pueden ser utilizadas como puntos de descanso». Si nosotros utilizamos las fronteras conceptuales transitorias como puntos de descanso y no como respuestas definitivas, entonces podremos transformar los límites en un elemento altamente positivo y no quedarnos petrificados en dogmas inmutables que no nos hacen avanzar hacia el Ein Sof.

Sin embargo, no debemos abandonar la posibilidad de definir el Yo a pesar del dinamismo. Ahora bien, debemos saber que dicho Yo dinámico siempre se mueve dentro de nuestro vacío interior, porque si no existe dicho vacío interior, no existe forma de que el Yo se pueda mover.

Todo dogmatismo estático que intenta crear dentro del judaísmo «zonas de seguridad ilusorias» va directamente contra la dinámica del crecimiento de la Merkabá subjetiva. Toda Merkabá debe buscar dentro de la Torá y de la Halajá las formas de su liberación y desarrollo, porque el fundamento central del judaísmo es el despliegue dinámico subjetivo de la Merkabá.

91. Expansión y restricción

«Y al final lo masculino y lo femenino estarán en equilibrio».

DAVID IBN ZIMRA

Nuestra tarea no es simplemente trabajar en el lado guevúrico (consciencia de las limitaciones objetivas), sino que fundamentalmente debemos trabajar para no confundir las limitaciones objetivas de la realidad sefirótica con las autolimitaciones que operan destruyendo los flujos de energía que provienen de la Jojmá. Nos autolimitamos más allá de las limitaciones guevúricas objetivas porque no queremos desplegar nuestra Merkabá, sino que pretendemos situarnos en una posición estática de seguridad imaginaria. Desarrollamos tal nivel de autolimitaciones que nos autoboicoteamos. Debemos dejar fluir nuestras energías esenciales que provienen del Ein Sof para canalizarlas.

La Biná opera en su sentido descendente para proteger a la Tiferet (la función materna en relación a su hijo), pero la Biná debe a su vez liberar a la Tiferet para que ascienda a Keter (la función materna de otorgar independencia a su hijo). Por ese motivo, si la Biná (la madre arquetípica) no otorga independencia a su hijo (para que la Tiferet ascienda a Keter), entonces debe intervenir la Jojmá (en la función arquetípica paterna de liberar los flujos de energía provenientes de Keter).

La sobreprotección materna arquetípica de la Biná puede provocar que la Tiferet nunca crezca y que hipotéticamente crea de modo ilusorio que Tiferet es Keter. Sabemos que la única forma de elevar a Tiferet es liberándolo de las fuerzas restrictivas de la Biná conceptual, por lo que, en un primer momento, la Jojmá psicológica de la simbolización debe liberar a la Tiferet a la conceptualización estática de la Bina; cuando se produce la «copulación» entre la Jojmá y la Biná en términos psicológicos, entonces la Tiferet (El Yo interior) pasa a ocupar el sitio de Daat porque Daat representa la elevación subjetiva de nuestra Tiferet.

El «conocimiento» (como unión de la Biná y la Jojmá) me libera de los arquetipos madre/padre. El arquetipo real de mi Yo interior (Tiferet) es Keter, por lo que el Keter psicológico representa la proyección de mi Yo real en su máxima potencialidad, liberado de los condicionamientos arquetípicos de la Biná y la Jojmá. En realidad, el «Anima» y el «Animus» junguianos se encuentran ahora incorporados a mi Tiferet. La definición de mi identidad interior (Tiferet) tiene que necesariamente incorporar los arquetipos sexuales de lo femenino y lo masculino; por esa razón los arquetipos de la Biná y la Jojmá son respectivamente Eva y Adán.

Si en Tiferet el arquetipo es Israel por su identidad emocional, ahora el arquetipo que debo construir subjetivamente dentro del Daat es el resultado del equilibrio o coordinación de lo femenino y lo masculino en términos objetivos.

Por lo tanto, voy a operar dentro de la relación Biná-Jojmá a nivel conceptual, y a su vez a nivel simbólico. Lo conceptual de la relación Biná-Jojmá establece una relación interior de conocimiento entre la Biná psicológica, que conceptualiza y organiza la realidad mental, y la Jojmá psicológica, que busca ampliar los flujos energéticos provenientes de Keter. Y en el orden simbólico, la Biná psicológica representa el arquetipo de lo femenino y la Jojmá psicológica representa el arquetipo de lo masculino.

En otros términos, operamos la relación Biná-Jojmá desde la conceptualización de la Biná psicológica, y operamos al mismo tiempo la misma relación desde la simbolización de la Jojmá psicológica. Nos liberamos de la conceptualización de la Biná a través de la simbolización de la Jojmá, pero nos volvemos a liberar de la simbolización de la Jojmá a través de la cancelación de toda proyección arquetípica en Keter. Keter, pues, representa la destrucción de todos los conceptos y de todos los símbolos, de todos los factores que limitan la percepción integral de la realidad objetiva, para subir a partir de ahí al flujo de energía cosmogónico que se encuentra más allá de la psique.

En realidad, trabajamos cada dimensión del Árbol de la Vida traduciendo cada nivel dimensional de acuerdo con el lenguaje conceptual de cada dimensión. Podemos entonces operar las diez dimensiones según la posición dimensional de cualquiera de ellas, llegando a diez análisis diferentes a partir de cada una, porque cada dimensión la puedo traducir según su lenguaje específico. Como ejemplo de esto podemos decir que, cuando percibo los arquetipos de cada dimensión (simbolización), estoy operando sobre todas ellas a través de la visión y el lenguaje del nivel dimensional de la Jojmá psicológica.

Puedo entonces percibir todo el Árbol de la Vida (las diez dimensiones) desde la posición de cada una de las dimensiones; sin embargo, la mayor posibilidad continúa siendo la percepción a partir del Daat (el Conocimiento) porque constituye el elemento de interconexión general de todas las dimensiones.

Cuando operamos en Daat no nos situamos en ningún punto fijo, es decir, no operamos fijándonos estáticamente dentro de una dimensión en particular, por lo que podemos concluir este asunto diciendo que, al posicionarnos en una dimensión determinada, creamos un sistema estático de visualización y análisis de toda la realidad, y cuando ingresamos en Daat, viajamos a través de todas las Sefirot. Daat nos otorga la flexibilidad, y el análisis fijo dentro de una dimensión nos puede otorgar un cierto dogmatismo no buscado intencionalmente.

Quizás, antes de ingresar en el Daat, deberíamos (por razones de seguridad conceptual) situarnos dentro de una dimensión en particular, para a partir de ahí, tener la suficiente confianza interior de no perdernos dentro de Daat. Daat representa un desafío importante porque, al perder un centro de seguridad imaginaria, logramos percibir unos niveles de acercamiento a Keter, porque operamos desde todas las dimensiones y hacia todas ellas al mismo tiempo. Cada vez que pretendemos fijarnos dentro de una dimensión de forma estática creamos una visión dogmática de la realidad, sea cual sea la que escojamos como punto estático de análisis de la totalidad.

Cuando estudiamos las dimensiones del Árbol de la Vida, y la posición de la Merkabá dentro de dicho Árbol, comprendemos con mucha más claridad ese dinamismo del «Yo» y, por consiguiente, la verdadera naturaleza del «Yo». La cábala busca la honestidad radical en nuestra interioridad, porque como sabemos, no existe honestidad radical hacia el exterior material debido a la imposibilidad del lenguaje general (tanto el de Hod, a nivel estructural, como el de Netzaj, a nivel emocional). Si aceptamos la honestidad como un entrenamiento interior, cuando el Yo es consciente de su propia posición, entonces se anulan los autoengaños.

Esa búsqueda de la honestidad radical a veces es incompatible con la aceptación dogmática de pautas grupales de ciertos grupos del judaísmo (y de cualquier cultura que fije un sistema determinado a través de nuestra mente).

Si lo único realmente fijo[260] es el Ein Sof, todos los sistemas del pensamiento humano se deben comprender en el marco de la imperfección permanente.

---

260. El concepto de «Fijo» debería ser revisado, porque sería considerar al Ein Sof como lo único existente, sin embargo, no conocemos el dinamismo interior del Ein Sof fuera del espacio vacío. No podemos considerar como estático lo Infinito, ya que pueden existir movimientos dinámicos en el interior del Ein Sof que se oculten a nuestra percepción dentro del espacio vacío. El Atzmut del Ein Sof está completamente oculto, sin embargo, no podemos considerar su ocultamiento como equivalente a un estado de reposo eterno, sino como un posible movimiento eterno dentro de la infinitud. La no existencia del vacío no impide que no existan movimientos ocultos en la interioridad del Ein Sof, que no se pueden revelar porque no se manifiestan dentro del espacio vacío. El espacio vacío (Jalal Panui) es donde se revelan las energías del Ein Sof.

La imperfección permanente se fundamenta sobre todo análisis fragmentario de la realidad inferior; en cambio, se podría llegar a comprender una teoría del «Todo integrado» si conociéramos todos los fragmentos que operan dentro de nuestra realidad finita y los interconectáramos entre sí, por lo que podría construirse una teoría del «Todo integrado» dentro del vacío en el orden de la manifestación finita del Ein Sof. Sin embargo, si al paradigma del Todo integrado se le agregara el factor del Ein Sof, esto nos imposibilitaría una teoría del Todo integrado que incluya la infinitud que no puede ser conceptualizable al carecer de limitaciones.

Si dogmatizamos una parte de la realidad, reemplazamos el carácter absoluto del Ein Sof, porque en realidad lo que estamos haciendo es reemplazar mentalmente el Ein Sof. Toda dogmatización es la negación total de la realidad del Infinito. Por ese motivo, paradójicamente cada concepto explicativo debe ser considerado como un elemento dinámico (no fijo), ya que podemos (sin intención) fijar mentalmente dicho concepto y utilizarlo como herramienta de dogmatización de la realidad. Este trabajo asociado con el Daat (el Conocimiento) es fundamental para otorgar flexibilidad mental al sujeto para que toda operación mental pueda trabajar en el orden complejo de la simultaneidad relacional.[261] No existe operatividad lineal, sino relacional.

Es el Daat quien nos permite adquirir la flexibilidad mental cuyo fundamento es el carácter relacional de todos los fragmentos de la manifestación del Ein Sof. Si no trabajamos las relaciones entre los fragmentos del Ein Sof y pretendemos partir del supuesto de la existencia de un conflicto eterno provocado por la división irreductible de la realidad, entonces podemos dogmatizar algún fragmento con la consiguiente distorsión del conocimiento.

Si aspiramos en la dirección del Ein Sof, entonces nos dirigimos a la única verdad que se encuentra en el Infinito (Ein Sof) eterno, ni siquiera podemos

---

261. Como dice el sabio cabalista Haim Zukerwar (1956-2009) en una de sus obras: «El bien, la verdad, etc., para ser completos deben estar conectados con la vida en todos los estratos en los cuales la vida se manifiesta, es decir, en los ámbitos corporales, emocionales, mentales y espirituales, contemplándolos a todos ellos como diferentes aspectos de una misma realidad. Toda cualidad y/o situación es definida y valorada solamente en relación con el entorno en el cual se manifiesta. Por el contrario, cuando la aislamos de las condiciones que la generaron, nos arriesgamos a juzgarla de forma errónea». (*La Esencia, el Infinito y el Alma*, de Haim David Zukerwar, página 94, ediciones Índigo, Barcelona, septiembre de 2006). Al texto de Zukerwar solamente me gustaría agregarle un pequeño comentario personal, debido a que hace referencia a los ámbitos espirituales como divididos de los corporales, emocionales y mentales. En realidad, para el misticismo judío no se puede hacer referencia a ámbitos espirituales separados de los ámbitos mencionados. Todo es espiritual incluso lo material, por lo que lo corporal, lo emocional y lo mental son niveles dimensionales de una misma y única realidad espiritual.

considerar como verdaderas las formas eternas finitas que puedan existir dentro de la manifestación.[262]

Debemos liberar al ser humano de las manipulaciones dogmáticas de ciertas autoridades que no dejan desarrollar nuestro Árbol de la Vida interior, y liberar al Yo de los condicionamientos subjetivos que provocan la búsqueda de un punto fijo de seguridad imaginaria. Se podría objetar que el Ein Sof es un punto fijo, sin embargo, nos preguntamos: ¿Cómo podemos considerar al Ein Sof, donde no existen puntos fijos, como un punto fijo dogmático?

Cuando la necesidad de seguridad imaginaria de un sujeto se une a la manipulación dogmática institucional podemos decir que comienzan a operar las fuerzas de las Kelipot. La baja autoestima de un sujeto en su centro tiferético es la causa natural de la cesión de su libre albedrío hacia una autoridad externa. Toda autoridad externa se construye (y se refuerza) sobre la base de una baja autoestima subjetiva. A cada grado de baja autoestima le corresponde un grado de transferencia de poder hacia el exterior.

Y el sujeto nunca podrá salir del Universo de Yetzirá si siempre está concentrado en el problema de su autoestima. Ningún sujeto tiene la capacidad de trascendencia si su subjetividad le provoca una permanente distorsión de la realidad general. La restauración de la autonomía subjetiva a través de la psicología clásica es un elemento fundamental para pasar a la psicología del misticismo judío que trabajaría como en una segunda fase del desarrollo personal; porque debemos lograr la autonomía personal dentro de la Psicología clásica, pero no para reintroducir al sujeto en la sociedad patológica, ya que esto es un contrasentido. En lo que debemos trabajar es en preparar al sujeto a fin de que este adquiera el máximo grado de interiorización posible para trascender individualmente las patologías sociales, y de este modo no reducirlo a la realidad del mundo inferior, y así llevar al sujeto al encuentro con su propio sentido existencial. Entonces ya no devolvemos al sujeto al campo

262. La Eternidad que se encuentra dentro del Ein Sof (infinito) es el Atzmut (la esencia) del Ein Sof, en cambio, cuando las formas infinitas pueden ser conceptualizables dentro de la eternidad hacemos referencia al Universo de Atzilut (la Emanación), que en términos energéticos son denominadas como Luces (Orot) ya que para llegar a ser consideradas «Sefirot» debe existir un espacio vacío que haga de Kli de recepción de dichas Luces (Orot). Cuando podamos dominar las variables del tiempo y el espacio quizás podamos comprender el Universo de Atzilut desde dentro. Aunque muchos autores hacen referencia a las Sefirot dentro del Universo de Atzilut, nosotros consideramos que es errónea esta designación ya que en el Universo de la Emanación (Atzilut) no existen formas finitas, sino energías infinitas sin vasijas de recepción. Cuando estas energías infinitas (Orot/Luces) se manifiestan dentro de la realidad del vacío, entonces al ser reveladas pueden ser consideradas como Dimensiones (Sefirot/Dimensiones). Las Dimensiones poseen «Luz» (Or) y Vasija de recepción (Kli).

del mundo inferior como si este mundo fuera el único existente, sino que con las herramientas psicoespirituales de la trascendencia, de la comprensión del orden cosmogónico, de los senderos del Árbol de la Vida, del funcionamiento del mal, le llevamos a un ascenso personal hacia el mundo superior que le otorga una paz interior desvinculada de las patologías sociales.

El objetivo de la psicología del misticismo judío debe ser la modificación del nivel cognitivo del sujeto para que pueda lograr un tipo de felicidad permanente más allá de la inmediatez que brindan las satisfacciones del mundo de la fragmentación. Lograr la autonomía del sujeto a través de la Psicología clásica para hacerle retornar al mismo sistema cotidiano (que parece percibido como un callejón sin salida) es un problema existencial que debemos resolver para que el sujeto logre una felicidad permanente y no vinculada exclusivamente a las dimensiones inferiores cercanas del mundo material.

La idea es que toda insatisfacción y toda satisfacción del mundo inferior de la fragmentación puedan alcanzar un sentido positivo permanente en el grado de conciencia Alef, y así lograremos que el ser humano alcance un estado de felicidad permanente de un modo independiente a cualquier suceso del mundo inferior; de esta manera, el mal será derrotado porque no tendrá entidad ninguna, ya que todo mal será un aprendizaje permanente para elevar el nivel de nuestra conciencia.

Parte 3
El vacío interior

92. El Yo y el vacío interior

«El que no cree en lo oculto, no cree en lo revelado, pues lo oculto y lo revelado se relacionan entre sí constituyendo una unidad».

EL GAÓN DE VILNA

Los místicos del judaísmo (cabalistas) en sus grados más altos de elevación espiritual se encontraron con el «vacío existencial». No fue un encuentro intelectual, sino que, por el contrario, constituye este fenómeno un encuentro en el campo de la experiencia. Tenemos que tener sumo cuidado al realizar una equivalencia entre las depresiones y el vacío existencial, porque estamos haciendo referencia a dos tipos de realidades subjetivas.

Es realmente complicado describir o definir siquiera esto que llamamos con los términos de «vacío existencial», pero lo podríamos definir como la sensación del ser humano de que vive una existencia animal o material (en Maljut) sin sentido, y que al final (como desaparecerá físicamente) todo el sentido se reduce a experimentar la máxima cantidad de placeres físicos. Cuando hacemos referencia a la existencia animal, lo debemos ampliar a cualquiera de las siete dimensiones inferiores del Árbol de la Vida.

La creencia de que las siete dimensiones inferiores constituyen la única realidad existente se basa en la imposibilidad de captar el orden cosmogónico de los tres universos superiores más allá del Universo de Yetzirá. Por supuesto que el sujeto cree que los dos universos existentes son Yetzirá y Asiá, simplemente porque en ellos nos desarrollamos la mayor parte de nuestro tiempo existencial. Por lo tanto, las posibilidades de no poder visualizar los tres universos «trascendentes» de la psique son muy elevadas debido a que nos hemos desarrollado a partir de la materia. Quedarse anclados en los niveles inferiores no es simplemente lo más fácil, sino que es lo habitual. Si no somos conscientes de la existencia de los universos superiores, estos parecen que no existen.

La angustia que provoca la aceptación de la reducción de la existencia a la existencia física en sí misma es lo que podemos denominar como vacío existencial. Por lo tanto, el vacío existencial es positivo si consideramos que el ser humano «siente» que existen indudablemente universos trascendentes más allá de su psique. Todo el sistema inferior de Yetzirá/Asiá le otorga al sujeto un lugar central. Lo doloroso del sistema general es que el sujeto no se encuentra en un lugar central; sin embargo, el sujeto no quiere reconocer su no-centralidad.

Si fuera la existencia una verdadera reducción a la existencia física, entonces no comprenderíamos el término que la humanidad ha designado como «trascendencia». Se podría considerar la idea de trascendencia como la anestesia psicológica de la Biná ante el hecho de tener una visión real de la existencia, y, por lo tanto, la trascendencia podría ser considerada como una evasión de la realidad existencial. Al contrario, así como podemos decir que la Biná psicológica no quiere aceptar la realidad tal como es, también podemos decir que la Biná psicológica no acepta los niveles superiores de trascendencia por su ignorancia. Lo que denominamos como «trascendencia» no debe ser comprendida como un elemento psicológico contra la angustia existencial, sino como parte de la comprensión de la «Eternidad real» en términos cosmogónicos. No estamos haciendo referencia a la «Eternidad» en orden a disolver nuestra angustia ante la muerte física, sino que hacemos referencia a la Eternidad en orden a su existencia objetiva en el campo físico. Las posibilidades teóricas dentro de la física que postula el misticismo judío, con la intención de comprender la realidad eterna como simultánea a las realidades de las diferentes magnitudes que nacen dentro del orden espaciotemporal, no tienen ninguna relación con nuestra angustia o no-angustia psicológica frente a la muerte física. No podemos justificar nuestra ignorancia en el orden cosmogónico por nuestros desequilibrios psicológicos subjetivos, porque entonces todo evento objetivo en la física debería ser comprendido en términos de una psicología entrópica. La entropía psicológica de la justificación de los mecanismos de la psique pertenece al Universo de Yetzirá, pero no a los universos superiores de Briá y Atzilut; allí, la psique en realidad no es el centro del sistema, sino una derivada de los sistemas superiores. Así que no podemos operar con conceptos yetziráticos (de la psique) en el campo briático o atzilútico. Lo que caracteriza al Universo de Yetzirá es el predominio de la psique y su centralidad, sin embargo, lo que caracteriza a los universos superiores de Briá y Atzilut es que son estructuras objetivas en el campo cosmogónico de las cuales deriva el Universo de Yetzirá. La psique para lograr percibir los universos superiores debe aceptar sin más (es decir, sin interferencias psicológicas) estas magnitudes energéticas como realidades objetivas en el orden cosmogónico.

La falta del Daat cosmogónico (no del Daat en el Universo de Yetzirá, sino del Daat cosmogónico dentro del Árbol de la Vida general de los universos) hace que la Biná se autoengañe pensando que la psique posee un lugar central dentro del orden universal, y esto es lo que conlleva a la distorsión en la comprensión.

La psique es la autoconciencia divina de un fragmento del Ein Sof; sin embargo, el Ein Sof puede adquirir autoconciencia dentro de cualquiera de sus fragmentos si así lo desea (esta autoconciencia divina se ha producido en muchos universos, no exclusivamente en el nuestro).

Nosotros como fragmentos del Ein Sof tenemos el privilegio de elevar nuestros niveles de conciencia; sin embargo, si no somos capaces de ampliar nuestros Kelim de recepción, otros seres nos reemplazarán porque históricamente habremos perdido la oportunidad de revelación del Ein Sof en esta existencia. Al descentrar el Yo de la psique, logramos percibir la inmensidad de las manifestaciones del Ein Sof, y obtener una imagen más cercana a la realidad, no como proyección de la psique, sino al destruir todas las proyecciones de la subjetividad que se encuentran siempre operativas en todos los órdenes. Pero las proyecciones subjetivas de la psique se encuentran dentro de los universos de Yetzirá y Asiá; en cambio, la existencia en sí misma (en su objetividad física) se encuentra en los tres universos más altos (Briá, Atzilut y Adam Kadmón).

93. La liberación de la psique de su percepción entrópica

«En la luz no hay ningún cambio, el cambio se produce en el receptor de acuerdo con la forma en que recibe la realidad».

HAIM DAVID ZUKERWAR

La trascendencia entonces se produce cuando la psique toma consciencia de la existencia de energías cosmogónicas que realmente en términos físicos trascienden a la propia mente humana. Sin embargo, la psique pasa también paradójicamente a comprender su poder real cuando abandona la centralidad de su cosmovisión y entonces puede lograr operar sus energías subjetivas en el mismo plano que las energías dimensionales en el campo cosmogónico. En realidad, la psique pasa a conectarse con las mismas energías cosmogónicas que son equivalentes a su naturaleza. En el campo de las energías no hay diferencias entre las interiores al sujeto (psíquicas) y las exteriores (cosmogónicas), pues tanto el sujeto como lo exterior a él son productos de la propia naturaleza única. Por ese motivo, el símbolo del Árbol de la Vida es el mismo para la comprensión cosmogónica como para la comprensión psicológica.

Es dicha realidad universal la que ha generado la consciencia de nuestra psique, y, por lo tanto, existen energías subyacentes dentro del sistema cosmogónico general, energías ocultas que cuando se revelan dentro de esta manifestación producen lo que nosotros denominamos «Consciencia».

Si la psique se libera de su antropocentrismo defensivo, entonces puede comprender que la propia naturaleza consciente de la psique es un fragmento de la consciencia general del Ein Sof dentro de la manifestación. No admitir esta realidad cosmogónica, donde la psique no constituye el centro de la realidad, sino una más de las infinitas manifestaciones del Ein Sof, es el comienzo para percibir los niveles trascendentes reprimidos dentro de la Biná. La Biná psicológica tiende a una entropía subjetiva que distorsiona automáticamente una real compresión de la psique que se debe establecer de acuerdo con su grado de relación con el entorno exterior a ella, ya que la psique pertenece a la naturaleza cósmica exterior. Sin este fundamento que relaciona la psique con el Cosmos estaremos realizando un análisis equivocado. La desaparición física de un fragmento del Ein Sof no implica la desaparición energética real de dicho fragmento porque la consciencia universal manifestada se incrementa más allá de nuestra propia subjetividad. El principal problema del Yo en tanto sujeto es cuando centraliza en sí mismo la cosmovisión de la existencia general. Este carácter entrópico derivado de la finitud estructural predeterminada distorsiona la percepción de la realidad. Cuando intelectualmente disolvemos el Yo (aunque no podemos ni debemos disolver el Yo dentro de la materialidad de las dimensiones inferiores), entonces nos relacionamos con las energías exteriores a la psique que tienen su misma naturaleza. Mientras el carácter entrópico de la psique opere de un modo defensivo, la ciencia que denominamos Psicología caerá en un reduccionismo que potenciará la distorsión de la percepción de la realidad. Es entonces cuando debemos considerar seriamente la disolución intelectual del Yo (Devekut en hebreo), para alcanzar a conectarnos con las energías exteriores al Yo, que están siempre conectadas, pero que la entropía propia de la subjetividad material las desconecta. Y no solamente nos conectaremos con las energías cosmogónicas generales, sino con las energías psicológicas subjetivas de los demás.

Hasta tal punto sentimos la conexión con las energías psicológicas subjetivas de los demás que, lamentablemente, confundimos en la palabra «Amor» el enlace energético con estas otras estructuras subjetivas, y es que la conexión llega a ser de tal intensidad que muchas veces aparece una necesidad física de abrazar a los demás (aunque algún freudiano dirá que es la pulsión sexual). En realidad, lo que percibimos es una unificación energética que nos trasciende, y que puede liberar la energía sexual, como una energía derivada de este éxtasis trascendente, pero que no podemos reducir al concepto de «energía sexual», sino a un concepto más amplio de «energía psíquica».

Sin embargo, la conceptualización de la energía psíquica reduce dicha energía, porque en verdad sabemos que es una energía cosmogónica que se revela dentro de nuestra psique. A las energías cosmogónicas exteriores que se revelan dentro de la psique las denominamos como «energías psicológicas subjetivas». Cuando la energía psíquica yesódica se manifiesta en la pulsión sexual, y siendo el sexo el elemento central de la reproducción natural tradicional, la reproducción representa el símbolo de la trascendencia del Yo. La conciencia del Yo que desea su autotrascendencia proyecta dicho deseo a la pulsión sexual que debe ser quien materialice la trascendencia material del Yo en otros sujetos futuros.

Las denominamos a veces erróneamente como «energías de tipo sexual» porque hemos experimentado una descarga libidinal, pero esta descarga energética producto del éxtasis trascendente posee una superioridad notable frente a la materialización sexual en términos físicos. Y mientras que lo «físico» (Yesod) limita la libido a la descarga sexual, el éxtasis trascendente, en cambio, nos eleva más allá de la materialidad haciéndonos operar en dimensiones energéticas más elevadas. Es tal el grado de elevación y potencia de dichas energías psíquicas que siendo estas al mismo tiempo «cosmogónicas» pueden destruir materialmente al sujeto. El sujeto tiene que entrenarse materialmente para no ser anulado por el nivel de energías psíquico-cosmogónicas que puede absorber en su interioridad.

En este nivel no podemos decir que existe el «Amor», porque esta palabra se reduce a sentimientos en el nivel de la finitud (Tiferet); lo que estamos describiendo es un estadio superior al «Amor» dentro de la finitud, porque la trascendencia nos provoca la fusión psicológica con el entorno al hacernos transitoriamente desaparecer de nuestra subjetividad; es cuando nuestra conciencia psicológica comprende que es un fragmento de la conciencia cósmica universal. Entonces sucede la «fusión con el Todo», y en dicho estado de fusión (Devekut) nuestras energías ya no están al servicio de la autodefinición constante dentro de la entropía de la subjetividad, sino al servicio de la unión con las energías cosmogónicas exteriores que poseen la misma naturaleza esencial de las energías subjetivas de la interioridad.

La felicidad, que es imposible de describir en términos conceptuales (y que podemos denominar como trascendencia), es la sensación íntima por la cual se asume que la consciencia ha logrado revelarse en la psique; la consciencia universal del Ein Sof que se ha manifestado ha logrado un nivel de revelación de tal magnitud que, a partir de aquí, aunque existan retrocesos en los niveles de revelación, el camino del proceso de descubrimiento permanente del Sod queda abierto hasta llegar a la Eternidad.

94. La trascendencia del Yo

«La fuerza vital divina también se oculta en el alma (Neshamá), pero en mayor medida se encuentra oculta en el cuerpo (Nefesh)».

SCHNEUR ZALMAN DE LIADÍ

Toda la revelación de la consciencia es el trabajo de transformar lo «Nistar» en «Niglé», en definitiva todo el sentido de nuestra existencia es elevar nuestros niveles de consciencia más allá de nuestros niveles actuales; esto significa que el crecimiento de nuestro conocimiento (en cualquier campo) es el elemento central del avance de nuestra consciencia. Y nosotros como fragmentos del Ein Sof trabajamos para que la consciencia general aumente en su conjunto. El «Ego» (Yesod) como energía interior bien canalizada produce avances muy altos por su capacidad autorreferencial; sin embargo, se pueden lograr avances en los niveles de consciencia sin la necesidad del «Ego», sino simplemente a partir de la fuerza interior del Yo (en el nivel de la Tiferet).

Si la existencia se reduce a la propia existencia material, entonces los placeres físicos necesarios serían la llave de salvación; no obstante, ¿cómo es posible que la gente que puede experimentar todos los deseos físicos pueda a su vez ser infeliz? Lo que percibimos es que, después de las satisfacciones materiales el ser humano, se encuentra infeliz, luego toda la terapéutica creada para otorgarle autonomía y sacarlo de su propia oscuridad no ha dado resultado o, por lo menos, no el resultado que pretendíamos a largo plazo.

¿Vamos a sanar al enfermo y elevar al sano de su nivel para enviarlos nuevamente a una sociedad cuya patología interior los termina nuevamente reconduciendo a los niveles inferiores? O sin una patología específica social, enviamos al sujeto a una sociedad que no tiene respuestas más allá de una carrera desenfrenada en las dimensiones inferiores.

Alguien podría objetar, ¿y cuál es la patología social según la psicología del misticismo judío? La respuesta se encuentra en la percepción social que reduce la visión de la existencia a los grados inferiores cercanos a la materialidad. La patología social es la inclinación del entorno que desea convencer al Yo subjetivo de reducir su sentido existencial al sistema inferior. Entonces el sujeto se transforma en objeto de consumo en sí mismo, y el sistema entonces incrementa los deseos innecesarios proyectándolos en el sujeto como necesidades reales; y estas necesidades artificiales creadas por el sistema inferior para el progreso material pueden convertir al sujeto en un objeto de consumo. Se incentiva la creación de deseos artificiales transformándolos en necesidades aparentemente «reales». Entonces no se le puede pedir al Yo que sane en una terapia tradicional cuando la sociedad está enferma en una carrera desenfrenada hacia el vacío existencial. Así ha nacido el nihilismo en el que nos encontramos hoy. Con más tiempo ocioso y sin saber qué hacer con ese tiempo, con más posibilidades materiales, pero sin saber a dónde conducir estas energías, el sujeto se encuentra con una sensación de mayor vacío que antes; toda la energía excesiva que estamos acumulando está produciendo una serie de conflictos entrópicos que no estamos solucionando.

Entonces no deberíamos trabajar exclusivamente en la reinserción del sujeto en el medio social, sino en la elevación del nivel de consciencia del sujeto a pesar del entorno. Cuando dentro de la cábala hebrea decimos que cada sujeto debe producir «luz» en su entorno, lo que establecemos es la pretensión por la cual el sujeto que ha ascendido tenga la suficiente energía interior que le permita seguir creciendo y a su vez resistir los elementos negativos del entorno que lo quieren rebajar a los niveles inferiores de consciencia. Si el sujeto transforma los niveles negativos de las patologías sociales en enseñanzas para su elevación constante de su propio nivel interior, entonces se produce un efecto inverso: a cada ataque social que pretende rebajar al sujeto, este último transforma automáticamente todo ataque en una enseñanza positiva que hace que no sea necesaria una introversión defensiva, sino que el sujeto adquiera un equilibrio constante de extroversión/introversión (relación dimensional psicológica entre la Tiferet y Yesod).

En otras palabras, toda extroversión del sujeto que reciba elementos negativos del entorno se transforma en positivos a través del proceso de introversión meditativa. La introversión del sujeto dentro de su Tiferet (auto-conocimiento) no debe ser un elemento de evasión de la realidad social de su Yesod (la relación con los otros), sino un elemento de transformación de lo negativo yesódico para la elevación constante de su Yo interior. Las enseñanzas de los niveles inferiores de Maljut y de Yesod deben servir para que la Tiferet no caiga en dichos niveles inferiores, sino que continúe ascendiendo hacia Keter.

95. El problema del ocio y las energías excedentes

> «No es el tiempo cronológico lo que tiene sentido, sino su intensidad. La intensidad modifica la percepción del tiempo».
>
> MARIO SABAN

Todo el materialismo, aunque solucionó, por supuesto, muchísimos aspectos de nuestra realidad, dejó al descubierto en toda su crudeza el vacío existencial. Ahora podemos reconocer con mayor fuerza «el vacío existencial» del que hablamos. Nos encontramos ante una paradoja que se produce históricamente por primera vez, ya que al tener más tiempo libre, y tener la mayor cantidad de información disponible, no sabemos cómo gestionar esta situación. Como decía el sabio judío Maimónides (1135-1204): «la Era Mesiánica habrá llegado cuando todos estemos estudiando», y Abraham Abulafia proponía que cuando todo el mundo medite sobre el Infinito habrá llegado la Era Mesiánica.

La propuesta de la psicología del misticismo judío es lograr un sentido existencial de largo plazo que anule la sensación permanente de vacío existencial. La mejor administración de las energías psíquicas a nuestra disposición debe ser el objetivo central de todos nuestros avances (incluso los avances en la materia).

Los niveles de autoconocimiento que podremos alcanzar lograrán una paz interior jamás alcanzada dentro de la historia humana tal como la conocemos. Sin embargo, el desafío es muy alto: ¿Qué hacer con nuestras energías subjetivas excedentes? Tendríamos que crear un plan a medida para cada sujeto de acuerdo con su nivel de conciencia, y proponer niveles de auto-conocimiento elevados nunca antes explorados. Nos encontramos dentro de un nuevo paradigma, ya que al disponer de tanta energía acumulada lo importante es canalizarla para no producir implosiones constantes dentro de los sujetos que carecen de un sentido existencial definido, y sabemos que todos los que utilizan la materialidad o las dimensiones inferiores se están fugando del compromiso que conlleva el conocer el sentido existencial subjetivo. En realidad, hemos aumentado los niveles de vacío existencial a partir del progreso material, ya que seguimos anclados detrás de la materialidad. Sin embargo, poseemos energías materiales que deben ser canalizadas para anular los niveles de sufrimiento físico que aún existen en la humanidad. Esta labor, esa canalización de las energías psíquicas subjetivas, es fundamental para obtener la felicidad «trascendente» que va más allá de esta realidad material. Si no gestionamos adecuadamente el vacío existencial, entonces devolveremos al sujeto al campo material sin sentido; en cambio, si gestionamos el autoconocimiento profundo, entonces llenaremos el vacío existencial de todos los seres humanos (alcanzando un mesianismo activo dentro de la realidad material).

A esta era histórica (o a-histórica, debido a que anularemos el espacio y el tiempo), los cabalistas la denominan la unión o la fusión de Keter con Maljut, porque en realidad Maljut es Keter en su más baja densidad material, y Keter es Maljut en su más alta energía desmaterializada.

Ahora bien, ¿qué hacemos con el vacío existencial? El problema es describir conceptualmente «ese vacío existencial» como una fase intermedia entre la angustia que provoca la satisfacción de los deseos inferiores, y la felicidad que trae la trascendencia de ser conscientes más allá de nuestra psique.

Comprendemos muy bien la angustia provocada por la satisfacción de los deseos inferiores, así como la angustia provocada por la insatisfacción básica de las necesidades materiales.

La Psicología tradicional no encuentra una salida en este punto porque no se interroga sobre el sentido de la existencia personal, y esto lleva al sujeto a una especie de callejón sin salida, donde el Yo debe buscar una mayor materialidad, o una espiritualidad de fuga porque no encuentra el sentido de su existencia. El materialismo exclusivo es esencialmente nihilista, y es más, si llevamos al extremo el análisis, podemos decir que toda unidimensionalidad idolátrica es nihilista porque el sentido de la existencia se encuentra en el entramado complejo de una conexión constante de las Sefirot psicológicas, y la clave de conexión de dicho sistema es el Daat (el Conocimiento). A mayor autoconocimiento (Daat en el Universo de Yetzirá), más cercanía tenemos entre dimensiones; esta es la función fundamental del Daat al unificar en un sistema psíquico común los fragmentos interiores de cada sujeto.

La fuerza real de lo que denominamos como el «bien» se encuentra en la unión de las dimensiones interiores, y la fuerza real del «mal» se encuentra en la constante fragmentación interior del sujeto. Esta fragmentación interior del sujeto lo lleva a que las energías psíquicas subjetivas no se puedan unir jamás con el entorno energético porque están luchando entre sí de modo entrópico.

En realidad, hasta ahora hemos logrado «curar» psicológicamente al sujeto sin crear su proyecto personal de largo plazo, y lo hemos llevado de la oscuridad subjetiva de su propia problemática a la oscuridad de la problemática del sinsentido existencial. En mi propia experiencia profesional con mis alumnos he podido constatar que los sanos buscan mayores niveles de consciencia, es decir, buscan mayores grados de felicidad, y lo encuentran a través de la interiorización de los caminos simbólicos de la estructura del Árbol de la Vida y sus diferentes dimensiones.

Lograron al mismo tiempo una autonomía subjetiva que no se encontraba relacionada con el ego, y una independencia personal que opera de forma simultánea con un mejoramiento en sus relaciones sociales.

96. El vacío existencial y el sentido existencial

> «La frustración existencial no es en sí misma ni patológica, ni patogénica».
>
> Víctor Frankl

Si logramos desentrañar qué significa este vacío existencial podremos acercarnos a la comprensión psicológica del Maasé Merkabá.

La Merkabá es la construcción del sentido de la existencia de mi vida. Si mi existencia física se reduce a los niveles inferiores del Árbol de la Vida, entonces no logro alcanzar el estado que los cabalistas han denominado como la «Merkabá».

No quiero entrar en el debate intelectual de si existe o no un sentido existencial objetivo, o si el sentido es una construcción subjetiva. Para la psicología del misticismo judío, el sentido del ser humano (como el sentido de todo lo que existe) es objetivamente indudable, porque todo lo existente existe por una función determinada. Todas las energías del universo existen para cumplir una función. El problema es que la mayoría de las veces no conocemos la función de dichas energías, y de nuestra subjetividad como un organismo complejo de energías en relación continua. Y denominamos como un sentido existencial subjetivo el descubrimiento del sentido existencial objetivo que se encontraba oculto.

Decimos que el alma tiene una memoria anterior, y, por lo tanto, la construcción del sentido existencial tiene una relación directa con la memoria de nuestra alma. Ya sea que el sentido existencial exista en potencia, o que no exista y lo debamos construir, el misticismo judío propone que el sentido existencial aparece en la medida en que nuestros niveles de conciencia crecen. Cuando la autoconciencia subjetiva (el Daat psicológico) crece, entonces encontramos el sentido existencial, porque el sentido más profundo de nuestra existencia es acercarnos a la Luz del Ein Sof, y captar de este modo, dentro de nuestras limitaciones, los niveles más altos de la conciencia.

Por lo tanto, más allá de las fortalezas de la psique y de las capacidades estructurales del alma de cada sujeto, tenemos un sentido existencial objetivo y común, y es el de elevar de forma constante nuestros niveles de autoconocimiento (Daat psicológico) y los niveles de conocimiento general (Daat cosmogónico); si elevamos nuestro nivel de conciencia, llegamos a la conclusión de que el autoconocimiento psicológico subjetivo y el conocimiento cosmogónico objetivo se encuentran completamente fusionados en un punto.

No debemos confundir el «crecimiento personal» con el sentido existencial. En la memoria del alma se encuentran las tendencias que hacen posible trabajar el crecimiento personal, pero una cuestión es el crecimiento personal y otra cosa muy distinta es encontrar el sentido de la vida. Lamentablemente, la psicología positiva ha mezclado ambos conceptos, y muchos sujetos encuentran sus caminos de crecimiento personal, pero el crecimiento personal puede fundamentarse en la energía egoica cercana a la materialidad.

El crecimiento personal es un camino subjetivo; sin embargo, la conciencia por su propia naturaleza siempre quiere revelar más de la realidad, porque la conciencia es la revelación de la realidad, entonces la conciencia desea ella misma crecer, porque se autorrefuerza en su naturaleza. El crecimiento personal provoca el aumento de la subjetividad descendente; en cambio, la búsqueda del sentido de la existencia provoca el aumento de la subjetividad ascendente con la consecuencia automática de descubrir que, cada vez que la subjetividad asciende, desaparecen los límites claros entre la subjetividad y el entorno.

¿Debemos condenar el crecimiento personal cuya base es el Ego y centrarnos en la búsqueda del sentido existencial? De ninguna manera. El crecimiento personal tiene una función importante con relación a nuestra autoestima, pero cuando alcanzamos la suficiente autoestima, no podemos quedarnos toda la existencia en el trabajo de reforzar constantemente el binomio ego/autoestima, debemos pasar a una fase superior (no todos están obligados a pasar a dicha fase superior, ya que cada uno puede encontrar una felicidad en el nivel en el que se encuentra); pero para quienes desean ascender al Ein Sof, entonces deben no condenar a su propio ego/autoestima a la aniquilación porque provocarán automáticamente que se refuerce el binomio. Lo que se debe trabajar es el logro de una visión «trascendente» de la realidad, pero no para crear otro binomio de orden superior «Trascendencia/Inmanencia», sino para disolver en la Trascendencia toda la Inmanencia, y para unir lo ordinario con lo extraordinario, y para percibir lo milagroso en este instante que parece tan simple. Al «eternizar psicológicamente» este momento temporal, traemos Keter a Maljut y disolvemos todas las dicotomías, pero no para destruirlas en el orden físico (cosa imposible), sino para comprender la unión íntima que opera debajo de la materialidad.

97. El Ego y el control del Yo

> «El Ego es la pretensión de estar lleno, el Yo es el reconocimiento de estar vacío».
>
> Mario Saban

Ahora bien, debemos discriminar las motivaciones del «Ego» (Yesod) del sentido real de la existencia personal. Dentro del misticismo judío decimos que desde la infancia hasta los 40 años debemos reforzar el «Ego», pero que después de los 40 años[263] debemos canalizarlo, controlarlo y disminuirlo frente al Ein Sof. No podemos construir una existencia fundamentada en el crecimiento permanente del Ego, debido a que el Ego lo único que obtiene es un aumento expansivo descendente; en cambio, cuando el Yo opera en sentido ascendente (Tiferet hacia Keter), entonces los niveles yesódicos del Ego deben ser abandonados.

Si el «Ego» controla al «Yo», entonces nuestra existencia física se convierte en una sucesión de aumentos constantes del Ego, y solamente se alcanza un nivel de felicidad inferior en la constante expansión del «Ego». El «Ego» en el nivel de la Yesod puede llegar a controlar el Yo de modo que al final puedo terminar confundiendo mi Ego con el Yo, y puedo llegar a creer que no existen metas reales trascendentes del Yo, sino objetivos de reconocimiento social por parte del Ego.

El Ego vive en una extroversión constante, porque necesita del reconocimiento exterior; esto implica algún grado de baja autoestima del Yo en la Tiferet, que no puede existir dentro de una felicidad interior trascendente del Ego, sino de una felicidad fundamentada en el reconocimiento social exterior. La desesperación del Ego ante el reconocimiento social es una de las más importantes patologías de Occidente. Y todas las expansiones del «Ego»

---

263. El número 40 es muy importante simbólicamente dentro de la cábala, ya que 40 años viajó por el desierto el pueblo de Israel con Moisés, 40 corresponde a la letra Mem que es el símbolo de toda transformación; por ese motivo, el nombre Moshe (Moisés) comienza con la Mem, porque es el símbolo de la transformación de la esclavitud a la libertad; por eso, la letra del Mashiaj (Mesías) es la Mem, porque en la Era Mesiánica el mundo que conocemos se transformará completamente.

que hemos construido tienden a un aumento de la cantidad de conflictos. Un «Ego» se puede expandir hasta que encuentra otro «Ego» que pretende la misma expansión en el mismo terreno. En otros términos, los «Egos» chocan de forma permanente, compitiendo desesperadamente y creando conflictos innecesarios en el campo de la materia.

En cambio, si el sujeto, superando los niveles yesódicos actúa desde su Yo interior (y su deseo es ascender al Daat), entonces todo Yo sabe que, siendo nada, no debe producir conflictos con los «Otros» porque en el nivel tiferético somos conscientes de ser fragmentos del Ein Sof, y no «Egos» competitivos en una lucha constante. Por lo tanto, antes de producir un conflicto exterior de Egos, si los diferentes Yoes logran controlar sus Egos interiores, destruyen automáticamente las posibilidades de conflicto exterior. Es el conflicto interior entre la Tiferet y Yesod el que provoca la exteriorización de dicho conflicto interior, y el conflicto es la proyección de mi «Ego» en el otro. El «Ego» necesita de los «otros» en función de un reconocimiento permanente. Las energías psíquicas que se desgastan en función de nuestro nivel yesódico deben ser reencauzadas en los niveles interiores tifereticos. El «Yo» (Tiferet) que se encuentra concentrado en su propio proceso de ascensión constante no puede desgastar sus energías psíquicas subjetivas al servicio del «Ego» (Yesod). Toda felicidad en el nivel yesódico depende del reconocimiento exterior social, mientras que toda felicidad trascendente del nivel del «Yo» (Tiferet) no depende del exterior social, sino de la sensación interior de mi propio autoconocimiento. En cierto modo, la felicidad trascendente no posee dependencias exteriores; en cambio, las felicidades que otorga el nivel del «Ego» nos llevan a una situación de mayor desesperación, porque al finalizar un reconocimiento exterior, el «Ego» debe reafirmarse sobre un nuevo reconocimiento exterior, ya que toda su felicidad depende de cada acto de reconocimiento.

El «Yo» al trascender su nivel egoico encuentra la felicidad en su interioridad, y establece una relación de extroversión a partir de una felicidad interna incuestionable. Dicha felicidad «trascendente» se encuentra exclusivamente cuando el Yo se sitúa en una posición ascendente hacia Keter.[264]

---

264. La felicidad ascendente hacia Keter por parte del Yo debe ser explicada. Existe una cantidad de energía infinita que proviene del Ein Sof, y que nosotros la captamos a través de Keter, a esto lo llamamos el «Or Makif», la Luz envolvente. La Luz envolvente es siempre superior a la luz que podemos recibir de acuerdo con la capacidad de nuestro Kli de recepción. Ahora bien, si ampliamos el Kli, lo que hacemos es refinar el «Masaj» (nuestro discernimiento). Si nuestro Masaj percibe que el Kli no se encuentra preparado para recibir la luz que proviene del Ein Sof (Or Makif), entonces opera en el sentido de proteger el Kli. Un Kli no puede percibir más allá de

La felicidad trascendente es infinita porque se encuentra relacionada con el ascenso constante e infinito de los niveles de consciencia; en cambio, la felicidad inferior es finita porque se encuentra relacionada con elementos finitos. El «Ego» produce «estados de felicidad» en la finitud. ¿Y por qué no entrenamos al Yo para que extraiga todo su potencial a partir de una consciencia trascendente? La conciencia mística de la Merkabá provoca una modificación del nivel de consciencia, de una consciencia egoica a una consciencia yoica; porque Keter es el objetivo ideal que funciona como la excusa para extraer todas las potencialidades de la interioridad del Yo.

Por lo tanto, el sentido de la vida no se debe buscar en el exterior (del mundo inferior), sino en la interioridad radical de nuestro Yo; el problema es que cuando estamos a punto de alcanzar dicho sentido aparece el supuesto sinsentido del vacío existencial. ¿Cómo es posible que hayamos luchado toda nuestra vida para llegar ahí y nos digan que el premio no está ahí? Mientras más buscamos el sentido de nuestra existencia, nos adentramos con mayor fuerza en la sensación del vacío existencial. Entonces sentimos que no tenemos salida alguna. A una mayor búsqueda en el nivel superior, aumenta en

---

su propia estructura debido a que un nivel más elevado de luz puede destruir eventualmente un Kli. Cuando el Kli se encuentra preparado para expandir su nivel de recepción, el Masaj permite el paso de la luz del entorno infinito (Or Makif). Para ampliar este asunto citaré al cabalista Haim David Zukerwar (1956-2009), quien escribió: «La Luz envolvente está compuesta por los grados de la realidad infinita y la voluntad superior que finalmente van a ocupar todos los aspectos de la realidad y la vida. La luz interior se halla conformada por los grados de la luz infinita que, a medida que el hombre refina su deseo, se aproximan a la voluntad y el deseo conscientes del alma. Los cambios que ocurren en la vida, tanto a nivel personal como colectivo, se producen como consecuencia de la presión constante provocada por la luz envolvente sobre el Masaj/discernimiento. Esto sucede ya que la luz infinita, obedeciendo a su naturaleza, quiere llenar la realidad como lo hace en el estado de Ein Sof previo al Tzimtzum. La presión ejercida por la luz envolvente nos obliga a enfrentarnos a nuevas situaciones, depurando así, gradualmente, nuestro discernimiento (Masaj). El pensamiento y la emoción dirigidos por la voluntad disciernen entre los grados de luz que el Masaj acepta o rechaza. El Masaj acepta los grados de la luz que el Kli se encuentra apto para recibir, es decir, lo que podemos recibir con el propósito de dar. Cuando el Kli no está apto aún para recibir determinados grados de la luz, ello provoca un rechazo por parte del Masaj, reintegrándolo al estado de luz envolvente. La luz rechazada deja una impresión en nuestro discernimiento y continúa ejerciendo presión sobre el Masaj depurándolo hasta que el Kli esté en condiciones para recibirla [...]. En cuanto el hombre desea determinada sabiduría, el conocimiento que él quiere adquirir se compara con la luz envolvente/Or Makif, ya que es exterior al hombre. En la medida en que el hombre refina su comprensión respecto de dicha sabiduría, ésta entrará gradualmente en su comprensión haciéndose interior-Or Pnimi. El deseo del hombre en relación a ese conocimiento le crea una necesidad que activa su voluntad. Así el hombre se verá obligado a refinar su mente, su discernimiento (Masaj), para conseguir finalmente su anhelado objeto. Al lograrlo, dicha sabiduría se hace interior y desaparecen los límites, puesto que el hombre y la sabiduría se unifica» (La Esencia, el Infinito y el Alma, de Haim David Zukerwar, ediciones Índigo, páginas 148 y 149, Barcelona, septiembre de 2006).

un momento la desesperación de caer en el vacío existencial. ¿Cuánta gente llega ahí y su máximo deseo es morir físicamente? ¿Cuántos suicidios se evitarían si lográramos que la psique salte el vacío existencial y logre encontrar el sentido de su existencia?

Sin embargo, a la psique no se le explicó lo que significa la «trascendencia» (no la estrictamente religiosa, sino la trascendencia más allá de su subjetividad). Y para poder explicar la potencia de la trascendencia debemos situar el Yo frente al Ein Sof, porque el Ein Sof (dentro de nuestro Keter psicológico) es la proyección infinita de todas nuestras potencialidades, y porque nosotros como fragmentos finitos somos la proyección de la consciencia finita del Ein Sof.

Y de este modo, el Yo no puede salvar al Yo de su vacío existencial, quien realmente puede salvar al Yo de esa sensación es la consciencia del Ein Sof. El pobre fragmento del Ein Sof (el Yo) ya no puede buscar dentro de sí mismo, porque para encontrar estas energías psíquicas tiene que conectarse con la realidad cosmogónica general. El vacío existencial entonces aparece cuando el Yo se encuentra como atrapado dentro de la existencia; por la terapéutica tradicional, busca una autonomía subjetiva en el orden inferior, y por el orden superior, se encuentra con la sorpresa del vacío existencial. ¿Qué hacer entonces? El Yo no desea ascender sabiendo que se encontrará con el vacío existencial, y no desea descender porque sabe que las patologías sociales y los niveles de oscuridad del entorno lo llevan a rebajarse y diluirse dentro del entorno. El «Yo» es luz, es consciente de ser un fragmento del Ein Sof, y es entonces cuando adquiere la potencia de saltar dicho vacío existencial. Para aquellos que sienten el vacío existencial dentro de la realidad cotidiana de sus existencias ya podemos advertirles de que existe un sentido trascendente y profundo cuando se cruza el «Abismo». Por eso se pueden dar esperanzas al sujeto mostrándole que no tiene necesariamente que rebajar su nivel de refinamiento de consciencia a los niveles inferiores y que puede seguir ascendiendo a pesar de encontrarse con su «vacío existencial».

98. El nihilismo del vacío existencial

«Si hay posesión, no puede existir relación».

MARIO SABAN

Si mi «Yo» no encuentra el sentido de su existencia, mi «Yo» es un «No-Yo», es decir, un «Vacío». Pero no es un «No-Yo» provocado por la consciencia de la Jojmá, es un No-Yo diferente. El vacío existencial es una sensación nihilista, porque es entonces cuando sentimos que nada tiene sentido, no es que dudemos del sentido o no encontremos el sentido existencial, sino que hemos arribado a la conclusión de que nada tiene sentido. Sin embargo, es muy curioso el proceso que vamos a describir, porque mientras más ascendemos, más vacío existencial sentimos, y en un momento dado, en la máxima profundidad del vacío existencial, aparece el sentido total, la trascendencia del Yo. Pasamos así del No-Yo nihilista de ser Nada, al No-Yo trascendente de ser parte del Todo.

Mientras el No-Yo de la Jojmá es el canal donde me abro hacia el Ein Sof, el No-Yo del vacío existencial se encuentra en el Tejom (en el abismo), donde justamente se encuentra el centro del Daat (el Conocimiento), entonces sucede que el «vacío» que en un primer momento constituía el sinsentido existencial, ahora se transforma en la más grande oportunidad de mi existencia, porque ahora logro adquirir la consciencia, que todas las potencialidades de mi Yo se encuentran en la oportunidad de estar vacío de mi Yo.

No es entonces mi Yo el que se expande, porque lo que se debe expandir es el vacío interior, que constituye la posibilidad máxima subjetiva de mi Kli de ser el canal de flujo de las energías cosmogónicas del Ein Sof.

Ahora bien, supongamos que llegamos a la conclusión de que nada tiene sentido, entonces creemos equívocamente que no hemos descubierto el secreto de la Merkabá. Sin embargo, aquel que ha sentido ese vacío existencial ha descubierto justamente la primera parte del misterio de la Merkabá.

Para poder acceder a la Merkabá debemos tener conciencia del «Vacío». Lo más misterioso de esta existencia es que justamente para llegar a la Merkabá debemos ser valientes y mirar sin vértigo el vacío existencial. Llegar a la sensación de nuestro vacío existencial es el primer paso para adquirir la felicidad trascendente infinita que otorga la percepción del Ein Sof.

El vacío existencial, pues, es el Tejom (el abismo) que se encuentra cuando pasamos del Daat inferior al Daat superior y entonces miramos directamente a Keter. Podemos considerar que el «Abismo» en realidad pertenece a todos los niveles de ascenso del sujeto hacia el Ein Sof. Sin embargo, a pesar de encontrarnos en el camino ascendente a Keter como si fuera una especie de «Abismo permanente», podemos cruzar dicho Abismo sin la sensación negativa del vacío existencial, sino llenando en cada nivel de ascenso dicho vacío existencial interior, y siendo conscientes de que en cada nivel de llenado se produce un aumento de la magnitud del vacío. Y en esta tensión bipolar de «satisfacción de llenar/insatisfacción de ser llenado», el vacío existencial encuentra el sentido de la existencia subjetiva a pesar de que se mantenga y aumente dicho vacío.

El vacío existencial es la verdadera oportunidad para extraer de nuestro interior todas las potencialidades del Yo. Y así como el Ein Sof creó su propio vacío interior para producir su auto-consciencia como escisión de su esencia, nosotros (reflejos fragmentarios del Ein Sof) debemos convivir con nuestro propio vacío interior, para crear allí la construcción de nuestro Yo que se encuentra oculto en las potencialidades de unas energías que aún no se han manifestado.

El vacío es el espacio donde se produce la oportunidad de revelar las energías ocultas de nuestra interioridad. Lo que otorga finitud a la luz fragmentaria del Ein Sof que percibimos dentro de nuestra subjetividad es nuestro Kli de recepción. Al expandir el vacío interior, no expandimos el sinsentido de nuestra existencia, al contrario, expandimos su sentido trascendente. En realidad dependemos del vacío porque hemos sido estructurados dentro del vacío que se produjo en la interioridad del Ein Sof. Nosotros como fragmentos del Ein Sof existimos porque el Ein Sof produjo un vacío en su interioridad, ¿cómo nosotros podemos percibir negativamente dicho vacío interior? Podemos crear «universos» dentro de nuestro propio vacío subjetivo, porque dicho vacío refleja el vacío general del orden cosmogónico. Por lo tanto, para obtener la mayor cantidad de energía del Ein Sof lo único que debemos hacer es expandir el vacío, y no llenarlo desesperadamente con el «Ego» que lo quiere llenar todo con el material más bajo de la finitud. ¿Por qué autolimitar nuestro vacío interior si tenemos la oportunidad de expandir el vacío en nuestra interioridad? Si nos situamos en una perspectiva más alta (desde la Jojmá), podemos decir que es posible operar fuera de los recipientes de contención conceptual de la Biná para lograr un mayor flujo de energías; en definitiva, la psique puede encontrar mayores niveles de expansión si deja de confiar en sus propias limitaciones conceptuales que le otorgan una sensación de seguridad imaginaria.

99. El momento de cruzar el Abismo (Tejom)

«La percepción del vacío interior es la oportunidad fundamental de toda la existencia».

MARIO SABAN

Nos encontramos entonces en el mundo superior, percibiendo que hay algo detrás del vacío. Algunos lo sospechan, otros caen en el vacío definitivamente creyendo que esta existencia no tiene sentido, y es entonces cuando Amalek[265] arrasa con todo lo que no pudo destruir en los niveles inferiores.

Pero entonces se produce la Teshuvá, porque la consciencia interior (el ser conscientes de que somos fragmentos del Ein Sof) reorganiza las energías que van a cruzar el abismo, el Daat superior mira hacia el vacío y puede ahora vislumbrar la Bina cosmológica y la Jojmá cosmológica, entonces es consciente de que si cruza el abismo, los niveles de consciencia ascienden ya sin fin. Sin embargo, la máxima consciencia se alcanza cuando logramos percibir el vacío expansivo ilimitado de nuestra interioridad. En realidad, no hemos cruzado el «Abismo» para superar el vacío existencial, sino que hemos cruzado cuando modificamos nuestra relación frente a dicho vacío existencial. Cruzamos el «Abismo» no por superar el vacío existencial, sino por reconocerlo, reconocer su bondad y expandirlo.

Cuando la consciencia subjetiva capta la eternidad de su ser, la consciencia no solamente se dirige al Infinito, sino que la subjetividad como ilusión de la Bina psicológica (que es la que no le dejaba captar los niveles cosmológicos más allá de sí misma) se evapora; la propia psique ha destruido sus mecanismos defensivos producto de la centralidad mental del Yo. El nivel de fluidez

---

265. Amalek es el mal absoluto; este tipo de mal es completamente diferente del mal pedagógico de Satán. Sabemos que Amalek se suicida porque no puede soportarse a sí mismo. El problema es que antes de su suicidio Amalek hace mucho mal, porque destruye por su nihilismo existencial a muchos sujetos que sí tienen sentido existencial. Sin embargo, los sujetos que alcanzan el sentido existencial a pesar de ser asesinados por Amalek no pierden nunca su sentido existencial. Lo que jamás puede destruir Amalek es el sentido existencial del ser humano.

que se produce es el resultado del aumento energético proveniente de la destrucción (transitoria) de los límites conceptuales de la Biná, y transforma a la Biná en un Kli en constante expansión.

Entonces, podemos decir que sin un sentimiento de nuestro vacío existencial, no podremos acceder nunca a la Merkabá. Es una condición desesperante y desesperada, pero es la única condición. Si transcurren los años y vivimos sin conciencia del sentido, existimos en un grado inferior, pero si queremos acceder a vivir con conciencia de nuestra existencia (autoconocimiento profundo), debemos acercarnos a la sensación del vacío existencial. Y entonces debemos saber que pasamos de la consciencia de nuestra existencia a una consciencia general más allá de mi subjetividad. Toda la ilusión de mi subjetividad (de mi Yo) que pertenece a la Biná no me sirve ahora para pasar este vacío existencial. En realidad, nada de mi Yo sirve para pasar dicho vacío. Toda la centralidad de mi Yo produce una mayor sensación de vacío existencial.

Debo entonces renunciar totalmente a la percepción de mi Yo (Devekut) para entonces lograr que las energías cosmogónicas universales ingresen dentro de mi vacío existencial subjetivo y se apoderen completamente de mi existencia con el fin de llevarla a la no-existencia, y así ingresar en la segunda etapa para acceder a la Visión de la Merkabá. En realidad, no son las energías cosmogónicas las que ingresan dentro de mi psique, sino que es el reconocimiento de las energías subjetivas de la psique, que son un fragmento de las energías cosmogónicas generales.

Si logramos definir ese vacío existencial, podremos a partir de aquí comprender el inicio de la construcción de la Merkabá.

100. El sentido en la interioridad del Yo

«Cuando destruyas todas las vestimentas de la realidad, piensa que te encuentras ante la última vestimenta: tu limitada capacidad mental».

ABRAHAM ABULAFIA

Abandonemos por un momento todas las dimensiones inferiores (las siete dimensiones del Árbol de la Vida), abandonemos transitoriamente la necesidad material, el deseo sexual, el deseo emocional, el deseo social, el deseo de todo lo externo, etc. Y aunque sabemos que esto es imposible (que estos abandonos son transitorios porque hemos sido construidos en el mundo inferior) y porque debemos vivir con estas necesidades (Universo de Asiá) y estos deseos (Universo de Yetzirá) y satisfacerlos, por otra parte sabemos que el sentido de nuestra existencia se encuentra más allá de todo lo exterior. Debemos extraer de lo exterior las luces para nuestra interioridad, como debemos expandir la luz de nuestro Kli interior para otorgar luz en el plano exterior.

El sentido entonces opera dentro del secreto, y el secreto más alto no es de orden psicológico, sino de orden cosmogónico. Todo el sentido de la existencia se esconde detrás de la materia y somos nosotros quienes tenemos que descubrirlo. Ahora bien, ¿por qué el ser humano busca el sentido fuera de sí mismo? O de manera más radical, ¿por qué motivo no deja de buscar el sentido de su existencia? Se podría caer en el nihilismo de que nada tiene sentido, pero nosotros desde la psicología transpersonal del misticismo judío podemos decir que justamente todo tiene sentido.

Sin embargo, el descubrimiento del sentido de la propia existencia es un descubrimiento subjetivo como ya lo explicó detalladamente el doctor Víctor Frankl y toda la tradición de la logoterapia. No creo que haya sido casual que fuera un doctor judío quien haya situado el sentido existencial como el motor fundamental de la existencia humana. Sin embargo, me temo que la logoterapia ha buscado el sentido subjetivo fundamentalmente en las dimensiones inferiores; y el sentido de una felicidad permanente se encuentra completamente desvinculado (como ya hemos explicado) de los siete niveles inferiores.

La energía psíquica que se desgasta exclusivamente en el desarrollo de las dimensiones inferiores debe ser canalizada para operar en los niveles superiores. La recanalización de las energías psíquicas es un trabajo fundamental de todo ser humano, pero para que se pueda llevar a cabo este proceso de recanalización de la energía psíquica, debo situar la mira en los máximos niveles de revelación potencial, esto es, en sentido ascendente mirando hacia el Ein Sof. ¿Cuánta energía psíquica desgasta el Yo en las discusiones que se generan a partir de las posiciones egoicas? Imaginemos por un momento que todas las «ideas negativas» que aparecen en nuestra mente las podemos transformar en ese mismo acto en «ideas positivas». Esto es parte del entrenamiento (*Imun* en hebreo) que el sujeto debe realizar con el objetivo de la recanalización de las energías psíquicas. Cuando logro avanzar en la canalización de mi proyecto tiferético, no puedo destruir los proyectos tiferéticos de los demás. Pero si mi Yo está controlado por los niveles egoicos, los proyectos de construcción tiferética de los demás son proyecciones que me amenazan directamente porque reflejan el estado inferior egoico donde me encuentro operativo. Cuando el proyecto tiferético de mi prójimo es exitoso, mi felicidad es indescriptible, pero si en mí operan los niveles inferiores egoicos, toda felicidad externa constituye una «amenaza» porque refleja mi nivel de baja autoestima tiferética.

101. Los aumentos constantes de los niveles de conciencia

«El Infinito siempre está más allá de nuestro alcance».
RABÍ ARYEH KAPLAN

La propia consciencia y su desarrollo potencial hacia los niveles superiores son la clave del sentido de mi Yo. El sentido de la consciencia es la propia expansión de la consciencia. La consciencia busca mayor consciencia de sí misma y de su entorno. La consciencia desea ascender de nivel a largo plazo; y aunque a corto plazo podemos ver seres estancados en un nivel, la consciencia general tiende a aumentar su propia potencia, porque la consciencia revelada adquiere el poder potencial de mayores niveles de revelación. La característica básica de la consciencia es su autorrevelación constante, por lo que el desarrollo material del máximo nivel de nuestras potencialidades interiores autolegitima la calidad de consciencia en tanto consciencia.

Si logro aumentar la potencia de mi consciencia, aumento al mismo tiempo la consciencia general; este es el efecto teúrgico por el cual el ser humano en su profundidad mística produce automáticamente efectos mesiánicos a nivel general, porque todo el mesianismo judío constituye esencialmente una fuerza terapéutica general.

La búsqueda del Daat (el Conocimiento) es lo que da sentido a la existencia, porque la existencia es la oportunidad que tenemos de alcanzar la mayor autocomprensión posible. Si se paraliza el avance del Daat (el Conocimiento), entonces se percibe la sensación del sinsentido de la existencia, porque el sentido real de toda nuestra existencia es el aumento permanente de nuestros niveles de consciencia.

La más alta percepción del nivel de la Merkabá es justamente comprender el sentido de la existencia, es la misma percepción del sentido de la existencia (y esto a pesar del mal en el nivel inferior que podamos sufrir). Ahora reitero que dicho sentido no se construye, este sentido se encuentra en la raíz del alma. Existe el sentido de mi existencia en la esencia del alma (Jaiá), sin embargo, muchas veces el nivel del alma en la Neshamá (el alma intelectual) no logra captar la esencia.

Si la Neshamá captara la esencia del alma en el nivel de la Jaiá, entonces ya no sería la memoria histórica de mi ser físico la que me condicionaría como decía Freud, sino que ahora sería la memoria trans-histórica a mi ser energético. El nivel de la Jaiá es donde se encuentra la memoria real del alma que muchas veces se confunde con la memoria de la psique en el nivel de la Neshamá. Existe un nivel de información básica más allá de la memoria histórica de la psique. Por ese motivo, tras un análisis freudiano (en el nivel de la historia de la Neshamá) debemos ingresar en un análisis junguiano (en el nivel de los arquetipos que son configuraciones independientes del espacio-tiempo). Lo que sucede es que los arquetipos objetivos de un nivel superior son «llenados» con la memoria histórica de la Neshamá.

A mayor desarrollo de la autocomprensión, se adquiere mayor nivel de consciencia. En otros términos, toda la existencia es un proceso de revelación constante donde el sentido de la existencia es el mismo proceso de revelación. Esa revelación es mínima (casi nula) frente al Sod de lo no-revelado (Nistar). Cuanto más se conoce[266] más se adquiere al mismo tiempo una mayor consciencia. Y todo aumento de la consciencia provoca un aumento automático del bienestar, un placer trascendental[267] no vinculado al mundo material; es lo que particularmente denominamos como «anticipación mesiánica». Si dentro de una persona existe la «chispa del Mesías», entonces todos nosotros somos seres con una energía positiva porque esperamos activamente la redención. El místico provoca su autorredención personal y simultáneamente anuncia que su experiencia en diversos grados se corresponde con las energías ocultas que se pueden revelar del alma humana.

266. Sabemos que todo aumento del conocimiento eleva automáticamente el nivel de nuestro autoconocimiento interior. Existe una relación directa entre ambos, en realidad son dos aspectos del mismo Daat general o cosmológico. Nuestro Daat subjetivo se eleva y entonces alcanzamos el Daat superior; y al alcanzar el Daat superior, nuestra percepción de nuestro Yo se modifica automáticamente.
267. Es un placer que, al no tener conexión con la materialidad, podemos denominarlo como un placer trascendental porque se activa a raíz de nuestra felicidad interior. Por ese motivo es tan difícil (sino imposible) la comunicación de dicha felicidad interior. Probablemente, la mirada judía de la existencia es la felicidad de la existencia. La calidad mesiánica del judaísmo es lo que le otorga a la mentalidad judía una consciencia de autosuperación constante y una felicidad otorgada por la posibilidad divina del existir en sí mismo independientemente de la realidad exterior. Y justamente en los momentos más lúgubres de la historia de los judíos (y a pesar de la destrucción física), el ser judío posee en su interioridad ese «algo indestructible». La «eternidad del judaísmo» se fundamenta en la felicidad de la existencia del ser humano, en su confianza en que la historia (más tarde o más temprano) llegará a la Era Mesiánica.

La idea mesiánica en el judaísmo no es una utopía, sino una realidad encarnada dentro de la mentalidad del judaísmo. Cada día (para el misticismo judío) se puede ser más feliz. La felicidad se encuentra vinculada directamente con nuestro grado de autoconsciencia.

¿Por qué motivo vamos a sufrir por lo desconocido? Tenemos la posibilidad de revelar niveles desconocidos del Sod (secreto), y así liberarnos de los sufrimientos interiores. El camino del conocimiento es una vía dolorosa porque uno no solamente encuentra lo que quiere, sino que también encuentra lo que no quiere. Se puede tener el Daat inferior en el orden psicológico (Yetzirá), o se puede trabajar dentro del Daat superior en el orden cosmogónico (Biná-Atzilut), ambos trabajos son necesarios para la elevación del nivel de consciencia. No se puede trabajar el Daat superior sin trabajar el inferior, y viceversa, porque en realidad existimos en todos los universos al mismo tiempo, tanto en nuestra calidad de energía fragmentada como en nuestra calidad de energía relacionada con toda la manifestación.

Pero cuando uno afronta tanto el flujo existencial del lado masculino del Árbol de la Vida, como la resistencia restrictiva del lado femenino, alcanza un equilibrio dinámico.[268] Existimos (dicen los cabalistas) dentro de esta doble tensión: el efecto del «Dar» que comienza con el dar la existencia por parte de la madre, y el efecto de la máxima restricción de nuestra muerte física. Y es en medio de esta temporalidad que denominamos como «existencia» cuando decimos que existe «Eternidad». Porque la Eternidad se encuentra oculta en la constante consciencia universal que siempre saldrá a la luz por medio de la revelación y de la cual nosotros somos copartícipes. Hemos nacido a esta existencia para que la luz interior (consciencia) existente debajo de la materialidad salga a la luz.

---

268. El «equilibrio dinámico» podría ser denominado como el no equilibrio. Parece que la idea de equilibrio es estática. El equilibrio que propone la cábala (o la psicología transpersonal del misticismo judío) es la búsqueda del equilibrio dentro del movimiento constante.

102. La percepción de la Eternidad

>«Lo maravilloso está vacío, y lo terrible, también, no es nada más que Dios».
>
>JAY MICHELSON

Todo ha sido creado para ser revelado a la conciencia; sin embargo, los niveles de revelación son tan altos y potentes que nuestro Kli de recepción puede no encontrarse a la altura para soportar dicho nivel de Luz, porque sabemos realmente que nuestro Kli no puede lograr captar un nivel de Luz infinito. Por lo tanto, la máxima consciencia universal del Ein Sof se debe ocultar para que esta existencia no quede aniquilada, por eso logramos comprender el misterio más alto de la Merkabá, y es que existimos gracias a un grado de ocultamiento del Ein Sof, porque una revelación total del Ein Sof en esta manifestación produce un contrasentido: la aniquilación real de esta manifestación. Nuestra existencia depende del nivel limitado de nuestro Kli de recepción. Por este motivo, cada avance y cada expansión de nuestro Kli de recepción debe necesariamente ser simultáneo a una disminución de la posición espacio-temporal de mi Yo.

La existencia de la Eternidad no implica necesariamente la percepción trascendental de la Eternidad. Podemos decir que cuando una persona logra la percepción de la Eternidad en sí misma, alcanza la mayor felicidad.

¿Cómo es posible percibir la Eternidad dentro de la temporalidad? Esta percepción es lo que nosotros denominamos la Merkabá. El pensamiento como cualidad del alma (decía el cabalista Ezra de Gerona) puede llegar más allá de Atzilut, pero solo el pensamiento, por ahora no podemos llegar energéticamente hasta allí, aunque en el futuro llegaremos. La única forma física para que algún día alcancemos «Atzilut» es anulando las variables del tiempo y el espacio.

Ahora bien, si nuestro pensamiento como cualidad del alma puede llegar hasta allí, ¿no ha llegado algo de nuestra energía hasta allí?

La Merkabá es el cambio completo de percepción de la realidad al poder percibir una realidad superior dentro de esta misma realidad inferior. La unidad entre la realidad material inferior y nuestro centro de percepción es lo que provoca esta trascendencia dentro de nuestra temporalidad existencial. Quien nos ayuda a percibir mejor la existencia es nuestra temporalidad y finitud porque esto nos provoca la urgencia de elevar el nivel de consciencia. Dentro de la Eternidad física, el nivel de urgencia para elevar la consciencia quedaría estacando. ¿Será posible elevar el nivel de consciencia cuando alcancemos realmente la Eternidad física? El problema de alcanzar el Universo de Atzilut no será lograr la eternidad física, sino cómo responderemos al interrogante clave: ¿Cuál será nuestro objetivo dentro de la Eternidad? Porque si todos nuestros esfuerzos en el mundo inferior consiste en alcanzar la mayor temporalidad física posible, y alcanzar la eternidad, luego, ¿cuál será el sentido existencial en el orden eterno? Entiendo que deberíamos trabajar a partir de hoy en este problema. Si los cabalistas (místicos del judaísmo) han podido percibir de manera trascendente esta realidad, es porque el esfuerzo espiritual que han realizado a través de los siglos es percibir esta existencia en el orden de la eternidad del Universo de Atzilut, y no en el orden del espacio-tiempo, porque todos los problemas existentes (y sus soluciones o posibles soluciones) están condicionados dentro del orden espacio-temporal en el que nos desarrollamos.

103. El Yo frente al Yo: la disociación

«Todo el mundo corpóreo y todas las cosas corpóreas que contiene son completa nulidad y nada en absoluto... El verdadero trabajo es despojar la propia mente, el propio corazón, de toda corporeidad».

SCHNEUR ZALMAN DE LIADÍ

Nos debemos centrar en nuestra máxima interioridad, cuando ya no queda nadie sino nuestro Yo enfrentado con nuestro Yo. Nos desdoblamos,[269] y entonces el Yo mental desdoblado (la Neshamá) puede ver a su «Ruaj y a su Nefesh»: hemos logrado disociarnos. La disociación es importante si queremos transformarnos, pero debe ser una disociación temporal ya que no puede constituirse en una disociación definitiva. La disociación definitiva se puede convertir en una patología. No podemos desvincular la Biná de la Tiferet, es decir, una desconexión entre el Yo mental de la Biná y el centro emocional de la Tiferet puede ser a largo plazo muy grave. Se debe lograr una coordinación entre la Biná y la Tiferet, y la mejor coordinación se logra a través del Daat de las subdimensiones inferiores de la Biná, es decir, de los Palacios celestiales.

Toda transformación proviene de la fuerza que tiene la Neshamá para obligar a los niveles inferiores del alma a obedecerla. Sin embargo, la pregunta es: ¿Dónde se encuentra dentro del Árbol de la Vida el vacío existencial? Porque si logramos encontrar dicho vacío existencial, podremos luego pasar a una segunda etapa y saber cómo llenarlo. No hay un «Yo» si no construimos ese Yo, debido a que el dinamismo del Yo me obliga a construir mi Yo todos los días dentro de un proceso continuo. Tenemos, pues, dos problemas

---

269. El desdoblamiento es cuando nuestro Yo mental puede percibir el Yo interior; en algunos casos, el desdoblamiento puede llegar a ser físico. Es decir, nuestro Yo mental (el alma, la Neshamá) sale del cuerpo para poder ver mejor la realidad. El desdoblamiento que propone la cábala es extraer el Yo mental para poder captar el Yo interior; en cambio, algunos iniciados más avanzados pueden realizar un desdoblamiento físico, es decir, pueden salir de sus cuerpos, pero esto no es recomendable y está prohibido. No se debe forzar al cuerpo material a un trabajo que no necesita realizar.

que le aparecen al Yo en su camino o proceso de construcción: el primero es la posibilidad de que la velocidad dinámica de los acontecimientos absorba al Yo dentro del mundo inferior,[270] y el segundo problema posible es que el Yo quiera «frenar» la dinámica y se vuelva un Yo estático desvinculado del movimiento general.

Ambas situaciones, la revolucionaria-evasiva y la dogmática-estática, son dos enajenaciones del Yo de su propia realidad. La primera enajenación del Yo se puede producir porque la velocidad le hace no pensar y no se desdobla por falta de tiempo, y la segunda enajenación del Yo se produce con la típica parálisis del Daat en una zona de seguridad donde el Yo se refugia. En ambas situaciones, el Yo se refugia del miedo que le produce su autoconocimiento. Si el movimiento del Yo no se restringe a límites temporales bien definidos, se cae en la evasión por el movimiento, y si el movimiento del Yo se frena, entonces se crea un sujeto dogmático absoluto, donde todo cambio produce automáticamente un dolor porque el dolor es el resultado de la inflexibilidad del no-cambio.

No existe una construcción definitiva (dogmática) de mi Yo, sino que, por el contrario, existe un «Yo en construcción». Sin embargo, dicha construcción se fundamenta en conocer los planos del terreno donde se realizará la obra. La construcción de mi Yo no puede producir la evasión de mi Yo dentro de la velocidad del movimiento, porque el Yo debe aprender de dicho movimiento y no debe utilizar el movimiento como instrumento de enajenación. Y así como existe la tendencia a la evasión dentro del movimiento, el Yo puede «creer» que se encuentra en movimiento cuando en realidad es exclusivamente un «deseo de movimiento del Yo mental», pero que lamentablemente no ha llegado a la acción.[271]

El Yo debe frenar esta tendencia a la evasión por el movimiento, y puede poner límites al movimiento (nunca pensando que dichos límites me van a

---

270. Esta evasión dentro del movimiento la he estudiado en mi obra anterior: *Sod 22 El Secreto*, Buenos Aires, 2011.
271. Los cabalistas explican que el salto desde el Yo mental al Yo de la acción (que en realidad es el mismo Yo en diferentes grados, el Yo mental se encuentra dentro de la Biná y el Yo mental cuando llega a la acción práctica se encuentra dentro de Maljut) se conoce como el «Dilug». Un Yo tiene la capacidad de pensar el movimiento de su propio Yo, pero no lo puede llevar a la acción, entonces decimos que no existe el Dilug. El Dilug es el salto del pensamiento a la acción, lo que une directamente el yo mental de la Biná con la práctica de la Maljut. Es cuando lo más alto de la Merkabá del alma baja a la Shejiná. Es el encuentro simbólico entre la madre (Biná) y la hija (Maljut). Existen cierto tipo de personas «teóricas», es decir, que carecen de la energía para llevar sus pensamientos a la acción. Debemos, pues, con este tipo de personalidad trabajar las formas y estrategias para que el sujeto logre descender el pensamiento a la realidad material.

conducir al dogmatismo). Si el Yo percibe que todo límite constituye una parálisis en la dinámica del Yo, entonces no comprende la transitoriedad del límite. Al literalizar el concepto del límite se dogmatiza el límite, y, por lo tanto, todo límite representa un dogma, cuando en realidad desde la flexibilidad del Daat podemos otorgarle al límite una transitoriedad, y podemos entonces percibir el aspecto positivo del límite[272] y no simplemente el aspecto negativo. Justamente, los que operan desde un Yo dogmático perciben los límites como elementos represivos fundamentales de su identidad. La identidad del dogmático se encuentra anclada dentro de los estrechos límites de su propio espacio cerrado. El verdadero Daat tiene que liberarnos de los límites (tanto de los estrechos como de los extensos). Los dogmáticos no son conscientes de este elemento como represivo, sino como «elemento de seguridad». Todo dogmático es esencialmente un hombre inseguro de sí mismo, y esta falta de seguridad la proyecta sobre el entorno, creando un entorno cerrado para la existencia de su propio Yo. El dogmatismo entonces constituye una ideología que le permite al Yo percibir imaginariamente una ilusión de seguridad. Y necesita esa seguridad externa porque no posee la seguridad dentro de su propia interioridad. Todas las referencias externas del dogmático le otorgan la seguridad imaginaria que necesita. En cierto modo, todos somos dogmáticos en algún punto de nuestra realidad existencial cuando «creemos» imaginariamente existir dentro de una zona de seguridad. El dogmatismo religioso que implica la infantilización de Dios es el que no percibe a Dios como el Ein Sof, sino como un Dios adaptable a las necesidades de seguridad del hombre. Todo control canónico, toda parcialización de la realidad implica una segmentación cultural de nuestra identidad (mi identidad judía implica el reconocimiento de una mirada parcial de la realidad); sin embargo, el misticismo judío salva al judaísmo de dicha infantilización y lo lleva a un estado de madurez. La madurez del judaísmo se encuentra dentro de la cábala, porque, a partir de ahí la

---

272. El aspecto positivo de los límites es lo que nos permite «descansar» sobre una línea imaginaria mental para desde allí consolidar nuestro nivel. Es posible que cuando consolidemos nuestro nivel dimensional, entonces tengamos la suficiente energía acumulada en dicho nivel para pasar al nivel superior. Así que podemos decir que la comprensión de los límites es una de las claves para que el Yo comprenda cómo puede ir avanzando. Este proceso se desarrolla dentro de la Biná. Es el Yo mental quien tiene que reconocer los límites de la realidad. Ahora bien, debemos ser cautos con este tema, porque existe en cada dimensión un nivel diferente, y, por lo tanto, los límites son diferentes de acuerdo con el nivel de energía de cada dimensión. Así que el Yo mental debe operar en diferentes dimensiones con diferentes niveles de energía; si el Yo «cree» que se deben aplicar los mismos límites, entonces comete un grave error. Por ese motivo, dentro de la cábala hebrea debemos estudiar profundamente los límites de la realidad en sus diferentes niveles para saber cómo operar en cada uno de ellos.

identidad judía no se define desde el dogmatismo, sino a partir de la búsqueda del conocimiento del Todo, en tanto el Todo es la manifestación del Ein Sof dentro de esta realidad existencial. La mística judía libera al judaísmo de un enfoque cerrado y exclusivista, porque todo misticismo pretende comprender las manifestaciones del Ein Sof en todos los aspectos de esta realidad, y por supuesto más allá de nuestra propia identidad. Y nadie dice que la identidad nacional o religiosa sea un problema, sino que es un problema si me impide el crecimiento y la madurez para destruir todo dogmatismo.

104. El dogmatismo de las instituciones

«En la época mesiánica, cada persona podrá leer la Torá en concordancia con el significado específico de la propia raíz de su alma».

ISAAC LURIA

El dogmatismo sin sentido y la velocidad enajenada son dos caras de la misma moneda, porque ambos tienen como objetivo la fuga del Yo de sí mismo. El Yo en su desesperación busca zonas de seguridad que lo dogmaticen, que lo definan dentro de una forma determinada dentro del espacio (un marco geográfico) y dentro del tiempo (la historia).

Es, pues, paradójico pero comprensible que grandes empresarios innovadores en el campo tecnológico al mismo tiempo sean ultraconservadores en el campo religioso. A medida que la velocidad del progreso científico y tecnológico se desarrolla, buscan desesperadamente por compensación obtener la sensación de seguridad que un sistema fijo y dogmático les provee. Los más creativos y los más vanguardistas necesitan como compensación obtener las garantías psicológicas de ciertas zonas de seguridad. En algún punto psicológico, a mayor velocidad, la psique busca conservar algo imaginariamente estático.

Los grupos fundamentalistas de las diferentes religiones aumentan a medida que el proceso moderno del avance se hace imparable. Es sumamente interesante que la innovación que muchos realizan en sus empresas privadas no puedan desplazarla al campo religioso, es más, lo que se proyecta en el campo religioso es el nivel de inseguridad al que el Yo se ve expuesto dentro de la modernidad. Así, la religión en la modernidad puede tener la tendencia al fundamentalismo porque el hombre moderno necesita alguna zona de seguridad imaginaria. En ese sentido, las religiones, al infantilizar la idea de Dios, han elaborado una imagen divina como una zona de seguridad psicológica, mientras que la espiritualidad ha liberado a Dios de las infantilizaciones de una psique aterrorizada por ser libre.

Por otra parte, aquellos que no disocian su existencia, sino que pueden percibir el movimiento de ascenso espiritual de su propio Yo, no tienen temor al misticismo, porque en esencia el místico libera al Yo de los condicionamientos institucionales que son proclives al dogmatismo,[273] ya que toda institución religiosa por su misma esencia desea la supervivencia institucional y no la búsqueda espiritual de la liberación del Yo. Además, las instituciones (sean religiosas o no) operan sobre la necesidad de seguridad de la psique y no sobre su deseo de libertad. Si la espiritualidad es sinónimo de libertad (porque asciende hacia la Jojmá), las instituciones son las herramientas de seguridad imaginaria del Yo para refugiarse de su propio proceso de autoconocimiento.

Si una institución religiosa dice que desea la búsqueda espiritual del Yo, entonces se encuentra dentro de un contrasentido, porque dicha institución religiosa debe necesariamente desaparecer para que el Yo se libere.

El misticismo judío se ha desarrollado y se seguirá desarrollando porque tiene como objetivo liberar al Yo de todos los condicionamientos. Si las instituciones religiosas (al utilizar la proyección de la falta de seguridad ilusoria de las masas) se inclinan al dogmatismo, la religión se transformará en la materialización de intereses ajenos al campo espiritual. Y cuando se produzca la ruptura (creo que ya se ha producido) entre la religión y la espiritualidad, entonces aparecerán nuevas formas religiosas que realmente otorguen un mayor contenido espiritual; y si el judaísmo es capaz a través de la cábala de representar válidamente la espiritualidad interior que tiene el ser humano entonces las energías fundamentales del judaísmo se desarrollarán en los márgenes del judaísmo, a pesar de las comunidades judías tradicionales.[274]

273. Las instituciones no son proclives al dogmatismo por la necesidad de seguridad subjetiva, sino porque las instituciones apoyan su propia existencia sobre la tradición fija e inmutable. El Yo entonces puede ser manipulado por la institución porque se unen dos necesidades: por una parte, el Yo dogmático que necesita que alguien lo conduzca (a costa de renunciar a su propio pensamiento), y por la otra, la institución que puede sostener su existencia al precio de dominar a los sujetos. Un sujeto librepensador (pensante) no puede integrar una institución porque toda institución pide como pago por su participación la renuncia al pensamiento subjetivo. Si un Yo piensa subjetivamente aumentando su consciencia y elevándose más allá del Daat Tajtón (conocimiento inferior), entonces puede provocar una tensión inevitable entre su pensamiento y las normas de eternización de cada institución. El misticismo, como relación entre el Yo y el Ein Sof, de forma directa destruye todo tipo de institución jerárquica. Como la experiencia del místico es intransferible por su propia condición subjetiva, lo único que puede hacer toda institución es exaltar la figura de dicho místico tras su muerte física. Jamás un místico librepensador que se relaciona directamente con el Ein Sof puede ser reconocido en su propio tiempo debido a que lo que el místico pretende es la liberación espiritual del sujeto, y lo que pretende la institución es la sujeción a las normas «eternizantes» de la institución.
274. Así como en el siglo I un grupo de judíos mesiánicos creó con el tiempo lo que se conoce hoy como el cristianismo, veinte siglos después podemos ver cómo la espiritualidad del pueblo de Israel a través del misticismo judío está ingresando en el mundo laico y se está produciendo lentamente

Las comunidades judías que exclusivamente sostengan el marco religioso-institucional no podrán soportar la masiva entrada de gentiles que en busca de espiritualidad profundizarán sobre las fuentes de la cábala, porque el flujo de la energía proveniente del Ein Sof siempre supera las coordenadas del control humano institucional. Todas las creaciones dogmáticas (incluso las estructuras políticas y religiosas tradicionales) en el campo de la fragmentación tarde o temprano serán aniquiladas por la luz del Ein Sof, porque las formas fragmentarias de los universos inferiores no tienen luz por sí mismas, sino por transferencia de la Luz del Ein Sof.

Cada uno de nosotros (en nuestra calidad de fragmentos del Ein Sof) no tenemos luz propia, sino la luz derivada del Ein Sof, porque somos canales de manifestación del flujo de la energía divina (Or Ein Sof).

Las necesidades espirituales de cada generación van cambiando y la velocidad de dichos cambios deben ser automáticamente reflejados por las instituciones; sin embargo, las instituciones pretenden su propia supervivencia en el tiempo, y es posible que lleguen demasiado tarde a reflejar las necesidades espirituales de las nuevas generaciones.

La espiritualidad real del misticismo judío, al liberar definitivamente al Yo, refuerza al judaísmo de manera inversa al camino institucional, es decir, al reforzar al Yo y su capacidad de libre interpretación, entonces logra la desaparición de todos los miedos del ser humano que se fundamentan sobre la ilusión de la seguridad inexistente.[275] Si logramos comprender que la seguridad no existe, automáticamente desaparecen todos los miedos. Los miedos se fundamentan sobre las ilusiones de seguridad, y si nos liberamos de las ilusiones de seguridad, entonces nos liberamos de todos los miedos y, por lo tanto, no existe el mal, porque el mal tiene entidad real en nuestra psique cuando algo no se desarrolla según nuestra pretensión psicológica de seguridad. Si terminamos de convencer al Yo de que todas las seguridades

---

una tercera revolución espiritual judía en el siglo XXI. Si la Ilustración europea del siglo XVIII nos liberó de los mecanismos del poder religioso, dado que el aspecto espiritual estaba asociado a la religión, el mundo laico ha buscado formas de espiritualidad no religiosas. El proceso de laicización del misticismo judío es muy similar al proceso en el que trabajó el paulinismo en el siglo I para adaptar la religión judía a los gentiles provenientes del paganismo. Tres veces en la historia espiritual la religión de Israel ingresó fuera del marco nacional del pueblo judío: en el siglo I con la aparición del cristianismo, en el siglo VII con el nacimiento del Islam, y hoy en el siglo XXI con la propagación de la cábala en los ámbitos laicos.

275. Recordemos que la ilusión de seguridad la otorga la Biná psicológica (en el Universo de Yetzirá), es el arquetipo de la Madre protectora. Sin embargo, dicha protección es una ilusión dentro de la realidad del mundo inferior, porque en cuanto nacemos nos vamos inevitablemente acercando a la desaparición física.

mentales son ilusiones de nuestra psique (la Biná) y no se corresponden con la realidad cosmológica superior, entonces el Yo se libera de todos sus miedos. El último miedo es la pérdida (aparente) del propio Yo con la muerte física.

105. La destrucción del último miedo del Yo: la muerte física

«Nos debemos alejar de las vanidades egocéntricas que pueblan normalmente nuestra conciencia».

RABÍ YITZHAK GUINZBURG

Y al liberar al Yo de sus seguridades ilusorias, entonces desaparece la desesperación del sin-sentido, y el ser humano tiene la oportunidad de bucear en su propia interioridad para encontrar el fragmento de Ein Sof que lleva dentro de sí mismo. Y el Yo, al retornar a su propia esencia divina, queda automáticamente liberado de todos los condicionamientos creados por los mecanismos de seguridad imaginaria que se han desarrollado con el objetivo de enajenar al hombre de su propia condición. La felicidad que nos otorga la Biná como Madre arquetípica es la infantilización del «ser feliz» porque nos sitúa en una zona de seguridad imaginaria, y nos engaña en una especie de eternidad real en el campo de la materia.

La verdadera felicidad se alcanza cuando nos hemos liberado de las seguridades imaginarias que ha producido la psique con el objetivo de destruir su angustia ante la desaparición física. Los valores considerados como «absolutos» pueden ser también elementos de dogmatización del sujeto. En realidad, cualquier excusa de la psique puede ser utilizada por la dogmatización idolátrica que es el producto de una idealización infantil de seguridad de la psique (o quizás por un sostén biológico de supervivencia).

Si aceptamos que todas las «seguridades» son intentos imaginarios de la psique (Biná) y nos liberamos de estos mecanismos de fuga de la realidad material, automáticamente liberamos al Yo de sus últimos condicionamientos. Si la única realidad es la autoconsciencia subjetiva de la psique, entonces comprendemos que la psique es un producto derivado del sistema cosmogónico general proveniente del Ein Sof. Pero el Ein Sof no representa al Dios-Padre freudiano producto de la infantilización del sujeto, sino que el Ein Sof es el infinito oculto de donde deriva toda la información existente, justamente el Ein Sof representa la máxima libertad del sujeto y no su máxima seguridad infantil.

Es Freud quien proyectó en su imagen subjetiva de Dios a su figura paterna; sin embargo, no podemos asumir los problemas psicológicos del fundador del psicoanálisis cuando nos enfrentamos con la realidad física del cosmos. La psique es un producto físico del sistema cosmogónico general, y cuando hacemos referencia al Ein Sof admitimos la realidad física a pesar de nuestras consideraciones psicológicas. La psique es un producto físico derivado del sistema general. En este sentido, la información química objetiva podría ayudarnos a elevar nuestros niveles de consciencia en el futuro, esto implica que la medicina no se concentrará en lo enfermo, sino en la potencia máxima del sano.

106. La libertad del Yo o la dogmatización

«Nunca se debe pretender tener seguidores, cada uno debe saber por sí mismo qué es lo que es y qué es lo que hace».

FRIEDRICH WEINREB

Regresando al tema del autoconocimiento personal, si bien es un camino doloroso, es la única forma real de liberación total del Yo de todas las estructuras sociales e institucionales (y sobre todo de nuestros condicionamientos interiores dentro de la psique). Y a pesar de que los seres humanos necesitamos (por ahora) para nuestra organización social de las estructuras institucionales, el Yo subjetivo que se eleve más allá de las instituciones será quien tenga la voz primera frente a los condicionamientos estructurales. La guerra interior del Yo por liberarse hasta de su propio Yo es lo que nos llevará a la Era Mesiánica. Entre tanto, el Yo se encuentra mentalmente esclavizado por los dictados del Yo mental (psique), no hemos liberado al Yo de sus condicionamientos mentales. La Merkabá es la esencia o el motor que a partir de un estado de «Yo/No-Yo» puede modificar las percepciones de los estados mentales (los Palacios Celestiales).

En realidad, la mente humana busca el dogmatismo sin sentido porque no puede resistir la sensación de una sociedad que ha adquirido una velocidad sin control. Debemos preparar al Yo para un alto dinamismo, pero no un dinamismo externo,[276] sino un dinamismo interior que a través del proceso de interiorización lo lleve a construir una existencia con sentido.

Le podemos otorgar al Yo mental cierta estabilidad dentro del esfuerzo de conceptualización que desarrolla la Biná, pero debemos liberar al Yo dentro de la Jojmá.[277]

---

276. La velocidad de un dinamismo de fuga de la realidad del Yo por el movimiento lo he trabajado en mi obra anterior: *Sod 22: El Secreto*, Buenos Aires, diciembre de 2011.
277. Recuerdo el caso de una alumna muy disciplinada y muy ordenada que vivió siempre bajo el mundo de las restricciones de Biná. Un tipo de mujer muy mental que al desarrollar tanta comprensión conceptual buscaba las energías liberadoras de la Jojmá. Le recomendé que trabajará el contacto corporal y la meditación debido a que su inclinación básica era la Biná. De todos modos, deberíamos ser cautos y analizar en primer lugar profundamente la inclinación

La conceptualización es, en cierto sentido, una dogmatización porque pretende otorgar a cada concepto un sentido fijo; por ese motivo el Daat real[278] nace de la conjunción de la Biná y la Jojmá, porque si la Biná es la conceptualización que pretende un sentido único de cada concepto (incluso varios sentidos, pero todos ellos fijos), la Jojmá a través del proceso de simbolización desea liberar al concepto de sus límites autoimpuestos. Quizás podríamos decir que dentro de la Jojmá encontramos también una simbolización que puede ser dogmatizada. Sin embargo, la dogmatización simbólica aunque posible es más difícil que la dogmatización conceptual.

En definitiva, el ser humano, en su búsqueda de la ilusión imaginaria de seguridad, puede dogmatizar todo, incluso lo menos dogmatizable, que es el Ein Sof en sí mismo.

Al «creer» en Dios como un dogma, hemos alcanzado la máxima locura de la dogmatización, porque justamente el Ein Sof (Dios) es la infinitud de un proceso de ascenso permanente que no tiene límites y que, por lo tanto, al no poseer «forma», no puede ser dogmatizable de ninguna manera. El creyente infantil ha dogmatizado a Dios de tal modo, que lo único que realmente debía ser libre de toda manipulación mental del ser humano ha pasado a ser materializado. Dejemos el Ein Sof fuera del dominio mental del Yo que siempre nos conduce a un tipo de fragmentación, y así liberamos al Yo de sus búsquedas de seguridad ilusorias que constituyen la raíz de todos los miedos que ya no dejan avanzar al ser humano en su camino hacia el Ein Sof. Si pretendemos liberar al Yo de todas las ataduras psicológicas que lo frenan en su avance hacia el infinito de sus potencialidades, entonces debemos ser conscientes de cómo estamos utilizando las dimensiones. ¿Son las dimensiones puntos transitorios para un avance de mi nivel de consciencia o son zonas de seguridad donde puedo anclar mi identidad? La transitoriedad permanentemente aplazada se transforma en permanencia. Si sabemos a través del misticismo judío que dentro del orden espacio-temporal todo es transicional, entonces

---

dimensional de un sujeto. Una alumna demasiado inclinada a la disolución del Yo en la Jojmá necesitaría justamente mayor nivel de desarrollo en la Biná para no perderse. Aunque el Árbol de la Vida es un símbolo de la psique objetivo, nuestras proyecciones personales definen cada dimensión de acuerdo con la estructura particular del sujeto.

278. El Daat real se alcanza cuando la Jojmá (la Sabiduría) obliga a la Biná a una reconciliación con Maljut. Recordemos que la Biná representa la primera letra Hei del Tetragrama, y la Maljut representa la segunda letra Hei del tetragrama. La unión de las dos Hei (del Entendimiento y de la realidad material) se produce en la sabiduría, y, por esa razón, la Jojmá representa la letra Iod del Tetragrama porque la sabiduría representa la unificación del pensamiento de la Biná y la realidad material práctica de Maljut.

todos los fragmentos en su dinamismo interior modifican su situación de forma permanente.

De esta manera, el Yo comienza a oscilar entre dos extremos. Por un lado, entre la velocidad que arrasa todo lo que encuentra a su paso, incluido el Yo mismo, y entonces aparece el sujeto revolucionario que todo lo pretende cambiar pero no sabe para qué, y todo lo cambia sin sentido (nos muestra el estatus de su cambio y, es más, puede lanzar dentro de una conversación palabras nuevas de un vocabulario de moda para demostrar que se encuentra dentro del cambio[279]); es el revolucionario tecnológico que siempre tiene el último aparato, que pierde la esencia del objeto y puedo idolatrarlo. Y por el otro lado, aparece la estática mental de una seguridad imposible que nos ilusiona[280] y que hace que nos encontremos fijos en un punto de seguridad imaginario. ¿Cómo convencer al Yo de que no existe un punto de seguridad en ningún sitio, y que lo único seguro es la Eternidad del Ein Sof? El Yo esta materialmente convencido de la seguridad de su propia materialidad, porque dicha materialidad le otorga una forma definida en el orden del Universo de Asiá (la Acción).

El dogmático no quiere crecer y desea mantener su estado infantil de seguridad; en realidad, desde el punto de vista freudiano, el dogmático desea regresar al útero. Todo dogma es un útero mental imaginario construido para obtener una forma intelectual del arquetipo materno.

Y por otro lado, encontramos al veloz inconsciente que desea demostrar su intrépida madurez burlándose de su crecimiento real porque no quiere afrontar su situación ya que pospone todo enfrentamiento consigo mismo con la excusa de una velocidad que lo lleva siempre hacia adelante.

Entre la estática conservadora que se aferra a una dogmática mental y la huida hacia ninguna parte, el Yo se halla «desesperado» sin encontrar el sentido de su existencia, y entonces escoge el único camino que vislumbra

---

279. Se ha puesto de moda la utilización de palabras crípticas que no se utilizan de forma habitual porque el Yo en su baja autoestima desea darse a sí mismo importancia. Parece ser que a veces lo ininteligible es económicamente redituable. A pesar de esto, debemos encontrar el sentido de situaciones que suceden sin un aparente sentido porque dentro de la cábala decimos que si algo existe es por algún motivo que nosotros no conocemos. El trabajo real es revelar los secretos que se ocultan detrás de las acciones materiales (incluida la manipulación ideológica del lenguaje). Es habitual en los ambientes académicos encontrar cierto tipo de profesores con un lenguaje críptico, aparentan conocer la disciplina por comprender un lenguaje misterioso, mientras tanto los alumnos no comprenden el asunto tratado. El objetivo de toda clase debe ser la comprensión del tema a tratar, y no la exteriorización del «Ego» del profesor.
280. Esta ilusión puede producir una falta de flexibilidad al cambio, y entonces cualquier cambio exterior al Yo se percibe como una amenaza a su seguridad.

como posible, el destino del mundo inferior, y cualquier excusa del mundo inferior sirve para lograr esta huida de sí mismo, desde la hiperactividad laboral al hedonismo más desenfrenado. Toda la energía subjetiva excedente se desplaza hacia el mundo inferior, de modo que aparecen todos los conflictos interpersonales porque la esencia de la materialidad inferior es una felicidad derivada de la competitividad y la diferencia.

La desesperación del Yo entonces se puede agudizar, y cuidado en este punto, porque probablemente los desequilibrios de cualquier dimensión se pueden potenciar ya que el Yo se encuentra como aparentemente atrapado sin salida. Ante esta situación, lo mejor es enfrentar al Yo con sus propias inseguridades producto de las seguridades imaginarias creadas por la Biná psicológica. No obstante, el Yo huye de sí mismo, y es probable que no quiera afrontar el dolor de reconocer lo que es realmente. Ante la posibilidad de placer, por una parte, y de dolor, por la otra, el Yo se decanta por el placer, sin embargo, se acrecienta la angustia dado que el dolor continúa en el nivel oculto de su interioridad.

En medio de esta oscilación sin sentido, el Yo no se cansa de buscar y de preguntarse sobre el sentido último de su existencia, el objetivo íntimo de saber quién es. Sin embargo, todo el mundo inferior es un gran campo para lograr la evasión de sí mismo, y si esta búsqueda de su identidad interior lo lleva al dolor, entonces se inclina por un placer transitorio que a largo plazo no le puede compensar.

El Yo se debe liberar al mismo tiempo del dogmatismo y de la velocidad sin sentido. Y la única forma de liberación del Yo es cuando dicho Yo mental entiende que debe enfrentarse a sí mismo.

El Yo debe buscar inevitablemente su propio Yo en la interioridad. El Yo debe destruir tantos puntos de apoyo, tantas tradiciones, tantas seguridades de forma de respuestas reiteradas y tantas preguntas que conducen al mismo lugar, que es entonces cuando decimos que el Yo tiene que nacer de nuevo en el sentido literal y real de ese nuevo nacimiento.

No un es un «nuevo nacimiento teológico», sino un nacimiento real, levantarse cada mañana y volver a ver el mundo como es en su esencia, sin los condicionamientos que domesticaron al Yo hasta la condición dogmática en la que se encuentra. Sin embargo, el grado de empatía del Yo con sus ideas dogmáticas puede ser de tal intensidad que finalmente el Yo no pueda autopercibirse sin estos dogmatismos. ¿Cómo romper esta empatía entre el Yo y sus ideas fijas? ¿Cuál es la raíz real de estas ideas fijas? El miedo. ¿El miedo a que? El miedo a sí mismo. El Yo no desea conocer más allá de estas ideas fijas porque sabe que el camino del crecimiento y la madurez son dolorosos, entonces empatiza con la Madre arquetípica de la Biná como método de protección.

El Yo ha creado su propio útero mental del cual no quiere salir. Quizás la función de la Biná sea la de crear estas ilusiones de seguridad para sostenernos dentro de la realidad material, pero el precio es la anestesia de quién soy Yo de forma real. La elevación de nuestro nivel de consciencia nos lleva a poner en duda todos los mecanismos de seguridad que ha creado la Biná, y, por lo tanto, todas las ideas deben ser visualizadas como prejuicios.

Las ideas de la Biná que en cierto sentido me ayudaron como un sistema de protección de mi Yo emocional (la Tiferet psicológica) en crecimiento, cuando ya he subido de nivel, se pueden transformar en una protección que me impide crecer más allá de mi zona de seguridad imaginaria.

Tanto el dogmatismo como la velocidad sin sentido son dos aspectos de la misma situación; en ambos casos, el Yo crea dependencias externas, el Yo desea enajenarse de su propia condición. En esta situación, ni existe aceptación del Yo, ni existe el reconocimiento del cambio, porque en realidad el Yo se fuga de sí mismo.

El «dogmático» vive la ilusión por la cual la estructura del Árbol de la Vida no se sitúa en el centro de equilibrio, sino en el lateral de la Biná-Guevurá y Hod, porque el dogmático prefiere la represión de su Yo real a través de la transferencia de poder a un objeto exterior; en cambio, el veloz que desea expandirse sin cesar se encuentra en el lateral de Jojmá-Jesed y Neztaj, y cree ingenuamente que otorgando sin control y entregando toda su energía puede construir algo dentro de la realidad material, sin reconocer los límites de la estructura, y puede adquirir tal velocidad que se enajena del Yo.

En ambos casos extremos, el Yo realiza siempre lo que podemos denominar la «venganza del Yo». El «Yo» desea salir de su estado de sufrimiento, y si logra dentro de su Tiferet encontrar su voluntad interior (es la subdimensión de Keter dentro de Tiferet), comienza a reequilibrar los laterales extremos.

El dogmático se hostiga a sí mismo en un proceso de autoflagelación constante, pero no percibe su dogmatismo como autoflagelación, sino como un estado natural del ser. Toda represión del Yo es para el dogmático su liberación del trabajo de pensar. Entonces, los límites ahora no son los límites naturales predeterminados por la Divinidad en la construcción del Universo, sino que los límites son límites psicológicos que se autoimpone el Yo a sí mismo. Los límites cosmológicos son briáticos,[281] y los límites psicológicos son yetziráticos.[282] Hay que saber diferenciar los límites de cada uno de los universos para comprender las energías que operan dentro de dichos ámbitos. Así, los límites briáticos y los yetziráticos tienen en común (ambos) los límites de tiempo y espacio.[283] A diferencia del Universo de Atzilut que no tiene los límites de tiempo y espacio, aunque es limitado frente al Ein Sof. El dogmático se fija en un punto, y se proyecta sobre dicho punto haciéndose uno con él. El dogmatismo, al idolatrar un fragmento de la realidad, lo que hace es otorgar un sentido existencial fundamentado sobre este fragmento de la realidad, no es un sentido existencial interior, sino un sentido existencial que se encuentra dentro del mundo inferior; y como todo en el mundo inferior es fragmentario, el sentido existencial se reduce al objeto limitado con el cual el Yo ha decidido empatizar. El Yo se fusiona entonces imaginariamente con el objeto dogmatizado, y si alguien critica o ataca tal fragmento de la realidad, el dogmático puede «matar» o «morir» para defender dicho fragmento dogmatizado porque en realidad toda su identidad se ha fusionado con dicho objeto del mundo inferior.

En el otro extremo del péndulo, el sujeto revolucionario sin sentido se libera de forma ridícula de todas las formas mentales, y se dirige hacia ningún sitio. Todo cambio en el místico debe producir una elevación del nivel de consciencia, por eso debemos diferenciar al místico del revolucionario. Los cambios que produce el misticismo se encuentran al servicio de una mejor comprensión de la realidad, que no lleva a un estado de mayor felicidad interior; en cambio, las modificaciones del revolucionario solo conducen a un

---

281. Los límites briáticos son aquellos que impuso el Ein Sof dentro de sus manifestaciones para limitarlas y que estas adquieran formas definidas dentro de la realidad.
282. Los límites yetziráticos son aquellos límites de nuestra propia estructura subjetiva. Son más reducidos que los briáticos.
283. Sin embargo, los límites energéticos del Universo de Yetzirá son más estrechos que los límites energéticos del Universo de Briá. Y límites de la Briá son anteriores en el tiempo a los límites del Universo de Yetzirá. Es en el Universo de Briá donde se creó el tiempo y el espacio. Los límites personales son los psicológicos, y estos pertenecen al Universo de Yetzirá. Las energías cosmológicas que operan desde el Ein Sof hasta la Briá son de tan alto poder que si no las comprendemos, entonces nuestra psique «cree» imaginariamente que dichas energías operan en una relación de equivalencia con ella, y no es así. La relación entre las energías provenientes del mundo superior (Atzilut y Briá) son de una magnitud muy alta en relación a las energías psicológicas del mundo inferior (Yetzirá). No incluyo en este caso el Universo de Asiá aunque pertenece al mundo inferior, porque Asiá es el universo de la recepción de todas las energías operativas del Universo de Yetzirá. El Universo de Asiá es, por lo tanto, el Kli de recepción de las energías yetziráticas, como el Universo de Yetzirá es a su vez el Kli de recepción de las energías briáticas, y el Universo de Briá es el Kli de recepción de las energías atzilúticas. Cada universo es Kli del anterior y es Or (luz) del posterior.

cambio permanente que no necesariamente produce una elevación del nivel de conciencia. El místico desea ascender al mundo superior y existir en el mundo inferior con una mentalidad de trascendencia; el revolucionario acepta el mundo inferior como el único mundo posible, es un materialista porque no alcanza a percibir las energías que se encuentran operativas bajo la materia.

El revolucionario, sin embargo, se confunde dentro de la masa, porque al operar dentro de la velocidad parece que fluye con la sociedad, en cambio, enajena su Yo dentro del entorno. Entonces, la Yesod se apodera de la Tiferet, porque en realidad el Yo de la Tiferet queda sujeto a los vaivenes del entorno. Es entonces cuando la Tiferet se rinde a la Yesod.[284] Sin embargo, el «Yo» de la Tiferet puede liberarse de la oscilación emocional buscando su Yo mental real dentro de la Merkabá de la Biná. Es el núcleo de la Merkabá dentro de la Biná el que tiene que modificar el estado de conciencia de la Tiferet, y entonces comienza a operar la subdimensión de la Tiferet de la Biná y hace que el Yo mental de la Biná cambie el nivel de percepción de la dimensión del Yo emocional de la Tiferet. El Yo mental de la Biná libera entonces al Yo interior de la Tiferet del entorno de la Yesod (o, mejor dicho, de la subordinación del Yo interior de la Tiferet a las exigencias del entorno de la Yesod).

Esta liberación del Yo interior (Tiferet) no solamente se realiza a costa de los condicionamientos externos, sino de la internalización mental que ha realizado el sujeto de dichos condicionamientos.

---

284. La renuncia del Yo a ser él mismo se produce cuando los condicionamientos familiares o sociales son de tal magnitud que se «esclaviza» al Yo de la Tiferet o Yo real (emocional) para terminar manipulado por el entorno del Yo (Yesod). El Yo tiferético puede ser manipulado de varias maneras por el entorno yesódico, por ejemplo, la influencia del entorno puede llegar no de forma de represión del Yo tiferético, sino de la estimulación de las inclinaciones del Yo de acuerdo con las necesidades sociales. Se premia al Yo en función no de su felicidad interior real en la Tiferet, sino en función de las necesidades sociales. El primer paso de liberación del Yo se desarrolla en la guerra interior entre el Yo real de la Tiferet y el Yo yesodico o Ego (yo exterior).

107. Diferencia entre el vacío existencial y los deseos inferiores insatisfechos

«Mi corazón está vacío dentro de mí».
SALMO 109:22

Quiero regresar a la sensación del «vacío existencial». En primer lugar, quiero diferenciar entre el vacío existencial y los deseos inferiores insatisfechos. Un deseo insatisfecho se encuentra en las dimensiones inferiores, en cambio el vacío existencial es aquel que sentimos cuando nos independizamos de la satisfacción de los deseos inferiores.[285] Es realmente difícil una descripción conceptual del estado de vacío existencial, pero es habitual entre mis alumnos más avanzados y de mayor madurez encontrar estos casos de percepción del vacío existencial.[286] Es un estado ambivalente y paradójico, porque, por una parte, se tiene una satisfacción dentro de cada una de las dimensiones inferiores del Árbol de la Vida, y es justamente allí cuando el Yo se pregunta: ¿Esto es la existencia?¿No hay nada más? El Yo intuye un estado de trascendencia, pero aún no lo ha incorporado dentro de la consciencia real de la Biná.

El Yo mental que opera habitualmente dentro de la Biná obtiene así un destello de la Jojmá, y entonces es cuando todo el mundo inferior de las siete dimensiones inferiores ya no alcanza a satisfacer el nivel de las preguntas del Yo mental. La mayoría, sin embargo, se ha quedado atrapada dentro del mundo inferior empatizando dogmáticamente con algún fragmentado idolatrado de la realidad. Los que buscan, pues, el sentido de la existencial ya han advertido que esta respuesta no se encuentra dentro del mundo inferior.

---

285. Debemos siempre diferenciar entre los deseos psicológicos del Universo de Yetzirá y las necesidades biológicas del Universo de Asiá. Lamentablemente, en muchos textos se confunden los deseos yetziráticos con las necesidades asiáticas. La independencia de la satisfacción no es la satisfacción en sí misma.
286. Se podría alegar que con la conciencia de la muerte física aparece este estado. Supongamos que es así, que la conciencia de la muerte física produce la urgencia del sentido de la existencia, entonces cuando los cabalistas dicen que todos los días se debe pensar en la muerte, es para establecer rápidamente una diferencia clara entre lo importante y lo accesorio; y cuando el Yo se concentra sobre lo importante para sí mismo, entonces el Yo (al decir de Maslow) se transforma en un Yo autorrealizado.

El Yo mental de la Biná se encuentra a un paso de su trascendencia que lo llevará a la felicidad constante del nivel de Keter, pero aún no está allí, ni está aquí. El Yo aún no comprende por qué se encuentra en esta existencia. Entonces si existo, es por pura casualidad biológica se dice el Yo a sí mismo en el orden inferior. Y entonces si el Yo no logra percibir algo más allá del mundo inferior, transita esta existencia soportando estoicamente el hecho biológico de su nacimiento/muerte física, y no hay nada más. Esto nos conduce a un nihilismo absoluto.

Imaginemos ahora que trabajamos sobre estas mismas premisas, y que la conciencia se desarrolla por el mero hecho biológico de su existencia, entonces llegamos a la conclusión de que la conciencia desea reafirmarse en su naturaleza esencial, y emprende el único camino posible, que es ascender hacia los niveles de conciencia más elevados; pero si la conciencia surgió desde el interior de la materialidad, es que la materialidad es energía densa, y que la consciencia puede ser tanto energía como materia, dado que la materia es energía en su máxima densidad. En otros términos, existen energías conscientes de existencia más allá de la materia siendo la materia energía densa. Así que las energías sutiles tienen consciencia de existencia pero no de una existencia física, sino de una existencia sutil de orden superior. Así, el misticismo judío, al llevar al materialismo extremo a sus máximas consecuencias, se encuentra con el idealismo, y si al idealismo lo llevamos a su extremo, nos encontramos con el materialismo, dado que el binomio materialismo/idealismo lo ha creado la Biná; por eso, cuando percibimos la realidad desde la Jojmá ambos sistemas de pensamiento están percibiendo el Árbol de la Vida desde una dimensión en particular. El materialista percibe toda la realidad a partir de Maljut, y el idealista a partir de Keter, pero cuando decimos que Keter y Maljut son lo mismo, estamos diciendo que energía y materia son lo mismo.

Dicen los más antiguos cabalistas que el alma cuando reconoce su naturaleza encuentra el sentido de su existencia. El Yo mental (Neshamá) debe reconocer su Yo atzilútico[287] (Jaiá). Este salto es realmente un salto al vacío existencial. Aquí existe una diferencia clara entre la memoria histórica de la psique (la Neshamá) y la memoria real del alma en su esencia (Jaiá).[288] Los

---

287. El Yo atzilútico es una paradoja porque es el estado del Yo/No-Yo; en realidad es la consciencia de la Nada (o No-Yo) por parte del Yo, cuando nos encontramos fuera de los condicionamientos del tiempo y el espacio que provienen del Universo de la Briá.
288. La regresión a vidas pasadas es un elemento clave del misticismo judío. Muchos cabalistas del círculo de Safed trabajaron la memoria de sus almas.

sueños pueden tener un vínculo con la memoria de la psique, pero cuidado ya que los «desdoblamientos» tienen que ver con la memoria de la esencia del alma en el Universo de Atzilut. El alma en el nivel de la Jaiá puede percibir más allá del tiempo y el espacio. En el nivel de Jaiá, el alma está conectada con la eternidad real. Y en los próximos años, la ciencia avanzará hasta tal punto que la relación entre los cuerpos físicos y las almas en el estado de Atzilut podrá tomar contacto real. Real desde la realidad física, porque ya se puede tomar contacto con este mundo material desde la realidad atzilútica. En este nivel, no se me permite revelar más.[289]

Es un estado extraño porque cuando la persona cree tener en sus manos la llave de la felicidad, esta se le escapa inmediatamente. Aparece la sensación de un salto al vacío. Es lo que muchos describen como el vértigo. He tenido alumnos que me han relatado esta experiencia como la sensación de «bordear un precipicio». En mi propia experiencia personal pude sentir esta sensación de vacío existencial.[290]

No se cae en el vacío existencial, pero se siente y es una sensación de que nada ni nadie tiene sentido. Se llega a un estado de nihilismo absoluto, se percibe la locura de la reducción del sentido a la existencia material, casi podríamos decir el sinsentido de la materia. El vacío que me conduce a mirar a Keter de frente puede hacerme olvidar la importancia de Maljut, y no lograré jamás ascender a Keter sin aprender la razón de la existencia material de los niveles más bajos del mundo inferior. Hasta que no comprenda la razón de existir en la materialidad, no comprenderé de ninguna forma a Keter, sino que me quedaré atrapado en la sensación de vacío existencial.

---

289. Estamos en el nivel de Sod de Sod, donde el nivel del secreto tiene un nivel energético de luz tan potente que puede destruir la normalidad de una persona dentro del mundo inferior provocando una muerte física a destiempo. Que Dios nos ayude a soportar su Luz. Este es el secreto de la existencia de consciencias más allá de la materialidad en campos de energía más sutiles que la densidad material.
290. Fue en diciembre del año 2012. Recuerdo que cada vez que estudiaba no comprendía a dónde llevaba todo. En un momento, todo carecía de sentido, incluso mi propia existencia. Al llegar a este punto, mi alma pudo (con mucha dificultad) reconocer su propia naturaleza. El reconocimiento del alma por parte del Yo mental es la experiencia de la Merkabá que no puedo explicar en términos conceptuales porque va más allá de toda descripción.

108. La opción de llenar el vacío interior con los objetos inferiores

«Al trascender absolutamente las formas, no habría identidad a ningún nivel del universo».

EDUARDO MADIROLAS

El Yo mental que había reducido su vida a la satisfacción de los objetivos de las dimensiones inferiores se encuentra percibiendo la sensación interior de nada, de que todo lo que hasta ahora ha realizado el Yo carece de sentido. En este punto, el Yo cree que la Biná es Keter, que ya llegó a lo máximo a lo que podía llegar. En Biná, el pensamiento puede quedar atrapado dentro de sí mismo. El refuerzo de la identidad subjetiva del Yo debe terminar en algún punto del proceso. Sin embargo, cuando finalizan las aspiraciones subjetivas del Yo, y los deseos en el mundo inferior se cancelan psicológicamente, aparece el vacío existencial. Bordeamos entonces el precipicio, con la sensación permanente de que no tenemos salida, de que no existe sentido para nada que no sea lo biológico, y así soportamos el mundo inferior. Entonces, el vacío existencial no superado se nos convierte en una etapa donde no sentimos ni la depresión, no es un estado de infelicidad, sino de apatía total frente a todo y frente a uno mismo. El vacío existencial es un producto del cansancio intelectual de la Biná que no puede percibir el Ein Sof, y entonces se renuncia al proceso existencial, o se nos reintroduce en el campo del mundo inferior.

Todo el desarrollo del Yo se debía realizar en el universo de la fragmentación (Universo de Bet). Entonces, en estas condiciones el Yo puede «vegetar» hasta su desaparición física. El Yo mental puede quedar encerrado en su propio sistema de seguridad mental creado artificialmente para mantener una aparente existencia material. La no superación del vacío existencial puede dar lugar, como consecuencia, a una depresión psicológica, y a llenar el vacío existencial con objetos idolátricos negativos (drogas, alcohol, etc.) y con objetos idolátricos aparentemente positivos (una persona, una religión, una ideología, etc.). Estos objetos idolátricos positivos como son «idolátricos» producen un vínculo de dependencia que, llevado al extremo, se transforman también en objetos idolátricos negativos. Sin embargo, ¿cómo la psicología del misticismo judío supera este vacío existencial? Cuando el sujeto logre comprender su no-subjetividad para ascender al Ein Sof, el sujeto logrará pasar al estado de conciencia Yo/No-Yo.

En los sueños y visiones de muchos alumnos de la cábala aparece un gran precipicio donde parece que se van a caer allí para siempre. Esto es un estado de vértigo, y la superación de este vértigo es la clave del desarrollo dentro del mundo superior.

Sin embargo, en un momento (no sé cómo denominarlo, «momento de iluminación total») la sensación del sinsentido se convierte luego en una sensación diametralmente opuesta, la del sentido total. ¿Cómo se pasa del sinsentido al sentido absoluto? Es un momento del todo o nada. Se vivía en un sinsentido absoluto, y ahora el Yo siente que existe un sentido más allá de su propia subjetividad (alcanzo entonces a percibir el nivel de la Jaiá dentro del Universo de Atzilut).

Entonces decimos que el Yo mental ha comenzado a captar algo del Universo de Atzilut. El Yo mental debe hacer un esfuerzo para liberarse de los condicionamientos del tiempo y el espacio de los universos inferiores. Entonces, en realidad el Yo toma conciencia de que es parte de la gran «Nada», y que cuando asume su calidad de ser un fragmento de la nada logra la felicidad de no ser nada, ya que ahora no tiene que desgastar sus energías psicológicas para defender una subjetividad sin sentido.

El vacío existencial deja en un punto muerto todos los deseos (incluso el deseo de seguir existiendo), ya que no es la muerte física, sino la sensación de que ni la muerte física otorga un sentido claro a nuestra existencia, por lo que hasta la misma muerte física queda completamente relativizada.

En este punto, las terapias tradicionales pueden cometer un error: desviar esta energía excedente al mundo inferior. Si el sentido en este punto no se desarrolla en dirección al Ein Sof y al sentido de trascendencia del Yo, entonces toda la psicología para anestesiar la angustia del vacío nos lleva a las satisfacciones inferiores, que son transitoriamente compensatorias del estado de angustia, pero que no lo logran resolver. En realidad, la mayoría de los psicólogos tradicionales hacen retornar a su cliente/paciente al mundo inferior porque no comprenden la posibilidad de lograr estados más elevados de trascendencia.

Debemos ser cuidadosos en este punto, debemos diferenciar claramente los estados de angustia que pertenecen al ámbito de la psicología tradicional, de la angustia derivada justamente de la satisfacción completa de los deseos del mundo inferior. No se puede resolver el estado de angustia generado por el vacío existencial devolviendo al Yo a sus deseos finitos en el campo inferior, de lo contrario, lo único que logra hacer la terapia tradicional es moverse en círculos concéntricos que no resuelven el problema central en este nivel. Y estos círculos concéntricos que realizan las terapias se mueven de este modo porque entienden que el único universo existente es el de Yetzirá; y si Freud trabajó la Biná de la Biná de Yetzirá (la Conciencia) y la Jojmá de la Biná de Yetzirá (el Inconsciente), Jung trabajó la Jojmá psicológica de Yetzirá, que es quien capta el orden cosmogónico en el interior de la psique. Sin embargo, al no poder salir del mundo inferior yetzirático la psicología se redujo a la psique sin comprender que en el orden cosmogónico existen energías más elevadas que se encuentran conectadas con nuestra psique. Hasta que no comprendamos que la psique es el resultado de la naturaleza cosmogónica general, y no un ente fragmentado del sistema, entonces siempre forzaremos a la psique a reducir sus deseos al mundo inferior, cuando la energía raigal del alma divina se encuentra en el Universo de Briá, y dicha energía puede percibir las energías sefiróticas del Universo de Atzilut.

Si la psicología, pues, se reduce a los mecanismos internos de la psique sin comprender que existe un mundo más allá de la psique con energías de alta potencia y equivalentes que pueden ser captadas por dicha psique, entonces el reduccionismo que hemos establecido nos llevará inexorablemente a imaginar que toda la realidad es una proyección de nuestra psique; pero aunque existe un psique subjetiva, también existe una psique cosmogónica en el orden universal que podemos llamar Ein Sof que, a pesar de nuestra psique subjetiva y sus mecanismos dentro del mundo inferior, tiene sus propios mecanismos (una realidad física en el orden cosmogónico que supera e influye sobre la estructura original de nuestra psique).

En términos de la cábala, debemos liberar a cierta parte de la Psicología que pretende reducir la realidad psicológica al Universo de Yetzirá (dentro del dominio del Yo), porque entonces al no comprender el sistema general del universo en sus manifestaciones más elevadas, tampoco podemos comprender cómo se debe mover la psique en los universos superiores. Y si la Psicología tradicional puede afirmar que los universos superiores son la representación simbólica de la psique para fugarse de la realidad material insoportable, así podemos invertir el orden del análisis, y decir que la constante actividad dentro del orden inferior material es una fuga para la introspección necesaria que nos permite el acceso a los universos cosmogónicos (existentes en términos físicos) del mundo superior.

Por lo tanto, llegamos a una conclusión importante: el orden inferior puede ser un refugio frente a la imposibilidad por parte de la psique de ejercer cierto control conceptual y simbólico del mundo superior, y el mundo superior podría ser también utilizado como refugio por la imposibilidad de asumir psicológicamente el mundo inferior.

Entonces debemos disolver la dicotomía de nuestra Biná que parte en dos la realidad: una realidad denominada como el «mundo superior» y otra realidad denominada como el «mundo inferior».

Si destruimos el dualismo creado por nuestra Biná, entonces logramos ver que ni el mundo superior ni el mundo inferior deben ser considerados como objetos psicológicos de seguridad, sino que justamente ambos mundos son esencialmente uno, y que la materialidad no debe representar una fuga de lo espiritual, sino un fragmento más de la espiritualidad integral, y que la trascendencia no es una fuga de lo material, sino un fragmento más de la materialidad integral porque, como sabemos, si la materia y la energía no son diferentes, sino que todo lo constituye la energía, entonces debemos percibir la espiritualidad energética que se oculta en el interior del mundo material, y en definitiva debemos extraer a Keter del interior de la Maljut, y de ese modo percibir la «Eternidad» dentro del sistema de contracciones del tiempo-espacio.

109. El sentido existencial es transpersonal

«Hay que dejar a la gente en su nivel, porque si pretendemos cambiarlos de nivel podemos provocar que se pierdan».

RABÍ JAIM ZUKERWAR

Entonces, ¿en qué estado nos encontramos cuando sentimos el vacío existencial en nuestro interior? Si hasta ahora el dominio de las siete dimensiones inferiores constituía el impulso físico, ahora liberados de la idea de la muerte física nada nos impide seguir o no seguir viviendo. Todo es lo mismo, es una especie de nihilismo transitorio, y entonces este vértigo nos conduce a la «nada» existencial, y es allí donde nos enfrentamos con nuestra decisión final del sentido, porque si todo esto tiene sentido, intensificaremos el sentido hasta el final físico, y si esto no tiene sentido, entonces punto final, cancelamos la materia y nos suicidamos, y es entonces donde consideramos que hasta aquí puede llegar la percepción máxima del Yo mental (Biná). Quiero advertir que el suicidio no debe ser necesariamente material, sino que la fuga mental del sentido de la existencia a través de los mundos inferiores también constituye una forma de suicidio espiritual.

Ahora bien, deberíamos advertir a todo suicida potencial (material o imaginario) que justamente a su lado, al borde del sentimiento del vacío existencial, se encuentra el sentido absoluto, y que el ser humano debe realizar el máximo esfuerzo para poder ver del otro lado (que se encuentra en este mismo lugar). Si se profundizan los grandes conocimientos del misticismo judío, el ser humano puede encontrar las claves para comprender el sentido existencial.

La sensación de vacío significa que estamos resolviendo la última contradicción de nuestra existencia, porque logramos percibir que la vida y la muerte son dos caras de lo mismo.

El Yo no le encuentra sentido a la existencia dentro de su propia subjetividad, porque el verdadero sentido de su existencia trasciende su subjetividad. El Yo ha buscado equivocadamente, ha buscado su sentido existencial en la entropía de su propia subjetividad. Y es allí en el Yo, en su calidad subjetiva cerrada, donde no puede encontrar el sentido; porque todo sentido existencial es transpersonal; porque el aumento de conciencia no es un trabajo personal, sino que es personal y al mismo tiempo general; porque cuando un sujeto descubre algo no lo descubre para sí mismo, sino para el orden general de la humanidad. Entonces, el sentido último del místico es el mesianismo; porque el misticismo es mesianismo subjetivo y el mesianismo es misticismo social. Entonces, para que el misticismo realice un salto de nivel hacia el mesianismo, debe abandonar la subjetividad del Yo que lo conduce siempre a encontrar el sentido existencial en el orden inferior, y comenzar a trabajar la disolución mental del Yo (para no disolverlo nunca en la materialidad).

El Yo mental debe liberarse de su propia consciencia de Yo. Y si aparece el sinsentido de la vida, aparece también el sinsentido de la muerte. Estamos en el final de un proceso de crecimiento espiritual. Hemos llegado a ninguna parte porque ahora somos conscientes de que no existe ningún lugar de seguridad donde nos podemos refugiar de esta existencia. Y si hemos nacido para la muerte, entonces ¿para qué hemos nacido?, ¿para qué vivimos? Las preguntas fundamentales del vacío existencial ya están aquí. Y si el sujeto ya ha llegado hasta aquí, entonces ha realizado casi la totalidad del trabajo. ¿Qué elemento le falta para pasar del sinsentido total al sentido absoluto? La percepción del Ein Sof.

No nos hace falta la creencia en un Dios infantil, ya que se puede tener la creencia en Dios de un modo dogmático, pero no estamos haciendo referencia a esta creencia (que el sujeto sea religioso o no), porque al final sabemos que lo religioso se corresponde con una religión estructurada bajo los condicionamientos culturales del mundo inferior. Y aunque los condicionamientos culturales del mundo inferior son caminos válidos de acceso al Ein Sof, jamás debemos confundir el fin último con los métodos identitarios para llegar a «Él».

Cuando decimos que la diferencia entre la sensación del vacío existencial, que nos conduce inexorablemente al sinsentido total, y el sentido absoluto se produce cuando comprendo mi finitud real, y solo puedo captar mi finitud frente al Infinito por nuestro sistema dual de nuestra Biná.

110. La soledad radical del Yo y su finitud

> «El vacío es el único espacio donde somos realmente libres».
>
> MARIO SABAN

Entonces utilizó mi Biná para destruir la última dicotomía existente (mi Yo y el Ein Sof), y cuando acepto que mi Yo es nada y que el Ein Sof es Todo, entonces mi nada desea reintegrarse al Todo, y comienza un ascenso increíble al focalizar todas las energías subjetivas para lograr los mayores niveles de conciencia posible que me permite el orden de la materialidad espacio-temporal.

Cuando lo «finito» de mi estructura logra psicológicamente comprender que es un fragmento de lo infinito, entonces es cuando mi conciencia espacio-temporal logra el entendimiento que simultáneamente comprende la sensación de eternidad por coparticipación en el Todo. Es entonces cuando todo adquiere sentido, incluso el sentido total que ahora trasciende el vacío existencial que hemos estado experimentando, por lo que cuando logramos comprender el sentido del vacío existencial, es cuando se produce la desaparición de dicho vacío.

El estado de vacío existencial es un estado de soledad radical del Yo consigo mismo. Entonces es cuando estamos seguros de que nos estamos adentrando en nuestra Merkabá psicológica, y estamos a un paso hacia nuestra autotrascendencia. Estamos solos, completamente solos, siempre estuvimos solos, pero con el amor de los demás creíamos ilusoriamente que estábamos acompañados. Y los otros «solos» que parecen acompañados nacen y mueren solos. La subjetividad radical es el estado de máxima soledad. Nuestra madre nos trajo al mundo y nos amaba, pero ahora debemos abandonar también a nuestra madre arquetípica. El útero espacio-temporal es nuestra tumba física, pero existimos energéticamente más allá del orden físico de la materia.

La madre arquetípica de la Biná (la conceptualización) ya no nos protege, y también destruimos simbólicamente al padre arquetípico de la Jojmá (la simbolización). Ahora sí, nuestra Tiferet (el yo interior) se queda mirando ella sola y de frente hacia la inmensidad del Keter. Nuestros padres arquetípicos han muerto. Y ahora le toca al Yo transformar su conciencia al afrontar su propia muerte física.

La Biná de la conceptualización nos ayudó hasta cierto nivel de comprensión, y la Jojmá de la simbolización nos elevó más allá de los conceptos, pero ahora ya no podemos utilizar ni los conceptos de la Biná, ni los símbolos de la Jojmá, ahora logramos posicionarnos solos frente a Keter. Como un «Yo», estamos absolutamente solos. Solos frente a nuestra muerte física, en un nivel de desamparo total. Logramos percibir entonces la orfandad total de nuestro Yo. Huérfanos de todos los arquetipos que nos otorgaban seguridad, y libres solamente para la angustia existencial, así estamos dentro de la sensación del vacío existencial.

Entonces nos damos cuenta de que somos un fragmento del Ein Sof que se encuentra cara a cara con el Ein Sof. Hemos sido abandonados dentro del mundo de la fragmentación, y a pesar de ello insistimos en que conocemos, en que captamos el Todo. Y el vacío existencial es la demostración de nuestro abandono. Solo el Yo sabe ahora que se tiene a sí mismo, y también sabe que de alguna forma nos reintegraremos en el Ein Sof.

El «Yo» ya no puede evadirse más dentro de los conceptos de la Biná ni dentro de los símbolos de la Jojmá, porque ha perdido todos sus puntos de apoyo psicológicos. Se ha quedado sin sus padres arquetípicos que le permitían refugiarse, y en Keter encuentra exclusivamente el silencio interior, pero entre la Tiferet y el Keter se encuentra el abismo (el Tejom), y allí el Yo se siente al borde del abismo, sin saber realmente que hace existiendo aquí. ¿Por qué he venido a este mundo?

En ese momento, el Yo toma conciencia de que ya no puede escapar de todos los mecanismos de evasión porque ya los ha recorrido todos. Ya se ha realizado todas las preguntas materiales; sin embargo, estos interrogantes ya no le son de utilidad en este punto.

El Yo ha intentado por todos los medios perder su autoconciencia, pero, a la inversa de este proceso, el Yo solamente adquiere mayor autoconsciencia por su propia dinámica natural. Y este proceso de extracción de la conciencia desde el interior de la materia es natural a la existencia. Las energías superiores obligan al refinamiento de la materia, porque el sentido real de la evolución de la materia es adquirir y desarrollar su conciencia.

El Yo entonces siente que se encuentra atrapado en su propio proceso de expansión de la autoconsciencia. Lo finito toma conciencia de que está encarcelado dentro de la finitud, y lo infinito para no autoencerrarse en su infinitud ha descendido a través de nuestro Yo a la finitud; y entonces nuevamente nos encontramos ante otra paradoja, porque lo finito tiende a un infinito imposible, y lo infinito a un finito imposible. Todo es imposible que pueda escapar de su propia naturaleza, sin embargo, cada vez que la conciencia aumenta, entonces automáticamente libera al Yo de su soledad radical, porque el Yo entiende que sus energías psicológicas subjetivas son parte del sistema general de las energías cosmogónicas objetivas.

Y a pesar de encontrar la imposibilidad en Keter, entonces el sujeto finito halla realmente su sentido existencial real, el avance hacia la infinitud al desarrollar mayores niveles de conciencia. La única respuesta que tiene lo finito es el Infinito, no hay otras respuestas en el mundo de la fragmentación, todas las respuestas son «transicionales» para alcanzar el estado de autotrascendencia existencial.

Pero a medida que aumenta su autoconsciencia, el Yo tiene miedo de sus nuevos niveles de autoconsciencia. Los miedos interiores del conocimiento adquirido operan llevando al ser humano a la materialidad animal.

La Jojmá lo expand, y la Biná lo restringe. El Yo quiere quedarse dentro de la Madre arquetípica para no sentirse solo, y la Jojmá quiere como un Padre arquetípico afirmar el Yo en su propia soledad, porque de ese modo dará un paso fundamental a la adultez, y esto se producirá cuando la Tiferet conquiste la posición de la Jojmá, porque el Yo de la Tiferet deberá algún día convertirse en el Padre arquetípico de la Jojmá.

El Padre arquetípico deberá morir para que el Yo de la Tiferet sea el Padre. El vacío existencial se instala en el momento en que el Yo debe pasar necesariamente el «abismo» hacia el No-Yo, y debe reconocer su soledad existencial. Es un momento sublime, porque el Yo debe realizar el «duelo final» de la desaparición arquetípica de los padres, la Madre (la Biná) y el Padre (Jojmá). Entonces se produce «simbólicamente» el entierro de los padres arquetípicos y la destrucción de todas las seguridades imaginarias.

Ahora, el Yo de la Tiferet, sin la protección ni de la Biná ni de la Jojmá, tiene que cruzar con su soledad a cuestas el camino de su propia vida y de su propia muerte física.

El Yo ahora sabe que debe lograr pasar el dolor de la pérdida final para alcanzar la trascendencia total. El Yo debe destruirse en el Bitul (la aniquilación) para alcanzar el No-Yo, sabe que si logra autodestruirse, entonces se transformará, no es una autodestrucción negativa, sino la transformación final. Ahora el Yo cruza de la Madre (Biná) al Padre (Jojmá), y del Padre (Jojmá) a la máxima energía que puede percibir del nivel de Keter. Y este es el camino del vacío existencial, porque ya los padres reales físicos han muerto, ya no hay protección, porque el Yo se da cuenta de que toda protección era falsa. No hay seguridad ninguna, todas las supuestas seguridades eran axiomas inventados por nuestra mente en Biná para nuestra estabilidad mental, pero no hay seguridad para el Yo, porque el destino del Yo es el No-Yo,[291] y esto está predeterminado absolutamente por el Ein Sof. ¿Y ahora qué queda, rebelarse ante el Ein Sof? El Yo solo, condenado a ser un fragmento del Ein Sof, tiene que reconocer su estado de fragmentación; en ese momento, cruza el vacío existencial y decide ser No-Yo, decide transformarse y desafiar su propia finitud, cruzar la línea que une a la Madre (Biná) con el Padre (Jojmá), y para este cruce del vacío existencial necesita toda la fuerza interior que posee en su calidad de fragmento del Ein Sof, la Merkabá.

Entonces, ¿cuándo el Yo accede al estado «Merkabá»? cuando se han destruido todas las seguridades psicológicas que producían todos los miedos existenciales. El Yo se ha superado a sí mismo, ya que no necesita ni su propia subjetividad para saber que desea, es un deseo transpersonal; mientras sus deseos estaban anclados dentro de su subjetividad, siempre eran deseos inferiores limitados por la finitud. En cambio, ahora aparece el deseo máximo, el deseo imposible, el deseo nunca satisfecho de avanzar hacia el Ein Sof y captar la mayor cantidad de luz, y entonces toda la existencia de una finitud consciente será establecer mayores niveles de conciencia.

Entonces, de la nada, de lo más profundo de su «esencia divina» y como el ave Fénix, se levanta ahora la Merkabá. El «Yo» pasará su última prueba, será No-Yo, ahora destruirá todos los miedos, pero para ello deberá, como una condición, destruir todas las seguridades imaginarias. No hay forma de destruir los miedos sin destruir las raíces que los han creado.

La raíz de todos los miedos se encuentra en la Biná (en la madre arquetípica), ya que esta fue la que nos impuso los miedos para nuestra supervivencia, porque la Biná debe no solo proteger al Yo, sino que debe cuidar el proceso de construcción de la Tiferet. Pero cuando el Yo tiferético se hace fuerte, la función de la Biná puede derivar en una sobreprotección que paraliza la segunda etapa.

---

291. El sabio cabalista de Safed, Moisés Cordovero, dice en su *Pardes Rimonim* (4:4) que el alma cuando abandona el cuerpo material continúa sosteniendo su subjetividad.

111. El Yo en el camino hacia lo no-conceptualizable

> «El Yo en su subjetividad es una creación que proviene de la distorsión del espacio y el tiempo».
>
> MARIO SABAN

La Tiferet del Yo debe liberarse del Yo mental de la Biná para alcanzar el estado del No-Yo y así llegar al símbolo del Padre arquetípico de la Jojmá. Pero... ¿cómo alcanzar el estado de los no-conceptos y de los no-símbolos? ¿Cómo alcanzar Keter? Porque en Keter está la respuesta al sentido de la existencia. Pero entonces, ¿qué hay en Keter? Nada. ¿Cómo que nada? Tiene que existir algo para ser alcanzado. Como el deseo infinito hacia el Ein Sof es el fundamento real de todo el sentido de la existencia, entonces en Keter solamente puede haber un canal donde no existe nada, y que nos conduzca directamente al Todo de la luz infinita. Keter es el canal entre mi Yo y el Todo, y por este motivo allí no puede existir el Yo en su subjetividad, allí no hay vacío, Keter está vacío para que una parte de la luz del Ein Sof ingrese por allí para construir nuestra conciencia.

El vacío existencial ya no se reactualizará jamás, porque al alcanzar el Yo el estado del No-Yo comienza la oscilación entre el Yo y el No-Yo terminando en un proceso de unificación del Yo/No-Yo.

La seguridad de la Biná (la Madre) me ha otorgado la fuerza del Yo, y el riesgo de la Jojmá (el Padre) me ha otorgado la fuerza del No-Yo.

El Yo entonces comienza la oscilación en la seguridad imaginaria que permitió, en la primera etapa de la existencia física, la fortaleza de la Tiferet (del Yo emocional). Mientras que la energía arquetípica materna desea mi seguridad máxima y mi continuidad dentro de la existencia material, la libertad arquetípica paterna desea mi liberación total, incluso de los miedos a mi propia muerte física.

Porque existe «Amor» al otorgar la vida y sostenerla, pero también existe «Amor» cuando se aceptan los límites de la existencia física. El pensador catalán Francesc Torralba hace referencia al concepto de «vulnerabilidad».[292] Otro concepto equivalente es el del pensador francés Paul Ricouer sobre la finitud.[293]

Por ese motivo, el amor arquetípico materno tiende a la continuidad material (Maljut), y el amor arquetípico paterno tiende a la liberación de la materialidad para un ascenso energético hacia los mayores niveles de conciencia. Biná (la Madre) me protege en el mundo material (Maljut), y Jojmá (el Padre) me libera hacia la trascendencia (Keter).

Ahora que el Yo emocional de la Tiferet es fuerte, conquistamos el Yo mental de la Biná, pero el Yo mental se debe finalmente liberar de sus propias subjetividades, y es entonces cuando debemos ingresar dentro de la Merkabá. La Merkabá nos debe conducir al No-Yo de la Jojmá. La sensación del vacío existencial es el precio que debemos pagar por esta última transformación. Y cuando logramos esta transformación de la estructura total de mi identidad, es cuando se produce la felicidad trascendente permanente que no puede asociarse a los estados de felicidad del mundo inferior, porque estos estados de felicidad son esencialmente transitorios por su finitud.

En este nivel, la muerte física ya no puede destruir la felicidad interior de alcanzar el estado del Yo/No-Yo. En este punto, el vacío existencial queda cancelado, porque automáticamente lo hemos llenado; desaparece entonces la terrible sensación de soledad del Yo para dejar paso a una sensación trascendental del No-Yo. La potencia que adquiere el Yo en este nivel es casi indescriptible. El Yo de la Tiferet al pasar el abismo (el Tejom) alcanza así el estado ketérico.

Como Keter es una dimensión fuera de toda limitación humana (aunque es una limitación que es percibida desde el Ein Sof), cuando la Tiferet alcanza su estado ketérico, en realidad ingresa en Keter. Keter no es un estado estático, sino que Keter es justamente la sensación de conciliar el estado de conciencia Bet (de la Biná) con el estado de conciencia Alef (de la Jojmá). Sin embargo, no se produce una conciliación estática, sino, por el contrario, una conciliación dinámica.

No se concilian por un pacto tras el enfrentamiento, sino que mi Biná (mi organización mental en el nivel de la Neshamá) opera dentro de una coordinación completa con mi Jojmá (mi expansión de energía psíquica). Me expando a través de la Jojmá (consciencia Alef), y me restrinjo a través de la Biná

---

292. *Inteligencia espiritual*, de Francesc Torralba, 4ª. edición. Página 224, Plataforma Editorial, Barcelona, junio de 2011.
293. *Finitud y culpabilidad*, de Paul Ricouer, editorial Trotta, Madrid, 2004.

(consciencia Bet), y no aprendo exclusivamente a través de la expansión, ni exclusivamente a través de la restricción, sino que aprendo de la oscilación misma.[294] Cuando me expando en la Jojmá tengo que automáticamente ser consciente de los límites, es decir, cuando entro en la fase de expansión de la consciencia (Jojmá) alcanzó altos niveles de sabiduría, pero los alcanzó porque tengo la energía psíquica de conocer mis limitaciones; y cuando dejo de expandir la consciencia freno la Jojmá con la Biná y comienza la restricción que me lleva a la más profunda organización conceptual. Y entonces ingreso en la consciencia Bet o conciencia restringida (Biná), que es donde puedo organizar, clasificar y crear sistemas otorgando un cierto orden mental; allí trabajo buscando jerarquías, trabajo sobre las fragmentaciones de las siete dimensiones del mundo inferior, y cuando llego a la máxima consciencia de restricción operando sobre la máxima fragmentación, entonces comienzo el camino inverso de ascenso operando sobre la consciencia expandida de la Jojmá. Si con la Biná bajo hasta Maljut, con la Jojmá subo hasta Keter. Quedarse anclado en el nivel inferior (mundo de la fragmentación) es la tendencia de la Biná, y avanzar en los niveles superiores hacia Keter (muchas veces sin control) es la tendencia de la Jojmá.

La primera conciliación se había producido dentro del Daat (el Conocimiento), pero cuando la Tiferet se elevó al estado del Yo/No-Yo alcanzó a ocupar dentro del Árbol de la Vida la posición de Daat.

---

294. Con relación a una crítica fundamentada sobre el problema de asociar la espiritualidad a la consciencia expandida dice el doctor Robert Augustus Masters en su obra: «Y con todo, el atractivo de la espiritualidad idealizada sigue siendo fuerte, y nos lleva a buscar la expansión en casi todas las cosas por la creencia de que la expansión es positiva y la contracción, negativa; que la expansión nos eleva y la contracción nos hunde; que la expansión personifica el sí, y la contracción el no; que la expansión es superior y la contracción inferior, que la expansión nos libera mientras que la contracción nos entrampa, etc. Pero no hay nada que sea intrínsecamente virtuoso en la expansión –pensemos en el imperialismo y la colonización, así como en la metástasis de las células cancerosas–, ni nada intrínsecamente deleznable en la contracción. La expansión y la contracción están más interrelacionadas de lo que podamos pensar: cuando inspiramos, por ejemplo, puede parecer que lo único que sucede es que nuestro torso se expande para dejar entrar más aire, pero también se produce una contracción de nuestros tejidos nasales y la parte superior de la garganta, que con la inspiración se tensa un poquito. Cada movimiento que hacemos incluye ambas fuerzas. Sin embargo, en el terreno de la evasión espiritual la expansión sigue considerándose como algo mejor que la contracción, y un ejemplo de ello, es nuestro entusiasmo por lo que llamamos consciencia expandida» (*La Evasión espiritual: cuando la espiritualidad nos desconecta de lo que realmente importa*, páginas 25 y 26, ediciones Vesica Piscis, Málaga, España, diciembre del 2011).

112. La trascendencia: Maslow-Frankl

«La Torá más que amor a Dios significa protección contra la locura del contacto directo con lo santo».

EMMANUEL LEVINAS

La sensación de trascendencia del Yo es de tal magnitud que, mientras escribo estas líneas, quiero transmitir a las generaciones del futuro la idea por la cual a mayores niveles de percepción por parte de nuestra consciencia podemos alcanzar mayores grados de felicidad fuera del condicionamiento material. Lo que propone la psicología del misticismo judío es un estado de felicidad independiente de los objetos finitos de esta manifestación material, y mientras más ascendemos a las magnitudes energéticas superiores, los deseos aumentan y, con ellos, la felicidad que es equivalente a dichas magnitudes. En cambio, con el «Deseo infinito» de ascender hacia el Ein Sof no existe otro tipo de felicidad que pueda ser comparada con la felicidad trascendente.

Es que si en el futuro no logramos independizarnos de los condicionamientos materiales, no comprenderemos las energías ocultas subyacentes que operan detrás de la materialidad. Hasta ahora hemos caído en las trampas de la centralidad del Yo que puede percibir la realidad a través de la pura materialidad, pero ahora podemos lograrlo a través de la aplicación práctica de las técnicas de la antigua cábala judía para producir modificaciones cognitivas.

Tenemos que descentrar a la psique de su propia subjetividad. La psique, al operar con la consciencia inferior de forma exclusiva, ha reprimido las tendencias trascendentes del mundo superior. Si Freud comprendió la psique en su relación con la animalidad biológica de las necesidades básicas de alimentación (Maljut) y de sexo (Yesod), debemos comprender que Jung vislumbró la potencia del mundo superior. Ahora bien, ambos han operado en niveles dimensionales diferentes, pero han acertado en el diagnóstico. En cuanto al tratamiento, al centrarse en las psicopatologías no operaron sobre la población sana como trabajará luego Abraham Maslow. El gran descubrimiento de Maslow es que existe una tendencia al mejoramiento continuo en la población sana, y en este mismo sentido el descubrimiento de la Logoterapia de Víctor Frankl llevó a comprender que el sentido de la existencia era el fundamento central o la energía psíquica fundamental. Y si bien para Frankl el sentido de la existencia se construye de forma personal, para el misticismo judío el sentido de la existencia se debe buscar en el ascenso constante hacia el Ein Sof, para no atarse a ningún objetivo finito dentro de las dimensiones inferiores de la existencia. No es casualidad que tanto Frankl como Maslow, ambos, hayan nacido en el seno del judaísmo, porque indudablemente opera en ellos la mentalidad del optimismo mesiánico que ha influido en tantos pensadores europeos del siglo XX. Este mesianismo potencial de progreso permanente me ha merecido un estudio en profundidad.[295]

La psicología del misticismo judío entiende que todas las escuelas históricas han aportado una visión cada vez más clara del ser humano, y admitimos que la Logoterapia se acerca a nuestra posición, sin embargo, vemos un punto de diferencia sustancial, a partir de la percepción del Ein Sof que realiza la cábala.

La trascendencia que propone la psicología del misticismo judío se fundamenta en lograr la felicidad en el proceso infinito de construcción de la persona, y no en alcanzar objetivos dentro de la materialidad. Los objetivos cumplidos finitos no dejan de ser importantes, pero no se puede reducir todo el proyecto existencial a estos deseos satisfechos finitos, sino hacia el deseo infinito que lleva a la felicidad de la trascendencia. Y la causa de esto se encuentra en que establecemos los objetivos de nuestra existencia exclusivamente desde la Biná, cuando en realidad, si logramos liberarnos de los objetivos específicos en tanto satisfacciones reales, alcanzamos el objetivo real de la Jojmá, que es percibir un ascenso constante hacia Keter. Los objetivos específicos de la materialidad deben ser considerados como «excusas» para lograr la ascensión espiritual general que nos lleve a la felicidad trascendente.

Al percibir Keter encontramos allí lo no arquetipal, lo no realizable, lo utópico absoluto, el Mesías que nunca llegará históricamente,[296] nuestra potencialidad mesiánica permanente, el progreso indefinido que caracteriza al fundamento de la mentalidad del judaísmo. Porque la búsqueda del Mesías interior, de la chispa divina que tenemos dentro como fragmentos del Ein Sof, es lo que realmente importa; este es el sentido existencial real.

---

295. *La Matriz intelectual del judaísmo y la Génesis de Europa*, por Mario Javier Saban, Buenos Aires, 2005.
296. Si algún día llegará el Mesías, indudablemente tendría que ser el Dios de la Merkabá real.

Por supuesto que dicho sentido existencial se tiene que materializar en la vida cotidiana a través de actos finitos mundanos, pero la intencionalidad subyacente dentro de nuestra subjetividad no debe ser la de reducir a dichos actos finitos nuestro sentido existencial, porque esto nos retrotraerá a la sensación de vacío existencial. La acción material es importante respecto a la transformación del Universo de Asiá (la Acción), pero debemos saber que son las energías subyacentes las que constituyen la realidad de toda materialización posterior.

Solamente un cambio de percepción de los actos cotidianos del mundo inferior es lo que logrará encontrar el sentido existencial real, porque lo que realmente cuenta no son los resultados prácticos materiales, sino los grados de consciencia interior que he adquirido dentro de la profundidad de mi ser, y refinaremos la materialidad, y entonces la conducta material del sujeto terminará reflejando los cambios cognitivos.

Y no debemos tomar como excusa la inacción material respecto a la búsqueda del sentido existencial, sino que el proceso debe ser simultáneo, debemos operar en el mundo inferior porque no podemos renunciar a la materia con la excusa de refugiarnos en la introspección interior; por lo que debemos ser cautos a la hora de analizar las causas de dicha introspección interior. Una patología espiritual clásica es fugarse de la materialidad del mundo inferior a través del sistema de un ascenso constante hacia el mundo superior; entonces lamentablemente no se accede ni al mundo inferior ni al superior. Porque quien pretende ascender al mundo superior abandonando la realidad material está forzando los límites estructurales predeterminados de la materialidad (no hemos nacido para ser ángeles sin materia, ya que mientras tengamos materia debemos gestionarla adecuadamente).

113. La imposibilidad de explicar la sensación de trascendencia

«Una persona debe hacerse a sí misma como si no existiera».

JULÍN 89A

El problema conceptual para explicar esta sensación de trascendencia interior es la no transferibilidad de la sensación interna. Es posible lograr la expansión de la columna del «Dar» (Netzaj-Jesed-Jojmá) a través de la música. Sabemos que el lenguaje musical opera sobre los niveles de expansión de la consciencia, y hace subir las energías psíquicas por toda la columna del «Dar» del Árbol de la Vida. Los mantras religiosos trabajan en estos niveles.[297]

En cada nivel de autoconsciencia nos encontramos con estadios mayores de felicidad interior. Y en este punto, todo el bien y todo el mal quedan reducidos al plano inferior de lo contingente. Podemos comprender mejor que lo bueno y lo malo del mundo inferior son producto de nuestra ignorancia dentro de la finitud, y es entonces cuando subimos al mundo superior, y así lo bueno y lo malo quedan reducidos a lo que realmente son, aspectos contingentes de los sistemas de valoración cultural.

El «Bien mayor» que supera el mundo inferior es la percepción del Ein Sof. Todos los valores del mundo inferior son construcciones de control social y, por lo tanto, completamente relativos. Deben ser considerados absolutos para la mejor organización social, y lograr así la paz general. Sin embargo, los valores del bien y del mal se modificarán con los avances tecnológicos, porque dichos avances cambian de forma permanente nuestras percepciones inferiores.

El único derecho natural real se encuentra en las leyes físicas del universo, todo derecho natural que el ser humano ha creado, en realidad siendo «derecho», no es natural. No estamos diciendo que el ser humano no deba tener leyes éticas, sino que accederemos a niveles de ética más elevados, porque como

---

297. Personalmente utilizó como mantras inspiradores a los grandes compositores de la música clásica barroca (Albinoni, Geminiani, Bach, Telemann, etc). Indudablemente, la sinestesia es para mí una realidad cotidiana entre la música clásica y la inspiración para la escritura.

las sociedades evolucionan, entonces la humanidad podrá alcanzar nuevos valores. Y por lo tanto, si aumenta el nivel de conciencia, se modifican los valores que hasta ahora hemos sustentado, y si existe una modificación de los valores, no se puede pensar en un derecho natural objetivo, sino en una evolución axiológica permanente. Sin embargo, esta evolución permanente no debe ser excusa para no sustentar una serie de valores generales fundamentales que otorguen estabilidad al sistema social. Entiendo que la seguridad de la Biná y la libertad de la Jojmá exijan más que la sustentación de valores objetivos, el reconocimiento de estas energías permanentes operativas dentro de la psique.

Por esta razón, los cabalistas decían que ellos vivían en la «Era Mesiánica», y explicaban que por su grado de refinamiento vivían mentalmente en el futuro.

Ahora bien, existe la máxima percepción del mundo superior, y es la percepción del Ein Sof, la potencia real en términos físicos de adquirir los mayores estados de consciencia en el mundo superior; y cuando un sujeto logra estos estados de consciencia, puede realmente operar detrás de las valoraciones sociales contingentes. Realmente, la «neutralidad» que proclama Freud en cuanto a la valoración moral nunca implicó la destrucción de todo orden moral, sino que situaba al ser humano en un nivel científico de comprensión, donde toda valoración ética (tanto la subjetiva como la colectiva-intersubjetiva) provocaba una distorsión de la realidad. Freud descubrió la terrible magnitud de los condicionamientos sociales en tanto valores considerados como absolutos. Lo intersubjetivo pasa a ser considerado como «objetivo», cuando no existe nada «objetivo» dentro de los condicionamientos espacio-temporales.

Sin embargo, con ese análisis no provocamos la disolución del orden moral (porque comprensión no significa la justificación para la anulación de la conservación de un orden determinado específico en un momento histórico), sino que debemos comprender que en el mundo superior podemos captar las modificaciones sociales futuras al buscar la esencia subyacente dentro de la materialidad.

Los valores éticos administran situaciones históricas temporales[298] y pertenecen al mundo inferior, y debemos aplicar el mayor entendimiento posible

---

298. El propio texto bíblico demuestra los cambios éticos de la sociedad. Por ejemplo, Lot tiene relaciones con sus hijas, mientras que por la ley de Moisés el incesto quedará prohibido. Muchas leyes de la propia Ley de Moisés serán modificadas por las interpretaciones talmúdicas. Este proceso de ascenso ético demuestra que, a medida que las sociedades van aumentando su nivel ético, se modifica automáticamente su sistema legal. Si consideramos natural el aumento de la conciencia, entonces todo aumento de conciencia conlleva inevitablemente una modificación histórica de la percepción ética.

(desde la Biná) para validar dicho ordenamiento moral. Pero todo orden moral es transitorio, de acuerdo con las necesidades sociales de cada momento y de cada sociedad. Si desplazamos el eje de nuestra visión al mundo superior, y vamos más allá de la Biná, y cambiamos la mirada de la Biná para que esta se relacione con la Jojmá, entonces ya no nos encontramos ante el principio psicológico de neutralidad, sino ante el principio cosmogónico de la realidad física del Ein Sof.

Entonces no encontramos la neutralidad psicológica, sino que encontramos los más altos grados de trascendencia al reducir (y paradójicamente expandir) la psique dentro del orden cosmogónico. Si percibimos la psique como el elemento central del análisis desvinculado del sistema cosmogónico general, provocamos una distorsión científica del conocimiento real de la psique, porque la psique siendo un producto derivado del orden cosmogónico representa un grado de consciencia del sistema general solamente que reducido a un fragmento de esta realidad.

Lo que la existencia de la psique demuestra es que la consciencia general dentro de las manifestaciones del Ein Sof en esta realidad es la energía básica. Si la psique alcanzó este grado de autoconsciencia es porque la consciencia existe más allá de nuestra subjetividad. Es nuestra consciencia la que prueba la existencia de una consciencia general detrás de la materialidad que llamamos el Ein Sof.

Cuando superamos el vacío existencial es cuando somos conscientes de esta situación. Cuando la consciencia se autocomprende como una consciencia derivada del sistema cosmogónico general, entonces se resitúa realmente dentro del orden cosmogónico general, y puede independizarse de las construcciones humanas que ha creado. La psique reduciéndose a sí misma provoca en el ser humano el máximo grado de soledad existencial. Es entonces cuando desde las profundidades de nuestro «Yo» el fragmento del Ein Sof que tenemos dentro comienza su proceso de manifestación. Hemos descubierto que a mayor nivel de autoconsciencia, mayor comprensión de la profundidad interior de nuestro fragmento del Ein Sof. Extraemos la esencia de la Divinidad desde nuestro interior. Y si el concepto de Dios en el mundo inferior era un objeto infantil de seguridad, ahora, en el nivel superior, representa la compresión real de la existencia de la consciencia divina general. E insistimos en que la única prueba que tenemos de la existencia de estos niveles de consciencia general más elevados somos nosotros mismos a través de la existencia de nuestra consciencia fragmentaria.

Llegamos entonces al «núcleo» central de la fuerza de toda la existencia. Y este núcleo lo tenemos dentro de cada uno de nosotros. Ascendemos a la Merkabá porque pasamos del estado del Yo al No-Yo, descendemos a la Merkabá porque logramos llegar al núcleo interior más profundo de nuestro Yo; porque al subir al Ein Sof, descendemos al No-Yo de nuestra interioridad; porque al ascender al No-Yo total del Ein Sof, descendemos al No-Yo de mi Yo fragmentado. Es así como cruzamos el vacío existencial para ingresar dentro de la Merkabá; porque al percibir la «trascendencia» de la consciencia general sentimos en nuestra interioridad la naturaleza eterna del Ein Sof más allá de nuestra subjetividad; porque la importancia de la subjetividad radica en la percepción de centralidad de la psique, y es entonces cuando al destruir la centralidad de la psique y situarla en el orden cosmogónico logramos comprender la realidad más allá de nuestra subjetividad. No es que perdamos la subjetividad que siempre nos acompañará en el mundo inferior, sino que situamos de modo marginal nuestra subjetividad a pesar de continuar existiendo subjetivamente dentro de nuestro Yo.

Finalmente, la idea es establecer dónde se encuentra el terreno en el que existe la Merkabá y su funcionamiento. Si conocemos dónde se encuentra la Merkabá, si conocemos su funcionamiento, entonces solamente nos resta operar para que nuestra Merkabá comience su movimiento de ascenso y descenso (porque todo descenso en realidad es un ascenso dentro del Maasé Merkabá). La propuesta es llevar al lector por los caminos de la Merkabá y al dejarlo allí que él mismo ejerza su autoridad sobre su propia Merkabá.

Nadie puede poner en movimiento la Merkabá del otro. Cada uno es responsable del propio nivel alcanzado. Pero advierto que cuando alguien alcanza un nivel determinado ya no puede renunciar al nivel alcanzado. Por supuesto que por miedo se pueden reprimir los niveles superiores alcanzados por la Jojmá, pero cuando un sujeto logra un nivel, dicho nivel de consciencia es conquistado para siempre, aunque sea reprimido en el inconsciente.

114. El vacío existencial

«Contra tu voluntad vives, contra tu voluntad mueres».
Pirkei Abot 4:22

¿A qué llamamos vacío existencial? En realidad, durante la existencia podemos experimentar varias sensaciones de vacío, pero la sensación de «vacío existencial» es radicalmente diferente. Lamentablemente se puede asociar la sensación del vacío con la depresión, pero no es así. El vacío al que hacemos referencia es el vacío existencial de la persona sana.

Encontrarse «vacío» no es una experiencia en principio negativa, pero es habitual que se sienta el vacío como una «amenaza». La Biná (el Entendimiento) siente la sensación de vacío como algo negativo que se debe necesariamente llenar de forma urgente. Esta urgencia en llenar el vacío existencial produce una caída eventual al mundo inferior de la fragmentación (mundo de Bet).

Si todo vacío siempre quiere por definición ser llenado, entonces la desesperación del «llenado» nos puede llevar a una carrera interminable de satisfacciones/insatisfacciones cada vez más profundas.

Sin embargo, los vacíos no están para ser completamente satisfechos porque, de ese modo, desaparecerían como «vacíos». Un «vacío» tiene una característica especial, y esta característica es que puede ser llenado, pero que no debe ser llenado para siempre, ya que entonces se anula su vacuidad.

El vacío existencial tiene una relación directa con el sentido integral de la existencia subjetiva. Las preguntas ¿Para qué existo? ¿Por qué estoy vivo? ¿Cuál es mi función real en esta existencia? constituyen los interrogantes esenciales del ser humano. Interrogantes que no deben ser evadidos a través de la razón, sino que deben ser abordados seriamente.

El problema se presenta cuando el «Ocio» aumenta, ya que aceleramos la entrada dentro del vacío existencial o, a veces, es el trabajo mecánico sin sentido el que nos lleva a las mismas preguntas.

Un vacío lleno si siempre se encuentra «lleno» pierde su función fundamental, que es estar siempre relativamente vacío. Ahora bien, el vacío quiere (desea) ser llenado. El «dar energía» a un vacío es satisfacer el deseo insatisfecho. El deseo de recibir del vacío se satisface con el deseo de dar de las energías provenientes del Ein Sof. Podemos definir cada Sefirá como una vasija de recepción que desea ser llenada, y en este sentido cada dimensión debe ser satisfecha/insatisfecha para continuar existiendo; sin embargo, el «vacío existencial» se diferencia claramente del vacío dimensional determinado de cada Sefirá.

La diferencia entre un vacío específicamente dimensional y el vacío existencial se halla en que el vacío existencial pone en duda el sentido integral de la existencia de todo el Árbol de la Vida del sujeto.

Los vacíos dimensionales se llenan y se vacían de acuerdo con las necesidades energéticas correspondientes a cada nivel. En cambio, el vacío existencial se produce justamente cuando las necesidades de todas las dimensiones se encuentran felizmente satisfechas/insatisfechas.

El vacío existencial no depende de la satisfacción/insatisfacción de los diferentes vacíos dimensionales, sino de la estructura general, de una puesta en duda de todo el sistema de la existencia subjetiva. Es una sensación de nihilismo absoluto.

Lamentablemente, el problema aparece muchas veces cuando confundimos el vacío existencial (que opera dentro del Todo integral del sujeto) con los vacíos dimensionales específicos. ¿Y dónde se encuentra el problema? En que al aumentar la satisfacción de las dimensiones no llenamos el vacío existencial, sino que, por el contrario, al aumentar la satisfacción de las dimensiones provocamos un aumento del vacío existencial. Es allí, cuando se produce esta situación donde el vacío existencial no puede ser llenado con la misma sustancia que satisface las dimensiones inferiores, sino que las satisfacciones dimensionales en realidad constituyen el mejor campo de evasión frente al vacío existencial. Por lo tanto, nuestra primera conclusión es que la satisfacción de una dimensión o de varias dimensiones no implica automáticamente la resolución del sentido existencial. Justamente, el problema del vacío existencial aparece en general cuando la mayoría de las satisfacciones dimensionales han sido satisfechas.

Toda la existencia se produce por el efecto del Tzimtzum (la autocontracción que genera el primer gran vacío universal). A partir de ahí, todo lo existente es un sistema complejo de vacíos para ser llenados y unas energías que desean llenar vacíos. Así que si comprendemos la estructura predeterminada del universo, nos encontramos que en la naturaleza existe el vacío y que dicho vacío no debe ser percibido como una patología, sino como una oportunidad. Debemos aceptar que tanto nuestro universo físico posee una realidad de vacío como nuestra estructura subjetiva.

En el misticismo judío hacemos referencia al Kli (recipiente) como la forma de recepción que contiene el deseo de recibir. El Kli puede recibir porque existe un vacío. Lo que define al Kli es su vacío. Y lo que define el vacío es que existen en el Kli «límites», y dichos límites son los que definen la capacidad de recepción de la vasija.[299]

En el vacío existencial se ha perdido la sensación de los límites de todo Kli, es decir, que el vacío existencial se produce justamente cuando afrontamos directamente el Ein Sof, cuando avanzamos desde la interioridad de nuestro centro tiferético hacia Keter. Al percibir los dos universos de Briá y de Atzilut, el alma se encuentra frente al Infinito del Ein Sof, y ante tamaña magnitud siente que es «nada de nada». Sin embargo, la magnitud del Ein Sof le provoca automáticamente la sensación de un deseo de llenarse de dicha infinitud, pero para ese llenado debe vaciarse de sí mismo a un grado tal, que realmente aparece la sensación interior de un sinsentido de la existencia ante tamaña magnitud infinita.

Vaciarse de sí mismo es uno de los trabajos más duros que debemos recorrer para alcanzar la plenitud y superar el vacío existencial.

Todo el Daat que transforma lo oculto (Nistar) en revelado (Niglé) es el proceso de llenado de las energías provenientes del Ein Sof sobre los Kelim (los recipientes). Los recipientes de recepción (Kelim) atraen las energías para ser llenados. En realidad, ¿cómo se formaron los Kelim? La energía más densa se transformó en materia, así que los Kelim son también energías que se ocultan detrás de la materia, y a su vez energías que soportan otros tipos de estados energéticos más sutiles. Por lo tanto, cuando hacemos referencia a los receptores o vasijas de recepción de las energías, en realidad, debemos explicar que estos Kelim son a su vez energías condensadas que se han transformado en lo que nosotros conocemos como materia (el Universo de Asiá).

---

299. Uno de los temas centrales del misticismo judío es el entrenamiento que debemos hacer para expandir el Kli de recepción, porque gracias a esta expansión depende que podamos recibir más cantidad de información del nivel de Sod y transformarla en información revelada.

115. La feliz oportunidad del vacío existencial

«Auto-limitarte significa marcar la frontera de tu propio vacío».

GEORGES LAHY

En realidad, una persona debe estar satisfecha de encontrarse en estado de «vacío existencial», aunque esto constituye una contradicción aparente, porque si una persona (un Kli) está llena, entonces no puede incorporar más contenido dentro de su interioridad. En realidad, un Yo debe sentir el vacío para poder ser Kli de recepción de energías. El Kli nunca debe sentirse completamente lleno, pero tampoco es bueno sentirse completamente vacío. Un vacío permanente es un sentimiento tan desesperante como un llenado permanente. Cuando un Kli desborda de Luz (Or), entonces puede estallar; el Kli no soporta recibir más de lo que puede recibir de acuerdo con sus límites. Pero si un Kli no recibe nada, no significa que no exista «luz» para ser recibida, sino que no existe la percepción de dicha Luz. Un Kli que no recibe luz tiene una Klipá (una cascará que impide el ingreso de la luz), y un Kli débil frente al nivel de luz que pretende recibir también puede caer en la Klipá, porque una luz de una intensidad superior nos puede enceguecer y no hay Kli que pueda captar un nivel de luz superior a su magnitud de resistencia.

El Kli debe ser consciente de que la sola oportunidad de existir otorga sentido a la existencia, porque para recibir algún tipo de Luz, el vacío existencial adquiere sentido. El «Kli» se termina identificando con sus propios límites que le otorgan identidad dentro de la finitud, sin embargo, el Kli debe intentar identificarse con el fragmento del Ein Sof que lleva dentro.

En realidad existe «Or» dentro de la propia estructura del Kli, pero es una luz oculta dentro de nuestra subjetividad, es más, es la subjetividad la que oculta la sustancia divina que se encuentra detrás de nuestras vestimentas dimensionales. La destrucción de la primera capa de subjetividad nos lleva necesariamente a comprender la existencia de otras capas de meta-subjetividad más elevadas. Esta destrucción de la subjetividad en un nivel superior no implica necesariamente que la subjetividad sea destruida en los niveles inferiores, por el contrario, la subjetividad ahora es el elemento receptor de las mayores modificaciones de la conciencia trascendente.

No existe simplemente un «Or» que llega del Ein Sof por las diversas contracciones, sino que el Kli es en sí mismo «Or», porque ha nacido de un «Or» contraído dentro de la máxima expresión de la materialidad. Por esta razón, podemos decir que el Kli es Or oculto en su máximo nivel de ocultamiento dentro de la materialidad. Las energías cuando se convierten en energías de alta densidad no dejan captar el Or interior del propio Kli. Todo Kli dentro del Yo es quien puede generar su propia Luz. Si el Kli logra el nivel de conciencia «Merkabá», puede extraer toda la luz que existe en todos los niveles de todos los universos (incluso dentro del Universo de Asía donde el Or se encuentra oculto). ¿No es entonces el propio Kli un nivel de luz dentro de la más baja densidad de la materialidad? Cuando extraemos esta consciencia dentro de la materialidad es cuando descubrimos la gran enseñanza de la cábala que dice que: «dentro de Maljut se descubre y se encuentra Keter». Teniendo toda la materialidad una energía interior oculta, se da la paradoja de que una «luz» contiene otro nivel de «luz» más sutil. Unas energías son contenidas entonces por energías más densas. Las energías más densas son Kelim (recipientes) de las energías más elevadas y sutiles.

Esta es la dinámica de gran parte de nuestra existencia, porque oscilamos desde la Luz infinita (el Or Ein Sof), que puede llenar todo el vacío del universo, hasta el Kli (vasija de recepción) aparentemente vacío por su estado de alta contracción dentro de la materialidad. Y ya sabemos que si toda la Luz del Ein Sof invade el vacío, no existe Kli que pueda soportar el nivel de luz infinita. Por esta razón decimos que la existencia del vacío se produce cuando la luz infinita tiene automáticamente una luz infinita que la limita, porque solo una energía infinita puede frenarse a sí misma, ya que no existe energía finita ninguna que pueda frenar la energía proveniente de la infinitud. La máxima finitud en su entropía crea la fuerza de gravedad y la máxima expansión del universo debe ser compensada por los grados de materialización de la energía en el interior del vacío. Y la peor entropía es la psicológica, porque la expansión de la psique fuera de sí misma es la que hará que se pueda conectar con las energías cosmogónicas universales que operan más allá de la subjetividad.

¿Y por qué motivo se puede llegar a percibir el vacío existencial? Porque creemos que llenamos el «vacío» con la exterioridad material y lo que provocamos es potenciar el «vacío». Cuanto más llenamos el vacío con las energías inferiores, potenciamos el problema del vacío. Lamentablemente, pretendemos llenar el vacío existencial como si este vacío tuviera la misma naturaleza que los vacíos dimensionales. Todo vacío dimensional posee una energía específica que podemos comprender y canalizar, sin embargo, el vacío existencial no posee una energía específica, y esto constituye un verdadero problema conceptual a la hora de comprender cómo se llena dicho vacío existencial. Las terapias tradicionales llegan aquí a un límite, al confundir el llenado de una energía dimensional con el llenado del vacío existencial. Las terapias tradicionales resuelven las patologías pero no resuelven el problema del «sano». Y el sano no tiene problemas porque se encuentra enfermo en una dimensión, el sano tiene problemas si vive su existencia en la mediocridad general dentro de la categoría de los «sanos sociales».

El hombre sano reclama ascender a mayores niveles de comprensión, porque no le alcanza el grado de autonomía subjetiva de las terapias tradicionales. Y es que cuando el sujeto sano alcanza cierto nivel de autonomía y adaptabilidad social, ya no necesita salir de un desequilibrio específico como el enfermo, sino que quiere ascender a niveles superiores de conciencia porque puede soportar en su centro tiferético los desequilibrios que puedan aparecer en el camino ascensional a niveles más altos de conciencia. El vacío existencial para ser llenado no es compensable por ninguna energía dimensional específica, y la sobrecarga de una energía psíquica dimensional puede provocar justamente lo que en principio se quiere evitar, la aparición de una patología. Devolver al «sano» a las operaciones de las dimensiones inferiores (sin conciencia de trascendencia) es encerrarlo en la jaula hedónica de los places materiales y en la aceleración constante hacia el sinsentido existencial.

El vacío del Kli es una oportunidad de todo Kli de obtener luz. Sin embargo, los niveles más altos de luz se encuentran siempre en los estadios superiores del alma.

Como creemos en la existencia real de la materialidad del Kli y no podemos percibir la luz interior del propio Kli no logramos percibir que existe un nivel de «Or» en cada universo.

El problema se agudiza dentro del materialismo extremo que piensa erróneamente que la materialidad del Kli es lo único existente dentro de esta realidad. Sabemos que las energías subyacentes detrás de la materialidad de todo Kli son más importantes que el mismo Kli, porque el objetivo de todo Kli de recepción de las energías es justamente cumplir la función de receptor de dichas energías. El Kli está al servicio del Or, porque en un nivel de comprensión más elevado sabemos que «Todo es Or» y lo que llamamos Kli es el grado más denso de materialidad del mismo Or. Si el Kli está al servicio de sí mismo, entonces se provoca automáticamente la idolatría de cualquier Kli. Todo Kli fue construido al servicio del Or. Sin embargo, cada Kli merece la Luz que recibe de acuerdo con su capacidad de recepción. Si el Kli amplía su capacidad de recepción, entonces merecerá el Or del nivel que le corresponda. No todo Kli es capaz de recibir el nivel de Or que puede provenir del Ein Sof. Es más, ningún Kli alcanza ni alcanzará jamás la totalidad de la luz proveniente del Ein Sof. Lo peor es que se puede llenar el vacío de cualquier elemento ante la desesperación de ser llenado.[300] Así que debemos ser muy cuidadosos con este concepto de «vacío existencial». Si el miedo de la Biná aumenta en razón de las ilusiones de seguridad, entonces podemos llenar nuestro Kli con cualquier tipo de energías. Lamentablemente, este llenado incorrecto de energías puede provocar la destrucción del Kli de recepción subjetivo.

El «vacío existencial» se produce cuando la persona, a pesar de sentirse satisfecha en las siete dimensiones inferiores (Rostro Menor), y a pesar de lograr un equilibrio en su Tiferet, siente que necesita «algo más».[301]

300. La desesperación por ser llenado que tiene todo Kli hace que el Yo se desequilibre buscando en la exterioridad algo que en realidad debe ser percibido en la interioridad. El éxito es que el Kli genere en sí mismo su propia Luz. ¿Cómo puede el Kli de mi Yo generar mi propia Luz? Hemos explicado que todo Kli es en realidad una oscuridad aparente de la materia, porque dentro del mismo Kli existe Or. La percepción positiva del Kli hace que salga el Or que se encuentra en su interior.

301. Ese «algo más» es la clave de la existencia. Ahora bien, lo que el alma necesita lo posee dentro de su interioridad y no en la exterioridad de la materia, cuando el alma no toma consciencia de esa realidad, de que en verdad la introspección hacia el vacío es lo único que puede llenarlo. Esto constituye una situación paradojal, donde se encuentra el máximo vacío es donde se encuentra la mayor capacidad de encontrar y recibir la Luz. ¿Dónde se puede recibir la luz sino en un vacío? Y ¿por qué le tenemos miedo al vacío existencial? Porque esto constituye la máxima libertad de ser quienes somos. Cuando el Yo alcanza el estadio de consciencia del No-Yo, que como ya hemos explicado es un estado de consciencia de Yo/No-Yo, entonces se produce la felicidad máxima de saber cómo podemos llenar el vacío existencial. Frente a dicho vacío existencial no hay que desesperarse, aunque el Yo siente un vértigo inicial cuando percibe dicho vacío existencial. Luego, si el Yo supera dicho vértigo a su libre albedrío interior, entonces el Yo al obtener la consciencia del Yo/No-Yo logra la victoria final sobre sí mismo, ahora ya es verdaderamente libre porque se encuentra en la introspección más profunda de sí mismo. La convivencia del Yo con dicho vacío existencial es la oportunidad que tiene el Yo de extraer del Or la máxima potencialidad de su alma. Debo advertir que hacemos referencia a la máxima potencialidad del alma y no de la psique. La psique se encuentra para el misticismo judío en el nivel intelectual del alma (la Neshamá). Cuando aquí hacemos referencia a la máxima potencialidad del alma englobamos los niveles de la Jaiá y la Iejidá. En realidad, como desconocemos el nivel de la Iejidá de nuestra alma, lo que sí podemos extraer es el nivel potencial de la Jaiá (la voluntad del alma). Y debemos hacer esta distinción porque una cosa es la memoria de la psique (consciente e inconsciente

freudianos) y otra la memoria del alma en el nivel de la Jaiá (que exclusivamente se extrae de una regresión a vidas pasadas). Por lo tanto, la memoria de la psique o del alma intelectual es la que registra los acontecimientos de nuestra vida física actual en este estado, pero la memoria del alma en el nivel de la voluntad (Jaiá) es la que capta la información del alma más allá de la psique. La psique o el alma intelectual (Neshamá) se encuentra completamente condicionada por el tiempo y el espacio, en cambio, el alma del nivel de la voluntad o Jaiá se encuentra fuera de dichos condicionamientos, porque se encuentra conectada al universo energético de Atzilut (la Emanación) donde no existe el tiempo y el espacio. Es interesante que para la cábala el Universo de la Briá (tiempo y espacio) convive con el Universo de Atzilut (donde las coordenadas de tiempo y espacio no existen, porque las cosas son en su estado de eternidad). Por lo tanto, podemos decir que el alma registra en cada uno de sus niveles diferentes intensidades de tiempo y espacio. A medida que descendemos dentro de la materia, el tiempo y el espacio se amplían, y a medida que ascendemos fuera de la materia a las energías superiores dejan de existir el tiempo y el espacio, y se alcanza la percepción de la Eternidad. El misterio del Árbol de la Vida es el símbolo real por el cual algún día no muy lejano el ser humano o alguna forma desarrollada de consciencia pueda ascender dentro de las diversas magnitudes energéticas de cada universo, de la Eternidad a las magnitudes espacio-temporales, y viceversa, de las energías existentes en las magnitudes espacio-temporales a la Eternidad.

116. El círculo vicioso o el círculo virtuoso

«La realidad de Keter es el secreto del Daat».

Moisés Cordovero

Podemos llegar al siguiente circulo vicioso, trabajamos con el objetivo de obtener tiempo libre, sin embargo, cuando obtenemos el tiempo libre suficiente (que tanto deseamos de forma aparente) para el trabajo de introspección, el miedo que me produce la introspección me lleva nuevamente a llenar el tiempo libre de trabajo, y entonces aparece la paradoja por la cual no trabajo para obtener más tiempo libre, sino que trabajo para justamente no tener el tiempo libre. Aunque nos autoengañamos explicando que trabajamos con el objetivo de obtener más tiempo libre.

Así me evado de la introspección con la excusa de no tener tiempo, pero no tengo tiempo porque me da temor el trabajo de introspección. Así que trabajo con la excusa de que algún día en el futuro (futuro que nunca llega) pueda tener el tiempo libre para mí; y cuando obtengo dicho tiempo libre, necesito desesperadamente ocuparlo para no pensar en el sentido existencial.

Así, el Yo va aplazando indefinidamente todo trabajo de introspección personal en aras del verdadero objetivo oculto detrás de esta huida hacia adelante, y es el temor a enfrentarse con las grandes preguntas existenciales. Se acelera, pues, el nivel de actividad material como forma de huida de la introspección. Y he aquí que se instala la paradoja inversa porque el sujeto puede también utilizar la introspección como excusa para la huida de la acción práctica exterior. En definitiva, el sujeto se autoengaña porque por una parte dice «desear» el tiempo libre para el trabajo de introspección personal, pero cuando llega el tiempo deseado entonces lo ocupa desesperadamente para no realizar el trabajo teóricamente propuesto.

Jamás dentro del misticismo hebreo la espiritualidad debe ser considerada como una ideología para la fuga permanente de la realidad material.

Esa sensación de sentir que se necesita algo más que esta existencia material es lo que denominamos la «necesidad de trascendencia». La necesidad de trascendencia se produce cuando el Yo mental ingresa en algún estado de consciencia Alef. ¿Cuándo y cómo se produce el estado de consciencia Alef? Lo podemos ver justamente con el ser humano totalmente satisfecho en las dimensiones inferiores, esta satisfacción total, que hipotéticamente representaría el equilibrio mayor, provoca el mayor desequilibrio; hemos descubierto que un aumento de las satisfacciones dimensionales de todas las Sefirot provoca la aparición del vacío existencial.

Si no creamos una contención adecuada del sentido existencial, estamos alargando la existencia física para encontrar mayores niveles de desesperación. El verdadero trabajo terapéutico que tenemos por delante es situar correctamente a la población sana dentro de parámetros de crecimiento espiritual constantes.

El trabajo de modificar los estados de conciencia (Maasé Merkabá) es fundamental para que el ser humano no se pierda en la simple satisfacción de las dimensiones inferiores del Árbol de la Vida. Y no existe sentido existencial en el logro de los objetivos fijos de las dimensiones inferiores, porque la satisfacción/insatisfacción de las dimensiones inferiores provoca la aceleración en la urgencia de la búsqueda del sentido existencial. Acostumbrados como estamos a la satisfacción/insatisfacción de los estados inferiores de la materialidad adquirimos una mentalidad inferior (del mundo de Bet) que nos sitúa siempre en los niveles más bajos.

Cuando alcanzamos la sensación del vacío existencial nos encontramos ante una de las más grandes oportunidades de nuestra existencia, el reconocimiento de la raíz de nuestra alma, cuando el Yo reconoce que es un fragmento del Ein Sof.

Entonces tiene que existir necesariamente alguna pérdida de subjetividad dentro del Yo. Esta sensación de pérdida de subjetividad va de la mano con otra sensación simultánea que produce un estado de felicidad interior desvinculado de la propia subjetividad. El Yo logra comprender que si bien hasta ahora se percibía como el centro del sistema[302] (probablemente en razón de

---

302. Este es uno de los grandes problemas para estudiar la cábala en un nivel superior: ¿Cómo podemos desplazar al Yo de su centro de atención? Cada vez que el Yo ocupa una posición central en todo estudio entonces se distorsiona todo el conocimiento. El verdadero Daat (el Conocimiento) se puede alcanzar cuando la psique (el Yo mental o intelectual-Neshamá) puede desplazar al Yo de la Tiferet de modo que el Yo debe sentir lo que es, parte del Cosmos y no el centro del universo. Mientras todo Yo crea imaginariamente ser el centro del Cosmos existirá una distorsión permanente del Daat que nos llevará al mundo inferior. Todo lo que el Yo pueda lograr en el mundo inferior es nada frente a la posibilidad de alcanzar un pequeño destello del Ein Sof (elevación de los niveles de conciencia). No existe dentro del mundo inferior ninguna recompensa o premio para el Yo porque todo el camino de penas y alegrías del mundo inferior (las

su propia supervivencia), ahora el Yo es un efecto menor del sistema general, y debe comenzar un proceso de desubjetivización del Yo.

El «Yo» alcanza un nivel de madurez donde todo lo biológico-material lo comprende como «necesidad básica» pero adquiere la conciencia de que estos niveles de la materialidad no responden a los más altos interrogantes de su propia existencia. Ya no encuentra el sentido de existencia dentro del mundo inferior.

La consciencia Bet de los tres universos (Asiá, Yetzirá y Briá) se pierde para ingresar en el nivel de consciencia Alef. Ahora, el Yo siente que pertenece a una unidad mayor que su propia subjetividad. Si el Yo mental se mantiene en el centro, entonces vive en la ilusión de los universos inferiores, pero si el Yo mental se libera de las condiciones de tiempo y espacio de dichos universos inferiores, ingresa en la sensación del Universo de Atzilut donde se percibe el nivel de consciencia Alef. Ahora, el vacío se llena de forma automática, porque al percibir el Ein Sof dentro de cada fragmento, todo fragmento tiene sentido de existencia por sí mismo. Es el trabajo infinito de ascenso hacia el Ein Sof el que otorga sentido a toda la existencia, porque la única razón de la existencia con conciencia es el aumento de los niveles de conciencia. La «conciencia» es el primer paso de autotrascendencia. Y como la conciencia tiende a aumentar por su propia naturaleza, entonces la «trascendencia» no tiene una relación con el Ein Sof en sí mismo, sino con la condición divina del fragmento del Ein Sof que somos. La «trascendencia» entonces no debemos analizarla como un concepto de tipo teológico, sino como un concepto puramente psicológico. El «Yo» en su ascenso va integrando los diversos niveles de conciencia que ha alcanzado. El «Yo» en realidad se trasciende a sí mismo en una dinámica al infinito. Ahora bien, esta trascendencia no se alcanza a partir de la inacción, sino justamente a partir de nuestro esfuerzo permanente dentro de la acción. Es un flujo de energía (Jojmá) y es, al mismo tiempo, un trabajo dentro de las formas de organización del flujo (Biná). Por lo tanto, no es un flujo del no-esfuerzo, sino que es una coordinación de la aceptación del flujo de las energías (Jojmá) con la clasificación conceptual y orden mental de dichas energías.

---

siete dimensiones inferiores) es nada en comparación con el desplazamiento del Yo del sistema. Sentir el Ein Sof en mi interioridad es reconocer el vacío existencial de mi Kli de recepción. Si mi Yo está completamente lleno de Yo, entonces al no dejar lugar al vacío no hay luz del Ein Sof que me pueda iluminar. Por supuesto que la luz proveniente del Ein Sof me ilumina igual, pero mi Yo obstruye dicha luz porque está lleno de sí mismo. Cuando el Yo reconoce su vacío existencial, entonces alcanza a percibir la oportunidad de ser llenado, de recibir del Ein Sof.

En definitiva, el sentido existencial es ascender (a través del Daat) al Ein Sof, proyectando hacia el futuro una felicidad interna dentro del proceso existencial no dependiente de las formas de manifestación del mundo de la fragmentación. Al aumentar el Daat (conocimiento general de la realidad) avanzo hacia el Ein Sof, al mismo tiempo que extraigo la luz de mi propia sustancia que poseo en mi interioridad en mi calidad de fragmento del Ein Sof.

117. La materia como necesidad del Universo de Asiá

«Al misticismo se ingresa siempre desde abajo».

JAIME BARYLKO

De ningún modo el ser humano puede (para la cábala) renunciar a la materia,[303] al contrario, la debe ejercer, lo que decimos es que no puede realizar una re-

[303]. Si hemos sido construidos dentro de la materia debemos, ejercer nuestra materialidad, y no podemos renunciar a ella. Ahora bien, si por el ejercicio de nuestra materialidad no logramos percibir las energías subyacentes detrás de la materialidad, entonces la materialidad se ha transformado en un problema, por lo que dentro de nuestra percepción a veces aparece la materia como negativa, pero no es la materia negativa en sí misma, sino que la materialidad tiene una gran restricción para poder percibir las energías ocultas subyacentes que operan detrás de ella. La materia no es un problema por sí misma porque incluso dentro de la materialidad existe luz de Dios. Todo mal es un ejercicio doloroso para el máximo aprendizaje. Y cuando aprendemos del mal, entonces lo hemos trasformado en bien. Todo el sinsentido tiene un sentido oculto que no podemos ver. Esta es la clave del vacío existencial, porque allí conviven el sinsentido con el sentido de mi existencia. El vacío es vacío si hemos aceptado el sinsentido, en cambio, cuando el judaísmo transforma el sinsentido en el máximo sentido, ha derrotado al mal en su núcleo esencial. El mal trabaja dentro del sinsentido del vacío, y el bien supremo trabaja cuando podemos llenar de luz del Ein Sof el aparente sinsentido de dicho vacío. El sentido del vacío es justamente sentir el aparente sinsentido de este, porque cuando sentimos el sinsentido del Yo, comprendemos el sentido cosmogónico general de las manifestaciones del universo, porque toda consciencia dentro de esta realidad al luchar por su revelación nos otorga el sentido de nuestra existencia. Toda consciencia del Yo no es una consciencia del Yo en tanto Yo, sino que toda consciencia del Yo es un fragmento de la consciencia divina universal. Porque todo es consciencia del Ein Sof que siempre tiende a su propia revelación. El vacío es desesperante cuando lo percibimos en su literalidad, y entonces provoca el sinsentido y dicho sinsentido aparece simplemente cuando percibimos las formas materiales, en cambio, cuando comprendemos el sentido del vacío (ser llenado por el Ein Sof), y por lo tanto, la revelación de una consciencia superior, entonces todo el destino del vacío es la revelación máxima del Ein Sof en este vacío. Nuestro vacío es copia del vacío general que creó el Ein Sof dentro de sí mismo. El Ein Sof lleno su vacío y nosotros nos reproducimos como un fragmento del Ein Sof, y así como la consciencia universal ha llenado este vacío, entonces nosotros debemos llenar nuestro propio vacío interior con mayor nivel de consciencia. Cada vez que revelamos información hemos llenado el vacío. En el vacío se encuentra la información que se manifiesta en sus diversas formas, el problema es que no somos capaces de captar estas energías porque son tan altas en su magnitud que vistas desde nuestra finitud aparentan carecer de formas definidas. Sin embargo, sabemos, en la cábala, que a pesar de que las energías parecen sin formas determinadas, dichas energías superiores por su sutileza material y por su alto grado de abstracción existen. Que nosotros no podamos registrar dichas energías por la incapacidad de nuestro sistema de recepción es un problema del receptor (Kli), ahora bien, si nosotros ampliamos el vacío existencial interior, entonces seremos capaces de

ducción mental de su existencia en el campo de la materia. Esta es la causa principal del mantenimiento de la percepción del vacío porque no existe materia que pueda llenar algo, ya que esto depende exclusivamente de la modificación de la percepción interior. Todo supuesto llenado exterior no logra llenar realmente, al contrario, lo único que demuestra es la magnitud del vacío. En realidad, cuanto más intensificamos la búsqueda del placer o del llenado de la materialidad, aumentamos la sensación del vacío, porque el llenado se llena con el sentido de la existencia, y no con los sucedáneos que reemplazan dicho

captar estas energías tan altas. Sin embargo, existe un momento difícil de superar para muchos que es el estado de suspenso entre la ampliación de nuestro vacío existencial y el llenado en un nivel superior. Existe en dicho período un estado de angustia porque ahora que he reducido el Yo a su propia condición para aumentar el nivel de consciencia, ahora tengo que llenarlo en dicho nivel superior. Conocemos un secreto en la mística judía que vamos a revelar, cuando un sujeto logra el estado de expansión de su vacío interior, a pesar de la angustia inicial, el flujo de energía superior baja directamente a quien lo merece. Como me dijo el sabio rabino Baruj Garzón el día 20 de enero de 2013 en la presentación de mi obra *Maasé Bereshit* (El Misterio de la Creación) en el espacio cultural Ronda de Madrid: «ahora para estudiar el Maasé Merkabá lo debes merecer». ¿Quién se lo merece? Exclusivamente quien lo experimenta en su interioridad. Es la gran diferencia que me enseñó uno de mis alumnos Antonio Simón Rodríguez cuando me dijo: «Hay que ser cabalista y no cabalólogo». La cabalología es el estudio de la cábala pero no es la cábala, porque el cabalólogo estudia la cábala, y el cabalista la experimenta. Es probable que para ser cabalista se deba ser primero cabalólogo, sin embargo, no se llega a la cábala si no se experimenta en la interioridad del Daat. La única forma de ascender a la Biná y la Jojmá es desde Tiferet, y cuando uno opera dentro de la Biná y la Jojmá siempre tiene que ser consciente de que son dimensiones yetziráticas, quiere decir que mi Biná está conectada con mi Tiferet y que mi Jojmá está también conectada con la Tiferet. Si el Universo de Yetzirá (la Formación) en términos cosmológicos tiene su centro en la Tiferet divina o cosmológica del Adam Kadmón, entonces cualquier operación de mi Biná y de mi Jojmá en Yetzirá se realiza en el orden del Tiferet cosmológico. En otros términos, todo autoconocimiento es conocimiento y todo conocimiento es autoconocimiento en términos del Universo del Yetzirá. Entonces podríamos decir que la cabalología es la ciencia teórica que estudia la cábala desde la Biná sin conexión con la Tiferet, en realidad sin conexión con la experiencia práctica. Personalmente creo que cuando la cábala comienza a ser estudiada parece un estudio teórico y luego con el tiempo se va insertando en la experiencia práctica. Por lo tanto, no debemos asociar el Daat (el Conocimiento) con la acumulación de información teórica en el campo de la Biná, ya que debemos saber que el alma existe y se desarrolla en los cinco niveles. Cuando se desconecta la Biná de la Tiferet, en realidad, se produce una ruptura entre el nivel intelectual del alma (Neshamá) y el nivel emocional (Ruaj). La idea es unificar la Neshamá con el Ruaj y que pensamiento y sentimiento se puedan fusionar, porque si existe una ruptura entre el pensamiento y el sentimiento, entonces fragmentamos nuestra realidad interior y provocamos una guerra inútil dentro de nuestra interioridad. El nivel emocional (Ruaj) es el más sensible de los tres niveles inferiores del alma porque es el campo de batalla entre el nivel intelectual (Neshamá) y el nivel material o corporal (Nefesh). El Nefesh busca la satisfacción de las necesidades instintivas o biológicas, y la Neshamá busca el control intelectual de los niveles inferiores, es decir, su canalización o focalización energética. En medio, las emociones (el Ruaj) que aparecen como el campo de batalla de ambas tendencias, las más materiales del Nefesh y las más abstractas de la psique (Neshamá). Por otra parte, la Neshamá tiene que saber distinguir los deseos yetziráticos del Ruaj de las necesidades (Universo de Asiá) materiales y corporales del Nefesh.

sentido. No existe nivel de desarrollo material[304] que pueda satisfacer al ser humano en sus más altos niveles de percepción. Como decía el sabio Abraham Abulafia, en el mundo del futuro, todo el estudio se reducirá al conocimiento del Ein Sof. Atrapados dentro del mundo de la fragmentación nos adherimos a cualquier fragmento que nos otorga imaginariamente un sentido existencial inferior, entonces anestesiamos el vacío existencial real con elementos provenientes del campo inferior. Así vamos desarrollando nuestra existencia sin una conciencia real del sentido por el cual hemos venido a este mundo material.

A pesar de existir dentro de la materia sospechamos que existe un sentido oculto que no podemos entender por nuestras limitaciones finitas. Este sentido oculto, en realidad, es la energía oculta interior que posee todo Kli dentro de sí mismo. Cuando todo Kli descubre el «Or», incluso dentro de su nivel material, entonces descubre «luz» en todos los niveles.

Es allí donde nos preguntamos ¿qué hay más allá del Yo? Y esto se lo pregunta el propio Yo. No es una ilusión del Yo que existe algo más allá del Yo, porque al percibir la otredad de los demás no podemos reducir el Yo a su aparente individualidad. Reducir la existencia a la subjetividad de mi Yo, en realidad, es justamente eso «una reducción a mi subjetividad», y aunque mi consciencia ha nacido y se ha desarrollado a través de la expansión de mi subjetividad, el Yo no puede auto-comprenderse en un nivel superior si no

---

304. El desarrollo material debe encontrarse al servicio del nivel superior. Si yo estoy lleno de libros y lleno de información, ¿cuándo tengo el tiempo para procesar dicha información? Y al aumentar la cantidad de información no necesariamente aumenta mi nivel de comprensión. El Daat real es independiente de la cantidad de información, porque dicha información requiere de un procesamiento. El tiempo no debe ser ya invertido en términos de acumulación de información, sino de procesamiento de dicha información. Las tesis doctorales y los trabajos de investigación actuales pueden mostrar el cúmulo de información que un sujeto ha leído, pero no su trabajo de procesamiento y decodificación de dicha información. Nos encontramos actualmente con que el sujeto pretende demostrar el nivel de lectura a través de sus citas bibliográficas pero no su nivel de comprensión y procesamiento adecuado de dicha información; y cuidado que no hago referencia al procesamiento del material en sí mismo, sino dentro de una totalidad. ¿Qué tipo de evaluación debe hacer un cabalista? La cábala sabe que en la Biná existe la acumulación de la información, pero que no es la Biná en sí misma la que nos lleva al Daat, sino la comprensión a largo plazo de la Jojmá (la Sabiduría). No existe un Daat (el Conocimiento) exclusivamente asociado con la Biná (el Entendimiento), sino a través de los nexos o las unificaciones que realiza la Jojmá. La Jojmá trabaja a partir de una comprensión de los fragmentos dentro del Todo integrado, mientras que la Biná trabaja la parte como un fragmento en sí mismo. La Biná por sí sola no alcanza el nivel del Daat, porque al diferenciar las partes estudia cada parte; por lo tanto, podemos extraer una conclusión de un libro determinado, pero este es el nivel de entendimiento de la Biná que no alcanza la estatura del Conocimiento (Daat), en cambio, cuando las conclusiones de una obra determinada se pueden unificar en un nivel superior con otros fragmentos de otros autores y otros libros surgen conclusiones en un nivel superior por el efecto del trabajo de unificación constante de la Jojmá (la Sabiduría).

operamos dentro de un trabajo permanente de reducción de la subjetividad; el Yo desea expandirse más allá de su propia subjetividad, pero no transfiriendo o proyectando su baja autoestima a entes superiores, como raza, nación, religión, pueblo, ciudad, familia, etc., sino al trabajo de expansión de su propia subjetividad más allá del Yo sin proyección en entidades intermedias.

El «Yo» se encuentra energéticamente concatenado con la estructura universal, y por ese motivo cuando el Yo hace alguna cosa, muchos «Otros» se ven afectados, así que de ningún modo podemos aislar al Yo[305] de sus relaciones cosmogónicas con su exterioridad.

Es verdad que la psicología tradicional buscó el aspecto del «Sod subjetivo», pero dentro del misticismo judío el «Sod» no es exclusivamente subjetivo, sino que es exterior al sujeto, y decimos que el Sod es un campo unificado del secreto porque nuestro Yo participa simultáneamente de la misma naturaleza que lo vio nacer y crecer. No podemos percibir nuestro Yo como un ente diferente del estado general exterior a su realidad, porque desde la mística judía la realidad es única y mi «Yo» se encuentra dentro de dicha realidad. No existe una situación dicotómica entre mi Yo y su exterioridad, sino que mi Yo y su exterioridad participan tanto de lo oculto como de lo revelado. Así como existe una «consciencia subjetiva», existe una «consciencia objetiva», y así como existe un «inconsciente subjetivo», existe al mismo tiempo un «inconsciente colectivo», sin embargo, no son dos estructuras diferentes, sino que lo «inconsciente» (en términos de la cábala, el Sod) es partícipe tanto de lo subjetivo como de lo objetivo (lo dividimos de modo dual por la centralidad de nuestro Yo).

El «Yo» entonces transforma su consciencia subjetiva (donde el mismo Yo es el eje de la cosmovisión de la realidad) y trabaja para modificar la percepción, porque ahora el «Yo» desea ser y sentir el No-Yo.[306]

---

305. Uno de los grandes problemas del Yo es cuando cree que su acción no afectará a toda la realidad. Toda acción, todo sentimiento y todo pensamiento son una parte de la realidad general. De ahí nuestra responsabilidad de producir efectos positivos permanentes dentro de toda la realidad. Con esto trabajamos con la idea del Tikun Olam, la reparación del orden universal. Dentro de cada uno de nosotros debemos realizar nuestro exclusivo trabajo de autoconocimiento personal, pero dicho trabajo de autoconocimiento es a su vez (y automáticamente) un trabajo de reparación universal. Todo movimiento interno del místico provoca inevitablemente un cambio mesiánico. Todo misticismo es en esencia un mesianismo subjetivo, y todo mesianismo subjetivo cuando alcanza en sus efectos a los otros, entonces se transforma en mesianismo objetivo-social. Por lo tanto, todo trabajo de transformación personal, quiera o no quiera el sujeto automáticamente produce un cambio cosmológico dentro de toda la realidad.

306. Cuando decimos que el Yo desea al No-Yo, de ningún modo desea su desaparición existencial en el campo de la materia, sino que desea lograr una consciencia de descentramiento del Yo. Un Yo más receptivo a las energías superiores es un Yo con consciencia de No-Yo, y que se transforma en un Yo/No-Yo.

El Yo tiene que lograr el trabajo de descentrarse de su centro, porque cuando hacemos referencia al Yo lo situamos en el centro de la realidad, y así como en la Edad Media poseíamos una visión teocéntrica, en la Edad actual poseemos una visión antropocéntrica; sin embargo, la psicología transpersonal del judaísmo aboga por un «descentramiento del yo»[307] en el orden psicológico y un «descentramiento del universo» en el orden cosmológico, porque no debe existir ningún «centro». El Yo debe ser considerado como un fenómeno de gran importancia para nosotros que somos los directamente afectados, pero si pretendemos percibir la realidad tal como esta es, no podemos situar al Yo en el centro de nuestra comprensión universal. Siendo el Yo un Árbol de la Vida en términos reducidos, y siendo el Universo un Árbol de la Vida en términos expansivos, el Árbol de la Vida es el mapa que une dos realidades que son reflejos del mismo modelo general. Estrictamente hablando, la actual noción del Yo que tenemos es producto de la represión del inconsciente subjetivo de los siglos XIX y XX, en cambio, ahora nos encontramos con la represión del nivel superior trascendente.

---

307. Debemos «descentrar el Yo» como centro de comprensión, y luego en una segunda fase debemos descentrar nuestro propio Universo para comprender en un nivel de percepción más elevado. En realidad, todo supuesto centro (a partir del Yo, a partir de mi familia, de mi tribu, de mi sociedad, y de mi universo) automáticamente implica una distorsión para comprender la realidad, porque debemos salir mentalmente fuera de dicha realidad para obtener una comprensión más fiel de dicha realidad. Un centro determinado nos conduce a todos los condicionamientos implicados en dicho centro. Este es el problema de los universos de Briá, de Yetzirá y de Asiá, porque dichos universos se encuentran condicionados dentro del tiempo y el espacio. Y todo centro de observación existe a partir de un centro o un punto dentro del espacio.

118. La represión de los niveles superiores

> «La culpa del fracaso del hombre se debe buscar en el desconocimiento del lugar en que se encuentra lo que se necesita».
>
> YOSEF DE GIKATILLA

En la modernidad freudiana se liberó lo reprimido de la animalidad, y liberados de lo reprimido inferior, en la postmodernidad se reprime lo trascendente, por lo que debemos ahora liberar a lo reprimido superior. Si antes la psique se negaba a ver lo oculto en su interioridad, ahora la psique se niega a ver lo oculto en la exterioridad, porque cuando la psique descubra lo oculto de la exterioridad física y lo revele, entonces tendrá que reconsiderar su propia identidad dentro del sistema general. La psique se niega a realizar esta labor de reconfiguración de la identidad subjetiva porque en verdad se defiende con la autojustificación de la proyección de los temores interiores en la exterioridad. Así, la psique no quiere aceptar que un cambio de paradigma del orden físico (cosmogónico) alterará notablemente su autocomprensión. Debemos liberar a la psique entonces de las formas de represión de los niveles superiores, porque la represión de estos niveles nos devuelve automáticamente a los niveles dimensionales inferiores acelerando la aparición de diversas patologías, que no son producto del orden inferior, sino que son el resultado de no extraer los elementos simbólicos ocultos de la psique. Estamos operando más allá del orden simbólico mental junguiano (metafísico) porque estamos operando ante un cambio de paradigma físico en el orden cosmogónico. No es un problema metafísico en el interior de la psique, sino que es un problema que se sostiene sobre la ideología del viejo paradigma que ha situado entrópicamente a la psique.

La Jojmá de la Biná (inconsciente subjetivo) ahora no solamente reprime los estados inferiores del Nefesh (animal pre-egoico), del Ruaj (el ego, la pulsión sexual yesódica y el centro del Yo emocional) y de la Neshamá (los siete Palacios celestiales de la Biná psicológica), sino que ahora reprime las pulsiones de trascendencia cosmogónicas del estado superior de los universos de Briá y de Atzilut, porque si la animalidad biológica nos lleva a la satisfacción de las necesidades naturales, el aumento de la conciencia nos lleva a la satisfacción de los deseos mentales. No podemos, pues, reducir al ser humano a un ente absoluto de satisfacción de las necesidades naturales (Asiá) ni a los deseos emocionales, ya que al mismo tiempo que hemos reconocido el avance del psicoanálisis en este punto, a pesar de esto, ya no podemos regresar al zoológico.

El reconocimiento de la animalidad freudiana (el nivel corporal de Maljut en el Árbol de la Vida) no debe ser la excusa para realizar una reducción conceptual del sujeto; si hemos desarrollado un nivel de conciencia mental (Biná), entonces no podemos renunciar a él. Es así como debemos aceptar la existencia de las diez dimensiones sin otorgarle una importancia central a ninguna de ellas para no distorsionar la estructura integral (Gestalt).

La llave maestra se encuentra entonces en la posibilidad de ser capaces de liberar los secretos físicos del Árbol de la Vida universal porque lograremos automáticamente revelar los secretos del inconsciente subjetivo.

El Daat (el Conocimiento) opera en ambas realidades del mismo modo. Cada cambio que realizamos dentro del Yo provoca una modificación del sistema general exterior (teúrgia), y toda modificación del Árbol de la Vida universal provoca un cambio dentro de nuestra estructura personal.

El «Yo» se vuelve, pues, un elemento de transmisión de las energías exteriores que operan fuera de la psique y de las energías interiores psíquicas, porque en realidad si descentramos el Yo, podemos percibir que no existe ni lo interior ni lo exterior. Y solamente para quienes centran el Yo dentro del universo es cuando aparece la paradoja de lo interior y lo exterior, porque en realidad si logramos descentrar el Yo de su centro, entonces provocamos la comprensión por la cual las energías dimensionales (Sefirot) operan tanto dentro de nuestra interioridad como en la exterioridad.

Esencialmente no existe ni lo interior ni lo exterior, y cuando decimos que existe, volvemos a centrar la comprensión a partir del Yo. Toda comprensión que conduce al conocimiento inferior (Daat Tajtón) se centra en el Yo como punto de referencia; en cambio, toda comprensión que conduce al conocimiento superior (Daat Elyon) tiene que inevitablemente descentrar al Yo de su centro. Esta es la clave para ascender del Universo de Yetzirá al de la Briá o de subir del Rostro Menor al Rostro Ima (Madre) y del Aba (Padre), en otros términos conceptuales, para ascender de la realidad espacio-temporal del Universo de la Briá a la Eternidad del Universo de Atzilut.

¿Por qué motivos el Yo desea el No-Yo? ¿Y que es realmente el No-Yo? Ahí entonces se realiza un salto cualitativo entre lo psicológico y lo cosmogónico ya que el Yo se desea despojar de su subjetividad,[308] a pesar de que en las siete dimensiones inferiores del Árbol de la Vida lo que cuenta es justamente un Yo fuerte (la mayor subjetividad posible), dado que en los niveles más elevados nuestra subjetividad es un elemento que puede distorsionar la realidad general.

La Biná psicológica sigue siendo yetzirática en el orden cosmogónico, en cambio, la Biná cosmogónica es briática. ¿Qué estamos diciendo? La Biná psicológica aún se encuentra en la realidad de un Yo dominante como centro de comprensión, y esta es la característica del Universo de Yetzirá, en cambio, la Biná cosmológica se encuentra más allá del Yo como centro, y es ahí donde se encuentran las raíces de las almas.

Si en la Biná psicológica del Universo de Yetzirá el Yo es el centro de comprensión de la realidad, en la Biná cosmológica del Universo de Briá el Universo de esta realidad es el centro de comprensión universal, y por ese motivo debemos pasar al partzuf (rostro) del Padre (Aba) que es la Jojmá cosmológica donde descentramos absolutamente este universo porque nos liberamos de los condicionamientos del tiempo y el espacio. Por este motivo, el Ein Sof implica el descentramiento no solo de mi Yo, sino del Yo en estado de consciencia de Yo/No-Yo, es decir, de descentramiento en la comprensión de este universo como única realidad.

Sabemos que toda la realidad general objetiva al pasar por nuestros filtros subjetivos provoca un descenso del Daat hacia el Daat inferior. Pasar de nuestro Yo al No-Yo constituye un proceso de transformación del Yo en un Yo subjetivo donde la definición de mi ser existencial pasa exclusivamente por mi subjetividad, y cuando el Yo se transforma en un Yo/No-Yo, sigue el Yo siendo Yo, pero al mismo tiempo puede alcanzar el Daat superior[309] al destruir su centro subjetivo en un nivel superior.

---

308. Los freudianos trabajan justamente en sentido contrario fortaleciendo el Yo, pero por más paradójico que sea este trabajo, el fortalecimiento del Yo en el nivel de la Tiferet que realizan los seguidores de Freud logra crear un Yo tan potente que ahora se encuentra justamente en condiciones de ingresar en el estado de No-Yo. Un sujeto debe lograr a través de las terapias tradicionales el máximo aumento de su autonomía y de su autocomprensión.
309. Quiero establecer una importante diferencia entre el Daat inferior psicológico y el Daat superior psicológico y el Daat inferior cosmológico y el Daat superior cosmológico. Vamos a explicar en detalle estos cuatro niveles del Daat. El Daat psicológico opera dentro del Universo de Yetzirá, y cuando el Daat psicológico es inferior es cuando el Yo mira de forma descendente su realidad inferior; cuando el Daat se desdobla entre el Yo mental y el Yo emocional, entonces alcanza el Daat

La destrucción del centro subjetivo (destrucción siempre transitoria) se puede realizar exclusivamente en el nivel superior del Árbol de la Vida, porque en el nivel inferior el Yo no puede descentrarse. Cualquier intento de rebajar el Yo de su estatus en el nivel inferior puede provocar un refuerzo de la baja autoestima y esto indudablemente no es conveniente, por ese motivo debemos tener cuidado de explicar el estado de No-Yo a personalidades débiles en su centro tiferético.

El verdadero Yo se encuentra en esta transformación al estado de No-Yo. El Yo continúa su realidad subjetiva hasta la Biná cosmológica (o Universo de la Briá). En cambio, cuando el Yo decide subir a la Merkabá, se hace consciente de la consciencia de eternidad más allá del tiempo y el espacio, ya que pierde su miedo final (el último de todos los miedos de la existencia) que es sin lugar a dudas el miedo a la no-existencia material (su muerte subjetiva material) porque alcanza a comprender en un nivel superior que la consciencia (que es la energía subyacente dentro de la materia) seguirá subsistiendo a pesar de su pérdida material/individual. Cordovero dice en su *Pardes Rimonim* que el alma fuera de la materialidad no pierde su subjetividad.

El «Yo» puede percibir lo cosmogónico y la insignificancia de nuestro Yo dentro de la realidad universal. Cuando el Yo siente esta pequeñez en su relación al universo general, es cuando el Yo toma consciencia de su Yo/No-Yo, ya que solo el Yo puede tomar consciencia de la totalidad del No-Yo.

Solo podemos alcanzar el estado de Yo/No-Yo, a partir del sentimiento de la trascendencia. Sin embargo, en este paso entre el Yo al No-Yo debe-

---

superior psicológico porque el autoconocimiento del Daat yetzirático nos lleva a la consciencia del Yo/No-Yo, y subimos dentro de nuestro nivel psicológico en la Jojmá psicológica dentro del Universo de Yetzirá a través del nivel del inconsciente colectivo junguiano. Ahora bien, al alcanzar el Daat psicológico superior hemos alcanzado al mismo tiempo el Daat cosmológico inferior. ¿Cómo pasamos del Daat cosmológico inferior al Daat cosmológico superior? Cuando descentramos no solamente el Yo en el nivel psicológico, sino cuando descentramos el Universo y las condiciones de tiempo y espacio, cuando trabajamos entre el Universo de la Briá y el Universo de Atzilut, porque hemos superado la visión del tiempo y el espacio y entonces no hemos alcanzado la consciencia de Eternidad del Yo dentro del No-Yo psicológico, sino que podemos sentir el estado de Eternidad como una realidad atzilútica. La diferencia entre lo yetzirático es que nosotros sentimos el Yo, el Yo/No-Yo y el No-Yo dentro siempre de mi Yo temporal y espacial. Pero cuando existimos dentro de la Eternidad real fuera del tiempo y del espacio, cuando decodificamos la memoria del alma en el nivel de Atzilut, es cuando realmente comprendemos el sentido de nuestra existencia. A pesar de las muertes físicas de tantos seres humanos y del dolor que nos hemos producido unos a otros porque hemos creído que el Yo del mundo es una realidad real, ahora que sabemos que el Yo es inexistente en la consciencia general, un fragmento del Ein Sof, ahora entonces podremos materialmente captar los niveles más altos del mundo superior. La Merkabá real aparecerá solo si la Merkabá interior del ser humano sube de su nivel de consciencia actual, porque automáticamente el nivel de revelación científica que lograremos nos hará conscientes de ser fragmentos del Ein Sof.

mos superar el denominado «vacío existencial».[310] ¿Cómo se puede describir conceptualmente una sensación interior? En primer término, puedo decir que se puede diferenciar el vacío existencial de otros pequeños vacíos de la existencia porque en el «vacío existencial» existe la sensación de vértigo. En segundo lugar, el vacío no surge de la culpa moral, porque la culpa moral[311] es un producto de la represión de la cultura sobre el Yo y, por lo tanto, pertenece a un conflicto freudiano que para la psicología transpersonal del judaísmo se encuentra en las dimensiones inferiores del árbol.

Lo que estamos intentando describir es el paso por la idea de la muerte, es el reconocimiento de mi final subjetivo material, es la aceptación de la realidad física de los límites, de mis propios límites, y es un aumento de la disociación entre la vida física y la muerte física. Porque la vida y la muerte en el terreno físico son percibidas como realidades diferenciadas desde la materialidad, en cambio, si pudiéramos captar la realidad general de las energías sutiles, podríamos comprender realmente que no existe muerte en el nivel de las energías, sino solamente relacionadas con el desgaste de la materia. Esta conciencia subjetiva materialista que reduce la existencia a lo puramente material hace que no podamos comprender la existencia de niveles de existencia energética fuera de la materialidad que capta nuestro limitado Kli; cuando la física descubra que existen niveles de existencia en las energías aún no percibidas es cuando comprenderemos la función real de la dimensión material.

310. Particularmente puedo describir el estado de vacío existencial porque lo he vivido personalmente entre diciembre de 2012 y julio de 2013. Algunos de mis alumnos (los más avanzados dentro de la cábala y los muy intuitivos) también han pasado por experiencias similares.
311. A veces es muy difícil diferenciar el vacío existencial de la sensación de vacío por la culpa moral. La culpa moral nos angustia por la represión cultural sobre el Yo. El vacío existencial se produce al margen de la moralidad y de las tensiones del Yo con su sociedad. Es una tensión del Yo con el sentido de su propia existencia. El vacío existencial aparece en la toma máxima de consciencia del Yo hacia el No-Yo. La sensación de vacío existencial no es agradable, al contrario es dolorosa, pero produce un reposicionamiento general del Yo en esta realidad, se modifica la escala de valores a un punto, que el Yo toma la decisión de ser feliz a pesar de todo y la felicidad interior busca expresarse contra las imposiciones exteriores del orden moral. En este sentido debemos ser cuidadosos con el concepto del «mal» para diferenciar el mal del orden moral del mal real proveniente de la estructura física espacio-temporal. La oportunidad del vacío existencial es si la psique (el alma intelectual de la Neshamá) va a controlar la Jaiá (el nivel más alto de la memoria del alma), porque cuando el alma en el nivel de la Jaiá reconoce el sentido de su existencia, la psique (la Neshamá) no puede contra ella. Saber el motivo por el cual el alma ha regresado a este mundo material provoca una felicidad sin igual, el alma reconoce su función real dentro del orden cosmogónico. Si la psique (Neshamá) pudo generar sistemas de autoengaño, el alma del nivel de la Jaiá destruye todas las auto/justificaciones de la psique. La Jaiá (la conciencia del no-Yo, es decir, la consciencia de ser un fragmento del Ein Sof), al reconocer su esencia, entonces automáticamente reconoce el sentido de su existencia física.

Sin embargo, el sujeto al reducir todo lo existente al campo de la más absoluta materialidad, es ahí donde se enfrenta directamente la luz infinita con la oscuridad, y esta es la guerra final simbólica que se encuentra en el interior de la persona. El «mal» proviene de las distorsiones de nuestro Kli y nunca del Or Ein Sof. Por esa razón, podemos decir que el bien y el mal surgen en los universos espacio-temporales finitos, y que no existe ni bien ni mal en la eternidad infinita del Ein Sof.

Es una guerra a todo o nada. Puedo vivir sufriendo el último límite (mi muerte física), o puedo vivir sin este miedo. Si el miedo a mi propia muerte vence, entonces podemos decir simbólicamente que las fuerzas del mal han ganado (no de un mal moral, sino de un mal real producto de la distorsión de nuestra percepción); y si logro vencer el miedo a la muerte asumiendo los límites de la existencia, entonces es cuando realmente me enfrento con el lateral restrictivo del Árbol de la Vida (Biná-Guevurá y Hod), y ya no necesito dicho lateral para aferrarme a una actitud dogmática infantil de búsqueda de seguridad imaginaria, sino que he aceptado el límite que significa el límite real por definición.

Vencida la idea de la muerte, solamente resta disfrutar de la luz que proviene del lateral expansivo. La «Vida» es la luz del lateral expansivo, y la «muerte» es la oscuridad del lateral restrictivo, pero a pesar de esta dicotomía de la temporalidad existe la eternidad real del Ein Sof y nosotros somos capaces dentro de nuestra temporalidad de participar de esa sensación de eternidad; y es ahí donde aparece con toda su fuerza la sensación de trascendencia, alcanzamos la Merkabá, o el estado de Yo/No-Yo, el estado de oscilación entre el Yo y el No-Yo constituyendo un Yo superior que percibe la realidad de un modo radicalmente diferente. La felicidad en este nivel no depende de las frustraciones ni de las satisfacciones del estado inferior de las siete dimensiones de los universos de Yetzirá y Asiá. Aceptando las satisfacciones del mundo material pero no identificando el sentido de nuestra existencia con dichas satisfacciones, no negando la función de cada nivel dimensional, sino situando adecuadamente las energías correctas en el nivel correspondiente.

Entonces, «la trascendencia» del Yo comienza su trabajo. El Yo ya no desea seguir siendo más Yo eternamente, no por la imposibilidad física, sino porque la consciencia sabe que es un fragmento de una consciencia mayor (Ein Sof) que tarde o temprano terminará en una revelación definitiva.

La consciencia tiene confianza en sí misma porque sabe que, al alcanzar la autoconsciencia, este proceso no depende de la materialidad, sino de un continuo avance de lo secreto a lo revelado. Y cada vez que uno revela un secreto, al aumentar el nivel de consciencia destruye todo tipo de miedos, porque los miedos inferiores son producto de los problemas inferiores, y el miedo superior se reemplaza por la inmortalidad del Ein Sof. El Yo participa de la consciencia general del Ein Sof, y esta participación es la percepción que fortalece mi posición.

La consciencia al exteriorizar su Ser ha vencido a la muerte física, porque en realidad la consciencia es la superación de la materia ya que extrae la información oculta que yace bajo la realidad material. Por lo tanto, cada vez que «conocemos más» de la información oculta dentro de la realidad material no solamente aumentamos la consciencia, sino que derrotamos realmente la ilusión de una existencia temporal, y podemos, por lo tanto, percibir la sensación última del No-Yo por parte del Yo. Ahora el «Yo» desarrolla la voluntad de existir para avanzar hacia el Ein Sof, a pesar de los límites impuestos por la materia.

119. La felicidad superior y la felicidad inferior

«La retirada de todas las proyecciones arquetípicas es lo que me da acceso a mi propio Keter psicológico».

MARIO SABAN

La trascendencia es la consciencia de infinitud de la propia consciencia, es que la consciencia a pesar de ser fragmentada «es consciente» de que es un fragmento de la consciencia general del Ein Sof. Esta consciencia general del Ein Sof del cual mi Yo participa en calidad de fragmento es eterna. En realidad, el estado del Yo/No-Yo, me hace doblemente feliz, porque soy feliz en el ejercicio de las satisfacciones materiales de mi subjetividad, y soy feliz en el mayor grado posible al descentrar mi Yo logrando destruir en el nivel superior mi propia subjetividad. Pero si no logro la felicidad superior, la felicidad inferior no me es útil, y entonces se puede producir que sin felicidad superior la felicidad inferior transitoria se convierta en una fuente permanente de infelicidad.

Y paradójicamente, cuando destruí en ese nivel superior la centralidad de mi Yo es justamente cuando mi Yo alcanzó la mayor potencia posible, es cuando se puede decir literalmente que el Yo se ha convertido en la Merkabá.

La consciencia subjetiva es la que me ata a mi Yo inferior y no me deja dar el salto hacia el Yo real que es el Yo/No-Yo. Ahora bien, estoy describiendo con mayor detalle la sensación del No-Yo,[312] pero antes debemos comprender

---

312. La Devekut, que es el grado de nulidad de mi Yo frente al Ein Sof, entonces es posible, en el grado de mi subjetividad real, en el orden psicológico y en el grado de mi desaparición física en el orden cosmológico. Ahora bien, si el alma se mantiene fuera de nuestra materialidad, debe existir algún grado de subjetividad que se sostenga en los niveles superiores. Por lo tanto, ¿qué es la Devekut? No podemos decir que es la desaparición del Yo, sino la consciencia del Yo de ser un fragmento del Ein Sof, y mientras más cercanía tiene dicho fragmento de su fuente, entonces mayor potencia. Si decimos que el alma mantiene algún tipo de subjetividad más allá de la materia, entonces no podemos hablar de Devekut como fusión, porque entonces la fusión implica la desaparición de la sensación de Devekut, porque la Devekut tiene que sentir algo que no es el Ein Sof. Entonces no podemos hablar de Devekut como fusión total porque el Yo desaparecería dentro de la totalidad mezclado con la naturaleza general. Así, si se mantiene algún Yo que sienta

la sensación del vacío existencial que produce el paso del Yo al No-Yo, porque este paso constituye el ingreso a la Merkabá psicológica. (Si no elevamos el nivel de conciencia de la Merkabá psicológica, no tendremos el privilegio de contactar con la Merkabá real del orden cosmogónico).[313]

Uno sube a la Merkabá psicológica por el esfuerzo que supone atravesar el vacío existencial. El vacío existencial no es una sensación de apatía o de desgana, sino que se produce en medio de la actividad constante, no debemos pensar que el vacío existencial aparece cuando uno contempla la existencia dentro de un estado meditativo. El vacío existencial aparece justamente cuando «creemos» que la felicidad del Yo se encontraba relacionada con las dimensiones inferiores.

El vacío existencial es el que nos demuestra que no hemos alcanzado el grado de doble felicidad que hemos explicado, y que en realidad se ha alcanzado un estado de felicidad inferior, porque tenemos satisfechas las dimensiones inferiores, y sin embargo comienza a suceder «lo inexplicable», porque a pesar de la tranquilidad interior de la satisfacción de los niveles inferiores comienza a operar la sensación del vacío existencial.

Las dimensiones inferiores no me sirven «de refugio», y tampoco me sirven de explicación ni de justificación de mi existencia.

El «Yo» comienza a padecer una angustia existencial donde la psicología clásica y ortodoxa ingresa en un callejón sin salida. Porque al reducir el Yo al centro de la cosmovisión, ahora no hay forma de explicar científicamente cómo es posible que el Yo sin una baja autoestima y sin desequilibrios a la vista (o con desequilibrios menores) no logre alcanzar la tan ansiada felicidad. Los autoengaños son producidos por las felicidades transitorias del nivel inferior. Y las existencias de millones de sujetos se convierten en elaborados

---

la Devekut, podemos decir que hacemos referencia a la mayor aproximación posible a la esencia del Ein Sof que se encuentra en el sistema general cosmológico y en nuestro interior, pero no a una fusión real que destruiría el Yo; de modo que entonces no podríamos reconocer que el alma regresa (por rotación) a esta realidad física. Si por Devekut comprendemos el estado del No-Yo que alcanza el Yo, entonces existe la Devekut, por lo tanto, la fusión con el Ein Sof no podría ser llamada Devekut, porque entonces el alma al perder su subjetividad no podría eventualmente regresar a esta existencia material.

313. El verdadero secreto de la Merkabá es el conocimiento de la existencia real del Elohei Ha Merkabá. El mesianismo judío ocultó deliberadamente la naturaleza divina del Dios de la Merkabá. Así que cuando llegue el Mesías comprenderemos que se revelará lo que nosotros conocemos bíblicamente como el Dios de la Merkabá real. Sin embargo, la ascensión de los niveles de consciencia de la Merkabá psicológica es un paso previo y fundamental para contactar con el Dios de la Merkabá. Este es un nivel de secreto cosmogónico imposible de explicar en este trabajo estrictamente psicológico.

sistemas de autoengaños permanentes, y esto sucede por toda una ideología ancestral de entropía de la psique.

Entonces, inmersos como estamos en la vida cotidiana, no obtenemos las respuestas, porque siendo las preguntas tan limitadas a la materialidad de la existencia no pueden producirse allí respuestas a la cuestión existencial integral.

En ese momento, nos encontramos ante el comienzo del «vacío existencial». En general puedo refugiarme nuevamente en los niveles inferiores y dejar en suspenso todo intento de «pensar» en el vacío, pero a medida que trabajo en dicha «suspensión del sentido de mi existencia», se vuelve más hondo dicho «vacío». Y las terapias tradicionales pueden potenciar el vacío porque para que el sujeto no se desequilibre lo instan a refugiarse en lo único que aparentemente conocemos, esto es, devolvemos al sujeto a las dimensiones inferiores del Árbol de la Vida.

Y aunque se multiplique el consumo del sistema económico, o su fuga de él, que es la consecuencia inversa del sistema, el vacío sigue allí intacto sin capacidad de redención.

Entonces nos encontramos con un vacío que reclama ser «llenado», pero con una sustancia que no depende del Daat inferior, sino con una sustancia del Daat superior. Y volvemos a buscar en el Daat inferior lo que creemos que puede llenar el vacío existencial. Sin embargo, el vacío existencial es un vacío del orden superior que no se llena con los componentes habituales, sino con otro tipo de sustancias superiores. Todo agregado de felicidad transitoria de nivel inferior solamente aumenta el grado de infelicidad existencial. Y aunque apliquemos una aceleración constante dentro de los objetivos materiales del mundo inferior, si no logramos cognitivamente comprender los niveles del sentido existencial superior, no alcanzaremos la paz interior que nos otorga la felicidad superior.

Este tipo de vacío al principio es muy extraño porque no podemos comprender cómo es posible que si tenemos toda la satisfacción en el sistema inferior del Árbol de la Vida, aparezca este vacío, que a todas luces es inexplicable. A veces, un sujeto que ha trabajado toda su vida finalmente se pregunta: ¿para qué?, ¿para mis herederos? La psicología del misticismo judío le responderá: «te has fugado de ti mismo, has huido de tu propio interior, no has encontrado lo más valioso de esta existencia, la felicidad trascendente». Porque el sujeto ha confiado su redención en la exterioridad, cuando en realidad la única redención posible proviene de su conexión íntima con su propia interioridad. Y entonces redimido de sí mismo por sí mismo puede salir ahora al mundo exterior sin idolatrar ningún fragmento de la realidad. Ha destruido su última idolatría: su Yo.

Y todas sus energías psíquicas aceleran su movimiento de ascenso constante hacia el Ein Sof. Porque si sustancialmente el alma es energía perteneciente a la energía infinita del Ein Sof, el deseo máximo de dicho fragmento es su mayor cercanía con la fuente de donde proviene todo.

Siempre el Yo se ilusionó con la idea de que con las satisfacciones inferiores quedaban cancelados sus sufrimientos, y ahora toma consciencia de que en el nivel superior no hay escapatoria, que puede «refugiarse» en los niveles inferiores, pero que dicho vacío sigue allí despierto dentro de nuestra interioridad. Si desea crecer en sus niveles de conciencia, el alma debe salir de estos refugios del mundo inferior.

Y en vez de percibir dicho vacío como una oportunidad existencial, lo estamos percibiendo con miedo, como un vacío que nos amenaza.

Cuando ya somos conscientes de que no existen vacíos en las siete dimensiones inferiores, ya estamos «modificando la percepción» de los Palacios celestiales de la Biná. El ingreso en la Merkabá es cuando ingresamos a la tríada superior de la Biná, es decir, a la Biná de la Biná, a la Jojmá de la Biná y al Keter de la Biná. Es el ingreso al Pardes[314] de los cuatro sabios. El Pardes de los cuatro sabios representa el vacío existencial. Quien supera el vacío existencial ha creado la Merkabá. Entonces, si para crear la Merkabá debemos superar dicho vacío existencial, intentaré una descripción lo más cercana posible desde mi propia experiencia personal sobre esta sensación de vacío existencial.

En primer lugar, quiero dejar claro que quien se encuentra con el vacío existencial es feliz en las siete dimensiones inferiores. Podemos decir que alcanzó una percepción de satisfacción real en las dimensiones inferiores. Por supuesto, podría continuar creciendo en las siete dimensiones inferiores (y puede hacerlo), sin embargo, se considera feliz en todos los niveles inferiores.

No obstante continúa siendo consciente de que este vacío existencial que percibe no tiene la naturaleza de los vacíos de los grados inferiores del Árbol de la Vida.

Este vacío comienza a trabajar a través de un deseo interior irrefrenable que se va expandiendo a lo largo de la existencia, y es lo que le lleva a pensar

---

314. El «Pardes» es el paraíso o Jardín del Edén.

que esta existencia no puede reducirse a la mera existencia física y emocional, y que ni siquiera se puede reducir a una existencia intelectual. La sensación de este vacío existencial se encuentra muy cercana al nihilismo, al sinsentido de la existencia. También este vacío existencial se puede producir ante la sensación de éxito material en alguna dimensión inferior. En cierto nivel, no existen ni premios ni premiados, ni ganadores ni perdedores, porque todas son satisfacciones de los niveles inferiores.

120. El sentido de las dimensiones inferiores

«El problema del sujeto es como sitúa su potencia ante la imposibilidad de alcanzar el infinito».

MARIO SABAN

Sin embargo, el sistema de las dimensiones inferiores no debe ser percibido como absolutamente nihilista porque en realidad el sistema inferior del Árbol de la Vida sí que tiene un sentido para dicha existencia. El problema de percepción del mundo inferior es pensar que es el único existente, y con este tipo de pensamiento reduccionista es con el que realmente distorsionamos el sentido de la existencia, al rebajarlo a lo estrictamente animal, cuando en realidad nuestra diferencia es la conciencia. Y a partir del desarrollo de la conciencia es cuando ya el sentido mismo de la existencia es diferente del resto de las especies animales. Es, pues, el mismo desarrollo de la conciencia el que nos lleva inexorablemente a otorgar al ser humano un sentido existencial diferente del resto de la existencia, ya que la conciencia por su propia naturaleza desea avanzar hacia grados mayores de elevación. Y entonces con el desarrollo de la conciencia no solo nace el sentido de la existencia, sino que la aparición de la conciencia es la que determina realmente el sentido de la existencia; la conciencia al trascender a la existencia la trasciende realmente, porque la conciencia es la trascendencia misma de la existencia.

Puede suceder eventualmente que alguna de las dimensiones inferiores necesite una atención mayor, pero el Yo inferior se encuentra altamente operativo y fuerte para satisfacer estos niveles inferiores. Así que el Yo se encuentra con una sensación positiva producto del equilibrio en los niveles inferiores; y es justamente la satisfacción (o mejor dicho la percepción de satisfacción subjetiva) de los niveles inferiores, cuando el Yo potencia su energía de ascenso a la Biná cosmológica (el Universo de la Briá). El Yo subjetivo inferior se siente tan seguro de sí mismo, independientemente de las fuerzas exteriores, que decide por su propia voluntad ascender a los niveles superiores. Ahora, en realidad se propone dar un salto a los niveles superiores, pero este Yo preparado y entrenado en los niveles inferiores no conoce el mundo superior, y no sabe cómo funciona su Yo en estos niveles. En estos niveles, el Yo debe comenzar a autopercibirse de un modo diferente a su percepción habitual de las dimensiones inferiores.

El Yo quiere o pretende lograr el asalto final del autoconocimiento, quiere la aceptación total de la realidad existencial, incluso la aceptación del mal subjetivo. El «Yo» desea la máxima honestidad radical.

El «Yo» no desea transitar por un camino de autojustificación, sino sobre un camino valiente para afrontar la más pura realidad existencial. El Yo entonces percibe su propio final físico, su muerte física, el último miedo, la última resistencia. Si se vence el miedo a la muerte física del Yo, entonces el Yo queda liberado de todos los miedos, y es entonces donde ya no existen miedos de ninguna especie. El Yo, por lo tanto, ha ingresado en «el vacío existencial» y siente el paso por el «abismo», y es entonces cuando el Yo bordea el abismo ya que debe afrontar la percepción de su propia muerte física mientras vive.

Ya no tiene marcha atrás, ha dado el salto cualitativo para entrar al estado de trascendencia, va a recorrer el camino del Yo al Yo/No-Yo. Cuando el Yo alcanza la sensación del No-Yo es cuando el Yo ahora se fortalece en el nivel superior, porque ya no se encuentra en un estado de búsqueda de la satisfacción en el nivel inferior, al contrario, las necesidades del nivel inferior se encuentran satisfechas automáticamente por el Yo subjetivo inferior; ahora, el Yo se encuentra con un tipo de felicidad completamente distinta, ya no es una felicidad que depende de las satisfacciones exteriores producto de su existencia en las dimensiones inferiores, sino una felicidad absoluta, porque aunque en el nivel inferior el mal pueda golpear (y de hecho continúa golpeando), ya ni la muerte física puede destruir ese nivel de felicidad, porque el Yo se ha liberado del miedo a la pérdida de la subjetividad de su mismo ser. No hay forma de ser infeliz (sí que existe naturalmente el dolor inferior); sin embargo, a pesar de que a uno lo asesinen, y a pesar de que destruyan (con todo el dolor del mundo) todo lo que a uno le rodea, aparece algo indestructible, y es la felicidad trascendente interior. El Yo ha vencido a su propia subjetividad, ha destruido la centralidad de la percepción a la que lo sometía el Yo inferior. Si el Yo se libera así de su percepción antropocéntrica, entonces alcanza su verdadera situación a-temporal de No-Yo.

El Yo ahora se vuelve invencible no por su poder sino por su no-poder, es invencible porque en realidad no tiene que vencer a nada ni a nadie (entonces adquiere una paz interior al anular los conflictos), y el Yo al aceptar ser parte del sistema general puede percibir el Ein Sof en sus manifestaciones. Al percibir el No-Yo percibe el estado de manifestación de la divinidad en esta existencia finita. Es consciente de que pertenece a un sistema de consciencia general que existe fragmentariamente en su Yo, pero que existe absolutamente en el No-Yo.[315]

---

315. El estado del No-Yo o aniquilación del Yo dentro de la divinidad ha dividido a dos grandes estudiosos de la mística judía. Gershom Scholem (1897-1982) siempre afirmó que en el judaísmo la idea de la unión completa y absoluta con Dios no existe a pesar de las denominadas experiencias de unión mística, y Moshe Idel (1948), uno de sus discípulos, dice que el judaísmo siempre ha aceptado la unión mística como un verdadero estado de aniquilación del Yo. En realidad, a mi modo de ver ambos tienen cierta razón en sus argumentaciones. Scholem entiende que el «Yo» en el judaísmo no se pierde nunca, y es verdad porque el Yo inferior siempre debe trabajar dentro del mundo de las siete dimensiones inferiores. Y por su parte, el profesor Idel dice que el «Yo» en el judaísmo es posible la unificación con la Divinidad porque existen muchas pruebas de este tipo de experiencias en la historia del misticismo judío. Y esto es también real porque muchos al ingresar en el estado del No-Yo o aniquilación del Yo experimentaron realmente esta «unión mística». Por eso, mi definición del estado que se alcanza entre Biná y Jojmá no es un estado de completa aniquilación del Yo (No-Yo), pero tampoco es una resistencia del Yo a permanecer en su estado. Existe una transformación del Yo inferior en un Yo superior al experimentar el estado del No-Yo. En definitiva, al experimentar el estado del No-Yo el Yo pasa a experimentar un estado de Yo/No-Yo que es un proceso de oscilación entre la Biná y la Jojmá. Scholem tiene razón en que el estado del Yo se mantiene siempre dentro del misticismo judío porque nunca Maljut es renunciable, y el profesor Idel también tiene razón al afirmar que algunos místicos judíos han alcanzado el estado del No-Yo o unión con la Totalidad. Sin embargo, la cábala dice «corre y regresa» ¿Adónde corre? Y ¿Adónde regresa? Corre hacia el estado del No-Yo de la Jojmá y regresa al estado del Yo de la Biná. ¿Qué debemos hacer cuando regresamos? Volver a organizarnos para correr, y... ¿qué hacemos cuando corremos? Ir frenando nuestra potencia para regresar. Si corremos sin regresar, entonces caemos en el estado del No-Yo permanente, pero eso se encuentra prohibido por el misticismo judío. Y si regresamos a posicionarnos definitivamente en nuestro Yo sin correr, sin avanzar, entonces utilizamos nuestro «Yo» con el fin de no ver más allá. En la Biná podemos utilizar nuestro Yo mental para resistir el estado de expansión que propone el No-Yo. Entonces podemos percibir el judaísmo desde la restricción a la Biná y de ese modo fortalecemos el Yo (Scholem), mientras que si percibimos al judaísmo desde la perspectiva de la expansión de la Jojmá, lo único que cuenta es la capacidad del Yo para avanzar hacia la luz divina (Idel). Conservación del Yo dentro de su estructura limitada (la protección de la Biná) y avance del Yo al estado del No-Yo dentro de la Sefirá expansiva de la Jojmá. Y dentro de dicha oscilación obtener la máxima potencia extrayendo lo mejor de cada una de las líneas laterales del Árbol de la Vida.

121. El avance del Yo

«La conciencia de Keter es la de no llegar jamás».

MARIO SABAN

El Yo avanza inexorablemente en la búsqueda del sentido de su propia existencia.[316] Y no existe un sentido reducido dentro del universo inferior, sino en la percepción de las energías que operan en el universo superior.

El Yo al avanzar al No-Yo ha encontrado el estado de trascendencia, ya que puede desarrollar sin restricciones exteriores toda la potencia del Daat superior, porque ahora ya no hay quien impida[317] que el Yo pueda crecer en dirección al Ein Sof extrayendo de sí mismo toda la potencialidad posible; porque ahora su desarrollo no queda anclado en las victorias materiales inferiores, sino en la mayor victoria que el Yo puede lograr que, es sin lugar a dudas, la victoria sobre sí mismo.

El «Yo» entonces entra en contacto con la característica central del Ein Sof, su infinitud, y no es que el Yo no se reconozca como fragmento del Ein Sof, sino que nada ni nadie lo paraliza en su ascenso infinito extrayendo desde su interioridad la máxima potencia hacia el Daat superior. Al percibir la infinitud del Ein Sof, se puede percibir a sí mismo extrayendo todas las potencialidades finitas hacia el infinito. No es una extracción de energías que se concentran dentro de la materialidad de forma exclusiva, sino una extracción de nuestras energías que se despliegan hacia el Ein Sof en todos los campos dimensionales de forma simultánea.

El Yo ya no necesita de todas las características subjetivas del Yo, sino que a medida que se libera de todos sus condicionamientos es más Yo al mismo

---

316. El Yo no puede encontrar el sentido de su existencia si no comprende el sistema general exterior a su propio Yo, porque él es parte del sistema general. No se puede lograr un alto autoconocimiento sin el conocimiento general. Para que el Daat mire a Tiferet, en realidad debe también percibir Keter. Si el Daat (el Conocimiento) lo tenemos en una posición inferior, entonces solamente puede captar lo inferior. Si el Daat lo tenemos en una posición superior, entonces solamente puede captar lo superior; por lo tanto, el Daat se tiene que mover de forma circular captando lo superior y lo inferior simultáneamente.
317. Es interesante que todos los impedimentos que poseía el Yo para acceder a este nivel superior se encuentran en su bajo nivel de conocimiento al operar en el Daat inferior.

tiempo que es menos Yo. Es más Yo porque ya no es el centro del Daat, y es menos Yo porque ya no es el centro del Daat. El Yo con conciencia No-Yo supera sus propias limitaciones subjetivas (estado Alef), y el Yo con conciencia Yo acepta sus limitaciones subjetivas (estado Bet), pero entonces acelera la oscilación y llega a la felicidad al disfrutar ambos mundos como reales y paradójicamente ilusorios al mismo tiempo. Porque el mundo superior parece una ilusión desde la percepción del mundo inferior, y el mundo inferior parece una ilusión desde la percepción del mundo superior. En realidad, el binomio ilusión/realidad es falso, y he aquí el problema que nos presenta la dualidad conciencia/existencia, pero si unificamos la conciencia dentro de la existencia, entonces las dualidades desaparecen; y al desaparecer la dualidad conceptual desaparece la contradicción última entre el estado de Yo y del No-Yo, porque ahora la percepción no es de un No-Yo dual en relación al Yo, sino de la disolución del Yo y del No-Yo en una entidad superior imposible de conceptualizar dada la cercanía que ya tenemos con el Or Ein Sof como unidad total.

Y entonces la preocupación última del Yo, que era conocer quién es realmente, ha dejado lugar a una despreocupación por los límites entre el Yo y el No-Yo.

El «Yo» que se puede definir por los límites de la Biná, al ingresar en la Jojmá ya no puede definirse por sus limitaciones, sino por sus expansiones. Entonces la identidad del Yo pertenece, por una parte, a los efectos que produce la conciencia de los límites y, por la otra, a los efectos que produce la conciencia de destrucción de dichos límites. Es entonces cuando la identidad del Yo no idolatra los propios límites de su identidad, y su identidad se vuelve completamente flexible y sin miedo al permanente trabajo existencial de establecer y destruir los límites de su propia identidad. Entonces la identidad del Yo no estará más anclada dentro de la configuración de los límites, sino que estará relacionada con su capacidad dinámica de destrucción y construcción de nuevos límites.

El «Yo» de la Biná es el Yo mental que desea la autolimitación para su propia definición; en cambio, el Yo mental que ingresa en la Jojmá busca el no-límite de dicha dimensión, y su objetivo real será la expansión de toda su potencia.

Al expandir la potencia del Yo sobre una dimensión que tiene tal magnitud como la Jojmá, el Yo puede trabajar en una expansión constante donde no existe la preocupación de los límites del Yo, porque allí existe la sensación de «Eternidad» (el estado del No-Yo).

Ahora, el Yo no está deseoso de conocer los límites de su subjetividad porque ha comprendido que su subjetividad era el último elemento que no lo conectaba con el sistema general de la realidad existencial, sino que simplemente lo separaba. Esta separación de la subjetividad identitaria hace que el Yo siempre se posicione desde una perspectiva de distorsión permanente espacio-temporal.

El Yo preocupado por su subjetividad desgasta importantes cantidades de energía en la diferenciación de su subjetividad con relación al entorno, y ahora el Yo al incorporar el entorno y destruir sus propios límites se libera de la desesperación de su propia definición.

La liberación de energía que produce un sujeto que no se focaliza en defender (atacar) su subjetividad, sino que se concentra sobre su propio crecimiento interior, podría ser notable dentro de un cambio del paradigma general de la sociedad futura.

El «Yo» entonces logrará liberarse de su propia condición subjetiva y adquirirá una nueva condición de subjetividad trascendente.

El «Yo» se libera entonces de su propio Yo transitoriamente.

El «Yo» se libera del Daat inferior porque en realidad se libera de la percepción del Yo inferior. De todos modos, no podemos hablar de una liberación total, porque el Yo inferior debe seguir trabajando ya que para eso fue materializado por el Ein Sof. La materialidad del Yo inferior es fundamental para comprender el sentido general del alma al autorrealizarse dentro de la materialización. Se alcanza de este modo una materialización «trascendente» porque ahora se percibe la realidad material desde el estado del Yo/No-Yo.

El Yo entonces asume su estado de No-Yo, un estado de no-dolor, porque todo miedo y todo dolor lo atan a los niveles inferiores, y el Yo desea alcanzar los niveles superiores a pesar de que tenga que abandonar su propia condición para lograr esta transformación.

No es que el Yo abandone completamente el dolor y los miedos, ya que estos siguen existiendo en los niveles inferiores (el Yo no se vuelve insensible); por esa razón, el Yo se responsabiliza de su realidad material, pero no existe un abandono de la condición de ser un fragmento de la materialidad general. Lo que sí sucede es una modificación extrema de la percepción subjetiva porque dicha percepción ha destruido todas las percepciones encaminadas a la represión del Yo por el Yo inferior; el Yo ha despertado a una consciencia superior, ha encontrado su propio Yo superior, su trascendencia en el estado del No-Yo.

Es este Yo superior el que ahora integra todas las partes desgajadas de la estructura, porque ahora ya no es una estructura en sí misma; la consciencia de la Biná de un Yo mental se transforma de este modo en la consciencia de la Jojmá de un Yo/No-Yo. No es que el Yo abandona su estado para siempre, al contrario, mantiene su estado en un orden superior. El No-Yo se hace realidad en la interioridad del propio Yo. El estado del No-Yo pasa a ser parte integrante de la totalidad del Yo, entonces el Yo mental de la Biná cambia de percepción al ingresar a la Jojmá. El Yo mental de la Biná se refuerza por la expansión del Yo en la Jojmá al alcanzar allí el estado del No-Yo. Y cuando se incorpora la experiencia del estado del No-Yo, entonces el Yo de la Biná se tiene que necesariamente redefinir. El estado del No-Yo obliga de forma permanente a una redefinición automática del Yo, y se va modificando el Yo, expandiendo sus relaciones con todo el orden cosmogónico a medida que el Yo establece nexos relacionales con el orden general del cual él mismo es parte integrante.

Ahora, el Yo se encuentra sin las limitaciones existentes en el campo inferior, y al superar el último miedo existente que es el fin de su existencia (muerte física), y al liberarse de todos los miedos, su nivel mental queda liberado de las ataduras de la materia. Ya no trabaja dentro de la realidad material exclusivamente, sino que opera en todos los grados más sutiles de la elevación espiritual. Al captar a través de la simbología del Árbol de la Vida, el sujeto comprende y trabaja las energías más sutiles de los campos más elevados que se encuentran ocultos detrás de la materialidad. Entonces, el Yo está conectando con niveles energéticos más potentes que la simple materialidad que reduce la conexión al campo de lo estrictamente sensible.

Entonces el «Yo» se encuentra en la consciencia de trascendencia de su propio Yo, que no es la negación del Yo por otra cosa, sino la afirmación más profunda del Yo dentro del sistema general de la existencia. Y paradójicamente se afirma en su negación.

Ahora el estado del No-Yo alcanzado hace que el Yo se fortalezca no por creerse imaginariamente el centro, sino justamente porque se ha descentrado de toda la realidad. El Yo se ha liberado de las propias limitaciones del mismo Yo. Se ha autosuperado. De ese modo, se produce un paso fundamental de la Biná cosmológica (Universo de Briá) a la Jojmá cosmológica (Universo de Atzilut), se ha salido de la primera Hei del Tetragrama y se ha ingresado en la Iod eterna e infinita de la a-temporalidad de Atzilut.

El estado del No-Yo es el estado de unificación del mundo de la Alef, que unifica el Yo con el No-Yo, porque la dicotomía del Yo/No-Yo solo existe en el universo espacio-temporal del Universo de Briá; en cambio, la desaparición de todo dualismo Yo/No-Yo marca el comienzo de un Yo superior, que justamente es superior porque ha unificado el Yo inferior con el No-Yo. Si el Yo inferior no puede coordinarse con el No-Yo, es que no lo conoce. Ahora bien, el Yo cuando ingresa en el estado «Alef» (No-Yo) entonces se queda sin mapas, porque los mapas le sirvieron exclusivamente para alcanzar la sabiduría (Jojmá).[318] Dice el misticismo judío que los 22 canales aparecen en la Jojmá (entonces se conforma el mapa del Árbol de la Vida).

Para el Yo inferior no existe otro estado posible que el del Yo, porque ignora que se puede elevar más allá de sí mismo. El Yo inferior termina de convencer a toda la estructura de su única existencia y de que no existe la trascendencia y, por lo tanto, de que nada tiene sentido más allá de sí mismo. Y es entonces cuando el Yo inferior en su desesperación existencial se refugia exclusivamente en el mundo inferior de las siete dimensiones inferiores. El Yo inferior manipula la percepción de los siete palacios de la Biná con el fin de que el Yo mental superior perciba la realidad exclusivamente desde la Biná hasta Maljut, es decir, en la perspectiva inferior. El Yo inferior se resiste a elevarse de su condición por miedo a lo desconocido. Y su último y primer miedo es su propia desaparición física. Todos los miedos menores, o son consecuencias de este miedo central a su propia muerte, o miedos secundarios cuya raíz se encuentra en las dimensiones inferiores.

Toda la reafirmación del Yo inferior desea sostener su subjetividad a cualquier precio. Es así cuando a partir de cierto momento de la existencia (los cabalistas lo sitúan alrededor de los 40 años),[319] el Yo superior del Universo de la Briá comienza a trabajar con el fin de liberar al Yo de su propia subjetividad. El Yo inferior acostumbrado a ser el centro del universo y a no aceptar su desaparición física intenta «desviar» de todos los modos posibles al Yo mental del interior de la Biná. Sin embargo, al producirse la lucha interior en el interior de la Biná, se comienza a oscilar entre las zonas de seguridad del Yo inferior y el deseo de trascendencia del Yo superior que comienza a percibirse desde la Jojmá. En un momento, la Biná (la madre arquetípica) se encuentra en una lucha entre el Tiferet (el hijo arquetípico) y la Jojmá

---

318. Como recuerdo que me dijo el gran cabalista Mario Satz (1944) en nuestro encuentro en Barcelona el sábado 18 de octubre de 2014: «cuando el sabio se eleva demasiado, se encuentra que ya no hay caminos y que él es el propio camino».
319. La gran mayoría de los cabalistas dicen que el «mal» cuando golpea a la persona tiene un efecto muy positivo para una aceleración del estado de madurez.

(el padre arquetípico). La madre (la Biná) nunca abandonará a su hijo (la Tiferet), pero le marcará al hijo el camino que lo conduce al Padre (la Jojmá) porque la Biná tiene que formar al Tiferet para que el Tiferet algún día sea él mismo la Jojmá. El hijo arquetípico en algún momento debe convertirse en el padre arquetípico. El Yo inferior, cuando decide ser adulto, se transforma en el Yo superior, y esta decisión se realiza en el seno de la guerra interior[320] que se produce dentro de la Biná. Allí se decide si el Yo asumirá pasar por el vacío existencial, que es el precio que debe pagar el Yo para conquistar la trascendencia. Cuando se produce esta liberación se ingresa en la Merkabá o lo podemos decir de otro modo, se construye la Merkabá.

---

320. La guerra interior que se produce en la dimensión de la Biná es la lucha entre el Yo que desea pasar al estado del No-Yo y el Yo que teme ser absorbido en dicho estado y prefiere continuar disfrutando dentro de los parámetros del Yo inferior. El Yo mental de la Biná es el eje de tensión de una posible dicotomía: por una parte, un Yo mental que debe suministrar energía a los niveles superiores, y un Yo mental que desea en su máxima interioridad alcanzar el nivel de expansión de la Jojmá. Un Yo que vive simultáneamente en los universos condicionados del tiempo y el espacio, y un Yo mental que capta la eternidad de la consciencia universal, de modo tal que la Biná debe aceptar la realidad de ser un fragmento de la energía del Ein Sof. En el mundo inferior, el Yo debe reafirmarse en su propia condición, y en el mundo superior, el Yo debe anularse dentro del sistema total (Atzilut). Esta oscilación de reafirmación del Yo y anulación del Yo tiene que tener como resultado el máximo rendimiento del Yo y su máxima satisfacción, la realización del Yo en su subjetividad y la consciencia de totalidad de ese mismo Yo que lo conduce a percibirse como un fragmento del Ein Sof. En el grado inferior siento desde mi Tiferet, desde mi interioridad subjetiva, pero en el plano superior siento más allá de mi propia subjetividad porque me he unido a la Totalidad. La Biná cuando percibe hacia el mundo inferior solamente capta las diferencias del mundo de la fragmentación (o Universo de la Bet), pero cuando la madre mira al padre, es cuando puede trabajar en pro de la unificación constante; y entonces mi Yo mental subjetivo al transformarse en otro tipo de Yo (porque ya percibe desde el estado del Yo/No-Yo) tiene una sensación de llenado completo del vacio existencial. Esta sensación es la que produce la aparición del estado de trascendencia. La trascendencia es cuando el Yo ha logrado percibir la realidad existencial más allá de su subjetividad.

122. La anulación de las dualidades

«Sofocan el fuego con la paja los que se separan del mundo por amor a él».

BAHYA IBN PAKUDA

La Merkabá (Yo superior) es ahora la percepción superior de la superación de todos los miedos del Yo inferior del mundo de la fragmentación. La Merkabá es entonces el fin de la dualidad del Yo/No-Yo porque ahora el Yo alcanza a sentir el estado del No-Yo, y al unificar el Yo y el No-Yo en el Universo de Atzilut, comprendemos el plan divino del Adam Kadmón. Al unificar el Yo con el No-Yo, el Yo no se disuelve dentro del No-Yo, sino que ahora se puede percibir el Keter cosmológico. Ahora, la Merkabá está dispuesta a lanzarse con toda su potencia hacia el Ein Sof. Porque vamos a revelar un gran secreto del misticismo judío, el Keter cosmológico es el símbolo de los límites del universo físico manifestado, de nuestro vacío universal, del Tzimtzum divino. Y al acercarnos al Keter cosmológico percibimos el Or Ein Sof (la luz máxima de la infinitud). Como dice el sabio rabino y cabalista Aryeh Kaplan (1934-1983), dentro del interior del ser humano se reproduce toda la secuencia de la creación, es decir, el «Tzimtzum» universal se refleja en el Tzimtzum subjetivo de nuestra interioridad. Nuestro vacío existencial es el paso previo y fundamental para llegar a la sensación de «trascendencia». A partir de ahí, conquistado este estado Yo/No-Yo o estado de trascendencia, el ser humano liberado de sus restricciones mentales se lanza literalmente a vivir intensamente su existencia y produce automáticamente un aumento de la intensidad; y a consecuencia de esta situación la percepción del tiempo se acelera porque la intensidad aumenta, y al aumentar la intensidad de la existencia se alcanza la felicidad de la trascendencia, que es una felicidad interior que no depende de los condicionamientos existentes dentro del sistema inferior. Todos los condicionamientos continúan existiendo, pero no son condiciones para mi propia felicidad interior porque ya estoy liberado de las ataduras mentales provocadas por el Yo inferior. Siempre debemos recordar que el centro del

Yo inferior se encuentra en la dimensión de la Tiferet,[321] y que el centro del Yo superior se encuentra en la Tiferet superior (como se denomina al Daat-conocimiento). Así podríamos decir que el «Yo inferior» es quien representa el centro de las siete dimensiones inferiores del Árbol de la Vida, y el «Yo superior» representa el centro de las tres dimensiones superiores. En realidad, en el plano superior no podemos hacer referencia a un centro, aunque tampoco podemos hacer referencia a un centro en el plano inferior, debido a que este vacío no es el centro de nada.

Todos los golpes del mal que se reciben en el mundo inferior son accidentes de la materia por las propias limitaciones de la materialidad. El mal es la consecuencia de una severa limitación. Por ese motivo, como en el grado superior del Yo operamos con energías eternas, el mal y el bien, tal como los conocemos en nuestro universo inferior, no existen. En realidad, el tiempo y el espacio aparecen dentro de la Biná del mundo superior (Universo de la Briá), por lo que la Biná del plano superior es la que engendra todo el mundo inferior. Siendo la Biná cosmogónica la que produce el nacimiento dentro del tiempo, es también la que produce la muerte física como límite dentro de la misma realidad espacio-temporal.

---

321. Si Tiferet mira hacia abajo, entonces se produce el Daat Tajtón o conocimiento inferior, y si la Tiferet mira hacia arriba, entonces logra ocupar el espacio del Daat; por ese motivo se denomina al Daat como la Tiferet superior. El Daat Elyón (conocimiento superior) es cuando la Tiferet asciende y ocupa el sitio del Daat. La Tiferet en su conexión con la Biná se denomina como «hijo del hombre»; en cambio, la Tiferet cuando ocupa la posición del Daat, y se relaciona con la Biná, se denomina como «hijo de Dios». Por ese motivo, el nombre hebreo Ben tiene dos letras, la nun y la bet, que suman 52, y que representa el doble del valor del nombre de Dios en su manifestación (el Tetragrama que suma 26). Por ese motivo es Hijo de Dios quien duplica el 26.

123. La oscilación entre el espacio-tiempo, la Eternidad

> «El hombre no fue creado para estar en este mundo, sino para estar en el mundo del futuro, pero su existencia en este mundo es un medio hacia la existencia en el mundo del futuro que es su verdadero objetivo».
>
> MOSHE JAIM LUZZATTO

Así que podemos decir que la Biná cosmogónica (Universo de Briá) es la dimensión que «coordina» ambos universos, el mundo inferior o universo de la fragmentación (Universo de Bet), y el mundo superior o universo de la unidad (Universo de la Alef). La Biná cosmogónica representa el primer estado potencial de toda la manifestación y el último estado de la eternidad. Porque la «Eternidad» al vencer a la muerte física destruye la última limitación de las siete dimensiones inferiores.

En el nivel del Keter psicológico (cuando se está a punto de ingresar en el Daat cosmogónico), no puede existir la dicotomía del bien y del mal que se percibe desde la Biná. La confusión del bien y del mal nos puede distorsionar el avance a las realidades superiores. Si la Biná mira hacia la Jojmá, entonces el «alma» en su fragmentación puede percibir algo más allá de sí misma, y lo que puede percibir en Jojmá es la naturaleza esencial de las Sefirot. Para poder ingresar en Jojmá, la Biná debe necesariamente ampliarse, a tal punto que debe abandonar sus limitaciones conceptuales e ingresar dentro de las limitaciones simbólicas.

Nuestro «Yo mental» de la Biná se encuentra en el lado restrictivo del Árbol de la Vida. ¿Cómo podemos percibir la realidad existencial a partir de una sola posición lateral? El estado del Yo/No-Yo acerca a la Biná hacia el centro del mundo superior, y acerca a la Jojmá al mismo punto. Cada esfuerzo en acercar tanto a la Biná como a la Jojmá hacia el centro o línea media del Árbol de la Vida provoca un aumento del Daat superior. Así, la Tiferet que se encuentra en el abismo asciende al mismo nivel que la Biná y la Jojmá en el Árbol de la Vida.

En realidad revelaremos uno de los grandes secretos del misticismo judío: a medida que la Biná y la Jojmá se abrazan, entonces oscilan como en una copulación entre una mujer y un hombre, y se produce el estado del Yo/No-Yo (el estado de percepción del Keter inferior).

Al abrazarse la Biná y la Jojmá podemos decir que la Tiferet ya se encuentra muy cerca de un acceso a Keter directo. La simbolización de la Jojmá psicológica me permite contactar con el Universo de Atzilut (la Emanación) de forma directa, siendo la Jojmá psicológica (Universo de Yetzirá) una imagen subjetiva de la Jojmá cosmogónica (Universo de Atzilut), y, por otra parte, la conceptualización de la Biná psicológica (Universo de Yetzirá) es la imagen subjetiva de la Biná cosmogónica (Universo de Briá).

Así se termina de llegar a lo que los cabalistas denominan el estado del Yo/No-Yo o la oscilación constante entre el mundo de la fragmentación que percibimos en Biná y el mundo de la unidad que percibimos en Jojmá.[322] Vamos de la Alef a la Bet y volvemos. «Corre y regresa», y siempre regresamos al Yo inferior y siempre corremos al No-Yo, y cuando el Yo corre al No-Yo y regresa del No-Yo al Yo, entonces se produce el nacimiento del Yo superior. El Yo superior tiene como condición el conocimiento del estado del Yo/No-Yo. El Yo superior no renuncia al Yo inferior para alcanzar el estado de Yo/No-Yo, sino que el Yo superior fuerza a percibir de forma diferente su propio Yo inferior. El Yo superior al integrar al Yo inferior con el No-Yo unifica la dualidad aparente de la secuencia de Tiempo y Espacio, Eternidad. Este trabajo de oscilación es altamente peligroso porque en general los seres humanos tenemos una tendencia que nos lleva a veces más hacia la Jojmá, y otras veces hacia el mundo inferior o universo de la fragmentación.[323]

---

322. Es un verdadero problema explicar el mundo de la unidad del Universo de la Alef en la Jojmá porque en realidad Jojmá en relación con Keter ya presenta una dualidad, y porque frente a la Biná, la Jojmá también posee la función de la dualidad. ¿Cómo entonces podemos decir que la Jojmá representa el universo de la unificación? ¿La Eternidad no es la posición contraria a la existencia dentro del tiempo y el espacio? En realidad, la Eternidad es la superación de las coordenadas del tiempo y el espacio. El estado del Yo se encuentra percibiendo la realidad con estas limitaciones que son los límites estructurales de toda realidad existencial del Universo de la Briá y los dos universos inferiores. Lo que primero debe captar el «Entendimiento» (la Biná) es nuestro desarrollo dentro del tiempo y el espacio.

323. Lamentablemente hay dos tipos de extremismos, aquellos que se hunden dentro del mundo inferior (universo de la fragmentación) donde dicen que no existe otro universo que esta realidad, y otros que se fugan de la realidad del universo de la fragmentación (mundo inferior) hacia el universo de la unidad o Alef (mundo superior) donde dicen habitar una sola realidad. En el judaísmo, no podemos caer en ninguno de ambos extremos. Nunca podemos abandonar la realidad existencial espacio-temporal por una trascendencia de fuga, y tampoco podemos vivir esta realidad inferior como si no existieran los universos superiores. Si logramos percibir dentro del tiempo finito el estado del No-Yo, entonces esta oscilación nos permite existir en un estado de trascendencia.

El Yo superior no se encuentra en la primera letra Hei del Tetragrama, sino en la Iod del Tetragrama, porque la sensación de Eternidad es el estado real del No-Yo. Y en realidad la oscilación del Yo/No-Yo es la unión de la Iod y la primera Hei del Tetragrama, que representa la copulación (unión) entre la madre y el padre, entonces la oscilación del Yo/No-Yo del mundo superior (entre la Biná y la Jojmá) lleva automáticamente a otorgar energías de oscilación en los mundos inferiores (entre la Maljut y el Yesod).

La posibilidad de percibir la eternidad dentro de esta temporalidad provoca la aparición del Yo Superior. Si el Yo inferior puede vislumbrar la dimensión superior de la Biná, el Yo superior puede percibir la dimensión de Keter. Ahora bien, el estado del No-Yo se alcanza en Jojmá, pero como el Yo no puede renunciar al Yo inferior, debe descender desde la Biná hasta Maljut para ejercer su función dentro de la materia. Y como el Yo debe ascender al No-Yo de la Jojmá y sentir la sensación de eternidad, entonces se integra el Yo y el No-Yo creando una entidad superior que se denomina el Yo superior, y este Yo superior ni renuncia (ni puede ni debe renunciar) al Yo inferior, y asciende al estado del No-Yo, y al coordinar el Yo con el No-Yo accede al estado de Yo/No-Yo, a la unificación de la Biná y la Jojmá cosmológicas, es decir, a la unión de las personificaciones (Partzufim) de Ima y de Aba.[324]

Existimos entonces en una tensión aparente, y decimos «aparente» porque podemos percibir que la oscilación en realidad es lo que marca el equilibrio. A la oscilación la podemos percibir como «tensión» desde la perspectiva de la Biná; en cambio, si la percibimos desde la Jojmá, la oscilación en realidad es la expansión de todas las energías superiores que deben organizarse para descender. Existe realmente «tensión» cuando nuestra tendencia se dirige hacia alguno de los dos extremos; en cambio, existe coordinación dentro del Yo superior cuando sabemos que cada universo es un estado temporal. El sentir la sensación del universo de la unidad (Universo de Alef) y el sentir la sensación del universo de la fragmentación (Universo de Bet) son dos sensaciones interiores que deben existir de forma simultánea para que se pueda producir una consolidación del Yo superior. Esta sensación doble no es contradictoria ni paradójica, porque si la Biná entiende esta doble sensación como paradójica, entonces podemos tender a elegir una de las dos y así caer en alguno de ambos extremos. Por ese motivo, lo primero que tenemos que

---

324. Estas configuraciones de la divinidad se pueden comprender si estudiamos el ánima y el animus de Jung. Ima (madre) y Aba (padre) son los arquetipos que existen en la Biná cosmológica y en la Jojmá cosmológica.

realizar es construir un Daat que acepte las contradicciones y paradojas en un nivel y que acepte la complejidad de sensaciones simultáneas en otro nivel. Como el Yo debe operar en niveles diferentes, no podemos reducir al Yo a que focalice exclusivamente su operatividad dentro de un solo nivel. El No-Yo no puede destruir al Yo, y el Yo no puede destruir al No-Yo; si se produce este tipo de destrucción, entonces privamos al Yo de su verdadero estado, el estado de doble sensación (o de oscilación constante) al operar dentro del Yo o mundo inferior y dentro del No-Yo o mundo superior. La Biná se debe entrenar para captar el nivel de la Merkabá que representa la flexibilidad de vivir simultáneamente en el No-Yo y en el Yo.

La organización en el descenso de las energías que se produce dentro de la Biná de ninguna manera conduce a la represión del contenido, sino a su canalización. La única forma que tenemos de percibir la Jojmá dentro de nuestras limitaciones estructurales es cuando se canaliza dentro de la Biná. La función del mundo inferior es la canalización de las energías sutiles y extensas del mundo superior. El universo de la unidad (Universo de Alef) debe manifestarse dentro del universo de la fragmentación (Universo de Bet).[325] Esa es la función de las siete dimensiones inferiores del Árbol de la Vida. Sin embargo, el «Sod» de esta realidad se encuentra oculto en las tres dimensiones superiores del Árbol, en la dimensión de Biná que hace de acoplamiento entre el mundo inferior y el mundo superior.[326]

Lo creado se crea a partir de establecer los límites que se definen dentro de la Biná; si no existen límites como en la Jojmá,[327] no logramos crear nada porque todo el contenido fluye sin cesar. El fundamento de toda la realidad se encuentra en las limitaciones, porque el Ein Sof creó el vacío de acuerdo con un sistema de limitaciones. Por esa razón, operar en las magnitudes más

---

325. Este asunto lo he explicado de modo más extenso en mi segunda tesis doctoral en Antropología (2012), *El Misterio de la Creación: el Maasé Bereshit*, publicada de forma de libro en Buenos Aires.
326. Es un verdadero problema comprender el funcionamiento de la Biná cosmogónica (Universo de Briá) ya que posee tiempo y espacio y, por lo tanto, es la primera dimensión restrictiva que demuestra el estado de dualidad y contradicción. La Biná es la madre arquetípica del mundo inferior. Pero, por otra parte, nos permite el acceso a la Jojmá y es la puerta de entrada al mundo superior o Universo de la Alef. Así que cuando hacemos referencia a la Biná debemos saber que, por un lado, pertenece al mundo superior y, por el otro, allí da comienzo el mundo inferior. Por ese motivo, el nivel del alma que le corresponde (la Neshamá) es la mente que capta el estado del Yo (Nefesh y Ruaj) y el estado del No-Yo (Jaiá y Iejidá). No podemos elevar a la Neshamá a un estado más alto porque la podemos destruir, y no podemos esclavizar a la Neshamá a un estado más bajo porque la materializamos de modo que no pueda percibir el nivel del Sod de esta existencia.
327. En la Jojmá cosmológica (partzuf Aba) que es el Universo de Atzilut (la Emanación) no existen los límites ya que las energías (Orot) que operan allí son energías infinitas dentro del Ein Sof.

altas (que parecen que carecen de límites) permite revelar mucha información del nivel del Sod.

La estructuración de toda la realidad se construye dentro de la Biná (incluida nuestra autopercepción); en cambio, el contenido sustancial se encuentra en la Jojmá y hay que avanzar allí sin perderse. El propio contenido casi infinito de la Jojmá no puede producir la sensación de la pérdida del equilibrio personal. Si el ser humano sacrifica su sentido de realidad en el mundo inferior (universo de la fragmentación), entonces se ha utilizado de modo incorrecto el estado de trascendencia que nos otorga el mundo superior (universo de la unidad).

En realidad, si ingresamos en el universo de la unidad sin coordinar nuestra sensación interior con el Yo, es decir, si abandonamos el estado del Yo para acceder al No-Yo, no ingresamos en el estado del No-Yo, sino que creamos una dualidad más potente. El temor al Yo es lo que nos conduce a una fuga radical hacia el estado del No-Yo. Si mi Yo no tiene temor al Yo, entonces el estado del No-Yo no representa una fuga de mi Yo, sino que el estado del No-Yo es la percepción del Yo en otro nivel. Así que debemos tener mucho cuidado cuando en ciertos grupos espirituales se desea alcanzar el estado del No-Yo como una fuga por la imposibilidad de gestionar las dimensiones inferiores, y debemos advertir que jamás la espiritualidad del judaísmo ha sido aliada de las tendencias ascéticas que desvinculan al ser humano de su realidad material. Existe, pues, una necesidad de estabilidad emocional del Yo para autoafirmarse en su propia identidad. Dicha identidad (la realidad del Yo) es real en las dimensiones inferiores y nunca pierde dicha realidad.

En verdad, cuando hacemos referencia al estado del Yo en contraposición al estado del No-Yo ya nos encontramos en el Yo mental, es decir, dentro de la Biná. Tenemos que percibir el estado del Yo y del No-Yo en el nivel de la Jojmá. Si los percibimos desde la Jojmá, no existe un estado del Yo y un estado del No-Yo, existe un Yo (que desciende desde las dimensiones superiores), y se hace Yo como energía compleja individualizada. El Yo se vuelve importante para sí mismo, y el No-Yo es realmente lo existente. Pero el Yo es la manifestación última del No-Yo, y siendo el Yo la manifestación última del No-Yo, todo el No-Yo del nivel de la Jojmá cosmogónica (Universo de Atzilut) se encuentra esencialmente dentro de todo Yo en el nivel de la Biná cosmogónica. Porque la Biná cosmogónica es la que se refleja en términos individuales en mi propia Biná (dentro del Universo de Yetzirá).

Todo lo No-Yo es todo lo que existe fuera de mi Yo dentro del vacío. Y todo lo que existe fuera del vacío es el Ein Sof. Así podemos decir que existen tres grandes estadios de existencia, el primer estadio infinito que se representa por el Ein Sof en una forma no-representable, este estado eterno e infinito es quien por autocontracción creó el vacío. Luego dentro del vacío se creó todo lo manifestado a través del Or Ein Sof (la luz del infinito) y nuestro Yo es una parte insignificante de dicha Luz. El No-Yo, pues, es todo aquello que esta fuera de mi Yo, pero del que mi Yo es parte integrante. Podemos decir entonces que mi Yo no existe en relación al No-Yo y el No-Yo no existe en relación al Ein Sof. Ahora bien, el Yo/No-Yo existe por la contracción del Ein Sof, y mi Yo existe por la contracción del No-Yo. Pero si extraemos la idea de contracción (producto de nuestro Yo mental), entonces todos son niveles del mismo Ein Sof en diversos grados de manifestación.[328] Así llegamos a la

328. En términos del alma humana individual me gustaría citar el texto del apéndice a la epístola número 21 de la traducción al español de la obra *Tania* de Rabí Schneur Zalman de Liadí (1745-1812) que en la IV parte, página 294 dice: «... el grado de espiritualidad al que alude la letra Iud es diez veces mayor que aquel al que alude la letra Alef; el grado de espiritualidad al que alude la letra Kuf es diez veces mayor que el aludido por la letra Iud; y así sucesivamente a 1.000 y 10.000. En términos de las Sefirot, los dígitos unitarios denotan los atributos emocionales (las divinas midot), los dígitos dobles aluden a los atributos intelectuales (el mojin Divino), las centenas designan el nivel de Divinidad que trasciende el intelecto Divino, mientras que los miles y diez miles denotan respectivamente los niveles de Divinidad conocidos como Ratzón (la Voluntad Divina) y Taanug (Deleite). En términos de los niveles del alma dentro del judío individual, las cinco clases corresponden a los cinco niveles del alma llamados (en orden ascendente) Nefesh, Ruaj, Neshamá, Jaiá, y Iejidá» («Likutei Amarim-Tania»: cuarta parte, capítulos 21-32, editorial Kehot Lubavitch Sudamericana, Buenos Aires, 2004). En realidad, no estoy de acuerdo con el comentario al apéndice que se realiza porque da lugar a confusión. Dice el texto que los dígitos unitarios aluden a los atributos emocionales, y esto no es así dado que los atributos emocionales representan el nivel del alma emocional, es decir, el Ruaj. Si el Nefesh (alma animal-cuerpo material) representa el nivel de un dígito, el nivel emocional o Ruaj debe necesariamente representar el nivel de los dígitos. El nivel de las centenas no puede ser la energía que trasciende el nivel intelectual, porque entonces ¿cuál es el nivel de energía del nivel intelectual? El nivel intelectual o el alma intelectual (la Neshamá) es quien se encuentra en el nivel de las centenas. El nivel de la vitalidad es el nivel de los miles, y se encuentra en la Jojmá cosmogónica (Universo de la Alef o Atzilut), y finalmente el nivel de diez miles se encuentra en el Keter cosmogónico o el nivel del alma en Iejidá (unificación). Por ese motivo, el sabio cabalista Aryeh Kaplan trae correctamente los niveles de energía de cada nivel de alma. Podemos entonces hacer una síntesis de los niveles energéticos del alma. El alma animal, nivel energético uno, el alma emocional, nivel energético diez, el alma intelectual, nivel energético cien, el alma en el nivel de la Jojmá dentro de las Sefirot nivel mil, y el alma en el nivel de la Keter cosmogónica o fracción eterna del Adam Kadmón, nivel diez mil. De aquí se deduce que los niveles de energía más altos se encuentran detrás del nivel material. A medida que ascendemos de nivel de energía nos encontramos con energía de una categoría mayor, y la peligrosidad se encuentra en que creemos operar con energías de bajo nivel de intensidad y nuestros cuerpos son Kelim (recipientes) de recepción de energías muy frágiles. Así que debemos utilizar el Yo mental de la Biná (Neshamá) para acceder a un nivel de potencia de 100 hacia arriba. Cuando pasamos de la conceptualización de la Biná (nivel de energía 100) a la simbolización y sinestesia de la Jojmá (nivel de energía 1.000)

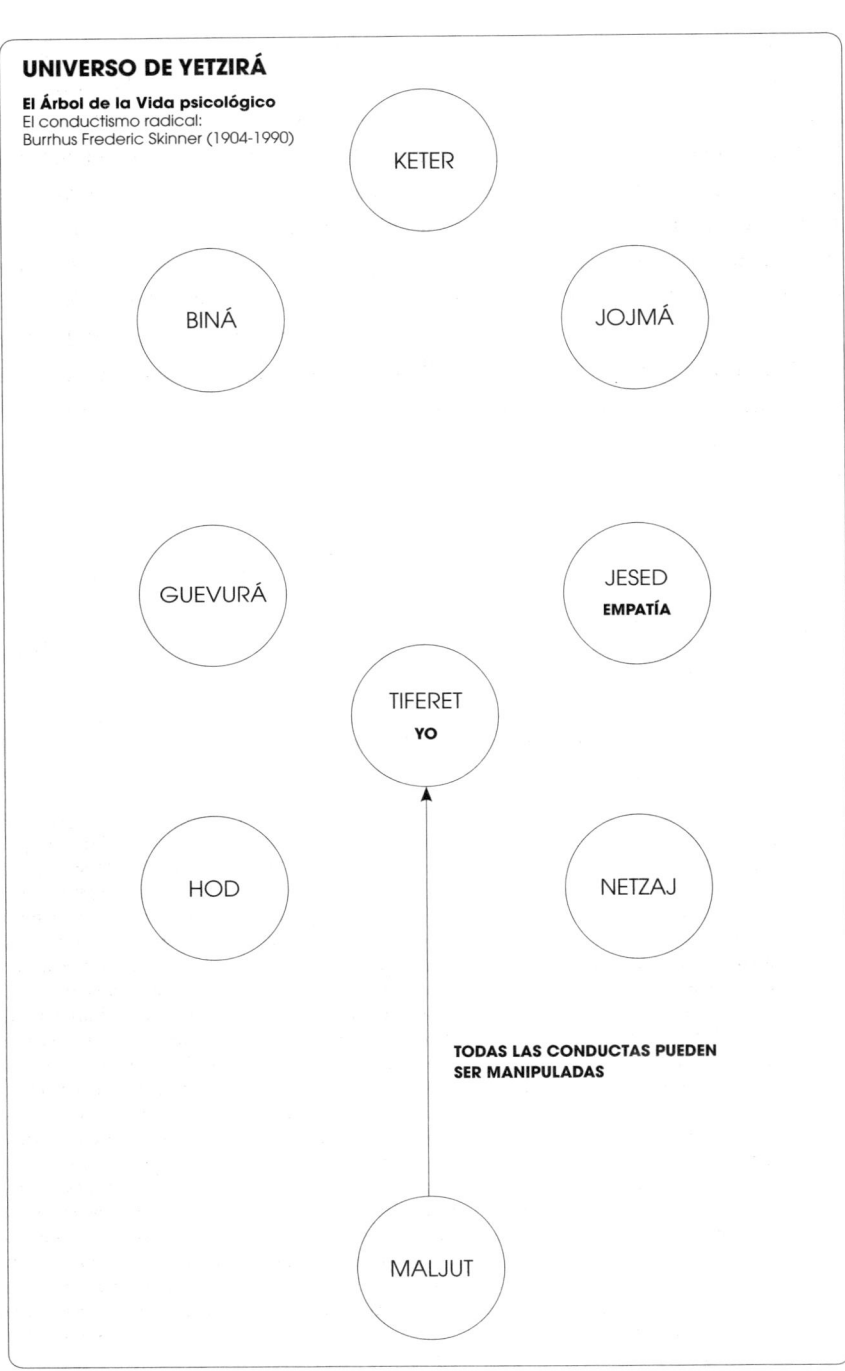

conclusión por la cual cada uno de nuestros Yoes son en realidad fragmentos del Ein Sof manifestados dentro de este vacío. ¿Cómo nuestro Yo entonces puede acercarse al Ein Sof? Simplemente ampliando la conciencia fragmentaria del Yo en una conciencia universal dentro del No-Yo. La mística hebrea ya no pretende que el Yo se sienta un fragmento del Ein Sof, sino que amplíe su conciencia más allá de sí mismo. Si el Yo mental de la Biná logra ampliar su conciencia y se produce su ingreso al estado del No-Yo de la Jojmá entonces realmente se siente el Yo dentro del estado constante del Yo/No-Yo, que representa para todos los cabalistas el estado de oscilación constante y la resolución de la paradoja que siempre asienta sus hipotéticas contradicciones dentro de la literalidad material de la existencia.

---

podemos captar magnitudes mayores de revelación dentro de esta realidad. ¿Cuántas magnitudes existen en esta realidad? En verdad, aunque nosotros captamos los niveles 1-10.000 dentro del Or Ein Sof existen niveles más altos desde el 10.000 en adelante. Debemos recordar algo muy importante, que cuando pasamos del nivel de energía de la Neshamá del nivel 100 al nivel de energía de la Jaiá en el nivel 1.000 pasamos de la secuencia temporal-espacial a la eternidad. Los niveles de energía dentro del Or Ein Sof alcanzan tal punto de no retorno que se funden en un momento con el Ein Sof. El límite entre el Ein Sof y el Or Ein Sof se encuentra cuando ya no es mensurable la magnitud. Todas las magnitudes mensurables se encuentran dentro del vacío, en cambio, dentro del Ein Sof no tenemos capacidad de medir. Este es el límite entre el Or Ein Sof que opera dentro del vacío y el Ein Sof que se encuentra fuera de nuestro vacío. Todas las magnitudes de energía en los diferentes niveles de manifestación son contracciones del Or Ein Sof. En cambio, cuando ya no es posible hacer referencia a magnitudes, entonces nos encontramos dentro de la esencia del Ein Sof. Nuestro Yo trabaja en las magnitudes más bajas de la manifestación del Or Ein Sof, por ese motivo existe la muerte física y el mal en esta realidad. Cuando nuestras energías realmente se eleven a las realidades a-temporales y eternas de la existencia hacia los grados de magnitud energéticas más altos, entonces no habrá necesidad de la materia, o, en otros términos, se espiritualizará la materia, o podremos visualizar las energías ocultas subyacentes detrás de la materialidad. La espiritualización de la materia se producirá en la Era Mesiánica. La percepción de las energías en los grados superiores del Universo de Atzilut se producirá cuando dominemos el tiempo y el espacio y podamos retornar al Universo de la unidad. Toda fragmentación tendrá su conexión completa dentro del mundo de la unidad, entonces se resolverán todas las contradicciones existentes producto de las limitaciones de los más bajos niveles de energía.

124. Funcionamiento del vacío existencial/análisis de Wilber

«No tienes que ser otra cosa que un oído que oye lo que el universo está diciendo dentro de ti».

EL MAGUID DE MEZERICH

Es muy interesante cómo Ken Wilber en su obra *Los tres ojos del conocimiento: la búsqueda de un nuevo paradigma*[329] plantea un problema junguiano de difícil solución (aunque Wilber sitúa muy bien el problema y lo define perfectamente, creemos que no alcanza a darle una solución). Según su conclusión final, los junguianos son los que tendrían que darle una solución a este problema.

Así que tenemos un problema muy bien definido por Wilber, pero no solucionado. Reconoce Wilber al final de su exposición que él mismo se autocalifica como un junguiano moderado, pero admite que en el punto que va a tratar la teoría junguiana debe ser reconsiderada. Los junguianos (según lo que he investigado) no han desarrollado una solución satisfactoria a esta mezcla conceptual que hace Jung.

Dice Wilber en la obra citada:[330]

«Pero existe otro problema (al parecer más difícil de superar) que también entorpece la emergencia de una visión global del mundo. Se trata de una falacia que, de muy diversos modos, ha contaminado la obra de psicólogos como Freud y Jung, filósofos como Bergson y Nietzsche y sociólogos como Levy-Bruhl y Auguste Comte. Se trata de un problema que acecha tanto detrás de las visiones mitológicas y románticas del mundo como tras el enfoque racional y científico, y que alienta tanto las tentativas de defender el misticismo como los intentos de negarlo. Mientras no clarifiquemos este problema (al que llamaremos falacia pre/trans), cualquier visión realmente comprehensiva del mundo

---

329. Ken Wilber. *Los tres ojos del conocimiento: la búsqueda de un nuevo paradigma*, editorial Kairós, Barcelona, 1991, 6.ª ed., (2010), págs. 220-225.
330. Ídem, capítulo 6, «La Falacia pre/trans», págs. 174 y 175.

seguirá escapándosenos de las manos. Éste es, precisamente, el propósito del presente capítulo.

»En realidad, la esencia de la falacia pre/trans es muy fácil de describir. Comencemos, sin más, suponiendo que los seres humanos tienen acceso a tres ámbitos generales de existencia y de conocimiento (el sensorial, el mental y el espiritual), tres dominios que pueden ser calificados de muy diferentes modos: subconsciente, autoconsciente y superconsciente; prerracional, racional y transracional, o prepersonal, personal y transpersonal. El hecho es que lo prerracional y lo transracional son parecidos (por el hecho de ser ambos no racionales) y el ojo ingenuo suele confundirlos. Tras esa confusión es inevitable que los dominios transracionales sean reducidos al estatus prerracional o que los reinos prerracionales sean exaltados a la esfera de lo transracional. Así pues, la falacia pre/trans termina dividiendo en dos una visión global del mundo y replegándola sobre sí, con lo cual una de las dos mitades (sea la «pre» o la «trans») desaparece de nuestra vista. Éste es el equívoco que pretendemos desentrañar en el presente capítulo».

Antes de continuar con el desarrollo del problema que presenta Wilber, debemos considerar algunos puntos importantes:

1. En primer término, Wilber realiza un análisis lineal y el misticismo judío es flexible y paradójico. Si no tenemos conciencia de esto, no comprendemos la equivocación wilberiana. Wilber (como todo el misticismo oriental) vislumbra los campos de conciencia como campos de ascenso al «Absoluto». La mística judía no tiene como objetivo el ascenso al «Absoluto» (el Ein Sof), en primer lugar porque el Ein Sof es inalcanzable, y en segundo término porque la realidad inferior[331] siempre existe simultáneamente a la realidad superior. En ese sentido, la clave de la mística judía es la retroalimentación constante de los niveles inferiores con los niveles superiores; en realidad, el misticismo judío no desea alcanzar el Ein Sof porque sabe que es imposible, sino ascender (no a pesar de que se desciende, sino porque se desciende). El descenso es siempre parte del proceso de ascenso y esa es la única manera de ascender. Siempre, pues, debemos reconocer las dimensiones inferiores y descender hacia ellas para «trascenderlas» a

---

331. Denominamos «Realidad inferior» a las siete dimensiones inferiores del Árbol de la Vida (Jesed, Guevurá, Tiferet, Netzaj, Hod, Yesod y Maljut).

todas simultáneamente. No hay «trascendencia» en los niveles superiores[332] de forma exclusiva porque esto configuraría una fuga espiritual desde la perspectiva de la psicología del misticismo judío.

2. El segundo punto que quiero exponer es donde Wilber parece establecer que las etapas pre-racional, racional y trans-racional son peldaños, y en este sentido la cábala entiende que todas operan simultáneamente. Todas las dimensiones del Árbol de la Vida son importantes; la importancia no viene dada por la situación de superioridad-inferioridad dentro del Árbol de la Vida. Tanto Maljut como Keter tienen el mismo grado de importancia, simplemente cada una de estas dimensiones posee una magnitud energética diferente.

En definitiva, si Jung trabajaba los arquetipos como intentos de comprensión trans-racional (Jojmá) y Freud el nivel egoico (Tiferet), la mística judía explicará que ambas son «verdades», cada una en su dimensión en particular.

El problema de Freud y la ortodoxia clásica es que confunden lo transracional con lo prerracional. Es decir, lo pre-egoico con la trans-egoico. ¿Y por qué motivo los freudianos confunden esto? Simplemente porque no pueden establecer un mundo superior más allá de la racionalidad entendida como lo científicamente demostrado.[333] Si todo se encuentra en la mente, Freud no puede vislumbrar la realidad más allá de la Biná. Y en cierto sentido es verdad, porque para poder percibir Jojmá hay que tener una concepción cosmogónica (y no psicológica).

Sin embargo, el problema que se les presenta a los freudianos es la incapacidad del lenguaje de ir más allá, es decir, los límites del lenguaje estructurado. Se puede caer en el problema de que la «Biná» (el Entendimiento-la inteligencia racional) construye un sistema lingüístico que nos aleja de la realidad. Y con la pretensión de acercarnos a la realidad nos vamos alejando de esa misma realidad producto de la conceptualización. Podemos llegar a «idolatrar los conceptos absolutos como dogmas de fe». Si los freudianos dicen que la religión es una estructura infantil pre-egoica, nosotros podríamos decir que la conceptualización fija que establece dogmas estáticos trabaja igual que la religión. La conceptualización estática puede ser arrasada por los cambios

---

332. Cuando hacemos referencia a los «niveles superiores» expresamos el «Mojin», es decir, la tríada superior del Árbol de la Vida (Keter-Jojmá y Biná).
333. La ciencia en el futuro demostrará que muchas cuestiones transracionales son en realidad racionales, simplemente que hoy no tenemos los instrumentos suficientes para llevarlas al campo racional. Lo racional, es pues, para la ortodoxia freudiana lo demostrable de forma empírica.

culturales como los estudia hace años la Antropología. Además sabemos que los escenarios donde se encuentra el sujeto (siguiendo las enseñanzas de otro gran pensador judío como fue Jacob Levy Moreno [1889-1974], creador del psicodrama) son los que condicionan inevitablemente todo el sistema de conceptualización. Así que no solamente tendríamos una distorsión subjetiva dentro de la conceptualización, sino una distorsión social por el escenario en que el sujeto se encuentra inmerso.

Todo dinamismo pone en tela de juicio la utilización conceptual. Todo concepto se debe adaptar a los cambios que se producen dentro de la secuencia espacio-tiempo. Cada palabra va modificando su sentido de acuerdo con las necesidades sociales, y se puede ir alejando de su sentido original. Es más, a medida que pasa el tiempo se crean nuevos conceptos para intentar definir ciertas realidades que no fueron percibidas por las generaciones anteriores. O fueron percibidas en el nivel de Jojmá y no conceptualizadas.

Por otra parte, Jung trabajó la cosmología e intentó llevar la Psicología más allá de lo mental, ya que las formas arquetípicas son ni más ni menos que las diferentes dimensiones del misticismo judío (Sefirot). Y aunque Jung intentó penetrar en el dominio de la Jojmá (y lo logró), en realidad tuvo que conceptualizar y regresar a la Biná (el Entendimiento) para ubicar las categorías arquetípicas dentro de la mentalidad racional-científica.

Freud no pudo ver las Sefirot sino en función de la relación entre la Biná-Tiferet. Sin embargo, Freud solamente pudo visualizar ocho dimensiones (de Biná a Maljut); en realidad, se mantuvo en la dualidad del mundo de la Bet trabajando la realidad sobre una especie de tensión entre el Yo y el entorno. Freud trabajó aquí los condicionamientos de la Yesod (sexuales, y del entorno social) sobre la construcción del Yo, Marx trabajó los condicionamientos materiales de la Maljut, y ambos percibieron el Yo desde las dimensiones inferiores del Árbol de la Vida. De ningún modo estoy diciendo que se equivocaron, sino que unidimensionalizaron la explicación de la estructuración del Yo.

¿Por qué motivo Freud pensó de este modo? Simplemente porque no entendió el nivel de Keter (el proceso hacia el Ein Sof) ya que consideró que Keter es Tiferet, y por otra parte no pudo captar Jojmá, porque no logró comprender la realidad más allá de la construcción de la realidad mental. Sin embargo, una cosa es la construcción mental de la realidad (los Palacios de Biná y el centro neurálgico de Biná) y otra cosa distinta es la realidad física en su totalidad más allá de mi percepción mental. No podemos ser tan ingenuos y creer que la realidad se puede reducir a nuestra realidad mental.

Es verdad que mi realidad subjetiva es lo que yo puedo percibir desde mi «Yo», pero a pesar de mis limitaciones de percepción existen realidades no percibidas por mi percepción. Este es quizás el fundamento de la cábala y de toda la psicología del misticismo judío, es decir, que el nivel del «Sod» (del secreto) que no percibimos es de tal magnitud que no podemos decir que la mente constituye la realidad, sino que por el contrario la mente se reduce al nivel de percepción en el que nos encontramos, y, por ese motivo, un cambio en el nivel de precepción trae como consecuencia un cambio de relación con la realidad. Nunca cambia la realidad, simplemente que al aumentar nuestro Daat, se incorporan elementos ocultos (Nistar) de la realidad que nuestra percepción mental anterior no había captado, y así se expande automáticamente nuestro Kli de recepción. Por eso, la mente no puede ser estudiada en su forma histórica porque no conocemos los niveles del aumento de conciencia que se pueden obtener en el futuro. La mente debe ser estudiada como un centro plástico de transformación de lo Nistar en lo Niglé (como decimos en hebreo), un sistema de revelación de lo oculto a lo revelado. Estudiamos la mente con un sistema reducido a lo que actualmente conocemos, por lo que al independizar el nivel del alma mental (la Neshamá) de las formas superiores de consciencia, no podemos advertir sus mecanismos ocultos. En realidad, si aumentamos la consciencia, entonces aumentamos el conocimiento del Inconsciente. Y lo que ahora los freudianos definen como «Inconsciente» en realidad es lo que la consciencia reduce como lo «ignorado». Los freudianos dirán que el Inconsciente es lo reprimido, por lo que los cabalistas expresarán que lo reprimido del Inconsciente tuvo que en algún momento ser consciente para pasar luego a ser reprimido. Entonces, para la psicología del misticismo judío lo inconsciente reprimido freudiano es parte de la Conciencia. Todo está revelado para el Ein Sof, sin embargo, por las limitaciones de nuestra consciencia existe lo oculto. Por lo tanto, a medida que aumenten nuestros niveles de consciencia, lo oculto se transformará automáticamente en revelado.

Si aumentamos el Daat (el Conocimiento), logramos hacer que lo oculto del inconsciente se revele a lo consciente y así, al aumentar el nivel de la conciencia producto del aumento del Daat, revelaremos mecanismos ocultos que no solamente cambian la percepción de lo consciente, sino la percepción de lo inconsciente.

Pues, en realidad, las líneas dicotómicas de división consciente/inconsciente son producto de operar sobre el mundo de Bet (universo de la fragmentación) ya que nosotros no conocemos los límites exactos de los dos campos.

Lo revelado puede ocultar y lo oculto revelar, el bien oculta el mal y el mal oculta el bien. No tenemos una forma definitiva para establecer el límite de la dualidad conciencia/inconsciencia porque dicho límite va siendo modificado por los diferentes avances de nuestro aumento del Daat. Nuestro «Consciente» crece porque hemos trasladado grandes niveles del «Inconsciente» a lo consciente producto de nuestros permanentes esfuerzos de revelación constante.[334]

Sostener dogmáticamente un «Consciente» y un «Inconsciente» definidos es literalizar el mundo de la Bet, y al operar sobre la dualidad, no poder maniobrar de modo flexible en los límites verdaderos entre conciencia/inconsciencia que se mueven constantemente. Es más, no podemos establecer una dicotomía entre el inconsciente subjetivo y el colectivo, porque para la cábala todas las energías universales operan sobre el yo subjetivo, y porque las energías del yo subjetivo se encuentran indudablemente operativas en lo colectivo.

Cuando nos encontramos más allá de la «psique» (micro) debemos advertir la existencia de una realidad más allá de la mente (macro). Ahora bien, la mente no existe dentro de la naturaleza disociada de la realidad general, es más, la mente es un producto de esta naturaleza, y, por lo tanto, aunque la mente intente percibir, siempre percibirá dentro de sus limitaciones. Y aunque realicemos una «expansión mental» siempre nos encontraremos limitados. Los arquetipos (en términos del misticismo judío: las dimensiones o Sefirot) son lo más «macro» que la mente puede captar de acuerdo con sus limitaciones. Más allá de Jojmá ya no se alcanza a traducir lo que se percibe a través de los niveles conceptuales. Y no existen palabras que puedan abarcar realidades tan generales. Las fórmulas físicas intentan reducir a símbolos elementos de alta magnitud, para llevarlos a una comprensión conceptual. Mientras que la Psicología logró llegar al núcleo duro de la Biná, fue la Física quien por la vía de la simbolización logró llegar al núcleo duro de la Jojmá. Ahora bien, para acceder al nivel de Keter deberíamos trabajar en un sistema de alta complejidad, porque deberíamos unir al mismo tiempo la «Merkabá» con el «Bereshit». Y el único sitio donde se encuentran conectados ambos temas es dentro del texto de la Torá. Indudablemente, con el transcurso del tiempo se podrán encontrar dentro del Sod de la Torá los niveles ocultos de conexión entre el Maasé Bereshit y el Maasé Merkabá. La llave maestra para encontrar dicha conexión es un dominio mental (Biná) e intuitivo (Jojmá) del Árbol de la Vida.

---

334. Existen dos tipos de revelación, una revelación subjetiva de lo Inconsciente reprimido a la conciencia, y una revelación objetiva de lo ignorado por toda la conciencia subjetiva que se encuentra más allá de la psique.

125. El funcionamiento de la Jojmá y el problema de las divisiones científicas modernas

«Jojmá es la profundidad del principio, Biná es la profundidad del final».

MOISÉS CORDOVERO

En Jojmá se encuentra toda la realidad universal más allá de lo que hoy se pueda captar a través del canal racional. Lo trans-racional (lo que la razón admitirá en el futuro y que actualmente lo podemos percibir por la intuición) se encuentra en Jojmá. Ahora bien, Jojmá no representa la ignorancia de lo que no se puede captar en Biná, sino que representa una realidad que el ser humano puede captar si comprende cómo funciona Jojmá.

Es decir, que existen cuestiones que deben ser captadas en una dimensión con una magnitud superior a la racionalidad mental (Biná).

El gran cabalista Rabí Isaac Luria cuando describió (siguiendo la línea del Zohar) las personificaciones (Partzufim) estaba describiendo esencialmente los modernos campos de acción que dividen hoy lo freudiano y lo junguiano. Freud trabajo dentro del «Rostro Menor luriano», mientras que Jung trabajo dentro del «Rostro Mayor luriano», sin embargo, dentro del Árbol de la Vida, los dos Rostros son imágenes de las manifestaciones divinas en diferentes escalas. Lo que está mirando Jung es el Árbol de la Vida desde arriba (desde Jojmá) y por ese motivo es más idealista,[335] y las considera como energías universales que trascienden la mente limitada del sujeto.

Freud percibe el Árbol de la Vida desde abajo, es materialista y, por ese motivo, trabaja dentro de la comprobación empírica y conceptualizada, porque como todo científico se enfoca sobre la ciencia empírica y todo lo pretende experimentar de forma externa. Un tema interesante es el asunto del tratamiento freudiano de los «sueños». Para Freud se encontraban allí las claves del «Inconsciente subjetivo» (lo oculto y reprimido), en cambio, para

---

[335]. Idealista porque trabaja en el campo de las ideas como si estas fueran energías en sí mismas. No es un idealismo caracterizado por la utopía.

los cabalistas el sueño es una sesentava parte de la muerte, y el alma puede captar una realidad más allá de la realidad mental porque se encuentra en una frecuencia de 1/60 fuera del cuerpo material. Para el misticismo judío, el sueño representa 1/60 de la muerte física.

Para los cabalistas, dentro del sueño la persona opone una resistencia menor a la literalidad material, y se puede contactar con energías racionalmente desconocidas hasta hoy. Como estas energías son desconocidas, los freudianos dirán que es infantil expresar una realidad fuera de la realidad mental; sin embargo, esto representa la negación de las energías cosmogónicas exteriores de la psique.

Jung desciende desde Jojmá hacia Biná e intenta conceptualizar los símbolos arquetípicos de Jojmá, mientras que Freud sube desde la materia (Maljut), por Yesod (la pulsión sexual), y llega a la estructuración del Yo (Tiferet) e intenta construir en Biná una teoría de los equilibrios/desequilibrios de la identidad. Freud trabaja el Árbol de la Vida desde abajo y Jung trabaja el Árbol de la Vida desde arriba. Por ese motivo, Freud, como muchos científicos, no puede vislumbrar el Árbol de la Vida, y no logra percibir la escala más alta del «Árbol del Conocimiento del Bien y del Mal».

El misticismo judío realiza una tarea muy difícil (o de mayor flexibilidad), trabaja el «Árbol de la Vida» desde arriba y desde abajo, ya que la realidad funciona en ambos sentidos, por lo cual el sistema de circulación es en esencia lo que construye nuestra realidad. Quien sube desde abajo y quien baja desde arriba parecen dos movimientos contradictorios que están destinados al enfrentamiento en algún punto. Esto es lo que generalmente la mentalidad occidental no puede comprender.

¿Cómo se coordinan las energías que suben con las que bajan? Dentro del Árbol de la Vida decimos que los 22 canales que conectan las 10 dimensiones son canales de ida y vuelta, donde la información sube y baja. Tiferet (mi Yo interior) recibe información de Yesod (mi Yo exterior), y, a su vez, mi Yesod (mi Yo exterior) recibe información de mi Tiferet (mi Yo interior). Maljut (la Materia) recibe información de los deseos interiores de Tiferet (mi Yo interior), y recibe información de mi Yesod (la pulsión sexual y las relaciones de mi Yo exterior con los demás). Las diez dimensiones del Árbol de la Vida reciben influencia de las otra nueve.

Todo es un movimiento interior de flujos hacia arriba, hacia abajo, hacia los laterales; y este proceso circulatorio constante lo provoca la dinámica del Daat (el Conocimiento). Las disciplinas científicas modernas con su grado de especialización han provocado que toda la Biná trabaje estableciendo los límites de cada disciplina.

Lamentablemente, mientras más fragmentamos las disciplinas más nos encontramos dentro del Árbol del Conocimiento del Bien y del Mal. Nos debemos liberar de relacionar lo científico con un cierre axiomático dentro de una disciplina en particular, porque si no trabajamos las conexiones interdisciplinarias, no logramos las «unificaciones» necesarias para comprender el sistema general. No nos debe importar en qué disciplina terminan nuestras investigaciones, sino la búsqueda radical de la verdad a cualquier precio. Si el precio que debemos pagar es no lograr comprender los límites de una disciplina científica en particular, lo debemos pagar. Después de nuestros avances científicos ya tendremos el tiempo suficiente para describir el asunto y situarlo en la disciplina en que se encuentra, o si eventualmente debemos crear una nueva disciplina porque el asunto es completamente nuevo e inclasificable dentro de nuestros parámetros actuales. Así que abandonemos nuestra preocupación sobre los límites disciplinarios (porque este trabajo es inútil ya que el científico, al pretender limitar el objeto de estudio y ambicionar su dominio, justamente lo que obtiene paradójicamente es una falta de comprensión), para centrarnos en lo importante que es el de trabajar en aras del conocimiento «unificado» de la realidad. Porque finalmente la consciencia del «Yo» es el elemento de unificación de las diez dimensiones interiores que cada uno de nosotros posee. Porque quien se encuentra detrás de la letra hebrea Iod siempre es la Alef. Trabajemos siempre en el camino de la unificación de los opuestos aparentes que representa el camino del «Conocimiento» (el Daat).

Regresando al asunto que estamos tratando, lo que debemos considerar es que en el fondo las energías del Daat siempre son las mismas energías, simplemente que cuando ascienden lo hacen por el esfuerzo del sujeto, y cuando bajan son predeterminadas desde arriba.[336] ¿Y quién puede trabajar desde abajo subiendo y desde arriba bajando? El cabalista. El místico del judaísmo debe llevar el «Reino de los Cielos» (Keter) a la Tierra (Maljut), y debe llevar la Tierra (Maljut) al Reino de los Cielos (Keter). Quien comienza en Maljut debe intentar llegar a Keter (a Keter no llegamos nunca), y quien baja desde

---

336. El concepto teológico de la «gracia» es lo que Dios da sin nuestro merecimiento. No somos merecedores, pero lo recibimos igual. La «Gracia» es la energía que baja desde el Ein Sof hacia la materia más densa. El esfuerzo personal es la energía que sube hacia el Ein Sof. No hay, pues, contradicción en el judaísmo entre lo que recibimos sin mérito de nuestra parte y el esfuerzo que debemos realizar para ascender a las diferentes dimensiones del Árbol de la Vida.

Jojmá debe llegar a Maljut. Los problemas materiales no pueden ser anulados por las ideas de la trascendencia espiritual,[337] al contrario, se debe espiritualizar la materia, trascender la materia no es anularla. Lamentablemente, las interpretaciones erróneas de lo «espiritual» lo escinden y lo contraponen a lo «material». Como ya explique en una de mis obras anteriores, la materia dentro del misticismo judío es un componente dimensional más de la espiritualidad general.[338] Algunos grupos dentro de la psicología transpersonal han tenido la tendencia a relegar la materialidad dentro del campo de la espiritualidad, o mostrar la materia como un oponente de lo espiritual.

---

337. La idea de la trascendencia espiritual no debe ser utilizada para una «evasión de la realidad material», de ningún modo la materia «Maljut» debe ser anulada por los estadios o dimensiones superiores.
338. *Sod 22 El Secreto*, páginas 95-96, punto 2.12, «la espiritualidad y la materia como elementos de la misma realidad», Mario Javier Saban, Buenos Aires, enero de 2011.

126. La existencia simultánea de todos los universos

«En la luz no hay ningún cambio, el cambio se produce en el receptor de acuerdo con cómo recibe dicha luz».

HAIM DAVID ZUKERWAR

Maljut (la materialización más densa) no debe ser nunca anulada. Ahora bien, quien solamente reduce su vida a la materia puede quedar anclado en su nivel animal (Nefesh). Si toda nuestra existencia se reduce a las pulsiones biológicas, entonces nunca podremos salir de nuestro estado pre-egoico, porque el primer paso que tiene que necesariamente dar el «Yo» es su propia supervivencia. En el nivel más puro del Nefesh se puede reprimir el desarrollo de los estadios más altos. Liberado el «Yo» de la materia,[339] debe seguir en la materia sin la desesperación biológica de la subsistencia. La trascendencia de la materia no implica la anulación de la materialidad, ya que el Universo de Asiá (Acción/Materia) es de existencia necesaria; simplemente podremos comprender en el futuro todos los velos materiales del Universo de Asiá que nos ocultan las energías más potentes de los universos superiores de Briá y de Atzilut.

Para pasar a construir nuestro «Ego» debemos dominar las estructuras pre-egoicas. Sin embargo, lo pre-egoico nunca deja de funcionar. Lo pre-egoico, lo egoico y lo trans-egoico funcionan simultáneamente, porque el Nefesh, el Ruaj y la Neshamá son niveles del mismo «Yo». Son diferentes estados de consciencia del mismo «Yo». Cuando el «Yo» trabaja dentro de

---

339. El capitalismo y el marxismo son ideologías que han definido y reducido la organización social de acuerdo con el problema del Yo en su relación con su supervivencia económica. Maslow ya lo comprendió bien en su pirámide de necesidades. Sin embargo, a medida que el «Yo» se va liberando de la materialidad se vuelve más radical su búsqueda espiritual, porque aparece con mayor urgencia la necesidad de autocomprensión. Con esto no estamos diciendo que los sujetos que buscan solucionar sus necesidades materiales no tengan el deseo de trascendencia que actúa en todo sujeto a pesar de su nivel económico, por lo que reiteramos nuestro desacuerdo con la rigidez ideológica de la pirámide de Maslow. La sensación interior del sentido existencial es independiente de la satisfacción o no de las necesidades materiales, y el ejemplo de Víctor Frankl, al perder todo en los campos de concentración, es concluyente.

la materia debe actuar en función de su estado de Nefesh, cuando el «Yo» trabaja dentro de las emociones debe actuar en función de su estado de Ruaj, y cuando el «Yo» trabaja dentro de la mente debe actuar en función de su estado de Neshamá. Ahora bien, para que el desdoblamiento realmente sea eficaz, el grado de la Jaiá (la voluntad del Yo) debe distanciarse de los tres estadios anteriores. Lo «egoico» no llega a entrar en equilibrio hasta que no se produzca un desdoblamiento y la Neshamá pueda operar en conjunto con el nivel de la Jaiá (la Voluntad).

El Nefesh no es el cuerpo en sí mismo, sino la consciencia corporal del Yo, el Ruaj no es el compuesto de las emociones, sino la consciencia emocional del Yo, y finalmente la Neshamá no representa simplemente a los pensamientos, sino a la consciencia mental del Yo.

Cuando la consciencia del Yo intenta pasar a la consciencia del No-Yo es cuando aparece lo trans-egoico. La consciencia del No-Yo (Jaiá) por parte del Yo debe tener como condición un Yo fuerte. Para operar sobre la trascendencia hay que estar muy firme en el nivel egoico de Tiferet. Y no existe un nivel egoico fuerte si la Biná no supervisa la Tiferet, y si el núcleo duro de la Biná (la Merkabá) no tiene un control real sobre las diferentes percepciones de las siete subdimensiones inferiores de Biná (los Palacios o Hejalot). Es la «Merkabá»[340] la que tiene que controlar la parte inferior de la Biná.

No es bueno que una persona con desequilibrios graves en su Tiferet (Yo) o en su Yesod (Ego) comience a estudiar los niveles de la Biná y la Jojmá. Una persona que no tiene la estructura fuerte del Yo en Tiferet, donde lo pre-egoico le lleva permanentemente a la confusión, no puede pretender subir a lo trans-egoico porque los desequilibrios de su confusión personal se ampliarán de magnitud. Un sujeto que no comprende su «Yo», no puede comprender de ningún modo la consciencia del «No-Yo». Un «Yo» no desarrollado en el nivel tiferético debe situarse en dicho nivel para equilibrarse.[341] En este

---

340. La Merkabá se compone de tres partes, la Merkabá inferior o Biná de Biná, la Merkabá intermedia, Jojmá de Biná, y la Merkabá superior que es el Keter de la Biná. Los siete Palacios son Jesed de Biná, Guevurá de Biná, Tiferet de Biná, Netzaj de Biná, Hod de Biná, Yesod de Biná y Maljut de Biná. Los siete Palacios son las siete percepciones mentales que tenemos de las siete dimensiones inferiores del Árbol de la Vida en su totalidad. El interior (Pnimiut) de Biná se conecta directamente con Jojmá. Por ese motivo podemos decir que la Merkabá nos conduce directamente a ingresar en Jojmá.
341. En realidad, cuando hablamos de «equilibrio» dentro del misticismo judío no hacemos referencia a un equilibrio ideal inexistente, sino a un complejo dominio desde el Yo interior de las percepciones de modo que estas percepciones no alteren el Yo interior y que sea el Yo interior quien modifique las percepciones exteriores.

sentido, sí existe un grado de jerarquía, porque para acceder a los niveles de conciencia superiores se debe lograr una fuerte autonomía emocional en el centro de la Tiferet (Yo); si el sujeto no logra esto, llevarlo a las dimensiones más elevadas puede ser contraproducente.

Para lograr el equilibrio uno se debe desdoblar y, a partir del desdoblamiento, lograr la autopercepción de sus siete dimensiones inferiores. Si logramos «ajustar» las percepciones a nuestros modelos ideales subyacentes, entonces alcanzamos tal nivel de autoconocimiento personal que logramos la felicidad interior porque hemos descubierto la «Merkabá» (el Yo interior real) que puede mover todas las percepciones de los Palacios exteriores. Vistas desde la Merkabá (el Yo interior mental), las percepciones pueden ser modificables. Cuando ponemos en movimiento una modificación de nuestra existencia de acuerdo con el núcleo duro de la Merkabá (el Yo interior real), logramos movilizar un cambio tan radical de nuestra percepción de la realidad que todo lo que nos hacía «infelices» ahora nos hace «felices», y es posible que sean los mismos elementos existentes en la realidad. Solamente que hemos cambiado nuestra percepción.

127. El Imún (el Entrenamiento)

> «Todos mis libros son introducciones».
>
> NAJMÁN DE BRATSLAV

El cambio de la percepción desde la Merkabá hacia los Palacios se realiza por el «Imún».[342] El nivel de autoconfianza aumenta con el nivel de entrenamiento. Estamos haciendo referencia a un «Entrenamiento real» y no a un «Entrenamiento de tipo occidental».[343]

El «Entrenamiento real» materializa (aunque sea la materialización mental inicial de Biná) independientemente de los resultados obtenidos exteriores; el principal resultado del «Entrenamiento real» es nuestra capacidad de entrenarnos. Los objetivos exteriores alcanzados no pueden ser el parámetro de nuestro éxito en el «Entrenamiento», porque mi «Entrenamiento» tiene que demostrarme a mí mismo mi fuerza de voluntad. Exteriorizar la «Merkabá» para fortalecer mi «Yo interior real» y exteriorizarla para mí mismo en la intimidad independientemente de la necesidad de exteriorización social. Es el cambio de autopercepción en la Tiferet, no el cambio de percepción social del nivel de Yesod. No necesito que los «otros» vean mi cambio de percepción, al contrario, porque quien debe vivir feliz con uno mismo es uno. En definitiva, la felicidad del «Entrenamiento» la tiene internamente quien entrena, la felicidad no es exterior, no necesito que los «Otros» me informen sobre mi buen o mal entrenamiento, porque todo entrenamiento exterior se fundamenta en el logro o no de los resultados exteriores. Lo importante del «Entrenamiento real» (del Imún) es el que se produce dentro de sí mismo (la

---

342. Imún en hebreo significa «Entrenamiento». El término «Emuná» (confianza) está relacionado con el Imún. A mayor entrenamiento, mayor confianza. Lamentablemente, el termino Emuná fue traducido por «fe», y el significado dentro del judaísmo de la palabra «fe» es «confianza». Existen dos tipos de confianza, la confianza en la misericordia divina que proviene de arriba, y la confianza en nuestras propias energías psíquicas, y ambas no son incompatibles, porque las energías cosmogónicas exteriores a la psique actúan en coordinación con las energías subjetivas psíquicas.
343. El entrenamiento que propone el judaísmo es el entrenamiento que genera confianza más allá de alcanzar o no los objetivos. Los objetivos son excusas, lo más importante del entrenamiento es el capacidad de demostrar la voluntad de que podemos entrenarnos.

felicidad interior), porque esa felicidad interior hace que automáticamente todas las percepciones queden subyugadas a nuestra Merkabá. La Merkabá es la fuente del «Entrenamiento real», por el cual puedo modificar (si quiero) mis percepciones interiores.[344]

Y aunque sabemos que todos los niveles del alma se encuentran en todos, sin embargo, algunos los desarrollan y otros, no.[345] Esto debemos dejarlo claro, no podemos decir que algunas «almas» no tienen los componentes de otras. Esto constituye una especie de discriminación espiritual que no debemos admitir de ninguna manera. En términos de la cábala hebrea, Tiferet (el Yo de la Tiferet,[346] o Yo interior) se construye a partir del equilibrio y dominio de las seis dimensiones inferiores del Árbol de la Vida. Todo lo pre-egoico (Maljut) y lo egoico (Yesod) debe confluir en una Tiferet fuerte. A partir de una Tiferet fuerte (que no implica la Klipá de Tiferet), entonces podemos dar un salto al desdoblamiento en Biná. Insisto en que una «Tiferet fuerte» no implica un desarrollo klipótico de la Tiferet.

344. ¿Cómo es posible que en la realidad material un día de sol sea percibido por unos como un día horrible y por otros como un día hermoso? ¿Quién establece la hermosura o la fealdad del día soleado? Solamente las percepciones que construimos en nuestra interioridad.
345. Este es el gran asunto de la Merkabá, ¿por qué motivo algunos pueden desarrollar lo trans-egoico y otros no? Interrogante que intentaremos responder a lo largo de todo nuestro trabajo.
346. Quiero advertir que el «Yo» dentro del misticismo judío se compone de dos dimensiones (Tiferet y Yesod), es decir, Tiferet es el Yo interior y Yesod es el Yo exterior que se relaciona con los demás. Ahora bien, la autopercepción de mi propia Tiferet la puedo realizar desde mi Biná. En cierto sentido, quien puede percibir los problemas de mi «Yo» es mi mente en el nivel de la Biná. Por ese motivo podríamos decir que el trabajo de estructuración del «Yo», la batalla entre el Yo interior y el Yo exterior no se produce entre Tiferet (Yo interior) y Yesod (Yo exterior) debido a que tanto Tiferet como Yesod son manifestaciones de mi Biná. El verdadero conflicto es mental y se produce (como veremos más adelante) entre el Yo interior mental (la Merkabá) y el Yo exterior mental (los Palacios celestiales o Hejalot). El «Ego» se encuentra en la Yesod, por lo que el Ego puede ser denominado como el Yo exterior, sin embargo, muchas veces el sujeto interioriza el personaje del Ego construido a partir del Yo exterior, y ya no sabe realmente cuál es su identidad en su interioridad, entonces se produce una confusión entre lo egoico y lo yoico de modo que el Ego avanza apoderándose de gran parte del Yo interior, esto se produce a partir de la baja autoestima del Yo. Cuando el Yo posee una baja autoestima llama en su auxilio al Ego y, por supuesto, el Ego que viene con aires de grandeza convence al Yo para magnificar su persona. El personaje exterior creado por el Ego entonces se come literalmente al Yo de la Tiferet. Ante este problema se debe trabajar profundamente la división del Ego y del Yo, e intentar desvincularlos. Si el «Ego» de la Yesod es más fuerte que el Yo interior de la Tiferet, el sujeto tendrá muchos problemas a la hora de alcanzar un estado calificado de «sano» para acceder a los niveles superiores de la conciencia de la Biná. Es más, el Yo mental de la Biná que debería actuar para aumentar los niveles de conciencia a partir del Yo de la Tiferet se puede poner al servicio del Ego, y entonces nos encontramos ante casos de sujetos más complejos donde el Ego no solamente se apodera de la Tiferet desde lo emocional, sino que tiene de aliada a la Biná (Yo mental). Cuando el Yo mental (Biná) se autojustifica para trabajar a favor del Ego (Yo exterior), entonces estamos ante un problema más grave, aparece el inteligente egoico, quien ha unido su Yesod (que cree que es Tiferet) con su Biná.

La autoestima debe ser tan fuerte como para ejercer el poder de la autolimitación. Sin embargo, existen dos factores que de por sí son y serán siempre «mecanismos de limitación» del Yo tiferético, y estos son el mal y el avance de mi Yo a la tríada superior. Un «Yo» que se mantiene estático en Tiferet y no avanza hacia la Biná puede terminar en la Klipá de Tiferet, simplemente por acumulación energética.

Debemos llegar a diferenciar nuestras percepciones actuales de nuestro deseo inconsciente (oculto o reprimido) que se encuentra dentro de nuestra Merkabá. Si logramos extraer (sin juicio moral) la interioridad más absoluta de la Merkabá, entonces podemos modificar nuestras percepciones o mantener las percepciones que deseamos sostener.

Justamente son los «juicios morales» los que muchas veces nos impiden conocer nuestra «Merkabá», porque realizamos un juicio moral sobre nuestro ser. Los «juicios morales» pueden constituirse en restricciones mentales que limitan nuestra percepción interior. De ningún modo estoy planteando que un sistema social no debe tener necesariamente una «moral», como la tiene cualquier cultura, lo que estoy explicando es que si la «moral» constituye un sistema represivo del «Sod», entonces no podemos percibir la Merkabá. Cuidado con las justificaciones morales que son condicionamientos culturales que nos impiden progresar espiritualmente para percibir la realidad tal cual es. Las justificaciones morales pueden ser también utilizadas por la Biná como elementos idolátricos.

El Yo mental de la Biná desdoblado de la realidad del Yo interior de la Tiferet es el único que puede percibir la realidad desde nuestra interioridad simplemente por la distancia del Yo de la estructura del mundo. En cambio, el Yo tiferético es un Yo anclado dentro del mundo, es un Yo que todavía se encuentra dentro del universo yetzirático. Todo lo «yetzirático» se encuentra más cerca de la materialidad del Universo de Asiá que de lo mental del Universo de la Briá. La consciencia, siendo un motor de conexión con las energías sutiles que operan dentro del sistema cosmogónico universal, puede captar con mayor precisión el orden físico de esta realidad material finita que se encuentra completamente condicionada por los niveles de contracción del espacio-tiempo.

La única forma de lograr el «desdoblamiento» para captar el interior de nuestra Merkabá es subir al Universo de Briá y mirar desde arriba nuestro propio Yo interior de la Tiferet.

Es decir, podemos tener elementos para juzgarnos a nosotros mismos por efecto del desdoblamiento. La felicidad máxima en el nivel del «Ego»[347] se alcanza con la honestidad radical que hace la Merkabá y su dominio de los «palacios celestiales». Es realmente difícil saber cuándo estamos operando desde la Merkabá y cuándo estamos operando desde los Palacios celestiales. A veces creemos erróneamente que hemos llegado a la Merkabá y seguimos dentro de alguno de los Palacios celestiales. Discriminar la Merkabá del interior de la Biná de las siete subdimensiones inferiores de la Biná (o Palacios celestiales) es lograr una potente subdimensión Biná de Biná. Solo la Biná de la Biná puede marcar la distancia con los Palacios celestiales.

Una persona con la «Tiferet débil» no querrá de ninguna manera desdoblarse para verse a sí misma. Solamente quien alcanzó Biná y pudo desdoblarse para ver su propio Tiferet es quien trabaja en sus correcciones interiores,[348] que

347. Existe un nivel de felicidad más allá del Ego que es la verdadera felicidad transegoica que se logra cuando ponemos la Merkabá en movimiento ascendente. La forma de superación del Yo interior (Merkabá) se produce cuando el Yo se trasciende a sí mismo, porque acepta sus propios límites, y percibe la energía del fluir hacia la Jojmá. Cuando el Yo interior del núcleo duro de la Biná (Merkabá) alcanza tal grado de autodominio, ya ningún dominio tiene sentido cuando uno se deja fluir hacia el Ein Sof. Cuando el «Ego» puede modificar las percepciones interiores, tiene el poder de abandonar todo «poder», y es entonces cuando opera la energía de la trascendencia real que nos conduce a Jojmá. El Yo alcanza el No-Yo cuando entiende que el No-Yo lo hace más fuerte que el Yo; la trascendencia del Yo se verifica cuando nace la sensación de unidad existencial con la totalidad y esto configura un cambio máximo de percepción, ya que se pasa de una conciencia mística a una conciencia mesiánica. El mesianismo es el ideal que pretende modificar la percepción del conjunto de la humanidad, sin embargo, siempre debo pasar por el estadio místico individual. Entonces tenemos dos estados posibles, ascender por la Merkabá (Biná a Jojmá), descender de la Merkabá (dentro del centro de Biná a un cambio de percepciones en los palacios). La Merkabá (el Yo interior real) debe dominar lo inferior pre-egoico para poder ascender a un estado de No-Yo relacionado con la Totalidad. En Biná, mi Yo interior mental domina las percepciones interiores, en Jojmá, mi Yo se considera un No-Yo porque ya conoce el dominio máximo de las percepciones interiores. Y la máxima percepción interior es considerarse un fragmento del Ein Sof, es decir, un No-Yo dentro del Yo absoluto. La conciencia del Ein Sof dentro de mí, a pesar de mi carácter fragmentario dentro de la materialidad. Mi mente (Biná) puede alcanzar el grado de Bitul (aniquilación transitoria) porque puede captar el estado del Ein Sof dentro de mí mismo. En este sentido, la existencia es un descenso donde en cada descenso debo dominar la exterioridad material a través de mi Yo interior, y un ascenso donde en cada ascenso debo dominar la interioridad mental a través de mi No-Yo. El No-Yo me salva del Yo y el Yo me salva del No-Yo. El «Yo interior» me asegura una identidad fragmentaria real (temporal y no real desde el Ein Sof), esa identidad fragmentaria me otorga cierta estabilidad mental. El «yo» le otorga seguridad al sujeto de una existencia individual, el No-Yo libera al sujeto de su propia subjetividad. Si mi Yo (Ego) no logra liberarse de su propia subjetividad, se puede encerrar en su subjetividad de modo tal que entienda que la «psique» lo es todo; en cambio, cuando se opera en el No-Yo de la Jojmá la «psique» puede trascenderse a sí misma y reconocer que físicamente es «polvo y cenizas» del universo manifestado del Ein Sof.
348. No todas las correcciones interiores permiten subir a las dimensiones superiores. Se puede durante toda la existencia trabajar en las correcciones interiores y no lograr un estado de felicidad interior. Indudablemente, lo que muchas veces sucede es lo que llamamos «girar sobre sí mismo». Los sujetos se «obsesionan» con un tema en particular y quedan toda su existencia estancados allí,

le permitirán eventualmente preparar la Merkabá para el ascenso al universo trans-egoico que une Biná con Jojmá y Keter. Los Palacios son las percepciones de nuestro Yo interior estático, la Merkabá es el desdoblamiento mental para cambiar las percepciones de nuestro Yo interior estático y convertirlo en un Yo interior dinámico. Si tenemos percepciones fijas, nunca modificamos nuestro Yo interior. Las percepciones fijas son aquellas que hacen que no podamos percibir la diferencia entre los Palacios celestiales (percepciones interiores de la realidad exterior) y nuestro Yo mental.

---

y toda su existencia es repetitiva, nunca avanzan porque se autoperciben dentro de una zona de seguridad, donde, a pesar de los desequilibrios, se sienten a gusto por los desequilibrios conocidos. Es un círculo vicioso. Una de las grandes dificultades es no poder salir de estos círculos viciosos. He tenido muchos alumnos en mis clases de cábala que mentalmente podían ver sus desequilibrios y no podían modificarlos, porque ya se encontraban habituados a estos mecanismos. Siempre hay un resquicio donde todo el sistema se puede desmoronar si queremos, pero la mística judía dice que quien desea cambiar de nivel lo tiene que hacer por sí mismo. Uno puede enseñar estrategias para «encerrar» a «Satán» y que la propia persona pueda lograr el cambio de sus percepciones interiores.

128. ¿Dónde se encuentra la Merkabá psicológica?

> «Cada mañana cuando el hombre se despierta debe preguntarse: ¿Cuál es el sentido de este día?».
>
> RABÍ ALEXANDRE SAFRAN (1910-2006)

La Biná de Biná es nuestro Yo mental consciente, la Jojmá de la Biná es nuestro Yo mental inconsciente, y el Keter de la Biná es el canal entre nuestro Yo mental inconsciente y la Jojmá psicológica. La Jojmá psicológica es el campo de acción y desarrollo de los arquetipos junguianos del inconsciente colectivo.

Así, la Merkabá «psicológica» tiene dos patas (Biná de Biná y Jojmá de Bina) y la punta superior se encuentra representada por el Keter de la Biná que se conecta directamente con la Jojmá psicológica.

Como la Jojmá psicológica se relaciona directamente con la Jojmá cosmogónica (Universo eterno de Atzilut), entonces podemos decir que nuestra conciencia puede operar más allá de las variables del tiempo y el espacio, con una conciencia de «Eternidad».

Así, nuestra Merkabá tiene consciencia de eternidad (o trascendencia), es decir, que vivimos dentro del campo de la materia y tenemos una estructura mental adaptada al tiempo y al espacio, pero también tenemos dentro de la misma consciencia un nivel superior que se encuentra atado a la Eternidad. Siendo fragmentos del Ein Sof, mentalmente no admitimos la desaparición física porque es un contrasentido, en el nivel mental superior sabemos que podemos alcanzar la «eternidad».

Wilber intenta descifrar dónde se encuentra la solución a este problema, pero desde el punto de vista del mundo de las contradicciones (mundo de la Fragmentación de Bet).[349]

Ahora bien, como los propios junguianos han confundido los arquetipos transpersonales con los pre-personales, entonces le han dado argumentación

---

[349]. La diferencia entre el mundo de la Alef o de la unidad y el mundo de la Bet o de la fragmentación lo he desarrollado en mi tesis de Antropología (2012) *El Misterio de la Creación en la mística judía* (Maasé Bereshit), publicada de forma de libro en enero de 2013.

suficiente a los freudianos para que estos expliquen que todos los arquetipos transpersonales son en realidad máscaras que esconden las cuestiones pre-egoicas. Es muy difícil dividir los desequilibrios del Yo tiferético antes de pasar al mundo superior de los desequilibrios provocados por el ingreso en el Universo de Atzilut a través de la Jojmá psicológica.

Debemos tener una fuerte Biná para diferenciar los elementos de desequilibrio del Yo en Tiferet de los desequilibrios provocados por el No-Yo de la Jojmá psicológica.[350] El desequilibrio de Tiferet es provocado por una falta de estructuración del Yo, y el desequilibrio de la Jojmá es provocado por el sentimiento de vacío existencial al enfrentarnos con el sentido de nuestra vida.

En Tiferet uno se busca a sí mismo, en Jojmá uno busca el sentido del «Todo» a expensas del suyo propio. En Tiferet no podemos sacrificar el Yo porque vivimos dentro del Universo de Yetzirá y somos conscientes de la necesidad de nuestro Yo; en cambio, cuando ingresamos en las tres dimensiones superiores de nuestra psique, estamos conectados con los universos superiores de Briá y Atzilut y entonces adquirimos una perspectiva cosmogónica de la Totalidad, y es allí cuando nuestro Yo no tiene la necesidad de reafirmarse, ya que, por el contrario, nuestro Yo se encuentra tan sólido que no es necesario reforzarlo más allá de lo normal.

Si el Yo necesita ser reafirmado, es que aún nos encontramos en una etapa anterior de nuestro desarrollo y no debemos forzar nuestra estructura personal para ir más allá de nuestro Yo. La necesidad de reconocimiento del Yo implica una debilidad de su estructura emocional; existen sujetos que trabajan toda su vida en la búsqueda del reconocimiento social.

Indudablemente, si hubieran trabajado la interioridad del Yo, no tendrían la desesperación de reconocimiento social alguno. Cuando la Tiferet no logra su propia valoración, entonces busca en el Ego (Yo inferior) del campo yesódico la valoración social que no encuentra en su interioridad.

Se ha confundido lo «infantil» de lo pre-egoico con los niveles superiores de la realización personal y la trascendencia del «Yo». Y es evidente la confusión cuando ambos elementos se encuentran en Jojmá. ¿Qué existe en Jojmá? En la Jojmá psicológica encontramos la matriz de los arquetipos

---

350. Son dos tipos de desequilibrios completamente diferentes. Los desequilibrios de la Tiferet son aquellos que provienen de la estructuración del Yo y las contradicciones entre el Yo mental de la Biná cosmológica y el Yo interior del Universo de Yetzirá. En cambio, los desequilibrios de la Jojmá se producen como consecuencia de la sensación del vacío existencial que provoca el paso de la Merkabá desde el interior de la Biná cosmológica (o partzuf de Ima) a la Jojmá cosmológica (o partzuf de Aba).

fundamentales de la cábala (las Sefirot), y además tenemos el vehículo de contacto con el Universo de Atzilut que es el primer nivel de comprensión de la Eternidad. Si lo metafísico junguiano define la Jojmá psicológica, es la física cuántica la que debe definir la Jojmá cosmogónica (Universo de Atzilut). Sin embargo, debemos advertir que Jung sigue operando dentro de nuestra psique, en cambio la física intenta revelar lo que existe más allá de nuestra psique; y al revelar lo que existe «más allá» de nuestra psique, revela automáticamente el comportamiento de la psique dentro del orden cosmogónico general.

En Keter del Adam Kadmón existía (existe y existirá) el plan general de la creación (el punto superior de la letra Iud) o la información del mapa del primer vacío universal. Mientras que en la Jojmá cosmogónica encontramos la raíz de las energías infinitas dentro del mismo Ein Sof (que como ya sabemos son diez, las denominadas Sefirot o diez dimensiones). Nuestra Jojmá psicológica debe matematizar (traducir simbólicamente) estas estructuras infinitas debido a su magnitud.

Allí no existe «subjetividad» ninguna, no existen sujetos, es más, los seres humanos no fueron creados aún en ese estadio porque no existe lo que nosotros conocemos como la creación. Por ese motivo, a ese nivel de energías los cabalistas lo denominamos como el universo de la «Emanación» (Atzilut). Un universo que se encuentra dentro de la eternidad del Ein Sof, es lo que también denominamos como la Jojmá «divina».[351]

---

351. ¿Por qué motivo se dice que es en Jojmá donde nacen las dimensiones (Sefirot)? Porque cuando nace Keter no existen las dimensiones, Keter es la primera contracción del Ein Sof. Es cuando dentro de Jojmá (la segunda contracción del Ein Sof) se revela el plan general, y es entonces donde se manifiestan las ocho etapas subsiguientes desde la Biná hasta Maljut. En Jojmá se manifiesta la letra hebrea Iod, pero la polaridad de las dos letras hebreas Hei se va a desplegar desde Biná a Maljut. Jojmá pasa del plan general de las 10 dimensiones a Biná donde el plan general es más específico ya que tiene 50 puertas (50 puertas de la Biná, Jamishim Shaarei Biná).

129. La conciencia subjetiva (Biná) y las pulsiones biológicas (Yesod/Maljut)

«El místico y el loco van por el mismo mar, mientras que el loco se hunde, el místico nada».

RONALD LAING[352]

Ahora bien, cuando se desarrolla (se materializa hasta Maljut) todo el plan general (la totalidad del Árbol de la Vida), entonces los que nos encontramos en Maljut deseamos subir hacia la Jojmá, algunos (la gran mayoría nos quedamos años resolviendo nuestro Yo en el nivel de Tiferet), y esta fue (indudablemente) la gran preocupación de Freud, resolver el enigma del Yo, y comprender la dicotomía entre la ley de la mente (Biná) y la ley de la carne (Yesod/Maljut).

Esta dicotomía ya la encontramos dos mil años antes en otro pensador judío como Saulo de Tarso o san Pablo.[353] El judío de Tarso relaciona los mandamientos de la Torá con la ley de la mente (la Biná) y los relaciona en contraposición con las necesidades carnales o materiales. Saulo de Tarso advierte que, vistos desde la Biná, «todos somos transgresores» porque debemos admitir las pulsiones del mundo inferior. San Pablo no pudo resolver la contradicción entre la Biná psicológica del Universo de Yetzirá y las pulsiones animales (biológicas) del Universo de Asiá. Ahora bien, debemos tener cuidado en el análisis de la teología paulina, porque es posible que el conflicto dimensional en Pablo se haya producido entre las exigencias de la Torá en la dimensión de Guevurá y las necesidades animales de la dimensión Maljut. Puede ser muy interesante que otros doctorandos en el futuro puedan investigar esta línea de estudio (la relación entre las dimensiones místicas del judaísmo y el pensamiento de san Pablo).

---

352. Cita del libro *Psicología y psicoterapia transpersonal*, de Manuel Almendro, página 165, editorial Kairós, Barcelona, 5.ª edición, junio de 2008.
353. Carta a los Romanos, capítulo 7, donde el judío san Pablo se adelanta al problema de la disociación entre la conciencia subjetiva y los instintos inferiores.

Mil novecientos años después, otro judío de la diáspora, Sigmund Freud, encontró que el problema central se encontraba entre la Tiferet y la Biná (entre un Yo desequilibrado y mis percepciones desequilibradas). Mi «Yo» se encuentra en desequilibro porque son mis percepciones de la realidad en Biná las que se encuentran en desequilibrio. Freud así ingresó en la dimensión de la Biná, y pudo «desdoblarse» y percibir su propia «Merkabá» (su Yo interior mental). Este desdoblamiento es la clave por la cual podemos diferenciar nuestro Yo interior mental del Yo exterior mental. El «Yo exterior mental» (los Palacios) son los niveles de adaptabilidad al medio social. Los «palacios celestiales» (Hejalot) deberían ser estudiados por la Antropología (en la medida en que son las transacciones que realiza nuestro Yo interior mental con el medio ambiente para no ingresar en un conflicto permanente). El sujeto «conflictivo» puede que no haya desarrollado su «adaptabilidad social» lo suficiente, y como el sistema social es altamente represivo, entonces su «Yo interior mental» prefiere la muerte física a la opresión social circundante. Por lo tanto, debemos considerar dos factores fundamentales en relación al «Yo exterior mental»: el primer factor, es el nivel de adaptabilidad (renuncia u ocultamiento de mi Yo interior mental), y el segundo factor es el nivel de exigencias sociales que tiene mi entorno que puede hacer que mi «Yo interior mental» no pueda soportar la presión exterior social (y se rebele), o soporte las presiones sociales (y se someta a los condicionamientos exteriores), o se disocie (una parte no se somete a nivel mental, y otra se somete a nivel físico). La disociación es una forma de supervivencia por la cual el sujeto se «adapta» a los condicionamientos materiales exteriores, pero su actuación es completamente «falsa», es más, fuera del entorno socio-familiar, el sujeto puede compensar la presión.

El «Yo interior mental» comprendió que las consecuencias de extraer la interioridad mental pueden ser nefastas para la supervivencia biológica. Por lo tanto, controla la materia con un «Yo fuera de sí mismo pero con conciencia de un Yo interior mental». La disociación por supervivencia representa un desdoblamiento entre la mente racional y lo físico, en cambio, la disociación para comprender nuestro «Yo tiferético» desde la percepción de nuestra «Merkabá» es un desdoblamiento dentro de la propia mente; el desdoblamiento no es mente/cuerpo, sino que es mente/mente. En términos del misticismo judío, la primera disociación (por supervivencia) es el desdoblamiento entre mi Neshamá y mi Nefesh, en cambio, la segunda disociación se produce entre mi Neshamá y mi Ruaj (el Ruaj incluye, por supuesto, al Nefesh). Mi

«Neshamá» (el alma mental-racional) puede percibir lo que hace mi «Ruaj» (el alma emocional) siempre y cuando pueda distanciarse de su «Yo interior real». Entonces tenemos el «Yo interior mental» (la Merkabá dentro de Biná) y el «Yo interior real» (Tiferet). Mi «Yo interior real» (Tiferet) es percibido por mi «Yo interior mental» (el centro de la Biná o la Merkabá). En realidad, mi «Yo interior mental» debe percibir por desdoblamiento las siete dimensiones inferiores, las seis dimensiones que componen el «Ruaj» (el alma emocional) y la última dimensión de Maljut (el alma material o cuerpo).

Viajar al interior de la Biná (Biná de la Biná, el consciente subjetivo, Jojmá de la Biná, el inconsciente subjetivo, y el Keter de la Biná, la unión del inconsciente subjetivo con el inconsciente colectivo) resolvería el problema del ego en el nivel consciente.

En realidad, la Merkabá es el proceso psicológico por el cual el «nivel inconsciente subjetivo» es extraído al nivel consciente con el intento de controlar las siete dimensiones inferiores del Árbol de la Vida. Es más, la Merkabá conduce la energía de la eternidad del Universo de Atzilut desde la Jojmá superior hacia la Biná superior. La Merkabá, pues, puede operar dentro del espacio y el tiempo, así como dentro del sistema de la Eternidad. Cuando la Merkabá psicológica se encuentra en situación de eternidad dentro del Universo de Atzilut, entonces opera dentro de la Iod divina, y cuando la Merkabá psicológica se encuentra dentro del Universo de Briá, se sitúa dentro de la secuencia de tiempo y espacio, es decir, en el mundo de la fragmentación (mundo de la Bet o de las dos letras Hei).

130. Freud/Jung/Einstein/Maslow: diferentes percepciones del Árbol de la Vida

«La psicología debe aceptar todo lo que la conciencia humana le entrega».

ABRAHAM MASLOW

Maslow advirtió que el ser humano no era fundamentalmente patológico, sino que existía un promedio de sujetos mínimamente equilibrados o con desequilibrios moderados. Este tipo de sujeto no patológico (o normal) quería ser feliz, y en muchos casos era feliz porque había trascendido su «Yo» (Tiferet) y desde Biná encontraba la Totalidad o No-Yo del nivel de Jojmá. Maslow subió por el Árbol de la Vida desde la materia como Freud, pero superó el nivel de Biná y llegó a Jojmá, ¿y con quién se encontró allí?

Maslow se encontró con el pensamiento de Jung. Sin embargo, Jung había llegado allí desde otro lado, ya que Jung venía desde arriba, y si bien no había cogido el camino de Maslow, ambos llegaban al mismo nivel. Siempre debemos recordar que Jung a través de su influencia materna tuvo contacto con la teosofía, mientras que Freud provenía de la Neurología. Para Freud, lo místico era infantil, es decir, que se encontraba en la etapa pre-egoica; en cambio, para Jung, lo místico constituía una información valiosa con la que había que contar y se encontraba relacionada con los estados superiores del sujeto.

En realidad, ambos tienen parte de razón, pero los dos perciben el Árbol de la Vida desde distinto ángulo. Jung trabaja la tríada superior y percibe la influencia de las fuerzas universales sobre el Yo, es decir, lo junguiano llega al Yo de la Tiferet desde Jojmá y la Biná. Freud sube desde Maljut y Yesod, alcanzando la Biná de la Biná. Jung ingresa a la Biná por Keter de Biná y llega a la Jojmá de la Biná. En realidad, ambos son coherentes con las posiciones que adoptan.

Freud nunca pudo vislumbrar la Jojmá, posiblemente porque pretendía hacer del psicoanálisis una ciencia rigurosa y esto lo obligaba a conceptualizar permanentemente en el nivel de Biná. Freud se enfrentaba a la muerte física como un límite existencial inexpugnable; en cambio, Jung podía percibir que el Yo podía captar la trascendencia de sí mismo en el universo del No-Yo o de la eternidad de Atzilut, a través de la Jojmá psicológica del Universo de Yetzirá.

La sensación de trascendencia del ser humano es para Freud la imposibilidad de afrontar la muerte física, una evasión de la realidad. En cambio, la sensación de trascendencia no es una evasión, es una realidad física que se podrá alcanzar en el futuro. Sin quererlo, el físico judío Albert Einstein desde el Maasé Bereshit desarticuló las contradicciones freudianas de la Merkabá. Si exclusivamente percibimos la realidad psíquica desde la Biná de la Biná, en realidad realizamos un autismo psíquico. No podemos comprender la psique por las herramientas limitadas de la propia psique, ya que dentro del misticismo judío la psique solamente se puede comprender en el marco cosmológico general. La «psique» no puede alcanzar una comprensión de sí misma desde adentro, porque la psique es parte de la totalidad del No-Yo. La «psique» tiene importantes problemas para su autopercepción dentro de sí misma, por ejemplo, al trabajar en el nivel de la Neshamá, el Ruaj y el Nefesh, los conceptos de tiempo y espacio la afectan profundamente. Es decir, la historia personal y la historia social afectan a la percepción de la psique, de tal modo que la psique no sabe cuándo se encuentra operando dentro de la Biná de la Biná y cuando opera dentro de la Jojmá de la Biná. Ahora bien, si podemos ver el cuadro más amplio del Árbol de la Vida, entonces podemos percibir la «psique» dentro de la realidad cosmogónica general. La psique parte de que el «Yo» es el centro del universo, cuando en realidad el «Yo» es un elemento más dentro del universo, y el verdadero Yo es el No-Yo. Un No-Yo que no es simplemente la negación del Yo subjetivo, sino un No-Yo que abarca todo el espacio vacío de donde el Ein Sof se ha retirado.

La Academia y las universidades no hubieran aceptado la Psicología como una ciencia si Freud hubiese trabajado en el nivel de la Jojmá. La Psicología hubiera quedado reducida a la teosofía o a la parapsicología, materias no consideradas aún hoy como «ciencias». El precio que pagó Freud por elevar la Psicología a ciencia admitida fue abandonar toda la información cosmogónica como irracional o pre-egoica y, por lo tanto, condenable.

Como la pretensión de Freud fue elevar la Psicología al nivel científico, por esa razón relegó lo transpersonal como pre-racional, y lo trans-egoico a lo pre-egoico. Para Freud lo único superior era la Biná (subjetiva), aunque debemos ser realistas y pensar que su preocupación fundamental fue la relación entre el cuerpo biológico y sus pulsiones (Nefesh) con los mecanismos mentales de la Biná (Neshamá). El problema freudiano fue la reducción de la realidad a la mente y a su relación mente/cuerpo. Y el alma desde el punto de vista de la psicología del misticismo judío es mucho más que la «mente». Si la mente es la Neshamá, sabemos que existen cinco niveles diferentes del alma para la concepción del judaísmo.

De modo que para los freudianos todas las aspiraciones humanas más allá del «Yo» quedaron reducidas a la categoría mítica y, por lo tanto, se inferiorizaron estos temas y se conceptualizaron todos los fenómenos religiosos como típicos del estadio infantil del hombre. Hacer referencia a la Unidad fundamental, a Dios, al Ein Sof, al mundo del nivel de Alef, fue para la línea de pensamiento freudiano una forma de regresión infantil. En cambio, en el campo de la física, en la misma época, otro judío alemán, Albert Einstein, lograba alcanzar una teoría donde unificaba dos variables: el tiempo y el espacio.

El judío alemán Albert Einstein alcanzaba lo que el judío austríaco Sigmund Freud no podía ver, una unidad trascendental física. Freud era místico por su subjetividad, mientras que Einstein fue un mesiánico por su redención objetiva. El misticismo judío desea la redención del sujeto. Toda la construcción freudiana fue un diseño para la salvación subjetiva. Freud fue indudablemente un místico (por su reducción al sujeto) y no un mesiánico. Y todo misticismo sin su componente mesiánico es entrópico. El misticismo judío al pretender la redención subjetiva no olvidaba nunca su deseo mesiánico objetivo.

Sin embargo, el mesianismo judío desea alcanzar un «Nuevo Mundo» donde el mal y la muerte desaparecerán para siempre. Einstein es mesiánico porque con su teoría descubrió que se puede terminar con la muerte física. La «Eternidad puede ser alcanzada». Si los físicos buscaban (y buscan) la redención mesiánica objetiva, los psicólogos buscaban (y buscan) la redención mística subjetiva. Toda institución política y religiosa desea frenar el tipo de mesianismo permanente como propone el judaísmo. Las energías del mesianismo permanente del judaísmo se trasladaron al sujeto transformándose en energías de un mesianismo subjetivo, y el misticismo judío es justamente eso, la búsqueda de la redención mesiánica subjetiva.

Freud trabajó el «Árbol del Conocimiento del Bien y del Mal» (en Daat), y en este sentido puede ser considerado un místico judío. Freud encontró la

Merkabá psicológica, pero no la puso a funcionar hacia arriba porque estaba «absorto» en el estudio del diseño de la Merkabá. Y aquí no hay salida, si se trabaja exclusivamente con la Biná de la Biná, o se es ateo, o dualista como Elisha Ben Abuya.

Einstein trabajó el «Árbol de la Vida» (Keter) para desterrar la muerte para siempre. Einstein fue un mesiánico, y se encontró con el Maasé Bereshit, pero no estableció su relación con el «Yo subjetivo» porque estudió las variables generales de la física.

La cábala es mística y mesiánica de forma simultánea. Es física por el Maasé Bereshit y es psicológica por el Maasé Merkabá. Y da un paso más allá que Freud, porque conociendo la Merkabá la pone en funcionamiento hacia arriba, y conociendo el Maasé Bereshit sabe a dónde debe dirigirse la Merkabá. La cábala hebrea ha logrado unir la psique subjetiva con la «Psique absoluta» del Ein Sof. El misticismo judío explica que siendo la psique (la Merkabá psíquica) un elemento del universo físico debe existir una relación íntima entre la conciencia objetiva finita y la conciencia oculta del Ein Sof.

El misticismo judío advierte que, en primer lugar, antes de rectificar el universo (Tikun Olam) y comprenderlo debo comprender y corregir mi «Yo» (Teshuvá).

Freud podía ver el Tetragrama sin la primera letra Iod, y entonces la secuencia freudiana era: Primera Hei, Vav y Segunda Hei. La primera Hei (Biná) se une por la Vav (conectiva) con la segunda Hei (Maljut). Todas las conexiones subjetivas de la Vav fueron el campo de desarrollo freudiano. Todas las relaciones entre la Mente (Biná) y la Materia (Maljut). Es lo que en los arquetipos de la cábala se conoce como la relación entre la madre y la hija. Y quién mejor que Freud estudió estas relaciones familiares.

En cambio, la Jojmá podía ser percibida más allá del ser humano, porque conectaba al ser humano con el Universo en su totalidad. Esta era una tarea de la Física. Por ese motivo, fue Einstein quien pudo vislumbrar la Iod que le faltaba a Freud. Einstein comprendió que la relación Keter-Maljut (espacio) se podía unificar con la relación Jojmá-Biná (tiempo), por lo que fue el judío Albert Einstein quien descubrió (sin ser consciente de ello) el secreto del Nombre de Dios, el Tetragrama: descubrió cuál es el significado oculto de la Iod, porque la Iod es la Eternidad, es la conexión entre las dos Hei en el nivel físico. Freud nunca pudo llegar a ver la Iod, porque como científico el sujeto se encontraba completamente absorto en el mundo de la Bet (de la fragmentación). Sin embargo, Jung pudo ver lo que Freud no alcanzó a ver, la Iod en su máxima expresión psicológica, el «Inconsciente colectivo». El inconsciente colectivo de Jung representa el equivalente conceptual del concepto psicológico de la Eternidad física de Einstein. Es el mismo concepto dentro de la cábala hebrea. En cierto modo, Jung descubrió que la mitología de los arquetipos son las tendencias estructuradas desde la física de la creación y que influyen decididamente sobre todos los sujetos. Jung le dio el nombre de «Inconsciente colectivo». Freud podía comprender el «inconsciente subjetivo», es decir, podía llegar al centro neurálgico de la Biná, y comprendía la relación de la Biná de Biná con la Jojmá de la Biná.

Jung, en cambio, comprendió la relación entre la Jojmá psicológica con el Keter de la Biná. La subdimensión de Keter de la Biná representa la sección superior de la Biná psicológica que está conectada con la Jojmá psicológica.

Cuando Dios nos comunicó su nombre de cuatro letras (YHVH) relacionó la conexión de tiempo-espacio para alcanzar la Eternidad que habíamos perdido cuando fuimos expulsados del Gan Edén. El «Paraíso» se encuentra en el nivel de Atzilut, en la Eternidad. Y cuando en el judaísmo hacemos referencia a la Era Mesiánica, estamos describiendo el regreso al Universo de Atzilut a donde inexorablemente vamos.[354] Sin embargo, quien nos entrega

354. Cuando afirmó que inexorablemente «vamos», lo que significa es que si esta humanidad no lo alcanza, la consciencia intrínseca de la materia, es decir, las energías subyacentes detrás de la materia, tiende a su propia autoconsciencia. Esto supone que aunque nosotros (los seres humanos) eventualmente desaparezcamos, las energías subyacentes detrás de la materia siempre intentarán lograr niveles de autoconsciencia. La autoconsciencia energética universal es el Ein Sof, por lo tanto, siendo partes finitas del Ein Sof debemos saber qué otras formas de autoconsciencia se pueden desarrollar de forma diversa dentro de las diversas manifestaciones de la realidad. Nosotros tenemos la oportunidad de desarrollar al máximo el nivel de autoconsciencia, y si no lo logramos en tanto nuestra existencia material como seres humanos, otras formas de materialización podrán lograr en el futuro niveles de autoconsciencia de las energías más elevadas. Cualquier animal (un ser que tiene un alma del nivel del Nefesh y del Ruaj) puede en el futuro alcanzar la «Neshamá». La Neshamá no es privativa del ser humano, porque la Neshamá universal del Ein Sof (el Universo de la Briá) puede materializarle en otras formas de existencia que no sean los seres humanos. Cuando Isaac Luria (Z "L) decía que cada cosa tiene un alma, incluso una piedra, estaba haciendo referencia al nivel del alma animal (nefesh); sin embargo, cualquier tipo de materia de esta realidad podría alcanzar un grado de autoconsciencia inferior, equivalente o superior al ser humano alcanzando un grado de Neshamá. Así como existen seres humanos que a pesar de poseer potencialmente la Neshamá, no la desarrollan, así otras formas de existencia tienen la potencialidad de desarrollar la Neshamá pero no la desarrollan. No es un desarrollo evolutivo de la materia como Darwin, sino que es una ampliación del Kli en la materia que capta energías de un mayor nivel de potencia. Visto desde la materia, Darwin tendría razón en la evolución de las especies, pero visto desde la energía del Ein Sof, cuando la materia adquiere mayor autoconsciencia capta energías existentes ocultas en la materia. No es una autoconsciencia derivada del desarrollo de la materia, sino una materia que como un Kli de recepción se adapta para captar energías existentes dentro de la realidad general. Los niveles de autoconsciencia para la cábala dependen del esfuerzo del Kli interior (nuestra capacidad de ampliar el vacío)

la llave para este ascenso es el Daat (el conocimiento que une lo superior con lo inferior, que en otros términos es la unión de la psicología del Yo con la cosmogonía del No-Yo, o el paso del tiempo a la eternidad).

Volviendo al tema que nos ocupa, Wilber pretende desentrañar el problema pre/trans que lleva a una gran confusión y dice:[355]

«La magia, la creencia ciega en la acción a distancia, es una característica propia del pensamiento de los dos a los cuatro años de edad porque el niño no puede distinguir entre la imagen y la realidad o entre el símbolo y la cosa; por eso cree que manipular uno es manipular al otro. Esta modalidad puede parecer muy holística y holográfica, pero cuando realmente profundizamos en ella, comprendemos que la magia no unifica al sujeto y al objeto, sino que los confunde, que no integra holográficamente al todo con la parte, sino que ni siquiera ha podido llegar a separarlos. Espero que se me perdone la retórica, pero no dispongo aquí de espacio para entrar en detalles. Confío, no obstante, en que el simple estudio de cualquier psicólogo evolutivo como Werner, Arieti o Piaget, por ejemplo, podrá desengañar a cualquiera de la creencia de que la magia infantil sea una especie de manifestación holográfica divina.

»Sin embargo, el estadio mágico suele confundirse con el psíquico o con ciertas manifestaciones reales de algún tipo de visión trascendental que no se basa en la fusión entre sujeto y objeto, sino en la trascendencia de la dualidad sujeto/objeto.

---

con el objeto de captar las energías y transformarlas en fuerzas de autoconsciencia. Es decir, el inconsciente subjetivo de Freud capta las energías existentes dentro del inconsciente colectivo de Jung; en definitiva, en términos de la mística judía podríamos decir que la Jojmá de la Biná se eleva al Keter de la Biná. En realidad, podríamos decir que la Neshamá (alma intelectual) se conecta con la Jaiá (alma existencial) para adquirir mayores niveles de autoconsciencia. A medida que aumenta mi nivel de autoconsciencia me elevo a los mundos superiores y puedo ingresar en el Universo de Atzilut donde no capto una trascendencia más allá de la muerte física (en términos de evasión infantil de la muerte), sino que comprendo una trascendencia real de las energías subyacentes detrás de la materia que siempre trabajan para obtener un grado de autoconsciencia mayor. Las formas de autoconsciencia futuras serán las interconexiones que podamos tener con las demás consciencias subjetivas. Estas conexiones entre consciencias subjetivas contactaran en mayor profundidad con los niveles del inconsciente colectivo. Tanto las diez dimensiones como el Daat que representa la energía de unificación total del sistema sefirótico son consideradas las primeras fragmentaciones del Ein Sof. Por ese motivo decimos que es dentro del Universo de Atzilut donde se encuentra el nacimiento de las dimensiones. En la primera etapa de la creación, las diez dimensiones nacieron de forma independiente, hasta que con la ruptura de los recipientes (el estallido de las dimensiones) apareció Daat para integrarlas dentro de un sistema unificado. La importancia del Daat es fundamental porque sin el Daat superior no se comprende cómo las dimensiones operan de forma unificada.
355. Ídem, página 221.

»[...] esto genera dos actitudes diferentes, ya que mientras para los freudianos todo lo psíquico es realmente mágico, los parapsicólogos dedican su tiempo a diseñar todo tipo de sofisticados experimentos de laboratorio intentando demostrar que la magia es realmente psíquica».

Creo que aquí estamos atrapados en los problemas típicos de la conceptualización (el problema radical de la Biná); la conceptualización que sirve para ocultar el problema con la justificación ideológica de «supuestamente resolverlo». Creamos «palabras» para resolver o describir un problema, y lo que hacemos en realidad (muchas veces) es «problematizarlo en mayor medida». Una superconceptualización en la Biná nos puede llevar a una confusión terminológica de tal magnitud que ya no sabemos qué estamos debatiendo o cuál es el nudo del problema planteado. «Lo simple es muy complejo», decía el gran cabalista judío Najmán de Bratslav.

Si exclusivamente pretendemos percibir la «psique» entonces dejamos fuera toda la física que no sea la «psique», la psicología se transforma en un reduccionismo de la realidad a la percepción de nuestra psique (con todos los problemas culturales derivados de la secuencia espacio-tiempo). Para poder desentrañar la «psique» de los problemas culturales o, lo que es más grave, dividir la «psique pura» de todos los condicionamientos sociales, debemos pesar la presión que ejerce la influencia social (antropología) dentro de nuestra psique, y así podríamos llegar a la conclusión radical de que no existe ningún Yo, sino la creación artificial por parte del entorno de un concepto cultural del Yo. Es decir, para esta posición no hay Yo interior, sino la construcción cultural o social de un Yo hecho a la medida del entorno. A pesar de esto, la cábala insiste en que existe una naturaleza de la raíz del alma, una especie de Yo real oculto que siempre está ahí y que, a partir de este Yo, nos vamos adaptando. ¿Por qué todos nos adaptamos de forma diferente? Y por otra parte podríamos hacernos la pregunta contraria: ¿es posible estudiar nuestra psique en un estado puro freudiano sin la influencia del entorno? Entonces abandonamos la Psicología para ingresar en la Antropología y podemos ver diferencias culturales muy radicales en el tiempo y en el espacio, y advertimos el poco margen que tenemos para estudiar la «psique pura» desde la Psicología.

Esto constituye un problema irresoluble para la Psicología clásica. Sin embargo, suponiendo que se pueda salir de este problema (complicadísimo) entre «psique pura» y condicionamientos externos, ¿hacia dónde nos conduce la psicología transpersonal del misticismo judío? Este problema representa el núcleo de la Merkabá. Los cabalistas lograron (a mi modo de ver) una división entre esa «psique pura» y los condicionamientos. Pero cuando los freudianos se encuentran con esa «psique pura», se ven envueltos por el sistema universal de una realidad externa no percibida por la propia psique.

En realidad, la psicología tradicional tiene dos enemigos (si no se amplía más allá de sí misma): por una parte, la antropología que desde la realidad material-inferior (Maljut-Yesod) nos advierte que no está clara la delimitación entre la «psique pura» (el Yo esencial) y los condicionamientos culturales. Y si la Psicología quiere huir del ámbito antropológico, entonces debe subir, y allí se encuentra con la Neurología que opera desde el campo de la Biná, donde se aplican químicos para neutralizar los efectos psicológicos. Entonces si la «psique pura» es manipulable por elementos bioquímicos, la Psicología se encuentra con un nuevo enemigo en la Biná, ya que la Neurología le advierte de que la «psique pura» puede ser manipulable con elementos químicos de la realidad material.

La pregunta antropológica a la Psicología es: ¿Cómo sabemos que es el Yo puro sin los condicionamientos sociales del entorno?, y la pregunta de la Neurología es: ¿Cómo sabemos que es el Yo si le agregamos químicos que lo modifican? Es indudable que estos interrogantes jaquean al Yo reducido de la psique, sin embargo, quedan neutralizados por una psicología transpersonal como la que propone el misticismo judío. Y es que justamente lo «exterior» a la psique no puede ser desechado sin más para una compresión real de esta.

Sabemos en la cábala que, detrás de la materia, se esconden o subyacen energías de alta potencia. Pero estos químicos de la materia que esconden energías de alta potencia pueden ser utilizados para desequilibrar nuestras energías interiores, de tal modo que lo que podemos hacer (sin intención) es desequilibrar nuestra «psique» con diversos químicos. Ahora bien, no solamente debemos admitir los químicos como energías externas al Yo porque están materializadas, sino que debemos reconocer que existen energías cosmogónicas exteriores a la psique que no son materiales, pero que sí actúan dentro de la realidad. Porque si existen químicos que modifican los estados de percepción, nos preguntamos entonces: ¿No existen energías psicológicas subjetivas que modifican físicamente al sujeto? Porque si las energías subyacentes detrás de los químicos materiales modifican nuestros estados de conciencia, entonces nuestros estados de conciencia sin duda alguna (como un efecto inverso) deben necesariamente modificar químicamente nuestra estructura física.

La Psicología se encuentra entonces amenazada por dos flancos: por el inferior, desde Yesod, por la Antropología que define al Yo de acuerdo con los condicionamientos externos, y por el flanco superior, por la Neurología porque desde la química se pueden alterar los estados de conciencia de modo que el Yo queda a merced de sustancias exteriores, es decir, una manipulación desde la física.

Y si los psicólogos quieren independizarse de los antropólogos, entonces libran diversas batallas ideológicas en el camino entre la Tiferet y el Yesod, y si quieren independizarse de la Psiquiatría química deben luchar entre Tiferet y la Biná. En definitiva, la defensa de Tiferet (Yo interior) por parte de la Psicología se ha vuelto muy débil en los últimos años, y la única defensa posible que tenía la Tiferet que es el camino hacia la Jojmá fue catalogada como junguiana. Así, los freudianos quedaron atrapados entre tres enemigos: por los junguianos desde la Jojmá, por los neurólogos desde la Biná, y por los antropólogos desde la Yesod. En cambio, si la Psicología en el futuro admite la destrucción de sus fronteras científicas, entonces saldrá indudablemente fortalecida, porque mientras sostenga una defensa inútil en su entropía no podrá avanzar más allá de sí misma.[356]

Y la psicología transpersonal del misticismo judío se pregunta: ¿es posible defender inútilmente el centro tiferético? Siendo Daat (el Conocimiento) un todo integrado sabemos que la Tiferet no puede actuar sola, porque el Yo verdadero se encuentra configurado por la aceptación de las diez dimensiones psicológicas del Árbol de la Vida. El «Yo» no puede ser reducido a ninguna dimensión de forma particular, sino que el Yo representa el complejo entramado de todas las dimensiones con todos sus grados de conexión.

---

356. Es interesante como el *coaching*, la PNL, el Eneagrama y otros movimientos se han saltado a los grupos ortodoxos de la Psicología tradicional.

131. El Yo esencial y la Nada

«Todos tenemos potencialidades sin usar o sin desarrollar plenamente».

ABRAHAM MASLOW

Aquí llegamos a uno de los núcleos duros del problema del «Yo». El «Yo» para la psicología transpersonal del misticismo judío no se encuentra en la Tiferet, este es el Yo dentro del Rostro Menor; en cambio, el Yo dentro del Rostro Mayor es la Tiferet en un nivel superior, esto significa ni más ni menos que el Daat. Ahora bien, si el centro tiferético es el Yo dentro del Rostro Menor (Arij Anpin), el centro daático es el Yo dentro del Rostro Mayor (Zeir Anpin). No obstante, quiero establecer una diferencia conceptual importante entre la cábala tradicional y mi visión del Rostro Mayor (Zeir Anpin). El Rostro Mayor se encuentra para los cabalistas tradicionales sobre los rostros de Ima y de Aba. Cuando yo hago referencia al Rostro Mayor, no estoy haciendo referencia al Zeir Anpin, sino a todo el Árbol de la Vida cosmogónico.

El «Yo» real se encuentra como centro en el Daat y abarca todo el árbol. Porque el «Daat» (el Conocimiento) une el Daat Elyón (Superior) del Rostro Mayor (Zeir Anpin) con el Daat Tajtón (Inferior) del Rostro Menor (Arij Anpin). En realidad, el centro del «Yo» para la psicología transpersonal del misticismo judío se encuentra en la unión, confluencia e integración de ambos «Rostros». Aclaro este concepto, porque tengo temor a que se comprenda que el centro de mi Yo se sitúa como el centro exclusivo del Rostro Mayor, realizando un reduccionismo de mi Yo a lo puramente trascendente. Mi «Yo» opera llevando las energías de la psique del Rostro Menor, y las combina con las energías exteriores cosmológicas del Rostro Mayor. Por lo tanto, mi «Yo» ni es completamente un «Yo interior» de la Tiferet, ni un Yo alejado de mi subjetividad y reducido a lo trascendente.

En realidad, mi «Yo» es quien distribuye todo el Daat desde la interioridad tiferética hasta la exterioridad ketérica, porque donde se sitúa en el Rostro Menor la Tiferet cosmológica es en realidad mi Keter subjetivo, y cuando estructuro mi «Yo» estoy uniendo mi Keter subjetivo (Tiferet cosmológica) con el Keter objetivo (Keter cosmológico). Mi «Yo» es quien sale de su interioridad tiferética y avanza en la exterioridad de los niveles superiores que tienden al Keter objetivo. Y mi «Yo» es quien se refugia en su «Yo» subjetivo para poder soportar los niveles de energía que provienen del exterior. Sabemos en la cábala que los niveles de energía del exterior pueden aniquilar nuestra existencia material porque esos niveles de energía dentro del universo son mayores que nuestra capacidad de recepción.

Existen, pues, dos estrategias (que se perciben como estrategias de supervivencia): la primera estrategia es ampliar el Kli de recepción para avanzar hacia lo «trascedente», y la segunda estrategia es retroceder a mi interioridad tiferética porque no puedo soportar el nivel de energía proveniente del exterior, ya que no he podido ampliar mi Kli de recepción. El estado de mi Tiferet interior es de una gran soledad subjetiva, es una soledad que tiene que ser existencialmente asumida como positiva, porque si esa soledad se transforma en una energía psíquica negativa, puede potenciar mi retroceso a mi Yo interior, es decir, que se puede provocar un repliegue de mi «Yo» al «Yo interior subjetivo». Este retroceso es peligroso porque el «Yo» vive amenazado por las fuerzas exteriores. Este nivel inferior de percepción del «Yo» representa un Yo reducido a la psique subjetiva; en cambio, un «Yo» que tiende al «No-Yo», es decir a la trascendencia, debe elevarse para captar las energías superiores más allá de la psique subjetiva.

Si pretendemos ampliar el Kli individual, la psique subjetiva no puede pensarse como el centro del universo. Solamente quien tiene fuertes desequilibrios en su autoestima personal (es decir, un nivel tiferético bajo) puede seguir trabajando su Yo en este nivel. Considero inadecuado que una Tiferet desequilibrada ingrese en los mundos superiores de la trascendencia del No-Yo porque al no estar preparado su Kli puede caer en la locura.[357]

---

357. La locura se puede producir cuando el Yo tiferético desequilibrado «cree imaginariamente» ingresar en la trascendencia. En realidad, esas energías de alta potencia terminan destruyendo el Kli porque este Kli no tiene la capacidad de captar las energías superiores. Se produce entonces una desconexión del Daat superior del Daat inferior, que produce un Yo subjetivo disociado del Yo trascendente, y provoca que un Kli sin entrenamiento en los niveles inferiores se vea forzado a trabajar en los niveles superiores, con la posibilidad de producir la destrucción del Kli. Esta destrucción del Kli puede provocar la locura o el suicidio. La psicología transpersonal del misticismo judío trabaja el fortalecimiento del Yo subjetivo (Tiferet) para ampliar el Kli, y de ese modo prepara a la persona para que pueda afrontar energías de un nivel superior. Por ese motivo, una Tiferet que quiera alcanzar la Jojmá cosmológica sin pasar por una fuerte estructuración

El Árbol de la Vida de la psicología transpersonal del misticismo judío «libera a la Tiferet» de estos supuestos enemigos, y no establece campos académicos, de modo que restablece la conexión Yesod-Tiferet, como una colaboración de la Antropología al avance de la Psicología; restablece la conexión Biná-Tiferet, como una colaboración entre la Psiquiatría química y la Psicología, y finalmente hace las paces entre el campo freudiano y el junguiano.

Si la «psique pura» puede ser eventualmente manipulable para alcanzar cierto equilibrio (la Psiquiatría se ha unido a la Bioquímica en un frente común), entonces ¿dónde se encuentra la psique pura? Y si no necesitamos de fármacos, entonces nos encontramos con fenómenos paranormales del nivel de Jojmá, lo cual constituye lo que podría ser considerada como la última guerra de la Psicología ortodoxa tradicional; y allí nos encontramos con los arquetipos junguianos que vinieron en su ayuda «para salvarla» de alguna manera, porque allí la física de Einstein directamente destruía toda «psique pura» al descubrir la resolución a los dos condicionamientos fundamentales del tiempo-espacio.

Jung con el inconsciente colectivo (Jojmá) encontró la «psique pura» más allá de toda la individualidad subjetiva. En realidad, podríamos decir que Jung trabajó en el nivel Jaiá del alma (un nivel superior al de la conciencia intelectual de la Neshamá).

El inconsciente subjetivo freudiano solo es sostenible dentro de una estructura subjetiva. Todo lo subjetivo se encuentra reducido al mundo del Rostro Menor (Zeir Anpin); y si deseamos elevar nuestro Daat hacia lo objetivo, debemos considerar seriamente unir ambos Rostros (el Menor de nuestra psique y el Mayor de nuestro universo general donde el Ein Sof se manifestó). El «Yo» en la psicología transpersonal del judaísmo entonces tiene que estructurarse como un punto central no de nuestra psique aislada en su interioridad, sino de nuestra coordinación de la psique con los condicionamientos cosmogónicos exteriores.

---

conceptual de la Biná puede producir un desvarío que hace que el Kli no soporte el nivel de luz de la Jojmá. No podemos llevar a nuestro Ruaj al nivel de la Jaiá, porque la función de la Neshamá es filtrar las energías del Ruaj yetzirático para llevarlo adecuadamente al Universo de Atzilut. Esto se llama la construcción de nuestra Merkabá del Universo de la Briá. Si construimos nuestra Merkabá, entonces organizamos nuestro Yo de acuerdo con nuestras propias capacidades limitadas y entonces podemos desarrollar nuestras potencialidades que nos permiten llevar al Yo hacia el Universo de Atzilut y así alcanzar el No-Yo, la trascendencia. Un nivel de trascendencia atzilútica que pueda soportar nuestro Kli de recepción.

Cuando los freudianos atacan a los junguianos, temen inconscientemente que se trate a los «psicólogos» de «pseudocientíficos». En realidad, todo lo cosmogónico debe ser reducido a la percepción de lo cosmogónico por parte de la psique, cuando sabemos que lo cosmogónico incluye dentro de sí a la psique. Es verdad que solo nos queda la psique subjetiva para captar la realidad externa cosmogónica, pero constituye un antropocentrismo negativo pensar que el Yo es el centro de nuestro universo.

Mientras la Psicología tradicional sostenga un antropocentrismo radical de estas características, no se podrá percibir realmente la psique desde fuera, sino que siempre se percibirá la psique desde la misma psique. Reitero que, por este camino, se logra una psicología entrópica.

El terror de la Psicología tradicional es no lograr un espacio académico serio al mezclarse con las ramas no tradicionales del pensamiento. Es fácil, pues, atacar toda la oposición científica como un grupo que posee «alucinaciones infantiles» del periodo pre-egoico.

132. Israel: la superación constante de las limitaciones

> «Quienquiera de ustedes que antes de llegar aquí haya convertido la oscuridad en luz, y transformado el sabor amargo del alma animal en dulzura, solo aquellos pueden entrar».
>
> ZOHAR I, 4A

Todos los científicos judíos a lo largo de la historia han pretendido llegar a los límites y traspasarlos. ¿No es acaso esta actitud el cumplimiento de vencer a Dios y a los hombres que conlleva el nombre de Israel? Por lo tanto, el arquetipo de «Israel» hace que cada judío a lo largo de la historia haya inconscientemente asumido este rol de «superación constante y de progreso intelectual». Israel es más que un tipo de mesianismo potencial o un misticismo psicológico redentor, representa una energía trans-nacional que se reproduce para lograr el constante progreso humano más allá de todos los límites. Y este progreso general de todas las dimensiones que propone el judaísmo a través de su psicología mística no puede ser detenido ni obstruido para salvaguardar la autonomía de una disciplina en particular, dado que la sabiduría ancestral de Israel no tiene fronteras disciplinarias. El Ein Sof y sus manifestaciones no pueden ser fragmentados por nuestras disciplinas científicas.

Ahora bien, pasemos a los arquetipos inferiores, Moisés en Netzaj (el lenguaje emocional). Moisés fue elegido por dos características: la primera indudablemente fue su grado de humildad (Jesed), y la segunda característica fue su problema con el lenguaje estructurado, ya que era tartamudo (Netzaj). A pesar de no ser un gran orador, sus sentimientos expresados a través de su vida le valieron el arquetipo del lenguaje emocional, y su hermano mayor, Aarón, quien sabía hablar, quedó relegado al sacerdocio. El sacerdote se caracteriza por comunicarse con Dios a través de los sacrificios (intermediarios); en cambio el profeta, como Moisés, se comunica directamente con la Divinidad. Aarón es el arquetipo de Hod (el lenguaje estructurado), y siempre el lenguaje es un intermediario entre el objeto y el sujeto. La palabra hace de mediadora con el objeto en sí y siempre se pierde la esencia de la cosa porque la cosa en sí nunca es captada por la palabra. Yesod es el arquetipo de José, porque José fue tentado por la pulsión sexual y se autocontroló. Yesod es el Yo en relación con los demás, «El Yo en su conexión con el exterior, con los otros». José en lo oculto[358] (en su Tiferet era parte de Israel), sin embargo, en el Gobierno egipcio era un miembro de la Casa real y se mostraba públicamente a los demás como el segundo en importancia después del faraón (Yesod). En la interioridad de José (Tiferet) era un israelita, y en la exterioridad (Yesod) era un egipcio.

Su verdadera identidad surgió cuando Jacob, su padre (Israel), regresó a Egipto y retornó a ser parte de Israel. Su Yo interior se equilibró con su Yo exterior, y entonces su Yesod y su Tiferet se volvieron compatibles.

Y finalmente tenemos el arquetipo del rey David, con sus mujeres, su poder militar, su ambición desmedida, la extensión territorial más grande del Pueblo de Israel a través de la historia, quien representa la dimensión más densa de la materialidad (Maljut). El arquetipo de la conquista material. Estos arquetipos marcaron la historia del judaísmo.

Podemos ver qué sucedía dentro del pueblo de Israel en el siglo I. Los saduceos, quienes representaban el arquetipo de la conquista material (Maljut); los fariseos (Biná) representantes de los conceptos, algunos de ellos (la escuela Hillel, el anciano), quienes se inclinaban a la misericordia (Jesed), y otros de la escuela de Shamay cercanos a la restricción (Guevurá); los esenios, quienes indudablemente se encontraban en el nivel de Jojmá: todos estos arquetipos dimensionales se reproducen a lo largo de toda la historia humana.

La idea del misticismo judío es ser conscientes de que nuestro «Yo» en realidad es la multiplicación compleja de las diez dimensiones a través de los 22 canales de conexión. Por ese motivo se dice que Jojmá tiene 32 dimensiones, estas son las 10 dimensiones y los 22 canales. Los 22 canales son las 22 letras hebreas arquetípicas. Ahora bien, así como la décima dimensión no tiene arquetipo, existe una letra número 23 no revelada hasta el final de los tiempos que tampoco puede ser conceptualizada en la categoría de los arquetipos. La letra 23 es la letra Shin oculta de cuatro ramas. ¿Por qué esta letra tiene cuatro ramas? Porque si bien la letra tradicional tiene tres ramas, la cuarta rama está oculta y es la información que se revelará en la Era Mesiánica.

¿Y con qué objetivo la debemos liberar? Si decimos que el «Yo» en su estructura global no puede ser considerado sino como la unión de ambas partes, es posible que nuestro objetivo de búsqueda del «Yo interior» no

---

358. Podríamos considerar a José como el primer criptojudío que debió de ocultar su identidad.

tenga sentido. Partimos de una «imposibilidad», la de intentar definir un «Yo interior» que nace mezclado absolutamente con los condicionamientos estructurales de nuestra educación temprana. ¿O el Yo interior existe más allá de los condicionamientos, o el Yo interior es el grado de independencia que logró obtener a pesar de un Yo nulo inicial?

Parece ser que la existencia del «Yo interior» se puede verificar a partir de la percepción de nuestro libre albedrío. Siendo el alma una entidad real para la mística judía, el Yo interior indudablemente precede a los condicionamientos. Sin embargo, el resultado no cambia, un sujeto desea buscar el sentido de su existencia a pesar de que «el alma» no provenga del más allá. No obstante, sabemos por nuestra antigua tradición que el alma es una entidad real que opera desde nuestra interioridad demostrando la existencia anterior de nuestro Yo. Nos preguntamos entonces: ¿Cómo es posible que el Yo interior sea tan difícil de captar si es anterior a la estructuración del sujeto? Es posible que el nivel de condicionamientos externos produzca automáticamente la «asfixia del Yo interior» a favor de la estructuración del «Yo exterior». Esa asfixia inicial del Yo interior mantiene nuestra interioridad en el secreto, y toda nuestra existencia puede ser considerada como el intento de revelar el máximo secreto de nuestra vida, y es la extracción del Yo interior liberándolo de las condiciones estructurales externas (los Palacios). Toda liberación del «Yo interior» se debe producir de forma suave para no crear un enfrentamiento inútil entre la percepción interior y las condiciones exteriores. Deseo remarcar una diferencia fundamental antes de continuar: las condiciones exteriores de las dimensiones son objetivas, y las percepciones interiores de las dimensiones son subjetivas. Estas últimas (las percepciones interiores subjetivas) son las que denominamos en el misticismo judío como «los Palacios». Los «Palacios» son construcciones mentales que se producen en la dimensión de la Biná (el Entendimiento).[359]

Ahora bien, entendemos que es importante la búsqueda del «Yo interior» porque de ese modo podemos construir nuestra propia personalidad dentro del marco de su definición. La identidad oculta del alma debe ser revelada y

---

359. Los siete Palacios son: Maljut de Biná (la percepción del mundo material), Yesod de Biná (la percepción de la pulsión sexual y de la relación con los demás), Hod de Biná (el sentido subjetivo de las interpretaciones del lenguaje, el sentido subjetivo de cada palabra), Netzaj de Biná (el lenguaje subjetivo emocional), Tiferet de Biná (la percepción de nuestro Yo interior y la percepción del amor), Guevurá de Biná (la percepción de los límites y de nuestra capacidad de recibir) y Jesed de Biná (la percepción de nuestra capacidad de dar). Los siete Palacios (o siete niveles de percepción) son las siete subdimensiones inferiores de la Biná. La Merkabá se encuentra en el interior de la Biná, y se compone de la Biná de la Biná, de la Jojmá de la Biná y del Keter de Biná. Este es el núcleo del «Yo interior».

entonces la Neshamá debe admitir y reconocer la Jaiá (el nivel de conciencia superior al Yo mental).

El «Yo interior» (Aní, en hebreo) es el que refleja el estado interior del vacío (Aín, en hebreo), esto es, «la nada». La nada del vacío interior es nuestra posibilidad única de construir nuestra personalidad dentro del marco del libre albedrío, aunque los límites entre el «Yo interior» y el exterior de los Palacios (condicionantes) también está condicionado o predeterminado por las limitaciones en cuanto al libre albedrío que otorga la educación familiar. En definitiva, nuestro ejercicio del libre albedrío también estará condicionado por los límites o no-límites que el entorno familiar nos impone para definir ese vacío. El vacío interior es el vacío existencial, porque si no sabemos cómo llenar dicho vacío interior no podemos encontrar el sentido de nuestra vida. Por eso es tan importante encontrar el «Yo interior» no por una definición teórica, sino justamente porque podemos decir que quien encuentra dicho «Yo interior» y lo ejercita revela dos opciones radicalmente diferentes: o el vacío existencial que nos lleva a la ansiedad de no saber cómo llenar dicho vacío, o al encuentro de nuestro sentido de la existencia. Por ese motivo, podemos decir que el encuentro con el «vacío interior» no necesariamente produce el encuentro con el «Yo interior», porque el «Yo interior» es el sitio del vacío que debemos llenar y el proceso de llenado. El vacío interior no construye por sí mismo el «Yo interior». La segunda condición de la construcción del Yo interior es saber cómo realizar el llenado que dará sentido a la existencia. Un encuentro con el «Yo interior» sin tener los recursos para el llenado de dicho vacío es peligroso porque nos conduce al vacío existencial. La forma y el contenido del llenado del vacío interior definen la identidad del Yo.

Quiero dejar claro que el vacío existencial no puede de ninguna manera compararse con el «vacío existente dentro de los Palacios», porque existen vacíos de insatisfacción que deben ser satisfechos en los diferentes niveles de los Palacios. No toda insatisfacción produce el vacío existencial, sino la insatisfacción absoluta de no encontrar el sentido de la vida porque no existe una construcción o un esfuerzo de construcción continua del sujeto. Encontrar, pues, «la nada interior» no es requisito para construir el sentido de la vida del sujeto, sino que esa nada interior nos puede llevar a la autodestrucción si no sabemos cómo vamos a llenar dicho vacío existencial.

La esencia del Yo en su imagen completa, como Yo interior y los Palacios, reproduce la misma estructura del universo, un infinito que rodea el vacío creado por el mismo Ein Sof. En lo micro, el sujeto imita el mismo proceso de creación del universo. El vacío interior del sujeto es en términos finitos la imagen del mismo vacío interior del Ein Sof, y así dentro de dicho vacío el Ein Sof pudo construir la creación, y el sujeto tiene la misma posibilidad de construcción de su sentido existencial dentro de dicho vacío interior. Ahora bien, el vacío interior del sujeto se conecta directamente con el vacío general del universo creado por el Ein Sof, es decir, el vacío interior del sujeto no solamente representa la imagen del vacío universal, sino que es el canal de conexión entre el vacío general y el vacío individual. Son los vacíos los puntos de conexión entre el Ein Sof y el sujeto. Es por dicho canal entre los vacíos de la «nada interior» y la «nada superior» por donde asciende y desciende la Merkabá.

El problema entonces es la forma de la construcción de la Merkabá. Antes de continuar, quiero aclarar que la Merkabá corresponde en el Árbol de la Vida a la Biná de la Biná, a la Jojmá de la Biná y al Keter de la Biná. Por lo que el Daat de Biná (el conocimiento del Entendimiento) es la línea de división entre los Palacios (las siete subdimensiones inferiores de Biná) y el «Yo Interior». Así podemos decir que el «Yo interior» es el resultado de la unión entre el vacío interior o vacío subjetivo existencial y la construcción de nuestra Merkabá. Ahora bien, la potencia de ascenso y descenso de nuestra Merkabá dependerá de la extensión de la «nada interior». A mayor «nada interior», mayor vacío de recepción en conexión con el vacío universal del Ein Sof. Si a través del vacío general del Ein Sof se produce la creación y, por lo tanto, nosotros mismos, como partes subjetivas de esta, entonces todo el conocimiento del Ein Sof que se manifiesta dentro del vacío general puede conectarse con nuestro vacío interior subjetivo. Es decir, nuestro vacío interior funciona como Kli de recepción, y a medida que podamos recibir más del Ein Sof, más elevaremos nuestra Merkabá. Quiere decir que la potencia de ascenso de nuestra Merkabá hacia el Ein Sof depende de nuestro grado de apertura de nuestra «nada interior». Mientras más nos vaciamos del «Ego» que produce el «Yo exterior» (condicionamientos de los Palacios) más expandimos nuestro Yo interior de recepción de las energías provenientes del vacío que produjo el Ein Sof. Las manifestaciones del Ein Sof que se desarrollan en el vacío general pueden ingresar dentro de nuestro vacío interior subjetivo (la nada interior) solo si nosotros realizamos el esfuerzo de apertura de nuestro vacío interior. El vacío interior, entonces, funciona como Kli de recepción de las energías manifestadas por el Ein Sof dentro del vacío general que por conexión con nuestro vacío interior se pueden desarrollar dentro de nuestro Yo interior. Por eso decimos que dentro del misticismo judío el «esfuerzo personal» es la clave para la construcción del Yo interior, y que el objetivo debe ser la expansión de la nada interior en su situación de Kli de recepción. Me preocupa que se confunda el «esfuerzo personal» con las pretensiones del Ego o del Yo exterior al adquirir potencia. No es el tipo de esfuerzo del que estamos hablando. El «Ego» (Yo exterior) provoca desesperadamente un reconocimiento dentro de los Palacios, es decir, un reconocimiento social o familiar que reafirma al «Ego» en su posición. No está mal este esfuerzo encaminado a ser «valorado» socialmente. Sin embargo, es el «Yo interior» quien debe valorar realmente al Yo, y el esfuerzo debe tener sentido para mi Yo interior. Los esfuerzos en los Palacios no deben ser infravalorados porque son necesarios, de modo que los esfuerzos para fortalecer el Yo interior tienen que ver con la construcción de nuestra Merkabá. Expongo este concepto de «esfuerzo» porque los esfuerzos, cuyo objetivo es la exterioridad de los Palacios, son muchas veces problemáticos en el sentido de que me desvían de la construcción de mi «Yo interior», y es real que no puedo vivir de forma permanente en mi «Yo interior» en una desvinculación absoluta de los palacios que por predeterminación estructural del ser humano siempre se encuentran operativos. Quiero advertir que este asunto es fundamental para comprender la diferencia entre las insatisfacciones de los Palacios y la insatisfacción fundamental de no llenar el vacío existencial. Las diversas escuelas de psicología han intentado resolver las insatisfacciones dentro de los Palacios, y esto lleva a un equilibrio dentro de una dimensión o dentro de dos o más dimensiones en particular, pero no resuelve la capacidad de satisfacción de la nada interior subjetiva. La satisfacción en una dimensión no implica necesariamente la satisfacción de un Palacio, porque debemos comprender mejor la definición de qué es un Palacio.

Las Hejalot (o Palacios)[360] son los siete niveles de conciencia (que se corresponde con las siete subdimensiones de la dimensión de Biná). Estos siete niveles son niveles de «percepción subjetiva de la realidad». Por ese motivo, no podemos decir que los palacios son las siete dimensiones del Árbol de la

---

360. En realidad, los siete Palacios celestiales (Hejalot) no pertenecían a la Biná del Universo de Yetzirá, sino al Universo de Briá. Los siete Palacios cambiaron su naturaleza en algún momento histórico del misticismo judío, porque de ser considerados Palacios espacio-temporales físicos dentro del Universo de Briá, son considerados ahora como estados de conciencia dentro de las subdimensiones de la Biná psicológica dentro del Universo de Yetzirá. Mi idea es trabajar en los próximos años en el campo de la teología para explicar detalladamente los Palacios celestiales según las más antiguas fuentes del misticismo judío y no su utilización como método de evolución psicológica de los niveles de conciencia.

Vida, sino que son las siete subdimensiones de Biná, es decir, las percepciones subjetivas de la realidad objetiva de las dimensiones inferiores.

Vamos a exponer un ejemplo práctico para que se pueda comprender la diferencia entre una dimensión y una percepción subjetiva dimensional (o Palacio). Supongamos que en Maljut (la realidad material) un sujeto A tiene una casa, pero en su Maljut de Biná, percepción de Biná de la materia objetiva, está feliz con su casa; este sujeto decimos que posee el Palacio satisfecho porque la percepción subjetiva (Palacio) está satisfecha. Por otro lado, supongamos que un sujeto B tiene cuatro casas y no está satisfecho con sus cuatro casas ya que desea tener ocho; aunque objetivamente la Maljut de B es superior a la de A, decimos que la percepción subjetiva de A (Palacio) se encuentra satisfecha y la percepción subjetiva de B (Palacio) no está satisfecha.

Quiero desarrollar el problema que estamos exponiendo. La expansión material del Yo exterior le pide a B que continúe su expansión, y dentro de dicho proceso existe un estado de ansiedad porque B no se siente feliz con sus cuatro casas.

Ahora bien, ¿qué sucede si B, cuando alcanza las ocho casas de su propiedad, vuelve a no sentirse feliz? Decimos entonces que por más que aumente la posesión de casas (expansión objetiva de la materia) por parte del sujeto B, su percepción subjetiva no ha cambiado. Y no podemos trabajar nuestro «Yo interior» si nos encontramos con estas continuas deficiencias en el nivel de percepción subjetiva en los Palacios. Hasta que no exista un cambio de la percepción de B en su subdimensión de Maljut de Biná (o Palacio), no existe forma alguna objetiva de satisfacción. Y es aquí donde debemos trabajar. Las formas de infelicidad constantes que el sujeto posee por no cambiar la estructura de su Merkabá psicológica pueden hacer que su existencia se convierta en un tormento permanente. En cualquier dimensión, el nivel de insatisfacción aumentará proporcionalmente a los supuestos éxitos finitos de las dimensiones inferiores.

Ahora bien, las diversas escuelas de la Psicología tradicional han justamente trabajado en este campo de acción, es decir, en el cambio de las percepciones subjetivas (Palacios), pero no en la construcción del Yo interior, y no simplemente en el equilibro del Yo exterior (Ego o Palacios). Se debe proponer una solución en este campo, y es que mientras el sujeto trabaje el cambio de sus percepciones subjetivas debe «construir» el sentido de su existencia. Porque, de lo contrario, al trabajar de forma permanente sobre las percepciones subjetivas de los Palacios, lo equilibramos en su Yo exterior (Ego), pero no le otorgamos herramientas para la construcción de su Yo interior, es decir, debemos trabajar para que el sujeto entienda para qué y por qué existe. Si no hay un desarrollo profundo del sentido existencial, toda existencia es una no-existencia o es una existencia exterior, y toda existencia exterior puede desaparecer biológicamente en esas condiciones. La idea es que la persona adquiera «conciencia de su existencia», pero no una conciencia exterior de su existencia, sino una conciencia real de su existencia basada en su propia construcción personal. Esto se logra ampliando el nivel de libre albedrío interior no sujeto a los condicionamientos externos. El problema de esta ampliación del libre albedrío interior es que se deja de ser un sujeto «moral» (y cuando digo moral no digo inmoral o amoral, sino un sujeto que no se encuentra atado a la condena de la moral social). La «moral» debe ser comprendida en el marco de un sistema de autocontrol (Guevurá), y no como un sistema de control exterior de los condicionamientos. Sin embargo, el autocontrol debe provenir de la decisión del sujeto en cuestión y no de una ley exterior; en definitiva, el control exterior anula el libre albedrío, y el sujeto debe reconocer sus límites al libre albedrío dentro del ejercicio de su «ampliación de la nada» como Kli de recepción, porque si no existe el libre albedrío, no existe cómo llenar el vacío existencial que tiene el sujeto. Tenemos los recursos del Ein Sof al infinito para llenar la potencia de la Merkabá; el único problema es si perdemos la conexión con esta posibilidad infinita que nos entrega la continua manifestación del Ein Sof.

Por otra parte, podemos evadirnos de la búsqueda del sentido de la vida negando la existencia de un «Yo interior», porque si el «Yo interior» supuestamente no existe, entonces ¿para qué esforzarse en buscar el sentido? Lo terrible de dicha situación es que uno se va lentamente (o rápidamente) esclavizando de los condicionantes exteriores, de modo que, al perder el libre albedrío, el sujeto se transforma en objeto, en un objeto para sí mismo y para los demás. Por ese motivo es tan importante el descubrimiento, defensa y desarrollo del «Yo interior» ya que es el único que nos permite adquirir la independencia suficiente para saber quiénes somos y por qué existimos.

Queda claro que es imposible para un autor decidir cuál es la identidad real de cada uno y por qué existimos cada uno de nosotros, ya que este trabajo es completamente individual.

El sujeto es irreemplazable en su propia búsqueda. Nunca podemos reemplazarle, cualquier reemplazo del sujeto es justamente abdicar del libre albedrío y sujetarlo nuevamente a los condicionamientos. El psicólogo, en estos términos, puede constituir también un «condicionamiento externo», y, por lo tanto, el sujeto se transforma en su objeto científico de análisis.

Así llegamos a una primera conclusión, por la cual todo sujeto es, en relación a los condicionantes exteriores, un objeto, y solamente un sujeto es realmente sujeto para sí mismo.

Toda su subjetividad se encuentra allí dentro y ninguna fuerza exterior es capaz de extraer el nivel de subjetividad total. Sucede entonces algo inesperado, mientras el sujeto busca el sentido subjetivo de su propia vida, los recursos fundamentales para esta definición los encuentra en la extensión de su nada interior, provocando una conexión profunda con el Ein Sof. Es decir, mientras el sujeto desea elevarse hacia el Ein Sof encuentra mayor potencia subjetiva y una mayor anulación de su Yo externo. Se produce, pues, una potente paradoja: a mayor crecimiento del Yo interior, mayor humildad del Yo exterior, y a medida que se produce un mayor crecimiento del Yo interior, se produce un mayor acercamiento al Ein Sof. Este acercamiento al Ein Sof desde la nada interior a la nada universal hace que mi «nada subjetiva» se quiera expandir ante la felicidad de la percepción del infinito. La percepción subjetiva del infinito me provoca automáticamente la expansión de mi nada interior (vacío subjetivo).

Mi «Yo interior» aumenta cuando aumenta mi nada interior, así que cada vez que amplío mi «nada interior» puedo captar energías de mayor potencia porque amplío mi nivel de recepción. Me tengo que vaciar para ampliar mi nada interior con el objetivo de llenarla con las manifestaciones del Ein Sof que elijo en el ejercicio de mi libre albedrío. Esta es la raíz del problema de la búsqueda del sentido de la existencia. El sentido de la existencia no se puede estancar dentro de la percepción de un Palacio (es como el sujeto que toda la vida trabajó para tener más dinero, pero el precio que pagó fue que nunca supo para qué vino a este mundo, simplemente se convirtió en una máquina de insatisfacción material). Claro que si la gran mayoría de nosotros (los seres humanos) no tenemos ni idea de cómo construir nuestra Merkabá, lo mejor que podemos hacer es refugiarnos dentro de los Palacios con el fin de reducir nuestras vidas a la satisfacción de unas percepciones siempre insatisfechas. Si logramos concentrarnos en la construcción del Yo interior, aunque las insatisfacciones en los diversos niveles objetivos continúen existiendo, desaparecerán entonces las insatisfacciones de las percepciones subjetivas (palacios), y lograremos abrirnos el camino hacia la felicidad trascendente.

Parte 4

La «felicidad trascendente»

>«Y la muerte será tragada para siempre».
>Isaías 25:8

133. Tiferet frente a Keter: Cuando el Yo asciende hacia su máxima potencialidad

> «Nada en el mundo puede quitarte lo que te corresponde».
>
> BAHYA IBN PAKUDA

> «El problema no es el saber, sino querer controlar el saber».
>
> MARIO SATZ

Ahora debemos conceptualizar un proceso particular, quizás hasta podríamos denominarlo el «proceso máximo». Aunque la Merkabá es el proceso de conquista del Yo mental interior de la Biná, la conexión de la Tiferet (Yo interior) con la dimensión de Keter se puede producir por tres vías diferentes: 1) la conexión a través de la Biná; 2) la conexión a través de la Jojmá, y 3) la conexión directa de la Tiferet con Keter.

1. La conexión a través de la Biná se produce mediante el proceso de conceptualización y diferenciación de las ideas. Utilizamos la Biná para clasificar nuestras ideas, y precisar los conceptos. Estos conceptos insinúan la realidad, pero no la pueden aprehender. De todos modos, si trabajamos profundamente los conceptos, en muchos casos podremos captar el sentido oculto que se encuentra detrás de dichas conceptualizaciones. Los conceptos de la Biná nos ayudan en el ascenso y, a su vez, nos protegen de la luz superior de la Jojmá.
2. La conexión a través de la Jojmá se produce mediante el proceso de simbolización, cuando utilizamos los símbolos (los colores, los sueños, los sabores, las visiones, etc.) para conectarnos con la realidad.
3. Y la última conexión que es la que estudiaremos en este apartado: el proceso de ascenso directo a Keter a partir de la Tiferet.

Quiero exponer las equivalencias de los términos cabalísticos con los términos psicológicos habituales. En la Biná, nos encontramos con siete niveles de percepción de la realidad diferentes (los siete Cielos o los siete Palacios). Ahora bien, dentro del núcleo duro de la Biná (la Merkabá) encontramos las siguientes partes: la Biná de la Biná, la conciencia, la Jojmá de la Biná, el inconsciente, y el Keter de la Biná, que representa el nexo de unión entre lo subjetivo y lo objetivo, entre lo espacio-temporal y lo eterno. Desde Keter de la Biná contactamos con la Jojmá psicológica, y allí nos encontramos con el «inconsciente colectivo junguiano». Lo que Jung denomina como «arquetipos», en la cábala lo denominamos «Sefirot».[361] Aunque podemos establecer una distinción, ya que las dimensiones o Sefirot más que arquetipos son raíces de los arquetipos, pues existen muchos arquetipos en cada Sefirá. Cada dimensión o Sefirá del Árbol de la Vida es la raíz de una gran cantidad de arquetipos, pero la Jojmá es definible como el campo energético del inconsciente colectivo junguiano. Cuando Freud trabaja sobre la Biná de la Biná y la Jojmá de la Biná, se encuentra trabajando en el marco de la subjetividad del Yo; cuando Jung trabaja sobre la Jojmá psicológica, está operando más allá del Keter de la Biná. En realidad, a través de la cábala podemos encontrar la conexión entre estos dos grandes pensadores. Freud fue subiendo desde la Maljut del Árbol de la Vida (desde los instintos biológicos), en cambio Jung fue descendiendo al Yo desde la Jojmá y así ingreso en el Yo mental de la Biná. Cada uno percibió el Árbol de la Vida desde una dimensión diferente, y sin embargo, sin saberlo, ambos tenían suficientes argumentos para comprender el Yo desde donde lo estaban percibiendo. El problema siempre fue la perspectiva de cada percepción. Mientras que Jung trabajaba la conceptualización (Biná) de lo simbólico (Jojmá), Freud trabajaba la conceptualización (Biná) de las presiones del entorno sobre el Yo (conexión entre la Tiferet y la Yesod) y la pulsión sexual (Yesod). Mientras que Freud reconocía los impulsos biológicos de las dimensiones inferiores, Jung reconocía los niveles intuitivos de las dimensiones superiores.

Ahora bien, la psicología del misticismo judío dice que existe «Keter», es decir, que existe un nivel superior tanto de la Biná como de la Jojmá. Si la Biná representa la conceptualización protectora y la Jojmá la simbología

---

361. Debemos recordar que en la Jojmá psicológica existe el reflejo de la organización dimensional objetiva de la Jojmá cosmogónica. La Jojmá psicológica pertenece al Universo de Yetzirá, mientras que la Jojmá cosmogónica pertenece al Universo de Atzilut. En la Jojmá psicológica se encuentran las simbolizaciones que operan dentro del sistema metafísico del sujeto, mientras que en la Jojmá cosmogónica (Universo de Atzilut/Emanación) se encuentra el universo eterno de las variables infinitas de las dimensiones objetivas (las Sefirot dentro del Ein Sof).

protectora, Keter representa la desprotección absoluta del Yo.³⁶² Es el Yo frente a su propio Yo. No existe intermediación conceptual ni simbólica. Entonces nos preguntamos: ¿Qué es lo que hay en Keter para alcanzar alguna definición posible? En realidad podríamos responder que no hay «nada», pero que es una «Nada totalizadora». Alguien podría advertir que estamos trabajando sobre una hipótesis imposible en la medida en que estamos conceptualizando conceptos (Biná) del nivel de Keter, y en este sentido Jung se encontraba ante el mismo problema (aunque de nivel inferior) porque estaba intentando conceptualizar (Biná) lo simbólico (Jojmá).

Por ese motivo, quiero señalar que cada concepto se debe considerar como una energía sutil más alta que el concepto literal en sí mismo. A cada nivel de análisis en el orden de Keter (incluso en el nivel de la Jojmá), toda conceptualización no debe ser sujetada dentro de una literalidad dogmática, sino dentro de una conciencia del No-Yo. Cada concepto en términos simbólicos y en términos ketéricos dice mucho más que la restricción conceptual de dicho concepto. Si tomamos en cuenta esta percepción, entonces estaremos capacitados para operar por la vía de la conceptualización de la Biná a fin de acceder a niveles energéticos superiores; de lo contrario, a cada paso podemos caer en la dogmatización conceptual por medio de nuestra tendencia a la literalización constante en el universo inferior de la fragmentación (Universo de Bet).

Intentaremos entonces explicar qué es lo que sucede. En realidad, lo único que podremos explicar es el canal de conexión directa entre la Tiferet y el Keter, pero no podemos explicar Keter en esencia. Si deseamos específicar mejor esta situación, podemos decir que lo que vamos a intentar es explicar el canal de conexión directa desde Daat a Keter, debido a que la Tiferet en su avance ocupa el sitio del Daat, y de este modo se acerca a Keter.³⁶³ El Keter

---

362. Esta desprotección absoluta del Yo en realidad también representa la liberación total del Yo de sus propios condicionamientos subjetivos.
363. Ahora bien, lo que se acerca ahora a Keter no es el Yo físico; por ese motivo, no debemos literalizar los conceptos, ya que lo que se acerca a Keter es el Yo mental de la Biná que desde el Daat puede acceder a un estado de conciencia ketérica. Pero el estado de conciencia ketérica (No-Yo) siempre debe asegurarse dentro de la oscilación del Yo/No-Yo (Biná y Jojmá). En realidad, cada vez que profundizamos en la oscilación entre la Biná (conceptualización) y la Jojmá (simbolización) aumenta el nivel del Daat y, por lo tanto, elevamos la Tiferet más allá del propio Daat. Keter se encuentra tan alto, que lo que alcanzamos de Keter es la conciencia ketérica pero nunca a Keter en esencia. Todo el trabajo de nuestra existencia es acercar el Daat (Tiferet superior) al nivel de mayor conciencia ketérica. No es un aumento del estado del No-Yo, sino un aumento de la oscilación del Yo al No-Yo, y viceversa. En realidad, es el aumento de la oscilación entre la Biná (Yo) y la Jojmá (No-Yo) y es el que produce la energía que lleva a la

psicológico al que hacemos referencia es el punto de entrada al Daat cosmogónico del Adam Kadmón; por ese motivo decimos, dentro del misticismo judío, que quien llega al máximo nivel posible de autoconocimiento personal dentro del Universo de Yetzirá automáticamente debe comenzar a trabajar sobre los universos superiores de Briá/Atzilut.

Así que lo que vamos a intentar definir es lo que sucede en el canal de Daat a Keter, tomando en cuenta que la posición de Daat es la Tiferet que se ha elevado a ese nivel.

El Yo de la Tiferet psicológica ha utilizado en la Biná todos los conceptos y ha alcanzado una conclusión, y es que los conceptos son buenos en la medida que me explican la realidad, pero son intermediarios de mi Yo con la realidad. Los conceptos terminan definiendo conceptos, y entonces se produce una situación paradójica: si los conceptos pretendían acercarme a la realidad, me están alejando de la misma realidad.[364]

Tiferet a los niveles superiores de conciencia. No desaparece nunca la identidad del Yo mental de la Biná, pero el Yo mental acepta el estado del No-Yo de la Jojmá y comprende mejor la situación del Yo mental en esta existencia. Es una situación diferente de la disociación del Yo mental de la Biná (la Neshamá) de los niveles inferiores del Yo (Ruaj y Nefesh). Es un acceso a la comprensión del alma en el nivel de la Jojmá (Jaiá). Cuando la propia Neshamá (Yo mental) accede a un nivel de autocomprensión superior del nivel de la Jojmá, es cuando se puede percibir el estado del No-Yo. La unificación constante del alma intelectual o Yo mental (Neshamá) con los niveles dimensionales más altos de la Jojmá (Jaiá) hace que el Yo pueda expandirse más allá de sí mismo. Un nivel de conciencia No-Yo implica una expansión y una liberación de energías más potentes del Yo. No es una negación del Yo, sino una liberación del Yo de su propia subjetividad y de las variables del condicionamiento de los universos inferiores (el tiempo y el espacio). Cuando la Neshamá percibe su estado de Jaiá (su nivel oculto de voluntad) que en realidad es el ascenso a una comprensión cosmogónica que solamente lo permite el Universo de Atzilut (la percepción de la Eternidad a pesar de nuestra existencia dentro de lo temporal y espacial), es cuando se alcanza el estado de Yo/No-Yo. Cuando el sabio cabalista toledano David Ibn Zimra (1474-1576) dijo que la Jojmá representaba la Alef inferior y Keter la Alef superior, y que la Biná representa la Bet superior y la Tiferet la Bet inferior, esto significa que la Neshamá se encuentra subordinando al Ruaj y que la Iejidá se encuentra subordinando a la Jaiá, por lo que cuando unimos a Jojmá (Alef inferior) con la Biná (Bet superior), en realidad estamos uniendo al mismo tiempo a Tiferet (Bet inferior) con Keter (Alef superior). La oscilación de la Biná a la Jojmá, y viceversa (estado Yo/No-Yo) se produce cuando la Merkabá puede operar dentro de la conciencia del tiempo dentro de la Biná, y al mismo tiempo cuando la Merkabá puede operar dentro de la conciencia de la Eternidad dentro de la Jojmá. La velocidad física de la Tiferet hacia Keter produce automáticamente el viaje del tiempo a la Eternidad desde la Biná a la Jojmá. Al alcanzar el Universo de Atzilut dentro de la Jojmá cosmogónica se pueden alcanzar los límites de este vacío en términos físicos.

364. Esta es la que se llama «situación descendente de la Biná». En realidad, la conceptualización de la Biná nos tendría que ayudar a comprender mejor los niveles de energía más elevados que provienen de la Jojmá y de Keter. Sin embargo, cuando la Biná percibe el mundo hacia abajo, entonces sucede que el Yo mental de la Biná (la Neshamá) no opera desde la Merkabá o el nivel interior de la Biná, sino que trabaja desde los niveles exteriores de dicho universo (el Universo de Briá o de la creación). Cuando los conceptos se alejan de la realidad es

Entonces, al ser conscientes de los límites de la Biná[365] que reducen la realidad a la percepción subjetiva (sea Niglé o Nistar, tanto la revelada como la oculta), comenzamos a operar sobre la Jojmá (las raíces energéticas de todos los arquetipos, es decir, sobre las energías básicas dimensionales), y percibimos todo el mundo como un «corpus simbolicum». Todo es simbólico en la percepción de la Jojmá, porque todo y en todo se encuentran las diez dimensiones. Y sin embargo, nos percatamos de que los símbolos también

cuando se produce un estado de fragmentación conceptual que nos lleva a mayores niveles de confusión. Las discusiones conceptuales en la Biná descendente son nefastas porque hacen realidad el estado de fragmentación del Universo de la Bet, y nos podemos perder dentro de las definiciones. Entonces se pierden una serie de energías claves para poder acceder a la paz interior de la Tiferet. En este sentido, los conceptos de la Biná no ayudan al funcionamiento de la Merkabá, sino que, por el contrario, el Yo mental cree ser él mismo la única realidad, o la realidad superior. No podemos reducir el Yo mental a los Palacios, porque en realidad los Palacios tienen una doble dirección de energías, las energías unificadoras de la Merkabá (o del núcleo interior de la Biná) y las energías fragmentadas de los Palacios (de las siete subdimensiones de la Biná). Cuando el Yo mental se reduce a los Palacios, es decir, cuando el Yo mental se confunde exclusivamente con los Palacios nos encontramos subordinados al mundo inferior o universo de la fragmentación (Universo de Bet). Las discusiones conceptuales se deben establecer en un tipo de percepción «ascendente» de la Biná. La Merkabá (como núcleo interior de la Biná) debe ser el factor central de energía que eleve el nivel de percepción de los Palacios. Como los Palacios están cerca del Ruaj, los niveles inferiores del alma influyen sobre las percepciones de estos. Por ese motivo decimos que si la persona quiere acceder a ellos, debe cambiar sus niveles de percepción. ¿Cómo se modifican los niveles de percepción? En primer lugar, si logramos pensar conceptualmente en términos de unificación y no en términos de fragmentación. En segundo lugar, siendo conscientes de que la fragmentación como estado real del mundo inferior tiende a confundirnos y a que no podamos acceder fácilmente a los estados de unificación continua (los Ijudim). ¿Entonces como operamos unificando? Unificamos cuando establecemos una unidad superior dentro del sistema de fragmentaciones que aparecen como paradojas sin posibilidad de reconciliación. Por ejemplo, en el nivel inferior, existe la luz y la oscuridad, en el nivel superior, solo existe Luz, porque la oscuridad es la posibilidad que tenemos para poder percibir la luz, si no la luz en un grado superior no puede ser percibida. Lo paradójico en realidad no lo es. Las contradicciones y las paradojas son parte del sistema del universo de la fragmentación (Universo de la Bet). Pensar «unificando constantemente» es lograr un cambio radical de percepción, porque en realidad la máxima unificación es cuando el Yo y el No-Yo son dos caras de la misma situación unificada. La propia consciencia del Yo frente al mundo hace que el Yo viva su estado de fragmentación como un estado real; en cambio, en el mundo superior, el Yo no es real, sino que el No-Yo es la verdadera realidad. ¿Cómo se fusiona el Yo de la realidad de Biná y el No-Yo de la realidad superior (Jojmá y Keter)? Dentro de la Merkabá. La Merkabá es el mayor estado de percepción del No-Yo por parte del Yo, sin que el Yo se disuelva dentro del No-Yo.

365. Quiero citar un texto del Rabino Kook citado a su vez por el gran cabalista español Eduardo Madirolas (1949) que dice: «Todos los embrollos conceptuales entre los seres humanos y todos los conflictos internos, mentales, que vive cada individuo, proceden únicamente de nuestra confusa idea de lo divino. Todos los pensamientos, ya sean prácticos o teóricos, fluyen a partir del interminable océano divino y vuelven a él [...] Podemos hablar de bondad, de amor, de justicia, de poder, de belleza, de la vida en todo su esplendor, de la fe, de lo divino, y todo ello expresa

son limitados.[366] Entonces debemos realizar un esfuerzo último, el esfuerzo máximo, que es alcanzar la conciencia ketérica. Al conocer los límites de la madre arquetípica de la Biná (las conceptualizaciones) y del padre arquetípico de la Jojmá (los símbolos) entonces afrontamos nuestro propio Yo dentro de su último proceso de liberación. Debemos liberar al Yo de sus

---

el ansia natural y primigenia del alma respecto a lo que está más allá de todo. Todos los nombres divinos, ya sean en hebreo o en cualquier otra lengua, transmiten tan sólo un insignificante y débil destello de la luz oculta que ansía el alma al pronunciar la palabra «Dios». Todas las definiciones de Dios llevan a la herejía; la definición es la idolatría espiritual. El simple hecho de atribuir mente y voluntad a Dios, de atribuirle la propia divinidad, y el nombre «Dios», todo ello son también definiciones. De no ser por la sutil conciencia de que todo eso no son más que centelleantes destellos de lo que supera la definición, también eso engendraría herejía» (*El Camino del Árbol de la Vida*, volumen 2: *Un curso de introducción a la Cábala mística*, de Eduardo Madirolas, páginas 176 y 177. Equipo difusor del Libro, Madrid, mayo de 2005). Para el sabio cabalista Kook, toda definición lleva a la herejía, por lo que la conceptualización de la Biná se vuelve altamente peligrosa a la hora de cualquier definición. Todo concepto encierra el problema de los límites ideológicos y culturales de dicho concepto, y todo el sentido (el sentido amplio) se pierde en la literalización conceptual. Así entonces debemos partir de un punto fundamental para comprender la psicología del misticismo judío y es que debemos sospechar de todo concepto; por lo tanto, metodológicamente la cábala no conceptualiza con el objetivo de clarificar hacia adelante, sino que, por el contrario, la cábala conceptualiza con el fin de poner en duda dicha conceptualización. En realidad, debemos sospechar de todo el sentido literal de cada concepto porque en el nivel de «Sod» (secreto) se esconde detrás de dicho concepto una realidad mucho más amplia que debemos percibir. Si no logramos percibir esta realidad más alta, más compleja y con una mayor cercanía a la esencia, entonces la conceptualización como ya hemos explicado nos aleja del sentido más profundo de dicho concepto. En los niveles del Sod (lo oculto) se encuentran las energías raigales subyacentes que operan dentro de magnitudes dimensionales mayores; si nuestra mente logra captar dichas energías en ese nivel de magnitud, entonces podemos percibir el «concepto» no como una definición cerrada de la realidad, sino como un transmisor de mayores ideas que operan sobre un espacio de mayor amplitud dentro de esta realidad. Entonces, lo que hacemos es forzar a la Biná a mirar hacia la Jojmá y no mirar hacia abajo. En definitiva, podemos utilizar la Biná en relación a los Palacios celestiales descendentes o en relación a la Merkabá. Utilizar la Biná en relación a los Palacios implica que nuestra conceptualización se va a fragmentar indefinidamente llegando al concepto kookiano del «embrollo conceptual», es decir, el mundo de la Bet (Universo de la Fragmentación) que nos obliga a literalizar el concepto y, por lo tanto, perdernos dentro del mundo inferior. Sin embargo, si la Biná se concentra en su interioridad máxima (es decir dentro de la Merkabá), entonces automáticamente estaremos trabajando en el canal entre la Biná y la Jojmá, es decir, dentro de la relación superior con las simbolizaciones más altas que operan dentro de un nivel de energía superior a la conceptualización. ,

366. Por lo menos, la simbología trabaja con un nivel energéticamente más elevado en el plano dimensional, ya que opera dentro de la Jojmá cosmogónica o Universo de Atzilut (la Emanación). Por ejemplo, el mismo concepto de las Sefirot (Dimensiones) pertenece a este universo. Por supuesto, que antes de la creación de las almas individuales existían ya las dimensiones. La simbolización es limitada para nuestra percepción, aunque los cabalistas hacen referencia a que las diez dimensiones son ilimitadas porque son diez aspectos del Infinito. Esto es un gran problema por resolver, ya que por una parte si decimos que son diez las dimensiones, ¿cómo podemos decir al mismo tiempo que son parte del Infinito? En realidad, las dimensiones son información infinita diferenciada dentro de la información infinita, aunque en el Atzmut del Ein Sof está completamente indiferenciada. Es posible que la diferenciación sefirótica sea una

propios condicionamientos subjetivos.³⁶⁷ Debemos liberar al Yo de todo lo subjetivo para que sea realmente lo que es. Tiferet es lo que el Yo es, sin embargo, Keter tendría que reflejar la máxima potencialidad de lo que la Tiferet puede ser.³⁶⁸ Para que el Yo interior pueda extraer todas las energías potenciales debe elevarse más allá del Yo. La psicología tradicional describe

---

consecuencia de nuestra captación limitada del Or Ein Sof (la luz del infinito revelada). Por eso, no denominamos como Sefirot a las energías que existen dentro del Infinito, sino que las llamamos «Orot» (luces), ya que las luces energéticas dentro del infinito no tienen recipientes de contención (Kelim). Cuando esas luces infinitas encuentran la limitación de las vasijas dentro de la manifestación es que podemos hacer referencia a la existencia y desarrollo de las Sefirot (Dimensiones). Así, por la sustancia de la información son también parte del infinito (Ein Sof) porque aún no se había creado el vacío. De ese modo, las dimensiones son los niveles de información que existen dentro del Ein Sof, pero que se encuentran dentro de dicho Ein Sof y, por lo tanto, no pueden manifestar su finitud. Cuando tenemos conciencia finita en la Biná (el Universo de la Bet) es cuando podemos percibir las diez dimensiones con sus diferencias. No se pueden percibir las diferencias de las dimensiones dentro del Ein Sof, porque allí no existe la manifestación revelada, sino la manifestación en el interior de la propia autoconciencia del Ein Sof. Cuando aparece la conciencia del Yo con la creación de las almas en el Universo de la Briá (la Creación) entonces el alma puede comprender las diferencias de los niveles de energías que se manifiestan dentro del mundo de la fragmentación. Así, el alma (la Neshamá) puede percibir las dimensiones energéticas en su realidad finita y en la realidad infinita.

367. Quiero explicar que la liberación de los condicionamientos subjetivos desde el Yo mental de la Biná cuando la Biná opera dentro de la Biná de la Biná y la Jojmá de la Biná es diferente a la liberación del Yo interior (Tiferet) del Yo exterior (Yesod) o Ego. En el nivel inferior, ya existe un primer proceso de liberación del Yo interior (Tiferet) del Ego o Yo exterior (Yesod). Este primer proceso del Yo mental en su acceso desde las energías inferiores del Ego (Yesod) a las energías superiores del Yo interior (Tiferet) es un cambio en el nivel de los Palacios interiores de la Biná, es decir, la Biná cuando opera en Yesod, el Yo mental se encuentra sujeto a los condicionamientos del Ego; en cambio, cuando el Yo mental de la Biná opera sobre su Yo interior, es decir, en la Tiferet de la Biná, entonces el Yesod de la Biná es controlado desde un grado superior por la Tiferet de la Biná (el Yo interior). Dice el sabio cabalista español Eduardo Madirolas (1949): «La gran metáfora bíblica sobre el cambio de marcha –el tránsito de Yesod a Tiferet– es justamente la liberación del pueblo israelita del yugo de Egipto (Mitzraym o la psique inferior), y en particular, su momento cumbre del paso del Mar Rojo (Yam Suf, Mar de los juncos, interpretado como límite de la finitud o Sof en hebreo). Todos los elementos característicos del proceso psicológico se encuentran en estos episodios de la primera parte del libro del Éxodo: el dramatismo de la situación, con todas sus dudas, rupturas y desgarros internos; la intervención directa de la naturaleza superior, sin cuyo concurso es prácticamente imposible alcanzar el grado de separación necesario; el papel del Ego, representado por el Faraón, cuya naturaleza –en la que está implicada su propia supervivencia– le lleva a endurecerse cada vez más, a pesar de los rigores que empieza a padecer; la necesidad del autosacrificio, representado por el carnero, el símbolo de la idolatría de Egipto y, en particular, del propio deseo de recibir para sí o ego; en fin, el paso del mar de los juncos, verdadera frontera entre los mundos, en el que se ahogan las fuerzas negativas y que sólo los elementos redimidos de la psique pueden atravesar, sin que esto suponga que hayan realizado ya todo su trabajo espiritual: el poder de atracción del estado anterior sigue presente y queda por hacer la transformación del marco del pensamiento y de repolarización de la voluntad» (*El Camino del Árbol de la Vida*, volumen II: «Un curso de introducción a la Cábala mística», de Eduardo Madirolas, páginas 156 y 157. Equipo Difusor del Libro, Madrid, mayo de 2005).

368. Por ese motivo, la mejor definición del Yo es todo lo que el Yo puede llegar a ser. Pero todo lo que puede llegar a ser el Yo, en realidad ya lo es, simplemente que en potencia. Si el Yo extrae

el Yo dentro de sus mecanismos internos, y la psicología del misticismo judío relaciona el Yo con el Todo fuera del Yo,[369] para poder percibir el Yo dentro del conjunto cosmogónico. Si el Yo es un fragmento del Ein Sof, entonces dicho Yo es parte integrante del Todo y, por consiguiente, si el Yo puede percibirse más allá de sí mismo, puede alcanzar una percepción mayor de su propia interioridad.[370]

El Keter es el espejo del Ein Sof en su cara descendente, y es espejo de la Tiferet del Yo en su cara ascendente. Por lo tanto, al ascender el Yo de mi posición tiferética, puedo elevar mi Tiferet a la posición donde se encuentra el Daat. Entonces cuando los cabalistas dicen que Daat representa la Tiferet superior, no se equivocan. Daat es la Tiferet superior, y cuando la Tiferet asciende entonces ocupa la posición de Daat en el Árbol de la Vida. Daat es un conocimiento que nunca es teórico, sino que es experiencial (práctico) ya que nunca se desvincula el Daat con la Maljut. Al contrario, subimos la Tiferet al nivel del Daat porque operamos desde los niveles más bajos[371] de la realidad.

---

de la potencialidad toda su energía, entonces el Yo descubre su potencialidad. Cuando un Yo descubre su nivel de potencia oculta, en realidad se produce una autoestima en un grado superior. La autoestima que al principio comienza consolidando la Tiferet, al final tiene que liberar al Yo de los autoengaños que puede generar la autoestima en un nivel muy elevado.

369. No existe un Yo fuera del Todo, esto es solamente producto de la percepción dual de la consciencia; en cambio visto desde el Ein Sof, el Yo es una parte fragmentaria del Todo. El Yo tiende a centralizar en su subjetividad la percepción, y esto es lo que provoca las fallas de los análisis, tanto del Yo con el mismo Yo, como del Yo en relación al Todo. Si el Yo descentraliza su subjetividad, entonces modifica la percepción de modo que ahora el Yo no se define fragmentariamente frente al Todo, sino que se percibe de forma unificada con respecto a la totalidad. Así el Yo capta la conciencia del No-Yo, y se libera de su propia subjetividad. Se debe tener una autoestima muy elevada dentro de la percepción de la Biná (Yo mental) para liberarme de los condicionamientos subjetivos. En definitiva, quien realmente me impide percibir la realidad de mi Yo es mi propia percepción centralizada del Yo mental. Debemos forzar al Yo mental a que pueda percibir el estado del No-Yo y obligarlo a descentralizar la percepción de esta realidad fuera de las variables del tiempo y el espacio. El estado del No-Yo representa una conciencia de Eternidad. Cuando esto se alcanza decimos que ingresamos en el Universo de Atzilut.

370. Es paradójico, pero el Yo debe alcanzar su máxima disociación para lograr su máxima unificación. Al percibir en el Yo mental su máxima disociación del Yo interior de la Tiferet, entonces ahora puede reintegrar el Yo interior de la subjetividad de la Tiferet al Yo interior manifestado del Ein Sof (Keter). Cuando el Yo mental toma conciencia de que su propia existencia es el principal obstáculo para que el Yo interior trascienda sobre el Yo interior manifestado del Ein Sof (Keter) es cuando deja fluir el Yo interior al estado de trascendencia de Keter. La Biná o el Yo mental (Neshamá) puede ser el vehículo para esta relación entre la Tiferet y el Keter (la Merkabá), o puede ser el obstáculo. La Merkabá es el vehículo cuando utiliza la Neshamá dentro del proceso de unificación constante, y de la Biná desciende la Merkabá a los Palacios cuando renuncia a este proceso de unificación constante y se involucra en los problemas derivados de la fragmentación.

371. Son denominados como «bajos», pero en realidad visto desde el Ein Sof no existe lo bajo o lo alto, todo se encuentra dentro del vacío. Es bajo porque hace referencia al mayor nivel de densidad de la materialidad. Lo «alto» corresponde al nivel de energía más sutil. Maljut es conceptualizado

Me gustaría explicar con mayor detalle el proceso por el cual el Yo puede avanzar por el camino de Daat-Keter. En primer lugar, la Tiferet no puede mirar hacia abajo de forma exclusiva.[372] Todos los seres humanos existimos fundamentalmente en los siete mundos inferiores (las siete Sefirot inferiores del Árbol de la Vida).

---

como «bajo» porque representa la energía más densa que llamamos «materia», pero no es bajo por su importancia, porque todas las dimensiones, tanto las más densas como las más sutiles, son importantes dentro de la realidad general. No quiero (y toda la cábala está de acuerdo con este punto) que se piense en una maldad intrínseca de la materia al calificarla como «baja».

372. La Tiferet (el Yo interior) siempre mira tanto hacia abajo como hacia arriba; recordemos que todas las dimensiones (Sefirot) están interconectadas. Tiferet está conectada con Yesod en su posición descendente, y esta conexión no se pierde nunca. Entonces cuando decimos que la Tiferet (el Yo interior) debe mirar en su cara ascendente, es que debemos construir nuestra identidad con la meta hacia Keter, pero no implica que la Tiferet pierda su relación con la realidad yesódica (social o Yo exterior). Lo que estamos diciendo es que la Tiferet debe sostener su aspiración a elevarse al mirar hacia Keter, pero debemos saber que realmente se eleva si se encuentra entrenada en los niveles inferiores. Los entrenamientos del Yo se encuentran desde los niveles más bajos (densos) de la realidad hasta los niveles más altos. Los niveles más altos no se alcanzan por la fuga de los más bajos, al contrario, los niveles más altos se alcanzan cuando el Yo se encuentra entrenado dentro de la vida inferior. Yesod representa la presión social que recibe el Yo (la presión de la crítica y el elogio); en cambio, el Yo de la Tiferet debe refugiarse en su interioridad para extraer de allí su luz interior. Debemos tener cuidado del desgaste que producen las relaciones sociales en el nivel de Yesod (Yo exterior); para preservar el Yo interior (Tiferet) debemos reservarnos momentos de meditación para que nuestro Yo se encuentre con su Yo. Si el Yo mental (Biná) no realiza un trabajo de introspección dentro de sí mismo, entonces las fuerzas sociales exteriores pueden desequilibrar el Yo interior (Tiferet). Es importante establecer límites muy precisos al avance de los desequilibrios sociales, culturales y familiares sobre el Yo. El Yo debe liberarse en primer lugar de su Ego construido a partir de la percepción social exterior, y lograr su autoconstrucción dentro de su Tiferet. Esta primera etapa de liberación del Yo interior (Tiferet) de los condicionamientos exteriores del Yo exterior (Yesod) es fundamental. Nuestro Yo interior (Tiferet) se debe preservar de los ataques sociales del exterior. Es más, debemos aprender de dichos ataques sociales exteriores (Yesod) porque de ese modo podemos realizar con mayor profundidad el trabajo espiritual del nivel superior (Tiferet). El Yo interior debe autopercibirse dentro de su propia luz interior en la Tiferet para alcanzar a dominar los ataques del exterior. La sociedad exterior (Yesod) construye una imagen de nuestro Yo totalmente ajena a nuestra interioridad (algunos nos perciben como un malvado y otros, como un santo), en realidad, las percepciones exteriores de mi Yo no alcanzan a mi Yo interior en la Tiferet. Mi Yo no puede depender de estos condicionamientos del Yesod, porque entonces no estoy construyendo mi verdadero Yo interior, sino que estoy construyendo mi Ego. Si me libero y me independizo de las influencias exteriores del Yesod, entonces dejo de construir mi Ego para realmente construir mi Yo interior. Si logró fortalecer mi Yo interior en un alto grado (Tiferet), entonces la Yesod queda completamente subordinada al nivel de percepción energética más alta que tengo.

134. Los deseos finitos y la felicidad infinita

«Uno no escucha la voz, sino que escucha lo que puede escuchar».

RABÍ YEHUDÁ BARZILAI HA BARCELONI

En realidad, la Tiferet cuando mira hacia abajo es cuando reduce su felicidad[373] a la satisfacción dentro de la finitud. En estas dimensiones inferiores nuestros deseos son «finitos». No estamos diciendo que no existe «felicidad» en los niveles inferiores, sino que son «felicidades finitas» atadas a los deseos inferiores cercanos a la materialidad. Todo lo finito puede ser llenado, por lo que estas «felicidades finitas» las hemos denominado como «satisfacciones espacio-temporales», que cuando se producen dejan un vacío existencial si no trabajamos sobre los niveles finitos más extensos de las dimensiones superiores.

Nuestros deseos son finitos también dentro de la Biná y la Jojmá.[374] Aparentemente parecen como «deseos infinitos» por la magnitud de estas dimensiones, sin embargo, menos Keter,[375] las otras nueve dimensiones del Árbol de la Vida son finitas, y, por lo tanto, nuestros deseos son finitos y sus correspondientes satisfacciones, también finitas.

Ahora bien, si partimos de la base de que vivimos dentro del mundo

---

373. Este tipo de felicidad es una felicidad relativa porque, cada vez que se produce el cumplimiento de un deseo finito, esta felicidad automáticamente desaparece. Esta felicidad finita por ser justamente finita es siempre transitoria dentro del tiempo y el espacio.
374. Son deseos finitos de un grado de magnitud mayor en relación con las siete dimensiones inferiores. Cuando hacemos referencia a los deseos finitos de Biná y Jojmá, aquí ya no hacemos referencia a los deseos finitos de la Biná cosmogónica y de la Jojmá cosmogónica, sino de la Biná del Universo de Yetzirá y de la Jojmá del Universo de Yetzirá, es decir, del reflejo de la Biná cosmogónica dentro de mi Biná subjetiva y del reflejo de la Jojmá cosmogónica dentro de mi Jojmá subjetiva. Es importante comprender el tema de los «Partzufim» (personificaciones) para entender la relación entre la Biná subjetiva del Universo de Yetzirá con la Biná arquetípica de la madre en los niveles cosmológicos, como así también la relación entre la Jojmá subjetiva del Universo de Yetzirá con la Jojmá arquetípica del padre en los niveles cosmológicos.
375. En realidad, Keter también es una dimensión finita percibida desde el Ein Sof, pero nosotros la percibimos como infinita. Lo realmente infinito es solamente el Ein Sof. Keter siendo una contracción del Ein Sof es finito, lo que sucede es que es finito en un nivel de tal magnitud que para nuestra finitud es como si fuera infinito. Estamos haciendo referencia al Keter psicológico del Universo de Yetzirá.

de la finitud, todo deseo y toda satisfacción del deseo son esencialmente y estructuralmente finitos. Y cada satisfacción finita de un deseo finito genera una mayor necesidad de producir una cantidad superior de deseos finitos. El Kli de recepción es finito y la luz (Or) que puede captar dicho Kli[376] debe ser finita para que el Kli no se destruya por la potencia de la luz. De ese modo existimos dentro de un mundo inferior de finitudes, deseos finitos y satisfacciones finitas.

Si los deseos finitos se cumplen, entonces nos quedan dos alternativas: o caemos en un vacío desesperante (que no es el vacío existencial superior, sino un vacío menor),[377] o nos autoimponen otros deseos finitos para continuar existiendo. Entonces, a mayores deseos finitos satisfechos, creamos más deseos finitos para satisfacer y entramos así en una vida de locura, o en el vacío (sensación posterior a la satisfacción del deseo), o en un nuevo deseo finito. Y entonces nuestras existencias se pueden reducir a solo esto, deseos finitos seguidos de satisfacciones finitas, y punto. Como los deseos finitos son pocos, entonces la sociedad para inmunizarnos del problema existencial crea artificialmente mayores deseos finitos sin sentido real, cuyo exclusivo sentido se encuentra en evadirnos de nuestro sentido existencial. Ahora nos encontramos ante otra situación diferente, además de satisfacer los deseos finitos con satisfacciones finitas, creamos artificialmente deseos finitos vanos para no afrontar la cuestión existencial. El sujeto demanda del sistema mayores deseos artificiales para soportar su falta de sentido existencial, y se vuelve paradójicamente más caro lo que es más inútil. La única utilidad real

---

376. Existen dos tipos de luces en el Kli: las que el Kli puede recibir del exterior, y la luz interior del propio Kli, porque debemos saber que el Kli es un estado de contracción de Luz y, por lo tanto, también posee en su interioridad luz propia. En realidad, todo Kli es un estado de contracción de luz y de densidad de energía, pero también todo Kli es energía. Así que un Kli es una energía densa y toda la luz es energía sutil. Recordemos que el primer Kli general dentro del vacío fue el Reshimó que actuó como energía de resistencia frente a la manifestación del Ein Sof dentro del vacío. Todo es Kli y todo es Or al mismo tiempo, simplemente que el Kli es un Or, un nivel de luz cuya densidad es de tal magnitud que puede a su vez recibir Or. Pero cada nivel de luz (Or) es a su vez Kli de otro nivel de Luz más sutil.
377. La diferencia del vacío menor con relación al vacío existencial es muy clara. Existen vacíos menores dentro de las siete dimensiones inferiores del Árbol de la Vida. En cambio, el vacío existencial superior se encuentra cuando ya tenemos satisfechos (por percepción) los deseos finitos de los siete vacíos menores de las dimensiones inferiores. El vacío existencial es un vacío por la falta de sentido de la totalidad de la existencia; en cambio, los vacíos menores son deseos insatisfechos de menor categoría que no se relacionan con el mundo superior. El vacío existencial se produce cuando al trascender (nunca abandonar) mi subjetividad debo pasar ahora hacia los universos superiores a través del Daat cosmogónico. No debemos confundir los deseos finitos inferiores del Universo de Yetzirá con las necesidades de supervivencia material (biológica) del Universo de Asiá.

de los deseos artificiales inútiles es anular el aumento de nuestros niveles de conciencia, y entonces no operaremos como el Yo en tanto sujeto, sino que percibiremos el Yo en tanto objeto. Esto representa indudablemente una distorsión real del Yo.

Podríamos decir que hasta aquí hemos llegado, pero la existencia no se reduce a esto; si avanzamos a través del Daat en nuestro autoconocimiento y en el conocimiento general, es cuando la conciencia tiende a su propia expansión. La conciencia subjetiva se debe elevar del Universo de Asiá (la pura existencia material) hacia los niveles de conciencia más expansivos de los universos superiores (Briá y Atzilut).

La cábala hebrea dice que la vida del hombre no se puede reducir al cumplimiento de deseos finitos a pesar de su finitud en el tiempo y en el espacio.[378] Que la verdadera realidad existencial no se reduce simplemente al desarrollo dentro de las magnitudes finitas, sino al ascenso constante hacia el Ein Sof. Pero cuidado, el ascenso hacia el Ein Sof[379] no debe ser excusa para abandonar nuestras satisfacciones dentro de la finitud.[380] Debemos continuar cumpliendo los deseos finitos[381] y al mismo tiempo ascender al Ein Sof. Sin embargo, no debemos reducir nuestra realidad existencial a la única satisfacción de los deseos finitos.

---

378. La finitud es corporal dentro de la materia (Nefesh); en el nivel superior, para el misticismo judío el alma (la Neshamá) retorna a esta existencia.
379. Cuando hacemos referencia al ascenso al Ein Sof, siempre nos referimos al ascenso hacia Keter. El ser humano no puede pasar de Keter hacia el Ein Sof.
380. La satisfacción de los deseos de la finitud son parte de la existencia física y no podemos renunciar a ellos. Los universos de Asiá (la Maljut cosmológica) y de Yetzirá (las siete dimensiones inferiores cosmológicas) son universos donde operamos en nuestros grados de Nefesh y de Ruaj, así que no existe dentro del judaísmo (y, por lo tanto, dentro de la psicología del misticismo judío) una renuncia a los universos inferiores porque son fundamentales, ya que en cada nivel de la existencia uno debe aprender. La persona se debe desarrollar en todos los niveles. Es más, la espiritualidad debe manifestarse en los niveles más bajos de la realidad del mundo de la fragmentación. Así que no podemos renunciar de ninguna manera a los universos inferiores porque debemos desarrollar nuestro Ruaj y nuestro Nefesh. Sin embargo, el mejor desarrollo de los niveles inferiores del alma depende de la percepción de la Merkabá.
381. El Nefesh (el alma animal o el cuerpo) es el Templo del Alma y si existen problemas en el Ruaj (el nivel del alma emocional) o en la Neshamá (el nivel del alma intelectual), el nivel animal del alma (El Nefesh) lo sufre, y, como todo se encuentra interconectado dentro de la realidad, los problemas del Nefesh (nivel animal del alma) se traducen en problemas en los niveles emocionales e intelectuales. Siempre recordemos que el alma es una y que cada nivel cumple una función dentro de esta realidad; cada nivel opera sobre el otro y es influenciado por otro nivel, tanto de abajo hacia arriba como de arriba hacia abajo.

135. Las potencialidades del Yo

«No aspiren al éxito: cuanto más aspiren a él y más lo conviertan en su objetivo, con mayor probabilidad lo perderán, puesto que el éxito o la felicidad no pueden conseguirse, deben seguirse como si fuese el efecto secundario de la dedicación personal a algo mayor que uno mismo».

VÍCTOR FRANKL

El Ein Sof (infinito) es el motor de un deseo infinito. ¿Cuál es la diferencia entre los deseos finitos de las nueve dimensiones del Árbol de la Vida y el deseo infinito de Tiferet cuando avanza directamente a Keter? Los deseos finitos hacen que el Yo dependa del exterior. El deseo infinito depende absolutamente del Yo interior. Tiferet desea llegar a la posición de Keter. ¿Qué estamos diciendo? Si Tiferet es lo que el Yo es, y Keter es todo lo que el Yo puede ser, en Keter se encuentran todas las potencialidades del Yo no desarrolladas. Lo más importante es que a medida que se actualizan las potencialidades de la Tiferet, Keter se va alejando... ¿Por qué motivo Keter se aleja en vez de acercarse? Porque cuando la Tiferet ha extraído su potencialidad, frente al Ein Sof, sigue siendo un fragmento del Ein Sof, y, por lo tanto, al ampliar el Kli de recepción, puede lograr captar energías de un nivel de magnitud superior. A medida que Tiferet se eleva, el Keter se eleva al mismo tiempo, entonces se actualizan las potencialidades del Yo y, a su vez, aparecen nuevas potencialidades del Yo ocultas. En otros términos, el Yo mientras es Yo dentro de la Tiferet siempre puede expandir los niveles de conciencia a grados nunca antes alcanzados. Porque, en realidad, el Ein Sof se percibe dentro de nuestra conciencia al comprender que existe una conciencia infinita, y que nuestro trabajo en este mundo de la fragmentación es acceder a la mayor expansión posible de dicha conciencia infinita. Si existe una conciencia infinita en el Ein Sof, entonces nuestro fragmento a pesar de su expansión constante se encuentra con sus propios límites y, por lo tanto, se produce un estado paradójico: el Yo se expande y se eleva, al mismo tiempo, Keter se desplaza y también se eleva, haciendo que el Yo vuelva a consolidarse dentro de sus nuevos límites alcanzados. Nuevamente se produce el mismo proceso de ascenso, Tiferet se eleva, Keter se aleja de la Tiferet y se vuelve a elevar, y entonces se actualizan mayores potencialidades del Yo. Este proceso que estamos describiendo es el estado ketérico. No se llega a Keter en esencia, pero se percibe el Keter. Si el Daat es la Tiferet superior, también es el Keter inferior. Entonces, cada vez que la Tiferet del Yo interior se eleva ocupa el lugar del Daat (o del Keter inferior); dicha Tiferet en realidad se encuentra dentro de algún nivel de Keter. Lo que sucede es que la felicidad se produce dentro del estado ketérico y no dentro del Keter mismo.

Estamos predeterminados dentro de la finitud, pero nuestra conciencia va más allá de nuestra finitud, a otras expansiones de conciencia mayores. Es en ese instante cuando percibimos a Keter como una realidad. La sensación ketérica la tiene la Tiferet cuando avanza hacia el desarrollo máximo de sus potencialidades.[382] Cada avance del Yo interior produce un movimiento de ascenso de Keter, es más, cada avance del Yo interior de la Tiferet produce un movimiento de ascenso general de todo el sistema del Árbol de la Vida.

La Tiferet (y todo el Árbol de la Vida de mi subjetividad) es percibida desde el Ein Sof como Maljut, así que todo es Maljut en la percepción del Ein Sof, incluida nuestra percepción del estado ketérico. En cambio, para nosotros Keter es como el Ein Sof, porque la magnitud de Keter no es cuantificable para nuestra mente. Si mi existencia es alcanzar Keter, y en Keter se encuentran todas mis potencialidades y las potencialidades de toda la creación, entonces cada vez que avanzo ya me encuentro en Keter, y al mismo tiempo no me encuentro en Keter. Esta contradicción no se podría comprender desde el mundo inferior a partir de la percepción fragmentaria del Universo de Bet. Esta contradicción de encontrarnos en Keter y de no encontrarnos en Keter al mismo tiempo se puede comprender a partir del estado de unificación que puede lograr la Merkabá en lo más interno del Yo mental (Neshamá).

Nunca llegamos a Keter, y sin embargo, dentro de ese camino de nunca llegar, se encuentra Keter. Ahora bien, ¿cómo puedo sentir Keter sin haber llegado nunca allí? Es que Keter no es un sitio a donde se llega, sino el mejor

---

382. El desarrollo máximo de las potencialidades de la Tiferet cuando mira de forma ascendente hacia Keter es el que produce lo que nosotros denominamos como «sensación ketérica». Nunca alcanzamos Keter, pero sí podemos sentir Keter dentro de nuestro nivel tiferético. Así podemos decir que Keter es posible y es imposible. Es posible porque podemos tener la sensación de Keter dentro de nuestra existencia, y es imposible porque quien dice que se encuentra completamente en Keter ha llegado a comprender todas las cosas dentro de esta manifestación.

estado de percepción que puedo alcanzar. Es cuando el Yo se encuentra con su propio Yo. Es el Yo mental des-subjetivado. Es cuando el Yo mental ha logrado descentralizar la Tiferet, y situar la percepción dentro del sistema general del «Maasé Bereshit».

136. Las etapas del desarrollo de las potencialidades del Yo

«Debemos recordar los experimentos de Carl Rogers, que mostraron que en el curso de una terapia lograda, el ideal del Yo y el Yo real tienden cada vez más a fundirse».

ABRAHAM MASLOW

Y este encuentro del Yo con su propio Yo en busca del desarrollo de todas sus potencialidades tiene varias etapas:

1. La fuga del Yo (Tiferet) dentro de los deseos y satisfacciones finitas. Si bien todos existimos en las dimensiones inferiores, en realidad, si percibimos estos deseos finitos de las dimensiones inferiores como los únicos elementos existentes, entonces el Yo existe simplemente para dar satisfacción a los deseos finitos en esta realidad inferior. Todos los deseos finitos que se satisfacen simplemente se satisfacen para alcanzar otros deseos finitos. Se crea así un sistema perverso donde el Yo queda atrapado en su propia dinámica. El Yo ya no sabe por qué existe, solo existe para cumplir deseos finitos de mayor magnitud, pero no alcanza la paz interior. El precio que el Yo paga por su fuga es no tener conciencia de su propia condición. El miedo a encontrarse consigo mismo es la clave central por la que el Yo se da a la fuga. Existen personas que se fugan de su Yo toda su existencia.
2. El Yo logra paralizar su fuga. Entonces, la Tiferet ya no desea seguir en esta fuga de sí misma y asume (a veces por los golpes del mal) que debe ser ella misma. El Yo desea saber ahora quién es realmente. Comienza el proceso de autoconocimiento. Por supuesto que continúan los deseos finitos y sus correspondientes satisfacciones finitas, pero el Yo quiere autoconocerse. Al paralizar su fuga, el Yo se encuentra con su sombra. Se vuelve consciente de gran parte de lo inconsciente. La Tiferet ya se encuentra trabajando en la Biná de Biná y en la Jojmá de la Biná. Se magnifican las transgresiones del Yo. Aparecen los miedos, las culpas, todos los desequilibrios salen a la

luz porque la Tiferet quiere reconocerlos. Es una etapa de dolor interior. A veces se ingresa en esta etapa a partir de los golpes del «mal». El Yo mental debe pasar por los siete Palacios (las siete Hejalot), allí están las energías positivas y negativas, los ángeles que permiten el paso y los ángeles que lo impiden. El Yo mental quiere llegar a la Merkabá y desea controlar los Palacios (las percepciones inferiores de la Neshamá). Aparece toda la sombra del Yo magnificada. Se puede paralizar el Yo mental en esta fase, o puede regresar a la primera etapa, y entonces regresar a la fuga porque no puede soportar el nivel de dolor de esta segunda fase.

3. El Yo entonces acepta sus desequilibrios, y los sitúa en perspectiva, así comienza un proceso lento del fortalecimiento de la Tiferet que va subiendo e independizándose del Ego inferior de la Yesod. Tiferet va ascendiendo a la posición de Daat en el Árbol de la Vida. Ahora, la Tiferet no se juzga moralmente, sino que simplemente se comprende. Los juicios morales y los prejuicios culturales, todo esto entra dentro de la comprensión. Se buscan las causas raigales de los desequilibrios, pero no se los juzga con conciencia moral. «La moral social puede contener ella misma transgresiones y desequilibrios», por lo que la «Tiferet» debe autoconocerse sin los condicionamientos sociales. En esta etapa, la «Tiferet» se libera del dominio social que la hace «culpable», el Yo asume su propia condición. El Yo alcanza el primer grado de independencia. Ahora, la Tiferet se encuentra completamente reforzada, más allá de la autoestima, comienza un periodo de paz interior. Recordemos que la única «verdad inferior» es la Paz (Shalom), y cuando uno se encuentra en paz interior, entonces se encuentra completo (Shalem). El nivel de completitud se alcanza cuando se puede comprender que el bien y el mal en el mundo inferior son dos caras de la misma realidad. En esta existencia nadie puede alcanzar la «perfección» (que es una cualidad del Ein Sof), sino que nosotros, los seres imperfectos, podemos alcanzar la forma más integrada y completa posible en tiempo presente. En esta fase aprendemos del mal, tanto del mal exterior, como de nuestro mal interior. Nos reconciliamos con el mal, no para afrontarlo, porque si no lo reforzamos, aprendemos del mal para hacerlo desaparecer. Ahora ya no hay mal, porque todo mal inferior es un aprendizaje para obtener un bien superior.

4. El Yo ahora en posición superior comienza a percibir las dimensiones inferiores tal como son, es decir, como inferiores. Los problemas de las dimensiones inferiores se relativizan porque el Yo ya sabe y conoce qué

es lo importante. Todo lo importante[383] se encuentra dentro del camino de Tiferet-Keter, y la Tiferet ahora se sitúa en posición de mirar directamente a Keter. Sin embargo, aún tiene que cruzar el abismo (el Tejom). Tiene que afrontar el «momento final» (no final de la existencia), sino la superación final de todas las etapas de la limitación.

5. Entonces, el Yo mental (Biná) siente el último miedo, el miedo a su propia muerte, y va a cruzar el abismo (el vacío existencial), la nada. Se encuentra entonces en un estado de soledad total. El Yo asume su soledad existencial (han desaparecido los arquetipos de protección de la Madre y del Padre). El Yo sabe que ha venido solo a este universo y que tendrá que irse solo. Esa soledad radical le provoca un estado de orfandad tenebrosa, siente el vacío existencial. La Tiferet está por ingresar en el estado ketérico. Ahora, en su estado de soledad «han muerto los padres arquetípicos», porque ahora ni la Biná conceptual ni la Jojmá simbólica son capas de protección para percibir la verdad. El precio que ha pagado el Yo por ser un Yo diferenciado del resto es la consciencia, y la consciencia lo ha escindido de la realidad general de la naturaleza. El Yo acepta su propia soledad. Nada puede reemplazar su sensación interior de estar realmente solo ante el universo. Todas las estructuras sociales, culturales y religiosas que cuidaban de este Yo ya no existen,[384] siguen existiendo, pero son percibidas como lo que realmente son: protecciones infantiles. Jacob debe transformarse en Israel. Jacob era hijo de Isaac y nieto de Abraham, pero ahora Jacob debe ser él mismo, ya no puede ser el «hijo de» ni el «nieto de», ahora Jacob se transforma, y cuando se transforma asume su propia condición, el arquetipo de Tiferet es Israel. Israel es quien luchó contra Dios y contra los hombres y ahora es «Él mismo». El Yo ha quedado solo, pero ahora sabe y es consciente de sus propias fuerzas. No hay protecciones infantiles frente al Ein Sof. En su estado de soledad radical, el Yo de la Tiferet encuentra la valentía de existir y de fortalecerse de forma interior. Ya no existe mayor recompensa para el Yo mental que la propia sensación interior de «Keter». Se han caído todos los elogios y las críticas del entorno,[385] porque ahora la Tiferet asume su propia condición, ya no depende de nada externo, ahora todo su potencial se encuentra en su interior. Ha logrado el conocimiento de la «alquimia»,

---

383. Sin embargo, continuamos aprendiendo de todos los niveles en las diferentes dimensiones (Sefirot).
384. Se han desmoronado todas las proyecciones del Yo sobre el exterior. Se han destruido mentalmente todas las seguridades ilusorias del Yo mental.
385. Se alcanza el estado de ecuanimidad, donde las críticas y los elogios se encuentran en el mismo nivel.

«Él mismo se ha transformado». El verdadero alquimista entonces es quien es capaz de proyectar su Yo en su Yo. Las proyecciones exteriores se desvanecen porque el Yo se ha liberado de todos los condicionamientos externos.

6. Y ahora llegamos a la última etapa: el Yo ahora sabe que no es nada, que no existe Yo, que el Yo es simplemente un fragmento del Ein Sof, y que, por lo tanto, la verdadera consciencia es realmente el Ein Sof, que tanto su nacimiento como su propia muerte física son importantes para el Yo en cuanto a su propio Yo, pero que su Yo no es nada frente a la historia del universo, y menos frente al Ein Sof; y cuando experimenta el estado de Yo/No-Yo, alcanza la consciencia de ser un fragmento del Ein Sof, en este nivel es donde se pierden absolutamente todos los miedos. No existe más dolor, ni miedo ni temor, porque el Yo ya sabe que regresa hacia donde ha venido. El Yo no tiene miedo a su propia desaparición física porque en realidad ya se encuentra en el estado del Yo/No-Yo. No decimos que el Yo alcanza un estado de insensibilidad absoluta, el Yo sigue sensible a todo lo que sucede en todas las dimensiones, sino que ahora el Yo ya sabe que realmente no existe, que su supuesta existencia es nada y que solo participa de la consciencia absoluta del Ein Sof. El Yo ya no se siente solo porque todos los otros Yo están tan solos como él, y todos los otros Yo son tan nada como él; porque, en realidad, todo el mundo inferior dentro del vacío es nada frente al Ein Sof, porque condicionados dentro de este vacío lo único existente en la eternidad es el estado del Ein Sof. El vacío puede ser entonces percibido como una cárcel de donde no podemos salir ¿Adónde nos dirigimos si salimos de este vacío? O podemos percibir el vacío de otro modo, como nuestra casa, y comprender que si no se hubiera construido esta casa no hubiéramos tenido la oportunidad de existir. La percepción de nuestra propia existencia en este universo es lo que provoca la aparición de la conciencia. Por lo tanto, la conciencia nos hace conscientes de nuestra existencia (felicidad constante del estado ketérico), o la consciencia al mismo tiempo nos hace conscientes de que estamos atrapados dentro de este vacío. La consciencia del Yo para ser consciente ha pagado un alto precio, ser consciente de su propia existencia. Esta es paradójicamente la causa de la máxima felicidad, y del máximo vacío existencial. La máxima felicidad aparece porque somos conscientes de nuestra existencia, y el máximo vacío existencial por estar atrapados dentro del vacío, condición indispensable de la existencia misma. Lo interesante es que ahora los «otros» como proyección de sí mismo alcanzan otra apariencia en la percepción del

Yo, porque se puede ver ahora la ilusión de que los Yoes de los otros sigan insistiendo en que son algo real. Todo lo existente dentro del mundo inferior se sitúa dentro de su propia inferioridad. Ahora, el Yo puede percibir cómo lo inferior realmente no es inferior, sino que lo inferior es nada frente al Ein Sof. Por supuesto que, para que dicho Yo pueda percibir la nada del mundo inferior, debe tener consciencia de su propia nada, de lo contrario, mientras el Yo se considere algo, entonces todo el mundo inferior puede ser considerado como el verdadero y único mundo. Por lo tanto, el Yo es consciente (en este nivel de consciencia) de que la Nada y el Todo es lo mismo, que Todo es Nada y que Nada es Todo. Existimos atrapados en nuestra existencia, el Yo se ve atrapado dentro de su subjetividad y dentro del sistema general del vacío, y, por otra parte, como consciencia es consciente de la existencia de la consciencia general del Ein Sof que existe más allá del Yo. Así que la consciencia fragmentada pierde la batalla existencial del Yo a favor de la existencia universal-general del Ein Sof que gana su propia autoconsciencia. Si somos fragmentos de dicha autoconsciencia general del Ein Sof, entonces participamos de la Eternidad. Y sin embargo, a pesar de esto, el fragmento del Ein Sof debe continuar existiendo dentro de dicha finitud porque es finito, y porque esta es la aceptación de su destino existencial. Todo el universo vacío tiene una sola compañía real, y es el Ein Sof, y el Ein Sof es quien verdaderamente se encuentra solo, y por ese motivo nos ha construido. Y pese a nuestra construcción, el Yo temporal del sistema de fragmentación no puede lograr que el Ein Sof siga existiendo solo en esencia, y que nuestro Yo se encuentre solo en su subjetividad. Y esta percepción negativa de la soledad es producto de la protección de los arquetipos femeninos (Biná) y de los arquetipos masculinos (Jojmá). Liberados de las supuestas seguridades de nuestros arquetipos, el Yo se encuentra solo en la finitud y el Ein Sof se encuentra solo en su infinitud. Pero el Yo dice: ¿No será el Ein Sof la máxima proyección infinita de mi Yo consciente? Y, a su vez: ¿No será mi Yo una de las tantas proyecciones finitas de la autoconciencia infinita del Ein Sof? El texto dice: «somos imagen y semejanza», y sabemos por el misticismo judío que nosotros somos la imagen del Ein Sof en la finitud. Entonces somos realmente la proyección física del Ein Sof, y el Ein Sof en sus manifestaciones es la proyección de nuestra estructura finita en su máximo desarrollo. Si para la cábala (psicología del misticismo judío) todo es una proyección de las diez dimensiones del Árbol de la Vida, todo lo que se encuentra dentro de esta manifestación (nosotros como fragmentos del Ein Sof) es en realidad el mismo Ein Sof, por lo que la autoconciencia necesita fragmentarse para poder ser autoconsciente; de lo contrario, si una consciencia no se refleja en otra cosa, no existe como tal. La base fundamental de toda consciencia es que reconoce sus propios límites y, por ese motivo, logra su autoconsciencia. El Ein Sof, al no tener límites dentro del infinito, no tenía posibilidad de una autoconsciencia actualizada, sino de una autoconciencia en la Eternidad. En realidad, el Ein Sof logró autoconsciencia con su primera contracción dentro de sí mismo. Al crear su propio vacío interior creó su autoconsciencia. Por ese motivo no existe el Yo, ni existe nada si ese Yo o ese algo no se puede reflejar en un No-Yo que le hace de espejo. El Ein Sof (Dios) nació como consciencia general cuando alguien reconoció su consciencia desde su otredad en el espacio vacío. Cuando el vacío le dio al Ein Sof la oportunidad de proyectarse sobre dicho vacío. El «Adam Kadmón» es entonces como «hombre primordial» el reflejo macro-cósmico de mi realidad micro-cósmica. El «Yo» sabe que es un fragmento del Ein Sof en la finitud, y el Ein Sof sabe que ha construido imágenes de sí mismo. Nosotros (todos los Yoes existentes) somos los sueños del Ein Sof, pero nosotros como proyección del Ein Sof hacemos que el Ein Sof tenga conciencia de existencia, porque en el interior del Ein Sof existe conciencia de su esencia pero no de su existencia. La consciencia de existencia nace por medio de la escisión de algo frente a otro. Y todo lo que se escinde para construir un Yo debe estar necesariamente limitado por las formas; en cambio, el Ein Sof, al crear un espacio vacío dentro de sí mismo, logra al mismo tiempo mantener su infinitud y ser consciente de sí mismo. Reitero que el Ein Sof en su infinitud se encuentra atrapado en su propia infinitud y nosotros como fragmentos finitos del Ein Sof nos encontramos atrapados en nuestra finitud, y si algún día logramos vencer y trascender físicamente los límites de la finitud, estaremos atrapados por la infinitud. El problema del vacío existencial y de la felicidad permanente como contrapartida es la propia existencia de la consciencia. En el momento que el Ein Sof creó el vacío, se creó la consciencia divina de existencia, porque ahora el Ein Sof se escindió en relación al vacío. Todo el vacío del universo podía reflejarse ahora dentro de la consciencia del Ein Sof, entonces el Ein Sof sabe que existe porque existe el vacío, sin el vacío no existe escisión dentro del Ein Sof y, por lo tanto, no existe consciencia. Nosotros somos «consciencia» por la diferenciación de nuestro Yo. La esencia del Yo es ahora la escisión de mí, de todo lo que no soy yo. El Yo adquiere consciencia cuando puede definirse frente a todo lo No-Yo. Y cuando el Yo se expande dentro del vacío, pierde consciencia de existencia para obtener la felicidad de la esencia del Ein Sof. La esencia del Ein Sof es la eternidad del ser, y el Yo, cuando siente dentro de la materialidad existencial la temporalidad y finitud, se vuelve eterno e infinito porque participa de la esencia del Ein Sof.[386] Todas las consciencias deben necesariamente diferenciarse de algo para ser conscientes de su existencia. Y el Yo tiene la oportunidad de existir dentro de la finitud y, al mismo tiempo, obtener la consciencia de trascendencia al sentir su participación dentro del Ein Sof. En realidad, el Ein Sof constituye, o la máxima consciencia, o la máxima esencia. En realidad, no existe máxima consciencia sin la escisión (entre el Ein Sof y el vacío). La esencia existe (perdón por la paradójica expresión de que la esencia existe); deberíamos decir, la esencia es, en cuanto no existe la consciencia. La consciencia del Ein Sof nació entonces gracias al vacío que le permitió su propia proyección. Y el Yo llega a la conclusión de que él es una de las tantas proyecciones del Ein Sof para poder adquirir la autoconsciencia. Nosotros (como fragmentos del Ein Sof) somos la autoconsciencia de Dios, porque, pese a nuestra finitud, permitimos que exista la consciencia de la

---

386. Dice el texto del libro de los Proverbios 28:5: «Y quienes buscan a Dios entenderán todo». Si hacemos un análisis de este versículo bíblico nos encontramos «que quienes entienden todo» son los que «buscan», pero no los que lo han encontrado. ¿Los que han encontrado a Dios entonces no entienden todo? Por supuesto, porque a Dios no se le encuentra, se le busca. Quien dice literalmente que encontró a Dios no se le puede creer porque si Dios es infinito, es imposible para algo finito encontrar lo infinito, pero sí se puede buscar a Dios, porque se puede y se debe buscar al Ein Sof. Tampoco el texto dice que quienes crean en Dios entenderán todo, simplemente porque al creer demuestran la ignorancia, creen porque no conocen, y porque dejaron de buscar. Quien cree haber llegado a Dios, entonces lo atrapa en su red mental, lo humaniza, lo hace finito; en cambio, quien lo busca en realidad este es quien realmente podrá entender todo, porque toda la existencia tiene sentido justamente en la búsqueda de la infinitud del Ein Sof, y como nuestra búsqueda es infinita entonces la propia búsqueda es la que le da sentido a nuestra existencia y no nos permite sentir el vacío existencial. El Ein Sof llena nuestro vacío porque en realidad el vacío no es real, es simplemente la posibilidad de que nuestro Yo exista. Sin vacío no existe nuestro Yo porque todo estaría lleno de Ein Sof. Por lo tanto, gracias al vacío que dejo el Ein Sof en su retirada de sí mismo (dentro de sí mismo) entonces existe nuestro Yo, y gracias al vacío que tiene nuestro Yo interior es que existe dentro de nosotros el vacío finito que podemos llenar de Ein Sof. ¿Cómo podemos llenar algo finito con lo infinito? ¿Cómo podemos llenar nuestra temporalidad con la Eternidad? Como nuestro vacío es finito podemos llenarlo fácilmente si nos acercamos al Ein Sof. Es más, aunque seamos físicamente eternos, siempre seremos finitos y, por lo tanto, siempre existirá un nivel superior que se ocultará por nuestra finitud. Infinitamente podremos ampliar nuestro Kli de recepción finito. Nuestra finitud es la que nos otorga la potencia de sentir el Ein Sof. Toda nuestra finitud puede ser llevada a grados más altos de conciencia y así transitar hacia la conciencia infinita del Ein Sof.

existencia, y percibimos la existencia por la existencia de la consciencia; sin la consciencia, existe la existencia en esencia, pero sin ser percibida por la consciencia no existe la existencia porque solo existe la esencia. Y cuando nos vamos reproduciendo en otros seres humanos,[387] entonces vamos creando otras «consciencias», otros «Yo», que siguen evolucionando, expandiéndose dentro de este vacío y ampliando la consciencia. ¿Existirá el momento donde toda consciencia pueda revelar toda la esencia? ¿Será el vacío capaz algún día de captar la esencia del Ein Sof? El día en que la consciencia capte toda la esencia, entonces no existirá realmente consciencia debido a que la consciencia necesita un punto fuera de su esencia para poder autopercibirse. En realidad, el Yo como conciencia existe porque posee un vacío interior, y si decimos que la conciencia llenará este vacío, entonces todo sería esencia, y paradójicamente se perdería la conciencia que siempre debe existir fuera de su propio Yo. El Yo para ser Yo necesita verse a sí mismo; si el Yo no se disocia de su Yo, entonces no existe consciencia del Yo, porque la raíz de la conciencia es su escisión de la existencia. El Yo mental debe percibir el Yo interior para que exista consciencia, de lo contrario, si el Yo mental ocupa como consciencia toda la esencia, entonces la materialidad inferior del Yo (sea el Ruaj y el Nefesh) no tendría sentido de existencia. Como decía el sabio cabalista Luzzatto, cuando se destruyan todos los lazos de la materialidad llegaremos a la Era Mesiánica.[388] Por consiguiente, el Yo para construir una consciencia debe construirla diferenciada de su propia estructura porque el Yo mental de la Biná debe percibir la estructura de su Yo desde fuera de sí mismo. El Ein Sof necesi-

---

387. Dice el profesor Moshe Idel en una de sus obras sobre el tema de la relación de la procreación en el misticismo judío: «Supongo que el contacto con lo divino comporta una elevación del estatus de la persona, la cual alcanza una especie de prefiguración de la inmortalidad, implícita en el acto de la procreación entendida como perpetuación de sí. La discusión sobre el amor de Dios por el pueblo de Israel, ejemplificado por la unión de los querubines, constituye el intento de asegurar a los peregrinos que no se ha roto el pacto entre Dios y el pueblo elegido». «Es interesante señalar que también una importante discusión talmúdica relativa a la obligación de disponer una morada para la Shejiná está vinculada explícitamente a la procreación. Algunos de los primeros maestros del Talmud condenan tajantemente el rechazo de Ben Azzay a casarse para consagrarse enteramente al estudio de la Torá. Rabí Eliezer declara incluso que quien se abstenga de procrear será castigado con la muerte, como Nadav y Avihu que murieron, según esta interpretación porque no habían tenido hijos» (*Cábala y Eros*, de editorial Siruela, Moshe Idel, página 49, Madrid, 2009). Indudablemente, la idea es que la conciencia humana continúe existiendo para alcanzar mayores grados de conciencia dentro de esta finitud predeterminada donde existimos. Si aún no podemos alcanzar la «inmortalidad finita subjetiva», la procreación nos permite un grado de «inmortalidad social».
388. Para toda la tradición mística del judaísmo (la cábala), la Era Mesiánica constituirá la elevación de la conciencia a estados energéticos sutiles fuera de la materialidad.

ta que alguien reconozca su existencia para ser existente aunque exista en su esencia. Lo mismo sucede con el Ein Sof, por lo que el vacío que ha creado es su propia consciencia producto de la escisión de su esencia para autorreconocerse a partir del vacío. Si no logramos vaciarnos a nosotros mismos de nosotros mismos, no llegaremos a crear nuestra consciencia, toda vez que el Yo mental de la Biná necesita percibir su Yo interior y el mundo inferior a partir de un movimiento que implica necesariamente el «salir de sí mismo». El Ein Sof necesitó del vacío para poder autopercibirse desde fuera de sí mismo. Y nosotros somos los entes finitos que al percibir el Ein Sof tenemos la función de constituir su propia consciencia divina. Siempre el vacío (como la escisión primordial del Ein Sof) reflejará la esencia del Ein Sof, pero nunca alcanzará la esencia, porque para ello debe destruirse la consciencia. El vacío hace consciente al Ein Sof de su propia infinitud y nosotros podemos percibir el Ein Sof, y, por lo tanto, la consciencia del Ein Sof se ha creado a partir de nuestra elevación de consciencia. Entonces, llegamos al último punto posible de nuestra estructura mental finita: la consciencia del Yo avanza revelando lo «oculto» porque es justamente el trabajo del Yo en tanto escisión del Todo que quiere avanzar hacia el Todo a partir siempre de su propio Yo, y siempre de su propia diferenciación estructural. El Ein Sof adquiere mayor conciencia de sí mismo a partir de la expansión del vacío del universo dentro de sí mismo, porque todo lo «oculto» que se encuentra dentro del infinito del Ein Sof se revela dentro del vacío. Y así como funciona el Ein Sof, así funcionamos nosotros (y todos sus fragmentos finitos), porque nuestro vacío se amplia y entonces tenemos la oportunidad de expandir nuestra consciencia. Por otra parte, siempre existirá algo oculto al Yo,[389] porque si el Yo revelara completamente la esencia del Ein Sof tendría, que perder la consciencia que pertenece a su estado de escisión. Cuando la consciencia del Yo entienda que es «eterna», entonces la angustia de la temporalidad material desaparecerá. La consciencia entonces alcanzará siempre sus propios límites,

---

389. Por esa razón, la cábala como un camino infinito de expansión de conciencia será la única herramienta que tendremos en el futuro, hasta alcanzar los máximos grados de consciencia, hasta que la consciencia se autolímite para sostener su existencia. Una expansión ilimitada del Yo desembocaría en su autodestrucción. El Yo podrá seguir ampliando su estado de consciencia hasta niveles nunca vistos, pero el Yo a su vez tenderá a su propia autopreservación. Quizás por ese motivo nos limitamos en nuestra expansión de la conciencia, porque en un grado muy alto de expansión de la conciencia podemos pasar del estado del Yo/No-Yo a un estado real de aniquilación del Yo por parte del No-Yo.

y mientras no pueda avanzar sobre el Ein Sof en su esencia, siempre será consciencia de diferenciación. Así como nosotros (como fragmentos del Ein Sof) nunca alcanzaremos la esencia del Ein Sof porque dentro del vacío siempre se manifestarán las manifestaciones del Ein Sof en su finitud, siempre el Ein Sof podrá expandir su expansión del vacío universal para continuar revelando manifestaciones finitas de su propia esencia. ¿Algún día el Ein Sof podrá revelar toda su esencia dentro del vacío universal? Si esto sucede, entonces toda la esencia del Ein Sof se confundiría con su consciencia, y nosotros llegaríamos a los límites de la esencia, pero esto es contradictorio si consideramos al Ein Sof en su infinitud, porque entonces llegaría un punto en que si la esencia y la consciencia coinciden, entonces alcanzaríamos los límites del Ein Sof, cosa que parece imposible, porque entonces si esto fuera posible, si toda la esencia se volviera consciencia,[390] descubriríamos que nosotros somos el mismo Ein Sof. ¿Es posible que todo el Sod (secreto) pueda ser revelado? En realidad, nuestra consciencia (la consciencia del Yo) sería el obstáculo fundamental para no lograr revelar la totalidad, porque entonces si también nuestra esencia se confunde con la consciencia y unificamos el Yo mental con el Yo interior, nos quedaría exclusivamente el Yo mental, pero siempre existirá un punto (incluso mental) de subjetividad desde donde parte la consciencia; ¿es posible que la consciencia llegue a tal nivel de Daat que logre algún día unir realmente el Daat con el Keter? ¿Puede permitir el Ein Sof que su propia consciencia conozca su esencia, y que todo se vuelva realmente «uno» dentro de un nivel de máxima consciencia?, ¿pasamos entonces de la máxima esencia dentro del Todo a un Yo que se integraría al Todo sosteniendo su estado consciente y logrando la consciencia general del Ein Sof? ¿Somos entonces nosotros los que debemos transformar la esencia en la consciencia? ¿Y si cuando llegamos hasta ese punto dentro de la autoconsciencia del Ein Sof

---

390. Sin embargo, esto parece imposible, porque estaríamos diciendo que el Ein Sof es finito, lo cual es una contradicción. Tampoco es posible que la expansión del vacío alcance los límites del Ein Sof siendo el infinito un ser infinito; sin embargo, la expansión del vacío podría alcanzar su propio límite a la expansión dentro de la infinitud. Aunque si la expansión del vacío dentro del infinito se detuviera, podríamos sospechar que hemos llegado a los límites del Ein Sof. Fuera de la expansión del vacío que crea el tiempo y el espacio, existe el Ein Sof que es eterno; la eternidad es infinita porque si fuera finita, tendría que poseer dentro de sí misma las variables de tiempo y espacio de forma operativa; no obstante, el Ein Sof posee las variables de tiempo y espacio de forma potencial para crear diferentes vacíos dentro de su infinitud. De modo inverso se puede decir que la potencialidad infinita de autorreducción a las magnitudes finitas lleva como consecuencia la aparición de los elementos del espacio y el tiempo, productos derivados del Tzimtzum del Ein Sof.

nos encontramos que no existe el Ein Sof? Entonces hemos descubierto el Ein Sof dentro de nosotros mismos, por lo que en realidad el Ein Sof existía de todos modos.[391] Entonces la idea del Ein Sof constituye nuestra máxima autorrealización de conciencia universal. Si nosotros nos autopercibimos como fragmentos del Ein Sof, el Ein Sof en verdad existe, y si existen otras formas conscientes dentro de esta realidad (animales, vegetales, etc.), esta es la prueba de la existencia de consciencias más allá del ser humano (como afirmaba el sabio cabalista Isaac Luria). Si percibimos nuestra consciencia, percibimos automáticamente que existe la esencia no revelada. Y más aún, si percibimos otros niveles de consciencia, el Yo sabe que existen consciencias menores y consciencias mayores. En esencia, el Ein Sof existe porque la autoconsciencia del Yo sabe que por el mero hecho de la existencia de la consciencia se puede lograr una expansión de consciencia mayor hasta abarcar la máxima realidad posible. La consciencia en los niveles más elevados se puede llegar a encontrar con el Or Ein Sof (la luz del Ein Sof), porque en Keter sabemos que nuestra consciencia se puede continuar expandiendo de forma constante. Por ese motivo, cuando decimos que el trabajo del cabalista es transformar el «Sod» de esta realidad para que se transforme en revelación, podemos decir que el Ein Sof no constituye realmente el Sod absoluto. Por lo que cuando percibimos el Ein Sof, nos encontramos en conexión directa con el Sod en su máxima potencia. En el momento en que la consciencia del Yo percibe que se encuentra dentro de una consciencia mayor a sí mismo, es cuando indudablemente tiene consciencia de la existencia del Ein Sof. Siendo nosotros, entonces, fragmentos del Ein Sof, podemos preguntarnos desde la perspectiva del misticismo judío si toda psicología no es realmente teología, y viceversa. Cuando el Yo dice que el Ein Sof no existe, es porque la Tiferet cree ser Keter, y cuando el Yo dice que el Ein Sof existe, es porque sabe que la Tiferet sintiendo la consciencia ketérica que mira al Ein Sof sabe que no es nada dentro de esta totalidad. Lo importante no es lo que el Yo perciba, sino lo que el Yo es. El «Yo» es consciencia diferenciada (se crea o no en el Ein Sof), y siendo consciencia diferenciada, el Yo avanza hacia lo No-Yo ampliando su conciencia; y siendo el Ein Sof (como infinito en su magnitud física), es una realidad objetiva, entonces debemos reconocer que no pode-

---

391. Sabemos por escritos ocultos de los grandes cabalistas medievales que no somos los únicos seres en el universo con conciencia. Esto lo explicaré en un trabajo de investigación que estoy proyectando para el futuro.

mos trabajar con el Infinito como un problema de proyección de la psique, dado que la infinitud es un ente real dentro del campo de la física. Así que cuando operamos con la realidad del Ein Sof, no estamos trabajando una simbolización metafísica, sino sobre una realidad física exterior a la psique. La simbolización metafísica puede ser la excusa para que cierta psicología opere el análisis de la psique de acuerdo con los métodos entrópicos tradicionales. En realidad, el Ein Sof no es una cuestión de «creencias» (creo o no creo), sino de una realidad física fuera del vacío universal. El Yo es consciente de su propio nivel de consciencia. Además, a través de la historia, los otros Yoes nos han enviado información del pasado para que podamos crecer; entonces podemos decir que nuestro Yo se encuentra en una cadena de ampliación permanente de conciencia dentro de una cadena de Yoes históricos. Existe entonces un «Consciente colectivo».[392] Las dimensiones del Árbol de la Vida son las energías básicas que, cuando se revelan, forman parte del consciente colectivo y son al mismo tiempo un reflejo del Inconsciente colectivo (cuando se encuentran en estado de Sod), pero cuando se revelan entonces forman parte del Consciente colectivo. Dicho «Consciente colectivo» es el reflejo de la consciencia del Ein Sof dentro del vacío. Nuestra consciencia subjetiva de la Tiferet participa de la consciencia objetiva cuando se revela y participa de igual modo cuando no se revela, es decir, cuando no la podemos percibir. Si Jung definió el «Inconsciente colectivo» cuando esto fue revelado y explicado paso a ser «Consciente colectivo» porque se había revelado. Cuidado con estos conceptos, porque estamos operando en dos niveles de revelación completamente diferentes. En un primer nivel de revelación podemos decir que cuando la Jojmá (simbolización arquetipal junguiana) se conceptualiza (Biná), entonces el inconsciente colectivo pasa a ser un consciente colectivo. Pero en un segundo nivel, dentro del Sod del misticismo judío se supera el estado de simbolización junguiano y se representa todo lo oculto, incluso para el estado de simbolización de la Jojmá. Por lo tanto, el grado oculto real del Sod se encuentra en Keter, y los arquetipos generales del inconsciente colectivo junguiano, dentro de la Jojmá que son revelables

---

392. Todas las revelaciones culturales, científicas y de todo tipo que como sociedad hemos heredado forman parte del consciente colectivo. Lo no revelado se revela simbólicamente en el inconsciente colectivo junguiano. Sin embargo, para la psicología del misticismo judío lo más importante es el inconsciente colectivo no revelado ni de forma simbólica. La simbolización del inconsciente colectivo es una forma de revelación. El nivel de Sod (Secreto) de la cábala se encuentra en el nivel de Keter, el secreto simbólico junguiano se encuentra en el nivel de Jojmá.

dentro de la Biná. El nivel del Sod de Keter también es revelable, pero se encuentra más allá de lo simbolizable; por ese motivo, la dimensión de Keter no tiene una representación arquetipal. En la cábala decimos que lo «Sod» (lo secreto) es infinitamente más grande que lo «Niglé» (lo revelado), por lo tanto, todo el trabajo que tiene la Tiferet en su camino hacia Keter es «revelar lo máximo posible», en otros términos elevar todo su Yo, hasta su máxima potencialidad. Esta potencialidad se encuentra con tal grado de ocultamiento que aún no es simbolizable. El Yo de la Tiferet tiende siempre a ascender de nivel, y por ese motivo el objetivo existencial del Yo es el Ein Sof. Igual que el Yo tiene un camino infinito, todo Yo tiene su potencialidad máxima en la percepción mental del Ein Sof. Aunque nada exista en el interior del Ein Sof, nosotros como «consciencias» alcanzaremos nuestra máxima potencialidad posible, y probablemente al alcanzar dicha potencialidad máxima podamos lograr la máxima «consciencia» de las energías que se ocultan detrás de la materia. Y si al llegar a este punto comprobamos la existencia del Ein Sof, entonces estaremos en la misma situación. Aunque partamos de la base tanto de la existencia como de la inexistencia del Ein Sof,[393] al existir nosotros como «consciencias» dentro de la materia, el Ein Sof existe realmente dentro de nosotros (y dentro de otras consciencias creadas), porque Keter representa nuestra máxima potencialidad de consciencia. Así, nosotros sabemos que el Ein Sof existe no porque creemos que existe, sino por nuestra propia autoconsciencia. En este sentido, la propia existencia de nuestra consciencia del «Yo» hace que automáticamente comprendamos que el Ein Sof existe, porque nosotros somos fragmentos de la «Conciencia universal» que se encuentra detrás de la realidad material. Y si somos fragmentos del Ein Sof en nuestra calidad de conciencias diferentes, automáticamente existe el Ein Sof porque nosotros somos sus fragmentos. En definitiva, la prueba de la existencia de una consciencia divina se fundamenta en la existencia de nuestra propia consciencia fragmentada porque es indudable que existen consciencias superiores a la nuestra. En realidad, nuestra propia existencia consciente es la prueba de la consciencia que la materia alcanza en su proceso de autopercepción de sus energías subyacentes y ocultas. La consciencia se abre paso a través de toda la materia, porque toda energía desea revelarse y, al reve-

---

393. Como me dijo mi querido amigo el intelectual judío argentino Marcos Donio en nuestro encuentro en Buenos Aires del mes de septiembre de 2014: «Dios existirá».

larse, toma consciencia de su propio Yo. La materia entonces es el velo más denso que oculta lo revelable, porque oculta las energías subyacentes que siempre desean revelarse para alcanzar algún tipo de consciencia. Como sabemos que el nivel de consciencia se modifica a través de su ascenso, la sola existencia de nuestra consciencia hace que indudablemente comprendamos (que seamos nosotros o sean otras formas de consciencia) que las energías conscientes siempre saldrán a la luz desde lo oculto y se revelaran. Si toda energía existente es capaz de revelarse y alcanzar su autoconsciencia, existe esencialmente un flujo de autoconciencia en las energías subyacentes de la materia, y nosotros somos la prueba de ello. El sustrato atemporal de la consciencia (más allá de nuestra existencia humana) hace que el Ein Sof sea una realidad dentro de esta realidad y más allá de la realidad que percibimos, porque todo lo que percibimos tiene relación con nuestras limitaciones estructurales. De este modo, el materialismo y el evolucionismo explican por su extremo ideológico lo mismo que explica la espiritualidad hebrea. La consciencia del Yo evoluciona y alcanza nuevos y más altos niveles. El nivel del Nefesh alcanza el nivel del Ruaj y el nivel del Ruaj alcanza el nivel de la Neshamá. Ahora bien, el interrogante es: ¿no existe el nivel de energía de la Neshamá dentro y oculto en el nivel del Ruaj? ¿No existe el nivel potencial de energía del Ruaj dentro del Nefesh? Por eso, si las energías ocultas detrás de la materia son conscientes de su propia existencia, entonces existen diferentes grados de consciencias en toda la existencia; y esto hace que automáticamente comprendamos que detrás existe un Ein Sof consciente de su propia realidad que hace que nosotros como fragmentos participemos de dicha consciencia universal. La autorrevelación constante de la consciencia es el proceso obligado de la evolución general de la materia, ya que dicha materia al autocomprenderse crea la consciencia. No es (como dice Darwin) que la materia evoluciona, sino que, como dice la cábala, la materia extrae las energías subyacentes que existen dentro de ella y, al revelarse, aparecen los niveles más altos del alma (la consciencia). Toda energía al salir fuera de su estado oculto dentro de la materia se hace consciencia. La materialidad de la creación oculta las energías reales provenientes de la energía infinita del Ein Sof. La consciencia del Ein Sof cuando pasó a ser fragmentariamente consciente tuvo que necesariamente perder la consciencia de la totalidad para ocultarse dentro de la consciencia subjetiva del Yo.

137. La felicidad trascendente

«En los niveles más altos de la sabiduría, el pasado, el presente y el futuro no han sido todavía separados».

Aryeh Kaplan

Me gustaría explicar lo que comprendemos dentro del misticismo judío como la «felicidad trascendente». Sabemos que el mundo inferior (universos de Yetzirá y Asiá) es donde biológicamente (materialmente) nos hemos desarrollado. Es indudable que «creamos» que estos dos universos son los únicos reales dentro del sistema. Este es probablemente el primer gran problema que tenemos cuando nos encontramos con el misticismo judío. Afirmamos que existe una realidad tan real como la que captamos a pesar de que dicha realidad no puede ser «captable». Cuando nosotros «creemos» que la realidad es lo que hemos comprendido subjetivamente, erramos, porque la realidad es más amplia en el nivel del «Sod» que lo que se nos revela a nosotros. Sabemos que el «Sod» (lo desconocido y secreto) es siempre mucho más extenso que lo que hemos revelado. A partir de aquí llegamos a dos conclusiones importantes: los niveles del conocimiento actual (Daat) están completamente distorsionados al no comprender los elementos constituyentes de la realidad en su «Totalidad», y la segunda conclusión es que debemos saber que existen universos energéticamente más sutiles que los que por ahora podemos comprender. El nivel de «Sod» más profundo se encuentra justamente en los universos más altos donde operan las energías abstractas más sutiles.

Sin embargo, al percibir que las variables del espacio y el tiempo fueron creadas por el Ein Sof, sabemos que existe el Universo de Briá (la Creación) que se encuentra físicamente de forma superior a los dos universos inferiores.

Cuando logramos percibir la felicidad «trascendente» como un camino permanente hacia el Ein Sof, decimos que poseemos el deseo máximo en nuestra interioridad. Es el deseo del infinito. Este deseo de búsqueda de la infinitud, de conocer y comprender el sentido de la existencia del universo, es lo que automáticamente nos sitúa en la conciencia fragmentaria de ser partes integrantes del Ein Sof. El objetivo de la existencia es la propia búsqueda del Ein Sof; y de ese modo extraeremos todas las potencialidades subjetivas hasta nuestra máxima limitación.

En tanto fragmentos de la conciencia objetiva general (la manifestación energética del Ein Sof dentro de este vacío), podemos saborear la existencia, incluso a pesar del dolor del mal real que se encuentra integrado dentro del sistema, porque sabemos que cuando logremos cancelar los efectos del tiempo y el espacio, alcanzaremos realmente la destrucción del mal. Lamentablemente, aún «creemos» tener conciencia fragmentaria, y allí reside el mal, cuando como un «fragmento» de la realidad me posiciono en mi calidad fragmentaria. Y cuando un fragmento «cree imaginariamente» que posee la verdad en su campo de dominio, se crea automáticamente un «dogma» (o un espacio abstracto de seguridad mental) que obstruye la compresión de los otros fragmentos dentro de la realidad. Tengo que permanentemente forzar mis propios límites para no creer de manera imaginaria (por razones de seguridad de mi Biná) que la realidad opera de acuerdo con los límites de mi propia capacidad fragmentaria. Debo ser consciente de esta capacidad fragmentaria, porque estos límites subjetivos constituyen los elementos claves de distorsión de la realidad.

Debo lograr «participar del Ein Sof» como conciencia general cósmica para lograr la felicidad trascendente y, al mismo tiempo, debo existir en el orden inferior sosteniendo mi subjetividad y mis condiciones subjetivas. Debo defender lo que soy para no ser aniquilado porque he venido a la existencia para continuar existiendo, y nadie me puede quitar el derecho de continuar existiendo. Pero mi «conciencia de existencia» no debe ser fragmentaria, debe ser una conciencia de unificación con la humanidad, con el Cosmos. Mi identidad subjetiva se estructura sobre las variables del tiempo y el espacio; sin embargo, mi conciencia más profunda debe operar dentro de la «Eternidad». El trabajo del Yo es doble, y paradójicamente no es contradictorio, porque defiendo la subjetividad como un derecho a la diferencia que aporta mi Daat (el Conocimiento) y, a la vez, unificarme con el Todo, a pesar de las agresiones eventuales del entorno que pueden rebajar mi nivel de refinamiento. En el Universo de Asiá defiendo mi existencia corporal como un vehículo de revelación de mi energía específica en el campo de la materia, pero en el Universo de Yetzirá mi psique debe elevarse más allá de mi Yo.

La «felicidad trascendente» es aquella que se ata al deseo infinito de continuar elevando mi conciencia de forma permanente. Nadie puede quitarme el derecho de existir dentro de mi vida subjetiva inferior, pero mi vida subjetiva debe ser vivida en función de la destrucción permanente de mi subjetividad para alcanzar un grado de felicidad superior. No me puedo anclar en los dogmatismos construidos en los universos inferiores.

138. Una subjetividad inflexible como problema

> «Hay que redimir al ser humano de la importancia que se da a sí mismo».
>
> JAMES HILLMAN

La existencia material me obliga a pertenecer a un grupo social, a un grupo religioso, a una identidad, y acepto gustoso esta situación, de hecho, pero a través del «Daat» debo situarme en la posición del «otro». Hasta que no cruce la frontera para ser «Otro con el Otro», entonces no lograré salir de mi propia subjetividad. Es más, debo ser uno con lo cósmico incluso sin posicionarme en la subjetividad del otro, porque no puedo viajar de una subjetividad a otra, tengo que liberarme de las fragmentaciones subjetivas de la realidad inferior.

¿Y cuando el «Otro» no se posiciona en mi posición? No hay problema hasta que mi subjetividad es atacada. Si mi subjetividad es atacada, la debo defender, porque defiendo mi existencia material en esta realidad fragmentaria, nadie tiene el derecho de destruirme físicamente por mi pertenencia subjetiva en el orden inferior. El orden inferior se sostiene con Guevurá (los límites), y hasta que científicamente no nos liberemos de este orden inferior ascendiendo al orden superior, no podremos trabajar en el nivel real del Jesed (la abundancia), pero siempre esta abundancia debe bajar a las restricciones del mundo inferior.

A pesar de esta situación, mi «Yo» debe seguir ascendiendo en sus niveles de conciencia, porque el «ascenso de mis niveles de conciencia» podría ser eventualmente frenado por los ataques del exterior. Es decir, al mismo tiempo que defiendo mi subjetividad material en el orden inferior (porque no quiero ser destruido), debo seguir trabajando para elevar mis niveles de conciencia; el verdadero mal actúa cuando los «Otros» lo atacan a uno dentro del orden inferior (sea por cualquier diferencia, de género, de religión, de nacionalidad, etc.). En el caso histórico del judaísmo, el ejemplo es el antisemitismo. Ahora bien, ¿debo construir mi identidad a través del rechazo del «otro»? De ningún modo.

Mi identidad puede elevarse a los más altos grados de conciencia en el mundo superior, porque allí todos nos dirigimos hacia el Ein Sof, pero en el mundo inferior fragmentario debo defender mi subjetividad diferencial y fragmentaria para no ser aniquilado por las fuerzas del mal. El orden inferior está dominado por las limitaciones más densas de la contracción divina, y lamentablemente tengo que operar en dicho orden inferior. Sin embargo, operar energéticamente en el orden inferior no necesariamente provocará el cambio de mi conciencia. Mi conciencia debe ser siempre «conciencia Alef» de unificación de mi subjetividad dentro de la Totalidad. No puedo verme forzado a adquirir la «conciencia Bet» por los ataques de los «Otros» en el orden inferior, porque quizás al defender mi subjetividad existencial esto me provoque internamente un cambio de conciencia, y entonces sin darme cuenta pase a operar sobre la «conciencia Bet». Los «ataques exteriores» que quieren hacer que mi nivel de conciencia baje a los niveles fragmentarios del mundo de Bet no deben ser la causa de obtener una «conciencia Bet». Al contrario, cada vez que el mundo inferior de la fragmentación se me presenta como más problemático y más agresivo, debo lograr sostener en mi interioridad la «conciencia Alef». El mundo de la fragmentación de Bet es realmente la prueba de si lograré elevar mis niveles de conciencia Alef, a pesar de existir dentro del mundo inferior.

La felicidad «inferior» o temporal se debe diferenciar de esta felicidad «trascendente» de la que estamos hablando. La «felicidad trascendente» no es nunca debilitada por los problemas que presenta el mundo inferior, porque no depende de nada del mundo inferior; en cambio, la felicidad «inferior» o temporal como se encuentra atada a un fragmento finito de la realidad material, entonces sus deseos son finitos, y cada vez que dichos deseos fragmentarios y finitos son satisfechos, la felicidad se escapa, porque paradójicamente se establece la «infelicidad». Porque los deseos finitos y fragmentarios, cuando son satisfechos, requieren de un aumento de los deseos. A tal punto que el mundo de la fragmentación (Bet) ha creado, a través del sistema económico, una serie de deseos artificiales para aumentar el consumo con el objetivo de continuar satisfaciendo dichos deseos artificiales, lo que a su vez profundiza inevitablemente el estado de vacío existencial del sujeto. Y en esta carrera sin sentido nos encontramos hasta ahora.

139. Las dos vías para la felicidad: la trascendencia y la inmanencia

> «Existen secretos tan profundos que los sabios de la antigüedad no pudieron verlos».
>
> Jaim Vital

Por lo tanto, la psicología del misticismo judío propone que el sujeto logre percibir la «felicidad trascendente» de esta existencia para así continuamente acceder a la conciencia Alef. Sabemos, como ya lo hemos explicado en su momento, que la conciencia real implica la oscilación entre la Biná (conciencia Bet) y la Jojmá (conciencia Alef), porque ambas son necesarias para la supervivencia. Para la supervivencia existencial en el mundo inferior fragmentario necesitamos de la conciencia Bet y para elevar nuestra conciencia necesitamos la conciencia Alef. No podemos abandonar la inmanencia del mundo fragmentario de la Bet, porque allí residen las felicidades finitas transitorias, y debemos ejercerlas dada nuestra predeterminación material. Sin embargo, todo el sentido trascendente se encuentra oculto detrás del mundo de la fragmentación.

Así, cuando ingresa el sujeto a la conciencia Alef alcanza la felicidad trascedente que no tiene relación con nada fragmentario dentro de la realidad inferior. Todos los tipos de «felicidad» inferior se «relativizan» porque todos ellos son deseos atados a la fragmentación.

Cuando un deseo finito finaliza, entonces el sujeto sale velozmente a trabajar para conseguir otro objeto en una carrera desenfrenada hacia el sinsentido existencial. Sin embargo, cuando el sujeto frena la carrera de deseos finitos y fragmentarios y piensa en su existencia finita y fragmentaria, pero la piensa como un fragmento de la Totalidad del Ein Sof, como un fragmento de la conciencia general, en la posibilidad de elevarse de forma permanente hacia el Ein Sof, es entonces cuando se produce la sensación de la felicidad «trascendente», porque dicho estado de felicidad no tiene relación ninguna con nada finito y fragmentario dentro del orden inferior. Independizados cognitivamente de nuestras dependencias del mundo inferior, el Yo no sostiene su subjetividad, porque ya deja de defender nada para lograr elevar sus niveles de conciencia hasta donde llega su propia capacidad. A pesar de las condiciones que el ser humano vive todos los días dentro de este mundo fragmentado, finito, donde los sujetos chocan dentro del tiempo y el espacio, donde parece que está instaurado el mal y la muerte, ahí, el sujeto debe superar todos los obstáculos que lo hacen feliz por dependencia finita para ser feliz más allá de todas las dependencias. Porque cuando el «Yo» se libera de todas las dependencias psíquicas del orden inferior, entonces sitúa sus energías psíquicas al servicio del aumento permanente de su nivel de conciencia.

Sin embargo, nuestro nivel de conciencia debe seguir elevándose de forma permanente sin caer nunca en la desconexión de la realidad material del mundo inferior. Lo que debemos lograr es elevar el nivel de conciencia general a través de un refinamiento mayor del mundo inferior.

El sujeto desea continuar existiendo en el mundo inferior y, al mismo tiempo, elevar su nivel de conciencia. Esta situación que aparece como paradójica es resuelta de forma favorable por la psicología del misticismo judío cuando propone la oscilación entre nuestra Biná psicológica y la Jojmá psicológica.

Toda «felicidad temporal» o inferior representa en cierto sentido «un acto idolátrico». Todo el mundo inferior fragmentario es esencialmente idolátrico si cognitivamente dependemos de él. Vivir materialmente dentro del mundo inferior de la fragmentación intentando percibir las energías ocultas que otorgan el sentido real (trascendente) a la existencia.

Si logramos trabajar adecuadamente, podremos experimentar la realidad del mundo inferior y, al mismo tiempo, cognitivamente, independizarnos de él, y entonces será posible acceder a la conciencia Alef. La conciencia Alef no es una conciencia de fuga del mundo de la fragmentación (Bet), sino una conciencia de elevación de las energías psíquicas hacia los niveles más altos posibles de acuerdo con la capacidad de cada uno de nosotros.

Por ese motivo, uno crece en su nivel de conciencia por el grado de «interiorización» de su alma, pero también debe saber que crece por el grado de «exteriorización». La «interiorización» no debe ser excusa para anular la «exteriorización», y la «exteriorización» no debe ser excusa para anular la «interiorización»; porque cuando la «interiorización» provoca el aumento de nuestros niveles de conciencia, lo hace a expensas de la no-exteriorización, y cuando la «exteriorización» provoca el aumento de nuestros niveles de conciencia, lo hace a expensas de la «interiorización». Quien solo posee la interiorización de su Tiferet, y no tiene la exteriorización de la Yesod, puede evadirse espiritualmente de la realidad (esta es una Klipá de la Tiferet), y quien a través de la exteriorización desea evadirse de su interioridad, esto conforma la Klipá de Yesod. Me puedo fugar de la sociedad en la interiorización subjetiva, o me puedo fugar de mi Yo a través de la exteriorización social. Todas las dimensiones inferiores pueden llevarnos a crear diferentes sistemas de fuga. La evasión del Yo se puede producir cuando trabajamos exclusivamente sobre una dimensión espiritual del mundo inferior. Esta exclusividad dimensional puede representar con el paso del tiempo una patología.

El trabajo de interiorización es fundamental para refinar luego nuestra exteriorización subjetiva.

Parte 5

Conclusiones

«Todo el cuerpo existe solo para abastecer al cerebro de sus necesidades».

EL BAHIR 83

140. Conclusiones prácticas

> «La luz de arriba baja, pero cuando la luz de abajo sube, no siempre regresa al mismo lugar, porque siempre la luz de abajo sube a un lugar más alto».
>
> Jaim Vital

Después de la exposición del marco teórico que hemos desarrollado debemos explicar obligadamente algunas consideraciones fundamentales para describir detenidamente el proceso de construcción de la metodología aplicada.

En primer lugar, entiendo que el propio marco teórico de la simbología que propone el Árbol de la Vida de la mística judía posee al mismo tiempo un fuerte ingrediente práctico. No me parece correcto desligar lo que he denominado como «el marco teórico» de las consecuencias prácticas de aplicación del sistema místico del judaísmo. En este sentido, este apartado metodológico no busca la justificación experimental del sistema, porque entendemos que la simbología de las diferentes dimensiones del Árbol de la Vida funciona en lo vivencial, y prueba de esto último será la exposición de las conclusiones derivadas del relevamiento de la información que surgen a partir de los informes de mis alumnos más avanzados de «Cábala». Denomino como «alumnos avanzados» aquellos que tienen más de dos años de proceso de crecimiento continuo dentro de mis cursos. Este relevamiento es fundamental a la hora de evaluar correctamente la información.

En segundo lugar, entiendo de una importancia central explicar los pasos metodológicos que he ido realizando a partir de los diferentes consejos que he recibido por parte de mi tutor de tesis doctoral, el doctor Francesc Xavier Marín Torne, de los consejos de mi ex tutor de la URV Universitat Rovira i Virgili, el doctor Joan Prat i Carós, y de las evaluaciones que surgieron en el examen del 22 de mayo de 2014 ante el doctor Joseph Gallifa y el doctor Jordi Segura Bernal. A todos ellos les agradezco infinitamente la ayuda prestada para lograr una metodología válida que me permitiera sostener científicamente este trabajo presentado ante la Universitat Ramon Llull de Barcelona.

Me gustaría destacar la influencia epistemológica que he recibido de la tesis doctoral de la doctora Mariana Gancedo Braun de la Universidad de Palermo (Argentina), que me ha ayudado mucho a reconsiderar algunos aspectos metodológicos importantes de mi tesis doctoral, sobre todo su potente crítica a la psicología positiva.

Para organizar el material he dividido en varios puntos el análisis:

1) La simbología del Árbol de la Vida y su modelo. Para llevar a cabo la tarea de análisis psicológico que he realizado, me he fundamentado sobre las diferentes dimensiones del Árbol de la Vida, ya que se puede encontrar allí una combinación muy útil de la dualidad objetiva/subjetiva. Es decir, que si bien los cabalistas proponen un símbolo objetivo (a modo de arquetipo general de toda la realidad manifestada), cada persona puede transferir su «subjetividad» dentro de las diferentes dimensiones del Árbol de la Vida. Por esa razón, a través de la aplicación práctica de esta simbología no podemos (ni debemos) caer en el error metodológico de confundir lo «objetivo» con lo «subjetivo». La diferencia entre el Universo de Yetzirá con relación a los Universos superiores (de Briá y Atzilut) hace que todo lo «subjetivo» se encuadre dentro del universo yetzirático inferior. Por eso existe una doble objetividad frente a las influencias subjetivas, una objetividad derivada de dos universos superiores ajenos a la percepción subjetiva, y una objetividad a la hora de explicar cada dimensión dentro del Universo de Yetzirá, pero que, sin embargo, permite proyectar dentro del símbolo la subjetividad de cada persona. En otras palabras, dentro de la simbología del Árbol de la Vida conviven en armonía los aspectos subjetivos del individuo y los aspectos objetivos de las dimensiones.

2) El segundo punto que es necesario destacar es la compatibilidad que podemos percibir dentro del modelo del Árbol de la Vida entre lo «finito» y lo «infinito». Las Sefirot (Dimensiones) son los canales de comunicación entre la infinitud y la finitud, y en este sentido el modelo del Árbol de la Vida funciona de una forma no convencional. ¿Cómo funciona entonces? El Árbol de la Vida y sus dimensiones son un modelo, pero no un modelo cerrado. Luego surge la pregunta: ¿Cómo se puede sostener un modelo abierto? Y es aquí donde encontramos la llave maestra de la psicología del misticismo judío: el Ein Sof. La importancia del Ein Sof es fundamental a la hora de comprender el funcionamiento psíquico del sujeto. Todas las dimensiones son cerradas, sin embargo, a partir de Keter hacia arriba

comienzan a abrirse hacia el Ein Sof, y si el Keter del universo emocional (Yetzirá) se acopla al Daat cosmogónico del Adam Kadmón (el hombre primordial-Plan general de la creación); de todos modos, a partir de los dos universos superiores, seguimos ascendiendo desde el Universo de Briá espacio-temporal al Universo eterno de Atzilut (la Emanación), y así llegar a la información infinita contenida dentro del Ein Sof. Entonces se da la paradoja de que el modelo del Árbol de la Vida subjetivamente cerrado por todos lados se abre a su vez por todos lados, es decir, existe una comprensión de las estructuras finitas y una conexión con lo infinito que permite la libertad constante del alma hacia la búsqueda del deseo infinito. El deseo infinito que provoca la conciencia del Ein Sof es quien justamente no cierra el modelo y, al contrario, lo abre. Es decir, que todo sistema dentro de la finitud se cerraría entrópicamente en sí mismo, y lo que encontramos en el símbolo del Árbol de la Vida es que el sistema solamente se cierra para explicar lo que sucede dentro de cada dimensión o sus interrelaciones dimensionales, pero se abre siempre al infinito. El «Ein Sof» es, en definitiva, quien provoca las grietas de todo sistema de entropía humana.

3) El concepto entonces de «Felicidad» a partir de la incorporación del «Ein Sof» queda completamente modificado. Por eso, se pueden captar los niveles de la felicidad inmanente y de la felicidad trascendente. Es más, se puede lograr la combinación más excitante y elevada de la conciencia existencial, y es la capacidad de no renunciar a las satisfacciones finitas del orden de la felicidad inmanente y, al mismo tiempo, captar la felicidad trascendente y así lograr un resultado psicoespiritual más elevado que es el de una felicidad trascendente que trasciende todas las satisfacciones e insatisfacciones inmanentes. Las sensaciones de felicidad del mundo inferior están completamente conectadas con las satisfacciones finitas; en cambio, cuando la insatisfacción es infinita, entonces se produce el éxtasis del deseo infinito. Sin embargo, metodológicamente surge un interrogante: ¿Cómo es posible que el sujeto en algunos casos ante la insatisfacción del deseo infinito no sienta una sensación de «frustración» más que de éxtasis? Para resolver esta cuestión debemos pasar al punto 4.

4) El concepto de «destrucción de la idolatría» es esencial porque es el fundamento de todo el judaísmo. La idolatría representa la adhesión patológica a cualquier fragmento de la realidad inferior. Cuando el sujeto le transfiere poder a otro sujeto, a sí mismo o a un objeto comete «idolatría». Toda

«idolatría» surge a partir de la baja estima del sujeto hacia sí mismo. La transferencia psicológica del poder del sujeto a «otro» u «Otros» hace que el sujeto termine siendo feliz solo si defiende la identidad de un fragmento de la realidad. El dogmático es un ser al que podemos calificar como «un infeliz sustancial», porque borra el Ein Sof de su conciencia y, al anular el deseo infinito, rebaja la satisfacción de sus deseos a los planos inferiores, y entonces su felicidad queda anclada dentro de un objetivo estático. Todo objetivo finito es naturalmente estático. No existe, pues, felicidad en la conciencia finita aun cuando tengamos una estructura material finita. La felicidad real se encuentra a partir del logro de la experiencia de la infinitud, del deseo de búsqueda del infinito, de lograr el éxtasis del proceso de ascenso constante. El «modelo» de la psicología del misticismo judío es lograr percibir el proceso del «Éxodo» como más importante que llegar o no a la Tierra prometida. Porque lo importante no es ingresar en la Tierra prometida, sino caminar constantemente hacia ella. Es el mesianismo judío de lo irredento que hace que no se pueda idolatrar ni la propia Tierra prometida. ¿Cuál es nuestra Tierra prometida en el interior de la psique? Por eso debemos pensar las dimensiones (Sefirot) como procesos constantes y no como puntos fijos, porque al alcanzar los objetivos estáticos de las dimensiones inferiores, esto nos lleva automáticamente a idolatrar la realidad inferior.

5) Aparece entonces el gran interrogante: ¿Cómo demostrar el grado de ascenso interior a través de los actos exteriores? Las preguntas que iban surgiendo planteaban serios problemas a la hora de «probar» los resultados de este proceso de modificación cognitiva. ¿Se podían verificar en la conducta estos cambios cognitivos? Fue entonces cuando se tomó la decisión[394] de realizar unas entrevistas a los alumnos avanzados de mis cursos de mística judía para, a partir de ahí, verificar si se habían producido modificaciones de orden cognitivo y del orden conductual.

6) El «axioma» del que se parte es la idea de la «honestidad radical» del sujeto. Alguno ya podría decir que todo lenguaje es limitado, y entonces no tendríamos forma ninguna de verificar nada. Es decir, si a través del misticismo judío comprendemos las limitaciones del lenguaje estructurado (Hod), tendríamos que haber abandonado la posibilidad de las entrevistas.

---

394. Esta resolución de realizar las entrevistas a los alumnos avanzados surgió en la reunión del 22 de mayo de 2014 con mi tutor de tesis, el doctor Francesc Xavier Marín Torne y los doctores Jordi Segura Bernal y Josep Gallifa.

Siempre se puede ocultar algo dentro del lenguaje, y somos conscientes de esta importante limitación. Y aunque el lenguaje no lo pueda decir todo, podemos inferir algunas conclusiones (siempre parciales dentro de la finitud). Cuando la mayoría de los alumnos avanzados en mística judía hacen referencia, por ejemplo, a la disminución de las discusiones con el entorno social o familiar, indudablemente esta es una variable importante que hay que considerar, más allá de las proyecciones subjetivas del individuo. De las entrevistas surgen dos parámetros importantes que debemos diferenciar y evaluar de forma diferenciada: por una parte, la «sensación general de modificación cognitiva y conductual» que provoca la proyección subjetiva, y las dimensiones desequilibradas y/o equilibradas del sujeto. Cada equilibrio/desequilibrio que el sujeto describe dentro de su entrevista es propio de su estructura, y es de utilidad para verificar la cantidad de proyecciones que el sujeto hace de su identidad transfiriendo su personalidad al modelo del Árbol de la Vida y sus diferentes dimensiones. Sin embargo, la percepción general de una modificación de los niveles de conciencia de la psique es indudablemente muy importante porque entonces el «Yo» siente un crecimiento en su calidad de estructura integrada, y no una disección puntual de los equilibrios/desequilibrios de cada dimensión en particular.

7) Entonces llegamos a una primera conclusión metodológica, aunque no existe forma alguna de «exteriorizar la introspección». Si el Yo declara honestamente que ha logrado modificaciones sustanciales en su subjetividad, esta misma declaración demuestra que existen cambios beneficiosos dentro del Yo. También el sujeto puede declarar que no ha logrado «modificaciones conductuales» pero que sí ha logrado la percepción de sus equilibrios/desequilibrios, de modo que ya consideramos como un avance la toma de conciencia del individuo de aquellos aspectos que pretende modificar.

8) La metodología del Árbol de la Vida y sus dimensiones también tiene un aspecto muy positivo, pues realmente cumple con un deseo antiguo de la psicología: lograr un verdadero principio de neutralidad frente al alumno/maestro. El paciente no es paciente, el cliente no es cliente y el alumno no es alumno; considero entonces que el alumno que participa en los cursos de psicología del misticismo judío es un alumno/maestro (porque indudablemente el propio maestro recibe enseñanzas de sus alumnos). El psicólogo tradicional puede ser muy intrusivo (a pesar de que se hagan todos los esfuerzos en el sentido contrario), y entonces la psicología del misticismo judío arriba a una conclusión clave: el verdadero psicólogo

no intrusivo es el pedagogo. Por esa razón, la pedagogía será la columna vertebral de una psicología futura, dado que el alumno puede proyectarse libre y secretamente en las diferentes dimensiones del Árbol de la Vida sin la injerencia (consciente ni inconsciente) del psicólogo. En ese sentido, el maestro que enseña la psicología del misticismo judío debe enseñar una metodología espiritual o la enseñanza de una epistemología de la psicología que se encuadra dentro de un marco teórico abierto a todas las estrategias de la psique. Por supuesto, en los casos patológicos debe existir indudablemente la «intervención profesional de un psicólogo», pero en los casos de elevación del nivel de consciencia del «sano» se tiene que lograr la proyección y transferencia del Yo al modelo simbólico del Árbol de la Vida. La idea de este campo de la psicología será la de ir liberando lentamente al sujeto de la idolatría, hasta de su propio maestro. Insisto en que cuando existen casos patológicos se deben tratar con las herramientas habituales de la psicopatología, pero cuando existen sujetos sanos se deben tratar con la psicoeulogía (propuesta dentro de los trabajos de la doctora Mariana Gancedo Braun). De todos modos, la psicología del misticismo judío abarca tanto lo «psicopatológico» (las Kelipot) como lo «psicoeulógico» (las Midot), obteniendo una psicología de lo trascendente, que se puede denominar como una psicología transpersonal del judaísmo o una psico-espiritualidad judía.

9) En un momento pensé, junto a mi tutor de tesis, el doctor Francesc Xavier Marín Torne, en implementar un cuestionario más específico «dimensión por dimensión», pero la aplicación de este modelo nos hubiese llevado automáticamente a dos problemas: el primer problema es que el sujeto no explicaría libremente su proceso de crecimiento, y el segundo problema es que las dimensiones quedarían en un pie de igualdad ante la proyección subjetiva; entonces no conoceríamos en qué dimensiones específicas el sujeto se sentía más involucrado. Al implementar la entrevista abierta sobre un interrogante básico, el sujeto explicó los desequilibrios más agudos dentro de cada dimensión. Además se explicó que la encuesta debía ser comprendida en términos de «proceso» dinámico. Entonces en la proyección de su subjetividad se gana un elemento importante y es la posibilidad de verificar directamente los desequilibrios que más preocupan al sujeto. Si el sujeto logra comprender dónde se encuentran sus fortalezas y debilidades, podrá trabajarlas. Y el principio real de neutralidad le ayuda a que pueda lograr el trabajo interior sin intervenciones del exterior.

10) El mapa de los diferentes universos, es decir, el Árbol de la Vida a nivel cosmogónico, es muy importante, porque también el sujeto puede comprender que el ascenso constante no debe ser exclusivamente un trabajo de introspección, sino un trabajo general de comprensión del orden cosmogónico y sus leyes. La búsqueda real no puede terminar en uno mismo, ya que se podría producir una especie de egoísmo espiritual y de centralidad del Yo, y justamente lo que el sistema del Árbol de la Vida quiere evitar es la autoidolatría del Yo. En ese sentido, la comprensión de los dos universos superiores cosmogónicos, Briá y Atzilut, son fundamentales para no centrar obsesivamente toda la atención en el Yo, no sea que le otorguemos un poder psicológico imaginario que resulta contraproducente. Por lo tanto, se produce un trabajo de introspección limitado. La «introspección» (Tiferet) no puede ascender hacia Keter si no bajamos hacia Maljut, y entonces entre la extroversión social (Yesod) y la extroversión material (Maljut) aprendemos el sistema dimensional en su operatividad. Cada acción específica debe ser situada en algún sitio dentro de la simbología del Árbol de la Vida.

11) La superación de la psicología positiva es la clave de esta tesis doctoral porque en realidad, como bien critica la doctora Mariana Gancedo en su tesis doctoral,[395] existe una debilidad epistemológica grave en el desarrollo de la escuela de la psicología positiva de Peterson y Seligman. La simbología del Árbol de la Vida y sus diferentes dimensiones, y toda la estructura de especulación teórico-práctica de la mística judía, otorgan un marco conceptual de referencia para la evaluación de las vivencias. Y es justamente gracias a la aceptación por parte del misticismo judío de la dimensión de Maljut (la materialidad-El Reino) que podemos evaluar dentro de la experiencia material los efectos de las modificaciones cognitivas que se producen a partir de la implementación de este modelo abierto. A diferencia del antiguo gnosticismo, no existe dentro del judaísmo un rechazo a la materia. Algunos alumnos advirtieron que en la antigua educación española existieron ciertas ideas de condena a la materia. La

---

395. «Hacía una Psicoeulogía: Análisis crítico de la teoría del funcionamiento óptimo de la personalidad, de Carl Rogers, y de la teoría de las virtudes y fortalezas del carácter, de Christopher Peterson y Martin Seligman». Tesis doctoral presentada en el año 2008 en Buenos Aires por la doctora Mariana Gancedo Braun. Director de tesis: el profesor doctor Raúl Serrano Copello. Doctorado de Psicología de la Facultad de Ciencias Sociales de la Universidad de Palermo (Bs As-Argentina). Me reuní en el mes de septiembre de 2014 con la autora en un bar de Buenos Aires y le agradezco la amabilidad a la autora y amiga el envío de su tesis doctoral.

psicología del misticismo judío tuvo que en muchos casos liberar de la culpa de la materia a una gran cantidad de alumnos provenientes de la tradición religiosa dominante en España. Indudablemente, esta culpa o condena de la materialidad en dicha tradición debe provenir de la influencia gnóstica de rechazo a la materialidad y al cuerpo. El judaísmo acepta con total naturalidad el cuerpo y sus necesidades sin reprimirlas, sino canalizándolas. La canalización es la forma de equilibrio psicológico de no idolatrar la materia pero sí de aceptarla.

12) El aumento de la flexibilidad mental ha sido también un elemento declarado en prácticamente todos los entrevistados. La idea del Daat (el Conocimiento) como un espacio donde existe el total libre albedrío para participar representa el comienzo de la destrucción mental de todas las formas de idolatría existentes. Ha aumentado el respeto y comprensión a la perspectiva del «Otro», para realizar un intento de aprendizaje de las diferencias. La aceptación de las diferencias, pero no bajo el concepto de la tolerancia, donde no tenemos otro remedio que aceptar al «Otro», sino porque un mismo Yo puede tener diferencias en cada momento de su existencia en su proceso de modificación cognitiva permanente. La transformación de todo debate es un intercambio para el crecimiento y no debe ser considerada como una amenaza a la identidad del Yo, por lo que esto conlleva un trabajo de desidentificación del Yo de su propia subjetividad, para no defender nada subjetivo, sino para comprender que lo «subjetivo» es producto del nivel de flexibilidad que expande los niveles de conciencia del Yo a partir de dicha postura. La adquisición de flexibilidad mental (Daat) es fundamental para anular una gran cantidad de conflictos potenciales. Por eso se reduce la cantidad de conflictos personales a través de la flexibilidad mental de aceptación de las diferentes perspectivas subjetivas.

13) Comprender que detrás de las supuestas «fortalezas» de la psicología positiva, estas, cuando son llevadas al extremo, se pueden transformar en desequilibrios. Por lo tanto, la psicología del misticismo judío crítica profundamente la reducción de la existencia al estímulo único de las fortalezas que no solamente pueden generar desequilibrios, sino que al idolatrar fragmentos de la realidad finita no terminan de lograr una felicidad interior en el sujeto. Hay que tener mucho cuidado en confundir fortalezas con deseos de placer, ya que las debilidades, cuando uno aprende de ellas, también son parte del proceso de crecimiento. Si

«transformamos» estas debilidades en elementos de comprensión de mi interioridad, las podríamos eventualmente transformar en «fortalezas», ya que la diferencia como hemos visto se encuentra en la dirección espacio-temporal de la energía o de la magnitud operativa de esta.

14) Cuando decimos que Daat (el Conocimiento) debe ser llevado a la experiencia material, es porque siempre el misticismo hebreo ha abogado (a pesar de todas sus limitaciones) por la materialización del acto. Tenemos que analizar cuidadosamente la conducta, porque esta puede reforzar el marco teórico de mi proyección subjetiva en el Árbol de la Vida, o bien puede modificar la percepción de mi proyección subjetiva. Así que las «conductas materiales» del nivel de Maljut deben ser incorporadas a la experiencia del ser, y no confiar en la descripción teórica subjetiva. Por lo que debemos diferenciar muy bien el marco teórico objetivo del sistema de las dimensiones del Árbol de la Vida, por un lado, y la proyección subjetiva de una teorización no relacionada con la conducta práctica del sujeto, por otro.

15) En los trabajos prácticos propuestos con las diferentes dimensiones del Árbol de la Vida, el alumno debe exteriorizar sus inclinaciones dimensionales (tanto de forma de equilibrios como de desequilibrios), y también debe lograr la conciencia de comprender una situación específica determinada. El alumno debe adquirir la percepción suficiente de conocer cuál es la dimensión fundamental que opera en un acto o en una situación determinada. Así que no solamente es un trabajo de introspección, sino que es un acto de percepción sobre la utilización de una energía dimensional determinada de acuerdo con la situación dada. Cada situación posee un marco dimensional determinado que permite al sujeto percibir esta situación y actuar en consecuencia. El sujeto debe determinar (primero bajo el entrenamiento, y luego espontáneamente) la influencia dimensional particular a la situación determinada, y actuar en consecuencia. Cada situación determinada tiene unos componentes energéticos dimensionales diferentes, y de acuerdo con dichos componentes el sujeto debe determinar la mejor elección de la energía específica que debe funcionar en dicho contexto. Cada vez que el sujeto adquiere mayores niveles de conciencia del funcionamiento dimensional interior (por introspección de la Tiferet) asciende hacia Keter, pero no puede elevarse hacia Keter más que actuando materialmente dentro de Maljut, y es entonces allí, cuando conociendo la máxima cantidad de posibilidades de actuación,

adquiere una experiencia notable en la percepción de la influencia de las dimensiones en las situaciones específicas en las que el Yo actúa.

16) Debemos ser conscientes de que debe existir un «esfuerzo del sujeto» para ascender, ya que, a pesar de que todo el misticismo es un «flujo constante de energías», estas deben ser trabajadas y entrenadas para lograr la extracción de las máximas potencialidades interiores. Este esfuerzo no debe ser equivalente a una «exigencia», porque las exigencias pueden cortar los flujos de energía que deben operar adecuadamente para acceder a los niveles más elevados de conciencia.

17) Hemos visto que la propuesta metodológica no fue resistida, sino ampliamente aceptada por los alumnos entrevistados. Tenemos que tener en cuenta dentro de las limitaciones del grupo que hemos trabajado en mayor medida al género femenino, que encontramos mucho más abierto a la exteriorización, sin vergüenza de la interioridad. Queda un trabajo futuro pendiente para otras investigaciones de las diferencias que se pueden encontrar entre el género femenino y el género masculino.[396] Sugiero a futuros investigadores de Psicología que investiguen adecuadamente las diferentes posturas de género a la hora de exteriorización de los diferentes grados de interiorización. Percibo por mi experiencia que el género femenino es más gregario que el masculino, que aparentemente potencia con mayor fuerza la individualidad y la competitividad. Esto indudablemente excede del marco conceptual del análisis que nos hemos propuesto.

18) El estudio de diferentes casos particulares dentro de las clases fue (y es) una herramienta decisiva a la hora de comprender los diferentes funcionamientos dimensionales. Es muy difícil comprender la explicación teórica exclusivamente sin la relación con su aspecto práctico inmediato.

19) La posibilidad de «bajar el lenguaje científico» a un tipo de lenguaje más accesible (comprensible) para la media de la población es una herramienta que debemos contemplar. Un lenguaje demasiado barroco y complejo puede llevar a una falta de comprensión del sistema simbólico propuesto. En este sentido, los términos conceptuales del idioma hebreo han sido debidamente traducidos y debidamente explicados. Cada pa-

---

396. Otros estudios futuros deberían confirmar lo que hemos percibido en los diferentes grupos de estudio. En los grupos exclusivamente femeninos, los niveles de exposición de la interioridad son mayores que los grupos mixtos o los grupos exclusivamente masculinos. En cierto modo, podemos percibir que el género masculino tiene cierta vergüenza a expresar sus sentimientos interiores porque esto parece ser un signo cultural de debilidad.

radigma cultural determina sustancialmente la calidad del lenguaje, y siendo el hebreo el elemento lingüístico fundamental de la mística judía se deben comprender los elementos culturales intrínsecos. Esto hace que el misticismo judío, siendo una cosmovisión específica de la realidad, no por ese motivo se reduce este paradigma espiritual a una determinada cosmovisión nacional, sino a una cosmovisión universal. El misticismo judío trabaja en el mundo inferior con los elementos de la cosmovisión cultural del judaísmo; sin embargo, a la hora de ascender a los mundos superiores se mantiene la cosmovisión cultural judía pero en términos del universalismo intrínseco de dicha cultura. El judaísmo entonces otorga el marco explicativo del paradigma cultural donde se asienta todo el desarrollo epistemológico de la cábala; no obstante, siendo todos los elementos trabajados de contenido universal (el ser humano y el sentido de su existencia, y el nacimiento y estructura de toda la realidad), se logra la comprensión por parte de cualquier público.

20) Cada sujeto tiene la posibilidad de lograr, a partir de este esquema o modelo simbólico del Árbol de la Vida, la «plasmación de su subjetividad» dentro de él, de modo que su autoproyección le otorga las pautas de su estructura. El sujeto puede verificar sus equilibrios/desequilibrios y establecer así la estrategia que debe seguir de forma completamente autónoma.

21) A pesar del principio de neutralidad que hemos sustentado y continuaremos sustentando, si el alumno desea la intervención del maestro, la puede pedir, y este tiene que explicar más profundamente lo que alcanza a interpretar del mapa de su Árbol de la Vida subjetivo. En la mayoría de los casos analizados, la coincidencia de la percepción del alumno con la del maestro fue notable. Aquí se debe establecer un tiempo de confianza suficiente para lograr este nivel de análisis.

22) Hemos visto que la sola comprensión de la estructura subjetiva a partir de la proyección de las diferentes energías dimensionales en el símbolo del Árbol de la Vida logró ciertos niveles de felicidad interior en el sujeto. Es decir, que no fue necesario pasar al trabajo de modificación de la conducta para verificar los cambios de actitud general, sino que fue posible determinar ciertos cambios de actitud a partir del solo reconocimiento de los equilibrios/desequilibrios dimensionales. Cuando el sujeto lograba después de un tiempo ciertas modificaciones cognitivas, automáticamente se podían verificar modificaciones conductuales. Lo que hemos verificado de manera empírica es que los cambios cognitivos

(flexibilidad del Daat) se dan habitualmente de un modo anticipado a los cambios conductuales (modificación de la actuación en Maljut), porque si no se encuentra enraizada dentro de la psique la modificación cognitiva, la conducta por sí sola no logra el objetivo propuesto. Ahora bien, la internalización de la conducta dentro de la cognición (cuando elevamos la experiencia de Maljut al nivel del Daat) provoca una modificación real de la conducta. Pero la última palabra la tiene el cambio cognitivo a pesar de que dicho aprendizaje provenga de la conducta material; por esa razón dentro del misticismo judío decimos que Daat aprende también de las acciones individuales llevadas a cabo por el sujeto en la dimensión de Maljut. Sin embargo, insistimos en que se tienen que proyectar dentro del sistema simbólico del Árbol de la Vida los equilibrios/desequilibrios del Yo, y esa proyección es esencialmente cognitiva. La reflexión consciente Biná de Maljut (cognición) de la conducta material (Maljut) modifica la percepción de Maljut. No es, pues, la conducta por sí misma, sino la cognición reflexiva de ciertas conductas determinadas las que elevan y potencian el nivel del Daat del sujeto.

23) Por último, me gustaría destacar la diferencia que presenta este análisis en relación a las posiciones de la psicología positiva donde el éxito y la felicidad se encuentran completamente mezclados como formas equivalentes. La psicología positiva comprende que es el éxito material exterior el que lleva al sujeto a la felicidad, y nosotros ya hemos planteado y demostrado con este trabajo que la psicología del misticismo judío entiende que la felicidad es una sensación interior, y que el verdadero éxito se encuentra en la felicidad transcendente que se percibe cuando trabajamos la elevación constante de nuestros niveles de conciencia independientemente de los supuestos éxitos materiales en el campo de la finitud. Por desgracia, existen infinidad de casos donde el sujeto materialmente exitoso es infeliz. Es más, podríamos decir que un aumento del éxito material puede llevar automáticamente a la radicalización de la pérdida del sentido existencial.

Me gustaría terminar esta tesis doctoral en Psicología con las palabras que Oskar Pfister le escribió a Sigmund Freud en su carta del 10 de septiembre de 1926:[397]

---

397. *Psicoanálisis y religión: dialogo interminable*, página 87, Carlos Domínguez Morano, editorial Trotta, Madrid, 2000.

«En tanto que se haga a los hombres buenos y felices, con o sin religión, Dios dará su aprobación a esta obra sonriendo complacido».

En la ciudad condal de Barcelona, en las antiguas tierras de Sefarad, el día 28 del mes de mayo del año 2015.
El día 10 del mes de Sivan del año 5775.
En el séptimo aniversario de la muerte física de mi madre Violeta Cuño (Z "L) (1943-2008).

MEIR BEN DAVID BEN MEIR SABAN

Glosario

Adam Kadmón: El Hombre primordial. Es el primer universo que se manifiesta en el interior del Ein Sof, es el primer paso dentro de lo que se conoce como autocontracción Alef. El Adam Kadmón hace referencia a toda la información que el Ein Sof tiene para ser manifestada dentro del vacío en toda la secuencia del tiempo histórico (pasado, presente y futuro). También se le llama el Keter cosmogónico.

Asiá: Es el universo de la Acción. Se le denomina también como el Maljut cosmogónico. Aquí se encuentra la materia y los niveles más densos de las energías.

Atzilut: Es el universo de la Emanación. Es el segundo universo manifestado después del Adam Kadmón. En este universo podemos diferenciar las diez dimensiones (Sefirot) que se encuentran indiferenciadas aún dentro del universo del Adam Kadmón. Este universo se encuentra en el interior del Ein Sof, y pertenece a la autocontracción Alef. Aquí no existe aún el tiempo ni el espacio porque todavía el Ein Sof no provocó la segunda autocontracción Bet. También se le denomina como la Jojmá cosmogónica.

Atzmut: Es la esencia del Ein Sof, todo lo infinito que no puede ser manifestado dentro del vacío por las propias limitaciones del vacío. Es lo que nunca podremos conocer del Ein Sof dado que no existe vehículo limitado de percepción que pueda captarlo.

Briá: El universo de la Creación. Después de los dos primeros universos (Adam Kadmón y Atzilut) aparece el tercer Universo de Briá. Ahora comienza el segundo proceso de autocontracción. En Briá aparece el vacío y, por lo tanto, el espacio y el tiempo. Al aparecer el espacio y el tiempo, las dimensiones de Atzilut (la Emanación) que estaban emanadas ahora se vuelven perceptibles dentro de la finitud. También se le llama la Biná cosmogónica. Es el universo donde nacen las almas, y donde se desarrolla nuestra identidad transhistórica que rotará a través del tiempo dentro de la materia.

Daat: El Conocimiento. Para los cabalistas, «El conocimiento constituye en sí mismo la redención». Los niveles de nuestra conciencia se elevan si tenemos «conocimiento».

Daat Elyon: El conocimiento superior. Este tipo de conocimiento es el que tenemos cuando a través de nuestra Biná (el Entendimiento) nos unimos a nuestra Jojmá (la Sabiduría) y logramos percibir los universos superiores de Briá y Atzilut.

Daat Tajtón: El conocimiento inferior. Este tipo de conocimiento es el que tenemos cuando aprendemos desde las dimensiones inferiores, es el conocimiento práctico de la vida material. Cuando hacemos referencia a «inferior», esto no implica que tenga una categoría más baja que el superior, solamente hacemos referencia a que proviene de las dimensiones más densas de la materialidad, pero se aprende en el mismo nivel que con el conocimiento superior.

Ein Sof: Lo que no tiene fin. El termino designa el «Infinito». El Ein Sof lo es todo, sin embargo, a través del proceso de autocontracción (Tzimtzum) dejó un espacio vacío para que se desarrollaran todos los entes finitos.

Etz Ha Daat: Es el Árbol del Conocimiento del Bien y del Mal. Representa la conciencia humana. El ser humano salió de su estado de ignorancia y tomo conciencia de su conciencia. Este árbol es un nivel inferior de desarrollo, porque la conciencia debe ascender al Árbol de la Vida.

Etz Ha Jaim: Es el Árbol de las Vidas. También llamado el Árbol de la Vida Eterna. Existen dos tipos de eternidad; el primer tipo es la percepción psicológica de nuestra eternidad dentro de la secuencia espacio-temporal. En ese sentido, los cabalistas trabajan el símbolo del Árbol de la Vida. El segundo sentido es el literal; para la cábala mas oculta, el hombre terminará siendo eterno (inmortal). Sin embargo, la inmortalidad literal del ser humano ya se encuentra en términos energéticos, en el futuro alcanzaremos la eternidad dentro de la materia. Y siendo materia y energías intercambiables, al final de los tiempos se comprenderán las falsedades de las contradicciones del mundo inferior de la fragmentación.

Iejidá: Es el nivel más elevado del alma donde ya no existe el alma en su conformación subjetiva, sino unida a la totalidad. En realidad, es cuando podemos llegar a percibirnos como parte de un Todo donde la muerte y la vida de un fragmento no es la muerte ni la vida de nada.

Ijud: Es el trabajo de unificación que debe hacer todo místico del judaísmo. El plural es Ijudim, «unificaciones». Se deben unir las aparentes contradicciones de los niveles inferiores en un punto de conciliación superior: dentro de nuestra identidad, unimos en un punto superior nuestras contradicciones interiores.

Jaiá: Es el nivel del alma dentro del Universo de Atzilut; en otras tradiciones corresponde al áurea. Es muy difícil percibir este nivel de forma permanente.

Jalal Panui: El espacio vacío. Es el espacio que deja la retirada del Ein Sof de sí mismo.

Kelim: Vasijas de recepción. Es la situación de recibir (aspecto femenino de la realidad). El singular es Kli. Cada cosa, objeto o sujeto dentro de esta realidad finita, al ser finito, tiene límites en su nivel de recepción. La luz que podamos captar de esta realidad depende del aumento de nuestra vasija de recepción.

Klipot o Kelipot: Son las cáscaras de oscuridad que nos impiden ver la realidad y no lograr equilibrarla. El singular es Klipá. También se la denomina como transgresión o desequilibrio. Existen dos tipos de Kelipot, las excesivas (por Dar más) y las defectuosas (por Dar menos). Por lo tanto, sin tener una comprensión de los límites (virtudes) podemos recaer tanto en los excesos de las energías como en sus debilidades.

Merkabá: Literalmente es el Carro o Carruaje divino. Cuando hacemos referencia al Dios de la Merkabá debemos comprenderlo de forma literal, y es el Ser supremo que viaja por los cielos en su Carro de Fuego. Los místicos, al no soportar la literalidad del texto, lo alegorizaron, y desde entonces la Merkabá hace referencia a un aumento del nivel de la conciencia de cada persona.

Midot: Son las virtudes, los puntos de equilibrio temporal que encontramos cuando trabajamos adecuadamente una dimensión. El singular es Midá, «virtud». La Midá se puede comprender a partir de la comprensión de los límites dentro de las diferentes situaciones que experimentamos.

Nefesh: Es el nivel del alma más denso; en otras tradiciones es el cuerpo. En el judaísmo, el cuerpo se denomina con el nombre de «alma animal». El Nefesh trabaja dentro del Universo de Asiá (la Acción).

Neshamá: Es el nivel intermedio del alma, lo que se denomina como el alma intelectual y opera dentro del Universo de Briá. Es la raíz del alma o la identidad del alma.

Niglé: Es todo lo que se nos ha revelado.

Nistar: Es todo lo que se nos oculta. Siempre lo Nistar es superior a lo Niglé.

Olamot: Son los mundos o universos. El singular es Olam, «universo». La palabra Elam, «ocultamiento», proviene de la misma raíz, ya que cada universo oculta otro universo anterior.

Or: Es la luz. La máxima luz que podemos percibir es el Or Ein Sof; sin embargo, cada nivel tiene un tipo de luz propia producto del nivel de contracción de la divinidad en dicho nivel. Cada dimensión es un Kli de recepción de un tipo de luz superior proveniente de una dimensión superior.

Or Ein Sof: Es la luz del infinito que se expande dentro del vacío. Es la manifestación de la divinidad.

Ruaj: Literalmente significa «viento». Es el alma emocional, y se corresponde con el Universo de Yetzirá (la Formación). El Ruaj se relaciona con el Nefesh en su aspecto inferior y con la Neshamá en su aspecto superior.

Sefirá: Es una dimensión. En la cábala existen diez dimensiones (Sefirot, en plural); sin embargo, existe la semidimensión del Daat, que es una energía que las une a todas, es la conciencia de unidad detrás de todas ellas. Es el conocimiento el que nos lleva a comprender la esencia divina de todas las energías dimensionales. Las Sefirot nacen en el Universo de Atzilut donde son emanadas, ingresan en el mundo espacio-temporal dentro del Universo de Briá, y nosotros las percibimos como parte de nuestra propia estructura psíquica en el Universo de Yetzirá. Por este motivo, es muy importante distinguir entre las dimensiones cosmogónicas, que se relacionan con los diferentes universos, y las dimensiones psicológicas, que son aquellas que operan dentro de nuestra psique en el Universo de Yetzirá.

Shejiná: Es el elemento receptivo de la Divinidad en el grado más denso de la materia (Universo de Asiá).

Sod: Es el secreto. Se denomina como Secreto todo lo que nuestra vasija de recepción (Kli) no puede percibir por su falta de ampliación. Así que todo secreto tiene como destino la revelación (a excepción de la esencia del Ein Sof).

Tejom: «El Abismo». Como toda la realidad cosmogónica se reproduce dentro de nuestra realidad subjetiva, tenemos dos tipos de «Abismos»: el que existe entre nosotros y los universos superiores físicos, y el Abismo interior. Nuestro «Abismo interior» (el Tejom en el Universo de Yetzirá) es el que se produce cuando percibimos el sin-sentido de todo, porque estamos a punto de salir de nuestra subjetividad para comprender en términos transpersonales. El Abismo es un estado temporal de nihilismo, donde el ser humano no encuentra el sentido de su existencia; y si pasa este periodo, entonces lo invade la felicidad más profunda. Es el paso del sinsentido absoluto al sentido absoluto.

Tzimtzum: Es la autocontracción del Ein Sof. Existen dos procesos de autocontracción: el «Alef» que se produce en el interior del infinito y es un proceso de diferenciación de información, y el «Bet» que es un proceso de autocontracción de las energías que dejan lugar a un espacio vacío.

Yetzirá: Es el universo de la Formación. En este universo nos desarrollamos en nuestros niveles de conciencia. Es el universo psíquico, tanto desde el punto de vista intelectual como emocional. Las seis dimensiones inferiores del Árbol de la Vida cosmogónico se encuentran aquí. Es el universo donde se desarrolla nuestra identidad histórica.

Bibliografía

Abulafia, Abraham (2000) *Otzar Eden Ganuz. (El Tesoro del Paraíso Secreto)*. Tel Aviv. En idioma hebreo, colección tapa azul.

Abulafia, Abraham (2001) *Jaiei Ha Nefesh (La vida del alma intelectual)*. Tel Aviv. En idioma hebreo, colección tapa azul.

Abulafia, Abraham (2001) *Or Ha Sejel (La luz del Intelecto)*, Tel Aviv. En idioma hebreo, colección tapa azul.

Abulafia, Abraham (2001) *Sitrei Torá (Los Secretos de la Torá)*. Tel Aviv. En idioma hebreo, colección tapa azul.

Abulafia, Abraham (2003) *Sefer Ha Tzeruf (El libro de las permutaciones)*. Tel Aviv. En idioma hebreo, colección tapa azul.

Almendro, Manuel (2008). *Psicología y psicoterapia transpersonal*. (5.ª ed.). Barcelona: Editorial Kairós.

Almendro, Manuel (2004) *Psicología transpersonal*. Madrid: ediciones Martínez Roca.

Bar Lev, Iejiel (2009). *El Canto del Alma: introducción a la Cábala*. (2.ª ed.). Barcelona: ediciones Obelisco.

Barylko, Jaime (1999). *El arte de vivir*. (2.ª ed.). Buenos Aires: editorial Bonum.

Besserman, Perle (1998). *Cábala y misticismo judío*. (1.ª ed.). Barcelona: ediciones Oniro.

Blay, Antonio (2010). *La personalidad creadora: técnicas psicológicas y liberación interior*. (3.ª ed.). Barcelona: ediciones Índigo.

Blay, Antonio (2013). *Ser: Curso de psicología de la autorrealización*. Barcelona: Índigo.

Bloom Harold y otros (1999) *Cábala y deconstrucción*. Barcelona: Azul editorial.

Borovich, Beatriz (2006). *Kabalah: un camino hacia la Luz* (1.ª ed.). Buenos Aires: editorial Lumen.

Bratslav, Najmán de (2003). *Consejo*. Israel: Breslov Research Institute.

Buber, Martín (1996). *Dos modos de Fe*. Madrid: Caparrós editores.

Caplan, Mariana (2004). *A mitad de Camino: la falacia de la iluminación prematura*. Barcelona: editorial Kairós.

Callejas, Alicia y Lupiañez, Juan (2012). *Sinestesia, el color de las palabras, el sabor de la música y el lugar del tiempo*. Madrid: Alianza editorial.

Carranza, Martha y Ciarlante, Silvia (2009). *Hacia una psicología espiritual: fundamentos y prácticas de la psicología transpersonal.* Buenos Aires: ediciones Devas.

Castanedo Secadas, Celedonio (1997). *Grupos de encuentro en Terapia Gestalt.* (2.ª ed.). Barcelona: Herder.

Cirlot, Juan Eduardo (1981). *Diccionario de símbolos.* (4.ª ed.). Barcelona: editorial Labor.

Cohen, Hermann (2004). *La religión de la razón desde las fuentes del judaísmo.* Barcelona: Anthropos editorial.

Daco, Pierre (1980). *Introducción al psicoanálisis.* Barcelona: editorial Daimon.

Daniels, Michael (2008). *Sombra, Yo y Espíritu: ensayos de psicología transpersonal.* Barcelona: editorial Kairós.

De León de Guadalajara, Moshe (2006-2014). *El Zohar* (volúmenes I al XIX). Barcelona: editorial Obelisco.

Desler Eliahu (2009). *En busca de la Verdad.* Israel: editorial Mekor Maim Jaim.

Domínguez Morano, Carlos (2000). *Psicoanálisis y Religión: diálogo interminable.* Madrid: editorial Trotta.

Elior, Rajel (2008). *Misticismo judío: los múltiples rostros de la libertad.* (1.ª ed.). Buenos Aires: ediciones Lilmod.

Elior, Rajel (2010). *Los orígenes místicos del Jasidismo.* (1.ª ed.). Buenos Aires: ediciones Lilmod.

Fabry, Josep, B. (1977). *La Búsqueda del Significado.* México: Fondo de Cultura Económica.

Frankl, Victor (2004). *El hombre en busca de sentido.* Barcelona: editorial Herder.

Freud, Sigmund (1988). *El Porvenir de una Ilusión El Malestar de la Cultura y otros ensayos.* Barcelona: ediciones Orbis.

Freud, Sigmund (1988). *Psicología de las masas y análisis del Yo, psicoanálisis y teoría de la Libido, Una neurosis demoniaca en el siglo XVII y otros ensayos,* Barcelona: ediciones Orbis.

Freud, Sigmund (1988). *El Yo y el Ello, Esquema del Psicoanálisis.* Barcelona: ediciones Orbis.

Fuster, Joaquín (2014). *Cerebro y Libertad.* Barcelona: editorial Ariel.

Gershom Scholem (2009). *La Cábala y su simbolismo.* Madrid: ediciones Siglo XXI.

Gikatilla, Joseph (2009). *Pórticos de Luz: comentario bíblico cabalístico.* Traducción del hebreo y notas, Francisco López y López. España: Gráficas Ruiz Polo.

Ginsburgh, Itzjak (2010). *Meditación y Cábala: viviendo en el espacio divino.* (1.ª ed.). Barcelona: ediciones Obelisco.

Girona, Azriel de (1994). *Cuatro textos cabalísticos*. Introducción, traducción y notas por Miriam Eisenfeld. Barcelona: Riopiedras ediciones.

Graves, Robert y Patai, Rafael (1994). *Los Mitos Hebreos*. Buenos Aires: Alianza editorial.

Greenbaum, Avraham (1993). *Bajo la Mesa y como subir de allí: senderos de crecimiento espiritual en el judaísmo*. Buenos Aires: Azamra Institute.

Grof Stanislav (2006). *Psicología transpersonal: nacimiento, muerte y trascendencia en psicoterapia*. (5.ª ed.). Barcelona: editorial Kairós.

Grof, Stanislav; Schlüter, Ana María; Almendro, Manuel, y otros (2012). *Qué es la curación*. Barcelona: editorial Kairós.

Gurwirth, Israel (1983). *Cábala y Mística Judía*. (4.ª ed.). Buenos Aires: Acervo cultural editores.

Halevi, Zev Ben Shimon (1990). *La Obra del cabalista*. Barcelona: editorial Ibis.

Halevi, Zev Ben Shimon (2003). *El Sendero de la Kabbalah*. (1.ª ed.). Barcelona: Escuela de Misterios.

Halevi, Zev Ben Shimon (2010). *Kábala y psicología*. Prólogo de Mario Satz. (6.ª ed.). Barcelona: editorial Kairós.

Heller, Eva (2013). *Psicología del Color: cómo actúan los colores sobre los sentimientos y la razón*. Barcelona: editorial Gustavo Gili SL.

Hillman, James (1999). *Re-Imaginar la Psicología*. Madrid: Siruela.

Ibn Pakuda, Bahya (1958). *Doctrina de los Deberes de los Corazones*. Buenos Aires: editorial Sigal.

Idel, Moshe (1994). *Mesianismo y Misticismo*. Barcelona: Riopiedras ediciones.

Idel, Moshe (2009). *Cábala y Eros*. Madrid: ediciones Siruela.

Idel, Moshe (2008). *El Golem: tradiciones mágicas y místicas del judaísmo sobre la creación de un hombre artificial*. Madrid: Siruela.

Idel, Moshe (2008). *Ben: filiación y misticismo judío*. Buenos Aires: ediciones Lilmod.

Jonás, Hans (1998). *Pensar sobre Dios y otros ensayos*. Barcelona: Herder.

Jung, Carl Gustav (2011). *Psicología y simbólica del arquetipo*. Barcelona: editorial Paidós.

Jung, Carl Gustav (2008). *Acerca de la psicología de la religión occidental y de la religión oriental*. Madrid: editorial Trotta.

Jung, Carl Gustav (2008).*Tipos psicológicos*. Barcelona: Edhasa.

Jung, Carl Gustav (2011). *Recuerdos, sueños, pensamientos*. (5.ª ed.). Barcelona: editorial Seix Barral.

Kaplan, Aryeh (2004). *Meditación y Biblia*. (1.ª ed.) Madrid: Equipo Difusor del Libro.

Kaplan, Aryeh (1994). *Sefer Yetzirá: el Libro de la Creación, teoría y práctica*. Madrid: editorial Mirach.

Kaplan, Aryeh (2005). *Tefilin*. México: editorial Jerusalen de México.

Kaplan, Aryeh (2005). *El Bahir: traducción, introducción y comentario de Aryeh Kaplan*. (1.ª ed.). Madrid: Equipo Difusor del Libro.

Kaplan, Aryeh (2002). *Meditación y Cábala*. (1.ª ed.). Madrid: Equipo Difusor del Libro

Kaplan, Aryeh (2001). *Tzitzit*. México: editorial Jerusalen de México.

Korman, Víctor (2013). *El Oficio del Analista*. España: ediciones Triburgo.

Laenen, J.H. (2006). *La mística judía*. Madrid: editorial Trotta.

Lahy, Georges (2009). *La Voz del Cuerpo*. Barcelona: Escuela de Misterios.

Lahy, Georges (2011). *Vie Mystique et Kabbale pratique*. Roquevaire: éditions Lahy.

Lahy, Georges (2011). *Kabbalah Extática y Tseruf: técnicas de meditación de los antiguos cabalistas*. Barcelona: Escuela de Misterios.

Lancaster, Brian (2007). *La Esencia de la Kábala: la enseñanza interior del judaísmo*. Madrid: Edaf.

Lipovetsky, Gilles (2012). *La felicidad paradójica* (3.ª ed.). Barcelona: editorial Anagrama.

Luzzatto, Moshé Jaim (2007). *El Camino de Dios*. (1.ª ed.). Barcelona: ediciones Obelisco.

Luzzatto, Moshe Jaim (1998). *El filósofo y el cabalista*. Barcelona: ediciones Índigo.

Luzzatto, Moshé Jaim (2002). *La Sabiduría del Alma*. Barcelona: ediciones Obelisco.

Lyubomirsky, Sonja (2014). *Los mitos de la felicidad*. Barcelona: Urano ediciones.

Madirolas, Eduardo (2005). *El Camino del Árbol de la Vida. Un curso de introducción a la Cábala mística*. Volumen I y Volumen II. Madrid: Equipo Difusor del Libro.

Maier, Johann (2008). *La Cabbala: Introduzione, Testi Classici, Spiegazione*. Bologna: edizioni Dehoniane Bologna.

Marquier, Annie (2012). *La libertad del Ser o el camino hacia la plenitud*. (4.ª ed.). Barcelona: ediciones Luciérnaga.

Maslow, Abraham (1973). *El Hombre autorrealizado*. (1.ª ed.). Barcelona: editorial Kairós.

Maslow, Abraham (1990). *La Personalidad Creadora*. (1.ª ed.) Barcelona: editorial Kairós.

Masters, Robert Augustus (2011). *La Evasión espiritual*. Málaga: Vesica Piscis.

Merlo, Vicente (2007). *La Reencarnación: clave para entender el sentido de la vida*. Barcelona: editorial Sirio.

Michaelson (2010). *Todo es Dios: la corriente radical del judaísmo no dual*. Madrid: Gaia ediciones.

Muñiz Huberman, Angélica (2002). *Las raíces y las ramas: fuentes y derivaciones de la Cábala hispanohebrea.* México: Fondo de Cultura Económica.

Najmán de Bratslav (1994). *Cruzando el Puente Angosto.* Jerusalen/New York: Breslov Research Institute.

Neher, André (1997). *El Exilio de la Palabra: del silencio bíblico al silencio de Auschwitz.* Barcelona: editorial Riopiedras.

Ortega, Elisa Martín (2013). *El Lugar de la palabra: Ensayo sobre Cábala y poesía contemporánea.* Palencia: ediciones Cálamo.

Ouaknin, Marc Alain (1999). *El Libro Quemado. Filosofía del Talmud.* Barcelona: Riopiedras.

Pakman, Marcelo (2005). *Construcciones de la experiencia humana.*Volumen I. Barcelona: editorial Gedisa.

Pareja Herrera, Luis Guillermo (2007). *Viktor Frankl, comunicación y resistencia.* Buenos Aires: editorial San Pablo.

Pliskin, Zelig (1998). *Las Puertas de la Felicidad.* Buenos Aires: editorial Yehudá.

Raskin, Aaron (2009). *La luz de las letras hebreas.* Buenos Aires: editorial Bnei Scholem.

Rensoli Laliga, Lourdes (2011). *La polémica sobre la Kabbalah y Spinoza: Moses Germanus y Leibniz.* Granada: editorial Comares SL.

Robertson, Robin (2002). *Introducción la psicología junguiana.* Barcelona: editorial Obelisco.

Robertson, Robin (2014). *Arquetipos junguianos.* Barcelona: editorial Obelisco.

Rodriguez Arribas, Josefina (2011). *El Cielo de Sefarad: los judíos y los astros (siglos XII y XIV).* Córdoba: ediciones el Almendro.

Rogers, Carl (1986). *Psicoterapia centrada en el cliente.* Barcelona: ediciones Paidós.

Roob, Alexander (2014). *Alquimia y Mística.* China: Taschen.

Saban, Mario Javier (2011). *Sod 22. El Secreto.* Buenos Aires: edición privada.

Saban, Mario Javier (2013). *Maasé Bereshit: El Misterio de la Creación.* Buenos Aires: edición privada.

Safran, Alexandre (1998). *La Sabiduría de la Cábala.* Barcelona: editorial Riopiedras

Satz, Mario (1996). *Senderos en el Jardín del Corazón: poética de la Kábala.* (2.ªed.). Barcelona: editorial Kairós.

Satz, Mario (2005). *El fruto más espléndido del Árbol de la Kábala.* Madrid: Miraguano Ediciones.

Satz, Mario (1990). *Oraita cuentos jasidicos.* Barcelona: ediciones Obelisco.

Satz, Mario (2005). *La Escala celeste.* Barcelona: Escuela de Misterios.

Scheler, Max (2007). *De lo Eterno en el hombre.* Madrid: ediciones Encuentro.

Scholem, Gershom (2000). *Las Grandes tendencias de la mística judía*. (2.ª ed.). Madrid: ediciones Siruela.

Scholem, Gershom (2006). *Lenguajes y Cábala*. Madrid: ediciones Siruela.

Scholem Gershom (2009). *La Cábala y su simbolismo*. (4.ª ed.). Madrid: Siglo XXI de España editores.

Seligman, Martín (2011). *La Vida que Florece* (1.ª ed.). Barcelona: ediciones B.

Sérouya, Henri (2004). *La Kabbale*. France: éditions Grasset.

Torralba, Francesc (2011). *Inteligencia espiritual*. (4.ª ed.). Barcelona: Plataforma editorial.

Vital, Jaim *Sefer Shaarei Kedusha (Libro sobre las puertas de la Santidad)*. Tel Aviv.

Weinreb, Friedrich (1993). *El libro de los Profetas*. Buenos Aires: editorial Sigal.

Weinreb, Friedrich (1993). *Kabala: el libro de Jonás*. Buenos Aires: editorial Sigal.

Weinreb, Frierdich (1995). *El Yo oculto: la problemática del hombre actual a la luz del libro de Esther*. Buenos Aires: editorial Sigal.

Wilber, Ken, Bohm, David, y otros (1987). *El Paradigma holográfico: una exploración en las fronteras de la ciencia*. Barcelona: editorial Kairós.

Wilber, Ken (2010). *Los Tres ojos del conocimiento: la búsqueda de un nuevo paradigma*. (6.ª ed.). Barcelona: editorial Kairós.

Wilber, Ken (2011). *El Espectro de la Conciencia*. (5.ª ed.). Barcelona: editorial Kairós.

Zizek, Slavoj (2010). *Lacan: los interlocutores mudos*. Madrid: ediciones Akal.

Zukerwar, Haim David (2006). *Kabalá: la esencia de la percepción judía de la realidad*. (5.ª ed.). Barcelona: ediciones Índigo.

Zukerwar, Haim David (2006). *La Esencia, el Infinito y el Alma*. Barcelona: ediciones Índigo.

editorial **K** airós

Puede recibir información sobre nuestros
libros y colecciones o hacer comentarios
acerca de nuestras temáticas en

www.editorialkairos.com

Numancia, 117-121 • 08029 Barcelona • España
tel +34 934 949 490 • info@editorialkairos.com